신의 전쟁

성스러운 폭력의 역사

신의 전쟁

Karen Armstrong

카렌 암스트롱 | 정영목 옮김

교양인
GYOYANGIN

| 일러두기 |

1. 본문의 각주 중 저자 주는 따로 표시했으며 별도로 표시하지 않은 것은 옮긴이와 편집
   자 주이다.
2. 본문에 인용된 성경 구절은 《공동번역성서 개정판》(1999)을 저본으로 삼아 옮겼으나 필
   요한 경우에는 역자의 재량에 따라 번역했다. 성경 편명은 더 널리 쓰이는 쪽을 따랐다.

이제 아벨은 양떼를 모는 목자가 되었고 카인은 땅에서 일하는 농부가 되었다. ……
그러다가 둘이 들판에 나가 있을 때
카인이 아우 아벨에게 맞서 일어나
아우를 죽였다.
야훼께서 카인에게 물으셨다.
네 아우 아벨이 어디 있느냐?
카인이 말했다.
저는 알지 못합니다. 제가 아우를 지키는 사람입니까?
그러자 야훼께서 말씀하셨다.
네가 무슨 짓을 했느냐!
들어봐라. 네 아우의 피가 땅에서 나에게 소리쳐대는구나.

〈창세기〉 4:2, 8~10

차 례

종교는 본래 폭력적인가?

고대 이스라엘에서는 매년 속죄일이면 대제사장이 염소 두 마리를 예루살렘 성전으로 데리고 들어왔다. 대제사장은 공동체의 죄를 속죄하기 위해 한 마리를 제물로 바친 다음 다른 한 마리의 머리를 어루만져 사람들의 모든 악행을 그 머리로 옮겨놓고 죄를 잔뜩 짊어진 이 짐승을 도시 밖으로 내보냈다. 말 그대로 죄의 책임을 다른 곳에 갖다놓은 것이다. 이런 식으로 "그 염소는 그들의 죄를 모두 지고 황무지로 나간다." 모세는 그렇게 설명했다.[1] 르네 지라르(René Girard)는 종교와 폭력에 관한 그의 고전적 연구에서 희생양 제의가 공동체 내의 집단 간 경쟁을 완화한다고 주장했다.[2] 이와 비슷한 방식으로 현대 사회는 신앙을 희생양으로 만들었다. 나는 그렇게 믿는다.

서양에서 종교가 본래 폭력적이라는 생각은 이제 당연하게 받아들여지고 있고 자명해 보이기까지 한다. 종교에 관해 이야기하는 사람으로서 나는 종교가 얼마나 잔인하고 공격적이었는지 모른다는 이야기를 계속 듣고 있으며, 이런 생각은 괴상하게도 거의 매번 똑같은 방식으로 표현된다. "종교는 역사상 모든 주요한 전쟁의 원인이었다." 나는 미국의 시사평론가와 정신치료사, 런던의 택시 기사와 옥스퍼드대 교수가 이 문장을 주문처럼 읊조리는 것을 들었다. 하지만 이것은 이상한 말이다. 두 차례의 세계대전이 종교 때문에 벌어지지 않은 것은 분명하다. 전쟁사 연구자들은 사람들이 전쟁을 하는 이유에는 수많은 사회적, 물질적, 이념적 요인이 관련되며 그 가운데서도 주요한 것은 빈약한 자원을 둘러싼 경쟁임을 인정한다. 정치적 폭력이나 테러리즘 전문가들도 사람들이 복잡하고 다양한 이유로 잔혹 행위를 저지른다고 주장한다.[3] 그러나 우리의 세속적 의식에서 종교적 믿음의 공격적 이미지는 지울 수 없는 것이어서 우리는 일상적으로 현대의 폭력적인 죄를 '종교'의 등에 실어 정치적 광야로 내몰곤 한다.

종교가 인류의 모든 폭력과 전쟁에 책임이 있는 것은 아니라는 점을 인정하는 사람들조차 여전히 종교의 본질적 호전성은 당연하게 받아들인다. 그들은 '일신교'는 특히 관용을 모르며 사람들이 일단 '신'이 자기편이라고 믿으면 타협은 불가능해진다고 주장한다. 그들은 십자군, 종교재판, 16~17세기의 종교전쟁을 예로 든다. 또 이슬람이 특히 공격적임을 증명하려고 최근에 종교의 이름으로 저질러진 수많은 테러리즘을 가리킨다. 내가 불교의 비폭력성을 언급하면 그들은 불교는 세속 철학이지 종교가 아니라고 반박한다. 이 대목에서 우리는 문제의 핵심에 이르게 된다. 불교는 물론 17~18세기 이후 서양에서 이해해 온 의미의 **종교**는 아니다. 하지만 '종교'라는 현대 서양의 개념은 특이하고 괴상하다. 다른 어떤 문화 전통에도 그와 같은 것은 없으며, 심지어 근대 이전 유럽의 기독교도조차 이 개념을 환원주의적이고 이질적이라고 생각했을 것이다. 사실 이런 문제 때문에 종교가 폭력으로 흐르는 경향에 대하여 무언가 말하려는 시도는 간단치 않은 일이 되고 만다.

이야기가 더욱 복잡해지는 것은 지금까지 약 50년 동안 종교를 정의하는 보편적인 방법이 없다는 점이 학계에서 점차 분명해졌기 때문이다.[4] 서양에서는 종교를 초자연적인 신을 중심으로 한 의무적인 믿음과 제도와 의식의 일관된 체계로 보며, 그 실천은 본질적으로 모든 '세속' 활동과 차단되어 개인적으로 신비하게 이루어진다고 여긴다. 그러나 서양에서 '종교(religion)'라고 번역하는 다른 언어의 표현들은 거의 언제나 이보다 크고 막연하고 포괄적인 어떤 것을 가리킨다. 아랍어 딘(din)은 삶의 방식 전체를 의미한다. 산스크리트 다르마(dharma) 또한 "번역 불가능한 '총체적' 개념으로서 법, 정의, 도덕, 사회생활을 포괄한다."[5] 《옥스퍼드 고전 사전》은 단호하게 말한다. "그리스어나 라틴어에는 영어의 '종교' 또는 '종교적'에 대응하는 단어가 없다."[6] 개인적이고 체계적인 활동으로서 '종교'라는 관념은 고대 그리스, 일본, 이집트, 메소포타미아, 이란, 중국, 인도에서는 전혀 찾아볼 수 없다.[7] 또 히브리 성경에도 종교라는 추상적 개념은 없다. 탈무드의 랍비들은 신앙이라는 말의 의미를 한 단어로, 또 심지어 정리된 문구로도 표현할 수 없다고 생각했을 것이다. 탈무드는 인간 생활 전체를 성스러움의 영역으로 들여오려는 분명한 목표를 염두에 두고 기획된 것이기 때문이다.[8]

라틴어 렐리기오(religio)의 유래는 모호하다. '크고 객관적인 어떤 것'이 아니라 의무와 금기를 암시하는 부정확한 말이었다. 어떤 제사 관습, 가족의 예법, 맹세 준수가 '렐리기오'라고 말한다면 그것의 이행이 의무라는 뜻이었다.[9] 이 단어는 초기 기독교 신학자들 사이에서 중요한 새 의미를 얻었다. 신과 우주 전체를 숭배하는 태도라는 뜻이었다. 성 아우구스티누스(354~430)에게 렐리기오는 제의와 교조의 체계도 아니었고 역사적으로 제도화된 전통도 아니었다. 그것은 우리가 신이라고 부르는 초월과 개인적으로 만나는 것인 동시에 우리를 신성한 것과 결합하고 또 서로 결합시키는 유대였다.[10] 중세 유럽에서 렐리기오는 수도원 생활을 가리키게 되었고, 수도사를 '세속' 사제, 즉 '세상'(사이쿨룸saeculum)에서 살며 일하는 사람과 구분했다.[11]

성문화(成文化)되고 사적인 것이라는 근대 서양의 종교 관념과 맞아떨어지는 유일한 신앙 전통은 프로테스탄트 기독교인데, 이것은 이런 의미의 종교와 마찬가지로 근대 초기의 산물이다. 이 무렵 유럽인과 미국인은 종교와 정치를 분리하기 시작했다. 완전히 정확하다고 할 수는 없지만, 오로지 종교 개혁을 둘러싼 신학적 언쟁 때문에 30년전쟁*이 발발했다고 생각했기 때문이다. 종교가 정치 생활로부터 엄격하게 배제되어야 한다는 신념은 주권 민족 국가의 헌장 신화*라는 이름을 얻었다.[12] 이런 교조를 제창한 철학자와 정치가는 야심 있는 가톨릭 성

30년전쟁 1618년부터 1648년까지 독일에서 가톨릭 구교와 프로테스탄트 신교 간에 벌어진 종교전쟁. 가톨릭교도인 보헤미아의 왕이자 신성로마제국의 황제 페르디난트 2세가 신교의 종교의 자유를 억압하자 신교를 믿는 보헤미아의 의회가 페르디난트를 폐위하고 팔츠의 선제후 프리드리히 5세를 왕으로 세우면서 30년전쟁이 시작되었다. 프랑스, 네덜란드, 덴마크, 스웨덴 등이 보헤미아 편에서 싸웠고 에스파냐, 오스트리아가 신성로마제국 편에서 싸웠다. 1648년 베스트팔렌 조약으로 신교의 종교의 자유가 보장되며 전쟁이 끝이 났으며, 극심한 피해를 입은 신성로마제국의 세력이 크게 꺾이게 되었다.

헌장 신화(charter myth) 한 사회(집단)의 전통적 관습과 행위의 근원을 좀 더 고차원적이고 초자연적인 태초의 사건으로 추적해 올라감으로써 전통에 더 큰 가치와 특권을 부여하는 신화를 가리킨다. 기능주의 신화학에서는 신화와 제의가 현실의 사회적 상황을 정당화하는 역할을 한다고 본다. 신화가 사회적 헌장(social charter), 즉 집단의 관습과 행위를 합리화한다는 것이다.

직자들이 완전히 구분되는 두 영역을 섞어놓기 전에 존재했던 만족스러운 상황으로 돌아가고 있다고 믿었다. 그러나 사실 그들의 세속적 이데올로기는 같은 시기에 서양에서 만들어내고 있던 근대적 시장 경제만큼이나 급진적인 혁신이었다. 이런 식의 근대화 과정을 경험하지 않은 비서양인에게는 이 두 혁신 모두 부자연스럽고 심지어 이해할 수 없는 것으로 보였을 것이다. 지금 서양에서는 종교와 정치를 분리하는 습관이 일상화되었기 때문에 과거에 이 두 가지가 얼마나 철저하게 함께 붙어서 공존했는지 이해하기가 어렵다. 이것은 국가가 종교를 '이용'하는 단순한 문제가 결코 아니었다. 그 두 가지는 분리가 불가능했다. 둘을 떼어내는 것은 칵테일에서 진만 따로 빼내려고 하는 것처럼 보였을 것이다.

근대 이전 세계에서 종교는 삶의 모든 면에 스며 있었다. 벌채, 수렵, 축구 시합, 주사위 놀이, 천문학, 농사, 국가 건설, 줄다리기, 도시 계획, 상업, 음주, 그리고 특히 전쟁. 지금은 세속적으로 여겨지는 이런 수많은 활동이 매우 신성한 것으로 경험되었다는 사실을 앞으로 보게 될 것이다. 옛 사람들은 어디에서 '종교'가 끝나고 '정치'가 시작되는지 알 수 없다고 생각했을 것이다. 그들이 이런 구분을 이해하지 못할 만큼 어리석었기 때문이 아니라 자신들이 하는 모든 일에 궁극적 가치를 부여하고 싶어 했기 때문이다. 우리는 의미를 추구하는 생물이며 다른 동물과는 달리 삶의 의미를 이해하지 못하면 아주 쉽게 절망에 빠지고 만다. 우리가 불가피하게 소멸할 수밖에 없다는 전망은 견디기 힘들다. 자연 재해와 인간의 잔혹성 때문에 괴로워하며 우리의 신체와 정신의 약한 면을 강하게 의식한다. 우리가 여기 존재한다는 것 자체가 놀라운 일이라고 생각하며 그 이유를 알고 싶어 한다. 우리는 또 경이

감을 느끼는 뛰어난 능력을 갖추고 있다. 고대 철학은 우주 질서에 매혹되었다. 천체가 궤도를 이탈하지 않게 하고 바다를 그 테두리 안에 가두며 땅이 겨울의 죽음 뒤에 계속 다시 살아나게 해주는 신비한 힘에 놀랐고, 더 풍요롭고 더 지속적인 이 존재에 참여하기를 갈망했다.

그들은 영속 철학*이라고 알려진 것을 통해 이런 갈망을 표현했다. 이런 이름을 얻게 된 것은 이 철학이 근대 이전 대부분의 문화에서 어떤 형태로든 존재했기 때문이다.[13] 영속 철학에서는 모든 개인, 대상, 경험을 어떤 실재의 복제물 또는 흐릿한 그림자로 여겼는데, 이 실재는 그들이 일반적으로 경험하는 어떤 것보다도 강하고 지속적이지만 환상이나 꿈에서만 흘끗 볼 수 있었다. 근대 이전 사람들은 제의를 통해 천상의 또 다른 나—신이든 조상이든 문화 영웅*이든—의 몸짓이나 행동이라고 알고 있는 것을 모방함으로써 자신이 존재의 더 큰 영역에 들어간다고 느꼈다. 우리 인간은 매우 인위적이며 자연스럽게 원형과 모범을 향하는 경향이 있다.[14] 우리는 자연을 능가하거나 일상을 초월하는 이상에 다가가려고 끊임없이 노력한다. 현대의 유명인 예찬조차 '초인간성'의 모범에 대한 숭배와 그런 모범을 흉내내고 싶은 갈망의 표현으로 이해할 수 있다. 우리 자신이 그런 특별한 실재와 연결되어 있다고 느끼게 되면 본질적인 갈망이 충족된다. 그런 느낌은 우리 내부의 깊은 곳을 건드리고 순간적으로 우리를 우리 자신 너머로 들어올려, 우리는 보통 때보다 우리의 인간성에 더 충실하게 살고 삶

영속 철학(perennial philosophy) 여러 문명과 시대를 가로질러 나타나는 본질적으로 유사한 특징을 지닌 철학을 일컫는 말. 올더스 헉슬리가 주창했으며, 시공을 초월하여 발견되는 인간 의식과 실재의 본질에 대한 공통적 통찰에 근거한 사상을 의미한다.
문화 영웅(culture hero) 주로 원시 사회의 신화에 나오는 초인적이고 반신반인적(半神半人的) 존재.

의 더 깊은 흐름에 가닿는 듯한 느낌을 받는다. 교회나 신전에서 이런 경험을 찾지 못하면 예술, 연주회, 섹스, 마약, 심지어 전쟁에서 구한다. 전쟁이 다른 황홀경의 순간들과 어떤 관계가 있는지 금방 이해가 되지 않을지 몰라도, 사실 전쟁은 아주 오래전부터 환희의 경험을 촉발하는 역할을 해 왔다. 그 이유를 이해하려면 우리 인간의 신경 구조의 발달을 참고하는 것이 도움이 된다.

우리의 뇌는 하나가 아니라 셋이며 이 셋은 불안하게 공존하고 있다. 회백질의 가장 후미진 곳에는 5억 년 전 원시 점액에서 벗어나려고 애쓰던 파충류로부터 물려받은 '구뇌(舊腦)'가 있다. 어떠한 이타주의적 충동도 없이 자신의 생존만 구하는 이 파충류의 유일한 행위 동기는 먹고 싸우고 (필요한 경우에는) 달아나고 생식을 하라고 촉구하는 기제였다. 먹을 것을 놓고 무자비하게 경쟁하고 어떤 위협도 피하고 영역을 지배하고 안전을 구하는 능력을 가장 잘 갖춘 파충류는 당연히 그들의 유전자를 물려줄 수 있었다. 그 결과 이런 자기중심적인 충동은 강화될 수밖에 없었다.[15] 그러나 포유류가 등장하고 나서 얼마 후 신경과학자들이 '변연계(邊緣系)'라고 부르는 것이 진화했는데, 이것은 아마 1억 2천만 년 전쯤의 일일 것이다.[16] 파충류에게서 물려받은 핵심 뇌 위에 형성된 변연계는 새끼 보호나 양육과 더불어 다른 개체와의 동맹 형성—생존 투쟁에서 매우 유용한 것이다.—을 비롯한 온갖 종류의 새로운 행동을 자극했다. 그 결과 지각이 있는 존재가 처음으로 자기 외의 다른 생물을 소중하게 여기고 돌보는 능력을 갖추게 되었다.[17]

이런 변연계의 감정이 절대 우리가 물려받은 파충류의 핵으로부터 여전히 나오고 있는 '나 먼저'라는 충동만큼 강할 수는 없다 해도, 우리 인간은 다른 생물에게 감정 이입을 하고 동료 인간에게 특별한 친밀감을 느낄 수 있는 배선이 튼튼하게 깔리는 방향으로 진화해 왔다. 중국 철학자 맹자(孟子, 기원전 371?~288?)는 그런 감정이 전혀 없는 사람은 없다고 주장하기에 이른다. 우물에 금방이라도 빠질 것 같은 아이를 보면 아이의 곤경을 몸소 느껴 반사적으로, 저도 모르게 아이를 구하러 달려가기 마련이다. 조금도 동요하지 않고 그런 장면을 지나쳐 갈 수 있는 사람은 뭔가 근본적으로 잘못되었다고 할 수 있다. 모든 사람들에게 이런 감정은 본성적이지만, 맹자는 본성의 발현이 어느 정도는 개인의 의지에 달려 있다고 생각했다. 자기 자신을 해치는 것처럼 이런 측은한 마음의 싹도 밟아버릴 수 있다. 반대로 이 싹을 잘 기르면 그 나름의 힘과 활력이 생기게 된다.[18]

맹자의 주장을 완전히 이해하려면 우리 뇌의 제3의 부분을 고려해야 한다. 약 2만 년 전 구석기 시대에 인간의 '신뇌(新腦)', 즉 우리가 본능적이고 원시적인 감정으로부터 물러날 수 있게 해주는 추론력과 자기 인식의 거처인 신피질(新皮質)이 진화했다. 이렇게 해서 인간은 세 가지 구분되는 뇌의 갈등하는 충동들에 사로잡혀 사는 오늘날의 모습을 대체로 갖추게 되었다. 구석기 시대 사람들은 능숙한 살해자였다. 농업이 발명되기 전에 그들은 동물 살육에 의존했으며 큰 뇌를 이용하여 자신보다 훨씬 크고 강한 생물을 죽일 수 있는 기술을 발전시켰다. 그러나 감정 이입 때문에 불편했을지도 모른다. 어쨌든 현재 존재하는 수렵 사회들을 보면 그렇게 결론을 내릴 수 있을 듯하다. 인류학자들은 부족민이 친구이자 보호자로 여기는 짐승을 죽여야만 하는데 심한 불안을 느껴 정화 제의로 이런 괴로움을 달래려 한다고 말한다. 나무가 거의 없는 칼라하리 사막에서 부시먼은 가죽을 스치기만

할 뿐인 가벼운 무기에 의존할 수밖에 없다. 그래서 그들은 화살에 동물을 죽이는—그러나 아주 천천히 죽이는—독을 바른다. 그러나 부시면 사냥꾼은 말로 표현할 수 없는 유대감 때문에 죽어 가는 짐승 곁을 지키며 짐승이 울면 함께 울면서 단말마의 고통에 상징적으로 참여한다. 다른 부족은 동물을 원래 왔던 세계로 돌려보내는 의식으로 동물 옷을 입거나 사냥감의 피나 배설물을 동굴 벽에 바른다.[19]

구석기 시대 수렵인도 비슷한 이해력을 갖추고 있었을지 모른다.[20] 에스파냐 북부나 프랑스 남서부의 동굴 그림은 우리 종의 기록 가운데 현존하는 가장 오래된 것에 속한다. 이 장식된 동굴은 거의 틀림없이 의식(儀式)과 관련된 기능을 했을 것으로 보인다. 따라서 처음부터 예술과 의식은 분리할 수 없었던 셈이다. 우리는 신피질 때문에 인간 존재의 비극과 곤경을 강하게 인식하게 되고, 그래서 부드러운 변연계 감정들이 풀려나와 지배적 위치에 올라서도록 부추기는 수단을 종교적 표현에서 찾는 것처럼 예술에서도 찾는다. 프랑스 도르도뉴 라스코 동굴의 프레스코화와 선각화—가장 오래된 것은 1만 7천 년 정도 되었다.—는 여전히 방문객들에게 경외감을 일으킨다. 그 화가들은 신령스러운 동물 묘사에서 수렵인의 핵심을 이루는 양면적 태도를 포착했다. 그들은 먹을거리를 얻으려고 노력하지만 자신들이 죽여야 하는 짐승에 대한 존중과 공감 때문에 사나운 태도는 누그러졌다. 그래서인지 짐승의 피와 기름을 물감과 섞었다. 의식과 예술 덕분에 수렵인은 자신들과 같은 생물에 대한 감정 이입과 숭배(religio)를 표현할 수 있었고—이 점은 기원전 4세기경 맹자가 언급했다.—그들을 죽이고자 하는 욕구를 감당하며 살아갈 수 있었다.

라스코 동굴에는 이 수렵인들의 식단에서 큰 자리를 차지했던 순록의 그림이 없다.[21] 그곳에서 멀지 않은 몽타스트뤼크에서는 작은 조각품이 하나 발견되었는데, 이것은 기원전 1만 1천 년경에 매머드의 상아를 조각한 것으로 시기가 라스코 그림 가운데 후기에 속하는 것들과 비슷하다. 현재 대영박물관에 보관된 이 조각품은 헤엄치는 순록 두 마리를 묘사하고 있다.[22] 조각가는 먹잇감이 새로운 목초지를 찾아 호수와 강을 헤엄쳐 건너느라 수렵인의 공격에 무방비 상태에 놓인 것을 열심히 지켜보았을 것이다. 그는 또 자신의 먹잇감에게 마음이 부드러워져서 전혀 감상에 빠지지 않으면서도 그들의 통절한 얼굴을 분명하게 잡아냈다. 대영박물관장 닐 맥그레거(Neil MacGregor)가 말했듯이 이 조각품의 해부학적 정확성은 이것이 "수렵인의 지식만이 아니라 도살자, 즉 동물을 보았을 뿐 아니라 잘라본 사람의 통찰을 갖고 만든 것이 분명하다는 사실"을 보여준다.[23] 전 캔터베리 대주교 로언 윌리엄스(Rowan Williams) 또한 이 구석기 시대 예술가들의 "상상력이 넘치는 엄청난 관용"에 대해 통찰력 넘치는 사유를 보여주었다.

이 시기의 예술에서는 인간들이 삶의 흐름으로 완전히 빠져들고자 노력하는 것이 보이며, 그래서 그들은 주위에서 진행되는 동물의 삶의 전 과정과 하나가 된다. …… 이것은 사실 매우 종교적인 충동이다.[24]

따라서 처음부터 종교와 예술 양쪽의 주요한 관심사는 공동체 감각을 계발하는 것이었다. 자연, 동물 세계, 또 같은 인간들과 함께 살아가는 공동체.

우리는 인간 역사에서 가장 긴 시기를 차지하는 수렵-채집인의 과거를 절대 완전히 잊을 수 없을 것이다. 우리가 가장 인간적이라고 생각하는 모든 것—우리의 뇌 몸 얼굴 말 감정 생각—에 이 유산이 각인되어 있다.[25] 우리의 선사 시대 조상들이 만들어낸 의식과 신화 가운데 일부는 훗날 문자 문화의 종교 체계에까지 살아남은 것으로 보인다. 이렇게 하여 거의 모든 고대 문화의 중심 의례인 동물 희생에는 선사 시대의 수렵 의식과 더불어 공동체를 위하여 자기 목숨을 내준 짐승에게 부여하는 명예가 보존되었다.[26] 우리가 오늘날 '종교'라고 부르는 것 대부분은 본래 우리 인간의 삶이 다른 생물을 죽이는 일에 의존한다는 비극적 사실을 인정하는 데 기반을 두고 있다. 의식은 인간이 이 불가해한 딜레마와 직면하도록 돕는 데 활용되었다. 그러나 고대 수렵인은 먹잇감에게 진정한 존경, 경외, 심지어 애정을 품었지만 늘 온 힘을 다해 죽였다. 수천 년 동안 크고 사나운 동물과 싸웠다는 것은 이 수렵 무리가 공동의 이익을 위해 모든 것을 걸고 위험한 순간에는 동료를 보호할 각오가 되어 있는, 긴밀한 유대를 맺은 조직이 되었다는 뜻인데, 이것이 현대 군대의 씨앗이다.[27] 그리고 받아들여야 할 모순적인 감정이 또 한 가지 있었다. 수렵인은 아마 사냥의 흥분과 강렬한 느낌을 사랑했을 것이다.

여기서 다시 변연계가 나선다. 죽여야 한다는 생각은 우리의 감정이입을 자극할 수도 있지만, 사냥하고 습격하고 싸우는 행동 자체가 이루어질 때 그 감정의 자리에는 신경전달물질인 세로토닌이 넘치게 된다. 세로토닌은 우리가 종교적 경험 일부와 연결짓는 환희의 감각을 담당하는 물질이다. 그래서 우리가 종교를 이해하는 방식으로 보자면 아주 괴상해 보일지 모르지만 그들에게는 그런 폭력적인 일이 자연스러운 종교적 활동으로 인식되었다. 사람들, 특히 남자들은 같은 전사들과 강력한 유대를 경험하고 다른 사람을 위하여 목숨을 내놓는 이타주의, 더 완전하게 살아 있다는 자극적인 느낌에 도취되었다. 폭력에 대한 이런 반응은 우리 본성에 끈질기게 남아 있다. 〈뉴욕 타임스〉의 전쟁 기자 크리스 헤지스(Chris Hedges)는 전쟁을 "우리에게 의미를 주는 힘"이라고 적절하게 묘사했다.

전쟁은 세계를 이해할 수 있게 해준다. 그들과 우리라는 흑백의 그림을 보여준다. 전쟁은 특히 자기 비판적인 사고를 중지시킨다. 모두 지고의 노력 앞에 고개를 숙인다. 전쟁으로 인해 생기는 고난이 더 높은 수준의 선을 위해 필요한 것이라는 신념 체계가 설득력을 얻기만 하면 우리 대부분은 기꺼이 전쟁을 받아들인다. 인간은 행복만이 아니라 의미도 추구하기 때문이다. 비극적이지만 전쟁은 때때로 인간 사회에서 의미를 얻는 가장 강력한 방법이다.[28]

또 어쩌면 전사는 뇌의 가장 깊은 곳에서 나오는 공격적 충동에 완전한 자유를 줄 수 있기 때문에 자신이 존재의 가장 기본적이고 냉혹한 역학, 삶과 죽음의 역학과 조화를 이루고 있다고 느끼는 것인지도 모른다. 다른 말로 하면 전쟁은 인간의 충동 가운데 가장 강하다고 말할 수 있는 파충류적 무자비함에 굴복하는 수단이다.

따라서 전사는 전투에서 다른 사람들이 제의에서 찾는 초월을 경험하며, 이것은 때때로 병적인 결과를 낳는다. 참전 군인의 외상 후 스트레스 장애(PTSD)를 치료한 정신과 의사들은 군인이 다른 사람을 죽일 때 거의 에로틱한 자기 확인을 경험할 수 있다는 점에 주목해 왔다.[29] 그러나 외상 후 스트레스 장애를 겪는 환자는 나중에 동정과 무자비라는 감정들을 구분하려고 애를 쓰는 과정에서 자신이 일관성 있는 인간으로 기능할 수 없음을 발견할 수도 있다. 한 베트남전 참전 군인은 자신이 목이 잘린 머리 두 개를 머리카락을 잡아서 들고 있는 사진에 관해 이야기했다. 그의 말에 따르면 전쟁은 "지옥"이었다. "미치는 게 당연하고" 모든 것이 "통제를 벗어난" 곳이었다. 하지만 그는 이렇게 결론을 내렸다.

내가 나 자신에 관해 말할 수 있는 최악은 거기 있는 동안 내가 생생하게 살아 있었다는 것이다. 나는 아드레날린이 높이 치솟는 것을 좋아하듯이, 친구들, 아주 가까운 벗들을 사랑하듯이 그곳을 사랑했다. 아주 비현실적이면서도 동시에 가장 현실적이었다. …… 어쩌면 지금 나에게 최악은 다시 그렇게 고조될 가능성 없이 평화롭게 산다는 것이다. 그런 고조된 상태를 만들어낸 것은 싫지만 그 상태 자체는 사랑했다.[30]

"갈등 한가운데 있을 때에만 우리 삶의 많은 부분의 얄팍하고 김빠진 상태가 분명하게 드러난다." 크리스 헤지스는 그렇게 설명한다. "하찮은 것들이 우리의 대화, 또 점차 우리의 방송 채널을 지배한다. 따라서 전쟁은 매혹적인 묘약이다. 그것은 우리가 결의를 다지게 하고 우리에게 대의를 준다. 우리는 고귀해진다."[31] 사람들을 전장으로 몰고 가는 서로 얽힌 수많은 동기 가운데 하나는 일상적인 가정생활의 권태와 무의미였다. 어떤 사람들이 수도자와 고행자가 되도록 몰아붙이는 것도 강렬한 느낌을 갈구하는 똑같은 허기일 것이다.

전사는 전장에서 우주와 연결된 느낌을 맛볼 수도 있지만 그 후에도 늘 내적 갈등을 해소할 수 있는 것은 아니다. 우리와 같은 종을 죽이는 것에 대한 강한 금기가 있다는 사실은 상당히 잘 입증되어 있다.

이것은 종의 생존을 돕는 진화의 전략이다.[32] 그런데도 우리는 싸운다. 그러나 싸우러 나가기 위해서 싸우는 행동을 우리와 적 사이에 거리를 둘 수 있는 신화—종종 '종교적' 신화—로 감싼다. 우리는 차이—인종적, 종교적, 이념적—를 과장한다. 적이 사실은 인간이 아니라 괴물에 가까우며 질서와 선에 맞서는 존재라고 믿기 위한 서사를 만들어낸다. 오늘날 우리는 신과 조국을 위해 싸운다고, 아니면 어떤 전쟁이 '정의롭다'거나 '합법적'이라고 우리 자신에게 말할 수도 있다. 그러나 이런 격려가 늘 효과가 있는 것은 아니다. 예를 들어 제2차 세계대전 동안 미국 육군 준장 마셜(S. L. A. Marshall)과 역사학자 팀은 유럽과 태평양에서 근접 전투를 목격한, 4백 개 이상의 보병 중대 소속 군인 수천 명을 면담했다. 조사 결과는 놀라웠다. 보병대원 가운데 적을 향해 직접 총을 쏠 수 있던 사람은 15~20퍼센트에 불과했다. 나머지는 그 행동을 피하려 했으며 들키지 않고 빗나가게 하거나 재장전을 하는 복잡한 방법을 찾아냈다.[33]

본성을 극복하기는 어렵다. 신병은 능률적인 군인이 되기 위해 감정을 억누르는 호된 입문 의식을 치르는데 이것은 수도사나 요가 수행자가 겪는 것과 다르지 않다. 문화사가 조애나 버크(Joanna Bourke)는 그 과정을 이렇게 설명한다.

개인은 분해되어 능률적인 싸움꾼으로 재조립되어야 했다. 기본적인 교의에는 비인격화, 제복, 사생활 부재, 강요된 사회적 관계, 빡빡한 일정, 수면 부족, 군대의 관례에 따른 재조직화 의례로 인한 방향 감각 상실, 자의적 규칙, 엄한 처벌 등이 포함되었다. 야만화 방법은 사람들에게 죄수를 고문하라고 가르치는 체제가 사용하는 것과 비슷했다.[34]

따라서 군인은 자신이 마음속에서 창조한 '적'과 마찬가지로 비인간적이 될 수밖에 없다고 말할 수 있을지도 모르겠다. 실제로 어떤 문화, 심지어―아니, 어쩌면 특히―전쟁을 찬양하는 문화에서 전사는 어떻게든 더럽혀지고 오염되며 공포의 대상이 된다는 것을 보게 될 것이다. 영웅적 인물인 동시에 두려워하고 분리해내야 할 필요악이 되는 것이다.

따라서 우리와 전쟁의 관계는 복잡한데, 그것은 어쩌면 전쟁이 인간 발달에서 상대적으로 늦게 나타난 것이기 때문일 수도 있다. 수렵-채집인은 우리가 전쟁이라고 부르는 조직적 폭력을 행사할 여유가 없었다. 전쟁에는 그들로서는 도저히 감당할 수 없는 대규모 군대, 일관된 지휘, 경제적 자원이 필요했기 때문이다.[35] 고고학자들은 이 시기에 생긴 집단 무덤을 발견했고 이는 일종의 대학살을 암시하기는 하지만,[36] 초기의 인간들이 서로 자주 싸웠다는 증거는 거의 없다.[37] 그러나 기원전 9000년경 레반트의 선구적인 농부들이 야생 곡물을 재배하고 저장하는 법을 배우면서 인간의 삶은 완전히 바뀌었다. 이들은 그 어느 때보다 많은 인구를 감당할 수 있는 곡물을 생산했으며, 마침내 필요한 것 이상의 식량을 재배하게 되었다.[38] 그 결과 인간의 수는 급격하게 불어났고 일부 지역에서는 수렵-채집인의 삶으로 돌아가는 것이 불가능해졌다. 기원전 8500년경부터 서기 1세기 사이―우리의 4백만 년 역사를 생각하면 놀랄 만큼 짧은 시기다.―에 전 세계에서 서로 독립적으로 인간 대다수가 농경 생활로 옮겨 갔다. 농업과 더불어 문명이 나타났고 문명과 더불어 전쟁이 나타났다.

우리는 산업화된 사회에 살면서 종종 과거에 대한 그리움을 품고 농경 시대를 돌아보며, 그때는 사람들이 땅과 밀착하여 자연과 조화를 이루면서 더 건강하게 살았다고 상상한다. 하지만 처음에 농업은 트라우마로 경험되었다. 이 초기 정착자들은 인구 전체를 쓸어버릴 수도 있는 생산성의 격렬한 변동에 속수무책이었으며 그들의 신화는 최초의 농부들이 불모 가뭄 굶주림과 필사적으로 전투를 벌이는 모습을 묘사한다.[39] 처음으로 허리가 휘는 단조롭고 고된 일이 인간 삶의 일상적 조건이 되었다. 유골을 보면 식물을 먹는 인간이 고기를 먹는 수렵인보다 머리 하나가 작으며 빈혈, 감염증, 충치, 뼈 관련 질병에 걸리기 쉽다는 것을 알 수 있다.[40] '대지'는 지모신(地母神)으로 숭배되었으며 땅의 다산성은 신의 현현(顯現)으로 경험되었다. 지모신은 메소포타미아에서는 이슈타르, 그리스에서는 데메테르, 이집트에서는 이시스, 시리아에서는 아나트라고 불렀다. 그러나 지모신은 위로를 주는 존재가 아니라 매우 폭력적인 존재였다. '어머니 대지'는 자주 동료와 적을 동시에 파괴해버렸다. 옥수수를 갈아 가루로 만들고 포도를 밟아 알아볼 수 없는 걸쭉한 덩어리로 만드는 것과 마찬가지였다. 농기구는 대지에 상처를 내는 무기로 묘사되었고 이에 따라 농경지는 피의 벌판이 되었다. 아나트는 불모의 신 모트를 죽일 때 의식용 낫으로 두 동강을 내고 체로 거르고 맷돌로 갈고 피가 흐르는 살점을 벌판에 뿌렸다. 아나트는 생명을 주는 비의 신 바알의 적들을 죽인 뒤 연지와 헤나로 자기 몸을 장식하고 죽은 자들의 손과 머리로 목걸이를 만들고 무릎까지 오는 피 웅덩이를 걸어가 승리의 잔치에 참석했다.[41]

이런 폭력적인 신화들은 농경 생활의 정치적 현실을 반영했다. 기원전 9000년대 초가 되자 요르단강 유역의 예리코 오아시스의 정착지 인구가 3천 명이 되었는데, 이것은 농업이 등장하기 전에는 불가능한 수였다. 예리코는 짓는 데 수만 시간의 인력이 들어갔을 것이 틀림없는 육중한 담으로 보호받는 튼튼한 요새였다.[42] 이 불모지대에서 예리코에 저장된 풍부한 식량은 굶주린 유목민을 끌어당기는 자석과 같았을 것이다. 따라서 집약 농업은 이 부유한 정착지에 있는 모두를 위험에 빠뜨릴 수 있는 조건을 낳았으며 경작에 알맞은 그 땅을 피의 벌판으로 바꿀 수 있었다. 그런 점에서 예리코는 특별했다. 미래의 전조였다. 전쟁이 이 지역의 풍토병처럼 번진 것은 5천 년 뒤였지만 이때 이미 하나의 가능성으로 등장했는데, 처음부터 대규모의 조직적 폭력은 이렇게 종교가 아니라 조직화된 절도와 관련이 있었던 것으로 보인다.[43]

그러나 농업은 또 다른 유형의 폭력도 불러들였다. 사람들이 자신의 운명을 낫게 바꿀 수 없을 정도로 비참한 굴종 속에서 살아가도록 강요하는 사회의 제도적 또는 구조적 폭력이었다. 이런 체제의 억압은 어쩌면 "가장 은근한 형태의 폭력"일 수도 있다고 묘사되어 왔으며,[44] '세계교회협의회'에 따르면 다음과 같은 상황에서는 언제나 존재했다.

자원과 권력이 불평등하게 분배되어 소수의 손에 집중되어 있으며, 이들은 이것을 모든 구성원이 가능한 자기실현을 이루도록 하는 데 쓰는 것이 아니라, 그 일부를 자기만족을 위해 또는 다른 사회나 같은 사회에서 혜택받지 못한 사람들의 지배, 억압, 통제를 위해 사용한다.[45]

농경 문명은 인간 역사상 처음으로 이런 체제 폭력을 현실로 만들었다. 구석기 공동체는 아마 평등했을 것이다. 수렵-채집인은 수렵의 곤경과 위험을 함께하지 않는 특권 계급을 먹여 살릴 수 없었기 때문이다.[46] 이런 작은 공동체는 간신히 목숨을 유지하는 선에서 살아갔고 경제적 잉여를 생산하지 못했기 때문에 부의 불공평은 불가능했다. 부족은 각자가 가진 식량을 모두 공유해야만 생존할 수 있었다. 신체가 건강한 남성은 모두 같은 무기와 싸움 기술을 지니고 있었기 때문에 강압에 의한 지배가 이뤄질 수 없었다. 인류학자들은 현대의 수렵-채집인 사회가 계급이 없고 경제는 '일종의 공산주의'이며,[47] 사람들은 기술이나 공동체 전체에 도움이 되는 관용 친절 차분한 성격 같은 자질로 존경을 받는다는 데 주목해 왔다.[48] 그러나 필요 이상으로 생산하는 사회에서는 작은 집단이 자신의 부를 위해 이 잉여를 착취하고 폭력을 독점하고 나머지 사람들을 지배할 수 있게 된다.

1부에서 보겠지만 이런 체제 폭력은 모든 농경 문명을 지배했다. 경제적으로 농업에 의존하던 중동, 중국, 인도, 유럽의 여러 제국에서는 인구의 2퍼센트가 되지 않는 엘리트 집단이 소수의 가신 무리의 도움을 얻어 대중이 재배한 농산물을 체계적으로 강탈함으로써 귀족적 생활 방식을 지탱했다. 그러나 사회사가들은 이런 부당한 구조가 없었다면 인간은 아마 절대 생존 수준을 넘어서 발전하지 못했을 것이라고 주장한다. 이것이 문명화된 예술과 과학을 발전시킬 여유가 있는 특권 계급을 만들어냈고, 그런 예술과 과학 덕분에 진보를 이룰 수 있었기 때문이다.[49] 근대 이전의 모든 문명이 이런 억압적 체제를 채택했다. 다른 대안은 없는 것처럼 보였다. 이것은 불가피하게 종교에 영향을 끼칠 수밖에 없었는데, 종교는 국가 건설과 통치를 포함한 모든 인간 활동에 스며들어 있었다. 실제로 우리는 근대 이전의 정치는 종교와 분리할 수 없다는 것을 보게 될 것이다. 지배 엘리트가 불교 기독교 이슬람교 같은 윤리적 전통을 받아들이면, 성직자들은 대개 국가의 구조적 폭력을 뒷받침할 수 있도록 자신들의 이데올로기를 개편했다.[50]

우리는 1부와 2부에서 이 딜레마를 탐사할 것이다. 힘에 의해 수립되고 군사적 공격에 의해 유지되는 농경 국가에서 전쟁은 국가의 본질이었다. 땅과 거기에서 농사를 짓는 농민은 부의 제일 원천이었으며, 영토 정복은 농경 왕국이 세입을 늘릴 수 있는 유일한 길이었다. 따라서 전쟁은 모든 농경 경제에 없어서는 안 되는 것이었다. 지배 계급은 농촌에 대한 통제를 유지하고, 공격자들에 맞서 경작에 알맞은 땅을 방어하고, 더 많은 땅을 정복하고, 반항의 싹만 보여도 무자비하게 짓밟아야 했다. 이 이야기에서 핵심 인물은 인도 황제 아소카(기원전 268~232년경 재위)다. 그는 자신의 군대 때문에 반역의 도시가 겪는 고통에 경악하여 공감과 관용의 윤리를 지칠 줄 모르고 장려했지만 결국 군대를 해체하지는 못했다. 어떤 국가도 군대 없이는 생존할 수 없다. 일단 국가가 성장하여 전쟁이 인간 삶의 일상적 조건이 되면 더 큰 힘, 곧 제국의 군사적 힘이 종종 평화를 유지하는 유일한 방법으로 보였다.

국가, 그리고 제국의 융성에 군사력은 필수적이었기 때문에 역사가들은 군국주의를 문명의 한 표지로 간주한다. 규율과 복종심을 갖추고 법을 지키는 군대가 없었다면 인간 사회는 아마 원시 수준으로 남아 있거나 쉴 새 없이 전쟁을 벌이는 유랑민 무리로 전락했을 것이라는 주장도 있다.[51] 그러나 폭력적 충동과 동정적 충동 사이의 내적 갈등과 마찬가지로 평화로운 목적과 폭력적 수단 사이의 모순은 여전히 해결되지 않고 있다. 아소카의 딜레마는 문명 자체의 딜레마다. 그리고 이런 전쟁의 줄다리기 속으로 종교도 딸려 들어간다. 모든 근대 이전 국가 이데올로기는 종교에 물들어 있기 때문에 전쟁에는 불가피하게 성례(聖禮)의 요소가 들어갈 수밖에 없었다. 사실 모든 주요한 신앙 전통이 자신이 생겨난 국가의 뒤를 쫓았다. 어떤 신앙 전통도 군사적으로 막강한 제국의 후원이 없었다면 '세계 종교'가 되지 못했을 것이며, 모든 전통은 어쩔 수 없이 제국의 이데올로기를 개발하게 된다.[52] 그렇다면 종교는 자신과 불가분하게 연결되어 있는 국가의 폭력에 어느 정도나 기여했을까? 인간 폭력의 역사에 대하여 종교 자체의 책임을 얼마나 물어야 할까? 그 답은 많은 대중적 담론이 보여주는 것만큼 간단하지 않다.

인류가 그 어느 때보다 밀접하게 서로 연결되어 있는—정치적으로, 경제적으로, 전자적으로—이 시점에 우리의 세계는 위험하게 양극화되어 있다. 우리 시대의 도전에 응하여 모든 민족이 평화롭게 서로 존중하며 함께 살 수 있는 지구적 사회를 창조하려면 우리는 우리의 상황을 정확하게 평가해야 한다. 종교의 본질이나 세계에서 종교의 역할에 관하여 지나치게 단순화된 가정을 할 여유가 없다. 근대화의 초기 단계에는 미국의 신학자 윌리엄 캐버노(William T. Cavanaugh)가 "종교적 폭력의 신화"[53]라고 부른 것이 서양인에게 잘 들어맞지만, 지구촌에서 우리가 맞닥뜨린 곤경을 완전히 이해하려면 더 섬세한 관점이 필요하다.

이 책은 주로 유대교 기독교 이슬람교 등 아브라함 전통에 초점을 맞추는데, 그것은 이들이 현재 가장 주목을 받는 종교이기 때문이다. 그러나 유일신교, 즉 단일한 신에 대한 믿음이 특히 폭력과 불관용을 낳는 경향이 있다는 신념이 널리 퍼져 있기에 이 책의 1부에서는 유일신교를 비교의 관점에서 검토한다. 아브라함 신앙들에 앞선 전통에서는 군사력과 종교 모두 국가에 필수적이었을 뿐 아니라, 최초의 시기부터 불가피한 폭력이라는 딜레마에 관해 고뇌하고 공격적 충동에 맞서 그것을 더 동정적인 목적으로 활용하는 '종교적' 방법을 제안한 사람들이 있었다는 것을 보게 될 것이다.

종교적으로 표현된 폭력의 모든 예를 다루려면 지면이 부족하겠지만 그래도 세 아브라함 종교의 긴 역사에서 가장 두드러지는 예 몇 가지, 가령 여호수아의 거룩한 전쟁, 지하드의 부름, 십자군, 종교재판, 유럽 종교전쟁 등을 탐사해볼 것이다. 근대 이전 사람들은 정치에 참여하는 것을 종교적인 맥락에서 생각했으며, 그들이 세계를 이해하려는 노력에는 오늘날 우리에게는 이상해 보일 정도로 신앙이 배어 있었다는 점이 분명해질 것이다. 하지만 그것이 전부가 아니다. 영국의 한광고를 다시 써보자. "날씨는 아주 많은 일을 한다. 종교도 마찬가지다." 종교의 역사에서 평화를 위한 노력은 거룩한 전쟁만큼 중요했다. 종교적인 사람들은 파충류 뇌의 독단적인 사내다움에 대처하고, 폭력을 억제하고, 삶을 고양하는 예의 바른 공동체를 건설할 온갖 기발한 방법을 찾아냈다. 그러나 국가 체제의 호전성에 반대하게 된 아소카왕과 마찬가지로 사회를 근본적으로 바꾸지는 못했다. 그들이 할 수있는 최선은 사람들이 더 친절하게 서로 더 감정 이입을 하며 함께 살아가는 방법을 보여주는 다른 길을 제안하는 것이었다.

현대를 다루는 3부에서는 1980년대에 터져 나와 2001년 9월 11일의 잔혹 행위에서 절정에 이른 폭력, 종교적 정당성을 주장하는 폭력의 물결을 탐사할 것이다. 그러나 동시에 여러 가지 유익이 있지만, 종교적 국가 이데올로기에 맞서 전적으로 평화주의적인 대안을 늘 제시하는 것은 아닌 '세속주의'의 본질도 검토할 것이다. 30년전쟁 뒤 유럽의 평화를 회복시키려 한 초기 근대 철학에는 사실 그 나름의 무자비한 경향이 있었다. 특히 세속적 근대성의 피해자를 다루는 문제에서 그러했는데, 피해자들은 근대성이 힘을 주고 해방을 가져오기보다는 자신을 소외시킨다는 것을 알았다. 이것은 세속주의가 종교를 대체하기보다는 또 다른 종교적 열광을 만들어냈기 때문이다. 우리에게는 궁극적 의미를 찾으려는 욕망이 뿌리 깊이 박혀 있기 때문에 우리의 세속적 제도, 특히 민족 국가는 거의 즉시 '종교적' 분위기를 획득했다. 그러나 인간 삶의 더 가혹해진 현실과 마주하도록 돕는 문제―여기에 쉬운 답은 없다.―에서는 고대 종교보다 능숙하지 못하다. 하지만 세속주의가 결코 이야기의 끝은 아니다. 어떤 사회에서는 근대성으로 나아가는 자기만의 길을 찾으려는 시도가 종교에 피해를 주고, 과거에 늘 자신들을 지탱해 왔던 삶과 이해의 방식에서 떨어져 나올 준비가 되어 있지 않은 사람들의 영혼에 상처를 남겼다. 희생양은 황무지에서 상처를 핥다가 곪아 가는 원한에 사무쳐 자신을 몰아낸 도시로 다시 달려갔다.

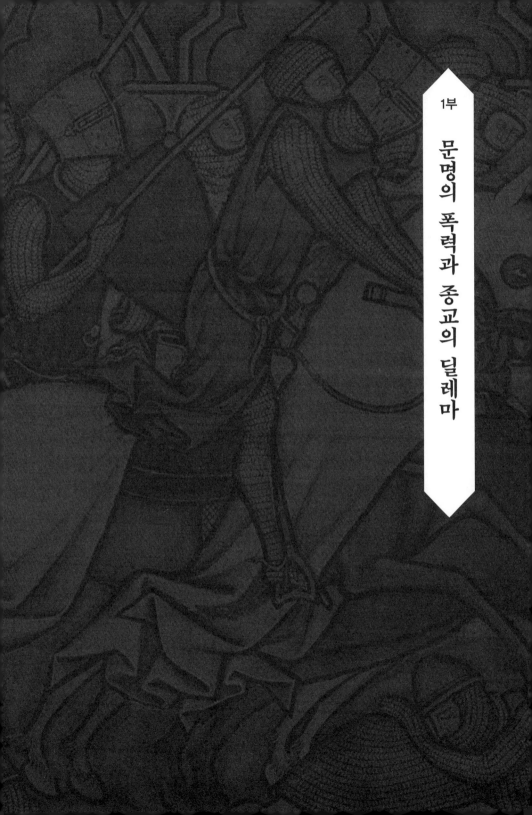

1부

문명의 폭력과 종교의 딜레마

1장

수메르,
농경의 시작과 전쟁의 탄생

최초의 전쟁 영웅
길가메시

고대 '왕의 명단'에 우루크의 5대 통치자로 나오는 길가메시는 "인간 가운데 가장 강한 자. 거대하고 잘생기고 광채가 나고 완벽한" 인물로 기억되었다.[1] 그는 실존 인물이었겠지만 곧 전설의 아우라를 얻게 되었다. 그는 모든 것을 보았고 땅끝까지 여행했고 지하 세계를 찾아 갔고 위대한 지혜를 얻었다고 전해진다. 기원전 3000년대 초 현재 이라크 남부에 있던 우루크는 세계 최초의 문명인 수메르 연방 최대의 도시 국가였다. 기원전 1200년경 길가메시의 놀라운 생애를 그 나름으로 기록한 시인 신-레키-운닌니는 여전히 그 신전 궁 정원 상점에 대한 자부심으로 가슴이 벅차올랐다. 그는 자신의 서사시를 길가메시가 백성을 위해 복원한 약 10킬로미터 길이의 웅장한 성벽에 대한 생동

감 넘치는 묘사로 시작하고 또 끝을 맺는다. "우루크의 성벽을 걸어보라!" 그는 흥분하여 독자들에게 권한다. "그 벽을 따라 도시 둘레를 돌면서 그 단단한 기초를 조사하고 쌓인 벽돌을 살펴보라. 얼마나 솜씨좋게 지었는지!"[2] 이 훌륭한 요새는 전쟁이 인간 삶의 기본 조건이 되었음을 보여주었다. 그러나 그것이 불가피한 전개는 아니었다. 수메르는 4백 년 동안 외침으로부터 자기 도시들을 지킬 필요를 느끼지 않았다. 하지만 기원전 2750년경 통치했을 것으로 보이는 길가메시는 새로운 종류의 수메르 왕이었다. "들소 같은 남자, 정복당하지 않는 지도자, 전선의 영웅, 병사들의 사랑을 받는 자. 사람들은 그를 **요새**라고, **민중의 보호자, 모든 방어를 무너뜨리는 성난 홍수**라고 불렀다."[3]

신-레키-운닌니는 우루크에 열광했지만 문명에는 그 나름의 불만이 있음을 인정할 수밖에 없었다. 시인들은 길가메시가 죽자마자 그의 이야기를 하기 시작했다. 원형적인 이야기이기 때문이다. 그것은 영웅의 여정을 문학적으로 풀어낸 최초의 이야기이다.[4] 그러나 이 이야기는 동시에 문명화된 삶에 불가피하게 구조화된 폭력이라는 문제와 씨름한다. 억압당하고 궁핍하고 비참한 우루크 민중은 신들에게 길가메시의 압제에서 구원해 달라고 간청했다.

> 도시는 그의 소유이며 그는 그곳을
> 들소처럼 오만하게 고개를 높이 들고
> 과시하듯 걸어 다니며 시민을 짓밟는다.
> 길가메시는 왕이며 뭐든 자기 하고 싶은 대로 한다.
> 이유도 없이 우루크의 젊은이들을 괴롭혀
> 아들이 마음대로 아버지에게 가지도 못하게 한다.[5]

이 젊은이들은 성벽을 재건하는 노역단에 징집당했을 수도 있다.[6] 사실 주민 대다수를 파렴치하게 착취하지 않고는 도시 생활이 가능하지 않았을 것이다. 길가메시와 수메르의 귀족은 전례 없는 화려한 생활을 했지만 농민 대중에게 문명은 곤궁과 억압만 가져왔을 뿐이다.

수메르인은 최초로 공동체가 생산한 잉여 농산물을 징발하여 특권 지배층을 만들어낸 것으로 보인다. 이 일은 오직 힘으로만 이룰 수 있었을 것이다. 진취적인 정착자들은 기원전 5000년경 처음으로 티그리스강과 유프라테스강 사이의 비옥한 평원에 매력을 느꼈다.[7] 이곳은 농사를 짓기에는 너무 건조하여 정착자들은 매년 산에서부터 흘러내려와 평원에 홍수를 일으키는 눈 녹은 물을 제어하고 분배할 관개 시스템을 기획했다. 이 시스템은 놀라운 성취였다. 힘을 모은 노력으로 운하와 도랑이 계획되고 설계되고 유지되었으며, 물은 경쟁하는 여러 공동체에 공평하게 분배되었다. 이 새로운 시스템은 아마 소규모로 시작되었겠지만 곧 농업 생산량의 급격한 증가와 그에 따른 인구 폭발을 가져왔다.[8] 기원전 3500년에 수메르는 그전에는 상상도 할 수 없었던 50만이라는 인구를 거느리게 되었다. 강력한 지도력이 필수적이었겠지만 실제로 이 순박한 농부들을 도시 거주자로 바꾼 것이 무엇인가 하는 문제는 끝없는 토론의 주제다. 서로 얽히고 또 강화해주는 요인들이 수도 없이 개입했을 것이다. 순전히 인간적인 야망은 말할 것도 없고 인구 증가, 전례 없는 농업 생산성, 관개에 필요한 강도 높은 노동 등이 모두 새로운 종류의 사회를 낳는 데 기여했다.[9]

우리가 확실하게 아는 것은 기원전 3000년에 이르면 메소포타미아 평야에는 열두 도시가 있고, 각 도시는 주변 농촌의 농민이 경작하는 농작물로 유지되었다는 것이다. 농민은 최저 생활 수준으로 살아갔다.

각 마을은 수확물 전체를 자신이 받드는 도시로 가져가야 했다. 관리들은 그 가운데 일정량을 지역 농민이 먹고살도록 할당하고 나머지는 귀족을 위해 신전에 저장했다. 이런 식으로 큰 집안 몇 곳이 가신 집단—관료, 군인, 상인, 집안 하인—의 도움을 얻어 수입의 반에서 3분의 2를 독차지했다.[10] 이들은 이 잉여를 이용하여 완전히 다른 삶을 살았다. 여가와 부가 없으면 불가능한 여러 가지 일을 자유롭게 할 수 있었다. 그 대가로 그들은 관개 시스템을 유지하고 법과 질서를 어느 정도 지켜주었다. 근대 이전의 모든 국가는 무정부 상태를 두려워했다. 가뭄이나 사회 불안으로 인해 단 한 번 수확에 실패해도 수천 명이 죽을 수 있기 때문에 엘리트는 스스로 이 체제가 전 주민에게 이롭다고 말할 수 있었다. 그러나 노동의 열매를 강탈당한 농민은 노예보다 나을 것이 없었다. 쟁기질을 하고 수확을 하고 관개용 운하를 파도 어쩔 수 없이 지위가 떨어지고 빈곤해졌기에 그들이 들에서 하는 힘든 노동은 그들의 생명력을 소진시켰다. 감독관은 만족스럽지 않으면 그들이 소유한 소의 무릎을 꺾고 올리브나무를 베어버렸다.[11] 농민은 자신의 고통을 보여주는 단편적인 기록을 남겼다. "가난한 사람은 사는 것보다 죽는 게 낫다." 한 농민은 그렇게 탄식했다.[12] "나는 순종 말이다. 하지만 노새에게 묶여 수레를 끌고 잡초와 그루터기를 날라야 한다." 다른 사람은 그렇게 불평했다.[13]

수메르는 농업이 문명의 경제적 기초 역할에서 물러나는 근대에 이르기 전까지 모든 농경 국가를 지배하게 될 구조적 폭력 체계를 만들어냈다.[14] 그 엄격한 위계는 메소포타미아 문명의 상징인 거대한 계단형 신전 탑인 지구라트로 상징되었다. 수메르 사회 또한 위로 갈수록 좁아지다가 가장 높은 귀족의 첨탑에서 절정에 이르는 층층의 구조로 이루어져 있었으며, 개인은 모두 자기 자리에 갇혀 옴짝달싹하지 못했다.[15] 그러나 주민 대다수에게 폭력을 행사하는 이런 잔인한 구조가 없었다면 인간은 진보를 가능하게 해준 예술과 과학을 발전시키지 못했을 것이다. 문명 자체가 계발되기 위해서는 유한계급이 필요했으며, 따라서 우리의 가장 훌륭한 성취는 수천 년 동안 착취당한 농민의 등 위에 세워진 셈이다. 수메르인이 문자를 발명한 목적이 사회 통제였다는 점도 우연이 아니다.

이런 파괴적인 억압에서 종교는 어떤 역할을 했을까? 모든 정치 공동체는 자신의 제도가 자신들이 인식하는 자연 질서에 근거를 두고 있다는 이데올로기를 발전시킨다.[16] 수메르인은 자신들의 획기적인 도시 실험이 얼마나 허약한지 알았다. 진흙 벽돌로 지은 건물은 늘 보수가 필요했다. 티그리스강과 유프라테스강이 자주 범람해 둑이 터져 농사를 망쳤다. 억수로 쏟아지는 비는 땅을 진흙탕으로 바꾸어놓았으며 무시무시한 폭풍은 재산을 파괴하고 가축을 죽였다. 그러나 귀족은 천문학을 연구하여 천체 운동의 규칙적인 패턴을 발견했다. 그들은 자연계의 다양한 원소들이 협력하여 안정된 우주를 창조한 방식에 경탄했고, 우주 자체가 그 안의 만물이 나름의 기능을 할당받은 일종의 국가가 분명하다고 결론을 내렸다. 그들은 이 천상의 질서를 모범으로 삼아 도시를 만들면 자신들의 실험적 사회도 세상이 작동하는 방식과 조화를 이루어 번창하고 오래갈 것이라고 판단했다.[17]

그들은 신들이 우주의 상태를 관리한다고 믿었다. 이 신들은 자연의 힘과 분리할 수 없으며, 오늘날의 유대인 기독교인 무슬림이 섬기는 '하느님'과는 전혀 달랐다. 이 신들은 사건을 통제하는 것이 아니라 인간 동물 식물과 똑같이 법칙에 얽매여 있었다. 또 인간과 신 사이에 거대한 존재론적 간극도 없었다. 예를 들어 길가메시는 3분의 1은 인간이고 3분의 2는 신이었다.[18] 더 위의 신들인 아눈나키*는 귀족의 천상의 분신, 그들의 가장 완전하고 유능한 자아로서 불멸이라는 점에서만 인간과 달랐다. 수메르인은 이 신들이 자신들과 마찬가지로 도시 계획, 관개, 통치에 몰두하고 있다고 상상했다. 하늘인 아누는 천상의 자기 궁에서 이 원형적 국가를 다스렸지만 그의 존재는 지상의 모든 권위에서도 느껴졌다. 폭풍인 엔릴은 메소포타미아에서 격변을 일으키는 폭풍우만이 아니라 모든 종류의 인간의 힘과 폭력에서도 드러났다. 엔릴은 '신들의 회의'(수메르의 국가 회의의 모델)에서 아누의 최고 참모였으며, 인간에게 문명의 기술을 알려준 엔키는 농업 장관이었다.

모든 국가는—심지어 우리의 세속적 민족 국가도—그 특별한 성격과 임무를 규정하는 신화에 의지한다. **신화**라는 말은 현대에는 힘을 잃어 사실이 아닌 것, 일어난 적이 없는 일을 뜻하는 경향이 있다. 그러나 근대 이전 세계에서 신화는 역사적 현실보다는 시간을 초월한 현실을 표현했으며 현재의 행동에 청사진을 제공했다.[19] 고고학이나 역사의 기록이 아주 빈약한, 역사의 이 최초의 시기에 글로 보존된 신화는 우리가 수메르인의 마음속으로 들어갈 수 있는 유일한 길이다. 이 문명의 선구자들에게 우주 국가의 신화는 정치과학의 교과서였다. 수메르인은 자신의 계층화된 사회가 기억할 수 없는 옛날부터 널리 퍼져 있던 평등주의 규범과 거리가 한참 멀다는 것을 알았지만, 어째서인지 그것이 사물의 본성 자체에 새겨져 있고, 심지어 신들도 그것을 따를 수밖에 없다고 확신했다. 신들은 인간이 존재하기 오래전부터 메소포

아눈나키(Anunnaki) 하늘 아누(Anu)와 땅 키(Ki)가 낳은 자식들이라는 뜻으로, 수메르의 주요 신들을 집단적으로 가리키는 말.

타미아의 도시에 살면서 자신이 먹을 것을 기르고 관개 시스템을 관리했다고 이야기되었다.[20] 그들은 '대홍수' 이후 땅에서 하늘로 물러나면서 수메르의 귀족에게 도시를 관리하는 일을 맡겼다. 주인인 신들의 말을 따라야 하는 지배 계급은 이 문제에서 선택의 여지가 없었다.

영속 철학의 논리대로 수메르인의 정치 제도는 신들의 제도를 모방했다. 그들은 이렇게 하면 자신들의 약한 도시가 신성한 영역의 힘을 나누어 가질 수 있다고 믿었다. 도시마다 각각의 수호신이 있었으며, 도시는 이 신의 영토로 관리되었다.[21] 거대한 크기의 조각상으로 표현된 통치신은 제1신전에서 그의 가족, 가신 무리, 하인들과 함께 살았으며, 이들 역시 조각상으로 만들어져 여러 방에서 살았다. 수메르인은 정교한 의식을 통해 신들을 먹이고 그들에게 옷을 입히고 그들을 접대했으며, 각 신전은 신의 이름으로 농지와 가축을 엄청나게 소유했다. 도시 국가의 모든 사람은 아무리 미천한 일을 하더라도 신을 섬기는 일에 참여했다. 신의 의례를 관장하고 신의 양조장 공장 작업장에서 일을 하고 신의 성지를 쓸고 신의 동물을 기르거나 도살하고 신의 빵을 굽고 신의 조각상에 옷을 입혔다. 메소포타미아 국가에는 세속적인 것이 없었고 그들의 종교에는 개인적인 것이 없었다. 이곳은 가장 높은 귀족에서부터 가장 낮은 장인에 이르기까지 모두가 성스러운 활동을 하는 신정(神政) 국가였다.

메소포타미아의 종교는 기본적으로 공동체적이었다. 사람들은 마음속이라는 사적인 공간에서만 신성한 것과 만나려 하지 않았다. 일차적으로 신성한 공동체에서 그것을 찾았다. 근대 이전의 종교는 별도의 제도로 존재하지 않았다. 종교는 공동체의 정치적, 사회적, 가정적 구조 안에 자리를 잡고 사회에 전체적인 의미 체계를 제공했다. 종교의 목표, 언어, 의식은 이런 세속적 고려에 의해 좌우되었다. 메소포타미아의 종교적 관행은 사회에 기본 틀을 제공했기 때문에 사적인 영적 체험이라는 근대의 '종교' 개념과 정반대였던 것으로 보인다. 종교는 기본적으로 정치적인 일이었으며 개인적 신앙의 기록은 전혀 남아 있지 않다.[22] 신들의 신전은 예배 장소가 아니라 경제의 중심이었다. 잉여 농산물이 거기에 저장되었기 때문이다. 수메르인에게는 **사제**에 해당하는 말이 없었다. 도시의 관료이자 시인이며 천문학자이기도 한 귀족이 도시의 예배 의식을 주관했다. 이것은 잘 어울리는 일이었던 것이 수메르인에게는 모든 활동—특히 정치—이 신성했기 때문이다.

이 정교한 체제는 국가의 구조화된 폭력을 부정직하게 정당화했을 뿐 아니라, 특히 이 오만하고 문제가 많은 인간 실험에 의미를 부여하려는 시도이기도 했다. 도시는 인류가 만들어낸 가장 큰 물건이었다. 인공적이고 약하고, 제도화된 강제에 의존했다. 문명은 희생을 요구하기에 수메르인은 자신들이 농민에게서 거두어들이는 대가는 필수적이고 궁극적으로 그렇게 할 만한 가치가 있다고 믿을 수밖에 없었다. 따라서 수메르인은 자신들의 불공정한 체제가 우주의 근본 법칙과 조화를 이룬다고 주장하면서 신화적인 용어로 가혹한 정치 현실을 표현했다.

대안이 전혀 없었기 때문에 이 체제는 철칙처럼 보였다. 서기 15세기가 끝날 무렵에는 중동, 동남아시아, 북아프리카, 유럽에 농경 문명이 자리를 잡게 되며, 이 모든 곳—인도, 러시아, 터키, 몽골, 레반트, 중국, 그리스, 스칸디나비아 어디에서나—에서 수메르와 마찬가지로 귀족은 농민을 착취했다. 지배 계급의 강압이 없었다면 농민이 경제 잉여를 생산하도록 강제할 수 없었을 것이다. 인구 성장이 생산성 발전과 발을 맞추었을 것이기 때문이다. 받아들이기 쉽지 않을지 모르지만 귀족은 대중을 최저 생활 수준에서 살도록 강제함으로써 인구 성장을 억제하여 인간의 진보를 가능하게 했다. 농민에게서 잉여를 빼앗지 않았다면 궁극적으로 우리의 근대 문명을 이끌어낸 기술자 과학자 발명가 예술가 철학자를 뒷받침할 경제 자원도 없었을 것이다.[23] 미국의 트라피스트회 수도사 토머스 머튼(Thomas Merton)이 지적하듯이 이런 체제 폭력에서 혜택을 본 우리는 모두 5천 년 동안 대다수 사람에게 고통을 강요하는 과정에 연루되어 있다.[24] 또는 철학자 발터 베냐민(Walter Benjamin)의 말을 빌려올 수도 있다. "문명의 증거는 동시에 야만의 증거이기도 하다."[25]

농경 사회 지배자들은 국가를 자신의 사적 소유물로 여겼으며 자신의 부를 위해 국가를 마음대로 착취해도 좋다고 생각했다. 역사에는 그들이 농민에게 어떤 책임감을 느꼈다고 암시하는 기록이 없다.[26] 길가메시의 백성은 그 서사시에서 이렇게 하소연한다. "도시는 그의 소유다. …… 길가메시는 왕이며 뭐든 자기 하고 싶은 대로 한다." 그러나 수메르의 종교가 이런 불평등을 완전히 승인한 것은 아니다. 신들은 이런 괴로움 가득한 하소연을 듣자 아누에게 소리친다. "길가메시는 비록 고귀하지만, 비록 훌륭하지만 모든 선을 넘었다. 민중이 그의 압제 때문에 고통을 받는다. …… 그대는 그대의 왕이 이런 식으로 다스리기를 바라는가? 목자라면 자신의 양떼를 구해야 하는 것 아닌가?"[27] 아누는 설레설레 고개를 젓지만 체제를 바꾸지는 못한다.

서사시 《아트라하시스》(기원전 1700?)는 신들이 여전히 메소포타미아에 살던 시대, 문명의 기초를 이루는 "일을 인간이 아니라 신들이 하던" 신화 시대가 배경이다.[28] 시인은 신들의 귀족 아눈나키가 하급 신들인 이기기에게 너무 큰 짐을 지도록 강요했다고 설명한다. 그들은 3천 년 동안 들판에서 쟁기질을 하고 추수를 하고 관개용 운하를 팠다. 심지어 티그리스강과 유프라테스강의 강바닥도 파야 했다. "그들은 밤이나 낮이나 신음을 토하고 서로 비난했다." 그러나 아눈나키는 전혀 귀를 기울이지 않았다.[29] 마침내 성난 무리가 엔릴의 궁 밖에 모였다. "우리 신들 하나하나가 전쟁을 선포했다. 우리는 땅 파는 일을 그만두었다!" 그들은 소리친다. "일이 너무 많다. 그것 때문에 우리가 죽어 가고 있다!"[30] 농업 장관인 엔키도 동의한다. 체제는 잔혹하고 유지 불가능하다. 아눈나키가 이기기의 곤경을 외면한 것은 잘못된 일이다. "그들의 일은 너무 힘들고 그들의 고통은 너무 크다! 매일 땅이 울린다. 경고 신호가 이미 크게 들리고 있다!"[31] 그러나 아무도 생산적인 일을 하지 않으면 문명은 무너질 것이다. 그래서 엔키는 대모신 아루루에게 이기기를 대신할 인간을 창조하라고 명령한다.[32] 신들은 인간 노동자들의 곤경에도 아무런 책임을 느끼지 않는다. 고된 일을 하는 대중은 신의 특권적 생활을 침해하는 것이 허용되지 않는다. 그래서 인간이 너무 많아져 그들의 소리 때문에 잠에서 자꾸 깨게 되자 주인인 신들은 역병으로 일부를 없애기로 결정한다. 시인은 그들의 고난을 생생하게 묘사한다.

> 그들의 얼굴에는 엿기름이 묻은 듯 피부병이 번지고
> 그들의 얼굴은 누르스름해 보였다
> 그들은 몸을 움츠린 채 사람들 앞에 나섰고
> 단단한 어깨는 축 늘어졌으며
> 꼿꼿하던 자세는 무너져버렸다.[33]

그러나 이번에도 귀족의 잔인성이 비판을 면제받은 것은 아니다. '선견지명이 있는' 엔키는 용감하게 같은 신들에게 맞서서 그들의 삶이 인간 노예들에게 의존하고 있음을 일깨운다.[34] 아눈나키는 마지못해 인간들을 살려주기로 하고 하늘의 평화와 고요 속으로 물러났다. 이 시는 가혹한 사회 현실의 신화적 표현이었다. 귀족과 농민을 나누는 간극이 워낙 커서 둘은 실질적으로 다른 세계에 살고 있다는 것이었다.

《아트라하시스》는 사람들 앞에서 암송하던 것일 수도 있고, 그 이야기 또한 구전되어 왔던 것으로 보인다.[35] 이 텍스트의 조각들이 천 년에 걸쳐 발견된 것을 보면 이 이야기는 널리 알려졌던 듯하다.[36] 이렇게 글은 원래 수메르의 구조적 폭력에 봉사하기 위해 발명되었으나 지배 계급 가운데 더 생각이 깊은 사람들의 불안을 기록하기 시작했다. 이들은 문명의 딜레마를 해결할 방법을 찾지는 못했지만 적어도 문제는 똑바로 보려 했다. 우리는 다른 사람들—예언자 현자 신비주의자—도 항의하는 목소리를 높이고 인간이 함께 살 수 있는 더 공정한 방법을 만들어내려 하는 것을 보게 될 것이다.

수메르가 군국화된 기원전 3000년대 중반이 배경인 《길가메시 서사시》는 군대의 폭력을 문명의 상징으로 제시한다.[37] 민중이 신들에게 도움을 청하자 아누는 길가메시가 지나친 공격성을 어느 정도 해소할 수 있도록 그와 똑같은 크기의 싸움 상대를 주어 민중의 고난을 덜어주려 한다. 그래서 대모신 아루루는 원시 인간 엔키두를 창조한다. 엔키두는 거대하고 온몸이 털로 덮였으며 힘이 엄청나지만 영혼은 상냥하고 친절하며 초식 동물과 함께 행복하게 돌아다니면서 그들을 육식 동물로부터 보호한다. 그러나 아누의 계획을 이행하려면 엔키두는 평화를 사랑하는 야만인에서 공격적인 문명인으로 바뀌어야 한다. 여사제 샴하트가 그를 교육하는 과제를 맡았고, 삼햐트의 지도를 받아 엔키두는 추론하고 언어를 이해하고 인간의 음식을 먹는 법을 배운다. 그리고 머리를 자르고 달콤한 기름을 살갗에 발라 마침내 "인간으로 바뀌었다. 엔키두는 옷을 입고 전사가 되었다."[38] 문명인은 기본적으로 전쟁의 인간, 테스토스테론이 왕성한 인간이었다. 샴하트가 길가메시의 무용(武勇)을 이야기하자 엔키두는 분노로 얼굴이 창백해진다. "나를 길가메시에게 데려다주시오!" 그는 소리치며 가슴을 두들긴다. "그의 얼굴에 대고 소리치겠소. 내가 가장 강하다! 내가 세상을 떨게 할 수 있는 자다! 내가 최고다!"[39] 이 두 우두머리 수컷은 서로 보자마자 씨름을 하기 시작하여 거의 에로틱하게 포옹하는 자세로 엉킨 채 팔다리를 휘두르며 우루크의 거리를 휩쓸고 다녔고, 마침내 충분히 만족하자 "서로 입을 맞추고 우정의 관계를 맺었다."[40]

이 시기에 이르면 메소포타미아의 귀족은 전쟁으로 수입을 보충하기 시작했다. 그래서 바로 다음 일화에서 길가메시는 곧 군사 원정대 50명을 이끌고 무서운 용 훔바바가 지키는 삼나무 숲으로 가 이 귀중한 숲을 다시 수메르의 소유로 만들겠다고 말한다. 아마 메소포타미아 도시들은 약탈 공격으로 귀족이 좋아하는 사치품이 풍부했던 북부 고원 지대를 지배하게 되었을 것이다.[41] 또 오래전부터 상인들은 아프가니스탄, 인더스강 유역, 터키로 가서 목재, 희금속과 비(卑)금속, 귀석과 반귀석을 가져왔다.[42] 그러나 길가메시 같은 귀족에게 이런 희귀한 자원을 획득하는 유일하게 고상한 방법은 힘을 사용하는 것이었다. 미래의 모든 농경 국가에서 귀족은 일하지 않고 사는 능력으로 나머지

주민과 구별된다.[43] 문화사가 소스타인 베블런(Thorstein Veblen)은 그런 사회에서 "노동은 …… 무력한 상태나 복속과 연결된다."고 설명했다. 일, 심지어 장사도 "자유롭게 태어난 고귀한 남자에게는 창피할 뿐 아니라 …… **도덕적인 면에서** 할 수가 없는" 것이었다.[44] 귀족의 특권은 농민의 잉여를 강압적으로 수용하는 것에서 나왔기 때문에 "몰수 외에 다른 방법으로 물자를 얻는 것은 가치가 없다고 여겨진다."[45]

따라서 길가메시에게 전쟁이라는 조직화된 절도 행위는 고귀할 뿐 아니라 도덕적이며 개인의 부만이 아니라 인류의 이익을 위해 수행하는 것이기도 했다. "이제 우리는 무시무시한 괴물 훔바바가 살고 있는 삼나무 숲으로 떠나야 한다." 길가메시는 자랑스럽게 말한다. "우리는 그 괴물을 죽이고 세상에서 악을 몰아내야 한다."[46] 전사에게 적은 늘 괴물이고 모든 선한 것의 대립물이다. 그러나 의미심장하게도 시인은 이 군사 원정을 종교적으로나 윤리적으로 전혀 지지하지 않는다. 신들은 이 원정에 완강하게 반대한다. 엔릴은 바로 그런 약탈 공격에 대비하여 훔바바에게 숲을 지키라고 명령했다. 길가메시의 어머니이자 들소의 여신 닌순은 이 계획에 경악하여, 처음에는 아들의 마음에 이런 끔찍한 생각을 심어주었다는 이유로 태양신이자 길가메시의 수호신인 샤마시를 비난한다. 그러나 이 문제에 관하여 질문을 받은 샤마시는 아무것도 모르는 듯하다.

심지어 엔키두도 처음에는 전쟁에 반대한다. 그는 훔바바가 악하지 않다고 주장한다. 훔바바는 엔릴을 위하여 생태계에도 건전한 일을 하고 있으며, 겁을 주는 것이 그가 하는 일 가운데 일부다. 그러나 길가메시는 귀족의 명예를 지키는 관행 때문에 눈이 멀었다.[47] "친구여, 왜 겁쟁이처럼 말하는가?" 길가메시는 엔키두를 비웃는다. "내가 이 위대한 모험을 떠나 숲에서 죽는다면 사람들이 '길가메시는 괴물 훔바바와 싸우다 영웅의 죽음을 맞이했다. 그런데 엔키두는 어디 있었는가? 그는 안전한 집에 있었다.'고 말할 때 부끄럽지 않겠는가!"[48) 길가메시를 전투로 몰아간 것은 신도 아니고 심지어 단순한 탐욕도 아니고, 자부심, 군사적 명예에 대한 집착, 죽은 뒤에 용기와 과감성으로 이름을 날리고 싶다는 욕망이었다. "우리는 죽을 수밖에 없는 인간이다." 길가메시는 엔키두에게 말한다.

> 오직 신들만 영원히 산다. **우리의** 날은
> 수가 적고, 우리가 무엇을 이루든
> 한 번 부는 바람일 뿐이다. 그런데 왜 두려워하는가?
> 조만간 죽음이 올 수밖에 없는데 ……
> 네가 함께 가든 안 가든
> 나는 그 나무를 벨 것이고 훔바바를 죽일 것이다.
> 나는 내 이름을 영원히 남길 것이고
> 사람들의 마음에 내 명성을 영원히 새겨놓을 것이다.[49)

길가메시의 어머니는 아들이 이런 경솔한 계획을 세운 것은 그의 '불온한 마음' 탓이라고 말한다.[50) 유한계급은 시간이 많다. 세를 받고 관개 시스템을 감독하는 것은 용맹스러운 사냥꾼으로 길러진 종(種)에게는 단조로운 일이다. 이 시는 이미 젊은 남자들이 의미 없는 문명 생활을 못 견뎌 했음을 암시한다. 미국의 저널리스트 크리스 헤지스(Chris Hedges)가 설명하듯이 많은 사람들이 이 때문에 의미를 찾으러 전장에 나간다.[51)

결과는 비극적이다. 전쟁에는 늘 매혹을 뚫고 무시무시한 현실이 나타나는 순간이 있다. 홈바바는 아주 합리적인 괴물이어서 목숨을 살려달라고 애원하며 길가메시와 엔키두에게 원하는 나무를 모두 주겠다고 제안한다. 그런데도 둘은 홈바바를 잔인하게 찢어발긴다. 그러자 자연도 이 무의미한 죽음을 애도하듯 하늘에서 이슬비가 내린다.[52] 신들은 엔키두에게는 죽을병을 내려 이 원정에 대한 불쾌감을 드러내고, 길가메시는 죽을 수밖에 없는 자신의 운명을 받아들이려고 애쓸 수밖에 없다. 그는 전쟁의 결과를 이해할 수 없어 문명을 등지고 수염도 깎지 않은 채 광야를 방랑하며, 심지어 죽음의 해독제를 찾기 위해 지하세계까지 내려간다. 그러다 마침내 지치고 체념하여 인간의 한계를 받아들이고 우루크로 돌아올 수밖에 없다. 길가메시는 도시 외곽에 이르자 동무더러 도시를 둘러싼 큰 담을 보라고 한다. "담이 둘러싼 저 땅을 보라. 야자나무, 정원, 과수원, 찬란한 궁과 신전, 가게와 장터, 집, 광장을 보라."[53] 길가메시는 개인으로는 죽을 것이나 인간이 존재의 새로운 차원을 탐사할 수 있게 해주는 문명화된 생활과 쾌락을 계발하여 일종의 불멸을 얻을 것이다. 길가메시의 유명한 담은 이제 우루크가 생존하는 데 필수적이었다. 수백 년에 걸친 평화로운 협력 뒤에 이제 수메르의 도시 국가들이 서로 싸우기 시작했기 때문이다. 어쩌다가 사태가 이렇게 비극적으로 전개되었을까?

위대한 전사에게는 오점이 있다

중동의 모두가 문명을 갈망한 것은 아니다. 유목민은 가축을 이끌고 산을 자유롭게 돌아다니는 것을 더 좋아했다. 그들도 한때는 농업 공동체의 일부로서 양이나 소 떼가 작물에 피해를 주지 않도록 농경지 주변에 살았다. 그러나 점점 더 멀리 나아가다가 마침내 정착 생활의 속박을 벗어던지고 정처 없이 길에 나서게 되었다.[54] 아마 중동의 목축민은 일찍이 기원전 6000년에는 완전히 분리된 공동체를 이루었을 것이다. 그러나 계속 가축과 유제품을 도시와 거래하고 그 대가로 곡물을 받았다.[55] 그들은 곧 사라진 동물을 메우는 가장 쉬운 방법은 근처 마을이나 경쟁 부족의 가축을 훔치는 것임을 알았다. 따라서 싸움은 목축 경제에 필수적인 부분이 되었다. 이 목축민은 말을 길들이고 바퀴 달린 탈 것을 얻자 아시아 내륙 고원 지대로 뻗어 나갔으며, 기원전 3000년대 초반에는 일부가 중국에 이르렀다.[56] 이 무렵 그들은 청동 무기, 전차, 여러 재료를 섞어 만들어 원거리에서도 아주 정확하게 쏠 수 있는 치명적인 활을 갖춘 뛰어난 전사들로 변모했다.[57]

기원전 4500년경 러시아 남부 캅카스산맥의 스텝 지대에 정착한 목축민은 공통의 문화를 공유했다. 그들은 자신들을 아리아('고귀하다, 명예롭다')라고 불렀지만 우리는 그들을 '인도-유럽인'으로 알고 있다. 그들의 언어가 아시아와 유럽 몇 개 언어의 기초가 되었기 때문이다.[58] 기원전 2500년경 아리아인 일부가 스텝을 떠나 아시아와 유럽의 큰 지역을 정복하여 히타이트인 켈트인 그리스인 로마인 게르만인 스칸디나비아인 앵글로-색슨인의 조상이 되었다. 한편 캅카스산맥에 남은 부족들은 서서히 사이가 멀어지고 있었다. 그들은 계속 함께 살면서ㅡ늘 우호적이지는 않았다.ㅡ원시 인도-유럽어의 여러 방언을 사용했으나 기원전 1500년경 스텝을 떠났다. 아베스타어를 쓰는 사람들은 현재의 이란 땅에 정착했고, 산스크리트를 쓰는 사람들은 인도 아대륙을 차지했다.

아리아인은 전사의 삶이 권태롭고 늘 부지런해야 하는 농경 생활보다 훨씬 낫다고 보았다. 훗날 로마의 역사가 타키투스(서기 55?~120?)는 자신이 만난 게르만 부족들이 힘들게 쟁기질을 하고 작물이 자라기를 지루하게 기다리는 것보다 "적에게 도전하여 부상의 명예를 얻는" 쪽을 훨씬 좋아한다는 데 주목했다. "아니, 사실 그들은 피로 얻을 수도 있는 것을 힘든 노동의 땀으로 얻는 것이 비굴하고 어리석다고 생각한다."[59] 그들은 도시의 귀족과 마찬가지로 노동을 경멸하여, 노동이 열등함의 표지이고 '고귀한 삶'과는 어울리지 않는다고 보았다.[60] 더욱이 그들은 계절을 규칙적으로 순환시키고 천체를 제자리에 유지하고 땅을 사람이 살 수 있는 곳으로 만드는 위대한 '신'(데바*)들—미트라 바루나 마즈다—이 혼돈을 계속 제어하기 때문에 '우주 질서'(리타)가 유지된다고 생각했다. 인간 또한 자신의 이익을 집단의 이익 앞에 희생할 수밖에 없을 때에만 질서 있게 생산적으로 함께 살 수 있다.

따라서 폭력은 사회적 삶의 중심에 놓이며, 대부분의 고대 문화에서 이 진리는 동물 희생이라는 제의적 살해로 표현되었다. 아리아인은 선사 시대 수렵인과 마찬가지로 삶이 다른 존재의 파괴에 의존한다는 비극적 사실을 이해했다. 그들은 왕이 고귀한 태도로 형제인 사제가 자신을 죽이는 것을 허용하여 질서 잡힌 세계를 이룩하는 신화에서 이런 신념을 표현했다.[61] 신화란 단순히 어떤 역사적 사건에 관한 이야기가 결코 아니었다. 오히려 어떤 민족의 일상적 삶 밑에 깔린 시간을 초월한 진실을 표현했다. 신화는 늘 **지금**에 관한 것이다. 아리아인은 자신

---

* 산스크리트 데바(deva)는 아베스타어로 다에바(daeva)가 된다.(저자 주)

의 민족을 위하여 매일 목숨을 거는 모든 전사가 자신에게 요구되는 희생을 잊지 않도록 의식에서 동물을 죽여 날마다 희생당한 왕의 이야기를 재연했다.

아리아인 사회는 원래 평화로웠으며 기원전 2000년대 말에 이르러서야 호전적인 습격에 의지하게 되었다는 주장이 있다.[62] 그러나 다른 학자들은 가장 초기의 텍스트들에서 무기와 전사가 두드러진다는 점에 주목한다.[63] 아리아인의 전쟁 신—인도의 인드라, 페르시아의 베레트라그나, 그리스의 헤라클레스, 스칸디나비아의 토르—이야기는 비슷한 패턴을 따르며, 따라서 이런 군사적 이상은 부족들이 흩어지기 전 스텝 지대에서 발전한 것이 분명하다. 이 텍스트들의 뿌리는 영웅 트리토인데, 트리토는 아리아인이 막 정복한 땅에 원래 살고 있던 머리 셋 달린 뱀에 맞서 최초로 가축을 습격한다. 뱀이 무모하게도 아리아인의 가축을 훔쳤기 때문이다. 트리토는 뱀을 죽이고 가축을 찾는데, 이것은 희생당한 왕의 죽음처럼 우주 질서를 회복하는 우주 전투가 된다.[64]

아리아인의 종교는 기본적으로 조직된 폭력과 절도에 최고의 지지를 보냈다. 전사들은 습격을 하러 갈 때마다 트리토가 뱀을 쫓기 전에 했던 것처럼, 의식을 치르듯이 신성한 식물 소마에서 짠 취하게 하는 액체를 마셔 광적인 환희에 빠져들었다. 그들은 그렇게 해서 그들의 영웅과 하나가 되었다고 느꼈다. 트리토 신화에는 목축 사회에서 부의 척도인 가축이 모두 아리아인의 것이며, 다른 민족은 이 자원에 아무런 권리가 없다는 뜻이 담겨 있다. 트리토 이야기는 인도-유럽인의 유럽과 아시아 군사 원정을 종교적으로 정당화해주었기 때문에 '최고의 제국주의 신화'로 일컬어졌다.[65] 뱀이라는 비유는 감히 아리아인의 학살에 저항하는 토착 민족들을 비인간적이고 꼴사나운 존재로 보여주는 방법이었다. 그러나 소와 부만이 싸울 가치가 있는 유일한 목표는 아니었다. 아리아인은 길가메시와 마찬가지로 전투에서 늘 명예 영광 위엄과 죽음 뒤의 명성을 구했다.[66] 사람들이 오직 한 가지 이유 때문에 전쟁에 나가는 경우는 드물다. 그들은 대개 서로 얽힌 동기들—물질적이고 사회적이고 종교적인—때문에 움직인다. 호메로스의《일리아스》에서 트로이의 전사 사르페돈은 친구 글라우코스에게 그리스 진영을 상대로 아주 위험한 공격에 나서라고 촉구하면서 전혀 부끄러움 없이 전사의 고귀함을 이루는 불가결한 요소로서 영웅의 명성에 따르는 물질적 특전—특별한 자리, 고기의 가장 좋은 살, 전리품, '좋은 땅'—을 나열한다.[67] 영어의 '가치(value)'와 '용맹(valour)'이 인도-유럽어에서 뿌리가 같고 '덕(virtue)', '정력(virility)'도 마찬가지라는 사실은 의미심장하다.

아리아인의 종교는 전쟁의 영광을 찬양했지만 동시에 이런 폭력에 문제가 있다는 것을 인정하기도 했다. 군사 원정에는 민간 생활에서 보자면 혐오스럽고 비윤리적일 수 있는 활동이 포함된다.[68] 따라서 아리아인의 신화는 전쟁 신을 종종 '죄인'이라고 부른다. 군인은 자신의 진실성에 의문을 품게 만드는 행동을 할 수밖에 없기 때문이다. 전사는 늘 오점을 지니고 있다.[69] 심지어 아리아인의 가장 위대한 전사로 꼽히는 아킬레우스도 이 오점을 피하지 못한다. 다음은 아킬레우스가 트로이 군인을 차례차례 미친 듯이 죽이는 아리스테이아('승리의 광란')를 호메로스가 묘사한 대목이다.

성난 무자비한 불길이 바싹 마른 나무가 덮인

숲의 구석구석을 휩쓸며 수목의 깊은 곳에 불을 지피고
거세게 몰아치는 바람이 그 불에 채찍질을 하듯이
아킬레우스는 인간 이상의 어떤 존재처럼
창으로 모든 곳을 휩쓸었다.[70)]

아킬레우스는 완전히 파괴적인 권능을 지닌 비인간적인 힘이 되었
다. 호메로스는 그를 타작마당에서 보리를 털어내는 탈곡기에 비유하
지만 이 탈곡기는 영양을 공급하는 먹을 것을 내놓는 대신 "죽은 자
와 방패를" 마치 둘을 구별할 수 없다는 듯이 "똑같이 짓밟았고", 그의
"무적의 손에는 …… 피로 얼룩진 오물이 튀었다."[71)] 전사는 인도–유
럽인 사회에서 절대 최고의 자리에 이르지 못한다.[72)] 그들은 늘 '최고'
(아리스토스)가 되고자 분투해야 했지만 여전히 사제 밑의 제2계급에
속했다. 목축민은 습격하지 않으면 살아남을 수 없었다. 그들의 폭력
은 목축 경제에 필수적이었지만 영웅의 공격성은 종종 그를 숭배하는
바로 그 사람들에게 혐오감을 주었다.[73)]

《일리아스》는 물론 전쟁을 반대하는 시는 아니지만 영웅들의 공적을
찬양하는 동시에 전쟁의 비극을 일깨운다. 《길가메시 서사시》와 마찬
가지로 죽을 수밖에 없는 운명의 슬픔이 때로 흥분과 이상주의를 뚫고
나온다. 이 시에서 세 번째로 죽는 사람은 트로이의 시모에이시오스인
데, 호메로스에 따르면 이 아름다운 젊은이는 애정이 가득한 가족생활
을 누리지도 못한 채 그리스 전사 아이아스에게 맞아 쓰러지고 만다.

그는 마치 검은 포플러처럼 흙먼지를 일으키며 땅에 쓰러지고 말았
다.

이 포플러는 커다란 늪 주위의 낮은 땅에서

가장 높은 우듬지에서 가지를 쭉 뻗으며 매끈하게 자라다가

전차를 만드는 어떤 이가 훌륭한 전차의 바퀴로 구부려 넣으려고

번쩍이는 쇠로 쓰러뜨리자

강둑 옆에 누워 딱딱하게 굳어 간다.[74]

《오디세이아》에서 호메로스는 몇 걸음 더 나아가 귀족의 이상 전체를 무너뜨린다. 오디세우스는 지하 세계를 찾아갔을 때 알아들을 수 없는 말을 지껄이며 몰려드는 군중에게 겁을 집어먹는다. 그들의 인간성이 외설적일 정도로 타락했기 때문이다. 오디세우스는 아킬레우스의 쓸쓸한 그림자와 마주치자 그를 위로하려 한다. 죽기 전에 신처럼 명예를 얻었으니 이제 여기서 죽은 자들을 통치하고 있지 않은가? 하지만 아킬레우스는 그런 위로를 받아들이지 않는다. "나를 위로하려고 죽음을 치장하지 마시오." 그는 대답한다. "나는 생명 없는 죽은 자들을 다스리느니 차라리 땅에서 계속 살며 가난한 농부를 위해 힘든 일을 하고 싶소."[75]

피로 물든
수메르 평원

확실한 증거는 없지만 수메르에 전쟁을 도입한 사람들은 '비옥한 초승달 지대'를 둘러싼 산악 지대에 살던 목축민이었을 것이다.[76] 목축민에게는 도시의 부가 물리칠 수 없는 유혹이었을 것이며, 그것을 손에 넣으려고 기습 공격의 기술을 완벽하게 익혔다. 그들의 속도와 기

동성에 기마술을 아직 습득하지 못했던 도시 거주자들은 공포에 떨었다. 목축민의 번개 같은 습격이 몇 번 있고 나서 수메르인은 백성과 창고를 보호할 조치를 취했을 것이다. 그러나 습격을 당하면서 아마 그들 또한 비슷한 기술을 이용하여 이웃한 수메르 도시에서 약탈을 하고 농토를 빼앗자는 생각을 했을 것이다.[77] 기원전 3000년대 중반이 되자 수메르 평원은 전쟁에 동원되었다. 고고학자들은 이곳 유적지에서 담으로 둘러싸인 요새와 청동 무기가 뚜렷이 늘어난 사실을 확인했다. 불가피한 일이었다. 반면 이집트에서는 이런 무장 갈등의 단계적 확대가 없었는데, 그곳은 세련된 문명이 발전하기는 했지만 훨씬 평화로운 농경 국가였다.[78] 나일강은 거의 어김없이 규칙적으로 범람해 들판을 덮었으며, 이집트는 메소포타미아처럼 기후가 험하지 않았다. 또 이집트는 약탈을 일삼는 목축민이 가득한 산으로 둘러싸여 있지도 않았다.[79] 이집트 왕국에도 사막 쪽에서 이따금씩 공격해 오는 유목민을 물리치기 위한 임시 민병대가 있었지만 고고학자들이 발굴한 무기는 조악하고 초보적인 수준이었다. 고대 이집트 예술은 대부분 민간 생활의 기쁨과 우아함을 찬양하며, 초기 이집트 문헌에는 전쟁을 기리는 내용이 거의 없다.[80]

우리는 단편적인 고고학 증거를 통해 수메르 군국화의 진전을 짜맞춰볼 수 있을 뿐이다. 기원전 2340년부터 2284년 사이에 '수메르 왕의 명단'에는 도시 간 전쟁이 34번 기록되어 있다.[81] 수메르의 첫 왕들은 사제로서 천문학과 제의의 전문가였다. 그런데 점차 길가메시 같은 전사가 되어 갔다. 그들은 전쟁이 세입의 귀중한 원천으로서 전리품과 더불어 들에서 일할 포로를 얻을 수 있다는 것을 알았다. 생산성의 약진을 기다리는 것보다 전쟁이 더 빨리 더 많은 보답을 준다는 사실을 깨달은 것이다. 지금 루브르 박물관에 있는 '독수리 석비'(기원전 2500 년경)는 라가시의 왕 에안나툼이 꽉 짜인 팔랑크스 대형의 중무장한 부대를 이끌고 움마 도시와 싸우러 가는 광경을 묘사한다. 이곳은 분명히 전쟁을 위한 장비를 갖추고 훈련을 하는 사회였다. 석비는 이날 움마의 병사 3천 명이 자비를 구했지만 죽임을 당했다고 기록한다.[82] 평원이 병영으로 바뀌자 각 왕은 부의 원천인 영토를 방어하고 가능하면 넓힐 준비를 할 수밖에 없었다. 수메르의 전쟁 대부분은 전리품과 영토를 얻기 위한 보복 출정이었다. 어떤 전쟁도 결정적이었던 것 같지는 않으며, 어떤 사람들은 이 일 전체를 쓸모없게 여겼다는 증거도 있다. 한 비문에는 이렇게 적혀 있다. "너는 가서 적의 땅을 빼앗는다. 적은 와서 네 땅을 빼앗는다."[83] 그런데도 분쟁은 외교보다는 힘으로 해결했기 때문에 어떤 나라도 군사적 대비에 손을 놓고 있을 여유가 없었다. 다른 비문은 말한다. "군사력이 약한 나라. 적은 그 문에서 물러나지 않을 것이다."[84]

이런 결말 없는 전쟁이 벌어지는 동안 수메르의 귀족과 가신은 부상을 당하고 죽고 노예가 되었지만 농민이 훨씬 큰 고통을 겪었다. 농민이 모든 귀족이 소유한 부의 기초였기 때문에 침략군은 그들과 그들의 가축을 계속 죽이고 헛간과 집을 부수고 그들의 밭을 피로 물들였다. 시골과 농민이 사는 마을은 황무지가 되었고 수확물, 가축, 농기구가 사라져 종종 심각한 기근이 생기기도 했다.[85] 이런 전쟁은 그 성질상 결말이 나지 않기 때문에 모두가 고통을 겪었으며, 누구도 지속적으로 이득을 보지 못했다. 오늘의 승자가 내일은 패자가 될 수 있기 때문이다. 이것은 문명을 괴롭히는 문제가 된다. 서로 실력이 비슷한 귀족 집단이 빈약한 자원을 놓고 늘 공격적으로 경쟁할 것이기 때문이다. 역설적이게도 귀족을 부유하게 해주어야 할 전쟁이 생산성을 훼손하는 일도 잦았다. 이런 이른 시기부터 이미 의미 없는 자멸적인 고통을 막으려면 경쟁하는 귀족을 제어하는 것이 필수적이라는 사실이 분명해졌다. 더 높은 권위가 군사적 완력을 이용하여 평화를 강제해야 했다.

기원전 2330년 셈족 출신의 평범한 군인인 사르곤이 키시에서 쿠데타를 일으켜 성공을 거둔 뒤 우루크로 행군하여 왕을 폐위시켰을 때 메소포타미아에는 새로운 유형의 통치자가 나타났다. 사르곤은 이 과정을 도시마다 반복하여, 마침내 처음으로 한 명의 군주가 수메르를 통치하게 되었다. 세계 최초의 농경 제국을 창조한 것이다.[86) 사르곤은 5천4백 명에 이르는 거대한 상비군을 이끌고 오늘날의 이란, 시리아, 레바논 땅을 정복했다고 한다. 그는 완전히 새로운 수도 아카드를 건설했는데, 이 도시는 현대의 바그다드 근처에 자리 잡았을 가능성이 있다. 사르곤—이 이름은 '참되고 의로운 왕'이라는 뜻이다.—은 비문에서 "하늘 아래 모든 땅"을 다스렸다고 주장했으며, 후세 사람들은 샤를마뉴나 아서왕과 다르지 않은 모범적 영웅으로 그를 숭배했다. 메소포타미아의 지배자들은 수천 년 동안 그를 기려 자신을 '아카드의 주군'이라고 불렀다. 그러나 우리는 사르곤이라는 사람이나 그의 제국에 관해서는 아는 것이 거의 없다. 아카드는 이국적이고 국제적인 도시이자 중요한 교역 중심지로 기억되지만 그 터는 발견되지 않았다. 이 제국은 고고학적 흔적을 거의 남기지 않았으며, 우리가 아는 사르곤의 삶은 대개 전설이다.

그러나 사르곤의 제국은 분수령이었다. 세계 최초로 지역을 넘어선 국체(國體), 이것은 미래의 모든 농경 제국주의의 모델이 되었다. 단지 사르곤의 위엄 때문이 아니라 달리 실행 가능한 대안이 없기 때문이기도 했다. 제국은 외국 땅 정복으로 이루어졌다. 종속된 민족은 속국으로 전락했으며, 그 왕이나 부족장은 지역의 총독이 되어 자신의 백성에게서 세금을 현물―은 곡물 유향 금속 목재 동물―로 강탈하여 아카드로 보내는 일을 했다. 사르곤의 비문은 그가 56년이라는 매우 긴 치세에 전쟁을 34번 했다고 말한다. 훗날의 모든 농경 제국에서 전쟁은 규범이 된다. 단지 '왕의 놀이'가 아니라 경제적이고 사회적인 필수품인 것이다.[87] 모든 제국 출정의 주된 목적은 약탈물과 전리품을 얻는 것 외에 더 많은 농민을 정복하여 세금을 거두는 것이었다. 영국의 역사학자 페리 앤더슨(Perry Anderson)은 이렇게 설명한다. "전쟁은 아마도 어떤 지배 계급이 경제를 확장하고 잉여를 추출하려 할 때 이용할 수 있는 단일한 방식 가운데 가장 **합리적**이고 **신속한** 방식이었을 것이다."[88] 싸우는 것과 부를 얻는 것은 분리할 수 없었다. 귀족은 생산적인 일에 참여해야 한다는 요구에서 벗어나 있었기 때문에 여가를 이용하여 군사 기술을 계발했다.[89] 그들은 물론 명예, 영광, 전투가 주는 순수한 쾌감을 위해 싸웠겠지만 전쟁은 "어쩌면 특히 이윤의 원천, 귀족의 주요한 산업"이었다.[90] 여기에는 정당화가 필요 없었다. 그 필요성이 자명해 보였기 때문이다.

우리는 사르곤에 관하여 아는 것이 너무 적기 때문에 그의 제국 전쟁에서 종교의 역할이 무엇이었는지 정확하게 말하기는 어렵다. 사르곤은 한 비문에서 우르, 라가시, 움마 등의 도시에서 승리를 거둔 뒤 "신 엔릴은 자신이 경쟁자를 갖는 것을 허락하지 않았고, 자신에게 '아래와 위의 바다'를 주었으며, 아카드의 시민들이 정부〔의 자리〕를 차지했다."고 주장했다.[91] 메소포타미아 정치에서 종교는 늘 중심에 있었다. 도시는 그 신들을 먹이고 섬겼기 때문에 살아갈 수 있었다. 틀림없이 이 신들의 신탁이 사르곤의 출정을 승인했을 것이다. 그의 아들이자 후계자로서 아카드 제국을 더 확장한 나람-신(기원전 2260~2223년경 재위)은 실제로 '아카드의 신'으로 알려졌다. 아카드는 새로운 도시로서 아눈나키 가운데 하나가 세웠다고 주장할 수 없었기 때문에 나람-신은 자신이 하늘의 신성한 귀족과 자신의 신민 사이의 중재자가 되었다고 선언했다. 앞으로 보겠지만 농경 제국의 황제는 종종 이런 식으로 신격화되었으며, 이런 신격화는 그들에게 주요한 행정적, 경제적 개혁을 정당화하는 유용한 선전 장치를 제공했다.[92] 이전처럼 종교와 정치는 공존했으며, 신들은 군주의 분신 역할을 하면서 문명의 생존에 필수인 구조적 폭력을 축성했다.

농경 제국은 민중을 대리한다든가 그들의 이익을 위해 봉사하려는 시도를 하지 않았다. 지배 계급은 농민으로 이루어진 주민을 실질적으로 다른 종으로 여겼다. 지배자는 제국을 자신의 개인 소유물로, 군대를 자신의 사병으로 보았다. 신민이 잉여를 생산하여 바치는 한 지배 계급은 그들이 알아서 하도록 내버려 두었고, 그래서 농민은 자신의 공동체를 경비하고 다스렸다. 근대 이전의 통신 체계는 제국의 지배 계급이 자신의 종교나 문화를 종속된 민족에게 강요하는 것을 허락하지 않았다. 성공한 제국은 수메르를 괴롭히던 파멸적 보복 전쟁의 반복을 막아야 마땅했지만 사실 사르곤은 반역을 진압하다 죽었고 나람-신은 왕위 찬탈 후보자들을 끊임없이 제거하는 것 외에도 아나톨리아, 시리아, 팔레스타인에 나라를 세운 목축민에 맞서 국경을 방어해야 했다.

아카드 제국이 몰락한 뒤에도 메소포타미아에는 다른 제국 실험이 있었다. 기원전 2113년부터 2029년 사이의 기간 우르는 페르시아만에서 예지라*에 이르기까지 수메르와 아카드 전 지역만이 아니라 오늘날 이란 서부의 넓은 영역까지 다스렸다. 그러다가 기원전 19세기에 셈계 아모리 족장인 수무-아붐이 바빌론이라는 작은 도시에 왕조를 창건했다. 이 왕조의 6대 왕 함무라비(기원전 1792~1750년경 재위)는 점차 메소포타미아 남부와 유프라테스강 중류의 서부 지역을 장악해 나아갔다. 한 유명한 석비에는 그가 태양신 마르두크 앞에 서서 왕국의 법을 받는 모습이 묘사되어 있다. 함무라비는 법전에서 "정의가 땅을 지배하게 하고 부정하고 악한 자들을 없애고 강한 자가 약한 자를 억누르지 못하게 하기 위해" 자신이 신들로부터 임명을 받았다고 선언했다.[93] 농경 국가의 구조적 폭력에도 불구하고 중동의 통치자들은 자주 이런 주장을 했다. 그러나 그런 법을 반포하는 것은 왕이 하급 귀족을 건너뛰어 곧바로 억압받는 대중을 위한 최고 항소 법원이 될 만큼 강하다고 주장하는 정치적 행동에 지나지 않았다.[94] 함무라비 법전은 그의 자비로운 법이 "의로운 법이며, **강한 왕** 함무라비가 확정했다."고 끝을 맺는다.[95] 의미심장하게도 함무라비는 전 주민을 성공적으로 억압하고 영토 전역에 과세 체계를 확립하여 바빌론에 있는 자신의 수도로 부를 끌어들이던 치세 말기에 이 법전을 공표했다.

그러나 농경 문명은 어떤 한계 이상으로는 결코 나아갈 수 없었다. 확장하는 제국이 자연 농민 동물이 생산할 수 있는 양을 넘어서는 요구를 하게 되면 늘 자원은 달렸다. 또 가난한 자들을 위한 정의를 고상하게 이야기해도 번영은 늘 엘리트에게만 돌아갔다. 근대는 변화를

예지라(Jezirah) 유프라테스강과 티그리스강 사이에 있는 상부 메소포타미아(Upper Mesopotamia)를 가리키는 말. 오늘날 이라크 북서부, 시리아 북동부, 터키 남동부를 아우르는 고지대 대평야를 뜻한다.

제도화한 반면 근대 이전 시대에는 근본적 혁신이 드물었다. 문명은 너무 약해 보였기 때문에 완전히 새로운 것을 시도하는 모험을 하기보다는 이미 얻은 것을 보존하는 것이 더 중요하다고 여겼다. 독창성은 장려하지 않았다. 너무 큰 경제적 지출이 필요한 새로운 발상은 실행에 옮길 수 없었다. 그런 발상은 사회 불안의 원인이 될 수 있기 때문이었다. 따라서 새로운 것은 수상쩍은 것이었다. 소심해서가 아니라 경제적으로나 정치적으로 위험했기 때문이다. 과거는 늘 최고의 권위를 유지했다.[96]

연속성은 정치적으로 중요했다. 예를 들어 기원전 3000년대 중반 수메르인이 시작한 아키투 축제는 2천 년에 걸쳐 메소포타미아의 모든 통치자가 매년 기념했다. 이 축제는 원래 수메르의 군국화가 진행될 때 엔릴을 기려 우르에서 거행되었지만, 바빌론 아키투 의식의 중심에는 이 도시의 수호신 마르두크가 있었다.[97] 메소포타미아에서는 늘 그랬듯이 이 숭배 행위는 중요한 정치적 기능이 있었고, 또 체제 정통성의 핵심이었다. 우리는 4장에서 낡은 한 해가 죽어 가고 왕의 힘이 이울 때 새해의 출발점을 알리는 이 의식을 거행하지 못했다는 이유로 왕이 폐위될 수도 있다는 것을 보게 될 것이다.[98] 지배 귀족은 태초에 우주 질서를 세운 우주 전투를 의식에서 되풀이함으로써 또 다른 열두 달 동안 그들의 나라에서 이 강력하고 성스러운 힘의 고양이 현실이 되기를 바랐다.

축제의 다섯째 날 축제를 관장하는 사제는 마르두크의 성소에서 왕을 모욕하는 의식을 거행했다. 왕위의 표상을 몰수하고 왕의 뺨을 때리고 거칠게 땅에 쓰러뜨림으로써 사회적 무정부 상태라는 무시무시한 유령을 불러냈다.[99] 상처 입은 영락한 왕은 마르두크에게 자신이 나쁜 통치자처럼 행동하지 않았다고 호소한다.

> 나는 바빌론을 파괴하지 않았습니다. 바빌론을 쓰러뜨리라고 명령하지 않았습니다. 에사길라 …… 신전을 파괴하지 않았습니다. 그 의식들을 잊지 않았습니다. 보호받는 시민의 뺨을 때리지 않았습니다. 그들을 모욕하지 않았습니다. 나는 바빌론을 조심해서 지켜보았습니다. 그 벽을 부수지 않았습니다.[100]

그러면 사제는 다시 왕의 따귀를 때렸다. 너무 세게 때려 왕의 눈에서 눈물이 솟았다. 눈물은 회개의 표시였고 마르두크는 만족했다. 이렇게 복권된 왕은 이제 마르두크 상의 두 손을 잡았고 왕위의 표상을 돌려받았으며 다가오는 한 해 동안 그의 통치는 안전했다. 축제 동안 메소포타미아의 모든 도시를 수호하는 신의 상은 다 바빌론으로 가져와야 했다. 종교에서나 정치에서나 충성을 바친다는 표시였다. 이들이 다 참석하지 않으면 축제는 거행될 수 없었고 영토는 위험에 빠지게 되었다. 전례는 요새만큼이나 도시의 안전에 중요했는데, 왕을 모욕하는 의식이 거행되기 바로 전날 민중은 전례를 통해 도시가 얼마나 약한지 상기하는 경험을 했다.

축제 넷째 날, 사제와 합창대원은 마르두크가 우주와 정치의 혼돈에 승리를 거둔 이야기를 전하는 찬가 〈에누마 엘리시〉를 낭송하러 줄을 지어 마르두크의 성소로 들어갔다. 끈적끈적한 원시의 물질에서(메소포타미아의 충적토와 비슷하다) 나타난 최초의 신들은 "이름이 없고, 본성이 없고, 미래가 없었다."[101] 이들은 실제로 자연 세계와 분리할 수 없었으며 진보의 적이었다. 그러나 끈적끈적한 흙에서 그다음에 나타난 신들은 점차 구별이 되었고, 이런 신의 진화는 아눈나키 중 가장 훌륭한 마르두크에서 절정에 이르렀다. 메소포타미아의 문화도 마찬가지로 시골의 자연적 박자에 잠겨 있는 농촌 공동체에서 발전했는데, 이제는 그런 공동체가 굼뜨고 정적이고 생기가 없다고 여겼다. 그러나 옛 시절은 돌아올 수 있었다. 이 찬가는 문명이 다시 심연 같은 무(無)로 돌아가는 상황에 대한 공포를 표현했다. 원시의 신들 가운데 가장 위험한 것은 티아마트였는데, 이 이름은 '공허'라는 뜻이다. '짠 바다'인 티아마트는 중동에서는 원시의 혼돈과 더불어 전 주민에게 기아 질병 죽음을 초래할 수 있는 사회적 무정부 상태를 상징했다. 티아마트는 아무리 강하더라도 모든 문명이 대면할 각오를 할 수밖에 없는 상존하는 위협을 나타냈다.

이 찬가는 또 바빌론 사회의 구조적 폭력에도 신성한 허가를 내려주었다. 티아마트는 아눈나키와 싸울 괴물 무리를 창조한다. 이 '싸울 준비가 된 으르렁거리는 무리'는 하층 계급으로 인한 국가의 위험을 암시한다. 그들의 괴물 같은 형태는 규범적 범주에 대한 비틀린 도전을 나타내며, 정체성 혼란은 사회와 우주의 혼돈과 연결된다. 그들의 지도자는 티아마트의 배우자인 '서툰 노동자' 킹구인데, 그는 하급 신인 이기기의 하나이고 그 이름은 '노역'이라는 의미이다.[102] 찬가의 이야기에는 다음과 같은 두들겨대는 듯한 박자의 후렴이 계속 삽입된다.

그녀는 벌레, 용, 암컷 괴물, 큰 사자, 미친 개, 미친 전갈, 으르렁거리는 폭풍, 물고기 인간, 켄타우로스를 만들었다.[103]

그러나 마르두크는 그들을 모두 물리쳐 감옥에 집어넣고, 티아마트의 주검을 둘로 갈라 하늘과 땅으로 나눔으로써 질서 잡힌 우주를 창조했다. 그런 다음 신들에게 그들이 지상에서 머무를 집으로 '신들의 문'이라는 뜻의 바브-일라니라는 도시를 건설하라고 명령하고, 킹구의 피와 흙 한 줌을 섞어 문명의 기초인 노동을 할 첫 인간을 창조한다. '노역의 아들'인 대중은 평생 천한 노동을 하라는 선고를 받고 종속 상태에 묶인다. 일에서 해방된 신들은 감사의 찬가를 부른다. 신화와 거기에 따르는 의식들을 보면서 수메르의 귀족은 자신들의 문명과 특권이 의존하는 현실을 떠올렸다. 그들은 문명화된 질서를 위협하는 반역적인 농민, 야심찬 귀족, 외국의 적을 진압하는 전쟁에 늘 대비해야 했다. 종교는 이런 제국의 폭력과 깊이 관계 맺고 있었으며, 농경 국가를 지탱하는 경제적이고 정치적인 현실에서 떼어낼 수 없었다.

문명의 허약함은 기원전 17세기에 인도-유럽인 유목민 무리가 계속 메소포타미아 도시들을 공격하면서 분명해졌다. 기원전 16세기에 이집트인이 힉소스('외국 땅에서 온 족장들')라고 부르던 베두인 부족들이 삼각주 지역에 자신의 왕조를 세우자 이제 이집트도 군국화가 이루어졌다.[104] 이집트인은 기원전 1567년에 그들을 물리쳤으나, 그 후로 이집트를 통치하는 파라오는 늘 강력한 군대의 선두에 선 전사로 묘사되었다. 제국이 최선의 방어로 보였기 때문에 이집트는 남쪽의 누비아와 북쪽 해안의 팔레스타인을 복속하여 국경을 굳게 지켰다. 그러나 기원전 2000년대 중반이 되자 고대 근동은 외국 정복자들이 지배하게 되었다. 캅카스산맥에서 온 카시트 부족들이 바빌론 제국을 장악했다(기원전 1600~1155년경). 인도-유럽인 귀족은 아나톨리아에 히타이트 제국을 건설했다(기원전 1420~1200년경). 다른 아리아인 부족 미탄니족은 기원전 1500년경부터 기원전 14세기 중반 히타이트에게 정복당할 때까지 대(大)메소포타미아를 지배했다. 티그리스강 동쪽 지역에 있는 도시 아슈르(아시리아의 수도)의 지배자인 아슈르-우발리트 1세는 미탄니족의 몰락에 이은 혼란을 이용하여 아시리아를 중동의 새로운 강국으로 밀어 올렸다.

아시리아는 전통적인 농경 국가가 아니었다.[105] 기원전 19세기 이래로 농업 생산성이 높지 않은 지역에 자리 잡고 있던 아슈르는 다른 도시보다 교역에 더 의존하여 카파도키아에 무역 식민지를 세우고 바빌론의 몇 개 도시에 상인 대표를 보냈다. 아슈르는 약 백 년 동안 교역 중심지가 되어 아프가니스탄에서 주석을(청동 제조에 필수적이었다) 수입하여 메소포타미아의 직물과 함께 아나톨리아와 흑해에 수출했다. 그러나 역사 기록이 너무 빈약하기 때문에 이것이 아슈르의 농부들에게 어떤 영향을 끼쳤는지, 교역이 국가의 구조적 폭력을 완화했는지 우리는 잘 모른다. 그 왕들은 당당한 신전을 건설했지만 우리는 아슈르의 인물이나 공적, 수호신—신화가 남아 있지 않다.—에 관해서는 전혀 모른다.

아시리아인은 그들의 왕 아다드-니라리 1세(기원전 1307~1275년 재위)가 히타이트에게서 옛 미탄니족의 땅을 빼앗고, 나아가 바빌로니아 남부도 정복하면서 이 지역을 지배하기 시작했다. 아시리아의 전쟁에서 경제적 유인은 늘 두드러졌다. 샬마네세르 1세(기원전 1274~1245년 재위)의 비문은 그의 무용을 강조한다. 그는 "적과 싸울 수 있는 용맹한 영웅"으로, "그의 공격적인 전투는 불처럼 번쩍이고 그의 무기는 무자비한 죽음의 덫처럼 공격한다."[106] 제국 내에서 사람들을 강제 이주시키는 아시리아의 관행은 그에게서 비롯되었다. 강제 이주는 한때 생각했던 것처럼 단지 정복당한 민족의 사기를 꺾기 위해서라기보다는 주로 인구가 적은 지역에 인력을 보충하여 농업 경제에 자극을 주자는 것이었다.[107]

아시리아를 당대 가장 막강한 군사·경제 강국으로 만든 그의 아들 투쿨티-니누르타 1세의 치세(기원전 1244~1208년 재위)는 기록이 더 남아 있다. 그는 아슈르를 제국의 제의용 수도로 바꾸고 그곳에서 아키투 축제를 열면서 아슈르 신에게 주역을 맡겼다. 아시리아인은 아슈르와 티아마트의 전쟁을 재연하는 모의 전투를 도입한 것으로 보인다. 투쿨티-니누르타는 비문에서 신중하게 자신의 승리를 신들의 공로로 돌렸다. "아슈르와 위대한 신들을 믿었기에 주여, 나는 적을 물리치고 승리를 거두었습니다." 그러나 동시에 전쟁은 절대 단순한 신앙 행위가 아니라는 점을 분명히 밝힌다.

나는 적이 하늘〔과〕 지하 세계의 위대한 신들의 이름으로 맹세하게 했습니다. 나는 그들에게 내 주의 명에를 강요했고 〔그런 뒤에〕 그들을 풀어주어 그들의 땅으로 돌아가게 했습니다. …… 나는 요새화된 도시를 내 발 아래 두었으며 부역을 강제했습니다. 매년 나의 도시 아슈르에서 격식을 갖추어 그들의 귀중한 공물을 받았습니다.[108]

아시리아 왕들 또한 내부의 반대 음모 반역에 시달렸지만 티글라트-필레세르 1세(기원전 1115~1093년경 재위)는 계속 제국을 확대하고, 연이은 출정과 대규모 인력 이동으로 지역의 지배를 유지했다. 그 결과 그의 치세는 사실상 하나의 연속적인 전쟁이 되었다.[109] 그는 공들여 신들에게 헌신하고 열심히 신전을 지었지만 그의 전략은 늘 경제적 필요의 지배를 받았다. 예를 들어 그가 북쪽으로 이란까지 확장하려 한 주된 동기는 전리품, 금속, 동물의 획득이었는데, 만성적인 흉년 때는 이 획득물을 고향으로 보내 시리아의 생산성을 끌어올렸다.[110]

전쟁은 인간 삶의 일상적 조건이 되었으며 농경 제국의 정치적, 사회적, 경제적 역학의 중심이 되었고, 다른 모든 인간 활동과 마찬가지로 늘 종교적 특징을 갖추었다. 이런 나라들은 연속적인 군사적 노력 없이는 생존하지 못했을 것이며, 지배 계급의 분신인 신은 인간의 불안정을 넘어설 수 있는 힘에 대한 갈망을 표현했다. 그러나 메소포타미아 사람들은 무조건 믿고 마는 광신자들이 아니었다. 종교적 신화는 구조적이고 군사적인 폭력을 승인해주기는 했지만 동시에 계속 문제 제기도 했다. 실제로 메소포타미아 문헌에는 회의주의의 흐름이 강하게 나타난다. 한 귀족은 자신이 지금까지 쭉 의로웠고 기쁜 마음으로 신의 행렬을 따라갔으며 자신의 소유지에 있는 모든 사람에게 지모신을 섬기라고 가르쳤고 병사들에게 왕을 신의 대리인으로 숭배하라는 지시를 내렸다고 말한다. 그러나 그는 병과 불면증과 공포에 시달리게 되었는데도 "어떤 신도 나를 도우러 오거나 내 손을 잡아주지 않았다."고 불평한다.[111] 길가메시도 엔키두의 죽음을 받아들이려고 애쓸 때 신에게서 아무런 도움을 받지 못한다. 그는 지모신 이슈타르를 만나자 삶의 엄혹한 현실로부터 자신을 보호해주지 못했다며 혹독하게 비난한다. 이슈타르가 지고 가는 사람을 적시는 물 부대와 같고, 신는 사람에게 물집을 내는 신발 같고, 바람을 막아주지 못하는 문 같다는 것이다. 앞서 보았듯이 길가메시는 결국 체념을 발견하지만 서사시 전체는 인간이 신보다는 자신에게 의지할 수밖에 없다고 주장한다. 도시의 삶은 사람들이 신성한 것에 관해 생각하는 방식을 바꾸기 시작했는데, 신-레키-운닌니가 길가메시의 삶에 관해 쓰던 무렵에 이 시기 종교에서 가장 중요한 발전으로 꼽을 만한 일이 일어났다. 그러나 그 일은 세련된 도시에서 일어난 것이 아니라, 아리아인의 목축 공동체 안에서 점점 더 증가하는 폭력에 대한 대응으로 일어났다.

조로아스터, 절대 악과 절대 선의 세계

기원전 1200년경 어느 이른 아침, 캅카스산맥 스텝 지대에 사는, 아베스타어를 쓰는 사제 한 명이 아침 희생 제의를 위하여 물을 뜨러 강으로 갔다. 그곳에서 그는 아리아인의 만신전에서 가장 위대한 신으로 꼽히는 '지혜의 주' 아후라 마즈다의 환상을 보았다. 사제 조로아스터는 그동안 아베스타의 공동체를 차례차례 파괴하는, 산스크리트를 쓰는 가축 습격자의 잔혹성에 경악해 왔다. 그는 이 위기를 놓고 명상을 하다가 영속 철학의 논리대로 이런 지상의 전투에는 하늘에도 짝이 있는 것이 틀림없다는 결론을 내리게 되었다. 가장 중요한 다에바들—아후라('주')라는 명예로운 칭호를 지닌 바루나 미트라 마즈다—은 우주 질서의 수호자로서 진리, 정의, 생명과 재산 존중을 대표했다. 그러나 가축 습격자들의 영웅은 2급 다에바인 전쟁 신 인드라였다. 조로아스터는 어쩌면 하늘의 세계에서 평화를 사랑하는 아후라들이 사악한 다에바들에게 공격을 당하고 있는지도 모른다고 생각했다. 아후라 마즈다는 환상 속에서 그의 생각이 옳으니 사람들을 동원하여 공포에 대항하는 거룩한 전쟁에 나서야 한다고 말했다. 이제는 선한 사람들이 인드라와 하급 다에바들에게 희생되지 말고 지혜의 주를 비

롯한 아후라들을 섬기고 하급 다에바들과 지상에서 그들을 추종하는 가축 습격자들을 없애야 한다.[112]

특별한 수준에 이른 폭력을 경험하게 되면 그 피해자들은 충격을 받아 세계가 화해할 수 없는 두 진영으로 갈라져 있다는 이원론적 세계관에 빠져드는 것을 우리는 앞으로 되풀이하여 보게 될 것이다. 조로아스터는 악의가 가득한 신 '적대적인 영' 앙그라 마이뉴가 있는 것이 틀림없다고 결론을 내렸다. 앙그라 마이뉴는 힘에서는 '지혜의 주'와 비슷하지만 정반대의 존재다. 따라서 모든 남자 여자 어린아이는 절대적인 '선'과 절대적인 '악' 사이에서 선택을 해야 한다.[113] '지혜의 주'를 추종하는 자들은 인내심을 품고 규율 잡힌 삶을 살며, 악행을 일삼는 자들의 공격으로부터 용감하게 모든 선한 피조물을 지키고 가난하고 약한 사람들을 돌보고 가축을 목초지에서 내모는 잔인한 습격자들과는 달리 고운 마음으로 가축을 돌봐야 한다. 하루에 다섯 번 기도하고 악의 위협에 관해 명상을 하여 그 힘이 약해지게 해야 한다.[114] 사회는 이 싸움꾼들이 아니라 진리라는 지고의 덕에 헌신하는 착한 사람들이 지배해야 한다.[115] 그러나 조로아스터는 습격자들의 사나움에 큰 상처를 받았기 때문에 이 부드럽고 윤리적인 전망 자체도 폭력에 물들어 있었다. 그는 온 세상이 최종적인 격변을 향해 달려가고 있으며, 이제 '지혜의 주'가 사악한 다에바들을 절멸하고 '적대적인 영'을 불의 강에서 태워버릴 것이라고 확신했다. 대심판이 있을 것이며 그 다에바들의 지상 추종자들은 몰살당할 것이다. 그때 땅은 원래의 완벽한 상태로 복원된다. 죽음과 질병이 사라지고 산과 골짜기는 평평해지면서 큰 평원을 형성하여 그곳에서 신과 인간들이 평화롭게 함께 살 수 있다.[116]

조로아스터의 묵시록적 사고는 독특했다. 앞서 보았듯이 전통적인 아리아인의 이데올로기는 오래전부터 인간 사회의 핵심에 놓인 폭력의 혼란스러운 모호성을 인정해 왔다. 인드라는 '죄인'이었을지 모르지만 혼돈의 힘에 대항하는 그의 투쟁—그가 의존할 수밖에 없는 거짓과 기만적 관행에 오염되었을지라도—은 위대한 아후라들의 작업과 마찬가지로 우주 질서에 기여했다. 그러나 조로아스터는 당대의 모든 잔인성을 인드라에게 투사함으로써 폭력을 악마로 만들고 인드라를 절대 악의 상징으로 만들었다.[117) 조로아스터는 생전에는 개종자를 거의 만들지 못했다. 스텝에서는 어떤 공동체도 그가 거부한 싸움꾼들 없이는 살아남을 수가 없었다. 조로아스터교의 초기 역사는 잘 알려져 있지 않지만, 아베스타어를 사용하는 아리아인이 이란으로 이주하면서 그들의 신앙도 가져왔다는 사실은 알려져 있다. 조로아스터교는 귀족의 요구에 적합하게 수정된 뒤 페르시아 지배 계급의 이데올로기가 되고, 조로아스터의 이상은 페르시아의 지배를 받으며 살아가는 유대인과 기독교인의 종교에 침투한다. 그러나 이것은 먼 훗날의 일이다. 그전에 산스크리트를 사용하는 아리아인이 인드라 숭배를 인도 아대륙으로 가져가기 시작했다.

2장

인도,
비폭력을 향한 험난한 길

전쟁의 신과 하나가 된
아리아 전사들

인도 아대륙으로 이주한 아리아인에게 봄은 요가의 계절이었다.* 야영지에서 '정착의 평화'(크세마)를 누리며 겨울을 보낸 뒤, 이제 다시 전투로 들어가는 출정의 길을 인도해 달라고 인드라를 불렀으며, 사제들은 신의 기적적인 탄생을 재연하는 의식을 거행하는 때였다.[1] 그들은 또 인드라가 혼돈의 용 브리트라를 이긴 우주적 승리를 기념하는 찬가를 불렀다. 브리트라는 생명을 주는 물을 최초의 산에 가두어서

---

* 어원적으로 요가(yoga)는 '옮겨가는 일'을 말하고('멍에 묶기'를 뜻하는 유그yug와 관련 있다), 크세마(ksema)는 '정착하는 일'을 말한다. 인도 아리아인은 반(半)유목민이자 반정착민으로서 요가와 크세마를 반복하며 살았으며 인드라는 요가를 관장하는 신이다.

세상을 살 수 없는 곳으로 만들었다. 인드라는 브리트라와 싸운 이 영웅적인 전투에서 폭풍의 신 마루트가 부르는 찬가에서 힘을 얻었다.[2] 이제 사제들은 아리아 전사들에게 힘을 주기 위해 그와 똑같은 찬가를 불렀고, 전사들은 인드라와 마찬가지로 전투 전에 소마를 들이켰다. 소마에 취해 기분이 고양되어 인드라와 하나가 된 전사들은 격식을 차린 유그('멍에 묶기') 의식으로 말을 전차에 묶고 이제 자신들도 세상을 바로잡고 있다는 확신을 품고 이웃 마을을 습격하러 출발했다. 아리아인은 자신들이 '고귀하다'고 여겼고, 요가는 그들이 진정으로 이름에 걸맞게 살아갈 수 있는 습격의 계절의 시작을 알렸다.

인도 아리아인의 의식과 신화는 근동의 목축민과 마찬가지로 조직화된 절도와 폭력을 찬양했다. 인도 아리아인에게도 가축을 훔치는 일은 정당화가 필요하지 않았다. 여느 귀족과 마찬가지로 그들에게도 강탈이 물자를 얻을 수 있는 유일하게 고귀한 방법이었기 때문에 습격은 그 자체로 신성한 행위였다. 그들은 전투를 치르면서 삶에 의미와 긴장을 주는 환희를 경험했기에 전투는 경제적이고 정치적인 기능만이 아니라 '종교적인' 기능도 수행했다. 그러나 오늘날 우리에게 매우 다른 의미를 띠는 '요가'라는 말은 묘한 역학을 알려준다. 인도에서 아리아인 사제와 현자와 신비주의자는 전사의 에토스를 뒤집는 신화와 전쟁의 수사를 종종 사용했다는 것이다. 어떤 신화도 단일하고 결정적인 의미를 지닌 적은 없다. 신화는 계속 바뀌고 의미도 변했다. 전쟁의 윤리를 장려하는 데 이용되던 똑같은 이야기, 제의, 일군의 상징이 평화의 윤리를 장려할 수도 있었다. 인도 사람들은 그들의 세계관을 형성하는 폭력적 신화와 제의에 관하여 명상함으로써 과거 조상들이 출정길의 신성함을 알리기 위해 노력한 것과는 달리 '비폭력'(아힘사)의 고귀한 길을 창조하기 위해 힘을 기울였다.

그러나 이 극적인 역전은 첫 아리아인 정착자들이 기원전 19세기에 펀자브에 도착하고 나서 거의 천 년이 흐른 뒤에야 시작된다. 어떤 극적인 침략도 없었다. 아리아인은 작은 무리를 이루어 도착하여 아주 긴 기간 이 지역에 점진적으로 침투했다.[3] 그들은 이곳에 오는 동안 인더스강 유역에서 큰 문명의 폐허를 보았을 것이다. 이 문명은 전성기 (기원전 2300~2000년경)에는 이집트나 수메르보다 컸다. 그러나 아리아인은 이 도시들을 재건하려 하지 않았다. 목축민이 다 그렇듯이 정착 생활의 안정성을 경멸했기 때문이다. 거칠고 술을 많이 마시는 아리아인은 경쟁하는 다른 아리아인 부족들의 가축을 훔치고, 토착 민족인 다사('야만인')와 싸워 생계를 유지했다.[4] 이들은 농경 기술이 초보적이었기 때문에 오직 가축 습격과 약탈로만 먹고살 수 있었다. 이들은 영토를 소유하지 않고 가축이 다른 사람들의 땅에서 풀을 뜯게 내버려 두었다. 새로운 목초지를 찾아 가차 없이 동쪽으로 밀고 나갔으며, 기원전 6세기가 되어서야 이렇게 떠도는 생활을 완전히 그만두었다. 아리아인은 잠시 야영을 할 뿐 계속 움직였기 때문에 고고학적 기록을 전혀 남기지 않았다. 이 초기 상황에 관해서 우리는 구전되어 온 제의용 텍스트에만 전적으로 의존할 수밖에 없는데, 이 텍스트는 베일에 싸인 수수께끼 같은 방식으로 아리아인이 자신들의 삶에 형태와 의미를 제공하는 데 이용한 신화를 암시하고 있다.

기원전 1200년경 학식을 갖춘 아리아인 가문 한 무리가 옛날의 위대한 '선각자'(리시)들에게 계시된 찬가를 모으고, 거기에 그들 자신의 새로운 시를 보태는 엄청난 일을 시작했다. 천 수 이상의 시를 모은 이 선집은 열 권으로 나뉘는데, 이것이 장차 통틀어 베다('지식')라고 알려지는 네 가지 산스크리트 텍스트 가운데 가장 신성한 리그베다가 된다. 이 찬가 일부는 아리아인이 희생제 때 전통적인 무언극과 몸짓에 맞추어 부르던 것이었다. 인도에서 소리는 늘 신성한 의미가 있었다. 아리아인은 음악적인 성가와 수수께끼 같은 말이 마음으로 슬그머니 들어오면, 우주의 서로 다른 요소들을 함께 묶어 우주의 일관성을 유지해주는 신비한 힘에 닿는 느낌을 받았다. 리그베다는 인간의 말로 번역된 리타, 즉 '신성한 질서'였다.[5] 그러나 현대의 독자에게 이 텍스트는 전혀 '종교적'으로 보이지 않는다. 이 텍스트는 개인의 헌신 대신 전투의 영광, 살인의 기쁨, 독한 술의 환희, 다른 사람의 가축을 훔치는 일의 고귀함을 찬양한다.

어느 고대 경제에나 희생제는 필수였다. 사회의 부는 수호자인 신들이 어떤 선물을 주느냐에 달려 있다고 생각되었다. 인간은 감사를 표하여 신의 관용에 응답함으로써 신의 명예를 높이고 더 큰 은혜를 보장받았다. 따라서 베다의 의식은 상호 교환, "네가 주니까 내가 준다(do ut des)."의 원리에 기초를 두고 있었다. 사제는 희생 동물의 가장 좋은 부분을 신에게 바쳤다. 이것을 신성한 '불' 아그니가 천상 세계로 전달했고 남은 고기는 신이 공동체에 주는 선물이 되었다. 전사들은 성공적인 습격 뒤에 전리품을 비다타 의식에서 나누었는데, 이것은 미국 북서부 원주민의 포틀래치*와 비슷했다.[6] 이 의식 또한 우리가 영적인 일이라고 부를 만한 것은 아니었다. 희생제를 주관하는 '족장'(라자)은 자신이 강탈한 소 말 소마 작물을 씨족의 장로와 이웃 라자들

포틀래치(potlatch) 미국 북서부 해안 지대에 살던 원주민들이 선물을 분배하던 관습을 가리키는 말. 출생, 성년식, 결혼식 같은 통과의례나 부족의 큰 행사가 있을 때 주최자가 자신의 음식과 재물을 나누어주었다.

앞에 자랑스럽게 전시했다. 이 물자 가운데 일부는 신에게 희생으로 바쳤고 일부는 방문한 족장에게 선물했으며 나머지는 분방한 연회에서 소비했다. 참석자들은 술에 몹시 취하거나 기분 좋게 거나해졌다. 여자 노예들과 닥치는 대로 섹스를 했고 공격적일 정도로 경쟁적인 전차 경주를 벌였으며 활쏘기 시합과 줄다리기를 했다. 큰 판돈을 걸고 주사위 게임을 하고 모의 전투를 벌였다. 그러나 의식이 단순히 화려한 파티로 끝나는 것은 아니었다. 의식은 아리아인의 경제에 필수적이었다. 새로 획득한 자원을 합리적으로 공평하게 재분배하여 다른 씨족들에게도 똑같은 의무를 강제하는 의례화된 방법이었다. 이 신성한 시합은 또 젊은이에게 군사 기술을 훈련시키고 라자가 재능 있는 사람을 찾아내는 데 도움을 주어, 가장 훌륭한 전사들로 이루어진 귀족을 구성할 수 있었다.

전사가 매일 자신을 위험에 내놓도록 훈련하는 일은 쉽지 않았다. 제의는 기본적으로 모질고 위험한 싸움에 의미를 부여했다. 소마는 억제를 무디게 했으며, 찬가는 전사에게 그들이 토착 민족과 싸움으로써 우주 질서를 지키기 위한 인드라의 강력한 투쟁을 계속 이어 가고 있음을 일깨워주었다. 브리트라는 베다 사회 주변부에 위협적으로 웅크리고 있는 토착 전사 부족인 '브라트라들 가운데 최악'을 가리켰다.[7] 인도의 아리아인은 하늘에서 전쟁을 좋아하는 데바와 평화를 사랑하는 아수라* 사이에 거대한 전쟁이 벌어지고 있다는 조로아스터의 믿음을 공유하고 있었다. 그러나 조로아스터와는 달리 그들은 '저택에 가만히 머물러' 앉아만 있는 아수라들을 약간 경멸하여 '마차를 몰고 다

---

* 아수라(asura)는 아베스타어 아후라(ahura, '주')의 산스크리트 표현이다.(저자 주)

니는' 고귀한 데바들 편을 굳게 지켰다.[8] 아리아인은 그 정도로 정착 생활의 권태와 시시함을 증오하여 오직 약탈에서만 완전히 살아 있다는 느낌을 받았다. 그들은 말하자면 영적으로 프로그램되어 있었다. 끊임없이 되풀이되는 제의의 몸짓은 그들의 몸과 정신에 우두머리 수컷이 처신하는 방법에 대한 본능적 지식을 새겨놓았다. 감정적인 찬가는 특권 의식, 아리아인은 날 때부터 지배한다는 굳건한 믿음을 깊이 심어놓았다.[9] 이 모든 것이 그들에게 인도 북서부의 방대한 땅을 가로지르며 길을 가로막는 모든 장애를 제거할 용기 끈기 힘을 주었다.[10]

우리는 이 시기 아리아인의 삶에 관해서는 거의 아무것도 모르지만 신화는 전적으로 천상의 세계에 관한 것이 아니라 기본적으로 지금 여기에 관한 이야기이기 때문에 이 베다 텍스트에서는 살아가기 위해 싸우는 공동체의 모습을 엿볼 수 있다. 신화 속 싸움—데바와 아수라, 인드라와 우주의 용들 사이의 싸움—은 아리아인과 다사의 전쟁을 반영했다.[11] 아리아인은 펀자브를 제약으로 경험했고 다사를 당연히 자신들의 것인 부와 넓은 땅을 얻는 것을 막는 사악한 적으로 경험했다.[12] 이런 감정은 아리아인의 많은 이야기 속에 가득하다. 그들은 브리트라를 우주의 산에 똬리를 틀고 앉아 산을 꽉 죄는 바람에 물이 빠져나올 수 없게 만드는 거대한 용(또는 뱀)이라고 상상했다.[13] 또 다른 이야기에는 악마 발라가 나오는데, 그가 해를 소 떼와 함께 동굴에 가두는 바람에 빛 온기 식량이 사라져 세상이 죽게 된다. 그러나 인드라가 신성한 '불' 옆에서 찬가를 부르고 나서 산을 부수고 들어가 소 떼를 해방시키고 해를 하늘 높이 걸어놓는다.[14] 브리트라와 발라라는 이름은 둘 다 인도-유럽어 어근 vr에서 나왔는데*, 이것은 '막다', '가두다', '둘러싸다'라는 뜻이며, 인드라의 이름 가운데 하나는 브르트라한

('저항을 부순다')이다.[15] 아리아인은 인드라가 그랬던 것처럼 자신들을 둘러싼 적들을 뚫고 나가려고 싸웠다. '해방'(목샤)은 후대에 재해석하게 될 또 하나의 상징이 된다. 그 반대는 암하스(amhas, '포로 상태')인데, 영어의 불안(anxiety)이나 독일어의 불안(Angst)과 어원이 같으며 폐소공포증적 고통을 떠올리게 한다.[16] 나중에 현자들은 목샤에 이르는 길은 더 적은 것이 더 많은 것임을 깨닫는 데 있다고 결론을 내린다.

기원전 10세기에 아리아인은 야무나강과 갠지스강 사이의 도아브 지역에 이른다. 이들은 이곳에서 작은 두 왕국을 건설한다. 하나는 쿠루 씨족과 판찰라 씨족이 연합해 세우고 다른 하나는 야다바 씨족이 세운다. 그러나 매년 날씨가 선선해지면 쿠루-판찰라는 동쪽으로 조금 떨어진 곳에 아리아인의 새로운 전초 기지를 세우려고 전사들을 보냈다. 그들은 그곳에서 지역 주민을 복속시키고 농토를 습격하고 가축을 약탈했다.[17] 이 지역에 정착하려면 빽빽한 열대림을 불로 태워 없애야 했기 때문에 불의 신 아그니는 이런 점진적 동진에서 식민지 개척자들의 신성한 분신이 되었으며, 새로운 식민지를 성화하는 의례화된 전투인 아그니차야나의 영감이 되었다. 먼저 완전 무장한 전사들이 벽돌 제단을 건설할 진흙을 모으러 강둑으로 나아간다. 이 행위는 이 영토에 대한 그들의 권리를 도발적으로 주장하는 것으로, 그들의 길을 가로막는 모든 지역민과 싸운다는 뜻이다. 식민지는 아그니가 새로운 제단에 뛰어오를 때에만 현실이 된다.[18] 이 불타오르는 제단은 아리아인 진영을 야만인 촌락의 어둠과 구별해주었다. 정착자들은 이웃의 소

---

* 어근 vr은 실제 문헌에서는 발견되지 않고 추정되는 형태이다.

떼를 꾀어내는 데도 아그니를 이용했는데, 소는 불길을 쫓아오곤 했다. "그는 환하게 타오르는 불로 경쟁자를 해치워야 한다." 훗날의 한 텍스트는 말한다. "그렇게 함으로써 경쟁자의 부, 그의 재산을 빼앗는다."[19] 아그니는 전사의 용기와 우월한 힘, 그의 가장 근본적이고 신성한 '자아'(아트만)를 상징했다.[20]

그러나 다른 분신인 인드라와 마찬가지로 전사는 오염되었다. 인드라는 세 가지 죄를 지어 치명적으로 약해졌다. 브라만 사제를 죽였고 브리트라와 맺은 친선 협정을 깼고 남편으로 변장하여 다른 남자의 부인을 유혹했다. 그는 이렇게 점차 자신의 영적 권위, 신체적인 힘, 아름다움을 상실했다.[21] 이런 신화적 붕괴는 아리아 사회의 깊은 변화와 나란히 갔다. 이 시기에 일부 리시는 인드라와 아그니로는 신성을 충분히 표현할 수 없었다. 이것이 아리아인의 폭력 중독을 무너뜨리는 긴 과정의 첫 걸음이었다.

크샤트리아,
폭력 속에서 태어난 영성

우리는 아리아인이 도아브, 즉 '아리아의 땅'에 두 왕국을 어떻게 세웠는지 정확하게 알지 못하지만, 무력으로 그렇게 했을 수밖에 없다. 사건들은 사회사가들이 국가 수립의 '정복 이론'이라고 부르는 과정을 따랐을 것이다.[22] 농민은 작물을 파괴하고 가축을 죽이는 전쟁에서 잃을 것이 많다. 경제적으로는 더 가난하지만 군사적으로는 우월한 아리아인이 공격을 하면 일부 실용적인 농민은 그런 참화를 겪느니 차라리 침략자에게 굴복하여 잉여의 일부를 제공하겠다고 결정했을 수도 있다. 침략자 쪽에서도 그 마을로 돌아가 물품을 더 요구함으로써 꾸준한 수입을 올릴 수 있기 때문에 황금 알을 낳는 거위를 죽이면 안 된다는 것을 알았다. 시간이 지나면서 이런 강탈은 정기 공물로 제도화되었을 수도 있다. 야다바인과 쿠루-판찰라인은 이런 식으로 도아브의 마을을 충분히 복속시키고 나자, 여전히 동쪽으로 매년 습격대를 보내기는 했지만 결국 농경 왕국의 귀족 통치자가 되었다.

이렇게 농경 생활로 이행한다는 것은 큰 사회적 변화를 뜻했다. 물론 추측해볼 따름이지만, 이 시점까지 아리아인 사회는 엄격하게 계층화되지는 않았을 것이다. 작은 씨족 구성원은 족장을 따라 싸웠고 사제도 종종 침략에 참여했다.[23] 그러나 농업과 더불어 계층화가 찾아왔다. 아리아인은 이제 다사, 즉 농사 방법을 알고 있는 원주민 농부를 자신의 공동체에 통합해야 한다는 것을 깨달았고, 그래서 다사를 악마로 모는 브리트라 신화는 낡은 것이 되어 갔다. 다사의 노동과 전문 지식이 없으면 농업 경제가 무너질 것이기 때문이었다. 농업 생산은 또 아리아인도 들에서 일할 것을 요구했다. 어떤 사람들은 목수, 대장장이, 옹기장이, 무두장이, 천 짜는 사람이 되었다. 이제 그들은 최고의 전사들이 동쪽으로 싸우러 나간 동안 집에 머물렀다. 권력을 휘두르던 라자와 권력에 정통성을 부여하던 사제 사이에는 권력 투쟁이 있었을 것이다. 수백 년의 전통과 결별하는 이런 혁신은 베다 신화 체계에 접목되어야 했다.

새로운 부와 여가는 사제에게 명상의 시간을 더 제공했고, 사제는 신성의 개념을 다듬기 시작했다. 그들은 전부터 늘 신이 더 드높고 더 포괄적인 실재에 참여한다고 보았는데, 이 실재란 '존재' 자체였다. 그들은 기원전 10세기에는 이것을 브라흐만('만유[梵]')이라고 불렀다.[24]

브라흐만은 우주를 지탱하고, 또 우주가 성장하고 발전하게 해주는 힘이었다. 브라흐만은 이름이 없고 규정이 불가능하고 완전히 초월적이었다. 데바들 또한 브라흐만의 또 다른 표현에 불과했다. "그들은 그를 인드라, 미트라, 바루나, 아그니라고 부른다. 그는 또 고귀한 날개가 달린 천상의 가루트만이다. '하나'인 것에 현자들이 여러 명칭을 부여할 뿐이다."[25] 새로운 유형의 리시는 마치 법정에 선 듯한 단호한 태도로 이 신비한 통합 원리를 발견하는 데 열중했으며, 너무나 인간적인 데바들은 주의를 산만하게 할 뿐 아니라 창피한 존재가 되어 갔다. 그들은 브라흐만을 드러내기보다는 감추었다. 리시의 주장에 따르면 아무도, 심지어 가장 높은 신도 우리 세계가 어떻게 생겨났는지 알지 못했다.[26] 인드라가 괴물을 죽여 우주 질서를 잡는다는 옛 이야기는 이제 확실히 유치해 보였다.[27] 신들의 개성은 점차 오그라들기 시작했다.[28]

이 후기 찬가들 가운데 하나는 아리아 사회의 새로운 계층화를 거룩하게 승인하기도 했다.[29] 다른 리시는 희생으로 죽임을 당한 왕이 우주를 낳은 옛 신화를 명상하면서, 이 왕을 '푸루샤', 즉 최초의 '사람'이라고 불렀다. 그의 묘사에 따르면 푸루샤는 제의를 위한 터의 새로 깎은 풀 위에 누워 신들이 자신을 죽이는 것을 허락했다. 그의 주검은 조각조각 나뉘어 우주의 구성 요소가 되었다. 새 말 소 하늘과 땅 해와 달, 심지어 위대한 데바인 아그니와 인드라도 모두 푸루샤 몸의 여러 부분에서 나왔다. 그러나 푸루샤의 존재 가운데 25퍼센트만 유한한 세계를 이루었다. 나머지 75퍼센트는 시간과 필멸의 영향을 받지 않아 초월적이고 한계가 없었다. 푸루샤가 자기를 내어주는 것에서 오랜 우주 전투와 경쟁적인 신성한 시합이 아무런 싸움이 없는 신화로 대체되었다. 왕이 투쟁 없이 자신을 내주었기 때문이다.

푸루샤의 몸에서는 아리아 왕국의 새로운 사회 계급도 싹텄다.

> 그들이 푸루샤를 나눌 때 몇 조각을 만들었던가?
> 그의 입, 그의 팔은 뭐라고 불렀는가?
> 그의 허벅지와 발은 뭐라고 불렀는가?
> 사제(브라만)는 그의 입이었다. 그의 두 팔로 전사(라자냐)를 만들었다.
> 그의 허벅지는 평민(바이샤)이 되었고, 그의 발에서 종(수드라)이 나왔다.[30]

이런 식으로 찬가들은 새롭게 계층화된 사회가 평등한 과거와의 위험한 결별이 아니라 우주 자체만큼이나 오래된 것이라고 주장했다. 아리아 사회는 이제 네 개의 사회 계급으로 나뉘었고, 이것이 훗날 발전하는 정교한 카스트 체제의 씨앗이 되었다. 각 '계급'(바르나)에는 그 나름의 신성한 '의무'(다르마)가 있었다. 아무도 다른 계급에 할당된 과제를 수행할 수 없었다. 별이 자기 궤도를 떠나 어떤 행성의 공전 범위를 침범할 수 없는 것과 마찬가지였다.

희생은 여전히 근본적이었다. 각 바르나의 구성원은 전체를 위하여 자신의 선호를 포기해야 했다. 사회의 제의를 관장하는 것은 푸루샤의 입에서 나온 브라만의 다르마였다.[31] 아리아 역사 최초로 이제 전사도 라자냐라고 부르는 별도의 계급을 형성했는데, 이것은 리그베다에서는 새로운 용어였다. 나중에 이들은 크샤트리아('권력을 위임받은 자들')로 알려지게 된다. 이들은 힘, 용기, 에너지의 자리인 푸루샤의 팔, 가슴, 심장에서 나왔으며, 이들의 다르마는 매일 목숨을 거는 것이었다. 전사 계급은 의미심장한 발전이었다. 이 계급이 아리아 공동체의 폭력을 제한했기 때문이다. 지금까지는 신체 건강한 모든 남자가 투사였고, 공격이 전 부족의 존재 근거였다. 찬가는 라자냐가 불가결하다고 인정했다. 왕국은 힘과 강제 없이는 생존할 수 없었기 때문이다. 그러나 이후로는 **오직** 라자냐만 무기를 들 수 있었다. 다른 세 계급—브라만, 바이샤, 수드라—의 구성원은 이제 폭력을 포기해야 했으며, 침략에 참여하거나 왕국의 전쟁에서 싸우는 것이 허용되지 않았다.

두 하층 계급에서는 이 새로운 사회 체제에 기초한 폭력을 볼 수 있다. 이들은 몸 아래쪽의 가장 큰 부분인 다리와 발에서 나왔다. 이들의 다르마는 귀족에게 봉사하고 그들의 심부름을 하는 것이며, 농경 국가가 의존하는 생산적 노동을 수행하여 사회의 전체적인 틀이 지닌 무게를 감당하는 것이었다.[32] 이제 싸움이 금지된 평범한 씨족원인 바이샤의 다르마는 식량 생산이었다. 이제 크샤트리아 귀족이 그들의 잉여를 징발한다. 따라서 바이샤는 생식력이나 생산성과 연결되었다. 그러나 동시에 푸루샤의 생식기와 가까운 곳에서 나왔기 때문에 육욕과 연결되기도 했다. 두 상층 계급에 따르면 바이샤 계급은 이 점 때문에 믿음직스럽지가 않았다. 그러나 가장 의미심장한 발전은 수드라의 도입이었다. 사회라는 몸의 밑바닥에 있는 다사는 이제 '종'으로 규정되었다. 다른 사람을 위해 일을 하고 가장 천한 과제를 수행하며, 따라서 불결하다고 낙인이 찍혔다. 베다 법에 따르면 바이샤는 억눌러야 하지만 수드라는 마음대로 제거하거나 죽일 수 있었다.[33]

따라서 푸루샤 찬가는 새로운 아리아 문명의 핵심에 놓인 구조적 폭력을 승인했다. 새로운 체제는 싸움과 습격을 특권 계급 가운데 하나에 제한했을지는 몰라도, 바이샤와 수드라의 강제 복속은 우주의 신성한 질서의 일부라고 암시했다. 새로운 아리아 귀족인 브라만과 크샤트리아는 다르마가 생산적인 일이 아니었기에 예술과 과학을 탐사할 여가가 있었다. 모든 사람에게 희생이 기대되었지만 가장 큰 희생은 하층 계급에게 요구되었고, 이들은 노예의 삶을 살 운명이었으며 열등하고 저열하고 불결하다고 낙인 찍혔다.[34]

아리아인은 계속 농업으로 전환해 나아갔다. 기원전 900년경 아리아인 땅에는 첫발을 내디딘 왕국이 몇 개 있었다. 이 왕국들은 밀 재배에서 논벼 생산으로 전환한 덕분에 더 큰 잉여를 확보했다. 갓 등장한 이 나라들의 삶에 관한 우리의 지식은 제한되어 있지만, 이 경우에도 신화나 제의는 발달 중인 정치 조직을 이해하는 데 어느 정도 도움을 줄 수 있다. 이 맹아적인 왕국들에서 라자는 여전히 부족의 족장을 정할 때와 마찬가지로 크샤트리아 동료들이 선출했지만 막강한 농경 국가 통치자가 되는 길로 한창 나아가고 있었으며, 이제 1년에 걸친 왕의 신성화 과정인 라자수야 동안 성스러운 속성을 부여받았다. 이 의식의 진행 과정에서 다른 한 명의 크샤트리아가 새로운 왕에게 도전을 하고, 새 왕은 의례화된 주사위 시합에서 이겨 자신의 영토를 다시 빼앗아야 했다. 지면 망명할 수밖에 없지만 군대를 이끌고 돌아와 경쟁자를 내쫓는다. 이기면 소마를 한 모금 들이켜고 이웃한 땅의 침략을 이끌었으며, 전리품을 잔뜩 싣고 돌아오면 브라만이 그의 왕권을 인정했다. "오 왕이여, 그대는 브라흐만이로다." 라자는 이제 '만유', 즉 왕국을 지탱하고 왕국이 번영하고 확장하게 해주는 바퀴의 중심축이 되었다.

왕의 주된 의무는 새로운 경작지를 정복하는 것이었고, 이 의무는 '말의 희생'(아슈바메다)으로 신성화되었다. 이 의식에서는 하얀 종마를 성화하여 풀어주고 1년 동안 아무런 괴롭힘을 당하지 않고 떠돌아다니게 해주었으며, 이 말을 보호하는 왕의 부대가 따라다녔다. 그러나 마구간에 살던 말은 늘 바로 집으로 향하기 마련이라 사실상 이 부대는 말을 왕이 정복하고자 하는 땅으로 강제로 몰아갔다.[35] 이렇게 인도에서도 여느 농업 문명과 마찬가지로 폭력은 귀족적 삶의 구조 자체와 결합되어 있었다.[36] 전투에서 죽는 것보다 귀한 것은 없었다. 침상에서 죽는 것은 크샤트리아의 다르마에 반하는 죄였으며, 힘이 줄어든다고 느끼는 사람은 들에 나가 죽음을 구하는 게 관행이었다.[37] 그러나 평민은 싸울 권리가 없었기 때문에 전장에서 죽으면 그 죽음은 규범에서 크게 벗어난 것, 심지어 웃음거리로 여겨졌다.[38]

기원전 9세기 내내 쿠루 왕국의 브라만 가운데 일부는 고대 아리아 전통에 대해 다시 한번 중요한 재해석을 시작했고, 종교 의식에서 모든 폭력을 체계적으로 뽑아내는 개혁에 착수하여, 심지어 크샤트리아도 의식을 치르는 방식을 바꾸도록 설득했다. 그들의 생각은 〈브라흐마나〉로 알려진 경전에 기록되었는데, 이것은 기원전 9세기에서 7세기 사이에 나온 것이다. 이제는 혼잡한 포틀래치나 술에 취해 난폭해지는 시합도 없었다. 완전히 새로운 이 의식에서는 '후원자'(희생의 비용을 대는 사람)가 그 자리에 참석하는 유일한 평신도였는데, 그는 사제 네 명의 안내를 받아 정교한 제의 절차를 밟아 나갔다. 의례화된 습격과 모의 전투는 위로를 주는 성가와 상징적 몸짓으로 바뀌었다. 물론 예전 폭력의 흔적이 남아 있기는 했다. 부드러운 찬가에는 '데바들의 전차(戰車)'라는 어울리지 않는 제목이 붙었고 당당한 합창은 인드라의 치명적인 철퇴에 비유되었는데, 노래하는 사람들은 이 철퇴를 '큰 목소리로' 주고받았다.[39] 마지막으로 혁신된 아그니차야나 의식에서는 새로운 영토를 얻으려고 싸우는 대신 후원자가 불이 든 단지를 들고 동쪽으로 세 걸음 걸어가 다시 그냥 단지를 내려놓았다.[40]

우리는 이 개혁 운동이 벌어진 배경에 관해서는 아는 것이 거의 없다. 어떤 학자에 따르면 이 변화는 생명을 주고자 기획된 희생 제의가 실제로는 죽음이나 파멸과 관련되어 있다는 해결 불가능한 난제에서 생겨났다. 리시는 사회에서 군사적 폭력을 제거할 수는 없었지만, 거기에서 종교적 정통성을 거두어들일 수는 있었다.[41] 또 동물에게 저지르는 가혹 행위에 대한 우려도 새롭게 나타났다. 리그베다에 실린 후기의 어떤 시에서 리시는 아슈바메다에서 도살당할 참인 말을 부드럽게 달랜다.

> 그대가 올 때 그대의 귀한 영혼이 그대를 불로 태우지 않기를, 그대의 몸 안에 도끼가 남아 있지 않기를
> 제물을 바치는 사람이 욕심만 많고 서툴러 관절을 맞추지 못하는 바람에 그대의 다리가 엉뚱하게 잘리지 않기를
> 아, 여기에서 그대는 죽지 않고, 그대는 상처를 입지 않는다. 그대는 쉬운 길로 신들에게로 가고 있다.[42]

〈브라흐마나〉는 동물 희생이 잔인하다며 짐승의 목숨을 살려 집전하는 사제에게 선물로 주자고 권했다.[43] 꼭 죽여야 한다면 가능한 한 고통이 없게 처리해야 했다. 예전에는 제물의 목을 베는 것이 희생의 극적인 절정이었다. 이제는 희생제 장소에서 멀리 떨어진 우리에서 질

식시켜 죽였다.[44] 그러나 일부 학자들은 개혁의 동인이 폭력 자체에 대한 혐오가 아니었다고 주장한다. 그보다는 폭력이 이제 오염시키는 것으로 경험되고 있었고 사제들은 더러움을 피하려고 그 과제를 보조자들에게 위임하는 쪽을 선호했으며, 보조자들은 신성한 중심부에서 벗어난 곳에서 제물을 죽였다는 것이다.[45] 동기가 무엇이건 개혁가들은 폭력을 수상쩍게 바라보는 의견이 우세해지는 분위기를 조성하기 시작했다.

개혁가들은 또 후원자의 관심을 내면세계로 이끌었다. 후원자는 이제 불운한 짐승을 죽이는 대신 상징적인 의례에서 죽음을 내적으로 경험하여 이해하라는 가르침을 받았다.[46] 의식이 거행되는 동안 그는 의례적인 방식으로 죽음에 이르고 잠시 불멸하는 신들의 세계로 들어갔다. 이로써 더 내적인 영성이 나타나기 시작했다. 우리가 '종교'라고 부르는 것에 더 가까운 것이었다. 이 영성은 폭력을 피하고자 하는 바람에 뿌리를 두었다. 참가자들은 이제 아무 생각 없이 외적인 의식의 순서를 쫓아가는 대신 의례의 숨겨진 의미를 깨닫고 영속 철학의 논리대로, 모든 행동 하나하나, 전례 도구, 만트라*가 거룩한 실재와 이어지는 관련성을 의식해야 했다. 신은 인간과 동화되었고, 인간은 동물이나 식물과 동화되었으며, 초월적인 것은 내재적인 것과, 눈에 보이는 것은 보이지 않는 것과 동화되었다.[47]

이것은 그냥 자기 멋대로인 환상이 아니라 삶의 가장 작은 부분에도 의미를 부여하려는 가없는 인간적 노력의 일부였다. 의식은 우리가 세속적 삶에서 피할 수 없는 흠을 잠시 옆으로 밀어놓을 수 있는 통제

만트라(Mantra) 본래 베다 문헌의 주요 부분을 형성하는 찬가 또는 시구를 가리키는 말. 신비적인 위력을 지닌다고 하여 의식에서 주문처럼 낭송되었다.

된 환경을 조성한다고 이야기되어 왔다. 그러나 그렇게 함으로써 역설적으로 우리는 그 흠을 더 예리하게 인식하게 된다. 의식이 끝난 뒤 일상생활로 돌아와도 우리가 경험한 당위적인 존재 방식을 기억할 수 있다. 따라서 의식은 절대로 이상을 완전히 실현하지 못하는, 잘못을 저지를 수밖에 없는 인간이 만든 것이다.[48] 아리아인의 일상적인 세계는 본질적으로 폭력적이고 잔인하고 불공평했지만 이 새로운 의식에서 참가자들은 공격성이 엄격하게 배제된 세계에 살아볼—비록 잠시지만—기회를 얻었다. 그들은 자신에게 부여된 다르마의 폭력성을 버릴 수 없었다. 사회가 그런 폭력에 의존하고 있었기 때문이다. 그러나 앞으로 보겠지만 일부 크샤트리아는 인드라를 '죄인'이라고 부른 이래 아리아 사회에서 전사가 늘 지니게 된 오점을 강하게 의식하게 되었다. 일부는 새로운 의식의 경험에 기초하여 호전적인 군사적 에토스를 무너뜨릴 대안적 영성을 창조했다.

그러나 새롭게 분열된 사회에서 이제 귀족의 전유물이 된 베다 의식에 참여하는 사람은 극소수였다. 하층 계급 아리아인은 대부분 자신의 집에서 좋아하는 데바들에게 소박한 제물을 바치고, 굽타 시대(서기 320~540년)에 마침내 등장하는 잡다한 힌두 만신전을 이루는 다양한 신들—일부는 토착민에게서 받아들였다.—을 섬겼다. 그러나 왕의 축성 같은 가장 화려한 의식은 공중에게 강한 인상을 남겼으며, 사람들은 오래 그 이야기를 하곤 했다. 이런 의식은 또 계급 체계를 지탱하는 데도 기여했다. 의식을 거행하는 사제는 라자나 크샤트리아 후원자보다 우위를 주장할 수 있었고, 그에 따라 통치 체제의 맨 윗자리에 앉았다. 한편 희생의 비용을 대는 라자는 신의 권위를 빌려 바이샤에게서 잉여를 더 뽑아낼 수 있었다.

이 유아적 왕국들이 성숙한 국가가 되면 왕의 권위는 상호교환에 기초한 희생 체제에 더는 의존할 수 없다. 펀자브에서는 전리품과 노획한 가축을 모두 의식에서 분배하고 소비했기 때문에 라자가 따로 부를 축적할 수 없었다. 그러나 더 발전한 나라에서는 관료 조직과 제도의 비용을 대기 위해 그 나름의 자원이 필요했다. 이제 도아브의 농업 생산성이 엄청나게 증가한 덕분에 라자는 부자가 되어 갔다. 그들은 농업 잉여를 통제했고 그 덕분에 습격에서 획득하여 의식을 통해 공동체에 분배되는 전리품에 의존하지 않을 수 있었다. 라자는 한때 자원의 분배를 관장하고 규제하던 브라만으로부터 경제적으로나 정치적으로 독립해 갔다.

우파니샤드,
고통과 해탈의 가르침

아리아인은 기원전 6세기에 갠지스강 동쪽 유역에 이르렀다. 강수량이 많고 농산물 수확량이 훨씬 많은 지역이었다. 이들은 이제 쌀 과일 참깨 기장 밀 보리를 기를 수 있었고, 늘어난 잉여로 더 정교한 국가를 지탱할 수 있었다.[49] 힘센 라자가 족장이 지배하는 작은 지역을 정복하면서 이곳에서는 갠지스 평원 북동부의 마가다와 남서부의 코살라를 포함하여 큰 왕국 16개가 나타나 부족한 자원을 놓고 다투었다. 사제들은 여전히 자신들의 제의와 희생이 우주와 사회의 질서를 유지한다고 주장했지만[50] 종교 텍스트는 정치 체제가 현실적으로 강제에 의존하고 있다는 사실을 인정했다.

온 세상은 징벌로 질서가 유지된다. ······ 왕이 지칠 줄 모르고 벌을 줄 사람들에게 벌을 주지 않으면 힘센 자들은 약한 자를 꼬치에 꿴 물고 기처럼 구워먹을 것이다. 까마귀가 제물로 바친 떡을 먹고 개가 제물로 바친 음식을 핥을 것이며 누구도 소유권을 지키지 못하고 낮은 자들이 높은 자들의 자리를 찬탈할 것이다. ······ 징벌만이 모든 창조된 것들을 다스리고, 징벌만이 그들을 보호하고, 징벌만이 그들이 자는 동안 그들을 지켜준다. ······ 징벌이 ······ 왕이다.[51]

그러나 고고학적 증거가 부족하여 이 왕국들의 조직에 관해서는 알 수 없다. 여기에서도 우리는 종교 텍스트, 특히 불교 경전에 의존해야 한다. 불교 경전은 구술로 만들어지고 전승되었으며 서기 1세기에 이르러서야 기록되기 시작했다.

그러나 갠지스 평원 가장자리, 히말라야산맥 기슭에서는 완전히 다른 정치 체제가 나타나기도 했다. 가나-상가, 즉 '부족 공화국'은 군주제를 거부하는 씨족 족장들의 회의체가 통치했다. 왕국의 독재에 불만을 품어 더 평등한 공동체에서 살고 싶은, 독립적 정신을 가진 귀족들이 이 체제를 만들었을지도 모른다. 부족 공화국들은 베다의 정통성을 거부했으며 값비싼 희생제 비용을 대는 데 관심이 없었다. 대신 그들은 교역 농업 전쟁에 투자했고 왕이 아니라 소규모 지배 계급이 권력을 행사했다.[52] 여기에는 사제 카스트가 없기 때문에 오직 두 계급만 있었다. 크샤트리아 귀족, 그리고 자원에 대한 권리도 없고 거기에 접근할 수도 없는 다사-카르마카라, 즉 '노예와 노동자'였다. 그러나 진취적인 상인이나 수공업자가 더 높은 사회적 지위를 얻는 것은 가능했다. 부족 공화국은 대규모 상비군을 거느렸기 때문에 아리아 왕국들에게 중대한 도전이 되었으며, 매우 생명력이 강해 서기 첫 천 년 중반을 넘어서까지도 살아남았다.[53] 이들의 독립성과 적어도 명목상 내세우던 평등주의가 인도인 정신의 어떤 근본적인 부분에 매혹적으로 다가간 것이 분명했다.

왕국과 상가 모두 여전히 농업에 의존했지만 갠지스 지역은 상업 혁명도 겪고 있던 터라 상인 계급과 화폐 경제가 나타났다. 새로운 도로와 운하로 연결된 도시들—사바티, 사케타, 코삼비, 바라나시, 라자가하, 창가—은 산업과 사업의 중심이 되어 갔다. 이들은 계급 체제의 구조적 폭력에 도전했다. 신흥 부자인 상인과 금융업자 대부분이 바이샤였고 일부는 심지어 수드라였기 때문이다.[54] 밀려오는 아리아인 때문에 땅에서 쫓겨난 새로운 '불가촉민'(찬달라) 계급이 이제 사회 위계의 바닥에 자리 잡은 이 상승하는 노동자들의 자리를 차지했다.[55] 도시 생활은 흥미진진했다. 거리에는 먼 땅에서 온 상품을 운반하는 화려한 색깔의 수레와 거대한 코끼리들이 가득했다. 장터에는 온갖 계급과 인종이 자유롭게 섞였으며, 새로운 사상이 전통적인 베다 체계에 이의를 제기하기 시작했다. 따라서 시골에 뿌리를 둔 브라만은 이 흐름에서 배제된 것처럼 보이기 시작했다.[56]

유동적인 시기에는 흔히 그렇듯이 새로운 영성이 나타났으며, 여기에는 둑카 목샤 카르마라는 서로 관련된 세 가지 주제가 있었다. 놀랍게도 당시의 이런 번영과 진보에도 불구하고 비관주의가 깊고 넓게 퍼져 있었다. 사람들은 삶을 둑카, 즉 '불만스럽고' '흠이 있고' '뒤틀린' 것으로 경험했다. 출생의 상처에서부터 죽음의 괴로움에 이르기까지 인간 존재는 고통으로 가득찬 듯이 보였으며, 심지어 죽음도 위안을 주지 못했다. 만물과 만인이 환생이라는 피할 수 없는 '순환'(삼사라)에 사로잡혀 비참한 시나리오 전체를 되풀이하여 견뎌야만 했기 때문이다. 애초에 동쪽을 향한 대이주를 재촉한 것은 펀자브에 갇혀 살았던 아리아인의 폐소공포증이었다. 그런데 이제는 과밀한 도시에 갇혀 있다고 느꼈다. 이것은 단순한 느낌이 아니었다. 급속한 도시화는 특히 인구가 30만 명을 넘어서면 보통 전염병을 불러들였다. 30만 명이 전염의 임계점인 셈이었다.[57] 아리아인이 병 고통 죽음에 사로잡혀 탈출구를 갈망한 것도 놀랄 일은 아니었다.

환경의 급속한 변화 때문에 사람들은 또 원인과 결과를 더 의식하게 되었다. 그들은 한 세대의 행동이 어떻게 다음 세대에 영향을 끼치는지 볼 수 있었으며, 자신의 '행위'(카르마)도 다음 생을 결정할 것이라고 믿기 시작했다. 이 생에서 나쁜 카르마라는 죄를 지으면 노예나 동물로 다시 태어나지만 좋은 카르마를 쌓으면 다음 생에서 왕, 심지어 신이 될 수도 있다. 공덕은 상업적인 부와 마찬가지로 벌어들이고 축적하고, 마침내 '실현'할 수 있는 것이다.[58] 그러나 설사 신으로 다시 태어난다 해도 삶의 둑카로부터 완전히 탈출할 수는 없었다. 신들도 죽고 낮은 지위로 다시 태어나기 때문이었다. 취약해진 계급제를 강화하려는 시도였는지, 브라만은 카르마와 삼사라의 개념을 재구성하려 했다. 핵심은 자신의 계급에 주어진 다르마를 엄격하게 따라야만 좋은 환생을 얻을 수 있다는 것이었다.[59]

그러나 일부는 이런 새로운 생각에 의지하여 사회 체제에 문제를 제기했다. 이전에 펀자브에 있을 때 아리아인은 싸워서 해방(목샤)으로 나아가려 했다. 이제는 〈브라흐마나〉의 내면화된 영성에 기초하여 더 영적인 자유를 찾았으며, 아리아 전사들이 한때 길들여지지 않은 숲을 탐사한 것처럼 힘차게 내적인 세계를 살피게 된다. 새로운 부는 귀족에게 그런 내성적인 묵상을 하는 데 필요한 시간과 여가를 주었다. 따라서 새로운 영성은 오로지 귀족을 위한 것이었다. 그것은 국가의 구조적 폭력에 의존하는 문명화된 기예 가운데 하나였다. 수드라나 찬달라에게는 기원전 6세기에서 기원전 2세기 사이에 우파니샤드라고 알려진 텍스트를 낳은 명상과 형이상학적 논의에 오랜 시간을 들이는 것이 허락되지 않았다.

이런 새로운 가르침은 도시에 살면서 도시 생활에서 생기는 문제를 이해하고 있던 브라만이 처음 정리했을지도 모른다.[60] 그러나 의미심장한 점은 새로운 관행 가운데 다수가 크샤트리아 전사에게서 비롯된 것이고, 우파니샤드에 전해지는 토론이 라자의 궁에서 벌어지는 일이 많았다는 것이다. 이런 것들은 브라만의 내적인 영성에 의지하면서도 한 걸음 더 나아갔다. 이런 텍스트 가운데 가장 초기의 것으로 꼽히는 〈브리하다라냐카 우파니샤드〉는 아리아인이 확장해 가던 지역의 가장 동쪽에 있던 변경 국가 비데하 왕국에서 기록되었을 것이 거의 틀림없다.[61] 비데하는 도아브의 보수적 브라만에게는 경멸의 대상이었지만 이 동쪽 땅에는 여러 민족이 섞여 있어 이전의 이주의 물결을 타고 들어온 인도 아리아인 정착자들과 이란의 부족들, 거기에 인도 토착 민족들까지 있었다. 외국인 가운데 일부는 바르나(계급)에 동화되었지만 자신의 전통도 가져왔다. 여기에는 베다 정통성에 대한 회의적 태도도 포함되었을 것이다. 이런 새로운 만남은 지적으로 자극을 주었으며, 초기 우파니샤드는 이런 흥분을 반영하고 있다.

이 새로운 나라들의 사회적이고 정치적인 발전에 영감을 받아 전사 계급 일부는 사제의 지배에서 자유로운 새로운 세상을 꿈꾸었다. 그래서 우파니샤드는 베다 희생제의 필요성을 부정하고 신들을 묵상자의 정신 안으로 동화해 들임으로써 데바들의 강등을 완성했다. "'이 신에게 희생을. 저 신에게 희생을.' 사람들은 이런 말을 하지만 사실 이 신들 각각은 그 사람 자신의 창조물이다. 그 자신이 이 모든 신이기 때문이다."[62] 신을 섬기는 자는 이제 안을 보았다. 우파니샤드의 초점은 아트만, 즉 '자아'인데, 이것은 데바들과 마찬가지로 브라흐만의 표현이었다. 자기 존재의 내적 핵심을 발견할 수 있으면 현자도 자동적으로 궁극적 실재 안으로 들어가게 된다. 황홀경에서 자아를 인식할 때에만 사람은 여기 아래의 덧없는 것들에 대한 욕망에서 자유로워지고, 다시 태어나고 다시 죽는 쉼 없는 순환에서 자유로워진다. 이것은 엄청나게 중요한 발견이었다. 궁극적 실재, 존재하는 '만유'가 각 인간에게 내재한 것이라는 관념은 모든 주요한 종교 전통에서 중심적인 통찰이 되기 때문이다. 이렇게 되면 바르나 체계의 구조적 폭력을 지탱한 정교한 의식을 거행할 필요가 없었다. 인간은 자기 내부에서 실재의 핵심과 만나면 '만유'와 하나가 되었기 때문이다. "이런 식으로 '내가 브라흐만'이라는 것을 알게 되면 이 사람은 온 세상이 된다. 신들도 이것을 막을 수 없다. 이 사람이 바로 그들의 자아(아트만)가 되기 때문이다."[63] 이 관념은 도전적인 독립 선언이었으며 영적일 뿐 아니라 정치적인 혁명이었다. 크샤트리아는 이제 의식의 영역을 지배하는 사제에 대한 의존을 버릴 수 있었다. 바이샤와 수드라가 사회의 사다리를 올라가던 그 시기에 전사 귀족은 사회의 첫째 자리에 도전하고 있었다.

그러나 우파니샤드는 크샤트리아의 군사적 에토스에도 이의를 제기했다. 아트만은 원래 아그니, 즉 전사가 싸움과 도둑질로 얻은 가장 깊고 신성한 '자아'였다. 아리아인에게 동진하려는 영웅적 동력이 생긴 것은 세속적인 것들—가축 약탈 땅 명예 위신—때문이었다. 그런데 우파니샤드의 현자는 제자에게 그런 욕망을 포기하라고 촉구했다. 세속적인 부에 고착된 사람은 고통과 재출생의 순환에서 절대 해방될 수 없으며, "바라지 않는 사람 — 욕망이 없고, 욕망에서 자유롭고, 유일한 욕망이 자아(아트만)인 사람 — 은 생명의 기능이 떠나지 않는다. 그가 브라흐만이며, 그는 브라흐만에게 간다."[64] 새로운 명상 기법은 "차분하고 안정되고 서늘하고 끈기 있고 침착한" 정신 상태를 유도했다. 간단히 말해 옛 아리아인의 심성과는 정반대였다.[65] 실제로 한 우파니샤드는 다름 아닌 전사 신 인드라가 숲에서 겸손한 제자로서 스승과 함께 평화롭게 살며 완벽한 평정을 발견하기 위해 폭력을 버리는 과정을 묘사하기도 했다.[66]

아리아인은 늘 자신이 남보다 본래 우월하다고 생각해 왔다. 제의는 그들의 마음속에서 뿌리 깊은 특권 의식을 길렀고, 이것이 침략과 정복을 부추겼다. 그러나 우파니샤드는 모든 피조물의 본질인 아트만이 브라흐만과 동일하기 때문에 모든 존재는 똑같은 신성한 본성을 공유한다고 가르쳤다. 브라흐만은 커다란 나무로 자라는 바니안나무 씨앗의 감지하기 힘든 알맹이였다.[67] 나무의 모든 부분에 생명을 주는 수액이었다. 또 모든 인간의 가장 근본적인 실재였다.[68] 브라흐만은 밤새 비커에 든 물에 녹아버린 소금 덩어리와 같았다. 다음 날 아침 소금은 눈에 보이지 않지만 물을 마실 때마다 계속 그곳에 있다.[69] 이 현자들은 자신의 적을 악마로 만드는 전사들처럼 모든 존재와의 기본적인 친족 관계를 거부하는 것이 아니라 일부러 그런 관계에 대한 인식을 계발하고 있었다. 모두 자신이 유일무이하다고 상상하기를 좋아하지만 사실 자신을 구별하는 특징은 똑같은 바다로 흘러드는 강들과 마찬가지로 영속적이지 않다. 일단 강바닥을 떠나면 '그저 바다'가 될 뿐, "나는 저 강이다", "나는 이 강이다" 하고 외치며 개별성을 주장할 수가 없다. 그렇게 거슬리게 자기를 내세우는 것은 미망(迷妄)이며 고통과 혼란을 낳을 뿐이다. 그런 고통으로부터 해방(목샤)은 밑바닥에서는 모두가 브라흐만이며, 따라서 절대적 존중을 받아야만 한다는 사실을 인정하는 데 달려 있다. 우파니샤드는 모든 존재의 심오한 통일성에 대한 느낌을 인도에 물려주었으며, 그 결과 이른바 '적'은 이제 극악한 타자가 아니라 자신과 불가분인 존재가 되었다.[70)]

폭력 밖으로 나온
출가자들

인도 종교는 사회의 구조적이고 군사적인 폭력을 늘 승인하고 또 그것을 특징으로 삼았다. 그러나 일찍이 기원전 8세기에 '출가자'(산야신*)들은 이런 내재적 폭력성을 정연하고 강렬하게 비판하면서 안정된 사회에서 벗어나 독립적 생활 방식을 선택했다. 출가는 서양에서 종종 생각하는 것과는 달리 그냥 삶을 부정하는 것이 아니었다. 인도 역사 전체에 걸쳐 금욕주의는 거의 언제나 정치적 의미를 띠었고 사회에 대한 근본적 재평가를 촉발하는 경우가 많았다. 물론 이런 일은 갠지스 평원에서도 벌어졌다.[71)] 아리아인은 늘 '불온한 마음'을 품었고, 이 마음 때문에 길가메시는 안정된 삶에 염증을 느끼기도 했다. 그러나 출가자는 집을 떠나서 싸우고 훔친 것이 아니라 폭력을 피하고 소유를

산야신(Sannyasin) 베다에 규정된 일생의 네 주기 중 마지막 단계인 산야사에 있는 수행자를 가리키는 말. 산야신은 세속적인 모든 것을 포기하고 금욕과 무소유의 삶을 살며 영적 탐구에만 헌신한다.

버리고 먹을 것을 탁발했다.[72] 기원전 500년경 이들은 영적 변화의 주요한 담당자가 되었으며, 농경 왕국의 가치에 직접적으로 도전하는 세력이 되었다.[73] 이 운동의 뿌리 가운데 하나는 브라마차리아, 즉 브라만의 제자가 영위하는 '거룩한 삶'이었는데, 이 제자는 구루('스승')와 오랜 세월을 보내며 베다를 공부하고 겸손하게 먹을 것을 탁발하고 주어진 기간 열대 우림에서 혼자 살았다. 다른 지역에서도 아리아인 젊은이들은 군사 훈련의 일환으로 광야에 살면서 먹을 것을 사냥하고 자족과 생존의 기술을 익혔다. 그러나 브라만의 다르마에는 폭력이 포함되지 않기 때문에 브라마차리아 생활을 하는 사람은 사냥을 하거나 동물을 해치거나 전차를 타는 것이 금지되었다.[74]

더욱이 출가자 가운데 다수는 고독한 삶을 시작할 때 도제 기간이 지난 지 이미 오래인 성인 브라만이었다.[75] 출가자는 의도적 선택을 했다. 그는 아리아인 정치 공동체를 상징하는 의례적인 희생제를 받아들이지 않았고, 안정된 삶의 제도적 버팀줄인 가족의 집을 거부했다. 결과적으로 바르나 체계의 제도적 폭력 밖으로 나오고 사회의 경제적 연계에서 자신을 빼내 '거지'(빅슈比丘)가 되었다.[76] 일부 출가자는 결국 집으로 돌아갔지만 공동체 안에서 사회와 종교를 자극하는 존재가 되었고, 일부는 숲에 남아 밖에서 문화에 이의를 제기했다. 그들은 귀족이 지위 명예 영광에 몰두하는 것을 비난했으며, "마치 신의 음료를 마시고 싶어 하듯"[77] 수모를 갈망하고, 미치광이나 짐승처럼 행동하여 일부러 경멸을 구했다.[78] 출가자는 인도의 많은 개혁가와 마찬가지로 고대 전쟁 신화에서 다른 종류의 고귀함의 모범을 찾았다. 그들은 길들여지지 않은 숲과 용감하게 맞섬으로써 용맹과 남자다움을 증명하던 편자브의 영웅적 시절을 환기했다. 많은 사람들이 빅슈를 새로운 종류의 개척자로 보았다.[79] 유명한 출가자가 도시에 오면 모든 계급의 사람들이 몰려나와 그의 이야기에 귀를 기울였다.

출가자가 수정한 가장 중요한 군사적 제의는 아마 요가일 것이다. 요가는 출가자의 영성 증명서가 되었다. 앞서도 보았듯이 원래 요가는 습격 전에 역축(役畜)을 전차에 매는 것을 가리키는 말이었다. 이제 이 말은 요가 수행자의 정신력을 '매어' 열정 자기중심주의 증오 탐욕 같은 무의식적 '충동'(브리티)을 습격하는 묵상 수행이 되었다. 그런 무의식적 충동은 전사 에토스의 원동력이 되면서 정신에 아주 깊이 뿌리박혀, 오직 정신력으로만 끄집어낼 수 있었다. 요가는 그 전부터 인도 토착 전통에 뿌리를 내리고 있었을지 모르지만 기원전 6세기에 아리아인의 영적 풍경의 중심에 자리 잡았다. 요가는 자아를 체계적으로 공격하여 수행자의 정신에서 '나'를 지우고, "나는 최강이다! 나는 최고다!" 하는 전사의 당당한 자기주장을 무가치하게 만들었다. 펀자브의 고대 전사들은 데바와 같았다. 늘 움직이면서 항상 군사적 행동에 참여했다. 이제 새로운 요가 수행자는 한자리에 몇 시간 동안 앉아 아주 부자연스러운 정적인 상태를 유지했기 때문에 인간이라기보다는 조각상이나 식물처럼 보였다. 숙련된 요가 수행자는 잘 인내하면 자기중심주의 제약에서 마침내 해방되는 상태를 맛볼 수 있었는데, 이것은 일상적 경험과 아무 관계가 없었다.

그러나 입문자는 요가 자세로 앉는 것을 허락받기 전에 힘든 윤리적 프로그램을 수행하며, 다섯 가지 '금지 사항'(야마)을 지켜야 했다.[80] 첫째는 아힘사, 즉 비폭력이었다. 다른 생물을 죽이거나 해치는 것이 금지되었을 뿐 아니라 불친절한 말을 하거나 성마른 행동을 할 수도 없었다. 둘째, 훔치는 것이 금지되었다. 요가 수행자는 침략자처럼 다른 사람의 소유를 빼앗는 대신 물질적 소유에 무관심한 태도를 길러야 했다. 거짓말도 금지되었다. 아리아 전사의 에토스에서 진실을 말하는 것은 늘 중심을 차지했지만, 전쟁의 긴박성 때문에 인드라조차 가끔은 거짓을 행할 수밖에 없었다. 그러나 입문자는 자기 목숨을 구하기 위해서 진실에서 벗어나는 것도 허락되지 않았다. 또 이 영적인 원정에 필요한 정신적이고 신체적인 에너지를 빼앗는 섹스나 취하게 하는 물질도 금해야 했다. 마지막으로 구루의 가르침(다르마)을 공부하고 늘 평정한 마음을 길러, 누구에게나 예외 없이 친절하고 예의 바르게 행동해야 했다. 이것은 인간이 되는 새로운 방식, 즉 전사의 탐욕, 자기 몰입, 폭력을 피하는 방식에 입문하는 것이었다. 이런 윤리적 규율은 훈련을 통해 요가 수행자의 제2의 천성이 될 수 있었으며, 그렇게 되면 "말로 표현할 수 없는 기쁨"을 경험하게 된다고 텍스트는 설명했다.[81]

비폭력의 두 길,
자이나교와 불교

출가자 일부는 베다 체제와 더 완전하게 결별하여 브라만에게 이단이라는 비난을 받았다. 그 가운데 두 사람이 오랫동안 영향을 끼쳤는데, 의미심장하게도 두 사람 모두 부족 공화국 출신이었다. 바르다마나(기원전 599?~527)는 오늘날 인도 파트나 북부 쿤다그라마에서 즈나트리 씨족 크샤트리아 족장의 아들로 태어났다. 그는 전사로서 경력을 쌓아갈 운명이었다. 그러나 서른 살에 경로를 바꾸어 출가자가 되었다. 바르다마나는 길고 어려운 수련 끝에 깨달음을 얻어 지나('정복자')가 되었으며, 그래서 그를 따르는 사람들은 자이나교도로 알려졌다. 그는 폭력을 버리는 면에서 다른 누구보다 멀리 나아갔음에도, 전사 출신으로서 자신의 통찰을 군사적인 심상으로 표현하는 것을 편하게 느꼈다. 바르다마나를 따르는 사람들은 그를 마하비라('위대한 용사〔大勇〕')라고 불렀는데, 이것은 리그베다에 나오는 용맹스러운 전사의 이름이었다. 그러나 전적으로 비폭력에 기초한 그의 체계는 남에게 피해를 줄 수 있는 모든 충동을 극복한 것이었다. 마하비라에게 해방(목샤)을 얻는 유일한 길은 만인과 만물에게 우호적인 태도를 계발하는 것이었다.[82] 여기서 우리는, 우파니샤드의 경우같이, 많은 위대한 전통에서 발견되는 요구를 마주하게 된다. 즉 우리는 자비를 우리 편이나 우리가 적합하다고 생각하는 사람들에게 국한하는 것으로는 충분하지 않고, 이 편애를 예외 없이 모든 사람들에게 실제로 표현되는 감정 이입으로 바꾸어야만 한다는 것이다. 이것을 일관되게 실천에 옮기면 어떤 종류의 폭력—언어건 전쟁이건 체제건—이든 불가능해졌다.

마하비라는 남녀 제자들에게 가없는 공감을 계발하고 모든 존재와 심오한 친족 관계를 이루라고 가르쳤다. 모든 피조물—모든 식물 물불 공기 돌—에는 지바, 즉 살아 있는 '영혼'이 있었으며, 따라서 우리 스스로 존중받고 싶은 대로 그들을 존중해야 했다.[83] 마하비라를 추종하는 사람들 대부분이 전쟁이나 사회의 구조적 분열의 대안을 찾는 크샤트리아였다. 그들은 전사로서 일상적으로 적과 거리를 두어야 했고, 자신과 동류를 죽이기를 꺼리는 타고난 마음을 조심스럽게 억눌러야 했다. 자이나교도는 우파니샤드의 현자들과 마찬가지로 제자들에게 우리가 다른 모든 사람과 공동체를 이루고 있음을 인정하고 '우리'와 '그들'이라는 구분에 몰두하는 태도를 버려야 한다고 가르쳤다. 그렇게 하면 싸움이나 구조적 억압은 불가능해진다. 진정한 '정복자'는 어떤 종류의 해도 끼치지 않기 때문이다.

자이나교는 나중에 복잡한 신화와 우주론을 발전시키지만 초기에
는 비폭력이 유일한 가르침이었다.

숨을 쉬고 존재하고 살아가고 지각이 있는 모든 생물은 죽여도 안 되
고 폭력으로 다루어도 안 되고 학대해도 안 되고 괴롭혀도 안 되고 쫓
아내도 안 된다. 이것이 순수하고 변함없는 법이요, 깨달음을 얻어 아는
자들이 선포한 법이다.[84]

자이나교도는 타인에게 주는 고통에 무감각해지도록 스스로 훈련
하는 전사와는 달리 일부러 세상의 고통에 동조(同調)했다. 그들은 벌
레를 눌러 죽이거나 풀잎을 밟지 않도록 극도로 조심하는 법을 배웠
다. 나무에서 열매를 따지 않고 땅에 떨어질 때까지 기다렸다. 모든 출
가자들이 그랬듯이 그들 또한 주는 대로, 심지어 고기도 먹어야 했지
만, 자신을 위해 어떤 생물도 죽여 달라고 절대 요청할 수 없었다.[85]
자이나교의 명상은 단순하게, 모든 적대적 생각을 엄격하게 누르고 모
든 피조물에 대한 애정으로 마음을 채우려는 의식적 노력으로 이루어
졌다. 그 결과가 사마이카('평정')로, 이것은 모든 피조물이 평등하다는
심오하고, 또 삶을 바꾸는 깨달음이었다. 자이나교도는 하루에 두 번
구루 앞에 서서 자신이 모르는 사이에 끼쳤을지도 모르는 모든 괴로
움을 회개했다. "나는 모든 피조물에게 용서를 구한다. 모든 피조물은
나를 용서해주기를. 내가 모든 피조물과 우정을 맺고 누구도 증오하지
않기를."[86]

기원전 5세기 말 무렵 히말라야산맥 산기슭의 부족 공화국 샤카 출신의 크샤트리아가 머리를 깎고 출가자의 노란 가사를 입었다.[87] 나중에 붓다('깨어난 자')라고 알려지게 된 고타마 싯다르타는 당대의 뛰어난 구루 다수와 함께 공부를 하며 힘든 영적 탐구 기간을 거친 뒤, 적대적 감정을 누르고 친절하고 긍정적인 감정을 세심하게 계발하는 것을 목표로 삼는 요가의 한 형태에 의해 깨달음을 얻었다.[88] 거의 같은 시대에 살았던 마하비라와 마찬가지로 붓다의 가르침은 비폭력에 기초를 두었다. 그는 닙바나('열반')*라고 부르는 상태에 이르렀다. 그의 인간성을 제한하던 탐욕과 공격성이 불꽃처럼 꺼졌기 때문이다.[89] 훗날 붓다는 수도승들에게 모든 피조물이 고통에서 자유로워지고 '평온한 마음'(우펙샤)으로 모든 지각 있는 존재를 사랑하여, 마침내 모든 개인적 애착과 편견에서 자유로워지기를 바라며 우호와 애정의 감정을 땅끝까지 향하게 하도록 가르치는 명상을 고안했다. 단 하나의 생물도 이러한 관심의 반경에서 벗어나지 않았다.[90]

이 가르침은 붓다가 가르치고 수도승들과 재가 제자들이 매일 암송했다는 초기의 기도에 요약되어 있다.

> 모든 존재가 행복하게 하소서! 약하건 강하건, 지위가 높건 중간이건 낮건
> 작든 크든, 보이든 보이지 않든, 가까이 있든 멀리 있든
> 살아 있든 아직 태어나지 않았든 그들 모두가 완전히 행복하게 하소서!

---

* 닙바나(nibbana)는 붓다가 사용했을지도 모르는 팔리어 방언으로, 산스크리트의 니르바나(nirvana)와 같은 말이다. 말 그대로의 의미는 '불어 끔'이다.(저자 주)

아무도 거짓말을 하거나 어디에서 어떤 존재도 경멸하지 않게 하소
서!

분노에서든 증오에서든 아무도 어떤 피조물에게도 해를 끼치지 않게
하소서!

어머니가 하나뿐인 자식을 품듯 우리가 모든 피조물을 소중히 품게
하소서!

사랑이 가득한 우리의 생각이 온 세상을 가득 채우게 하소서. 위로든,
아래로든, 옆으로든

가없이. 온 세상을 향하여 가없는 선의,

제약 없이, 증오와 적의에서 자유롭게![91]

붓다의 깨달음은 도덕적으로 사는 것이 남을 위해 사는 것이라는
원리에 기초를 두었다. 인간 사회에서 물러난 다른 출가자들과는 달리
불교 수도승은 세상으로 돌아가 다른 사람들이 고통으로부터 해방을
찾는 것을 도우라는 명령을 받았다. 붓다는 첫 제자들에게 말했다. "이
제 가서 세상에 대한 자비로 민중의 안녕과 행복을 위해, 신과 인간의
유익과 안녕과 행복을 위해 일하며 돌아다녀라."[92] 불교는 그냥 폭력
을 피하기만 하는 것이 아니라 '온 세상'의 고통을 덜어주고 행복을 늘
리기 위해 적극적으로 운동에 나설 것을 요구했다.

붓다는 자신의 가르침을 네 가지 '고귀한 진리[四聖諦]'로 정리했다.
즉 삶은 둑카이며, 우리가 겪는 고통의 원인은 이기심과 탐욕이고, 닙
바나가 우리를 이런 고통에서 해방시켜주며, 이 상태에 이르려면 그가
귀족제의 대안을 만들기 위해 기획한 '고귀한 길[八正道]'이라고 부르
는 명상, 도덕, 결단의 프로그램을 따라야 한다. 붓다는 현실주의자로

서 단독으로 바르나 체제에 내재한 억압을 철폐할 수 있다고 상상하지 않았다. 대신 그는 이타적이고 자비로운 방식으로 행동하여 "피조물의 살해를 금하면" 바이샤나 수드라라 하더라도 고귀해질 수 있다고 주장했다.[93] 마찬가지로 남자든 여자든 잔인하고 탐욕스럽고 폭력적인 행동을 하면 '평민'(파투자나)이 되었다.[94] 붓다의 상가, 즉 남녀 수도승으로 이루어진 교단은 왕궁의 폭력성의 대안이 될 수 있는 다른 종류의 사회를 모범으로 삼았다. 부족 공화국과 마찬가지로 독재 통치는 없고 결정은 함께 내렸다. 코살라의 파세나디 왕은 수도승의 "웃음을 짓는 예의 바른" 태도에 큰 감명을 받았다. 이 수도승들은 "기민하고 차분하고 당황하지 않고 시주에 의지하여 살았으며 마음이 늘 들의 사슴처럼 부드러웠다." 왕은 비꼬듯이 궁정에서는 모두가 부와 지위를 노리고 표독스럽게 경쟁하는 반면 상가에서 수도승은 "우유와 물처럼 경쟁하지 않고 서로 친절한 눈으로 바라보며 함께 산다"고 말했다.[95] 상가는 완벽하지 않았지만—계급 구분을 결코 완전히 초월할 수는 없었다.—인도에서 막강한 영향력을 행사하게 되었다. 불교도는 다른 출가자들처럼 숲으로 들어가 사라지는 대신 눈에 잘 띄었다. 붓다는 수도승들 수백 명과 함께 여행하곤 했다. 노란 가사를 입고 머리를 깎은 채 상인들과 나란히 교역로를 따라 걷는 그들의 모습은 주류에 대한 이의 제기를 몸으로 보여주었다. 그들 뒤로 보급품을 실은 수레와 전차를 타고 평신도 지지자들이 따라왔는데, 이들 다수가 크샤트리아 출신이었다.

불교도와 자이나교도는 인도 북부에서 새로 도시화된 사회의 변화가 가져온 어려움에 민감하게 반응했기 때문에 주류 사회에 강한 영향을 끼쳤다. 이들 덕분에 개인도 부족 공화국이 그랬던 것처럼 거대한 농경 왕국으로부터 독립했다고 선언할 수 있었다. 불교도와 자이나 교도는 야심만만한 바이샤나 수드라와 마찬가지로 자수성가한 사람들로서 더 깊이 감정 이입하는 인간성을 모범으로 삼아 심오한 심리적 수준에서 자신을 재구성했다. 또 이들 둘 다 새로운 상업적 에토스에 동조했다. 자이나교도는 폭력을 완전히 거부했기 때문에 피조물을 죽일 수밖에 없는 농업에 참여할 수 없었다. 그래서 그들은 상업으로 방향을 틀었으며, 새로운 상인 공동체에서 인기를 얻었다. 불교는 복잡한 형이상학이나 정교하고 불가해한 의식을 요구하는 것이 아니라 상인 계급의 마음에 맞는 이성, 논리, 관찰 경험의 원리에 기초를 두고 있었다. 더욱이 불교도와 자이나교도는 실용주의자이자 현실주의자였다. 그들은 모두가 수도승이 될 것이라고 기대하지 않았기 때문에 재가 제자들에게 할 수 있는 만큼만 가르침을 따르라고 권했다. 이렇게 해서 이런 영성들은 주류에 진입했을 뿐 아니라 심지어 지배 계급에도 영향을 끼치기 시작했다.

《마하바라타》, 평화와 폭력의 딜레마

이미 붓다 시대에 갠지스 평원에 제국 건설의 조짐이 나타났다. 기원전 493년 아자타샤트루가 마가다의 왕이 되었다. 그는 왕좌에 앉고 싶은 마음이 급한 나머지 붓다의 친구이기도 했던 아버지 빔비사라를 살해했다는 말이 돌았다. 아자타샤트루는 아버지의 군사 정복 정책을 이어받고 갠지스강변에 작은 요새를 지었으며, 붓다는 죽기 직전 이곳을 찾아가기도 했다. 이곳은 나중에 유명한 대도시 파탈리푸트라가 되었다. 아자타샤트루는 또 코살라와 카시를 합병하고 부족 공화국 연합을 물리쳤다. 그 결과 기원전 461년 그가 죽었을 때 마가다 왕국은 갠지스 평원을 지배하고 있었다. 그 뒤를 변변찮은 다섯 왕이 이었는데, 모두가 아버지를 죽였다. 그러다 마침내 수드라 출신인 찬탈자 마하파드마 난다가 처음으로 비(非)크샤트리아 왕조를 세워 왕국의 영토를 확장했다. 매우 능률적인 과세 체계에 기초한 난다의 부는 널리 소문이 났으며, 제국을 만든다는 생각이 뿌리를 내리기 시작했다. 기원전 321년 역시 수드라 출신인 또 다른 젊은 모험가 찬드라굽타 마우리아가 난다의 왕좌를 찬탈하여, 마가다 왕국은 마우리아 제국이 되었다.

근대 이전에는 어떤 제국도 통일된 문화를 만들 수 없었다. 제국은 오로지 종속 민족들로부터 자원을 뽑아내기 위해 존재했으며, 이 민족들은 자주 봉기를 일으킬 수밖에 없었다. 그래서 황제는 대개 봉기를 일으킨 종속 민족이나 황위를 찬탈하려는 귀족과 거의 언제나 전쟁을 했다. 찬드라굽타와 후계자들은 파탈리푸트라에서 통치했으며, 전략적 요충지나 경제적 잠재력이 있는 이웃 지역을 무력으로 정복했다. 이런 지역들은 마우리아 제국에 통합되었고 황제에게 지휘받는 총독이 관리했다. 목재 코끼리 반귀석이 풍부한 제국 주변 지역은 완충 지대 역할을 했다. 제국은 이런 영역을 직접 통치하려 하지 않고, 지역민을 대리인으로 내세워 자원을 개발했다. 이 '숲의 민족들'은 주기적으로 마우리아의 지배에 저항했다. 제국 행정부의 주요 과제는 현물세를 징수하는 것이었다. 인도에서는 과세율이 지역마다 달라 농산물의 6분의 1에서 4분의 1 범위였다. 목축을 하는 사람들은 가축의 규모와 생산성에 따라 세금을 냈고, 상업을 하려면 통행세 관세 등을 내야 했다. 왕은 모든 비경작지에 대한 소유권을 가졌으며, 어떤 지역을 개간하면

마우리아 제국의 과밀한 지역에 사는 수드라를 강제로 보내 정착시켰다.[96]

따라서 제국은 전적으로 강탈과 무력에 의존했다. 군사 원정으로 경작 가능한 땅을 더 획득하여 국가의 부를 늘리기도 했지만, 약탈물 또한 중요한 보완 수입이었으며 전쟁 포로는 귀중한 인력을 제공했다. 따라서 마우리아의 첫 세 황제가 비폭력 종파의 후원자라는 것이 이상해 보일지도 모른다. 찬드라굽타는 기원전 297년에 퇴위하여 자이나교 수행자가 되었다. 그의 아들 빈두사라는 엄격하게 금욕적인 아지비카파(派)의 환심을 사려 했다. 두 형제를 죽이고 기원전 268년 왕위에 오른 아소카는 불교도에게 호의를 보였다. 이들은 수드라로 베다 의식에 참여를 허락받은 적이 없으며, 따라서 베다 의식이 이질적이고 억압적이라고 여겼을 것이다. 반면 비정통적 종파의 독립적이고 평등주의적인 정신은 아주 친근하게 다가왔을 것이다. 그러나 찬드라굽타는 자이나교가 왕의 통치와 양립할 수 없다는 것을 깨달았고, 아소카는 치세가 끝날 때까지 재가 불교도가 되지도 않았다. 그럼에도 아소카는 마하비라, 붓다와 더불어 고대 인도 정치와 문화에서 가장 중심적인 인물로 꼽히게 되었다.[97]

아소카는 즉위하면서 데바남피야, 즉 '신들의 사랑을 받는 자'라는 칭호를 택했으며, 계속 영토를 확장하여 이제 제국은 벵골에서 아프가니스탄에 이르렀다. 아소카는 치세 초기에 약간 방종한 생활을 했으며 잔인하다는 평판을 얻었다. 그러나 기원전 260년경 제국군과 함께 칼링가(현대의 오디샤)의 봉기를 진압하고 특별한 개종 경험을 하면서 달라졌다. 원정 동안 칼링가 병사 10만 명이 전사했고, 그 몇 배가 그 뒤에 부상과 병으로 죽었다. 15만 명은 변방의 영토로 추방당했다. 아소카는 자신이 목격한 고통에 큰 충격을 받았다. 그는 우리가 '길가메시의 순간'이라고 부를 만한 것을 경험했다. 전쟁의 감각적 현실이 전쟁을 가능하게 만들기 위해 계발된 냉혹한 태도라는 딱딱한 껍질을 뚫고 나오는 순간이었다. 그는 육중한 바위에 새긴 칙령에 후회하는 마음을 기록했다. 아소카는 적의 사상자 수를 즐겁게 나열하는 대신 대부분의 왕과는 달리 "살육 죽음 추방이 데바남피야에게 지극히 슬픈 일이며 마음을 무겁게 짓누른다."고 고백했다.[98] 그는 군사 정복, 승리의 영광, 왕권의 장식이 덧없는 것이라고 다른 왕들에게 경고했다. 군대를 파견할 수밖에 없다면 최대한 인도적으로 싸워야 하며 "인내와 가벼운 처벌로" 승리를 거두어야 한다.[99] 유일하게 진실한 정복은 아소카가 담마(다르마)라고 부른 것, 즉 동정 자비 정직 그리고 모든 살아 있는 피조물에 대한 배려라는 도덕률에 대한 개인적 복종이었다.

아소카는 군사적 억제와 도덕적 개혁이라는 새로운 정책을 개괄하는 비슷한 칙령을 제국 전역 곳곳의 절벽과 거대한 원통형 기둥에 새겨놓았다.[100] 이 칙령들은 매우 개인적인 메시지였지만 넓게 퍼진 제국에 이데올로기적인 통일성을 부여하려는 시도였을 수도 있다. 국가 행사 때 모인 사람들에게 낭독했을 수도 있다. 아소카는 백성에게 탐욕과 사치를 억제하라고 권하고, 가능한 한 무력 사용을 삼가겠다고 약속했으며, 동물을 아끼라고 설교하고, 전통적인 왕의 놀이였던 사냥이라는 폭력적 놀이 대신 절을 순례하겠다고 맹세했다. 또 우물을 파고 의료 시설과 휴식처를 세우고 "짐승과 사람에게 그늘을 드리울" 바니안나무를 심었다고 발표했다.[101] 아소카는 스승 존경, 부모에게 복종, 노예와 하인 배려, 모든 종파—정통 브라만만이 아니라 불교도, 자이나교도와 다른 "이단적" 종파까지—존중의 중요성을 강조했다. 그는 선언했다. "사람들이 서로의 원칙을 들을 수 있도록 화합을 권한다."[102]

아소카의 담마가 불교적이었을 가능성은 낮다. 그것은 더 폭넓은 윤리로, 인간 존엄을 인정하는 것을 바탕으로 삼아 통치의 자비로운 모델을 찾으려는 시도였다. 이것은 당시 많은 인도 종파가 공유한 정서이기도 했다. 아소카의 비문에서는 역사 전체에 걸쳐 폭력으로 가자는 외침에 저항하려 했다가 죽임을 당하고 잔혹하게 밀려난 사람들의 사그라지지 않는 목소리가 들린다. 그러나 "살아 있는 존재의 살해를 삼갈 것"을 설교했다 해도,[103] 아소카는 황제로서 그 지역의 안정을 위해 자신이 무력을 버릴 수 없고, 또 그 시대에 사형을 폐지하거나, 동물을 죽이거나 먹는 것을 막는 법을 만들 수도 없다는(보호해야 할 종의 목록을 제시하기는 했지만) 사실을 암묵적으로 인정할 수밖에 없었다. 더욱이 전투 후에 강제 이주당한 칼링가 사람들의 곤경 때문에 그가 괴로워했다 해도, 그들은 제국 경제에 필수적이었기 때문에 고향으로 돌려보내는 것이 불가능했다. 또한 국가수반으로서 당연히 전쟁을 포기하거나 군대를 해산할 수도 없었다. 아소카는 자신이 퇴위를 하여 불교 수도자가 된다 해도, 다른 사람들이 그를 계승하려고 싸워 더 큰 파괴를 자행할 것이고, 그러면 늘 그렇듯이 농민과 빈민이 가장 큰 고통을 당할 것임을 깨달았다.

아소카의 딜레마는 문명 자체의 딜레마다. 사회가 발전하여 무기가 치명적이 될수록 폭력으로 세워지고 유지되는 제국은 역설적으로 평화를 지키는 가장 효과적인 수단이 된다. 제국의 폭력과 착취에도 불구하고 사람들은, 우리가 오늘날 번영하는 민주주의의 표시를 찾듯이 간절하게 절대적 제국주의 군주제를 찾았다.

인도의 위대한 서사시 《마하바라타》의 밑바닥에도 아소카의 딜레마가 놓여 있는지 모른다. 호메로스의 《일리아스》와 《오디세이아》를 합친 것보다 여덟 배 긴 이 거대한 작품은 대략 기원전 300년부터 구전되어 온 전승의 많은 가닥들을 모은 것이지만 서력기원 초기에 이르러서야 글로 기록되기 시작했다. 그러나 《마하바라타》는 단순한 서사시 이상의 자리를 차지한다. 이것은 여전히 인도의 민족 전설이며, 인도의 모든 신성한 텍스트 가운데 가장 인기가 높고 모든 가정이 알고 있다. 《마하바라타》에는 인도의 '민족 복음'이라고 일컬어져온 《바가바드기타》가 포함되어 있다.[104] 20세기 들어 독립을 준비하는 시기에 《바가바드기타》는 대영 전쟁을 벌이는 정당성에 관한 토론에서 중심 역할을 한다.[105] 따라서 폭력, 그리고 폭력과 종교의 관계에 대한 태도를 형성하는 데 끼친 영향으로는 인도에서 따라올 것이 없다. 아소카가 잊히고 나서도 오랫동안 《바가바드기타》는 모든 계층의 사람들이 아소카의 딜레마와 씨름하게 했으며, 이렇게 해서 이 딜레마는 인도의 집단 기억에서 중심이 되는 자리를 차지하게 되었다.

이 텍스트는 브라만이 최종적으로 수정했지만, 그 핵심에서는 전쟁하는 인간이 되어야 하는 계급의 다르마에 묶여 있기 때문에 깨달음을 얻을 수 없는 크샤트리아의 파토스를 묘사한다. 이야기의 배경은 기원전 6세기에 큰 나라들이 생겨나기 전 쿠루-판찰라 지역이다. 판두 왕의 장남 유디슈타라는 사촌들인 카우라바 사람들에게 왕국을 잃었다. 카우라바 사람들은 그가 축성을 받는 동안 의례적인 주사위 게임을 조작했고, 그 결과 그는 네 형제 부부와 함께 망명할 수밖에 없었다. 12년 뒤 판다바* 사람들은 양쪽이 거의 모두 죽는 참담한 전쟁 끝에 왕위를 탈환한다. 마지막 전투에서 역사의 영웅 시대가 끝이 나고 이 서사시에서 '칼리 유가'라고 부르는 시대―큰 결함이 있는 우리 시대이다.―가 시작한다. 이것은 선과 악 사이의 단순한 전쟁이었어야 했다. 판다바 형제들은 모두 신들을 아버지로 두고 있었다. 유디슈티라는 우주 질서의 수호자 다르마가 아버지였다. 비마는 물리적 힘의 신 바유가 아버지였다. 아르주나는 인드라가 아버지였다. 쌍둥이 나쿨라와 사하데바는 풍요와 생산의 후원자인 아슈빈이 아버지였다. 카우라바 사람들은 아수라의 화신이었기 때문에 그들의 싸움은 하늘에서 벌어지는 데바와 아수라 사이의 전쟁을 지상에서 복제한 것이었다. 판다바 사람들은 야다바 씨족의 족장인 사촌 크리슈나의 도움을 얻어 마침내 카우라바 사람들을 물리치지만 수상쩍은 전술에 의존할 수밖에 없었고, 마침내 전쟁 후의 참담한 세상을 바라보니 승리가 깨끗하게 여겨지지 않는다. 반면 카우라바 사람들은 '잘못된' 편에서 싸우지만 종종 모범적인 행동을 보여준다. 그들의 지도자 두료다나가 죽임을 당할 때는 데바들이 그를 찬양하는 노래를 부르며 꽃잎을 소나기처럼 뿌려 그의 주검을 덮어준다.

《마하바라타》는 전쟁을 반대하는 서사시가 아니다. 수많은 구절이 전쟁을 찬양하고 전투를 열정적으로 또 잔혹하도록 자세하게 묘사한다. 배경은 그 이전이지만 이 서사시는 아마 기원전 223년경 아소카의 죽음 이후의 시기를 반영하고 있을 것이다. 이때 마우리아 제국은 쇠퇴하기 시작하여 인도는 서기 320년 굽타 왕조가 창건될 때까지 계속

판다바 《마하바라타》에 나오는 판두왕의 다섯 아들. 유디슈티라, 비마, 아르주나, 나쿨라, 사하데바를 말한다. 자식을 낳지 못하는 저주를 받은 판두는 첫째 아내 쿤티를 다르마, 바유, 인드라 신과 각각 동침하게 하여 세 아들을 얻었고 둘째 아내 마드리를 아슈빈 쌍둥이 신과 동침하게 하여 쌍둥이 아들을 얻었다.

이어지는 정치적 불안정의 암흑 시대로 들어서게 된다.[106] 따라서 여기에는 제국—시의 용어로 말하자면 "세계 통치"—이 평화에 필수적이라는 암묵적 가정이 있다. 시는 제국의 만행에는 용서가 없지만, 폭력적 세계에서 비폭력은 가능하지 않을 뿐 아니라 사실 힘사('해')를 끼칠 수도 있다는 통렬한 인식을 드러낸다. 브라만의 법은 왕의 주요한 의무가 군주적 권위가 무너졌을 때 생길 수 있는 무시무시한 혼돈을 예방하는 것이고, 이를 위해서는 군사적 '강제'(단다)가 불가결하다고 주장했다.[107] 그러나 유디슈티라는 왕이 될 신성한 운명인데도 전쟁을 싫어한다. 그는 왕위를 탈환하는 것이 의무임을 알지만 전쟁은 불행만 가져올 뿐이라고 크리슈나에게 설명한다. 물론 카우라바 사람들은 그의 왕국을 찬탈했다. 그러나 사촌과 친구들—그들 가운데 다수는 선하고 고상한 사람들이었다.—을 죽이는 것은 "매우 악한 일"이 될 것이다.[108] 그는 모든 베다 계급에게 특정한 의무가 있다는 것을 안다. "수드라는 복종하고 바이샤는 장사로 살아가고 …… 브라만은 바리때를 더 좋아한다." 그러나 크샤트리아는 "살인으로 살아가며", "우리에게 다른 삶의 방법은 금지되어 있다." 따라서 크샤트리아는 불행해질 수밖에 없다. 패하면 욕을 먹을 것이다. 그러나 가차 없는 방법으로 승리하면 전사의 오점을 얻게 되어, "영광을 빼앗기고 영원한 오명을 얻을 것이다." "영웅주의는 심장을 잡아먹는 강한 병이기 때문이며, 평화는 오직 그것을 포기하거나 마음이 고요할 때만 찾을 수 있다." 유디슈티라는 크샤트리아에게 말한다. "반면 최종적인 평온이 적의 완전한 박멸로 시작된다면 그것은 훨씬 잔인할 것이다."[109]

판다바 사람들은 전쟁에서 이기려면 자신들의 군대에 엄청난 피해를 주고 있는 카우라바의 네 지도자를 죽여야 한다. 그 가운데 하나는 드로나 장군이다. 판다바 사람들은 드로나가 자신들의 스승이었고 전쟁의 기술을 가르쳐주었기 때문에 그를 무척 사랑한다. 전략 회의에서 크리슈나는 만일 판다바 사람들이 자신들의 통치를 확립하여 세상을 완전한 파멸에서 구하고 싶다면 덕을 버려야 한다고 주장한다. 전사는 절대적으로 진실하고 또 자신의 말을 지켜야 하지만 크리슈나는 유디슈티라에게 드로나를 죽이는 유일한 방법은 그에게 거짓말을 하는 것뿐이라고 말한다. 유디슈티라는 전투를 하다가 드로나에게 그의 아들 아슈와타마가 죽었다고 말해야 한다. 그러면 드로나가 슬픔에 사로잡혀 무기를 내려놓을 것이기 때문이다.[110] 유디슈티라는 내키지 않지만 동의한다. 그가 이 끔찍한 소식을 전하자 드로나는 다르마의 아들인 유디슈티라가 거짓말을 하리라고는 상상도 하지 못한다. 그래서 전투를 중단하고 요가 자세로 전차에 앉아 무아지경에 빠져 평화롭게 하늘로 올라간다. 반면 늘 땅에서 약간 떠 있던 유디슈티라의 전차는 쾅 하고 땅바닥으로 떨어져 드로나와 무시무시한 대비를 이룬다.

크리슈나는 판다바 사람들이 죄를 짓도록 유혹하는 사탄이 아니다. 이때는 영웅 시대의 끝물이며, 그의 음험한 책략이 필수적이었다. 크리슈나가 우울한 판다바 사람들에게 말하듯이 카우라바 사람들은 "정당한 싸움으로는 너희가 전장에서 죽일 수 없었을 것"이기 때문이다. 인드라는 우주 질서를 구하기 위해 거짓말을 하고 브리트라에게 한 맹세를 깨지 않았던가? "세계를 수호하는 신들 자신이라 해도 정당한 수단으로는 그 고상한 전사들 넷을 죽일 수 없었을 것이다." 크리슈나는 설명한다. "적이 너무 많고 너무 강할 때는 기만과 책략으로 죽여야 한다. 예전에 데바도 아수라를 죽일 때 그런 길을 갔다. 덕이 있는 자가 걸은 길은 모두가 걸어도 된다."[111] 판다바 사람들은 안심하고 자신들의 승리가 적어도 세상에 평화를 가져오기는 했다는 사실을 인정했다. 그러나 나쁜 카르마는 나쁜 결과를 낳을 수밖에 없어, 크리슈나의 계획은 오늘날 우리에게까지도 무시무시한 영향을 끼치는 경악할 만한 결과를 낳았다.

드로나의 아들 아슈와타마는 슬픔에 제정신을 잃고 아버지의 복수를 하겠다고 맹세하며 인도의 토착 민족들이 오래전부터 섬기던 신 시바에게 자신을 희생으로 바친다. 그는 밤에 판다바의 진지로 들어가 잠자는 여자, 아이, "지치고 무기도 없는" 전사들을 살육하고 말과 코끼리들을 갈가리 찢어발긴다. 거룩한 광기에 사로잡힌 "그의 팔다리가 피로 흠뻑 젖자 그는 운명에 의해 풀려난 '죽음' 자체처럼 보였으며 …… 비인간적이고 완전히 무시무시했다."[112] 판다바 사람들은 숙영지 밖에서 자라는 크리슈나의 말을 따랐기 때문에 죽음을 피했지만 가족은 대부분 죽임을 당한다. 그들이 마침내 아슈와타마를 따라잡았을 때 그는 갠지스 강가에 출가자 무리와 함께 고요하게 앉아 있다. 그는 대량 파괴의 마법 무기를 발사하고 아르주나도 자신의 무기로 반격한다. "모든 피조물의 안녕을 바라는" 출가자 둘이 경쟁하는 두 무기 사이에 있지 않았다면 세상은 멸망했을 것이다. 그러나 아슈와타마의 무기는 방향을 틀어 판다바 여자들의 자궁으로 들어가고, 이 여자들은 그때부터 아이를 낳지 못하게 된다.[113] 결국 유디슈티라가 옳았다. 폭력 배신 거짓의 파괴적 순환은 그런 짓을 한 자에게 되돌아가 양쪽의 파멸을 낳았다.

유디슈티라는 15년을 통치하지만 유서 깊은 전사의 오염에서 벗어나지 못했다. 그의 생명에서는 빛이 사라졌다. 전쟁 뒤에는 형제들과 크리슈나가 강하게 반대하지 않았다면 출가자가 되었을 것이다. 아르주나는 주장한다. 세상의 안녕을 위해서는 왕의 무력을 보여주는 매가 필수적이다. 어떤 왕도 적을 죽이지 않고는 영광을 얻지 못했다. 사실 다른 피조물을 해치지 않고는 사는 것이 불가능하다. "나는 세상 어느 누구도 비폭력으로 살아가는 것을 본 적이 없다. 수도자도 죽이지 않고는 살아 있을 수 없다."[114] 제국 전쟁의 폭력을 막을 수 없었던 아소카도 그랬지만 유디슈티라도 동물을 자비롭게 대하는 데 초점을 맞춘다. 이것이 그가 현실적으로 실천에 옮길 수 있는 유일한 형태의 아힘사다. 그는 죽을 때 자신에게 헌신하는 개 없이는 천국에 들어가지 않겠다고 하여, 아버지 다르마로부터 자비가 깊다고 칭찬을 듣는다.[115] 인도의 민족 서사시는 수백 년 동안 이 민족이 도덕적 모호성과 전쟁의 비극을 살펴볼 수밖에 없게 했다. 전사의 영웅적 규약이 뭐라고 주장하든, 그것은 절대 전적으로 명예로운 행동이라고만 할 수는 없었다. 그러나 그 규약은 국가의 생존만이 아니라 문명과 진보에도 필수적이었으며, 그렇게 인간 삶에서 피할 수 없는 현실이 되었다.

심지어 형의 비폭력에 대한 갈망 때문에 자주 짜증을 내던 아르주나도 '아소카의 순간'을 맞이한다. 《바가바드기타》에서 그는 카우라바 사람들과 마지막 전투를 앞두고 크리슈나와 이 문제를 놓고 토론한다. 아르주나는 맨 앞줄에서 전차를 타고 크리슈나 옆에 서 있다가 적의 대오에서 사촌과 사랑하는 친구와 스승을 보고 갑자기 겁에 질린다. "전투에서 내 혈족을 죽이는 것이 무슨 도움이 되는지 모르겠습니다." 그는 크리슈나에게 말한다. "나는 죽임을 당하더라도 그들을 죽이고 싶지 않습니다."[116] 크리슈나는 모든 전통적인 주장을 인용하여 아르주나를 격려하려 하지만 그는 마음이 움직이지 않는다. "나는 싸우지 않겠습니다!" 그는 소리친다.[117] 그러자 크리슈나는 완전히 새로운 생각을 들여온다. 전사는 자신이 한 행동의 결과와 자신을 분리하고 개인적 원한이나 목표 없이 의무를 이행해야 한다. 요가 수행자와 마찬가지로 행위에서 '나'를 들어내야 한다. 그렇게 하면 그는 한 개인이 아닌 존재로서 행동하게 된다. 사실 그는 전혀 행동하지 않을 것이다.[118] 대신 마치 현자처럼 전투의 광기 속에서도 두려움 없고 욕망 없는 상태를 유지할 것이다.

우리는 이 말이 아르주나를 설득했는지 못했는지 모른다. 아르주나가 갑작스럽고 무시무시한 현현(顯現)에 압도당하기 때문이다. 크리슈나는 자신이 사실은 우주 질서가 위기에 처할 때마다 땅에 내려오는 신 비슈누의 화신임을 드러낸다. 비슈누는 '세상의 주'로서 바로 그 사실 때문에 인간 삶의 피할 수 없는 부분인 폭력에 연루되지만 그 때문에 피해를 보지는 않는다. "아르주나여, 그것은 내가 마치 멀찌감치 서 있는 것처럼 내 모든 행동에서 거리를 유지하기 때문이다."[119] 아르주나는 크리슈나를 바라보다가 모든 것 — 신, 인간, 자연 질서 — 이 어떻게 된 일인지 크리슈나의 몸 안에 존재하고, 전투는 아직 시작도 하지 않았는데 판다바와 카우라바의 전사들이 이 신의 활활 타오르는 입 안으로 돌진하는 것을 본다. 크리슈나/비슈누는 이미 양쪽 군대를 모두 절멸해버렸다. 아르주나가 싸우든 말든 달라질 것이 없다. 크리슈나는 그에게 말한다. "네가 없어도 이 모든 전사는 …… 삶을 멈추게 될 것이다."[120] 수많은 정치가와 장군 또한 잔혹 행위를 저지르면서 이와 비슷하게 자신은 운명의 도구일 뿐이라고 주장했다. 그 가운데 자기중심주의를 버리고 "집착에서 자유로워지고 어떤 피조물에도 적의를 품지 않게" 된 사람은 거의 없지만.[121]

《바가바드기타》는 인도의 다른 어떤 경전보다 영향력이 컸을 것이다. 그러나 《바가바드기타》든 《마하바라타》든 전쟁과 평화의 문제에는 쉬운 답이 없다는 점을 일깨워준다. 탐욕과 전쟁을 자주 찬양한 것도 사실이지만, 인도의 신화와 제의는 동시에 사람들이 그 비극에 직면하는 것을 돕고, 심지어 정신에서 폭력성을 근절하는 방법을 고안하여 사람들이 전혀 폭력 없이 함께 살 길을 개척하기도 했다. 우리는 평화를 갈망하는 폭력적인 마음을 지닌 결함 있는 생물이다. 《바가바드기타》가 기록되던 시기에 중국 사람들도 비슷한 결론에 이르고 있었다.

3장

중국,
전쟁의 고통에서 등장한 군자

황제 신화에 담긴
문명의 조건, 폭력

　중국인은 태초에는 인간이 짐승과 구별되지 않았다고 믿었다. 나중에 인간이 되는 생물은 "인간의 얼굴에 몸은 뱀이거나 황소 머리에 코는 호랑이 코였다."[1] 반면 미래에 짐승이 될 생물은 말도 하고 인간의 기술도 지니고 있었다. 이 생물들은 벌거벗거나 가죽옷을 입고 날고기와 야생 식물을 먹으면서 동굴에서 함께 살았다. 인간이 다르게 발전하게 된 것은 생물적인 성질 때문이 아니라 위대한 다섯 왕이 거두어 주었기 때문이다. 이 왕들은 우주 질서를 분별하고 인간에게 그 질서와 조화를 이루어 사는 법을 가르쳤다. 이 '성군'들은 다른 짐승을 내몰아 인간이 따로 살게 했다. 그들은 조직된 사회에 필수적인 연장과 기술을 개발하고 백성에게 우주의 힘과 일치를 이룰 수 있는 가치 규칙을 가르쳤다. 이렇게 중국인에게 인간성은 주어진 것도 자연스럽게 진화한 것도 아니었다. 국가의 통치자들이 형태를 잡고 만들어놓은 것이었다. 따라서 문명화된 중국 사회에 살지 않는 사람들은 사실 인간이 아니었다. 중국인도 사회적 무질서에 굴복하면 짐승 같은 야만성에 빠져들 수 있었다.[2]

그러나 문명의 동이 트고 나서 2천 년 정도 지나자 중국인은 사회적으로 정치적으로 심오한 딜레마와 씨름하게 되었다. 그들은 자신의 역사— 우리가 오늘날 사용하는 과학적이고 언어학적인 기법이 없는 상태에서 그들이 역사라고 상상한 것—에서 안내를 구했다. 성군들의 신화는 중국인이 충격을 감당하며 다국가 사회 체제에서 통합 제국으로 바뀌어 가던 혼란스러운 전국 시대(기원전 485~221년경)에 형성되었다. 이것은 어쩌면 수렵-채집인 시대의 샤먼 신화에서 유래한 것인지도 모른다. 그러나 이 이야기들은 또 그 사이의 수천 년 동안 중국인이 자신을 바라보던 관점도 반영하고 있다.

성군들의 신화는 폭력 없이는 문명이 생존할 수 없다는 점을 분명히 밝혔다. 첫 성군 신농(神農), 즉 '신성한 농부'는 진보와 문화의 바탕인 농업을 발명했다. 그는 마음대로 비를 부르고 하늘에서 낟알을 불러낼 수 있었다. 그는 쟁기를 만들고 백성에게 씨를 심고 땅을 가는 법을 가르쳐, 사냥을 하며 어쩔 수 없이 같은 생물을 죽이는 일에서 백성을 해방해주었다. 신농은 평화로운 사람으로서 불복종을 벌하지 않았으며 자신의 왕국에서 폭력을 금지했다. 그는 지배 계급을 만드는 대신 모두가 자신이 먹을 것을 기르라고 선포했다. 이렇게 하여 신농은 농경 국가의 착취를 거부한 사람들의 영웅이 된다. 그러나 어떤 국가도 폭력을 포기할 수는 없었다. 신성한 농부의 후계자들은 군사 훈련을 받지 않았기 때문에 자신의 신민의 자연스러운 공격성에 적절히 대처할 수 없었다. 이 공격성은 제어하지 않으면 엄청나게 커져 인간이 곧 짐 승의 상태로 돌아가버릴 것처럼 보였다.[3] 그러나 다행히도 두 번째 성 군이 나타났다. 그는 황제(黃帝), 즉 '황색 제왕'이라고 불렸는데, 그가 중국 황토의 잠재력을 인식했기 때문이다.

농사를 잘 지으려면 철에 따라 사람들의 생활을 조직해야 한다. 따 라서 천(天), 즉 '하늘'이라는 초월적 영역에 자리 잡은 해 바람 폭풍에 의존하게 된다. 그래서 황색 제왕은 매년 세상을 가로질러 천천히 이 동하여 차례로 나침반의 네 방위를 찾아감으로써—이것은 네 계절의 규칙적 순환을 유지하는 의식으로 미래의 모든 중국 왕이 모방하게 된 다.—하늘의 '도(道)'에 따라 인간 사회를 세웠다.[4] 황색 제왕은 폭풍 이나 비와 제휴했으며, 다른 폭풍 신들과 마찬가지로 위대한 전사였 다. 황색 제왕이 권좌에 올랐을 때 경작지는 황폐하고 반군들이 서로 싸우고 가뭄과 기근이 이어지고 있었다. 또 그에게는 외적이 둘 있었 다. 하나는 그의 신민을 괴롭히는 동물 전사 치우(蚩尤)였고 또 하나는 경작된 땅을 불사르는 염제(炎帝)였다. 황색 제왕은 큰 영적인 '덕(德)' 에 의지하여 동물 군대—곰 이리 호랑이—를 조련해서 염제를 이길 수 있었지만 치우와 그 여든 형제의 야만성은 쉽게 다스릴 수 없었다.

그들은 몸은 짐승, 말은 사람, 머리는 놋쇠, 활은 강철이었다. 모래와 돌을 먹었고, 곤봉 칼 창 활 같은 무기를 만들었다. 그들은 하늘 아래 모 든 것을 떨게 했으며 야만적으로 살육했다. 그들은 아무것도 사랑하지 않았고 아무것도 양육하지 않았다.[5]

황색 제왕은 고통받는 백성을 도우려 했으나 "사랑과 덕을 실행에 옮기고 있었기" 때문에 힘으로 치우를 누를 수 없었다.[6] 그래서 하늘을 우러러 말없이 호소하자 천상의 여인이 전쟁의 비결을 알려주는 성스러운 텍스트를 들고 내려왔다. 황색 제왕은 이제 동물 병사들에게 무기를 제대로 쓰는 법과 군사적 행동을 가르칠 수 있었고, 그 결과 치우를 물리치고 온 세상을 정복했다. 치우의 야만적 폭력은 사람을 짐승으로 만든 반면, 황색 제왕은 하늘의 박자를 따라 싸우도록 가르쳐 곰 이리 호랑이 부대를 인간으로 바꾸었다.[7] 이제 전쟁이라는 조직된 폭력과 농업이라는 쌍둥이 기둥 위에 세워진 문명이 시작될 수 있었다.

기원전 23세기에 이르면 다른 두 성군 요(堯)와 순(舜)이 화베이 평원에서 황금 시대를 열게 된다. 이 시대는 이후 영원히 '태평성대(太平聖代)'라고 알려지게 된다. 순의 치세에 땅이 큰물 때문에 황폐해지자 왕은 토목사업을 책임지던 우(禹)에게 권한을 주어 운하를 건설하고 늪의 물을 빼고 강이 안전하게 바다로 흐르게 했다. 우의 영웅적인 노력 덕분에 백성은 벼와 기장을 기를 수 있었다. 순은 우에게 무척 고마워 자기 뒤를 잇게 했고, 우는 하(夏) 왕조의 창건자가 되었다.[8] 중국사는 기원전 221년 제국이 건설되기 전에 연속되는 세 통치왕조 하, 상(商), 주(周)를 기록하고 있다. 그러나 이 세 왕조는 고대 전체에 걸쳐 공존했고, 왕국을 지배하는 주요 씨족은 바뀌지만 나머지 혈통은 그대로 자신의 영토를 책임진 것으로 보인다.[9] 하 왕조(기원전 2200~1600년경)에 대한 문헌이나 고고학 증거는 없지만 기원전 3000년대 말에는 대평원에 농경 왕국이 존재했을 가능성이 높다.[10]

상은 기원전 1600년경 이란 북부에서 온 유목 수렵인들이 화이허

강[淮河] 유역에서 현재의 산둥[山東]에 이르는 큰 평원을 장악했다.[11]
상의 최초 도시들은 청동 무기, 전차, 희생제 때 사용하던 훌륭한 제기
를 만드는 일을 처음 시작한 여러 장인 조직이 세웠을지도 모른다. 상
은 전쟁하는 인간의 나라였다. 그들은 전형적인 농경 체계를 발전시켜
나갔지만 상의 경제는 여전히 수렵과 약탈의 지원을 많이 받았으며 중
앙 집권 국가를 세우지도 않았다. 왕국은 일련의 작은 도시들로 이루
어졌고 각 도시는 왕족의 대리인이 다스렸으며 홍수와 외침을 막기 위
해 다진 흙으로 쌓은 거대한 성벽으로 둘러싸여 있었다. 각 도시는 우
주를 모방하도록 설계되어 네 벽은 네 방위를 바라보았다. 지역 영주
와 그의 전사 귀족은 왕궁에 살았고, 가신―장인, 전차 제작자, 활과
화살 제작자, 대장장이, 금속 세공장이, 도공, 서기―이 도시의 남쪽
에 살며 이들을 섬겼다. 상은 엄격하게 계층화된 사회였다. 왕은 사회
피라미드의 정점에 있었다. 다음 서열은 도시를 다스리는 제후, 그리
고 시골 땅에서 나오는 소득으로 살아가는 대부(大夫)였다. 일반 전사
인 사(士)는 귀족 가운데 서열이 가장 낮았다.

　종교는 상의 정치 생활에 스며들어 그 억압적 체계를 승인했다. 귀
족은 농민이 자신의 문화에 속하지 않았기 때문에 거의 인간이 아닌
열등한 종으로 여겼다. 과거에 성군은 인간 거주지에서 동물을 몰아내
문명을 창조했다. 따라서 농민은 상의 도시에 절대 발을 들여놓지 못
하고, 귀족과는 완전히 떨어져 시골의 지하 구덩이에 들어가 살았다.
농민은 황색 제왕이 치우 무리에게 보여준 존중심 이상을 얻을 수 없
었기 때문에 야만적일 정도로 비참한 생활을 했다. 봄이면 마을에서
나가 들의 오두막으로 주거를 완전히 옮겼다. 그들은 이 노동의 계절
에는 여자들이 먹을 것을 가져올 때를 빼면 부인이나 딸과 만나지 못

했다. 추수가 끝나면 남자들은 집으로 돌아가 거주지 입구를 틀어막고 겨울 내내 안에서만 지냈다. 겨울은 남자에게는 휴식기였지만 여자에게는 노동의 계절이었다. 여자들은 천을 짜고 실을 잣고 술을 빚어야 했다. 농민에게는 그들 나름의 종교적 의례와 축제가 있었으며, 유교 고전 《시경》에 그 흔적이 남아 있다.[12] 농민은 귀족의 군사 원정에 징집될 수 있었는데, 들에서 끌려갈 때 너무 크게 울부짖어 행군 내내 입에 재갈을 물렸다고 묘사되어 있다. 그들은 진짜 싸움에는 참여하지 않고—그것은 귀족의 특권이었다.—종자, 하인, 짐꾼으로 일하고 말을 돌보았다. 그러면서도 귀족과 엄격하게 분리되어 별도로 행군하고 야영했다.[13]

상의 귀족은 농민에게서 나오는 잉여 농산물을 독차지했지만 그 외에는 농업에 의례적인 관심만 보일 뿐이었다. 귀족은 풍년을 기원하며 '땅'과 산, 강, 바람의 영들에게 희생을 바쳤다. 왕의 과제 가운데 하나는 경제가 의존하고 있는 농업 주기를 유지하는 의식을 거행하는 것이었다.[14] 그러나 귀족은 이런 전례적인 의식 외에는 농업을 전적으로 민(民), 즉 '민중'에게 맡겼다. 이 시기에 경작을 하는 곳은 극히 한정되어 있었다. 황허강 유역 대부분은 아직 빽빽한 숲과 늪으로 덮여 있었다. 코끼리, 코뿔소, 물소, 퓨마, 표범이 사슴, 호랑이, 들소, 곰, 원숭이 등 이런저런 사냥감들과 더불어 숲을 돌아다녔다. 상나라는 농민이 생산하는 잉여에 의존하면서도, 귀족은 다른 곳의 농경 귀족이 그렇듯 생산적인 노동을 열등한 지위의 표시로 여겼다.

오직 상의 왕만이 상제(上帝), 즉 더할 수 없이 높아서 다른 인간은 상대하지 않는 하늘 신에게 다가가는 것이 허용되었다. 이 때문에 왕은 제(帝)와 비슷한 지위에 놓였는데, 이것은 나머지 다른 귀족을 하위로 밀어넣는 예외적인 지위였다.[15] 이 지위는 한 사람에게 절대적 특권을 주었기에 왕에게는 경쟁자가 없었고 다른 사람과 경쟁할 필요도 없었다. 왕 앞에서는 귀족도 농민과 마찬가지로 약했다. 왕은 모든 분파와 이해 충돌을 넘어선 존재였으며, 그래서 자유롭게 사회 전체의 일에 관심을 기울일 수 있었다.[16] 왕만이 제에게 희생을 바쳐 평화를 가져올 수 있었으며, 군사 원정이나 새로운 정착지 건립의 필요성에 관해 제와 상의할 수 있었다. 귀족은 생명을 빼앗는 것과 관련된 제사, 전쟁, 사냥이라는 세 가지 신성한 활동에 헌신하여 왕을 뒷받침했다.[17] 민은 이런 일에는 참여하지 않았으며, 따라서 폭력은 귀족의 존재 근거이자 그들을 구별해주는 특징이었다.

이 세 가지 의무는 농경 사회에서 종교를 삶의 다른 영역과 구분하는 것이 불가능함을 보여주는 증거가 될 만큼 복잡하게 얽혀 있다. 조상에 대한 제사는 왕국에 필수적이라고 여겨졌다. 왕조의 운명이 왕국을 위해 제와 중간에서 이야기할 수 있는 죽은 선왕들의 호의에 달려 있었기 때문이다. 상은 호화로운 '빈(賓)' 의식을 거행하여 신 조상 인간이 함께 잔치를 할 수 있도록 동물과 사냥감을 엄청나게 도살했다. 때로는 의식 한 번에 짐승 백 마리를 도살하기도 했다.[18] 고기를 먹는 것 또한 오로지 귀족만 누릴 수 있는 특권이었다. 희생 고기는 정교한 청동 그릇에 조리했는데, 이 그릇 또한 민을 예속시키는 청동 무기와 마찬가지로 귀족만 이용할 수 있어 그들의 높은 지위를 상징했다.[19] 빈 의식에 쓰인 고기는 사냥 원정으로 공급했으며, 사냥 원정은 군사 원정과 실질적으로 구분되지 않았다.[20] 야생 동물은 농사를 위협할 수 있었고 상나라는 이들을 무모할 정도로 마음껏 죽였다. 사냥은 단순히 오락이 아니었다. 그것은 동물을 쫓아내 첫 문명을 창조한 성군들을 모방하는 의식이었다.

한 해의 상당 부분이 군사 원정에 바쳐졌다. 상은 영토에 대한 야심이 크지 않았으며, 단지 자신의 권위를 강요하기 위해 전쟁을 했다. 농민에게서 공물을 얻어내고, 산에서 온 침략자들과 싸우고, 작물 가축 노예 장인을 빼앗아 와 반란을 일으킨 도시를 벌했다. 가끔 상 정착지를 둘러싸고 있지만 아직 중국 문명에 동화되지 않은 '오랑캐'와 싸웠다.[21] 왕국 주위에서 이루어진 이런 군사적 순회는 우주와 정치 질서를 유지하기 위한 성군들의 연례 행렬을 모방하는 의식인 셈이었다.

상은 승리가 전쟁 신 제에게서 나온다고 생각했다. 그러나 제를 믿고 의지할 수 없었기 때문에 상당한 불안이 있었다.[22] 왕실의 점쟁이가 제에게 묻는 질문을 새긴 신탁의 뼈나 거북 껍질의 잔존물에서 볼 수 있듯이, 제는 종종 가뭄 큰물 재난을 일으켰으며 믿음직하지 못한 군사 동맹자였다. 사실 제는 상을 '지원'하지만 적도 얼마든지 밀어줄 수 있었다. 어떤 신탁은 이렇게 탄식했다. "방(方) 족속이 우리를 해치고 공격한다. 그들더러 우리에게 불행을 안겨주라고 명령한 것은 제다."[23] 여기저기 흩어져 있는 이런 증거 조각들은 늘 공격 준비를 하고 있는 체제, 쉼 없는 군사적 경계에 의해서만 생존할 수 있는 체제를 보여준다. 인신 공희에 대한 언급도 있다. 전쟁 포로와 반군은 자주 처형되었으며, 결정적인 증거는 없지만 이들을 신들에게 제물로 바쳤을 수도 있다.[24] 이후 세대는 상이 의례적인 살인을 저질렀다고 생각한 것이 확실하다. 철학자 묵자(墨子)는 상 귀족의 정교한 장례에 느낀 역겨움을 분명하게 표현했다. "죽은 자를 따르기 위해 희생되는 사람들을 보자면, (왕)일 경우에는 수백 수십 명을 헤아린다. 높은 관리나 대부면 수십 명에서 몇 명을 헤아린다."[25] 상의 제의가 폭력적이었던 것은 국가에 군사적 공격성이 필수적이었기 때문이다. 왕들은 전쟁에서 제에게 도와 달라고 빌었지만 실제로 승리를 안겨준 것은 군사 기술과 청동 무기였다.

폭력을 제어하는
예의 규범

기원전 1045년 상은 주에게 패했다. 대평원 서쪽 웨이허강[渭河] 유역에 뿌리를 둔 주는 상보다 세련되지 못한 씨족이었다. 주는 봉건제를 확립했다. 왕은 서쪽 수도에서 통치했지만 동쪽의 새로운 왕도에도 머물곤 했다. 다른 도시들은 제후와 동맹자들에게 나누어주었고, 이들은 왕의 봉신으로서 다스리다 봉토를 후손에게 물려주었다. 상은 송(宋)으로 분봉되어 영토를 유지했다. 근대 이전 문명에서는 연속성이 늘 중요했기 때문에 주는 자신의 정권을 지탱하기 위해 상의 조상 숭배를 이어가고 싶은 마음이 간절했다. 그러나 상의 마지막 왕을 처형한 마당에 그렇게 하는 것이 어떻게 그럴듯해 보일 수 있을까? 어린 조카 성왕(成王)의 섭정이었던 주공(周公)이 해결책을 찾아냈다. 제(帝)—주는 천('하늘')이라고 불렀다.—는 주를 도구로 삼아 상을 벌했다. 상의 마지막 왕들이 잔인하고 부패했기 때문이다. 천은 고통받는 백성을 지극히 가엾게 여겨 상에 내린 천명을 거두고 주가 상의 왕들을 잇게 하여 성왕을 새로운 천자(天子)로 삼았다. 그러나 이것은 성왕이 '미천한 백성'을 '경건하게 보살펴야' 한다는 경고이기도 했다. 그렇게 하지 않으면 천은 신민을 억압하는 통치자에게서 천명을 거두어들일 것이기 때문이다. 천은 주가 정의에 깊이 헌신했기 때문에 주를 선택했다. 따라서 성왕은 민에게 가혹한 벌을 내리지 말아야 한다.[26)] 이렇게 해서 중국이라는 현실 국가의 체제적 폭력이 줄어든 것은 아니었지만 천명은 중요한 종교적, 정치적 발전이었다. 비록 이론적이더라도 통치자가 백성에게 도덕적인 책임을 지고 백성에게 책무를 다하라고 가르쳤기 때문이다. 이 천명은 중국에서 계속 중요한 이상으로 남게 된다.

천은 상나라의 제와는 매우 다른 종류의 신이었던 것이 분명하다. 제는 인간 행동에는 아무런 관심이 없었기 때문이다. 그렇다고 천이 계명을 발표하거나 인간사에 직접 개입하는 것은 결코 아니었다. 천은 초자연적이지 않아서 자연의 힘과 구분되지 않았으며, 천자로서 통치하는 왕과 제후의 덕에서도 작용했기 때문이다. 천은 또 전능하지도 않았다. 천은 그 신성한 대응물인 '지(地)'가 없으면 존재할 수 없었기 때문이다. 주는 상과는 달리 거대한 대평원의 농업 잠재력을 활용했다. 천의 영향력은 인간의 일을 통해서만 땅에서 실현될 수 있었기 때문에 농업, 개간, 도로 건설은 천이 시작한 창조를 완성하는 신성한 과제가 되었다. 중국인은 저 너머의 초월적인 거룩함을 찾기보다는 자신들이 사는 세상을 성스럽게 만드는 데 관심이 더 컸던 것이 분명하다.

주의 왕은 '군자(君子)'라고 부르는 네 층의 귀족의 지원을 받았다. 서양 학자들은 이들의 칭호를 '공작', '후작', '백작', '남작'으로 번역해왔다.* 맏이 아닌 아들과 첩의 자식인 사(士)는 군인으로 복무하는 동시에 서기와 의례 전문가로도 일하며 정부의 초기 '문관' 집단을 형성했다. 백 개 이상의 작은 제후국으로 이루어진 주 연방은 기원전 771

---

* 보통 주나라의 귀족은 다섯 층(5등작)으로 나누어 보는 경우가 많으며, 이때 서양에서는 공작, 후작, 백작, 자작, 남작으로 번역한다.

년 서쪽의 수도가 견융(犬戎) 오랑캐에 짓밟히면서 무너졌다. 주는 동쪽으로 피신했지만 두 번 다시 이전의 지위를 회복하지 못했다. 이후의 시기에는 왕조가 쇠퇴했을 뿐 아니라 봉건제도 무너져 갔다. 천자는 명목상 통치자 자리를 유지했지만 제후국에 있는 더 공격적인 '군자'들의 도전을 받았다. 이들은 봉건제의 기반을 이루던 복종에서 벗어나고 있었다.[27] 제후국들의 경계 또한 변해 갔다. 이 시기에 이르기까지 중국인은 몇몇 '오랑캐' 주민을 흡수했는데, 모두 문화적 전통이 아주 이질적이어서 주의 오랜 에토스를 흔들어놓았다. 중국 문명의 전통적 중심으로부터 멀리 떨어진 도시들이 자신의 지역에서 점점 두각을 나타냈고, 중국사가 전설의 안개에서 떠오르기 시작한 기원전 8세기 말에 이르면 이 도시들이 왕국의 패권을 차지한다. 북쪽의 진(晉), 북동쪽의 제(齊), 서쪽의 진(秦), 남쪽의 초(楚) 등이 대표적이다. 이런 국가들은 수많은 오랑캐 백성을 다스렸으며, 이들의 중국 관습 이해는 기껏해야 피상적이었다. 대평원 중심부의 작은 제후국들은 이제 매우 취약해졌다. 주변 국가들이 확장을 위해 단호하게 움직였기 때문이다. 이들은 기원전 7세기 동안 전통과 단절하고 농민을 전투 보병으로 동원하기 시작했다. 진(晉)과 초는 심지어 군역의 대가로 땅을 주겠다며 오랑캐도 군대에 불러들였다.

이런 호전적인 국가들에게 큰 위협을 받는 상황에서 일부 제후국은 또 내분으로 찢겨 나갔다. 주의 쇠퇴와 더불어 공공질서가 문란해지면서 야만적인 힘이 점차 규범이 되어 갔다. 제후들이 자신의 정책에 도전하는 관리를 죽이는 일이 드물지 않았다. 사절은 죽임을 당할 수 있었고 통치자는 다른 제후국을 방문했다가 암살을 당할 수 있었다. 여기에 환경 위기까지 더해지는 바람에 긴장은 더 고조되었다.[28] 수백 년에 걸친 공격적인 사냥과 개간으로 동물 서식지가 파괴되면서 사냥꾼은 빈손으로 돌아오게 되었고 빈 연회에는 고기가 훨씬 줄어들었다. 이제 예전과 같은 태평한 사치는 불가능했다. 이런 불확실한 분위기에서 사람들은 분명한 지침을 원했으며, 그래서 노(魯) 제후국의 의례 전문가들인 사는 안내를 해주기 위해 중국의 전통적인 관습법을 다시 편찬했다.[29]

중국에는 예(禮, '의례')라고 알려진 귀족의 규범이 개인과 국가 양쪽의 행동을 지배했다. 현재의 국제법과 비슷한 방식으로 기능한 셈이다. 유(儒, '의례주의자')는 이제 자신들이 절제 이타주의 인내 친절의 모범으로 제시한 성군 요와 순의 행동에 기초하여 이 규범을 개혁했다.[30] 이 새로운 이데올로기는 폭력적이고 오만하고 이기적인 정책에 의존하는 정권에 분명히 비판적이었다. 이에 따르면 요는 매우 "공손하고 총명하고 세련되고 신실하고 온유하여" 이런 자질들의 힘(덕德)이 그로부터 모든 중국 가정으로 뻗어 나와 태평(太平)을 이루었다.[31] 요는 특별한 자기희생의 행동으로, 기만적이고 다투기 좋아하는 아들을 두고 비천한 태생의 순에게 제국을 물려주었다. 순은 자신을 살해하려 한 아버지도 예의와 존경을 갖추어 대했다. 예의 개혁은 군자들이 이와 같은 자질을 계발하는 것을 돕기 위해 기획되었다. 군자의 태도는 '온화하면서도 차분해야' 한다.[32] 군자는 공격적으로 자신을 내세우지 않고 다른 사람들에게 '양보[讓]'해야 한다. 양보는 군자를 억압하기는커녕 인간성(인仁)을 완성해준다. 예의 개혁은 호전성과 쇼비니즘 억제를 목표로 내걸고 기획된 것이었다.[33] 절제와 양보가 정치생활을 지배해야 한다.[34] "예는 감정을 자유롭게 풀어 그것이 가고 싶은 대로 놓아 두는 것은 오랑캐의 방식이라고 가르친다." 의례주의자들은 그렇게 설명했다. "의례는 정도와 한계를 설정해준다."[35] 가정에서 장남은 아버지의 모든 요구를 살피고, 낮고 겸손한 목소리로 아버지에게 이야기를 하며, 절대 분노나 원한을 표현하지 말아야 한다. 반대로 아버지도 모든 자식을 공정하게 친절하게 정중하게 대해야 한다. 이 체제는 각 가족 구성원이 어느 정도 존중받도록 기획되었다.[36] 우리는 이 의례가 실제로는 어떻게 실행에 옮겨졌는지 정확히 모른다. 틀림없이 많은 중국인은 권력을 얻으려고 계속 공격적으로 달려들었겠지만, 기원전 7세기 말에 이르면 전통적인 제후국에 살던 사람들 가운데 상당수가 절제와 자제를 높이 평가하고 제, 진(晉), 초, 진(秦) 등 변방 국가들조차 이런 의례화된 의무를 받아들인 것으로 보인다.[37]

예는 전쟁의 폭력을 정중한 게임으로 바꾸어 통제하려 했다.[38] 많은 적을 죽이는 일은 천하게 생각되었다. 그것은 '오랑캐의 길'이었다. 무관이 적 여섯 명을 죽였다고 자랑하면 제후는 엄숙하게 대꾸했다. "당신은 조국에 큰 불명예를 가져올 것이다."[39] 전투 후에 도망자를 셋 이상 죽이는 것은 품위 있는 일이 아니었으며, 진정한 군자는 적이 맞지 않도록 눈을 감고 싸웠다. 전투 중에 전차를 모는 사람이 패해도 그 자리에서 몸값을 내면 상대는 늘 도망가게 해주었다. 꼴사나운 승리 지상주의는 없어야 했다. 승리를 거둔 한 제후는 승전비 건립을 거절하기도 했다. "나 때문에 두 나라가 전사들의 뼈를 해에 드러내게 되었다! 이것은 잔인한 일이다!" 그는 소리쳤다. "여기에는 죄 지은 자가 없다. 목적에 충실한 봉신들이 있을 뿐이다."[40] 지휘관은 적의 약점을 부당하게 이용해서도 안 된다. 기원전 638년 송의 제후는 자신의 부대보다 수가 훨씬 많은 초나라의 군대를 두려워하며 기다렸다. 마침내 초의 부대가 근처 강을 건너고 있다는 소식이 들리자 송나라 지휘관은 즉시 공격할 것을 권했다. "저들은 많습니다. 우리는 적습니다. 저들이 강을 건너기 전에 공격을 해야 합니다!" 제후는 혐오감을 느끼고 그 충고를 따르려 하지 않았다. 초나라가 강을 건넜지만 아직 전열을 정비하지 않았을 때 지휘관은 다시 공격을 하자고 권했다. 그러나 이번에도 제후는 반대했다. 이어진 전투에서 송나라는 완패했지만 제후는 후회하지 않았다. "군자의 이름값을 하는 사람은 불행에 처한 적을 이기려 하지 않는다. 상대의 대오가 형성되기 전에 진군의 북을 치지 않는 법이다."[41]

전쟁은 오랑캐의 침입을 물리치거나 반란을 진압하여 천도(天道)를 복원할 때에만 정당성이 있었다. 이런 '징벌적 전쟁'은 행동을 교정하는 형벌의 시행이었다. 따라서 반란을 일으킨 중국의 도시로 군사 원정을 가는 것은 매우 의례화된 일이어서, 대지의 제단에서 제사를 올리는 것으로 시작하고 끝을 맺었다. 전투가 시작되면 양편은 서로가 고상한 면에서 더 우월하다는 것을 증명하기 위해 별난 친절의 행동으로 상대를 괴롭혔다. 전사들은 무용(武勇)을 시끌벅적하게 자랑하면서 술단지를 적의 담 너머로 던졌다. 초나라의 한 궁수는 마지막 화살을 사용해 자신이 타고 가는 전차의 길을 막고 있는 수사슴을 쏘았고, 전차를 몰던 병사는 곧바로 사슴을 자신들을 쫓아오던 적에게 선물했다. 그러자 적은 즉시 패배를 인정하며 감탄하여 소리쳤다. "여기 훌륭한 궁수와 말을 잘하는 전사가 있구나! 이들은 군자다!"*[42] 그러나 오랑캐와 전쟁을 할 때는 그런 제약이 없었다. 오랑캐는 야생 동물과 마찬가지로 쫓아가 죽여도 상관없었다.[43] 진(晉)의 귀족은 군대를 이끌고 가다 우연히 현지 융족과 만나자, 융족이 그들을 방해하지 않고 평화롭게 지내고 있었는데도 부대에 부족 전체를 학살하라는 명령을 내렸다.[44] 문명화된 '우리'와 짐승 같은 '저들' 사이의 전쟁에서는 온갖 종류의 배반과 기만이 허용되었다.[45]

공자의 평화,
묵자의 사랑

의례주의자들이 최선을 다해 노력했지만 기원전 7세기 말 무렵 중국 평원에는 폭력이 점점 늘어났다. 북쪽에서는 오랑캐 부족들이 공격했고, 남쪽의 초나라는 점차 예의를 갖춘 전쟁의 규칙을 무시하여 제후국들에게 진짜 위협이 되었다. 주의 왕들은 너무 약하여 효과적으로 지도력을 발휘하지 못했다. 그러자 이제 중국에서 가장 강한 국가로 떠오른 제의 환공(桓公)은 서로 공격하지 않을 것을 서약한 나라들의 동맹을 만들었다. 그러나 개인적 위신에 중독된 귀족들은 여전히 독립을 유지하고 싶었기 때문에 이 시도는 실패했다. 기원전 597년 초가 동맹을 깨버리자 이 지역은 완전히 새로운 종류의 전쟁에 빠져들었다. 변방의 다른 큰 국가들도 전통적인 제약을 벗어버리고, 적을 멸절하는 한이 있어도 영토를 더 확장하고 정복하겠다고 나섰다. 기원전 593년 송나라는 장기간 포위 공격을 당하자 아이들을 잡아먹기까지 했다. 작

---

* 《좌전》에 나오는 악백(樂伯)과 섭숙(攝叔)의 이야기이다. 초나라 장수 악백이 섭숙이 모는 전차를 타고 진(晉)나라 진영으로 진격했다. 악백은 뛰어난 활솜씨로 진나라 군사를 막았으나 좌우 협공을 당해 화살이 하나밖에 남지 않게 되었고, 이에 기지를 발휘해 자신들의 앞을 막은 사슴을 맞춰 섭숙으로 하여금 그 사슴을 적들에게 바치게 했다. 섭숙은 자신들을 추격해 온 진나라 장수 포계에게 말했다. "사냥할 때가 아니어서 바칠 것이 없기에 감히 이 짐승을 받칩니다." 이에 포계가 추격을 그만두고 악백의 활솜씨와 섭숙의 말솜씨를 칭찬했다고 한다.

은 제후국들은 영토가 서로 싸우는 군대들의 전쟁터가 되면서 자국의 의사와 관계없이 갈등에 휘말렸다. 예를 들어 제가 아주 작은 제후국 노나라를 자꾸 잠식해 들어가자 노는 초에 지원을 요청할 수밖에 없었다. 그러나 기원전 6세기 말에 초가 패배하고 제가 지배력을 확장하자 노나라는 서쪽 국가 진(秦)의 도움을 받아 간신히 명목상의 독립을 유지했다. 사회적 갈등도 생겼다. 진(秦), 진(晉), 초는 모두 만성적인 내분으로 심각하게 허약해졌고, 노에서는 귀족 집안 셋이 사실상 저마다 하위 국가를 만들어 정통성 있는 제후는 꼭두각시로 전락하고 말았다.

고고학자들은 이 시기에 의례 준수를 경멸하는 경향이 강해졌다는 사실에 주목해 왔다. 사람들은 친척의 무덤에 규정된 제기 대신 불경스러운 물건을 넣었다. 절제의 정신도 쇠퇴했다. 사치 풍조가 생겨나 수요가 자원을 넘어서면서 경제가 감당할 수 없을 정도로 부담을 안게 되었다. 하급 귀족 가운데 일부는 큰 가문의 생활 방식을 흉내내려 했다. 그 결과 귀족 서열 가운데 바닥인 사 가운데 다수가 궁핍해졌고, 결국 도시를 떠나 민 가운데로 들어가 훈장으로 생계를 유지해야 했다.

노의 말단 관직에 있던 공구(孔丘, 기원전 551~479)라는 이름의 한 사는 권력을 찬탈하는 가문들의 탐욕과 자만과 허식에 경악했다. 그는 예만이 이런 파괴적인 폭력을 제어할 수 있다고 확신했다. 제자들은 그를 공부자(孔夫子, '공 스승')라고 불렀으며, 서양에서는 그 발음을 가져와 그를 '컨퓨셔스(Confucius)'라고 부른다. 공자는 바라던 정치적 입신을 하지 못하여 자신이 실패자라고 생각하며 죽었지만 1911년 신해 혁명이 일어나기 전까지 중국 문화를 규정하게 된다. 공자는 대부분 전사 귀족 출신인 소규모 추종자들을 이끌고 이 나라에서 저 나라로 돌아다니며 자신의 이상을 실행에 옮길 통치자를 찾았다. 서양에서는 종종 공자를 종교적 철학자라기보다는 세속적인 철학자로 여기지만 그는 이런 구분을 이해하지 못했을 것이다. 철학자 허버트 핑거렛(Herbert Fingarette)이 일깨워주었듯이 고대 중국에서는 세속적인 것이 곧 신성한 것이었기 때문이다.[46]

공자의 가르침은 그가 죽고 나서 오랜 세월이 흐른 뒤에야 책으로 정리되었지만 학자들은 서로 관련이 없는 짧은 격언을 모은 《논어》가 상당히 신뢰할 만한 자료라고 믿는다.[47] 요순의 미덕을 소생시키려는 공자의 이념은 매우 전통적이지만 우리가 공유하는 인간성에 대한 세련된 인식에 바탕을 둔 그의 평등 이상은 농업에 기초를 둔 중국의 체제 폭력에 대한 근본적 문제 제기였다. 공자는 붓다와 마찬가지로 고귀함의 개념을 재규정했다.[48] 《논어》의 주인공은 이제 전사가 아니라 매우 인정 많은 학자이며 무예는 좀 부족하다. 공자에게 군자의 주된 자질은 인(仁)이었는데, 그는 이 말을 정의하는 것을 일관되게 거부한다. 인의 의미가 당대의 모든 개념을 초월했기 때문이다. 그러나 나중에 공자의 제자들은 인을 '서(恕)'로 묘사한다.[49] 군자는 언제나 다른 모든 사람을 공경하고 동정하는 마음으로 대해야 하는데, 공자는 이런 행동 방침을 이른바 '황금률'로 정리했다. "자신이 바라지 않는 것을 남에게 강요하지 말아야 한다."[50] 공자는 이것이 자신의 모든 가르침을 관통하는 "하나의 원리"이며, "평생" 실천해야 하는 것이라고 말했다.[51] 진정한 군자는 자신의 마음을 들여다보고, 무엇이 고통을 주는지 찾아내고, 어떤 상황에서도 다른 누구에게도 그 고통을 주지 말아야 한다.

이것은 단지 개인적 윤리만이 아니라 정치적 이상이기도 했다. 통치자가 인을 실천하면 다른 제후의 영토를 침범하지 않을 것이다. 그런 일이 자신의 영토에 일어나기를 바라지 않을 것이기 때문이다. 착취당하고 모욕당하고 궁핍해지는 것을 싫어할 것이며, 따라서 남들을 억압하지 말아야 한다. "백성들에게 자비를 베풀고 많은 사람들을 구제할 수 있는 사람이 있다면, 그는 어떻습니까?" 공자의 제자 자공(子貢)이 물었다.[52] 그런 사람은 성인일 것이다! 스승은 답했다.

요와 순도 그런 과제는 벅차게 여겼을 것이다! 너 자신이 지위와 자리를 바라면 남이 지위와 자리를 얻도록 도와라. 자신의 장점을 이용하고 싶으면 남이 장점을 이용하도록 도와라. 사실, 사람들의 감정을 안내자로 삼는 능력 — 이것이 있으면 인으로 향할 수 있다.[53]

제후가 힘으로만 다스리면 신민의 외적 행동은 통제할 수 있을지 모르지만 내적 성향은 통제하지 못한다.[54] 공자는 완성된 인간에 대한 올바른 개념에 기반을 두지 않는 한 어떤 국가도 진정으로 성공할 수 없다고 주장했다. 유교 이념은 개인을 위해 사적으로 추구하는 것이 아니었다. 늘 정치적 지향이 있었으며 다름 아닌 공적 생활을 대대적으로 개혁하고자 했다. 그 목표는 간단히 말해 세상에 평화를 가져오는 것이었다.[55]

의례화된 전쟁의 공격적인 정중함에서 자주 그랬던 것처럼 예는 귀족의 위신을 높이는 데 이용되는 경우가 너무 많았다. 그러나 공자는 제대로 이해를 할 경우 예는 사람들에게 '평생' 다른 사람의 입장이 되어 다른 각도에서 상황을 보도록 가르쳐준다고 믿었다. 이런 태도가 습관이 되면 군자는 중국을 분열시키고 있는 자기중심주의, 탐욕, 이기심을 넘어설 것이다. 제자 안연(顏淵)이 인에 관해 물었다. 공자가 대답했다. "자기를 제어하고 예로 돌아가는 것이다."[56] 군자는 자기 삶의 모든 면을 다른 사람을 배려하고 존중하는 의례에 바쳐야 한다. 공자는 계속해서 말했다. "하루라도 자기를 누르고 예로 돌아가면 온 세상이 인으로 돌아가도록 이끌 수 있을 것이다."[57] 그러나 이렇게 하려면 군자는 자신의 인간성을 다듬어 나가야 한다. 그렇게 해야 현재의 탐욕 폭력 천박함을 버리고 인간의 교제에 위엄과 품위를 복원할 수 있고, 중국 전체를 바꿀 수 있다.[58] 그러나 인을 실천하기는 어렵다. 인이라는 이상은 우리 인간성에 깊이 뿌리를 내리고 있기는 하지만[59] 군자가 자기 세계의 중심으로부터 물러날 것을 요구하기 때문이다.[60]

공자는 '양보'의 중요성을 강조했다. 자신을 호전적으로 내세우고 권력을 위해 싸우는 대신 아들은 아버지에게 양보하고 전사는 적에게 양보하고 귀족은 통치자에게 양보하고 통치자는 가신에게 양보해야 한다. 공자는 인도의 출가 수행자들과는 달리 가족생활을 깨달음의 장애로 여기는 대신 영적 탐구를 위한 학교로 보았다. 모든 가족 구성원이 가족생활을 통해 남을 위해 사는 법을 배우기 때문이다.[61] 나중에 철학자들은 공자가 가족에만 배타적으로 집중했다고 비판하지만 공자는 각 사람을 계속 넓어져 가는 일련의 동심원의 중심으로 보았다. 각 사람은 이 원들과 관계를 맺고 가족 계급 국가 인종의 요구를 넘어서는 공감을 계발해야 했다.[62] 우리 각각은 가족 안에서 생활을 시작하기에 가족 사이의 예에서 자기 초월 교육이 시작되지만 거기에서 끝나지는 않는다. 군자의 지평은 점차 확대된다. 부모 배우자 형제를 보살피며 얻는 교훈 덕분에 점점 더 많은 사람에게 감정 이입을 할 수 있다. 처음에는 가까운 공동체, 그다음에는 그가 사는 나라, 그리고 마지막으로는 온 세상으로 넓어진다.

공자는 지극한 현실주의자라 인간이 전쟁을 포기할 수 있다고 상상하지 않았다. 그는 생명과 자원의 낭비를 개탄했지만[63] 어떤 나라도 군대 없이는 생존할 수 없다는 점을 이해했다.[64] 자공이 정치에 관해 묻자 공자는 대답했다. "먹을 것을 풍족하게 하고 군비(軍備)를 풍족하게 해야 한다." 둘 중 하나를 빼야 한다면 군비라고 덧붙이기는 했지만.[65] 과거에는 오직 주의 왕만이 전쟁을 선포할 수 있었지만 이제는 봉신들이 왕의 이런 권리를 빼앗아 서로 싸우고 있었다. 공자는 이런 일이 계속되면 사회 전체에 폭력이 급격히 늘어날 것이라고 걱정했다.[66] 오랑캐 침략자 반역자에 대한 '징벌적 원정'은 필수적이다. 정치의 주요한 과제는 사회 질서를 유지하는 것이기 때문이다.[67] 공자는 이런 이유 때문에 사회의 구조적 폭력이 필요하다고 믿었다. 공자는 늘 민을 진정으로 걱정하고, 통치자에게 무력과 공포로 민을 통제하려하지 말고 그들의 자존감에 호소하라고 촉구했지만 민이 일탈했을 때 처벌하지 않으면 문명이 붕괴할 것임을 알았다.[68]

기원전 4세기의 유교 철학자 맹자 또한 민을 다스림을 받기 위해 태어난 사람으로 여길 수 있을 뿐이었다. "정신을 사용하는 사람들이 있고 근육을 사용하는 사람들이 있다. 전자는 다스리고 후자는 다스림을 받는다. 다스리는 자들은 다스림을 받는 자들로 지탱된다."[69] 민은 '가르침(교敎)'을 받지 못했기 때문에 지배 계급에 절대 참여할 수가 없었는데, 가르침은 중국에서는 늘 어느 정도의 힘을 동반했다. '교'는 아이를 훈육하기 위해 막대기를 휘두르는 모습을 표현한 한자이다.[70] 가르침의 한 양식인 전쟁 또한 문명에 필수적이었다. "징벌을 위한 전쟁은 교정 작업이다."[71] 사실 맹자는 백성이 그런 교정을 갈망하고 오랑캐가 중국인에게 정복당하기 위해 서로 경쟁한다고 확신하기까지 했다.[72] 그러나 동등한 존재와 싸우는 것은 결코 허용되지 않았다. "징벌적 원정은 권위가 있는 자가 그 아래 있는 자에게 하는 것이다. 동등한 사람들이 전쟁으로 서로 벌할 수는 없다."[73] 따라서 현재 동등한 지위에 있는 통치자들 사이에서 벌어지는 국가 간 전쟁은 잘못이고 불법이고 압제의 한 형태다. 중국은 요나 순 같은 지혜로운 통치자가 절실하게 필요하며, 이들의 도덕적 카리스마라면 태평을 복원할 수 있다. 맹자는 말한다. "진정한 왕의 출현이 오늘날만큼 드문 적은 결코 없었다. 백성이 학정에 시달려 오늘날만큼 심한 고통을 받은 적은 결코 없었다." 군사적으로 강력한 국가가 덕으로 다스린다면 "백성은 거꾸로 매달렸다가 풀려난 것처럼 기뻐할 것이다."[74]

유학자들은 평등에 관한 확신에도 불구하고 지배 계급의 전제를 넘어설 수 없는 귀족이었다. 그러나 묵자(기원전 480?~390?)의 글에서는 평민의 목소리를 듣게 된다. 묵자는 180명으로 이루어진 형제단을 이끌었으며, 이들은 농민과 장인 복장으로 이 나라 저 나라를 돌아다니며 도시가 적의 포위 공격을 받을 때 방어할 수 있는 새로운 군사 기술을 통치자에게 가르치기도 했다.[75] 묵자는 거의 틀림없이 숙련공이었을 것이며, 그래서 귀족의 정교한 제의를 시간과 돈의 낭비로 여겼다. 그러나 묵자 또한 인이 중국의 유일한 희망이라고 확신했고, 자신의 나라 밖으로 확장하지 못하는 정치적 공감의 위험을 공자보다 훨씬 강조했다. 묵자는 힘주어 말했다. "다른 사람들도 자신처럼 여겨야 한다." 이런 "관심〔愛〕"은 "모두를 포괄하고 아무도 배제하지 말아야" 한다.[76] 중국이 서로 파괴하는 것을 막는 유일한 방법은 그들이 겸애

(兼愛, '모두에 대한 관심')를 실천하도록 설득하는 것이었다. 묵자는 각 제후에게 자신의 나라만 걱정하는 것이 아니라 "남의 나라도 자신의 나라처럼 여기라"고 촉구했다. 통치자들이 진정으로 그런 관심이 있으면 전쟁에 나서지 않을 터였기 때문이다. 사실 모든 "세상의 재난 강탈 원한 증오"의 원인은 "겸애가 없다는 것이다."[77]

묵자는 유가와는 달리 전쟁에 관해 긍정적인 말을 전혀 하지 않았다. 가난한 사람의 관점에서 볼 때 전쟁은 도무지 말이 되지 않았다. 전쟁은 농사를 망치고 민간인을 수없이 죽이고 무기나 말을 낭비했다. 통치자들은 영토 정복이 나라를 부유하고 더 안전하게 만든다고 주장하지만, 실제로는 인구의 극소수만 혜택을 보며 작은 고을 하나를 점령할 때도 수많은 사상자가 생겨 농사지을 사람이 남아나지 않았다.[78] 묵자는 가난한 사람들을 부유하게 해주고, 의미 없는 죽음을 막고, 공적 질서에 기여하는 정책만이 덕이 있다고 할 수 있다고 믿었다. 그러나 인간은 자기중심적이다. 인간은 자신의 안녕이 전체 인류의 행복에 달려 있으므로 겸애가 그들 자신의 번영, 평화, 안정에 필수적이라는 논란의 여지없는 주장으로만 설득할 수 있다.[79] 따라서 《묵자》는 중국에서 처음으로 논리의 구사를 보여주며, 이 논리는 모두 전쟁이 통치자의 이익에 가장 잘 부합하는 것은 아님을 증명하는 데 바쳐진다. 묵자는 전쟁의 파멸적 순환에서 벗어나는 유일한 길은 통치자가 "자신에게만 관심을 두는 데서 벗어나는 것"이라고 주장했다.[80] 이 말은 오늘날에도 진실하게 들린다.

진(秦),
전쟁을 끝낸 폭력의 제국

고대 중국에서는 공자보다 묵자를 숭배했다. 묵자가 이 폭력의 시대의 문제들을 매우 직접적으로 다루었기 때문이다. 기원전 5세기에 이르면 조그만 제후국들은 거대한 전국 칠웅(戰國七雄)에 둘러싸인다. 진(晉)은 한(韓), 위(魏), 조(趙) 세 왕국으로 갈라졌다. 또 진(秦), 제(齊)와 그 이웃인 연(燕), 그리고 남쪽에 초(楚)가 있었다. 이들의 대규모 군대와 철 병기, 치명적인 석궁은 워낙 막강해서 이것을 따라가지 못하는 나라는 망할 수밖에 없는 운명이었다.[81] 이 나라들은 국경을 따라 방어벽과 요새를 쌓았으며 직업 군인이 주둔하며 이곳을 지켰다. 이들의 군대는 강력한 경제의 지원을 받았고 통일된 명령 체계, 능숙한 전략, 훈련받은 부대에 기초하여 살벌할 정도로 효율적으로 싸웠다. 이들은 잔인할 만큼 실용적이라 인이나 의례를 좋아하지 않았으며 전투에서는 아무도 봐주지 않았다. "노인이라 해도 조금이라도 힘이 있거나 체력을 유지하고 있는 사람은 우리 적이다." 한 지휘관은 그렇게 주장했다.[82] 그러나 이들의 새로운 군사 전문가들은 순전히 실용적인 근거에서 지나친 약탈과 폭력에 반대했으며,[83] 따라서 원정에서도 국가의 주요 자원인 농산물은 건드리지 않도록 조심했다.[84] 전쟁은 이제 공격성을 제어하는 예가 지배하는 정중한 게임이 아니었다. 대신 논리 이성 차가운 계산이 지배하는 과학이 되었다.[85]

묵자와 그의 시대 사람들에게 중국인은 곧 공멸할 것처럼 보였지만, 지금 돌아보면 사실 그들은 어느 정도 평화를 강제할 중앙 집권적 제국을 향해 고통스럽게 나아가고 있었다. 전국시대의 상습적인 전쟁은 농경 국가에 보편적으로 존재하는 딜레마 가운데 하나를 드러냈다. 귀족은 싸우라고 배웠고 과민하게 명예감을 키웠기 때문에 제어되지 않으면 늘 땅 부 재산 위엄 권력을 놓고 공격적으로 경쟁한다는 것이었다. 기원전 5세기에 전국은 전통적인 제후국을 소멸시키기 시작했으며, 강박에 사로잡힌 듯 서로 싸워 마침내 기원전 221년에는 오직 하나만 남게 되었다. 이 나라의 승리한 통치자가 중국의 첫 황제(皇帝)가 된다.

우리는 주어진 일군의 '종교적' 믿음이나 관행이 반드시 폭력을 향해 나아갈 수밖에 없다고 상상하는 것이 얼마나 큰 잘못인지 보여주는 매혹적인 패턴을 이 시기 중국 역사에서 만나게 된다. 실제로 사람들은 똑같은 신화, 묵상 수행, 관념의 자원에 의지하면서도 근본적으로 다른 행동 경로를 밟아 나간다. 전국은 근대의 세속주의에 가까운 에토스를 향해 나아가고 있으면서도, 이 시기의 냉정한 병법가들은 자신을 성인으로 여겼고 전쟁을 일종의 종교로 보았다. 그들의 영웅은 '황색 제왕'이었으며, 그의 책과 마찬가지로 자신들의 글 또한 신성한 계시를 받은 것이라고 확신했다.

'성군'은 우주에서 사회를 조직하는 방법을 보여주는 질서정연한 설계를 발견했다. 마찬가지로 군 지휘관은 전장이라는 혼돈 속에서 승리를 거둘 수 있는 가장 효율적인 방법을 찾게 해주는 틀을 분별할 수 있었다. "자신에게 유리한 전략적 요소를 많이 확보한 자는 이기고, 자신에게 유리한 전략적 요소를 거의 확보하지 못한 자는 진다." 공자와 같은 시대를 산 손자(孫子)는 그렇게 설명했다. "이런 식으로 문제를 관찰하면 누가 이기고 누가 질지 알 수 있다."[86] 훌륭한 지휘관은 심지어 아예 싸우지 않고도 적을 물리칠 수 있다. 승산이 적을 경우 상책은 적이 상대가 약하다고 믿고 자만심에 빠져 치명적인 실수를 할 때까지 기다리는 것이다. 지휘관은 부대를 자신의 의지의 단순한 연장으로 보고, 정신이 몸을 지휘하듯이 통제해야 한다. 유능한 지휘관은 귀족 출신이라 해도 농민 병사들 사이에서 살며 그들의 곤경을 나누고 그들이 따라야 할 모범이 된다. 부하에게 무시무시한 벌을 내려 그들이 지휘관을 전장에서 죽는 것보다 두려워하게 만든다. 실제로 훌륭한 병법가는 싸워서 빠져나오는 것 외에는 다른 대안이 없는 위험에 의도적으로 부대를 집어넣는다.[87] 병사는 자기 나름의 생각을 할 수 없고 지휘관과의 관계에서 여자처럼 복종하고 수동적이 되어야 한다. 전쟁은 '여성화'되었다. 사실 여성적인 약함이 남성적인 호전성보다 효과적일 수 있다. 가장 좋은 군대는 물처럼 약해 보일 수도 있다. 그러나 물은 동시에 엄청나게 파괴적일 수도 있다.[88]

"군은 기만의 도(道)이다." 손자는 말했다. 이 게임의 이름은 적을 속이는 것이다.

따라서 유능할 때는 무능한 것처럼 보여라. 사용할 때는 사용하지 않는 것처럼 보여라.

가까이 있을 때는 멀리 있는 것처럼 보여라. 멀리 있을 때는 가까이 있는 것처럼 보여라.

적이 유리함을 구하면 꾀어라.

적이 혼돈에 빠졌을 때는 공격해 빼앗아라.

적이 충실할 때는 지켜라.

적이 강할 때는 피하라. ……

적이 준비되지 않았을 때 공격하라. 적이 예상하지 못한 곳에서 나타

나라.[89]

손자는 민간인이 이런 군사 윤리를 의심스럽게 볼 것임을 알았지만 그들의 국가는 군대 없이는 생존할 수 없었다.[90] 따라서 군대는 주류 사회와 거리를 두고 자체의 법의 지배를 받아야 한다. 그 작업 방식이 '기이하고[奇]' 반직관적이며 자연스럽지 **않은** 일을 하는 것이기 때문이다. 이 방식은 국가의 다른 모든 일에서는 참담한 결과를 낳겠지만[91] 지휘관이 기를 활용하는 방법을 알면 성인처럼 천도와 일치하는 상태를 이룩할 수 있다.

따라서 기이한 것을 일으키는 데 능숙한 자는 천지처럼 가없고, 황허 강과 바다처럼 다함이 없다.
해와 달처럼 끝나도 다시 시작한다. 네 계절처럼 죽어도 다시 태어난다.[92]

그 핵심에 배반과 폭력에 헌신하는 제도를 유지해야만 한다는 것이 가장 덕 있는 국가도 겪는 딜레마였다.
'기이한 것' 숭배는 새로운 현상이 아니라 백성, 특히 하층 계급에 널리 퍼진 것으로, 심지어 구석기 시대까지 거슬러 올라갈 수도 있는 것이었다. 이 숭배는 도교(道教)라고 불리는 신비학파와 밀접한 관계가 있었으며, 도교는 엘리트보다 대중에게 훨씬 인기가 있었다.[93] 도가는 모든 형태의 정부에 반대했고 통치자가 신민의 삶에 관여하면 반드시 상황을 악화시킨다고 확신했다. 병법가들이 '아무것도 하지 않는 것', 성급하게 행동에 뛰어드는 일을 삼가는 태도를 선호하는 것과 비숫한 태도였다. 사람들이 인간이 만든 법에 복종하고 부자연스러운 의례를 실행하도록 강요하는 것은 완전히 잘못된 일이라고 열정적인 은자였던 장자(莊子, 기원전 369?~286?)는 주장했다. '아무것도 하지 않는 것', 즉 '무위(無爲)'를 행하는 것이 낫다. 사물이 진정으로 존재하는 방식[道]을 만나는 것은 우리 자신 안의 깊은 곳, 이성적인 힘보다 한참 아래인 수준에서다.[94]

서양에서는 《도덕경》이라고 알려진 기원전 3세기 중반의 글을 개인의 영성을 위한 경건한 텍스트로 여기는 경향이 있지만 사실 이것은 취약한 한 나라의 제후를 위해 쓴 치국의 교본이었다.[95] 익명의 저자는 노자(老子, '늙은 스승')라는 가명을 사용했다. 그는 통치자가 하늘을 모방해야 하는데, 하늘은 인간의 '길[道]'에 개입하지 않는다고 가르쳤다. 따라서 간섭을 일삼는 정책을 버리기만 하면 왕의 '덕'이 자연스럽게 나타날 것이다. "내가 바라기를 멈추고 가만히 있으면 천하는 저절로 평화에 이를 것이다."[96] 도가에서 왕은 명상 기법을 실천하여 마음이 "텅 비고" "고요해져야" 한다. 그러면 '하늘의 도'가 그를 통해 작용하여 "생이 끝나는 날까지 위험을 만나지 않게 된다."[97] 노자는 포위 공격을 당하는 제후국들에게 생존의 계략을 제공했다. 정치가는 보통 미친 듯이 활동하고 힘을 과시하려 드는데, 사실은 정반대로 행동해야 한다. 공격적인 자세를 취하는 것이 아니라 약하고 작게 보여야 한다. 노자는 병법가처럼 물의 비유를 들었다. 물은 "부드럽고 약해" 보이지만 "단단하고 강한" 것보다 힘이 훨씬 셀 수도 있다.[98] 도가의 통치자는 남성적으로 자기를 내세우는 것이 아니라 "신비한 여성[賢嬪]"의 부드러움을 끌어안아야 한다.[99] 올라가는 것은 반드시 내려오기 마련이므로 굴복하는 척하여 적을 강하게 해주면 사실 적의 쇠퇴를 앞당기게 된다. 노자는 군사적 행동은 늘 최후의 수단이 되어야 한다고 말하는 병법가들과 뜻을 같이한다. 무기는 "불길한 도구"라고 그는 주장한다. 성군은 "어쩔 수 없을 때"만 그것을 이용한다.[100]

> 훌륭한 지도자는 호전적이지 않고
>
> 훌륭한 투사는 충동적이지 않고
>
> 가장 훌륭하게 적을 정복하는 자는 절대 공격을 하지 않는 자다.[101]

지혜로운 지도자는 심지어 잔혹 행위에도 복수를 하지 않는다. 반격만 불러올 뿐이기 때문이다. 대신 무위를 실천하여 하늘의 덕 자체를 얻는다. "그는 싸우지 않기 때문에 세상에 그와 싸울 수 있는 자는 없다."[102]

그러나 안타깝게도 그렇게 되지는 않았다. 전국시대의 긴 투쟁의 승자는 도가의 성군이 아니라 진(秦)의 통치자였는데, 그는 그저 가장 큰 영토 인력 자원이 있었기 때문에 승리를 거두었다. 진은 이전의 중국 국가들처럼 의례에 의존하는 대신 오직 전쟁과 농업이라는 경제 현실에만 기초를 둔 물질주의적 이데올로기를 발전시켰는데, 그 기반은 법가(法家), 즉 '법률주의'라고 알려진 새로운 철학이었다.[103] 여기에서 법은 근대적 의미의 '법'을 뜻하지 않는다. 원재료를 고정된 패턴에 일치시키는 목수의 자 같은 '기준'을 뜻한다.[104] 진이 경쟁자들보다 앞선 것은 상앙(商鞅, 기원전 390?~338)의 법가적 개혁 덕분이었다.[105] 상앙은 오직 통치자의 권력을 높이려고 설계된 국가에서는 엄한 벌로 백성이 종속적인 역할을 따르도록 강요해야 한다고 믿었다.[106] 그는 귀족제를 없애고 전적으로 왕에게 의존하는 정선된 행정 관료로 그 자리를 채웠다. 이제 진나라는 31개 군으로 나뉘었으며, 각 군은 중앙에 의해 직접 지휘받는 행정 책임자가 다스렸다. 또 징집병으로 군대를 구성했다. 생산성과 자유롭고 진취적인 정신을 북돋기 위해 농민이 땅을 사는 것을 장려했다. 군자들로 이루어진 귀족은 중요하지 않았다. 명예는 오직 전장에서 뛰어난 공을 세워야만 얻을 수 있었다. 누구든 부대를 지휘하여 승리를 거둔 사람에게는 땅, 집, 노비를 주었다.

진은 최초의 세속 국가 이데올로기를 발전시켰다고 말할 수 있지만, 상앙은 종교의 내재적 폭력성 때문이 아니라 종교가 실천에 옮길 수 없을 정도로 인도적이었기 때문에 종교를 정치와 분리했다. 종교적 정서는 통치자를 너무 자비롭게 만들 수 있었으며, 이것은 국가의 최고 이익과 배치되었다. "선한 사람을 이용하여 악한 사람을 다스리는 국가는 무질서에 오염되어 파멸에 이를 것이다." 상앙은 그렇게 주장했다. "악한 사람을 이용하여 선한 사람을 다스리는 국가는 늘 평화를 누리며 강해질 것이다."[107] 군 지휘관은 황금률을 실천하는 대신 적에게 자신의 부대가 당하기를 원치 **않는** 바로 그런 행동을 해야 한다.[108] 따라서 진의 성공이 유가에게는 당연히 매우 곤혹스러운 일이었다. 예를 들어 순자(荀子, 기원전 310?~219?)는 인으로 다스리는 통치자는 영원히 저항할 수 없는 힘이 될 것이며 그의 동정심이 세상을 바꿀 것이라고 믿었다. 통치자가 무기를 드는 것은 오직

폭력을 끝내고 해로운 일을 없애려고 할 때뿐이다. 그는 약탈물을 놓고 다른 사람들과 경쟁하려고 무기를 들지 않는다. 따라서 인자(仁者)의 병사들이 진을 치면 신과 같은 공경을 받는다. 그들이 지나가는 곳마다 사람들을 바꾸어놓는다.[109]

그러나 순자의 제자 이사(李斯)는 그를 비웃었다. 진이 중국에서 가장 강한 국가인 것은 가장 강한 군대와 경제가 있었기 때문이다. 진이 성공을 거둔 것은 인 때문이 아니라 기회를 잘 이용했기 때문이다.[110] 순자가 진을 찾아갔을 때 소왕(昭王)은 무뚝뚝하게 말했다. "국가를 운영하는 데 유(儒)는 필요 없다."[111] 그 직후 진은 순자의 조국인 조나라를 정복했고, 왕이 항복을 했는데도 진의 군대는 조의 병사 40만 명을 생매장했다. 어떻게 군자가 영향력을 발휘해서 그런 정권을 억제할 수 있을까? 순자의 제자 이사는 진으로 이주하여 승상이 되어 번개 같은 원정을 지휘했고, 마침내 기원전 221년 진나라는 최종 승리를 거두고 중국 제국을 수립했다.

역설적이지만 법가는 도가와 똑같은 사상적 자원에 의지했고 똑같은 언어로 말했다. 그들 또한 왕이 기름을 칠한 기계처럼 움직이는 '법의 도'에 개입하는 '어떤 일도 하지 말아야'(무위) 한다고 믿었다. 법이 계속 바뀌면 사람들이 고통을 겪을 것이기 때문에 진정으로 훌륭한 군주는 "고요와 텅 빔 속에서 기다리며" "일이 저절로 처리되게 한다." 법가 사상가인 한비자(韓非子, 기원전 280?~233?)는 그렇게 주장했다.[112] 통치자는 도덕이나 지식이 필요 없으며, 그냥 '처음 움직이는 자'로서, 자신은 가만히 있고 신하나 백성이 움직이게 하면 그만이었다.

용기가 있더라도 그것을 있는 대로 발휘하지 않고
신하들에게서 모든 무용(武勇)을 끌어낸다.
그러므로 지식을 버려 명석을 얻고
현명함을 버려 결과를 얻고
용기를 버려 힘을 얻는다.[113]

물론 둘 사이에는 엄청난 차이가 있었다. 도가는 통치자가 신민을 부자연스러운 법에 강제로 맞추려 한다고 개탄했다. 그들의 성군은 "결과를 얻기" 위해서가 아니라 망아(忘我)의 경지에 이르기 위해 수행했다.[114] 그러나 똑같은 관념과 심상이 정치가, 병법가, 신비주의자의 생각에 영향을 끼치고 있었다. 사람들은 똑같은 믿음을 품고도 그 믿음에 기초하여 매우 다르게 행동할 수 있었다. 병법가들은 자신들의 잔인할 정도로 실용적인 글이 신성한 계시에서 나왔다고 믿었으며, 수도자들은 왕에게 전략적 조언을 했다. 심지어 유가도 이제 이런 관념들에 의지하여, 순자는 오직 "텅 비고 한결같고 고요한" 정신만이 도를 파악할 수 있다고 믿었다.[115]

한(漢)에서 제휴한
법가와 유가

진이 승리를 거두면서 끝도 없는 싸움에 종지부를 찍게 되자 틀림없이 많은 사람들이 안도하면서 제국이 평화를 유지해주기를 바랐을 것이다. 그러나 제국의 통치가 시작되면서 그들은 충격을 받았다. '첫 황제(시황始皇)'는 승상 이사의 조언에 따라 절대적 통치자가 되었다. 주의 귀족―12만 가족―을 강제로 수도로 이주시키고 무기를 몰수했다. 황제는 방대한 영토를 36개 군으로 나누고, 그 각각에 민간인 행정관, 군 지휘관, 감찰관을 두었다. 각 군은 다시 행정 책임자가 관리하는 현으로 나뉘었으며, 모든 관리에게 중앙 정부에서 직접 책임을 물었다.[116] 주의 왕이 봉건 영주 가문들의 우두머리임을 나타내던 오랜 제의는 황제 한 사람에게만 초점을 맞춘 의식으로 대체되었다.[117] 사관이 이런 혁신을 비판하자 이사는 황제에게 그런 분열적 이데올로기를 더 용납할 수 없다고 말했다. 법가의 프로그램에 반대하는 모든 학파는 없애고 그 글은 공개적으로 불살라야 한다.[118] 엄청난 분서(焚書)가 이루어지고 유생 460명이 처형되었다. 원형적 세속 국가가 역사상 최초의 종교재판을 명령한 셈이었다.

순자는 이미 진의 가혹한 방법이 백성을 소외시킬 것이기 때문에 진은 절대 중국을 통치할 수 없으리라고 확신했다. 기원전 210년 '첫 황제'가 죽은 뒤 반란이 일어나면서 순자의 말이 맞다는 것이 증명되었다. 3년간 무정부 상태가 이어진 뒤 지방 행정관인 유방(劉邦)이 한 왕조를 세웠다. 그의 핵심 병법가로서 젊은 시절 유가의 의례를 공부한 장량(張良)이 한의 이상을 상징하는 인물이었다. 전해지는 말에 따르면 장량은 한 노인에게 모범적으로 예의를 갖추어 행동하자 병서가 그에게 계시처럼 주어졌고, 이에 그는 군 경험이 없었는데도 유방을 승리로 이끌었다. 장량은 호전적인 사람이 아니었다. 그는 도가의 전사였다. "무용을 드러내지 않았으며" 몸이 자주 아파 전장에서 지휘할 수 없었다. 그는 겸손한 태도로 사람을 대했으며 도가의 명상과 호흡을 이용해 수행했고 곡물을 먹지 않았으며 한때는 묵상하는 삶을 살기 위해 정치에서 물러날 것을 진지하게 고민하기도 했다.[119]

한은 진의 실수에서 배운 것이 있었다. 그러나 유방은 중앙 집권적 국가를 유지하고 싶었으며, 제국에는 법가의 현실주의가 필요하다는 것을 알았다. 강제와 폭력의 위협이 없으면 어떤 국가도 기능할 수 없었기 때문이다. "무기는 성인이 강하고 야만적인 자들을 복종시키는 수단이며 혼돈의 시대에 안정을 가져온다." 한의 역사가 사마천(司馬遷)은 그렇게 썼다.

집안에서 가르침과 체벌은 버릴 수 없고, 하늘 아래에서 몸을 절단하는 벌은 멈출 수가 없다. 단지 그것을 사용하는 데 어떤 이는 능숙하고 어떤 이는 서툴 뿐이며, 그것을 실행에 옮기는 데 어떤 이는 [하늘을] 따르고 어떤 이는 하늘을 거스를 뿐이다.[120]

그러나 유방은 국가에는 더 영감을 주는 이데올로기도 필요하다는 것을 알았다. 그의 해법은 법가와 도가의 종합이었다.[121] 진의 종교재판에서 받은 충격에서 아직 헤어 나오지 못한 백성은 '텅 빈', 열린 마음의 통치를 갈망했다. 한의 황제들은 군(郡)에 대한 절대적 통제를 유지하지만 자의적 개입은 삼가게 된다. 엄격한 형법이 있지만 가혹한 벌은 사라지게 된다.

새로운 정권의 수호자는 '황색 제왕'이었다. 모든 제국에는 극장과 볼거리가 필요한데, 한의 제의는 고대 상나라의 희생 사냥 전쟁 복합체를 새롭게 변형했다.[122] 가을에 군사 원정의 계절이 오면 황제는 온갖 종류의 동물이 넘쳐나는 왕립 공원에서 사냥 의식을 열어 신전의 희생제를 위한 고기를 마련했다. 몇 주 뒤에는 수도에서 군대 사열을 하여 정예 부대의 기술을 자랑하고 제국군의 병력을 충당하는 민의 군사적 능력 유지를 도모했다. 겨울이 끝나면 공원에서 사냥 대회가 열렸다. 찾아온 고관들에게 감명을 주려고 기획된 이 의식은 모두 황색 제왕과 그의 동물 부대를 다시 불러냈다. 인간과 동물은 '성군'들이 갈라놓기 이전 태초에 그랬던 것처럼 동등하게 전투에 참여하여 싸웠다. 공을 차는 시합에서는 선수들이 경기장의 한쪽 끝에서 다른 쪽 끝으로 공을 찼는데, 이것은 계절 순환에서 음과 양의 변화를 재현했다. "군대에서 공차기는 환경의 힘을 다루는 것이다. 이것은 전사를 훈련하고 재능 있는 자를 찾아내기 위한 수단이다." 역사가 유향(劉向)은 그렇게 설명한다. "이것은 황색 제왕이 만들었다고 전해진다."[123] 한의 통치자들은 황색 제왕과 마찬가지로 짐승 같은 야만성을 제거하여 전쟁을 좀 더 인도적으로 바꾸어 보고자 종교적 제의를 이용하곤 했다.

유방은 치세를 시작하면서 유가의 의례 전문가들[儒]에게 궁정 의식을 만드는 작업을 위임했고, 처음 이 의식을 거행할 때 이렇게 소리쳤다. "이제 내가 '천자'의 고귀함을 실현한다!"[124] 유는 궁정에서 천천히 자리를 잡았으며, 진이 남긴 상처의 기억이 희미해지면서 더 굳건한 도덕적 안내에 대한 욕망이 자라났다.[125] 기원전 136년 동중서(董仲舒, 기원전 179~104)는 무제(武帝, 기원전 140~87년 재위)에게 경쟁하는 학파가 너무 많다면서 유교 고전 텍스트 여섯 개를 국가에서 공식적으로 가르칠 것을 제안했다.* 황제는 동의했다. 유교는 가족을 지탱하고, 문화사를 강조하여 나라의 정체성을 만들며, 국가 교육은 옛 귀족제의 여전한 매력에 맞설 수 있는 엘리트를 만들어낼 것이라는 논리였다. 그러나 무제는 시황제의 실수를 되풀이하지 않았다. 중국 제국에서는 파벌적 불관용이 사라지게 된다. 중국인은 그 뒤로 계속 모든 학파에서 장점을 보고, 학파들은 서로 보완하게 된다. 따라서 두 학파가 아무리 정면으로 대립한다 해도 결국 법가와 유가의 제휴가 나타난다. 국가는 여전히 법가의 실용주의가 필요하지만, 유는 법가의 전제(專制)를 억제한다.

---

* 일반적으로 동중서의 건의로 무제가 오경박사(五經博士) 제도를 설치했다고 알려져 있다. 오경박사란 《시경》《서경》《주역》《예기》《춘추》 오경마다 전문 학자를 박사로 임명하여 학술 교육을 담당하게 하는 제도이다. 보통 육경을 말할 때는 《악경》을 포함한다.

기원전 124년 무제는 태학(太學)을 설립했으며, 2천 년이 넘는 기간 중국의 모든 국가 관리는 주로 유교 이데올로기를 훈련받게 된다. 이 이데올로기에서는 통치자를 도덕적 카리스마로 다스리는 천자로 제시했다. 이것은 체제에 정신적 정통성을 부여하는 동시에 민간 행정의 에토스가 되었다. 그러나 한 왕조는 모든 농경 국가 통치자들과 마찬가지로 체제와 군사 폭력으로 제국을 통제하고 농민을 착취하고 반역자를 죽이고 새로운 영토를 정복했다. 황제는 군(武)에 의지했고, 새롭게 정복한 영토에서 행정관은 바로 토지를 수용하고 기존의 지주를 없애고 농민이 생산한 잉여 가운데 50~100퍼센트를 가져갔다. 황제는 여느 근대 이전 통치자들과 마찬가지로 일반적 규칙이 적용되지 않는 '한 사람'으로서 예외적인 지위에서 자신을 유지해야 했다. 따라서 명령만 내리면 즉시 처형을 할 수도 있었고 아무도 감히 이의를 제기하지 못했다. 이런 비합리적이고 즉흥적인 폭력 행동이 신민을 노예로 만드는 비결의 일부였다.[126]

따라서 통치자와 군은 '기이한 것'에 따라 사는 반면, 유가는 덕(인仁)과 교양과 합리적 설득에 기초한 시민 질서인 문(文)이라는 예측 가능하고 일상화된 정통성을 장려했다. 이들은 황제가 진정으로 공중의 이익을 소중하게 여긴다고 설득하는 귀중한 임무를 수행했다. 이들은 단순한 아첨꾼이 아니었지만—유 가운데 다수는 황제에게 너무 심하게 도덕적 의무를 일깨운다는 이유로 처형당했다.—그들의 권력은 제한되어 있었다. 동중서가 제국의 토지 찬탈이 엄청난 불행을 가져왔다고 문제를 제기하자 무제는 동의하는 듯했지만 결국 동중서는 타협하여 토지 보유의 온건한 제한으로 만족해야 했다.[127] 사실 행정가와 관료는 유교를 옹호했지만 통치자는 법가를 더 좋아했으며, 법가는 유가를 비실용적인 이상주의자라고 경멸했다. 그들의 관점에서 볼 때는 진의 소왕이 한 말이 백 번 옳았다. "국가를 운영하는 데 유는 필요 없다."

기원전 81년 소금과 쇠의 독점에 관한 일련의 논쟁 끝에 법가는 유가 옹호하는 통제 없는 사적인 '자유 기업'이 전적으로 비실용적이라고 주장했다.[128] 유가는 궁핍한 패배자 무리에 불과했다.

그들이 지금 우리에게 아무것도 주지 않으면서 그것을 실체라 여기고, "텅 빈 것"을 주면서 많다고 부르는 것을 보라! 그들은 초라한 가운을 입고 싸구려 신을 신은 채 뭔가를 잃어버린 것처럼 명상에 잠겨 엄숙하게 걸어간다. 이들은 위대한 행동을 하여 명성을 얻을 수 있는 사람들이 아니다. 이들은 심지어 천한 대중보다 높이 올라서지도 못한다.[129]

따라서 유는 오직 대안적 사회를 증언할 수밖에 없었다. 유라는 말은 어원적으로 약(弱)이라는 말과 관련이 있지만, 일부 현대 학자들은 이것이 "약골"을 뜻하며, 기원전 6세기에 가르쳐서 간신히 먹고 사는 가난한 사(士)를 묘사할 때 처음 사용되었다고 주장한다.[130] 제국 중국에서 유가는 정치적 "유화파"였으며 경제적으로나 제도적으로 약했다.[131] 그들은 덕 있는 유가의 대안이 살아 있도록 유지하고 그것을 정부의 핵심에 자리 잡게 했지만, 자신들의 정책을 밀어붙일 '위력'이 늘 부족했다.

그것이 유가의 딜레마였다. 인도 아대륙에서 아소카가 마주친 막다른 골목과도 유사했다. 제국은 힘과 위협에 의존했다. 귀족과 대중을 제어해야 했기 때문이다. 무제는 설사 원한다 해도 전적으로 인으로만 통치할 여유가 없었다. 중국 제국은 전쟁, 대대적인 살육, 여러 국가를 차례로 멸망시키는 과정에서 이룩되었다. 제국은 군사적 팽창과 내적인 억압을 통해 권력을 유지했고, 이런 방식을 신성하게 만들기 위해 종교적 신화와 제의를 발전시켰다. 여기에 현실적인 대안이 있을까? 전국시대는 야심 많은 통치자들이 새로운 무기와 큰 군대를 기반으로 해 무자비하게 지배권 경쟁을 벌이면서 전원 지대를 황폐하게 만들고, 그 과정에서 백성을 겁에 질리게 할 때 무슨 일이 벌어지는지 보여주었다. 맹자는 이런 만성적인 전쟁에 관해 묵상하면서 "하늘 아래 모든 것"을 다스리며 중국 대평원에 평화를 가져올 수 있는 왕을 갈망했다. 이것을 이룩할 만큼 강력한 통치자가 '첫 황제'였다.

4장

폭력과 평화 사이,
히브리인의 딜레마

농경 국가의 폭력성을
비판한 구약

아담과 하와는 에덴동산에서 쫓겨났을 때 성 아우구스티누스가 믿었던 것과는 달리 원죄의 상태로 들어가게 된 것이 아니라 농업 경제로 들어가게 되었을 것이다.[1] 인간(adam)은 땅(adamah)에서 창조되었으며, 에덴동산의 이 땅에는 소박한 샘이 물을 대주었다. 아담과 하와는 자유로운 행동 주체로서 목가적인 자유의 삶을 살고 있었으며 느긋하게 동산을 가꾸면서 그들의 신 야훼와 벗 삼아 지냈다. 그러나 단한 번의 불복종 행위 때문에 야훼는 그들 두 사람에게 힘겨운 농업 노동이라는 무기형을 선고했다.

땅 또한 너 때문에 저주를 받으리라. 너는 죽도록 고생해야 먹고살리

라. 들에서 나는 곡식을 먹어야 할 터인데, 땅은 가시덤불과 엉겅퀴를 내리라. 너는, 흙에서 난 몸이니 흙으로 돌아가기까지 이마에 땀을 흘려야 낟알을 얻어먹으리라. 너는 먼지이니 먼지로 돌아가리라.[2]

아담은 땅의 주인으로서 평화롭게 땅을 보살피는 것이 아니라 땅의 노예가 되었다. 히브리 성경은 맨 처음부터 우리가 지금까지 살펴본 텍스트 대부분과는 다른 어조를 드러낸다. 그 주인공들은 귀족 엘리트의 구성원이 아니었다. 아담과 하와는 한낱 들의 노동자로 전락하여 황폐한 땅에서 간신히 생계를 유지했다.

아담에게는 아들이 둘 있었다. 카인은 농부이고 아벨은 목자 — 농경 국가의 전통적인 적 — 였다. 둘 다 충실하게 야훼에게 제물을 바치지만 야훼는 약간 심술궂게 카인의 제물은 거부하고 아벨의 제물만 받아들였다. 카인은 당황하고 격분하여 동생을 가족의 땅으로 꾀어내 죽였다. 카인이 경작하던 땅은 야훼에게 소리 높여 복수를 요청하는 피의 벌판이 되었다. "땅이 입을 벌려 네 아우의 피를 네 손에서 받았다. 너는 저주를 받은 몸이니 이 땅에서 물러나야 한다."[3] 야훼는 소리쳤다. 그래서 카인은 추방자이자 도망자로서 에덴 동쪽 놋 땅을 배회하게 된다. 히브리 성경은 처음부터 농경 국가의 핵심에 자리 잡은 폭력을 비난한다. 세계 최초의 도시를 건설한 사람은 최초의 살인자 카인이며, 그의 후손 가운데 한 사람이 무기를 만드는 두발카인인데, "구리와 쇠를 다루는 대장장이(Kayin)의 조상"이었다.[4] 살인 직후 야훼는 카인에게 묻는다. "네 아우 아벨이 어디 있느냐?" 카인은 대답한다. "제가 아우를 지키는 사람입니까?"[5] 도시 문명은 인간 본성에 새겨진, 다른 모든 인간과의 관계와 그들에 대한 책임을 부인했다.

성경의 첫 다섯 책인 모세 오경은 기원전 4세기 무렵에 이르러서야 최종 형태를 갖추었다. 이스라엘의 역사가 시인 예언자 사제 법률가에게 모세 오경은 세계관을 구축하는 핵심 서사가 되었다. 그들은 수백 년에 걸쳐 자기 시대의 특정한 도전에 대응하기 위해 이 이야기를 바꾸고 꾸몄으며 사건을 추가하거나 재해석했다. 이 이야기는 기원전 1750년경 야훼가 이스라엘의 조상 아브라함에게 농경 사회와 메소포타미아 문화를 떠나 가나안에 정착하라고 명령하는 데서 시작한다. 그와 그의 아들 이삭, 손자 야곱은 가나안 땅에서 소박한 목자로 살아간다. 야훼는 그들의 후손이 언젠가 땅을 소유하고 바닷가의 모래알처럼 수가 많은 민족이 되리라고 장담했다.[6] 그러나 야곱과 열두 아들(이스라엘 12지파의 시조)은 기근 때문에 어쩔 수 없이 가나안을 떠나 이집트로 이주하게 되었다. 처음에는 번창했지만 결국 이집트인은 그들을 노예로 삼고, 그들은 노역에 시달리며 시들어 갔다. 마침내 기원전 1250년경 야훼는 모세를 지도자로 삼아 그들을 이집트에서 데리고 나왔다. 이스라엘 백성은 40년 동안 시나이 광야에서 방랑하다가 가나안 경계에 이른다. 이곳에서 모세는 죽지만 그의 부관 여호수아가 이스라엘 백성을 이끌고 약속된 땅 가나안에서 모든 도시를 파괴하고 그 주민을 죽여 승리를 거두었다.

그러나 고고학적 기록은 이 이야기를 확인해주지 않는다. 〈여호수아〉에 묘사된 대량 파괴의 증거도 없고, 강력한 외적의 침략을 보여주는 흔적도 없다.[7] 그러나 이 서사는 현대 역사학자들을 만족시켜주려고 쓴 것이 아니었다. 이것은 이스라엘이 이웃들과 구별되는 문화적 정체성을 만들어 나가는 것을 돕는 민족 서사시다. 성경 이외에 처음 이스라엘의 이야기가 언급된 자료를 보면 가나안 해안 지방은 여전히 이집트 제국의 속령이었다. 기원전 1201년경의 한 석비는 가나안 고지대에서 반란을 일으켰다가 파라오 메르넵타의 군대에 패배한 민족 가운데 하나로 '이스라엘'을 언급한다. 이 고지대에는 북쪽의 상대적으로 낮은 지대인 갈릴리에서 남쪽의 베르셰바(브엘세바)*에 이르기까지 소박한 촌락들이 펼쳐져 있었다. 많은 학자들은 이곳의 주민이 최초의 이스라엘 백성이었다고 믿는다.[8]

기원전 12세기에 이르자 지중해에서 오래전부터 고조되던 위기가 정점을 향해 치달았다. 아마 갑작스러운 기후 변화가 계기였을 것이다. 무슨 일이 일어났기에 이 지역의 제국들이 소멸하고 지역 경제가 파괴되었는지 보여주는 기록은 없다. 그러나 기원전 1130년에 이르면 모든 것이 끝이 난다. 미탄니에 있던 히타이트의 수도는 폐허가 되고 우가리트에 있던 가나안의 항구들과 메기도(므기또), 하조르(하솔)가 파괴되었다. 소유물을 잃고 절망에 빠진 민족들이 이 지역 전체를 헤매고 다녔다. 이집트가 외지 속령들에 대한 장악력을 회복하는 데는 백 년이 넘는 시간이 걸렸다. 세기 전환기에 파라오 메르넵타 자신이 고지대로 직접 원정을 나설 수밖에 없었다는 사실은 이렇게 이른 시기부터 이미 가나안의 도시 국가를 다스리던 이집트 총독들이 전원 지대를 제어할 수 없어 본국에 원군을 요청했음을 보여준다. 이 길고 혼란스러운 과정에서 도시 국가는 하나씩 무너졌다.[9] 고고학적 기록에 이 도시들이 한 정복자에게 파괴당했다는 것을 보여주는 증거는 없다. 이집트인들이 떠난 뒤에는 도시 엘리트와 촌락 사이에 갈등이 있었을 수도 있고, 도시 귀족들 사이에 경쟁이 벌어졌을 수도 있다. 어쨌든 이

---

* 성경에 나오는 지명과 인명의 경우 《공동번역성서 개정판》(1999)의 표기를 병기했다.

긴 쇠퇴의 시기에 고지대에 정착지들이 나타나기 시작했다. 아마 해체되는 도시의 혼돈을 피해 나온 난민들이 개척했을 것이다. 농민이 자신의 운명을 낫게 바꾸기 위해 할 수 있는 몇 안 되는 방법 가운데 하나는 상황을 견딜 수 없을 때 그냥 달아나는 것, 땅을 버리고 세금으로부터 달아나는 것이다.[10] 이 정치적 혼돈의 시기에 이스라엘 농민은 귀족의 복수를 걱정하지 않고 쇠약해지는 도시에서 탈출하여 독립된 사회를 건설할 수 있는 드문 기회를 잡았다. 그 무렵에 이르러서야 과학 기술의 발전 덕분에 이 험한 땅에 정착하는 것이 가능해졌으나 기원전 12세기 초에는 벌써 이 고지대 촌락들에 주민이 약 8만 명 살고 있었던 것으로 보인다.

이 정착자들이 정말로 최초의 이스라엘 백성이라면 일부는 틀림없이 가나안 원주민이었을 것이다. 여기에 시나이 지역의 신인 야훼를 가져온 남쪽 이주자가 합쳐졌을 수도 있다. 또 일부—요셉의 지파가 주목할 만하다.—는 심지어 이집트에서 왔을 수도 있다. 그러나 팔레스타인의 해안 도시 국가에서 이집트의 지배를 받으며 살던 가나안 사람들도 자신들이 아주 현실적인 의미에서 '이집트에서 빠져나왔다'고 느꼈을 것이다. 성경은 이스라엘이 성약(聖約)으로 묶인 다양한 민족으로 이루어져 있다고 인정하며,[11] 그 서사시적인 이야기는 초기 이스라엘 백성이 억압적인 농경 국가에 등을 돌리겠다는 원칙적인 결정을 했다고 암시한다. 고지대 촌락에 있는 그들의 집은 수수하고 균일했으며, 궁궐이나 공공건물은 없었다. 이곳은 평등 사회였던 것으로 보인다. 어쩌면 관습적으로 계층화된 국가에 대한 사회적 대안을 창조하기 위하여 부족 조직으로 돌아간 것인지도 모른다.[12]

모세 오경의 최종 편집은 기원전 587년 이스라엘 백성이 네부카드네자르(느부갓네살)에 의해 국가가 파괴당하는 경험을 하고 바빌로니아로 추방당한 뒤에 이루어졌다. 성경의 서사시는 종교적 문서일 뿐아니라 정치 철학 에세이이기도 하다. 무자비한 제국 세력들이 지배하는 세계에서 한 작은 민족이 자유와 온전함을 어떻게 유지할 수 있었을까?[13] 이스라엘 사람들은 가나안의 도시 국가들로부터 도망 나오면서 농경 사회의 체제 폭력에 정면으로 맞서는 이데올로기를 발전시켰다. 이스라엘은 '다른 나라들을 닮지' 말아야 한다는 것이었다. 따라서 '가나안인'에 대한 그들의 적대는 종교적인 만큼이나 정치적이었다.[14] 정착자들은 귀족에게 착취당하는 것을 막는 방편으로 땅의 대가족 소유를 유지하고, 궁핍한 이스라엘 사람에게 무이자 대출을 의무로하고, 임금을 즉시 지불하고, 계약 노역을 제한하고, 고아 과부 외국인등 사회적으로 취약한 사람들을 특별히 지원하는 법을 고안한 것으로보인다.[15]

나중에 유대인 기독교인 무슬림은 모두 성경의 신을 브라흐만이나니르바나와 비슷한 절대적 초월의 상징으로 만들게 된다.[16] 그러나 모세 오경에서 야훼는 인드라나 마르두크와 비슷한 전쟁의 신인데, 한가지 중요한 점에서 다르다. 야훼는 인드라와 마찬가지로 한때 우주질서를 잡기 위해 혼돈의 용들─레비아단이라고 부르는 바다 괴물이주목할 만하다.[17]─과 싸웠지만, 모세 오경에서는 우주가 아니라 한민족을 세우기 위해 지상의 제국들과 싸운다. 더욱이 야훼는 농업 문명에 비타협적이고 적대적인 태도를 보인다. '바벨탑' 이야기는 속을조금만 들여다보면 바빌론에 대한 비판이다.[18] 바빌론 통치자는 세계정복이라는 환상에 취해 인류 전체가 공통의 언어를 쓰는 단일 국가에서 살게 하겠다고 결심했다. 그들은 지구라트가 하늘에까지 이를 수 있다고 믿었다. 야훼는 이런 제국적 오만에 분노하여 정치 구조 전체를 '혼란'(바벨)으로 밀어넣었다.[19] 이 사건 직후 야훼는 아브라함에게 이 시기에 메소포타미아에서 가장 중요한 도시 국가로 꼽히던 우르를 떠나라고 명령했다.[20] 야훼는 세 족장—아브라함 이삭 야곱—에게 도시 생활의 계층화된 압제를 버리고 목자 생활의 자유와 평등을 얻으라고 고집했다. 그러나 이 계획에는 결함이 있었다. 야훼가 이 족장들을 위해 선정한 땅이 계속 그들을 받아주지 못했기 때문이다.[21]

이것이 히브리인의 딜레마였다. 야훼는 자신의 백성에게 농경 국가를 버리라고 명령하지만 그들은 그런 국가 없이는 살 수 없다는 것을 되풀이해 확인했다.[22] 아브라함은 굶어 죽지 않으려고 잠시 이집트로 피신할 수밖에 없었다.[23] 그의 아들 이삭은 기근 동안 초원의 삶을 버리고 농업을 택했지만 너무 성공을 거두는 바람에 약탈을 일삼는 이웃 왕들의 공격을 받았다.[24] 마침내 "온 세상에 기근이 심해지자" 야곱은 아들 열 명을 이집트로 보내 곡식을 구할 수밖에 없었다. 그들은 파라오의 궁정에서 오래전에 잃어버린 동생 요셉을 만나고 깜짝 놀란다.[25]

요셉—야곱이 가장 아끼던 아들—은 어린 시절 농업적 압제의 꿈을 꾸고 어리석게도 그것을 형제들에게 이야기했다. "글쎄, 밭에서 우리가 곡식 단을 묶고 있는데, 내가 묶은 단이 우뚝 일어서고 형들이 묶은 단이 둘러서서 내가 묶은 단에게 절을 하지 않겠어요?"[26] 형제들은 격분하여 말을 더듬었다. "네가 정말 우리에게 왕 노릇 할 셈이냐?"[27] 이런 군주제의 환상은 이 가족이 상징하는 모든 것을 침해하는 것이었기에 야곱은 요셉을 야단쳤다. "그래, 나와 네 어머니와 네 형제들이 너에게 나아가 땅에 엎드려 절을 할 것이란 말이냐?"[28] 그런데도 그는 계속해서 요셉을 귀여워하여, 마침내 형제들은 인내심을 잃고 요셉을 이집트에 노예로 팔아버리고 아버지에게는 그가 짐승에게 물려 죽었다고 말했다. 그러나 타고난 농민인 요셉은 이런 트라우마를 입으며 출발을 했는데도 흔쾌히 초원의 에토스를 버리고 귀족 생활에 동화되어 큰 성공을 거두었다. 그는 파라오의 궁정에서 일자리를 얻고, 이집트 부인을 얻고, 심지어 첫 아들에게 므나쎄라는 이름을 지어주었다. 이 이름은 '나를 잊게 하는 자'라는 뜻으로, "하느님께서 …… 아버지의 집 생각을 잊게 하셨다"는 의미를 담고 있었다.[29] 요셉은 이집트의 통치자가 되어 나라를 기아에서 구했다. 그는 꿈에서 곧 농경지가 황폐화되리라는 경고를 받고 7년 동안 추수한 것을 징발하여 도시들에 일정량을 배급하고 남은 것을 저장했다. 그래서 기근이 이집트를 덮쳤을 때도 곡식의 여유가 있었다.[30] 그러나 요셉은 또 이집트를 속박의 땅으로 바꾸어놓기도 했다. 곡식을 얻기 위해 파라오에게 가진 것을 팔 수밖에 없었던 모든 궁핍한 이집트인이 종이 되었기 때문이다.[31] 요셉은 굶주림 때문에 이집트로 피신한 가족의 생명을 구했지만 가족은 자유를 잃었다. 파라오가 그들이 다시 떠나는 것을 금했기 때문이다.[32]

모세 오경을 읽다 보면 족장들의 윤리에 종종 혼란을 느끼게 된다. 그들 가운데 누구도 존경할 만한 인물이 아니다. 아브라함은 자신의 목숨을 구하기 위해 아내를 파라오에게 판다. 요셉은 오만하고 자기중심적이다. 야곱은 딸 디나의 강간에 충격적일 정도로 무관심하다. 그러나 이것은 도덕 이야기가 아니다. 모세 오경을 정치 철학으로 읽으면 상황은 분명해진다. 이스라엘은 주변으로 밀려날 운명이었기 때문에 강한 국가들 앞에서 늘 약한 지위에 놓이게 된다. 문명을 떠나라는 명령을 받았지만 문명 없이는 살 수 없었기 때문에 족장들은 이도 저도 할 수 없는 처지였다. 그러나 아브라함은 그런 결함을 지녔지만 여전히 이 이야기에 나오는 통치자들과 비교하면 나은 사람이다. 이 통치자들은 신민의 부인을 빼앗고 우물을 훔치고 딸을 강간하고도 아무런 벌을 받지 않는다.[33] 왕들은 일상적으로 다른 사람의 소유를 징발하지만 아브라함은 늘 소유권을 철저하게 존중한다. 심지어 약탈하는 네 왕을 습격했을 때도 납치를 당한 조카 롯을 구출했을 뿐 전리품을 가지려 하지 않았다.[34] 아브라함이 지나가는 나그네 세 명에게 보여준 친절과 환대는 그들이 문명화된 소돔에서 경험한 폭력과 선명한 대조를 이룬다.[35] 야훼가 아브라함에게 소돔을 파괴할 계획이라고 하자 아브라함은 그 도시를 살려 달라고 간청한다. 인간 생명을 존중하지 않는 통치자들과는 달리 그는 무고한 피를 흘리는 것을 두려워했기 때문이다.[36]

성경의 저자들은 야곱이 임종을 맞아 열두 아들을 축복하고 그들의 미래를 예언하는 장면을 서술하면서, 이런 무자비한 세계에서 존립 가능한 평등한 사회를 창조하는 데 어떤 종류의 지도자가 필요한지 묻는다. 야곱은 시므온과 레위를 제쳐놓았다. 그들의 무모한 폭력은 그들이 영토와 주민과 군대를 통제해서는 절대 안 된다는 뜻이었기 때문이다.[37] 야곱은 잘못을 인정하고 교정하는 유다가 이상적인 지도자가 될 것이라고 예언했다.[38] 그러나 어떤 국가도 요셉의 정치적 분별력이 없이는 생존할 수 없었으며, 그래서 이스라엘인은 마침내 이집트를 떠나게 되었을 때 요셉의 유골을 약속된 땅으로 가져갔다. 또한 나라에는 레위의 급진주의가 필요할 때가 생길 수도 있었다. 레위 지파의 모세가 과감히 결의하지 않았다면 이스라엘은 절대 이집트를 떠나지 못했을 것이기 때문이다.

〈출애굽기〉는 이집트의 제국주의를 제도적 억압의 극단적 예로 묘사한다. 파라오들은 이스라엘인의 삶을 "견딜 수 없게" 만들었으며, 그들에게 "흙을 이겨 벽돌을 만드는 일과 밭일 등 온갖 고된 일을 시켰다."[39] 파라오는 이스라엘인의 증가하는 출산율을 낮추려고 산파들에게 모든 이스라엘 사내 아기를 죽이라는 명령까지 내렸지만, 아기 모세는 파라오의 딸에게 구출되어 이집트 귀족으로 성장했다. 레위 지파의 진정한 아들인 모세는 어느 날 국가의 압제에 본능적 혐오를 느껴 히브리인 노예를 때리는 이집트인을 죽였다.[40] 모세는 나라를 떠날 수밖에 없었으며, 이집트 귀족 모세에게는 자신을 드러내지 않았던 야훼는 모세가 미디안에서 목자로 일하고 있을 때 처음으로 그에게 말을 걸었다.[41] 이스라엘의 이집트 탈출 시기에 야훼는 이집트인 주민을 공포에 떨게 한다든가 그들의 자식을 죽인다든가 이집트 군 전체를 물에 빠뜨려 죽인다든가 하는 식으로 여느 제국 권력과 똑같은 잔인한 전술을 사용함으로써만 이스라엘을 해방할 수 있었다. 국가의 군사적 힘에 맞설 때는 평화로운 전술이 아무런 소용이 없었다. 야훼는 태양신 마르두크가 하늘과 땅을 창조하기 위해 원시의 바다 티아마트를 둘로 가르듯이 '갈대의 바다(홍해)'를 둘로 나누어 이스라엘인이 어려움 없이 마른 땅을 딛고 바다를 건널 수 있게 했지만, 질서 잡힌 우주를 만든 것이 아니라 제국 지배의 공격성에 대안을 제시할 새로운 나라를 탄생시켰다.

야훼는 시나이산에서 이스라엘과 계약을 맺었다. 기원전 8세기에 나온 가장 초기 자료에서는 이때 모세에게 십계명을 주었다고 말하지 않는다. 대신 모세와 이스라엘 장로들이 시나이산 정상에서 신의 현현

(顯現)을 경험하는데, 이때 그들은 "하느님을 뵈오며" 성스러운 식사를 함께 했다.[42] 모세가 받은 "하느님께서 손수 쓰신" 돌판[43]에는 아마 야훼가 광야에서 이스라엘과 함께 살게 될 성막의 건축과 장식에 관한 지침이 새겨져 있었을 것이다.[44] 십계명은 나중에 기원전 7세기 개혁가들이 이야기에 집어넣은 것인데, 앞으로 보겠지만 히브리 성경의 가장 폭력적인 구절 일부도 그들이 집어넣었다.

이스라엘인은
유일신교도가 아니었다

모세가 죽은 뒤 약속된 땅을 정복하는 일은 여호수아에게 맡겨졌다. 성경의 〈여호수아〉에는 여전히 고대의 자료가 일부 남아 있지만 앞서 말한 개혁가들이 이것 또한 근본적으로 수정했다. 그들은 이것을 묘하게 외국인 혐오적인 자신들의 신학 관점에서 해석했다. 개혁가들은 여호수아가 야훼의 명령에 따라 행동하여 가나안의 모든 주민을 학살하고 그들의 도시를 파괴했다는 인상을 준다. 그러나 이런 대대적인 파괴의 고고학 증거가 없을 뿐 아니라, 성경의 텍스트 자체도 이스라엘인이 가나안인과 수백 년 동안 공존하며 서로 혼인했다는 것, 또 그 땅의 많은 부분이 여전히 가나안인 수중에 남아 있었다는 것을 인정한다.[45] 개혁가들이 해놓은 작업을 근거로 삼아 일신교, 즉 하나의 신에 대한 믿음 때문에 이스라엘이 특히 폭력으로 흐르는 경향이 있었다는 주장이 종종 나온다. 다른 신에 대한 부정이 이교의 관대한 다원주의에서는 찾아볼 수 없는 광적인 불관용을 드러낸다고 가정하는 것이다.[46] 그러나 이스라엘인은 이 시점에 유일신교도가 아니었으며, 그렇게 바뀌기 시작하는 것은 기원전 6세기에 이르러서였다. 사실 성경이나 고고학 증거는 초기 이스라엘인 대부분의 신앙과 관행이 가나안의 이웃들과 거의 다르지 않았음을 보여준다.[47] 실제로 히브리 성경에는 명료하게 유일신적인 진술이 거의 없다.[48] 개혁가들의 십계명 가운데 첫 번째 계명조차 경쟁하는 신들의 존재를 당연하게 여기고 단지 이스라엘이 그들을 섬기는 것을 금할 뿐이다. "너희는 내 앞에서 다른 신을 모시지 못한다."[49]

정복 서사 가운데 가장 초기의 가닥에서는 여호수아의 폭력이 '금제(herem)'라고 부르는 고대 가나안의 관습과 연결되어 있었다.[50] 군대 지도자는 전투 전에 신과 거래를 한다. 만일 신이 도시를 넘겨주면 지휘관은 모든 귀중한 약탈물을 신전에 '바치고'(herem과 같은 어근 hrm에서 파생했다) 정복한 사람들을 인신 공희로 그에게 바치겠다고 약속하는 것이다.[51] 여호수아는 예리코(여리고)를 공격하기 전에 야훼와 그런 계약을 맺었고, 야훼는 놀랄 만한 기적을 통해 그 도시를 이스라엘에게 넘겨주는 것으로 응답했다. 사제들이 숫양의 뿔을 부는 순간 예리코의 유명한 성벽이 무너지게 한 것이다. 여호수아는 부대가 도시로 돌격하기 전에 금제의 내용을 설명하면서 도시의 누구도 살려 두지 말라고 분명하게 말했다. 그 도시의 모든 사람과 모든 물건을 야훼에게 '바쳤기' 때문이다. 그래서 이스라엘인은 "그 성 안에 있는 모든 것에 금제를 시행하여 남녀노소 가리지 않고 소건 양이건 나귀건 모조리 칼로 쳐 없애버렸다."[52] 그러나 병사 한 명이 전리품을 챙겨 금제를 위반했고, 그 결과 이스라엘인은 다음 날 아이 성을 차지하지 못했다. 이스라엘인은 범죄자를 찾아내 처형하고 다시 아이를 공격하여 이번에는 성공을 거두고 성이 희생제의 장작이 되도록 성에 불을 놓고 탈출하려는 사람은 모두 죽었다. "그날 쓰러진 아이 성 사람은 남녀 합해서 모두 1만 2천이나 되었다."[53] 마지막으로 여호수아는 왕을 나무에 매달고 그 위에 큰 돌무더기를 쌓아 올렸다. "여호수아는 아이를 불 질러 영원한 폐허로 만들었다. 그래서 오늘까지 그곳은 돌무더기로 남아 있는 것이다."[54]

요르단과 아라비아 남부에서 발견된 기원전 9세기 비문들은 이 패턴을 글자 그대로 따르는 정복들을 기록하고 있다. 이 비문들은 성을 태우고 시민을 학살하고 통치자를 매달고 나서, 그 자리에 적을 멸절하고 성은 다시 재건되지 않았다고 주장하는 제례 기념물을 세운 이야기를 전한다.[55] 따라서 이 금제는 '유일신교도' 이스라엘의 발명품이 아니라 이 지역의 이교 관행이었다. 이런 비문 가운데 하나는 모아브(모압)의 왕 메사가 그의 신 아스다르 그모스*의 명령을 받아 이스라엘의 왕 오므리(기원전 885~874년 재위)에게서 느보를 빼앗았다고 말한다. 메사는 공포했다. "나는 성을 빼앗고 모든 사람을 죽였다. 외국 남자, 원주민 여자, 외국 여자, 첩 7천 명이었다. 나는 이들을 죽여 아스다르 그모스께 바쳤다."[56] 이스라엘은 "영원히, 완전히 멸망했다."[57] 그러나 이것은 소망적 사고였다. 이스라엘 왕국은 그로부터 150년을 더 살아남았기 때문이다. 이와 마찬가지로 성경의 저자들은 예리코가 영원히 폐허로 남아 있어야 한다는 야훼의 명령을 기록하지만, 이곳은 이스라엘의 번창하는 도시가 된다. 중동의 새로운 나라들은 그 땅이 자신들에게는 백지와 같은 상태라고 간주하는 정복의 허구를 발전시

아스다르 그모스(Ashtar-Chemosh) 메사 석비에 등장하는, 고대 모아브인이 섬긴 신. 최고의 신인 남신 그모스에 상대되는 여신이자 모아브 땅의 '이슈타르'로 이해하는 해석이 우세하다.

켜 왔던 것으로 보인다.[58] 따라서 '금제'의 서사는 글자 그대로 읽어서는 안 되는 문학적 수사였다. 종교적 정복자만이 아니라 세속적 정복자들도 나중에 자신들이 점령한 영토가 자신이 소유하기 전에는 '사용되지 않았고' '텅 비어 있었다'고 주장하는 비슷한 허구를 만들어낸다.

이스라엘인은 대안적 사회를 만들라는 명령에 충실하여 처음에는 '다른 나라들과 같은' 일반 국가를 만드는 것을 꺼리고 중앙 정부 없이 독립적인 족장들의 구역을 이루어 살았던 것처럼 보인다. 이웃의 공격을 받으면 지도자, 즉 '판관'(사사士師)이 나서서 전 주민을 동원하여 공격에 맞섰다. 이것이 우리가 〈사사기〉에서 보게 되는 방식인데, 〈사사기〉 또한 기원전 7세기 개혁가들이 심하게 수정했다. 그러나 세월이 흐르면서 강력한 지배 체제가 없는 상태에서 이스라엘인은 도덕적 부패에 빠져들었다. "그때는 이스라엘에 왕이 없어서 사람마다 제멋대로 하던 시대였다."[59] 이 책 전체에 걸쳐 이 한 문장이 계속 되풀이된다. 여기에는 자신의 딸을 인신 공희로 바치는 판관 이야기도 나온다.[60] 한 지파는 야훼가 지정한 적이 아니라 무고한 민족을 멸절하기도 했다.[61] 이스라엘인 한 무리는 어떤 여자를 윤간하여 죽음에 이르게 하기도 했다.[62] 내전이 벌어져 베냐민 지파가 거의 멸절될 지경에 이르기도 했다.[63] 이런 이야기들은 우리를 교화하려고 제시된 것이 아니다. 오히려 정치적이고 종교적인 곤경을 탐사하고 있다. 우리의 타고난 폭력적 경향이 어느 정도의 강제 없이도 공동체 내에서 통제될 수 있을까? 이스라엘인은 자유는 얻었지만 영혼은 잃은 듯 보이며, 군주제가 질서를 회복할 유일한 수단인 것 같았다. 더욱이 가나안 남부 해안에 왕국을 건설한 블레셋(불러셋) 사람들은 여러 지파에 심각한 군사적 위협이 되었다. 마침내 이스라엘 장로들은 판관 사무엘에게 충격적인 요청을 한다. "다른 모든 나라처럼 왕을 세워 우리를 다스리게 해주십시오."[64]

사무엘은 그 대답으로 농경 국가의 억압에 대한 주목할 만한 비판을 내놓는데, 여기에는 근대 이전 모든 문명의 일반적인 착취가 나열되어 있다.

> 왕이 너희를 어떻게 다스릴 것인지 알려주겠다. 그는 너희 아들들을 데려다가 병거나 기마대의 일을 시키고 병거 앞에서 달리게 할 것이다. 천인대장이나 오십인대장을 시키기도 하고, 그의 밭을 갈거나 추수를 하게 할 것이며 보병의 무기와 기병의 장비를 만들게도 할 것이다. 또 너희 딸들을 데려다가 향료를 만들게도 하고 요리나 과자를 굽는 일도 시킬 것이다. 너희의 밭과 포도원과 올리브 밭에서 좋은 것을 빼앗아 자기 신하들에게 줄 것이며, 곡식과 포도에서도 10분의 1 세를 거두어 자기의 내시와 신하들에게 줄 것이다. 너희의 남종 여종을 데려다가 일을 시키고 좋은 소와 나귀를 끌어다가 부려 먹고 양 떼에서도 10분의 1 세를 거두어갈 것이며 너희들마저 종으로 삼으리라. 그때에 가서야 너희는 너희들이 스스로 뽑아 세운 왕에게 등을 돌리고 울부짖겠지만, 그날에 야훼께서는 들은 체도 하지 않으실 것이다.[65]

비록 내키지 않으나 결국 이런 체제를 승인한 대부분의 종교적 전통과는 달리 이스라엘은 체제의 구조적 폭력을 완전히 거부했지만 실행 가능한 대안을 수립하지는 못했다. 이스라엘인은 자유와 평등에 대한 꿈에도 불구하고 강한 국가 없이는 생존할 수 없다는 사실을 되풀이하여 발견했을 뿐이다.

이스라엘의 첫 번째 왕 사울은 여전히 판관이나 족장처럼 통치했다. 그러나 그를 폐위시킨 다윗은 분명히 귀감으로 삼을 수 없는 존재였는데도 이스라엘의 이상적인 왕으로 기억된다. 성경 저자들은 중국의 법가 상앙처럼 솔직하게 자신의 생각을 드러내지는 않았지만, 아마 성인은 훌륭한 통치자가 될 가능성이 낮다는 사실을 이해하고 있었을 것이다. 다윗은 요르단 동쪽 강변까지 이스라엘 영토를 넓히고, 북의 이스라엘과 남의 유다로 갈라진 지역을 통일하고, 예루살렘이라는 히타이트-여부스인의 도시 국가를 정복했는데, 이곳은 이스라엘 통일 왕국의 수도가 되었다. 그러나 여부스인을 '금제하에' 놓을 수는 없었다. 다윗은 기존의 여부스 행정 조직을 받아들이고 여부스인을 관료로 고용하고 여부스의 상비군을 넘겨받았다. 여호수아가 보여주었다고 전해지는 열정적 태도보다 전형적인 이스라엘인의 실용주의적 태도의 결과였을 수도 있다. 그러나 다윗은 아마 일반적인 조공 체계는 세우지 않고, 정복한 주민에게만 세금을 물리고 전리품으로 수입을 보충했을 것이다.[66]

이 젊고 희망 가득한 왕국에서 우리는 '종교적인' 것과는 아무런 관계가 없는 영웅주의적인 에토스를 보게 된다.[67] 이것은 어린 다윗과 블레셋의 거인 골리앗의 결투라는 유명한 이야기에서 처음 나타난다. 일대일 전투는 기사도적 전쟁의 특징이었다.[68] 이것은 전사에게 자신의 무술을 과시할 기회를 주었고, 양쪽 부대는 대표 전사들의 충돌을 구경하는 것을 즐겼다. 더욱이 이스라엘의 기사도적 에토스에서 전사들은 그들 나름의 투사 계급을 형성했으며, 설사 적을 위해 싸운다 해도 용기와 전문 지식으로 존중받았다.[69] 골리앗은 매일 아침 이스라엘 진영 앞에 나타나 자신과 싸울 사람이 있으면 나와보라고 도전했으며 아무도 나서지 않으면 겁쟁이들이라고 놀렸다. 어느 날 목동 다윗은 돌팔매로만 무장하고 골리앗의 허세에 도전하여 돌멩이 하나로 그를 쓰러뜨리고 목을 잘랐다. 그러나 영웅적인 투사는 전투에서 가차 없이 무자비해질 수도 있었다. 다윗의 군대가 예루살렘 성벽 밖에 이르자 여부스인은 그를 놀렸다. "너 같은 것이 이리로 쳐들어오다니 어림도 없다. 소경이나 절름발이도 너쯤은 쫓아낼 수 있다."[70] 그래서 다윗은 그들이 듣는 데서 부하들에게 **오직** '소경과 절름발이'만 죽이라고 명령했다. 적에게 공포를 심어주려는 의도에서 나온 무자비함이었다. 그러나 여기에서 성경 텍스트는 조각이 나고 모호해지는데, 어쩌면 이 이야기가 불편했던 편집자가 편집을 한 것인지도 모른다. 훗날의 한 전승은 심지어 야훼가 다윗이 예루살렘에 성전을 짓는 것을 금했으며, 그 이유를 이렇게 말한다. "네가 내 앞에서 땅에 피를 너무 많이 흘렸기 때문이다." 그 명예는 다윗의 아들이자 후계자인 솔로몬에게 넘어가는데, 그의 이름은 '평화'라는 뜻의 히브리어 샬롬(shalom)에서 나온 것이라고 한다.[71] 그러나 솔로몬의 어머니 밧세바는 여부스인이었으며, 따라서 그의 이름 또한 예루살렘의 고대 신 샬렘(Shalem)에서 나온 것일 수도 있다.[72]

솔로몬의 성전은 이 지역의 모범에 따라 건축되었으며 그 장식은 야훼 숭배가 얼마나 철저하게 근동의 이교 풍경에 동화되었는지 보여주었다. 이스라엘의 예루살렘에 종파적 불관용은 없었던 것이 분명했다. 성전 입구에는 가나안인의 '돌기둥'(마체바) 두 개와 바알이 싸운 바다 괴물 얌을 상징하는 육중한 청동 수조가 있었다. 이 수조는 신성과 다산의 보편적 상징인 놋쇠 황소 열두 마리가 받치고 있었다.[73] 성전의 제의들 또한 이웃한 우가리트의 바알 숭배에 영향을 받은 것처럼 보인다.[74] 성전은 솔로몬 통치에 대한 야훼의 승인을 상징하는 것으로 여겨졌다.[75] 다른 자료에는 솔로몬의 단명한 제국에 대한 언급이 없지만, 성경 저자들은 이 제국이 유프라테스강에서 지중해까지 뻗어 있었으며, 무력으로 영토를 얻고 유지했다고 말한다. 솔로몬은 다윗의 보병대를 전차 부대로 대체하고, 이웃 왕들과 무기 거래를 하여 수익을 얻고, 하조르, 메기도, 아라드(아랏)의 고대 요새를 복원했다.[76] 순수하게 물질적인 관점에서는 모든 것이 완벽해 보였다. "유다와 이스라엘은 마음 놓고 살면서 저마다 자기의 포도나무와 무화과나무 아래에서 두 발 뻗고 잘 수 있었다!"[77] 그러나 전쟁과 세금으로 유지되는 이런 종류의 국가는 야훼가 늘 혐오하던 바로 그것이었다. 솔로몬은 다윗과는 달리 이스라엘 신민에게서도 세금을 거두었고 건축 프로젝트에는 엄청난 강제 노동이 필요했다.[78] 농민은 국가를 지탱하기 위해 자신의 땅을 경작하여 잉여를 생산했을 뿐 아니라 군대에 복무하거나 석 달마다 한 번씩 부역을 해야 했다.[79]

일부 성경 편집자들은 솔로몬의 제국이 그가 외국인 부인들의 이교신을 위한 신전을 지었기 때문에 망했다고 주장하려 했다.[80] 그러나 진짜 문제는 구조적 폭력이었던 것이 분명한데, 이것은 깊이 뿌리를 내린 이스라엘의 원칙에 어긋나는 것이었다. 솔로몬이 죽은 뒤 대표단은 그의 아들 르호보암에게 아버지의 '가혹한 압제'를 되풀이하지 말아 달라고 간청했다.[81] 르호보암이 거부하며 그들을 멸시하자 폭도가 부역 관리자를 공격하고 열두 지파 가운데 열 지파가 제국에서 떨어져 나가 독립적인 이스라엘 왕국을 세웠다.[82]

이후 두 왕국은 각자의 길을 갔다. 북쪽의 이스라엘 왕국은 중요한 교역로들 근처에 자리 잡고 있었기 때문에 번창해 나갔고, 베델과 단에 왕이 신전을 세웠으며 사마리아에 우아한 수도를 두었다. 우리는 그 이데올로기에 관해서는 아는 것이 거의 없다. 성경 편집자들이 더 작고 더 고립된 예루살렘 왕국(유다 왕국)을 편애했기 때문이다. 그러나 두 왕국 모두 현지 전통에 순응했을 것이다. 대부분의 중동 왕들처럼 유다의 왕은 대관식 동안 반신(半神)이라는 '특별한 지위'로 올라갔으며, 야훼의 양자가 되어 신들의 '신성한 집회'의 구성원이 되었다.[83] 야훼는 바알과 마찬가지로 자신의 백성을 적으로부터 지키는 전사 신으로 찬양받았다. "그 진노의 날에 뭇 왕들을 무찌르리라. 뭇 나라를 재판하여 시체를 쌓고 넓고 먼 저 땅에서 머리들을 부수리라."[84] 왕의 주요한 책임은 영토를 지키고 넓히는 것이었으며, 이 영토가 왕국 세입의 근원이었다. 왕은 늘 그와 목표가 같은 이웃 군주들과 갈등했다. 따라서 이스라엘과 유다는 불가피하게 이 지역의 교역 외교 전쟁 네트워크에 말려들었다.

두 왕국은 이 지역의 제국 세력들이 쇠락한 시기에 등장했지만, 기원전 8세기 초에는 아시리아가 다시 부상하여, 그 군사력으로 약한 왕들을 봉신의 지위로 몰아넣었다. 그러나 이렇게 정복된 왕국들 가운데 일부는 번창했다. 여로보암 2세(기원전 786~746년 재위)는 아시리아의 신뢰받는 봉신이 되었고 그 결과 이스라엘 왕국은 경제적 호황을 누렸다. 그러나 부자는 더 부유해지고 빈자는 훨씬 더 빈곤해졌기 때문에 왕은 예언자 아모스에게 질책을 당했다.[85] 이스라엘의 예언자들은 이스라엘의 오랜 평등주의적 이상의 생명력을 유지해 나갔다. 아모스는 귀족이 보통 사람의 머리를 짓밟고 가난한 사람을 그들이 가는 길에서 몰아내고[86] 자신의 궁을 강탈의 열매로 가득 채운다고 비난했다.[87] 그는 이제 야훼가 무조건 이스라엘의 편을 들지 않고, 아시리아를 응징의 도구로 이용할 것이라고 경고했다.[88] 아시리아인은 왕국을 침략하여 궁과 성전을 약탈하고 파괴할 것이다.[89] 아모스는 야훼가 이스라엘을 포함한 지역의 왕국들이 저지르는 전쟁 범죄를 보고 자신의 성소에서 격분하여 소리치는 모습을 상상했다.[90] 유다에서도 예언자 이사야가 가난한 사람의 착취와 농민의 땅 강탈을 통렬히 비난했다. "깨끗이 악에서 손을 떼어라. 착한 길을 익히고 바른 삶을 찾아라. 억눌린 자를 풀어주고, 고아의 인권을 찾아주며 과부를 두둔해주어라."[91] 그러나 이런 무자비함이 농업 경제에는 필수적이라는 점, 만일 이스라엘과 유다의 왕들이 이런 동정적인 정책을 철저하게 이행하면 아시리아의 쉬운 먹이가 될 것이라는 점이 딜레마였다.[92]

기원전 745년 티글라트-필레세르(디글랏빌레셀) 3세는 봉신제를 없애고 정복된 민족들을 모두 아시리아 국가에 통합했다. 이의를 제기하는 기미만 있어도 지배 계급 전체를 추방하고 제국의 다른 지역에 있는 민족으로 대체했다. 군대는 파괴의 자취를 남겼고, 농민이 도시로 피신하면서 농토는 버려졌다. 기원전 722년 호세아 왕이 공물을 바치는 것을 거부하자 샬마네세르(살마네셀) 3세는 이스라엘 왕국을 지도에서 지워버리고 그 귀족을 추방했다. 유다는 고립된 위치 때문에 살아남았지만 세기 전환기에 센나케리브(산헤립)의 군대가 예루살렘을 포위했다. 아시리아 군대는 결국 물러설 수밖에 없었는데, 병이 돌았기 때문인지도 모른다. 그러나 유다의 제2도시 라키시(라기스)는 초토화되었고 농토는 유린당했다.[93] 므나쎄 왕(기원전 687~642년 재위)은 아시리아를 거스르지 않기로 결심했고, 유다는 그의 오랜 치세 동안 평화와 번영을 누렸다.[94] 므나쎄는 농촌의 바알 산당을 다시 세우고, 야훼의 성전에 가나안의 모신(母神) 아세라 목상을 들여놓았다. 또 성전에 신성한 태양의 말을 조각한 상을 세웠는데, 이것은 아슈르의 상징이었을지도 모른다.[95] 므나쎄의 신민 가운데 반대하는 사람은 거의 없었다. 고고학자들이 확인했듯이 그들 다수가 집에 비슷한 상을 두고 있었기 때문이다.[96]

유일신 신앙을 창조한 위기의 시대

그러나 므나쎄의 손자인 요시야(요시아, 기원전 640~609년 재위)의 치세에는 예언자 사제 서기 집단이 광범한 개혁을 시도했다. 이 시기에 이르면 아시리아도 쇠퇴한다. 파라오 프사메티코스 때문에 아시리아군은 레반트 지역에서 물러날 수밖에 없었으며 요시야는 형식적으로는 그의 봉신이 되었다. 그러나 이집트가 다른 곳에 정신이 팔려 있었기에 유다는 짧은 기간이지만 실질적인 독립을 누렸다. 기원전 622년 요시야는 유다의 황금 시대의 상징인 솔로몬의 성전을 대대적으로 보수했는데, 아마 이것은 민족적 자부심을 내세우는 사업이었을 것이다. 그러나 유다 사람들은 이스라엘 왕국의 운명을 잊을 수 없었다. 거대한 침략 제국들에 둘러싸이고, 이제 바빌론이 메소포타미아의 지배 세력으로 등장하고 있는 상황에서 유다가 어떻게 생존을 바랄 수 있을까? 말살의 공포와 국가 폭력의 경험은 종종 종교적 전통을 급진화한다. 조로아스터는 과도한 폭력의 피해자였으며, 이 때문에 처음에는 호전적인 인드라 숭배의 평화로운 대안으로 등장했던 종교에 묵시록적 폭력이 도입되었다. 이제 기원전 7세기에 독립을 꿈꾸었지만 거대한 제국 열강의 공격성에 겁을 먹은 유다의 개혁가들은 야훼 숭배에 전에 없던 비타협적 태도를 들여오게 되었다.[97)

성전에서 건축 작업이 진행되는 동안 개혁 지도자들 가운데 한 사람인 대사제는 중요한 것을 발견했다. "야훼의 전에서 법전(세페르 토라)을 찾았다." 그가 말했다.[98) 이 시점까지는 시나이산에서 받은 텍스트에 대한 전승이 없었다. 사실 기원전 8세기까지 읽고 쓰기는 이스라엘의 종교 생활에서 거의 설 자리가 없었으며, 따라서 초기 성경 전승에서 모세는 야훼의 가르침을 구두로 전해주었다.[99) 그러나 개혁가들은 그들이 발견한 두루마리가 모세에게 야훼가 직접 구술한 것이라고 주장했다.[100) 그간 이 귀중한 문건은 슬프게도 사라진 상태였으나, 이제 시나이산에서 야훼가 구두로 가르친 것을 보완하는 이 '두 번째 법'(데우테로노미온deuteronomion)을 찾아냈으니 유다 사람들은 새로운 출발을 할 수 있고, 어쩌면 그들의 나라를 완전한 파괴에서 구할 수 있을지도 모른다. 농경 국가에서 과거는 워낙 권위가 있었기 때문에 혁신적인 사상을 내세우는 사람들은 그것이 역사 속의 상징적 인물에게서 나왔다고 주장하는 것이 관행이었다. 개혁가들은 이 위중한 시기에 자신들이 모세를 대신하여 말하고 있다고 믿었으며, 자신들의 가르침을 모세가 죽기 직전 〈신명기(Book of Deuteronomy)〉에서 한 말에 집어넣었다.

이 개혁가들은 야훼가 배타적 헌신을 요구했다고 처음으로 주장했다. 모세는 백성에게 말한다. "너, 이스라엘아 들어라. 우리의 하느님은 야훼시다. 야훼 한 분뿐이시다."[101) 야훼는 이스라엘인이 다른 신을 섬기는 것을 강하게 금지했을 뿐 아니라 약속된 땅의 토착 민족들을 쓸어내라고 명령했다.

그때 너희는 그들을 전멸시켜야 한다. 그들과 계약을 맺지 말고 불쌍히 여기지도 마라. 그들과 혼인을 맺으면 안 된다. …… 그런 짓을 하면 너희 아들이 나를 떠나 다른 신들을 섬기게 될 것이고 그리 되면 야훼께서 진노를 발하여 순식간에 너희를 쓸어버리실 것이다. 그 대신 너희는 그들에게 이렇게 해야 한다. 그들의 제단을 허물고 석상들을 부수고 아세라 목상을 찍어버리고 우상들을 불살라라.[102]

이스라엘인은 모세가 기록한 이 '두 번째 법'을 잃어버렸기 때문에 그간 야훼의 명령을 무시해 왔다. 다른 신을 섬기는 것을 용서하고 가나안 사람과 결혼하고 그들과 조약을 맺었다. 야훼가 북쪽의 이스라엘 왕국에 진노를 '발하신' 것은 당연한 일이었다. 개혁가들의 주장에 따르면 모세는 이스라엘인에게 앞으로 일어날 일을 경고했다. "야훼께서는 땅 이 끝에서 저 끝까지 온 땅에 있는 만백성 가운데 너희를 흩으실 것이다. …… 눈에 보이느니 가슴 떨리게 하는 일뿐이라, 아침에는 '언제 저녁이 오려나!', 저녁에는 '언제 아침이 오려나!' 하는 신세가 되리라."[103] 이 두루마리를 요시야에게 낭독하자 그 가르침이 너무 놀라워 왕은 울음을 터뜨리며 소리쳤다. "우리 선조들이 그 말씀을 따르지 않았기에 우리가 불길 같은 야훼의 진노를 사게 되었소."[104]

오늘날 우리로서는 기원전 7세기에 신앙의 배타성에 대한 이런 고집이 얼마나 이상하게 보였을지 깨닫기 힘들다. 우리의 히브리 성경 독법은 2천5백 년에 걸친 일신교적 가르침의 영향을 받아 왔다. 그러나 물론 요시야는 개혁가들이 십계명의 맨 위에 갖다놓게 될 제1계명 — "너희는 내 앞에서 다른 신을 모시지 못한다." ─ 을 들어본 적이 없었다. 이 계명은 므나쎄가 지성소의 보좌에 야훼의 '존재'(셰키나)를 모신 성전에 '다른 신들'의 상을 들인 것을 명백하게 비난했다. 그러나 솔로몬 시대 이후로 그곳에는 이교의 신을 얼마든지 들일 수 있었다. 엘리야 같은 예언자들이 백성에게 야훼만을 섬기라고 촉구하는 운동을 벌였지만 두 왕국의 주민 대부분은 바알, 아나트, 아세라 같은 신들의 권능을 절대 의심하지 않았다. 예언자 호세아의 신탁은 기원전 8세기에 북부 왕국에서 바알 신앙이 얼마나 인기가 있었는지 보여주며, 개혁가들도 이스라엘 사람들이 "바알과 해와 달과 성좌와 하늘의 모든 별에게 분향"한다는 것을 잘 알고 있었다.[105] 따라서 일신교를 주장하면 큰 저항이 있을 터였다. 요시야가 죽고 30년이 지나서도 이스라엘 사람들은 여전히 메소포타미아의 여신 이슈타르를 섬겼으며, 야훼의 성전은 다시 한번 "이스라엘 족속의 모든 우상"으로 가득 찼다.[106] 많은 사람에게 그런 신적 자원을 무시하는 것은 부자연스럽고 괴팍한 일로 보였다. 개혁가들은 자신들이 유다 사람들에게 그들이 좋아하고 익숙한 신성한 의무를 버리라고 요구하고 있다는 사실을 알고 있었다. 이것은 그들에게 중동의 신화적이고 문화적인 의식으로부터 외롭고 고통스러운 단절을 의미했다.

요시야는 세페르 토라 덕분에 완전한 확신을 품고 즉시 폭력적인 파괴 잔치를 벌여 므나쎄가 들여온 제례 용품을 없애고 바알과 아세라의 상을 불태우고 시골의 신당을 철폐하고 신성한 남창(男娼)의 집을 부수고 아시리아의 말들을 죽였다. 이스라엘 왕국의 옛 영토에서는 더 무자비하여, 베델과 사마리아에 있는 야훼의 오랜 성전들을 부수었을 뿐 아니라 시골 신당의 사제들을 죽이고 그들의 제단을 더럽혔다.[107]

이런 광적인 공격은 새롭고 비극적인 전개로, 성전 제례와 이스라엘인의 개인적 신앙생활 양쪽에서 중심을 이루던 신성한 상징을 다 제거하는 것이었다.[108] 종교 전통은 종종 과도한 국가 강제와 공생적 관계를 맺으면서 폭력적 경향을 강화하는 일이 많다. 개혁가들은 이제 이스라엘 사람들이 오래전부터 즐겨온 가나안의 이교들을 '혐오스럽다', '역겹다'고 여겼다. 그들은 그런 신앙에 참여하는 이스라엘 사람들을 모두 무자비하게 잡아내야 한다고 주장했다.[109] "너는 그를 따르지 말며 그의 말을 듣지 말며 그를 긍휼히 여기지 말라." 모세는 명령했다. "애석히 여기지 말며 감싸주지 말라. 너는 용서 없이 그를 죽여라."[110] 이런 우상 숭배의 죄를 지은 이스라엘 성읍에서는 '금제'를 시행하여 다 태워버리고 주민은 도륙해야 한다.[111]

이 모든 것이 너무나 새로운 일이어서 개혁가들은 이런 개혁을 정당화하기 위해 말 그대로 역사를 새로 써야만 했다. 그들은 장차 언젠가 '히브리 성경'이 될 왕립 문서보관소의 텍스트들을 엄청나게 편집하고 수정하기 시작했다. 표현과 이전 법 조항의 의미를 바꾸고 자신들의 제안을 뒷받침하는 새로운 법을 도입했다. 그들은 이스라엘의 역사를 고치고, 모세 오경의 옛 이야기에 새 자료를 보태고, 모세에게 이전의 전승 몇 군데에서는 누리지 못한 걸출한 지위를 부여했다. 이제 〈출애굽기〉의 절정은 신의 현현이 아니라 '십계명'과 세페르 토라라는 선물이 되었다. 개혁가들은 현재 우리에게 남아 있지 않은 옛 모험담들에 기초하여 이스라엘과 유다라는 두 왕국의 역사를 모았는데 이것이 〈여호수아〉〈사사기〉〈사무엘〉〈열왕기〉가 되었으며, 이것으로 북부 왕국에서 자행된 우상 숭배라는 불법 행위가 멸망의 원인이 되었음을 '증명'했다. 그들은 여호수아의 정복을 묘사하면서 그가 약속된 땅의 주민을 도륙하고 아시리아의 장군처럼 그들의 도시를 파괴한 것으로 묘사했다. 또 금제라는 고대 신화를 변형했는데, 그 결과 금제는 야훼의 정의의 표현이자, 종족 근절 기도를 다룬 허구적 이야기가 아니라 말 그대로의 진실이 되었다. 이들의 역사는 요시야의 치세에서 절정에 이르렀다. 요시야는 이스라엘을 파라오에게서 다시 한번 해방할 새로운 모세였고, 다윗보다 훨씬 훌륭한 왕이었다.[112] 이런 공격적인 신학은 히브리 성경에 지울 수 없는 흔적을 남겼다. '유일신교'의 뿌리 깊은 공격성과 불관용을 증명할 때 자주 인용되는 수많은 글은 이 개혁가들이 쓰거나 고친 것이었다.

그러나 〈신명기〉 저자들의 개혁은 결코 실행되지 못했다. 요시야의 독립 노력은 그가 기원전 609년 파라오 네코(느고)와 작은 전투를 벌이다 전사하는 바람에 끝나고 말았다. 새로운 바빌론 제국이 아시리아를 대체하며 중동의 통제권을 놓고 이집트와 경쟁했다. 유다는 몇 년 동안 이 강대국들을 요리조리 피했으나 결국 기원전 597년 봉기 뒤 바빌론 왕 네부카드네자르는 유다의 귀족, 군인, 숙련된 장인 8천 명을 살던 땅에서 추방했다.[113] 10년 뒤 네부카드네자르는 성전을 부수고 예루살렘을 완전히 파괴했으며, 유다인 5천 명을 더 추방하여 폐허가 된 땅에는 하층 계급만 남게 되었다. 유다 추방자들은 바빌로니아에서 상당히 좋은 대접을 받았다. 일부는 수도에 살았고 일부는 새로운 운하 근처 저개발 지역에 들어가 살았지만 어느 정도는 자신의 뜻대로 자기 일을 관리할 수 있었다.[114] 그러나 추방은 물리적일 뿐만 아니라 영적인 충격이다. 추방자들은 유다에서 엘리트 계급이었다. 이제 그들은 아무런 정치적 권리도 없었고 일부는 심지어 강제 노역도 해야 했다.[115] 하지만 야훼가 곧 자신의 백성을 다시 해방시킬 것 같았다. 그러나 이번에는 예언자가 탈출을 이끄는 것이 아니라 새로운 제국이 주도하게 된다.

"이방인을 네 몸처럼 대접하고
네 몸처럼 사랑하라."

기원전 559년 페르시아 아케메네스 가문의 힘없는 구성원이었던 키루스(고레스)는 현재의 이란 남부인 안샨의 왕이 되었다.[116] 그는 20년 동안 메디아(메대), 아나톨리아, 소아시아에서 연달아 눈부신 승리를 거둔 뒤 바빌론 제국을 침략했는데, 놀랍게도 단 한 번도 싸우지 않고 주민에게 해방자로 환영을 받았다. 키루스는 이제 사상 초유의 거대 제국의 주인이 되었다. 가장 컸을 때는 서쪽의 현재 리비아와 터키에서부터 동쪽의 아프가니스탄에 이르기까지 지중해 동부 전체를 통제하게 된다. 이후 수백 년 동안 세계 통치를 열망하는 왕은 키루스의 성취를 흉내내려고 노력했다.[117] 키루스는 이 지역의 정치에서 축을 이루는 인물이었을 뿐 아니라 이전보다 자비로운 형태의 제국을 모범으로 제시하기도 했다.

바빌로니아에 이르렀을 때 키루스가 내놓은 승리 선언에 따르면, "수메르와 아카드의 …… 모든 사람, 귀족과 통치자가 그의 앞에 머리를 숙이고 그의 발에 입을 맞추었으며 그가 왕권을 차지하게 된 것을 기뻐하여 얼굴이 빛났다."[118] 외국의 침략자에게 왜 그렇게 열광했을까? 10년 전 키루스가 메디아를 정복한 직후 '나보니두스의 꿈'이라는 시를 쓴 바빌론의 시인은 그에게 신성한 역할을 부여했다.[119] 메디아는 바빌론에 위협이었으며, 시인의 주장에 따르면 태양신 마르두크가 바빌론의 마지막 왕 나보니두스(기원전 556~539년 재위)의 꿈에 나타나 자신이 여전히 상황을 주도하고 있으며 메디아 문제를 해결하기 위해 키루스를 선택했다고 왕을 안심시켰다. 그러나 10년 뒤 바빌론 제국은 쇠퇴하고 있었다. 해외 원정을 나간 나보니두스가 몇 년 동안 바빌론을 비우자 사제들은 그가 아키투 의식을 거행하지 않았다고 격분했다. 이 의식 동안 모든 바빌론 왕은 "보호받는 시민의 뺨을 때리지" 않겠다고 맹세해야 했지만 나보니두스는 제국의 자유민에게 강제 노역을 부과해 왔다. 불만을 품은 사제들은 신들이 그의 통치를 무효라고 선언하고 도시를 떠났다고 선언했다. 키루스가 바빌로니아로 진군했을 때 이 사제들은 아마 틀림없이 그가 승리 연설을 쓰는 것을 도왔을 것이다. 이 연설은 바빌론 사람들이 고통에 사로잡혀 마르두크에게 소리를 질렀을 때 신이 키루스를 그들의 전사로 선택했다고 설명한다.

> 마르두크는 도시 안산의 왕 키루스의 손을 잡고 그의 이름을 부르며 그가 만유의 왕이라고 소리 높여 선포했다. …… 그는 키루스에게 바빌론으로 가라고 명령했다. 그는 키루스가 (바빌론)으로 가는 길을 택하게 했으며 친구나 동반자처럼 옆에서 함께 걸었다. …… 그는 키루스가 싸움이나 전투 없이 바로 슈안나(바빌론)로 들어가게 해주었다. 그는 자신의 도시 바빌론을 곤경에서 구했다. 그는 키루스에게 자신을 두려워하지 않는 왕 나보니두스를 넘겼다.[120]

제의와 신화는 왕권에 핵심적이었지만 늘 국가의 압제를 승인하지는 않았다. 나보니두스는 결과적으로 지나친 폭력과 억압 때문에 사제들의 권력 기구에 의해 퇴위당했다.

키루스의 방대한 다언어, 다문화 제국에는 다른 양식의 통치가 필요했다. 정복된 민족들의 전통적 권리와 종교적이고 문화적인 전통을 존중하는 통치였다. 키루스는 이전의 아시리아 사람들이나 바빌론 사람들과는 달리 새로운 신민을 모욕하거나 추방하는 대신, 그들의 성전을 파괴하고 신상을 모독하는 대신 완전히 새로운 정책을 발표했는데, 이것은 현재 대영박물관에 있는 '키루스 실린더'에 보존되어 있다. 이 실린더에 따르면 키루스는 전쟁보다는 평화의 선구자로서 바빌로니아에 도착했다. 그는 강제 노역을 없애고 네부카드네자르가 추방한 모든 민족의 국적을 회복시켰으며 그들의 전통적인 성전을 복원하겠다고 약속했다. 그래서 바빌로니아의 한 익명의 유다 추방자는 키루스를 메시아라고, 이스라엘의 추방을 끝내려고 신으로부터 "기름 부음을 받은" 자라고 찬양했다.[121] 그러나 이 예언자는 물론 키루스의 손을 잡아 바빌론의 청동 문들을 부순 것이 마르두크가 아니라 야훼라고 확신했다. "나의 종 야곱을 도우라고 내가 뽑아 세운 이스라엘을 도우라고 나는 너를 지명하여 불렀다. 나를 알지도 못하는 너에게 이 작위를 내렸다." 야훼는 키루스에게 그렇게 말했다.[122] 땅이 시원의 완벽한 상태로 복원될 새 시대가 다가왔다. "모든 골짜기를 메우고, 산과 언덕을 깎아내려라." 이 페르시아 메시아의 조로아스터교 전통의 영향을 받은 것이 분명한 예언자는 외쳤다. "절벽은 평원으로 만들고, 그 산등성이는 골짜기로 만들어라."[123]

유다 추방자 대부분은 바빌로니아에 그대로 남는 쪽을 선택했으며 다수는 성공적으로 그 문화에 동화되었다.[124] 성경에 따르면 그들 가운데 4천여 명이 황폐한 도시 예루살렘에 야훼의 성전을 재건하겠다고 결심하고, 네부카드네자르가 징발한 전례 도구를 들고 유다로 돌아가는 쪽을 택했다. 추방자들이 고향으로 돌아가 성전을 재건하는 것을 허용하겠다는 페르시아인의 결정은 계몽적이고 분별력 있는 조치였다. 그들은 신은 자기 땅에서 섬겨야 하기 때문에 그렇게 해주면 제국이 튼튼해지리라고 믿었다. 또 종속 민족의 감사도 얻을 수 있었다. 이런 자비로운 정책의 결과 중동은 약 2백 년 동안 상대적 안정기를 누렸다.

그러나 팍스 페르시아나(Pax Persiana)는 여전히 군사력과 종속 민족으로부터 징수하는 세금에 의존했다. 키루스는 자신의 군대의 비길 데 없는 힘을 언급하곤 했다. 그와 마르두크가 바빌론으로 진군할 때 "강의 물과 같아 수를 헤아릴 수 없는 거대한 부대가 완전 무장을 하고 그의 옆에서 행군했다."[125] 키루스의 승리 선언문은 또 자신이 시행한 조공 제도에 주목했다. 마르두크의 "고귀한 명령에 따라 위 바다에서부터 아래 바다에 이르기까지 모든 곳의 왕좌에 앉은 모든 왕, 먼 곳에 사는 자들과 천막에 사는 아무루 땅의 왕, 그들 모두는 슈안나로 무거운 공물을 가져와 내 발에 입을 맞추었다."[126] 가장 평화로운 제국도 군사적 폭력을 유지하고 정복한 주민으로부터 자원을 대량으로 징발할 필요가 있었다. 제국의 관리와 군인이 이것에 어떤 도덕적 가책을 느낀다면 제국의 에너지는 약화될 것이다. 하지만 이런 정책이 궁극적으로 모두에게 유익하다고 납득한다면 그것을 더 기분 좋게 여길 것이다.[127]

기원전 522년 키루스의 아들 캄비세스가 죽은 뒤 페르시아 왕좌에 오른 다리우스 1세의 비문에서 우리는 모든 성공한 제국의 이데올로기에 되풀이해 나타날 세 가지 주제를 한꺼번에 볼 수 있다. 제국의 선과 그것에 반대하는 악한 자들을 대립시키는 이원론적 세계관, 통치자를 신의 대리자로 보는 선민 사상, 세상을 구한다는 사명.[128] 다리우스의 정치 철학은 조로아스터교의 영향을 강하게 받았는데, 다리우스는 이것을 능숙하게 적용하여 제국의 기획을 신성한 것으로 만들었다.[129] 페르시아 중심부에 지금까지 남아 있는 수많은 왕의 비문은 조로아스터교의 창조 신화를 언급한다.[130] 비문들은 '지혜의 주' 아후라 마즈다를 묘사하는데, 그는 조로아스터에게 나타났으며, 네 단계로 우주 질서를 잡고, 땅 하늘 인간 그리고 마지막으로 '행복'—평화 안정 진실 풍부한 식량으로 이루어진다.—을 창조했다.[131] 처음에는 오직 한 통치자, 한 민족, 한 언어밖에 없었다.[132] 하지만 '적대적인 영'(드루지, '거짓')의 공격 뒤에 인간은 경쟁하는 집단들로 갈라져, 스스로 왕이라고 일컫는 사람들이 다스렸다. 수백 년 동안 전쟁 유혈 무질서가 판쳤다. 그러다가 기원전 522년 9월 29일 다리우스가 왕좌에 오르자 지혜의 주는 창조의 다섯 번째이자 마지막 단계를 개시했다. 다리우스가 세상을 통일하고 세계적인 제국을 창조하여 인류의 원래 행복을 복원하는 단계였다.[133]

여기에서 우리는 현저하게 평화적인 전통을 제국 통치라는 현실에 적용하는 어려움을 보게 된다. 다리우스는 조로아스터와 마찬가지로 무법적 폭력의 공포를 느꼈다. 그는 캄비세스가 죽은 뒤 제국 전체의 반란을 진압해야 했다. 여느 황제와 마찬가지로 자신을 몰아내려는 야심 있는 귀족을 눌러야 했다. 다리우스는 비문에서 이런 반란을 '거짓'의 공격 뒤에 세상에 전쟁과 고통을 불러온 무도한 왕들과 연결했다. 그러나 평화와 행복을 복원하려면 조로아스터가 사회에서 배제하고 싶어 한 '싸우는 사람들'이 불가결했다. 조로아스터가 시간의 종말에 나타날 것이라고 예언했던 세계의 묵시록적 복원은 현재로 옮겨

지고, 조로아스터교의 이원론은 정치적 세계를 서로 싸우는 진영들로 나누는 데 이용되었다. 제국의 구조적이고 군사적인 폭력은 최종적이고 절대적인 선이 된 반면, 그 경계를 넘어선 모든 것은 야만적이고 혼란스럽고 부도덕한 것이 되었다.[134] 다리우스의 사명은 나머지 세상을 정복하고, 다른 사람들을 '선하게' 만들기 위해 그 자원을 훔치는 것이었다. 일단 모든 땅을 복속시키고 나면 전체에 평화가 오고 프라샤, 즉 '경이'의 시대가 도래할 터였다.[135]

다리우스의 비문을 보면 종교 전통이 단일하고 변함없는 본질로서 사람들을 동일한 방식으로 행동하도록 몰아가는 것이 절대 아니라는 사실을 확인하게 된다. 그것은 근본적인 부분까지 수정되고 바뀔 수 있는 형판에 불과하여 다양한 목적에 이용할 수 있다. 다리우스에게 프라샤는 이제 영적 조화가 아니라 물질적 부였다. 그는 수사에 있는 자신의 궁을 프라샤로, 구원을 받아 다시 통일된 세상을 미리 맛볼 수 있는 곳으로 묘사했다.[136] 비문은 제국 모든 지역에서 공물로 들어오는 금, 은, 귀한 나무, 상아, 대리석을 나열하면서 '거짓'의 공격 뒤에 이런 부가 전 세계로 흩어졌지만 이제 '지혜의 주'가 원래 의도한 대로 한 곳으로 다시 모이게 되었다고 설명한다. 페르세폴리스의 웅장한 아파다나 부조는 아주 먼 땅의 정복당한 민족들의 대표가 행렬을 이루어 격식에 따라 수사로 공물을 가져오는 광경을 묘사한다. 캅카스 초원 지대의 폭력과 절도의 피해자인 조로아스터의 윤리적 비전은 산스크리트 침략자들의 충격적인 공격성에서 영감을 받은 것이었다. 이제 그 비전은 조직된 군사 폭력과 제국의 강탈을 신성하게 만드는 데 이용되고 있었다.

기원전 539년에 바빌론에서 돌아온 유대인은 황량한 땅이 되어버린 고국을 발견했다. 그들은 바빌론 사람들에 의해 이곳으로 끌려온 외국인들의 적대감과 싸워야 했다. 또 완전히 다른 문화에서 태어난 뒤 고국으로 돌아온 자신들과는 이질적인, 추방되지 않은 유대인들의 원한과도 마주쳐야 했다. 그들이 마침내 성전을 재건하자, 페르시아령 유대는 유대인 사제 귀족이 페르시아의 이름으로 통치하는 성전 국가가 되었다. 이 사제 귀족의 글은 모세 오경 일부와 〈역대〉 두 권에 보존되어 있는데, 이들은 〈신명기〉 저자들의 공격적인 역사를 다시 쓰고 고대 이스라엘 전통을 새로운 환경에 맞추려고 시도했다.[137] 이 경전들은 모든 것이 제자리에 그대로 있기를 바라는 포로의 마음을 반영한다. 유대인은 바빌론에서 현지인과 떨어져 살면서 민족 정체성을 보존했다. 이제 사제들은 '거룩한'(카도쉬) 것은 "분리되는, 다른" 것이라고 주장했다.

그러나 이 사제들의 텍스트는 외국인을 악마로 만들며 그들의 소멸을 갈망했던 〈신명기〉 저자의 경전들과는 달리 똑같은 이야기와 전설에 의존하면서도 놀라울 정도로 포용적인 비전을 만들어냈다. 여기에서도 우리는 어떤 종교 전통을 늘 폭력에 영감을 주는 단일하고 변함없는 본질로 환원해 묘사하는 것이 불가능함을 확인하게 된다. 사제들은 모든 하나하나의 피조물의 '다름'이 신성하며, 존중받고 기려져야 한다고 주장했다. 따라서 사제의 '자유의 율법'에서는 어떤 것도 노예로 만들거나 소유할 수 없었다. 심지어 땅도 마찬가지였다.[138] 진정한 이스라엘인은 〈신명기〉 저자들이 주장했던 것과는 달리 게르, 즉 '재류 외국인'을 박멸하려 하지 말고 사랑하는 법을 배워야 한다. "너에게 몸 붙여 사는 외국인을 네 나라 사람처럼 대접하고 네 몸처럼 사랑하라.

너희도 이집트 나라에 몸 붙이고 살지 않았느냐?"[139] 이 사제들은 '황금률'에 도달했다. 이스라엘인은 이집트와 바빌로니아에서 소수자로 살던 경험에서 배워, 이 뿌리 뽑힌 외국인이 유다에서 느낄 고통을 제대로 보아야 한다는 것이다. 여기에서 '사랑하라(hesed)'는 명령은 정서에 관한 것이 아니다. 히브리어 헤셋은 '충성'을 뜻하며 중동의 조약에서는 이전의 적들이 서로 돕고 신뢰하면서 실질적 지원을 제공하기로 약속할 때 사용하는 말이었다.[140] 이것은 비현실적이고 유토피아적인 이상이 아니라 모든 사람이 실행할 수 있는 윤리였다.

사제 역사가들은 〈신명기〉 저자들의 가혹한 거부주의를 누그러뜨리고자 감동적인 화해 이야기들을 포함했다. 소원해졌던 형제 야곱과 에서는 마침내 서로에게서 '하느님의 얼굴'을 본다.[141] 〈역대〉 저자들은 이스라엘 백성이 약속된 땅으로 가는 동안 에돔의 왕이 자신의 영토를 안전하게 통과하는 것을 허락하지 않았지만 모세가 복수를 삼가는 모습을 보여준다.[142] 이런 사제의 글 가운데 가장 유명한 것은 히브리 성경을 여는 창조 이야기다. 성경 편집자들은 이 사제들의 창조 이야기를 야훼가 아담과 하와를 창조하고 두 인간이 실추하는, 그 이전 기원전 8세기 이야기보다 앞에 놓았다. 이 사제판은 전통적인 중동의 우주 창조에서 폭력을 모두 빼버렸다. 이스라엘의 신은 전투에서 싸우고 괴물을 죽이는 대신 그냥 명령하는 말을 입 밖에 내어 우주 질서를 잡았다. 창조의 마지막 날에는 "이렇게 만드신 모든 것을 하느님께서 보시니 참 좋았다."[143] 이 신에게는 적이 없었다. 그는 자신의 모든 피조물 하나하나를 축복하고 심지어 오랜 적 레비아단까지도 축복했다.

이런 원칙적인 자비는 포로 공동체가 유대에서 적대적 집단들로부터 거의 언제나 공격을 당하고 있었다는 사실을 고려할 때 더욱 눈에 띈다. 예루살렘 재건을 관리하는 일을 맡아 페르시아 궁으로부터 파견된 느헤미야가 성벽의 복원을 감독할 때는 노동자들이 모두 "칼을 옆구리에 차고 쌓게 했다."[144] 따라서 사제 저자들은 반전을 주장할 여유는 없었지만 군사적 폭력에는 괴로워했던 것으로 보인다. 그들은 〈신명기〉 저자들의 역사에서 가장 호전적인 일화 몇 개는 삭제하고 여호수아의 정복을 가볍게 언급했다. 그들은 다윗의 기사도적인 전쟁 이야기는 하지만 예루살렘에서 눈 먼 자와 다리 저는 자를 죽이라는 잔혹한 명령은 생략했다. 다윗이 피를 너무 흘렸기 때문에 성전을 짓는 것이 금지되었다고 설명한 사람도 〈역대〉 저자였다. 그들은 또 이스라엘인을 우상 숭배로 유혹한 미디안 사람들에 대한 군사 원정 이야기도 기록했다.[145] 그것이 정당한 명분이라는 데는 의심의 여지가 없었으며 이스라엘 군대는 〈신명기〉의 율법과 완벽하게 일치하는 행동을 했다. 사제들은 앞장서서 부대들을 전투로 이끌었고 병사들은 미디안 왕들을 죽이고 그들의 도시에 불을 지르고 이스라엘인을 유혹한 유부녀들과 자라서 전사가 될 남자아이들에게는 죽음을 선고했다. 그러나 이스라엘을 '정화'했음에도 병사 자신들은 이 정의로운 유혈 사태로 오염되었다. 그래서 모세는 돌아오는 전사들에게 말했다. "너희는 칠 일간 진지 밖에 머물러 있어야 한다. 너희 자신, 너희와 너희의 포로를 정화해야 한다."[146]

한 주목할 만한 이야기에서 〈역대〉 기록자는 야훼 자신이 승인한 전쟁임에도 이스라엘 왕국이 우상을 숭배하는 유대 왕과 싸우면서 보여준 야만성은 비난했다. 이스라엘 군대는 유대 병사 12만 명을 죽이고 포로 20만 명을 끌고 사마리아로 개선했다. 그러나 예언자 오뎃은 이 정복자 영웅들을 호된 비난으로 맞이했다.

너희는 하늘에 닿도록 분노를 터뜨리어 그들을 죽였다. 그리고 이제 너희는 유다인들과 예루살렘 시민들을 남자 여자 할 것 없이 종으로 부려먹을 생각을 하는구나! 너희는 너희 하느님 야훼께 범죄하지 않은 줄 아느냐? 이제 내 말을 들어라. 너희가 사로잡아 온 너희 동족을 돌려보내라. 야훼께서 너희가 한 일을 크게 노여워하시리라.[147]

군대는 즉시 포로를 석방하고 전리품을 모두 포기했으며 특별히 관리들을 지명하여 "포로들을 돌봐주었다. 전리품 가운데서 옷을 찾아내어 벌거벗은 사람들에게 입혀주고 신을 찾아 신겨줄 뿐 아니라 먹을 것과 마실 것을 주고 약을 발라주었다. 걸을 수 없는 사람들은 나귀에 태워 종려나무 성읍 예리코로 데려다가 친척들에게 돌려주었다."[148] 이 사제들은 아마 일신교도였을 것이다. 바빌로니아에서 이교는 바빌론 포로들에게 매력을 잃었기 때문이다. 키루스를 메시아로 찬양한 예언자는 또 성경에서 처음으로 완전히 일신교적인 발언을 했다. "나 야훼 아니냐?" 그는 이스라엘의 신이 계속 따져 묻게 한다. "나밖에 누가 또 있느냐?"[149] 하지만 이 사제들의 일신교는 이들을 편협하거나 피에 굶주리거나 잔인하게 만들지 않았다. 오히려 그 반대였다.

그러나 유수 이후의 다른 예언자들은 더 공격적이었다. 다리우스의 이데올로기에 영향을 받은 그들은 야훼가 온 세상을 다스리고 저항하는 민족에게는 자비를 보이지 않는 '경이의 날'을 고대했다. "선 채로 살이 썩고 눈구멍 안에서 눈알이 썩고 입 안에서 혀가 썩으리라."[150] 그들은 이스라엘의 과거 원수들이 온유하게 큰 선물과 공물을 들고 매년 새로운 수사인 예루살렘으로 오는 상상을 했다.[151] 다른 예언자들은 아시리아에 의해 추방된 이스라엘인이 순조롭게 고향으로 돌아오고,[152] 이전에 그들을 억압하던 자들이 그들 앞에 무릎을 꿇고 발에 입을 맞추는 상상을 했다.[153] 한 예언자는 야훼의 영광이 구원받은 세상의 중심이자 평화—그러나 오직 무자비한 억압에 의해서만 달성된 평화—의 안식처인 예루살렘 위에서 빛나는 환상을 보았다.

이런 예언자들은 새로운 '일신교'의 영향을 받았을지도 모른다. 강력한 군주제는 종종 지고의 신, 정치적이고 자연적인 질서의 창조자 숭배를 낳는 듯하다. 네부카드네자르나 다리우스 같은 군주들의 강력한 통치를 백 년 이상 경험하자 그들만큼 강력한 야훼를 만들고 싶은 욕망이 생겼는지도 모른다. 이것은 종교와 정치의 '맞물림'을 보여주는데, 이런 맞물림은 두 가지 방향으로 작동한다. 종교가 정책에 영향을 끼칠 뿐 아니라 정치가 신학을 형성할 수도 있다. 하지만 이 예언자들은 또 원수들이 자신들만큼 고통을 당하는 것을 보고 싶은 너무나 인간적인 욕망—이것을 완화하고자 황금률이 기획되었다.—에서 동기를 얻은 것이 분명하다. 지배 권력의 호전적인 이데올로기를 자신의 전통에 맞추려다가 그 과정에서 전통을 왜곡한 것은 이들이 마지막이 아니다. 여기에서 원래 제국의 폭력과 잔혹성에 격렬하게 맞서던 야훼는 첫째가는 제국주의자로 바뀌게 되었다.

2부

제국의 폭력과 종교의 응전

5장

로마 제국
팔레스티나의 예수

팍스 로마나 시대의
예루살렘

나사렛 예수는 온 세상이 평화로웠던 로마 황제 카이사르 아우구스투스(기원전 30~서기 14년 재위) 치세에 태어났다.[1] 로마의 통치하에 과거 제국주의 세력도 일부 포함된 여러 나라로 이루어진 큰 집단이 꽤 오랜 기간 자원이나 영토를 놓고 서로 싸우지 않고 공존할 수 있었다. 이는 주목할 만한 업적이었다.[2] 로마인은 모든 성공한 제국 이데올로기의 특징을 이루는 세 가지 주장을 했다. 자신들은 신들의 특별한 축복을 받는다. 이원론적 관점에서 다른 모든 민족은 동등하게 대접하는 것이 불가능한 '야만인'이다. 자신들의 임무는 나머지 세상에 문명과 평화의 혜택을 주는 것이다. 그러나 팍스 로마나(Pax Romana)는 무자비한 방식으로 강요되었다.[3] 로마의 완전히 직업적인 군대는 그때까지 세계 역사에서 가장 능률적인 살인 기계였다.[4] 조금만 저항해도 대대적인 학살이 벌어졌다.[5] 그리스의 역사가 폴리비오스는 말했다. 도시를 차지할 때 그들의 정책은 "모두 죽이고 하나도 살려 두지 않는다."였다. 심지어 짐승도.[6] 로마의 브리튼 정복 뒤 스코틀랜드 지도자 칼가쿠스는 그 섬이 황무지가 되었다고 전했다. "브리튼의 거의 모든 곳이 헐벗게 되었다. 다른 부족은 오지 않는다. 바다와 절벽과 더 많은 지독한 로마인뿐이다. …… 약탈하고 학살하고 유린하고, 이런 것들에 그들은 제국이라는 가짜 이름을 붙인다."[7]

폴리비오스는 이런 잔혹성의 목적이 종속된 민족들을 "공포에 떨게 하는 것"임을 이해했다.[8] 이것은 보통 효과가 있었지만 로마인이 팔레스타나의 유대인을 길들이는 데는 거의 2백 년이 걸렸다. 유대인은 전에도 제국 세력을 내쫓은 적이 있었기에 이번에도 그럴 수 있다고 믿었기 때문이다. 기원전 333년 알렉산드로스 대제가 페르시아 제국에 승리한 뒤 유대는 그의 '후계자들'(디아도코이)인 프톨레마이오스와 셀레우코스의 제국에 흡수되었다. 이 통치자들은 대부분 신민의 개인 생활에는 관여하지 않았다. 그러나 기원전 175년 셀레우코스 제국의 황제 안티오코스(안티오쿠스) 4세는 급진적인 성전 신앙 개혁을 시도하여 유대인의 음식 율법, 할례, 안식일 준수를 금지했다. 그러자 유다 마카베오가 이끄는 하스몬 사제 가문이 반란을 주도하여 유대와 예루살렘은 셀레우코스의 통제로부터 벗어났을 뿐 아니라 이두마이아(에돔), 사마리아, 갈릴리를 정복하여 작은 제국을 세우기까지 했다.[9]

이런 사건들이 새로운 묵시록적 영성에 영향을 끼쳤는데, 이것을 빼놓고는 초기 기독교 운동을 이해하는 것이 불가능하다. 이런 사고방식에 핵심적인 것이 영속 철학이다. 지상의 사건들은 아포칼립시스

(apokalypsis), 즉 천상 세계에서 동시에 일어나는 것을 보여주는 '계시'라는 것이다. 이 새로운 경전의 저자들은 당시 벌어지던 사건들을 이해하려고 애쓰는 과정에서, 마카베오파가 셀레우코스 제국과 싸우는 동안 하늘에서 미카엘과 그의 천사들도 안티오코스를 지지하는 악마 세력과 싸우고 있다고 믿었다.[10] 마카베오 전쟁 때 기록된 역사 중편 소설 〈다니엘〉은 유대인 추방 시기 바빌로니아가 무대다. 그 중심에는 유대의 예언자 다니엘의 무시무시한 네 짐승에 대한 환상이 있는데, 이 짐승들은 아시리아, 바빌론, 페르시아 그리고 마지막으로 가장 파괴적이었던 안티오코스의 셀레우코스 제국을 나타낸다. 그러나 다니엘은 "사람의 아들 모습을 한 이가"—마카베오파를 가리킨다.—"하늘에서 구름을 타고 오는" 것을 보았다. 그의 통치는 네 짐승 제국과는 달리 의롭고 인도적이어서 하느님이 그에게 주는 "주권은 스러지지 아니하고 영원히 갈 것이다."[11]

그러나 안타깝게도 하스몬가의 신앙은 일단 제국적 통치를 성취한 뒤에는 정치적 지배라는 냉엄한 현실을 감당할 수 없어, 셀레우코스 제국과 마찬가지로 잔혹하고 압제적으로 변했다. 그러자 기원전 2세기 말 여러 새로운 종파는 더 진실한 유대적 대안을 구했다. 나중에 기독교는 이 열정의 일부를 공유하게 된다. 이 모든 종파는 제자를 입문시키기 위해 훈련 체계를 구축했는데, 이 체계가 유대 사회에서 교육 제도에 가장 가까운 것이 되었다. 쿰란파와 에세네파—가장 두드러졌으며 종종 동일 종파로 오해되기도 한다.—모두 윤리적인 공동체 생활에 매력을 느꼈다. 공동 식사를 했고 제의적 순결과 정화를 강조했으며 물자는 공유했다. 두 종파 모두 예루살렘 성전 신앙에 비판적이었는데, 이들은 하스몬가가 그 신앙을 타락시켰다고 믿었다. 사해 옆에 자리 잡은 쿰란 공동체는 자신을 대안적 성전으로 여겼다. 우주의 차원에서 빛의 자녀들이 곧 어둠의 아들들을 물리칠 것이고, 하느님이 다른 성전을 건설하여 새로운 세계 질서를 개시할 것이라 믿었다. 바리새파 또한 성경 율법을 정확하고 꼼꼼하게 준수하려고 노력했다. 하지만 우리는 이 시기의 바리새파에 관해서는 아는 것이 거의 없다. 어쨌든 이 새로운 그룹들 가운데 그들의 영향력이 가장 커졌다. 바리새파 일부는 하스몬가에 대항하여 무장 항쟁을 했지만, 마침내 차라리 외부인의 통치를 받으며 사는 것이 낫겠다는 결론을 내렸다. 그래서 하스몬가의 무도한 행위를 견딜 수 없게 된 바리새파는 기원전 64년 로마에 대표단을 보내 제국이 정권을 교체해줄 것을 요청했다.

이듬해 로마의 장군 폼페이우스가 예루살렘을 침공하여 유대인 1만 2천 명을 죽이고 수천 명을 노예로 삼았다. 당연한 일이지만 유대인은 대부분 로마의 통치를 싫어했고 어떤 제국도 현지 주민 가운데 적어도 일부를 흡수하지 못하면 생존할 수 없었다. 로마인은 예루살렘의 사제 귀족을 통하여 팔레스타나를 통치했지만 꼭두각시 왕도 세웠다. 이 두마이아의 제후이자 그 무렵 유대교로 개종한 헤롯(헤로데)이었다. 헤롯은 전국에 헬레니즘 양식으로 웅장한 요새, 궁, 극장을 지었으며, 해안에는 아우구스투스를 기리는 완전히 새로운 도시 카이사레아(가이사리아)를 세웠다. 그러나 그의 걸작은 예루살렘에 야훼를 위해 지은 웅장한 새 성전인데, 이 건물은 의미심장하게 로마군이 주둔한 안토니아 요새 옆에 자리 잡고 있었다. 자신만의 군대와 비밀경찰을 거느린 잔혹한 통치자 헤롯은 인기가 없었다. 팔레스타나의 유대인은 두 귀족 집단의 통치를 받는 셈이었다. 헤롯파와 유대인 사제 귀족인 사두개파였다. 둘 다 세금을 거두었기 때문에 유대인은 이중 과세 부담을 졌

다.[12]

두 귀족은 모든 농경 사회 지배 계급과 마찬가지로 종속적인 가신 집단을 고용하고 있었으며, 이들은 평민에게 주인의 영향력을 확대해 주는 대가로 높은 사회적 지위와 잉여 가운데 자신들의 몫을 확보했다.[13] 여기에는 세리(稅吏), 즉 세금 징수 도급인이 포함되었는데, 이들은 로마 제국에서 고정된 액수를 총독부에 바쳐야 했지만 자신들이 농민에게 강탈할 수 있는 액수에서 그 액수를 뺀 차액은 그대로 갖는 것이 허용되었다. 그 결과 이들은 어느 정도 독립성을 얻을 수 있었으나, 복음서에 분명하게 나타나듯이 평민에게는 증오의 대상이었다.[14] 복음서에 나오는 '서기와 바리새인'은 또 다른 가신 집단으로서 이들은 유대인의 관습법인 토라를 체제를 뒷받침하는 방향으로 해석했다.[15] 그러나 모든 바리새인이 이 역할을 떠맡은 것은 아니었다. 대부분은 토라를 엄격하게 준수하고 훗날 랍비의 주석으로 발전하게 되는 작업을 하는 데 초점을 맞추었으며, 귀족과 지나치게 밀접한 동맹을 맺지는 않았다. 만일 그랬다면 민중에게 계속 인기를 얻지 못했을 것이다. 실제로 이들은 매우 존경을 받았기 때문에 정치를 지망하는 유대인은 바리새인을 찾아가 민법을 공부해야 했다. 예를 들어 서기 1세기의 유대인 역사가 요세푸스는 결코 바리새파의 완전한 구성원이 되지는 않은 것 같지만 공적인 삶을 살기 위한 자격을 갖추려고 바리새파의 제자가 되어 법 교육을 받은 것으로 보인다.[16]

민족은 자신들의 땅이 식민지가 되면 종교적 관행에 심하게 의존하는 경우가 많다. 이것은 여전히 어느 정도 자신들이 통제할 수 있고 또 자유가 주는 존엄을 누리던 시기를 떠올리게 해주기 때문이다. 유대인의 경우 유대인의 정치적 복속에 관한 이야기가 폭발적으로 증가하는 중요한 성전 축제 동안 통치자를 향한 적대감이 새로 고조되는 경향이 있었다. 유월절은 이집트 제국의 통제에서 해방된 것을 기념했다. 오순절은 모든 제국의 칙령을 폐지하는 신성한 율법인 토라의 계시를 기념했다. 추수경축절은 땅과 그 소산이 로마인이 아니라 야훼에게 속한 것임을 일깨워주었다. 이런 때에 부글거리던 불만은 기원전 4년 헤롯이 임종을 맞을 때 분출했다. 헤롯은 그 무렵 성전에 로마 제국의 상징인 커다란 황금 독수리를 설치했는데, 가장 존경받는 토라 스승인 유다와 마티아가 그것을 야훼의 주권에 대한 무례한 도전이라고 비난했다.[17] 그들의 제자 40명은 치밀하게 계획을 짜 항의하기로 하고 독수리를 산산조각 낸 뒤 헤롯의 병사들의 "공격을 용기 있게 기다렸다."[18] 헤롯은 분노에서 힘을 얻어 병상에서 일어나 제자와 스승 모두에게 사형을 선고하고, 이틀 뒤 그 자신도 고통 속에 죽었다.[19]

로마령 팔레스티나에서 제국 통치에 대한 항의는 대부분 비폭력적이었다는 데 주목할 필요가 있다. 요세푸스가 나중에 주장하듯이 유대인은 신앙에 의해 광적으로 자멸적 공격으로 내몰리기는커녕 극도로 압박을 받을 때가 아니면 무력에 의존하지 않는다는 원칙에 따라 시위를 했다. 성난 군중이 사랑하는 스승들의 잔혹한 죽음에 항의하자 헤롯의 장남인 아르켈라오스(아르켈라오)는 자신이 무엇을 해주면 좋겠느냐고 물었다. 그 대답은 그들의 로마에 대한 적대감이 단지 종교적인 비타협적 태도에만 영향을 받은 것이 아님을 보여준다. "일부는 직접세를 경감해 달라고 외쳤고 일부는 구매세를 폐지해 달라고 외쳤으며 일부는 죄수를 석방해 달라고 외쳤다."[20] 예루살렘에는 여전히 탄식이 울려 퍼지고 있었지만 아르켈라오스가 공황에 빠져 성전 안으로 군대를 투입하기 전까지는 당국에 대항하는 폭력이 없었다. 군대가 투입되었을 때에도 군중은 돌만 던지고 다시 예배로 돌아갔다. 아르켈라오스가 들여보낸 군대가 예배를 보던 사람들 3천 명을 죽이지만 않았다면 상황은 더 나빠지지 않았을지도 모른다.[21] 이 사건이 벌어지자 항의는 시골로 퍼져 나갔고, 그곳에서 '왕'으로 칭송받던 인기 있는 지도자들이 로마와 헤롯의 군대에 대항하는 게릴라전을 벌였다. 이때도 종교보다는 세금이 주요 쟁점이었다. 군중은 "민중에게서 빼앗아간 물자를 되찾기" 위해 귀족의 사유지를 공격하고 지방 요새, 창고, 로마의 수송 대열을 습격했다.[22] 이웃한 시리아의 총독 푸블리우스 퀸틸리우스 바루스가 팍스 로마나를 복원하는 데에는 3년이 걸렸는데, 그 기간에 그는 갈릴리의 도시 세포리스를 태우고 주위의 마을들을 약탈하고 예루살렘 밖에서 반역자 2천 명을 십자가에 처형했다.[23]

로마는 이제 헤롯의 왕국을 세 아들에게 나누어주기로 결정했다. 아르켈라오스에게는 이두마이아, 유대, 사마리아를 주고, 안티파스에게는 갈릴리와 페라이아를 주고, 필리포스(필립보)에게는 트란스요르단을 주었다. 그러나 아르켈라오스의 통치가 너무 잔혹했기 때문에 로마는 곧 그를 폐위했으며, 처음으로 로마의 장관이 카이사레아에 있는 자신의 관저에서 유대인 사제 귀족의 지원을 받아 유대를 다스리게 되었다. 첫 총독 코포니우스가 세금 부과의 전 단계로 인구 조사를 실시하자 유다라는 이름의 갈릴리 사람이 민중에게 저항을 촉구했다. 그의 종교적 헌신은 정치적 항의와 구분될 수 없었다.[24] 하느님이 유대 민족의 "유일한 지도자이자 주인"이기 때문에 로마에 세금을 내는 것은 "노예제와 다름없다." 유다는 그렇게 주장했다. "그들에게 닥칠 수도 있는 살육 때문에" 움츠러들지 않고 확고하게 반대하면 하느님이 개입하여 대신 나서줄 것이다.[25]

보통 농민은 폭력에 의지하지 않았다. 그들의 주된 무기는 비협조였다. 일하는 속도를 늦추거나 심지어 일을 완전히 중단하는 것으로 자신들의 입장을 실속 있게 또 종종 기민하게 전달했다. 로마의 총독은 대부분 유대인의 감정을 자극하지 않으려고 조심했으나, 서기 26년 폰티우스 필라투스(본디오 빌라도)는 안토니아 요새의 부대에 황제의 초상이 그려진 군기를 성전 바로 옆에 게양하라고 명령했다. 곧 농민과 시민으로 이루어진 군중이 카이사레아로 행진했으며, 필라투스가 군기를 내리기를 거부하자 군중은 그냥 그의 관저 밖에서 닷새 동안 꼼짝도 않고 누워 있었다. 필라투스가 그들을 경기장으로 불렀을 때 그들은 검을 뽑아든 병사들에게 둘러싸여 있다는 것을 알게 되었고, 다시 바닥에 누워 율법을 어기느니 차라리 죽겠다고 외쳤다. 그들은 하느님의 개입을 믿었을 수도 있지만, 또한 필라투스가 그들을 모두 학살하려면 엄청난 보복을 당할 위험을 무릅써야 한다는 것을 알았다. 그들이 옳았다. 로마 총독은 패배를 인정하고 군기를 내려야 했다.[26]
그러나 25년 뒤 가이우스 칼리굴라 황제가 예루살렘 성전에 자신의 조각상을 세우라고 명령했을 때는 이렇게 피를 흘리지 않는 결과가 나올 가능성이 훨씬 낮았다. 다시 농민은 "단 한 번의 신호로 …… 집과 마을을 텅 비우고 떠나듯이" 길에 나섰다.[27] 사절 페트로니우스는 그 불쾌감을 주는 조각상과 함께 프톨레마이스 항구에 도착했을 때 "유대인 수만 명"이 처자식을 데리고 도시 앞의 평원에 모인 것을 보았다. 이번에도 폭력적인 항의는 아니었다. "무슨 일이 있어도 우리는 싸우지 않는다." 그들은 페트로니우스에게 말했지만 씨 뿌리는 철이 지난 뒤에도 프톨레마이스에 그대로 머물 각오였다.[28] 정치적으로 영리한 농민 파업이었다. 페트로니우스는 황제에게 "씨를 뿌리지 않았기 때문에 추수 때가 되면 공물 요구량을 맞추지 못해 산적 떼가 생겨날 것"이라고 설명했다.[29] 그러나 칼리굴라는 합리적으로 움직이는 일이 드물었기 때문에 이 사건은 그가 이듬해에 암살당하지 않았다면 비극으로 끝날 수도 있었다.

이 농민 공동체는 평등주의적인 유대 전통의 맥락에서 로마 통치에 반대 목소리를 높였을 수도 있지만 열정 때문에 미친 듯이 행동하지도 않았고 폭력적이거나 자멸적으로 나아가지도 않았다. 이후 대중 운동은 지도자들이 이때만큼 기민하지 못했기 때문에 실패했다. 서기 50년대에는 테우다스(튜다)라는 이름의 예언자가 사람들이 먼저 행동하면 하느님이 구원해주실 것이라고 확신하고 4백 명을 이끌고 유대 광야로 새로운 탈출을 시도한다.[30] 다른 반군 지도자는 "예루살렘에 강제 진입하여 로마 수비대를 제압하고 최고 권력을 장악할 준비를 한 뒤" 3만 명의 군중을 이끌고 광야를 지나 감람산으로 행진한다.[31] 이런 운동은 아무런 정치적 세력을 얻지 못해 무자비하게 진압되었다. 두 항의 모두 지상의 행동이 우주적 차원에서 벌어지는 사건들에 영향을 끼칠 수 있다는 묵시록적이고 영속 철학적인 믿음에서 영감을 얻었다. 이 믿음이 예수가 갈릴리의 마을들에서 포교를 한 정치적 맥락이었다.

상처 입은 세상에 태어난 예수

예수는 폭력으로 상처받은 사회에서 태어났다. 예수의 삶은 반란으로 둘러싸여 있었다. 그는 헤롯이 죽은 뒤 봉기가 일어난 해에 태어났으며, 바루스가 초토화시킨 세포리스에서 몇 킬로미터 떨어지지 않은 나사렛의 작은 마을에서 자랐다. 칼리굴라에 대항한 농민 파업은 예수가 죽고 나서 불과 10년 뒤에 일어난다. 예수의 생애 동안 갈릴리는 헤롯 안티파스가 다스렸는데, 그는 갈릴리 신민에게 무거운 세금을 물려 큰 비용이 드는 건설 프로젝트의 자금을 충당했다. 세금을 내지 못하면 압류와 토지 몰수라는 벌이 떨어졌으며 이 세입은 헤롯파 귀족의 부를 엄청나게 불려주었다.[32] 일부 농민은 땅을 잃고 어쩔 수 없이 산적이 되었고, 일부는—예수의 아버지인 목수 요셉도 아마 이들 가운데 하나였을 텐데—천한 노동을 하게 되었다. 숙련공들은 좌절한 농민 출신이 많았다.[33] 갈릴리에서 예수 주위에 모여든 군중은 굶주리고 괴롭고 병들어 있었다. 예수가 든 비유의 이야기에서 우리는 매우 부유한 사람들과 매우 가난한 사람들로 나뉜 사회를 본다. 대출금을 간절히 원하는 사람들, 큰 빚을 진 농민, 재산을 빼앗겨 일용 노동자로 일해야 하는 사람들.[34]

복음서들은 거기에 묘사되는 사건들이 일어나고 나서 수십 년 뒤 도시 환경에서 기록되었지만, 여전히 로마령 팔레스티나의 정치적 폭력과 잔혹성을 반영하고 있다. 예수가 태어난 뒤 헤롯 왕은 베들레헴의 갓 난 사내아이를 모두 학살하는데, 이 사건은 악한 제국주의자의 원형이라 할 수 있는 파라오를 상기시킨다.[35] 예수의 친척인 세례 요한은 헤롯 안티파스에게 처형당했다.[36] 예수는 제자들에게 그들이 유대 당국에 의해 추적당하고 매질당하고 죽임을 당할 것이라고 예언했으며,[37] 그 자신은 대사제 귀족 계급에게 체포되어 폰티우스 필라투스에게 고문을 당하고 십자가에서 처형되었다. 복음서들은 처음부터 예수와 그의 가르침을 제국주의적 통치의 구조적 폭력에 대한 대안으로 제시한다. 로마의 동전과 비문과 성전은 보통 백 년의 잔혹한 전쟁 뒤에 세계에 평화를 가져온 아우구스투스를 '신의 아들', '주', '구세주'라고 부르며, 그의 출생이라는 '복음'(에우앙겔리아)을 전했다. 그래서 천사는 목자들에게 예수의 출생을 알릴 때 이렇게 선언했다. "들어라, 나는 너희에게 아주 기쁜 복음을 전하러 왔다. 오늘 밤 너희의 구세주께서 나셨다." 그러나 이 '신의 아들'은 집도 없이 태어나 곧 난민이 된다.[38]

이곳 주민이 극심한 고통을 겪었다는 한 가지 증거는 악마의 탓으로 돌리던 신경증적이고 심리적인 증상에 시달리다 치료를 받기 위해 예수에게 오는 사람들이 많았다는 점이다. 예수와 그의 제자들은 이런 병을 '몰아내는' 기술이 있었던 것으로 보인다.[39] 예수의 설명에 따르면 그들은 악마를 몰아낼 때 우주적 차원에서 하느님이 사탄에게 거둔 승리를 모방하고 있다. "나는 사탄이 하늘에서 번갯불처럼 떨어지는 것을 보았다." 예수는 제자들이 치유 여행을 성공적으로 마치고 돌아오자 그렇게 말했다.[40] 이른바 귀신 들림은 종종 경제적, 성적, 식민지적 억압과 연결되며, 이때 사람들은 자신이 통제할 수 없는 이질적인 힘에 장악된 것으로 느낀다.[41] 한 상징적인 사건에서 예수가 귀신들린 남자에게서 악마의 무리를 몰아내자 이 사탄 세력은 예수에게 자신의 이름이 '군대'라고 말하며 점령의 가장 노골적인 상징인 로마 군대와 자신을 동일시한다. 그러자 예수는 식민지의 많은 사람이 하고 싶어 하는 일을 한다. '군대'를 몰아내 가장 오염된 동물인 돼지 떼에 집어넣은 것인데, 돼지 떼는 몰려가 바다로 곤두박질쳤다.[42] 지배 계급은 예수의 악마 추방을 정치적 도발로 본 듯하다. 이것이 헤롯 안티파스가 예수에게 적대적인 행동을 하기로 결정하는 이유가 된다.[43]

따라서 예수의 사명에서 정치와 종교는 분리될 수 없었다. 예수는 유월절에 도발적으로 예루살렘에 입성했는데—이것이 그의 죽음으로 이어졌을 수도 있다. —그때 군중은 그를 '다윗의 아들'과 '이스라엘의 왕'으로 환영했다.[44] 이어 예수는 다름 아닌 성전에서 시위를 벌여 환전상의 탁자를 엎으며 하느님의 집이 '강도의 소굴'이 되었다고 외쳤다.[45] 이것은 흔히 해석되는 것과는 달리 더 영적인 방식으로 예배를 드리라는 요구가 아니었다. 유대는 페르시아령에 속하던 시기부터 성전 국가였기 때문에 성전은 오래전부터 제국주의적 통제의 도구였으며 공물도 그곳에 보관했다. 하지만 대사제들이 로마에 부역하는 바람에 그 무렵 이 기관은 평판이 아주 나빠져 농민이 성전 십일조를 내는 것을 거부하고 있었다.[46] 그러나 예수가 제국의 실정(失政)에 깊은 관심을 두었다고 해서 곧 종교를 정치와 '혼동'했다는 뜻은 아니다. 예수는 탁자를 엎으면서 가난한 사람들의 곤경은 무시하고 종교적인 율법 준수에는 엄격한 사람들을 심하게 책망했던 예언자들을 인용했다. 이스라엘에서 억압과 불의와 착취는 늘 종교적으로 민감한 쟁점이었다. 신앙이 그런 정치에 관여하지 말아야 한다는 생각은 공자에게 그랬던 것과 마찬가지로 예수에게도 이질적이었을 것이다.

폭력에 대한 예수의 태도를 평가하기는 쉽지 않지만 그가 군사 봉기를 계획하고 있었다는 증거는 없다. 그는 제자들이 다른 사람을 해치는 것이나 공격적으로 복수하는 것을 금했다.[47] 예수는 체포에 저항하지 않았으며 대사제가 보낸 종의 귀를 자른 제자를 책망했다.[48] 그러나 입으로는 심한 말도 했고 부자들에게 호통도 쳤다.[49] 가신 노릇을 하는 '서기와 바리새인'을 잔인하게 꾸짖었다.[50] 제자들을 거부하는 마을에는 하느님의 복수를 요청했다.[51] 앞서 보았듯이 팔레스티나의 유대 농민은 제국주의 통치에 비폭력적으로 대항하는 전통이 있었으며, 예수는 유대인 지배 계급이든 로마인 지배 계급이든 —그는 둘을 구분하지 않았다. ─지배 계급과 맞서는 것이 위험하다는 사실을 알고 있었다. 그는 누구든 제자가 되려면 "자기 십자가를 질" 준비를 해야 한다고 경고했다.[52] 예수는 갈릴리의 유다와 마찬가지로 하느님이 개입할 것이라고 믿었는지도 모른다. 예수의 어머니는 그를 임신했을 때 하느님이 이미 더 정의로운 세계 질서를 창조하기 시작했다고 말했다.

주님은 전능하신 팔을 펼치시어

마음이 교만한 자들을 흩으셨습니다.

권세 있는 자들을 그 자리에서 내치시고 보잘것없는 이들을 높이셨으며

배고픈 사람은 좋은 것으로 배불리시고 부요한 사람은 빈손으로 돌려보내셨습니다.

주님은 약속하신 자비를 기억하시어 당신의 종 이스라엘을 도우셨습니다.[53]

예수는 갈릴리의 유다와 마찬가지로 제자들이 "자신들에게 닥칠 살육 때문에" 움츠러들지 않고 첫걸음을 내딛는다면 하느님이 부자와 권세 있는 자들을 타도할 것이라고 믿었는지도 모른다.

어느 날 바리새인과 헤롯의 가신들이 예수를 함정에 빠뜨리려고 물었다. "카이사르에게 세금을 바치는 것이 옳습니까? 옳지 않습니까? 바쳐야 합니까? 바치지 말아야 합니까?" 로마령 팔레스티나에서 과세는 늘 뜨거운 쟁점이었으며, 예수는 바치지 말아야 한다고 말할 경우 체포의 위험을 무릅써야 했다. 예수는 세금 납부에 쓰는 동전인 데나리온에 찍힌 카이사르의 이름과 초상을 가리키며 말했다. "카이사르의 것

은 카이사르에게 돌리고(apodote) 하느님의 것은 하느님께 돌려라."[54] 순수하게 제국주의적인 맥락에서 카이사르의 요구는 정당했다. 여기서 '돌리다'는 의미의 그리스어 동사는 정당한 요구를 인정하고 넘겨줄 때 사용하는 말이었다.[55] 그러나 모든 유대인은 하느님이 자신들의 왕이고 모든 것이 그에게 속한다는 것을 알고 있었기 때문에 카이사르에게 '돌릴' 것은 사실 거의 없었다. 〈마가복음〉에서 예수는 이 사건 뒤에 로마의 통치를 도우면서 가난하고 약한 자들을 짓밟는 가신들에게 경고한다.

> 율법학자들을 조심하여라. 그들은 기다란 예복을 걸치고 나다니며 장터에서 인사받기를 좋아하고 회당에서는 가장 높은 자리를 찾으며 잔칫집에 가면 제일 윗자리에 앉으려 한다. 또한 과부들의 가산을 등쳐먹으면서 남에게 보이려고 기도는 오래 한다.[56]

하느님이 마침내 자신의 왕국을 세우면 이런 사람이야말로 그만큼 더 엄한 벌을 받을 것이다.

하느님의 왕국은 예수의 가르침의 핵심이었다.[57] 제국주의적 통치의 폭력과 억압에 대한 대안을 세우는 일은 하느님의 권능이 마침내 인간 조건을 바꾸는 순간을 재촉할 수 있었다. 따라서 예수의 지지자들은 마치 그 왕국이 이미 도래한 것처럼 행동해야 한다.[58] 예수는 로마인을 몰아낼 수는 없었지만 그가 선포한 정의와 공정에 기초한 '왕국'은 모두에게—특히 기성 체제에 실망한 사람들에게—열려 있었다. 친구와 부유한 이웃만 잔치에 초대해서는 안 된다고 예수는 자신을 초대한 집주인에게 말했다. "그러므로 너는 잔치를 베풀 때에 오히려 가난한 사람, 불구자, 절름발이, 소경 같은 사람들을 불러라." "길거리나 울타리 곁에 서 있는 사람들을" 초대해야 한다.[59] "곤궁한(프토코스) 사람들아, 너희는 행복하다." 예수는 외쳤다. "하느님 나라가 너희의 것이다."[60] 가난한 사람들은 "복을 받을" 수 있는 유일한 사람들이었다. 제국주의 통치의 체제 폭력으로부터 어떤 식으로든 혜택을 받는 사람들은 그들을 곤경에 빠뜨리는 데 연루되어 있기 때문이다.[61] "그러나 부유한 사람들아, 너희는 이미 받을 위로를 다 받았다." 예수는 계속해서 말했다. "지금 배불리 먹고 지내는 사람들아, 너희가 굶주릴 날이 올 것이다."[62] 하느님의 나라에서는 꼴찌가 첫째가 되고 첫째가 꼴찌가 될 것이다.[63] 주기도문은 빚을 지게 될까 두려워하고 오직 하루하루 간신히 먹고살 수라도 있으면 좋겠다는 사람들을 위한 것이다. "오늘 우리에게 필요한 양식을 주시고 우리가 우리에게 빚진 이를 용서하듯이 우리의 빚을 용서하시고 우리를 유혹에 빠지지 않게 하시고 악에서 구하소서."[64] 예수와 그의 가장 가까운 동행들은 가장 곤궁한 농민과 운명을 같이하기로 했다. 그들은 편력을 하며 거친 삶을 살았고 어디에도 머리 뉠 곳이 없었으며 나사로나 마르타, 마리아 자매처럼 부유한 편에 속하는 예수의 제자들의 지원에 의존했다.[65]

그러나 하느님의 왕국은 어느 먼 미래에 세워질 유토피아가 아니었다. 예수는 전도를 처음 시작할 때 선언했다. "때가 되어 하느님의 나라가 도래했다."[66] 예수의 치유의 기적에는 하느님의 적극적 임재가 분명하게 드러났다. 어디를 보나 한계까지 떠밀리고 학대당하고 짓눌리고 절망에 빠진 사람이 눈에 띄었다. "또 그는 목자 없는 양과 같이 시달리며(eskylmenoi) 허덕이는(errimmenoi) 군중을 보고 불쌍한 마음이 들었다."[67] 이 그리스어 동사들은 모두 정치적 함의, 즉 제국주의의 약탈에 '두들겨 맞아 부서진다'는 의미를 지닌다.[68] 이 사람들은 농경 사회의 대중이 공통으로 견디는 중노동, 형편없는 위생, 밀집 생활, 채무, 불안에 고통을 겪고 있었을 것이다.[69] 예수의 왕국은 하느님의 뜻에 더 가깝게 다가감으로써 로마령 유대와 헤롯이 지배하는 갈릴리의 잔혹성에 도전했다. "아버지의 뜻이 하늘에서와 같이 땅에서도 이루어지게 하소서."[70] 빚을 지기를 두려워하는 사람들은 다른 사람들을 빚에서 해방시켜주어야 한다. 그들은 원수마저도 "사랑"하여 실질적이고 정신적인 지원을 해야 한다. 하느님의 왕국에 사는 사람들은 로마인처럼 폭력적 보복을 하는 대신 황금률을 따라 살 것이다.

누가 뺨을 치거든 다른 뺨마저 돌려대 주고 누가 겉옷을 빼앗거든 속옷마저 내어주어라. 달라는 사람에게는 주고 빼앗는 사람에게는 되받으려고 하지 마라. 너희는 남에게서 바라는 대로 남에게 해주어라.[71]

예수의 지지자들은 하느님 자신만큼이나 자비로운 사람이 되어야 하며 모든 사람에게 관대하게 베풀고 비판이나 단죄를 삼가야 했다.[72]

바울과 평등한 공동체의 이상

예수의 십자가 처형 뒤 제자들은 예수가 하느님 오른편으로 올라갔고 곧 다시 돌아와 분명하게 왕국을 열리라는, 확신에 찬 비전이 있었다.[73] 예수는 로마령 팔레스티나의 농촌 지방에서 활동했고 크고 작은 도시는 대체로 피했다.[74] 그러나 킬리키아의 타르수스(다르소) 출신의 디아스포라 유대인 바울(바울로)은 예수를 알지 못했지만 자신이 하느님으로부터 '복음'을 이방 세계에 전하는 임무를 위임받았다고 믿어 소아시아, 그리스, 마케도니아의 주요 무역로를 따라 늘어선 그리스-로마 도시들에서 설교했다. 이곳은 분위기가 사뭇 달랐다. 바울의 개종자들은 바울 자신과 마찬가지로 빵을 구걸하지 않고 생계를 위해 일을 해야 했으며 그들 가운데 상당수는 자산이 있는 남녀였다. 서기 50년대에 글을 썼던 바울은 저작이 현재까지 남아 있는 가장 이른 시기의 기독교 저자이며, 그의 가르침은 70년대와 80년대에 쓰인 (공관 복음서라고 알려진) 마가, 마태, 누가 복음서에 나타나는 예수의 생애 이야기에도 영향을 끼쳤다. 공관 복음서는 또 예수에 관한 팔레스티나의 가장 이른 전승들에도 의지했지만, 동시에 그리스-로마 종교가 널리 퍼진 도시 환경에서 기록한 것이다.

그리스인도 로마인도 종교를 세속 생활과 나눈 적이 없었다. 그들은 우리의 현대적인 '종교' 개념을 이해하지 못할 것이다. 그들에게는 권위적 경전도, 강제적 믿음도, 구분된 성직자도, 의무적인 윤리 규칙도 없었다. 신과 인간을 나누는 존재론적 간극도 없었다. 모든 인간은 신성한 누멘('신의 힘')이나 게니우스('수호신')를 지녔고, 신들은 자주 인간의 형태를 취했다.[75] 신들은 시민체의 일부였기 때문에 그리스-로마 도시는 기본적으로 종교 공동체였다. 각 도시에는 그 나름의 신성한 후원자가 있었고, 시민의 자부심, 경제적 이해관계, 신앙이 우리의 세속화된 세계에서는 이상해 보일 만한 방식으로 서로 얽혀 있었다. 도시의 신들을 기리는 종교 축제에 참여하는 것은 도시 생활에서 필수적이었다. 공휴일이나 주말이 없었기 때문에 로마의 루페르칼리아 축제와 아테네의 판아테나이아 축제는 긴장을 풀고 기분 좋게 즐길 수 있는 드문 기회였다. 이런 의식들은 로마인이나 아테네인이 되는 것의 의미를 규정하고, 도시를 과시하고, 시민 생활에 초월적 의미를 부여하고, 공동체를 가장 좋은 모습으로 드러내고, 시민에게 시민 가족에 속한다는 소속감을 심어주었다. 이런 의식에 참여하는 것은 개인적으로 신에게 헌신하는 어떤 행동 못지않게 중요했다. 따라서 한 도시에 속한다는 것은 그 신들을 섬긴다는 뜻이었다. 물론 다른 신들을 섬기는 것도 얼마든지 받아들여졌지만.[76]

이것이 안티오키아, 코린트(고린토), 필리포이(필립비), 에페소스(에페소)에서 바울이 개종시킨 유대인과 이방인에게 잠재적인 문제였는데, 그들은 일신교도로서 로마의 종교를 우상 숭배로 여겼기 때문이다. 로마 제국에서 유대교는 위대한 고대 전통으로 존중받았고 유대인이 공적인 신앙을 피하는 것도 받아들여졌다. 이 시점에 유대교와 기독교는 아직 구분된 전통이 아니었다.[77] 바울의 이방인 개종자들은 자신을 이스라엘의 한 부분으로 보았다.[78] 그러나 혼잡한 그리스-로마 도시에서 기독교인은 종종 현지 회당과 충돌을 일으켰으며, 그들이 자랑스럽게 '새로운 이스라엘'에 속한다고 주장하자 마치 그 모체가 된 신앙에 불경하게 구는 것처럼 보였다. 로마인은 이런 태도를 개탄했다.[79] 바울의 편지들은 차이와 새로움이 위험할 수도 있는 사회에서 개종자들이 두드러지게 될까 걱정하고 있음을 보여준다. 바울은 개종자들에게 관습적인 복장 규정을 준수하고,[80] 로마 시민에게 기대되는 예의와 자제를 보여주고, 지나치게 환희를 드러내며 신앙을 과시하지 말라고 다그쳤다.[81] 바울은 로마 당국에 도전하는 대신 복종과 존중을 설교했다. "누구나 자기를 지배하는 권위에 복종해야 합니다. 하느님께서 주시지 않은 권위는 하나도 없고 세상의 모든 권위는 다 하느님께서 세워주신 것이기 때문입니다. 그러므로 권위를 거역하면 하느님께서 세워주신 것을 거스르는 자가 됩니다."[82] 로마는 악의 제국이 아니라 질서와 안정을 보장해주는 존재였기 때문에 기독교인은 세금을 내야 했다. "여러분이 여러 가지 세금을 내는 것도 이 때문입니다. 통치자들은 그와 같은 직무들을 수행하도록 하느님의 임명을 받은 일꾼들입니다."[83] 그러나 바울은 이것이 잠정적인 상황임을 알았다. 예수의 나라가 그 자신의 생애 안에 지상에 수립될 터였기 때문이다. "우리가 보는 이 세상은 사라져 가고 있습니다."[84]

바울의 '공동체'(에클레시아) 구성원들은 예수의 승리의 귀환을 기다리는 동안 예수가 가르친 대로 살아야 했다. 친절하게, 서로 도우며, 관대하게. 그들은 제국주의 통치의 구조적 폭력과 귀족제의 이기적인 정책을 대체할 대안을 창조하게 된다. 그들은 '성찬'을 기념할 때, 즉 예수를 기억하는 공동 식사를 할 때 부유한 자들과 가난한 자들이 같은 식탁에 앉아 같은 음식을 나누게 했다. 초기 기독교는 개인과 신 사이의 사적인 일이 아니었다. 사람들은 계층화된 로마 사회의 부와 권력의 불평등한 분배에 도전하는 긴밀한 소수 공동체에서 함께 사는 경험으로부터 예수를 향한 믿음을 끌어냈다. 〈사도행전〉의 저자는 예루살렘에서 이루어진 초기 에클레시아의 이상화된 그림을 그린 것이 틀림없지만 여기에는 기독교의 이상도 반영되었다.

그 많은 신도들이 다 한마음 한뜻이 되어 아무도 자기 소유를 자기 것이라고 하지 않고 모든 것을 공동으로 사용했다. …… 그들 가운데 가난한 사람은 하나도 없었다. 땅이나 집을 가진 사람들이 그것을 팔아서 그 돈을 사도들 앞에 가져다놓고 저마다 쓸 만큼 나누어 받았기 때문

이다.[85]

　이런 식으로 살게 되자 기독교인은 자신을 버림으로써 하느님 오른편으로 올라간 예수라는 인간이 한 전형으로서 보여준 새로운 가능성을 보았다. 바울은 이전의 모든 사회적 분열은 타당성을 잃었다고 주장했다. "유대인이든 그리스인이든 종이든 자유인이든 우리는 모두 한 성령으로 세례를 받아 한몸이 되었습니다." 전에는 아무런 공통점이 없던 사람들로 이루어진 이 신성한 공동체는 부활한 그리스도의 몸을 이루었다.[86] 바울과 아주 가까웠던 복음사가 누가는 기억할 만한 이야기에서 기독교인이 개인적인 신비한 경험이 아니라 낯선 사람에게 마음을 열고 함께 경전을 읽고 같은 식탁에서 먹음으로써 부활한 예수를 알게 될 것임을 보여주었다.[87]

　그러나 바울이 열심히 노력했음에도 초기 기독교인이 그리스-로마 사회에 적응하는 것은 결코 쉬운 일이 아니었다. 그들은 도시를 함께 묶는 공적 축제나 시민 희생제와 거리를 두었고 로마 총독이 처형한 사람을 숭배했다. 그들은 예수를 '주'(키리오스)라고 불렀지만, 이것은 지위에 집착하며 가난한 사람들을 경멸하던 관습적 귀족과는 아무런 관계가 없었다.[88] 바울은 필리포이 에클레시아의 초기 기독교 찬송가를 인용하며 하느님이 예수에게 키리오스라는 칭호를 부여한 것은 예수가 "자신을 비우고 종의 신분을 취하셔서 …… 당신 자신을 낮추셔서 죽기까지, 아니, 십자가에 달려서 죽기까지 순종"했기 때문임을 그들에게 일깨워주었다.[89] 케노시스, 즉 '비움'이라는 이상은 기독교 영성에서 핵심이 된다. "여러분은 그리스도 예수께서 지니셨던 마음을 여러분의 마음으로 간직하십시오." 바울은 필리포이 사람들에게 그렇게 말한다.

여러분 사이에는 경쟁이 없어야 하고, 자만이 없어야 합니다. 모두가 자신을 지워야 합니다. 서로 남을 자기보다 낮게 여기십시오. 저마다 제 실속만 차리지 말고 남의 이익도 돌보십시오.[90]

공자와 붓다의 지지자들과 마찬가지로 기독교인도 전사 귀족의 공격적인 자기주장에 맞서는 존중과 '이타'라는 이상을 계발하고 있었다.

그러나 긴밀하고 고립된 공동체에는 타인을 배척하는 배타성이 생길 수 있다. 소아시아에서 사도 요한의 전도 활동으로부터 파생한 수많은 유대인-기독교인 모임은 예수에 대하여 다른 관점을 지니게 되었다. 바울과 공관 복음서 저자들은 예수를 신으로 여긴 적이 없었다. 개종 전에 특별히 격식을 차리는 바리새인이었던 바울은 그런 생각만으로도 경악했을 것이다. 그들은 모두 관습적인 유대교의 의미에서 '하느님의 아들'이라는 표현을 사용했다. 예수는 하느님에게서 특별한 과제를 위임받은 보통 인간이라는 뜻이었다. 예수의 지위가 높아졌어도 바울에게는 늘 예수 키리오스 크리스토스와 그의 아버지 하느님 사이에는 늘 분명한 구분이 있었다. 그러나 네 번째 복음서의 저자는 예수를 우주적 존재, 태초 이전에 하느님과 함께 존재한, 하느님의 영원한 '말'(로고스)로 묘사했다.[91] 이런 높은 지위의 그리스도론 때문에 이 회중은 다른 유대교-기독교 공동체들로부터 멀어진 듯하다. 이들의 글은 외부인은 이해할 수 없는 은밀한 상징으로 '집단 내부'를 위해 쓰였다. 네 번째 복음서에서 예수는 수수께끼 같은 말로 청중을 당황하게 만드는 일이 많다. 이들 이른바 '요한파' 기독교인에게는 나라가 임하도록 일하는 것보다 예수에 대해 올바른 관점을 지니는 것이 더 중요하게 보였다. 그들에게도 사랑의 윤리가 있었지만 그것은 충성스러운 구성원들만을 위한 것이었다. 그들은 '세상'에 등을 돌리고,[92] 이 탈자를 '그리스도의 적', '악마의 자식'이라고 비난했다.[93] 그들은 냉대를 당하고 오해받으면서 빛과 어둠, 선과 악, 삶과 죽음으로 양극화된 이원적 세계관을 발전시켰다. 그들의 가장 극단적인 경전이 〈요한계시록〉인데, 이것은 아마 팔레스티나의 유대인이 로마 제국과 필사적인 전쟁을 하던 시기에 기록되었을 것이다.[94] 저자인 파트모스의 요한은 '짐승', 즉 '악의 제국'의 날이 얼마 남지 않았다고 확신했다. 예수가 곧 돌아와 전투에 뛰어들어 짐승을 죽이고 불구덩이에 던진 다음 천년왕국을 세울 것이다. 바울은 개종자들에게 제국 폭력의 희생자 예수가 죄와 죽음에 대한 영적이고 우주적인 승리를 거두었다고 가르쳤다. 그러나 요한은 지지자들에게 폭력적으로 복수하지 말라고 가르친 예수를 대량 살육과 유혈을 불사하고 로마를 물리칠 무자비한 전사로 묘사했다. 〈요한계시록〉은 어려운 과정을 거쳐 간신히 기독교 정전으로 받아들여졌으며 사람들이 더 정의롭고 평등한 세계를 갈망하는 사회 불안의 시기에 탐독된다.

'평화의 종교'가 된
랍비 유대교

서기 66년 로마 총독이 성전 금고에서 돈을 징발하자 예루살렘에서 폭동이 일어났다. 모두가 폭동을 지지한 것은 아니었다. 특히 바리새인은 디아스포라 유대인에게 문제가 생길 것을 걱정했지만 새로 등장한 열심당*은 제국이 이제 내적 불화로 분열되어 있기 때문에 폭동이 성공할 가능성이 높다고 보았다. 그들은 로마 수비대를 몰아내고 임시 정부를 수립하는 데 성공했지만 네로 황제는 가장 재능 있는 장군 베스파시아누스가 이끄는 대군을 유대로 파견하는 것으로 응답했다. 68년에 네로가 죽은 뒤의 혼란 동안에는 적대 행위가 중단되었지만, 베스파시아누스가 황제가 되자 그의 아들 티투스가 예루살렘 공격을 이어받아 열심당의 항복을 받아냈으며 70년 8월 28일 도시와 성전을 태워버렸다.

중동에서는 성전의 상징적 무게가 워낙 컸기 때문에 그 상실로 민족 전통은 큰 위기에 처했다.[95] 유대교는 바리새인의 지도자 요하난 벤 자카이가 이끄는 학자 집단 덕분에 살아남았는데, 그는 성전 예배에 기초한 신앙을 책의 종교로 바꾸어놓았다.[96] 그들은 해안 도시 야브네에서 새로운 경전 세 권을 편찬하기 시작했다. 미슈나*는 200년경 완성되었고, 예루살렘 탈무드와 바빌로니아 탈무드는 각각 5세기와 6세기에 최종적인 형태에 이르렀다. 처음에는 랍비들 대부분이 성전이 재건될 것이라 생각했겠지만, 130년 하드리아누스 황제가 유대를 찾아와 예루살렘의 폐허에 아엘리아 카피톨리나라는 이름의 새 도시를 건

열심당 유대교 분파 가운데 공격적인 정치적 당파로서 로마와 로마가 신봉하는 다신교를 철저히 배척했다. 유대인 가운데 로마와 평화나 화해를 바라는 자들을 경멸했으며, 서기 66년에 일어난 로마와의 전쟁 때 선봉에 섰다. 서기 73년 로마 제국에게 마사다 요새를 넘겨주게 되자 집단 자살을 택했다.
미슈나 유대교 랍비들의 구전(口傳)을 집대성한 책. 탈무드는 미슈나와 게마라로 구성되어 있는데, 전자는 구전되어 온 율법을 성문화한 것이고, 후자는 미슈나에 관한 학자들의 논의와 해석을 기록한 것이다.

설하겠다고 발표하자 그 희망은 깨져버렸다. 이듬해 황제는 제국을 문화적으로 통일하는 정책의 일환으로 할례, 랍비 성직 수임식, 토라의 교시, 유대인 공공 집회를 불법화했다. 어쩌면 불가피한 일이었겠지만 다시 폭동이 일어났고, 강인한 유대 병사 시몬 바르 코세바가 아주 능숙하게 게릴라전 계획을 짠 덕분에 유대인은 3년 동안 로마를 곤경에 몰아넣을 수 있었다. 야브네의 중요한 학자 랍비 아키바는 그를 메시아로 환영하며 바르 코크바('별의 아들')라고 불렀다.[97] 그러나 로마는 마침내 통제력을 회복하여 거의 천여 개에 이르는 유대인 마을을 체계적으로 파괴하고 유대 반군 58만 명을 죽였으며, 그밖에도 헤아릴 수 없이 많은 민간인이 불에 타 죽거나 기아나 질병으로 죽었다.[98] 전쟁 뒤 유대인은 유대에서 추방당했으며 5백 년이 넘도록 돌아가는 것을 허락받지 못한다.

이런 제국주의적 공격의 폭력성은 랍비 유대교에 큰 영향을 끼쳤다. 랍비들은 유대인이 공격적 전통에 속하는 것들을 전면에 내세우는 것을 허락하지 않고, 그것을 의도적으로 주변화하여 재앙을 불러오는 군사적 모험을 막기로 결심했다.[99] 따라서 랍비들은 바빌로니아와 갈릴리에 세운 새로운 학교에서 쇼비니즘이나 호전성을 찬양하는 것은 모두 삭제하는 주석 방법을 발전시켰다. 그들이라고 해서 특별히 평화를 좋아하는 것은 아니었지만 ─ 학문적 전투는 격렬하게 치렀다. ─ 그들은 실용주의자들이었다.[100] 그들은 유대인이 물리적 힘보다는 영적 힘에 의존해야만 유대교 전통이 살아남을 수 있다는 것을 알았다.[101] 이제는 영웅적 메시아를 받아들일 여유가 없었다.[102] 그들은 랍비 요하난의 충고를 기억했다. "손에 묘목을 들고 있다가 '메시아 왕이 왔다'는 이야기를 들으면, 우선 묘목을 심은 다음에 가서 그를 환영하라."[103] 다른 랍비들은 그보다 더 나아갔다. "그가 오게는 하지만 내가 그를 보게 하지는 말라!"[104] 로마는 삶의 조건이었고 유대인은 그것을 받아들여야 한다.[105] 랍비들은 하느님이 로마의 제국 권력을 명했다는 것을 보여주려고 성경과 구전을 샅샅이 뒤졌다.[106] 그들은 로마의 과학 기술을 찬양했으며, 유대인에게 이방인 왕을 볼 때마다 축복하라는 지침을 내렸다.[107] 안식일에 무기를 드는 것과 '학교'에 무기를 가져오는 것을 금하는 새로운 규칙을 세웠다. 폭력은 토라 공부와 양립할 수 없다는 이유였다.

랍비들은 종교적 행동은 선동적인 힘이 아니며, 오히려 폭력을 진정시키는 데 이용될 수 있다는 점을 분명히 밝힌다. 그들은 히브리 성경의 호전적인 구절들을 무시하거나 아니면 근본적으로 새롭게 해석했다. 그들은 자신들의 주석 방법론을 '미드라시(midrash)'라고 불렀다. 이것은 '조사하다', '뭔가를 탐색하러 가다'라는 뜻의 히브리어 다라시(darash)에서 파생된 말이었다. 따라서 경전의 의미는 자명한 것이 아니라 부지런히 공부해서 찾아내야 하는 것이었다. 그것이 '하느님의 말씀'이기 때문이고, 본디 무한하여 어떤 단일한 해석에 한정될 수 없기 때문이었다. 실제로 유대인이 성스러운 텍스트와 대면할 때마다 그 의미는 달라져야 했다.[108] 랍비들은 자유롭게 하느님과 논쟁하고, 하느님에게 도전하고 심지어 더 동정적인 독법을 도입하기 위해 경전의 말을 바꾸기도 했다.[109] 그래, 하느님이 성경에서 종종 신성한 전사로 묘사된 것은 맞지만 유대인은 오직 그의 자비로운 행동만을 모방해야 한다.[110] 이제 진정한 영웅은 전사가 아니라 평화로운 인간이다. "누가 영웅 중의 영웅인가?" 랍비가 물었다. "적을 친구로 바꾸는 자다."[111] "강한" 자는 전장에서 용기를 증명하는 이가 아니라 "자신의 감정을 굴복시키는" 자다.[112) 예언자 이사야가 "그의 군을 문으로 몰아내는" 병사를 찬양하는 것처럼 보였을 때 그는 사실 "토라의 전쟁에서 찌르고 막는 사람들"을 이야기한 것이다.[113) 랍비들은 여호수아와 다윗을 경건한 토라 학자로 묘사했으며, 심지어 다윗이 전쟁에는 아무런 관심이 없었다고 주장하기까지 했다.[114) 이집트 군대가 '갈대의 바다'에서 익사했을 때 천사 몇 명이 야훼 찬가를 부르기를 원했으나 야훼는 그들을 꾸짖었다. "내 자식들이 바다 속에 죽어 누워 있는데 너희는 노래를 부르려느냐?"[115)

랍비들은 경전에 신이 정한 전쟁이 있다는 것은 인정했다. 그들은 가나안 사람들과 싸우는 것은 '의무적인' 전쟁이었다고 결론을 내렸지만, 바빌로니아의 랍비들은 이제 그 민족들이 존재하지 않기 때문에 전쟁은 의무적이지 않다고 판단했다.[116) 반면 로마령 팔레스타나의 랍비들은 지위가 훨씬 위태로웠기 때문에 유대인이 여전히 가끔은 싸울 수밖에 없다고 주장했다. 그러나 오로지 자기방어일 때뿐이었다.[117) 다윗의 영토 전쟁은 '자유재량에 따른' 것이었지만 랍비들은 왕도 전장에 나가기 전에 유대인의 통치 기구인 산헤드린의 허가를 구해야 했다는 점을 지적했다. 그러나 그들은 이제 군주제도 산헤드린도 존재하지 않기 때문에 자유재량에 따른 전쟁은 정당하지 않다고 결론을 내렸다. 랍비들은 또 〈아가〉의 한 구절을 이방인의 보복을 불러올 수 있는 대중 봉기를 단념시키는 방식으로 해석했다. "들판을 뛰노는 노루 사슴 같은 예루살렘의 아가씨들아, 나의 사랑을 제발 방해하지 말아다오. 흔들어 깨우지 말아다오. 그 사랑이 깨어나기를 원할 때까지."[118) 이스라엘인은 도발적 행동("사랑을 흔들어 깨우는")을 하면 안 된다. 하느님의 명령이 있을 때까지("그 사랑이 깨어나기를 원할 때까지") '이스라엘의 땅'으로 대량 이주해서도 안 되고 더는 이방인의 통치에 대한 반란을 일으켜서도 안 된다. 잠잠히 있으면 하느님이 박해를 허락하지 않겠지만, 순종하지 않으면 그들은 "들판을 뛰노는 노루 사슴같이" 이방인 폭력의 만만한 대상이 될 것이다.[119] 이 난해한 주석은 천 년이 넘는 기간 동안 유대인의 정치적 행동에 효과적으로 제동을 걸었다.[120]

기독교 신앙의 중심이 된
순교자 숭배

서기 3세기 중반에 이르자 로마 제국은 위기에 빠졌다. 페르시아의 새로운 사산 왕조가 킬리키아, 시리아, 카파도키아의 로마 영토를 정복했다. 다뉴브강 분지의 고트족이 계속 국경을 공격했다. 게르만 전사 무리가 라인강 유역에서 로마 수비대를 괴롭혔다. 16년이라는 짧은 기간(268~284년)에 황제 여덟 명이 자신의 군대의 손에 암살당했다. 경제는 무너졌고 지방 귀족들은 도시의 권력을 놓고 싸웠다.[121] 결국 로마를 구한 것은 변경 지역의 직업 군인들이 이끈 군사 혁명인데, 이것이 로마군을 바꾸었다.[122] 귀족은 이제 최고의 자리를 모두 차지하지 못했고 군대는 규모가 두 배로 늘어났으며 군단은 더 작고 유연한 지대(支隊)로 나뉘었다. 기동력이 좋은 기병대인 코미타투스는 국경의 수비대를 지원했으며 처음으로 로마 시민은 군대의 재정을 위해 세금을 냈다. 3세기 말 로마는 발칸 지역과 이탈리아 북부의 이방인들을 물리쳤고 페르시아의 진격을 저지했으며 잃어버린 영토를 회복했다. 새로운 로마 황제들은 이제 귀족 출신이 아니었다. 디오클레티아누스

(284~305년 재위)는 달마티아의 노예 출신 자유민의 아들이었고 갈레리우스(305~311년 재위)는 카르파티아의 목동 출신이었으며 콘스탄티우스 클로루스(305~306년 재위)는 나이수스(오늘날 니시) 출신의 평범한 향신이었다. 그들은 제국을 중앙 집권화하여 과세를 지방 귀족에게 맡기지 않고 직접 관장했는데, 가장 의미심장한 사건은 디오클레티아누스가 사두 정치를 세워 세 명의 공동 황제와 권력을 나눈 것이었다. 막시미아누스는 콘스탄티우스 클로루스와 서쪽 지방을 통치했고 디오클레티아누스는 갈레리우스와 함께 동부를 지배했다.[123]

3세기의 위기로 기독교는 제국 지배 계급의 관심을 끌었다. 기독교인은 그 전부터 인기가 있던 적이 없었다. 도시의 제례에 참여하기를 거부하여 수상쩍게 보였으며 사회적 긴장이 높은 시기에는 쉽게 희생양이 되었다. 타키투스에 따르면 네로는 로마 대화재를 기독교인 탓으로 돌려 많은 이를 죽였다. 이 사람들이 〈요한계시록〉에서 하느님의 보좌 옆에 앉은 순교자들인지도 모른다.[124] 북아프리카의 신학자 테르툴리아누스(160?~220?)는 불평했다. "티베르강이 담까지 올라오면, 나일강이 범람하여 들판을 덮지 않으면, 하늘이 비를 내리지 않으면, 지진이나 기근이나 역병이 발생하면, 바로 외치는 소리가 들린다. '기독교인을 사자에게!'"[125] 그러나 농경 국가의 지배 계급이 신민의 종교 생활에 개입하는 것은 관행이 아니었으며 제국에는 기준으로 삼을 만한 박해 정책이 없었다. 112년 비티니아의 총독 플리니우스가 트라야누스 황제에게 자기 앞에 끌려온 기독교인을 어떻게 다루어야 하느냐고 묻자 트라야누스는 공식 절차가 없다고 대답했다. 그러면서 기독교인을 적극적으로 추적해 잡지는 말아야 하지만, 그들이 어떤 이유로 법정에 나오거나 로마의 신들에게 희생제를 드리는 것을 거부하면 제국 정부에 도전한 죄로 처형해야 한다고 조언했다. 이렇게 해서 처형당한 기독교인은 그들의 공동체에서 숭배되었으며, 그들의 죽음 이야기를 소름 끼치게 기록한 《순교자 행전(Acta Martyrum)》은 전례에서 큰 소리로 낭독되었다.

그러나 많은 난관을 거치면서도 기독교 또한 무시 못 할 세력으로 자리를 잡았다. 우리는 여전히 어떻게 이런 일이 일어났는지 제대로 이해하지 못한다.[126] 제국 내에 다른 새로운 종교 운동들이 발흥하면서 기독교가 덜 괴상해 보였다는 주장도 있다. 사람들은 이제 거룩한 장소보다는 '하느님의 친구'인 인간에게서 신성함을 찾았으며, 교회와 다르지 않은 비밀 결사가 제국 전체에 버섯처럼 퍼져 갔다. 이런 종교 다수는 기독교와 마찬가지로 동방에 기원을 두었으며, 이들 또한 특별한 입문식을 요구하고 새로운 계시를 제공하고 삶의 전환을 강요했다.[127] 기독교는 또 바울처럼 상인과 장인에게 호소하기 시작했는데, 이들은 팍스 로마나를 활용하여 고향을 떠나 여행을 하고 다른 곳에 정착한 자들이었다. 이런 많은 사람이 자신의 뿌리와의 연결이 끊어지고 새로운 사상에 문을 열었다. 기독교의 평등주의 윤리는 하층 계급과 노예에게 인기가 있었다. 여자들 또한 교회를 매력적으로 여겼다. 기독교 경전은 남편에게 아내를 사려 깊게 대하라고 가르쳤기 때문이다. 스토아 철학이나 에피쿠로스 철학과 마찬가지로 기독교는 내적 평정을 약속했지만 그 삶의 방식은 귀족만이 아니라 가난한 사람이나 문맹자도 따를 수 있었다. 교회는 또 알렉산드리아의 플라톤주의자 오리게네스(185~254) 같은 일부 매우 지적인 사람들에게도 매력적으로 다가갔는데, 오리게네스는 교육받은 사람들이 관심을 보일 만한 방식으로 이 신앙을 해석했다. 이 모든 것의 결과로 교회는 의미 있는 조직이 되었다. 교회는 렐리기오 리키타(religio licita), 즉 제국의 승인을 받은 전통이 아니었기 때문에 재산은 소유할 수 없었지만, 난폭한 분자들 가운데 일부를 몰아냈고 제국 자체와 마찬가지로 단일한 신앙 규범이 있다고 주장했으며 다인종화되고 국제화되었고 능률적인 관료들이 행정을 담당했다.[128]

교회의 성공에 대한 가장 설득력 있는 이유 하나는 자선 사업이다. 이 덕분에 교회는 도시에서 강력한 존재감을 얻었다. 250년에 이르면 로마의 교회는 매일 1천5백 명의 빈민과 과부를 먹였으며, 역병이나 폭동 때는 종종 성직자들이 식량 공급이나 사망자 매장을 조직할 수 있는 유일한 집단이 되기도 했다. 황제들이 변경을 방어하는 데 너무 몰두해 도시를 잊은 것처럼 보이던 때에 교회는 도시에 확고하게 자리를 잡았다.[129] 그러나 이런 사회적 긴장이 높은 시기에 그렇게 눈에 띄는 모습은 당국에 위협이 될 수 있었으며 이제 당국은 더 체계적으로 기독교인을 골라내 처형하기 시작했다.

우리 시대에 표면화되어 우리를 놀라게 했고, 또 현재 폭력이나 극단주의와 연결되어 있는 순교라는 이상을 탐사해보는 것은 중요하다. 그러나 기독교 순교자는 제국의 박해의 피해자였으며 다른 누구도 죽이지 않았다. 이렇게 괴롭힘을 당한 기억은 초대 교회의 의식에 깊게 자리를 잡아 기독교의 세계관을 형성하게 된다. 그러나 3세기 위기 전에는 제국 전체에 걸친 공식적 박해가 없었고 간헐적으로 국지적인 적대의 분출이 있었을 뿐이며, 심지어 3세기에도 로마 당국이 광범하게 기독교인을 추적한 것은 불과 10년 정도였다.[130] 농경 제국에서 지배 귀족은 자신의 종교가 신민의 종교와 다를 것이라고 기대했으나 아우구스투스 이후로는 로마의 신들을 숭배하는 것이 제국의 생존에 필수적인 일로 여겨졌다. 팍스 로마나는 팍스 데오룸(Pax deorum), 즉 신들이 부여하는 평화에 의지하며, 신들은 정기적인 희생제에 대한 보답으로 제국의 안보와 번영을 보장해준다고 여겨졌다.

그래서 250년 로마의 북쪽 변경이 야만 부족에게 위협을 당했을 때 황제 데키우스는 모든 신민에게 자신의 게니우스에게 희생제를 드려 신들의 도움을 얻으라고 명령하면서 이 칙령을 위반하면 사형에 처한다고 선포했다. 이 칙령은 구체적으로 기독교인을 겨냥한 것은 아니었다. 더욱이 이 칙령은 실행이 어려웠기 때문에 당국이 공식 희생제에 나타나지 않은 사람을 추적한 것으로 보이지도 않는다.[131] 데키우스가 이듬해에 전사하자 칙령은 철회되었다. 그러나 258년 황제 발레리아누스는 처음으로 교회를 목표물로 적시하여, 성직자를 처형하고 지위가 높은 기독교인의 재산을 몰수하라는 명령을 내렸다. 하지만 이번에도 죽임을 당한 사람은 거의 없었던 것으로 보이며, 2년 뒤 발레리아누스는 페르시아인에게 포로로 잡혀 풀려나지 못하고 죽었다. 후계자 갈리에누스는 그 법을 폐지하여 기독교인은 40년간 평화를 누렸다.

발레리아누스는 교회의 신앙과 제의보다도 교회의 조직적 힘에 골치가 아팠던 것이 분명하다. 교회는 새로운 현상이었다. 기독교인은 제국의 개선된 통신망을 활용하여 우리가 지금까지 논의해 온 어떤 전통도 시도하지 못한 통일된 조직을 갖춘 제도를 만들어냈다. 각 지역 교회는 주교를 수장으로 삼았으며, 이 '감독'은 그 권위가 예수의 사도들에게서 비롯된다고 전해졌고 장로와 집사의 지원을 받았다.* 이런 거

---

* '주교'를 뜻하는 그리스어 에피스코포스(episkopos)는 본래 '감독하는 사람'을 일컬으며, 기독교에서는 여전히 '감독(bishop)'이라는 직분으로 이 말의 뜻이 이어지고 있다. '주교'와 '감독'은 여러 교회가 모인 교구나 한 지역의 담당자를 뜻한다.

의 동일한 공동체들로 이루어진 네트워크는 '제국' 내의 제국이 되었던 것으로 보인다. 공격적인 종파주의자들을 배제한 정통을 만들어내고 싶었던 리옹의 주교 이레나에우스(130~200?)는 '위대한 교회'는 신앙 규범이 단일하나고 주장했다. 주교는 사도로부터 바로 가르침을 물려받았기 때문이다. 그러나 이것은 새로운 생각일 뿐 아니라 완전한 환상이었다. 바울의 편지들은 그와 예수의 제자들 사이에 상당한 긴장이 있었고, 그의 가르침은 예수의 가르침과 거의 관계가 없다는 것을 보여준다. 각 공관 복음 저자들은 자기 나름으로 예수에 대한 견해를 밝혔지만 요한주의자들은 이번에도 달랐다. 다른 복음서도 여럿 돌아다녔다. 기독교인이 마침내 경전의 정전을 확립했을 때—4세기에서 5세기 사이의 일이다.—거기에는 이런 다양한 비전들이 나란히 자리를 잡았다.

그러나 불행히도 기독교는 지적 순응에 대한 독특한 갈망을 키워 나가는데, 이것은 지속 가능하지 않음이 증명될 뿐더러 다른 신앙 전통과 분리되는 요인이 된다. 반면 랍비들은 절대 하나의 중앙 권위를 만들려고 하지 않는다. 다른 랍비는 말할 것도 없고 심지어 하느님도 다른 유대인에게 무슨 생각을 하라고 명령할 수 없었다.[132] 붓다는 종교적 권위라는 관념을 완강하게 거부했다. 단일한 신앙 규범과 구조화된 위계라는 관념은 인도의 다종다양한 전통에는 완전히 낯선 것이었다. 중국인은 모든 위대한 스승에게서—그들 사이의 불일치에도 불구하고—장점을 보라고 권유했다.

그러나 기독교 지도자들은 발레리아누스의 죽음 이후 평화로운 40년 동안 교회를 당국에 점점 위협적인 존재로 만들게 된다. 새로 선출된 황제 디오클레티아누스가 287년 니코메데이아의 궁으로 이주했을 때, 건너편 언덕에서 기독교 바실리카가 분명하게 보여 마치 제국 궁전과 동급으로 맞서는 것처럼 보였다. 디오클레티아누스는 16년 동안 교회와 대립하는 행동을 하지 않았지만 제국의 운명이 위태로워지자 팍스 데오룸의 굳건한 신봉자였던 그는 기독교인이 고집스럽게 로마의 신들을 기리는 일을 거부하는 데 점차 인내력을 잃게 된다.[133] 303년 2월 23일 그는 건방진 바실리카를 부술 것을 요구했다. 다음 날에는 기독교인의 집회를 불법화하고 교회의 파괴와 기독교 경전의 몰수를 명령했다. 남녀노소를 막론하고 제국의 공공 광장에 모여 로마의 신들에게 희생제를 드려야 하며 위반하면 처형을 당했다. 그러나 이 법은 기독교 공동체가 극소수이거나 전혀 없는 몇 개 지역과 서부에서만 시행되었다. 그 결과 얼마나 많은 사람이 죽었는지는 알기 어렵다. 희생제에 나타나지 않아도 기독교인이 추적을 당하는 일은 없었다. 그렇다 해도 다수는 신앙을 버렸고 어떤 사람들은 빠져나갈 구멍을 찾았다.[134] 사형을 당한 사람들은 대부분 자발적 순교자로서 당국에 도전하고 나섰는데, 주교들은 이런 관행을 비난했다.[135] 디오클레티아누스가 305년 폐위당하면서 이 칙령들도 철회되었다. 막시미누스 다이아 황제가 2년(311~313년) 동안 다시 살리기는 했지만.

그러나 순교자 숭배는 기독교 신앙의 중심이 되었다. 이들이 예수가 유일무이하지 않다는 것을 증명했기 때문이다. 교회의 한가운데에는 신성한 권능을 지닌 '하느님의 친구들'이 있었다. 순교자들은 '다른 그리스도'였으며, 그들은 죽기까지 그리스도를 모방함으로써 그리스도를 현재로 가져왔다.[136] 《순교자 행전》은 이 영웅적 죽음이 하느님의 임재를 표현하는 기적이라고 주장했다. 순교자들이 고통에 무감각한 것처럼 보였기 때문이다. "하루도 빠짐없이 이 이야기들을 곱씹도록 하자." 5세기의 루앙 주교 빅트리키우스는 회중에게 그렇게 촉구했다. "이 순교자는 고문자 밑에서도 움츠러들지 않았다. 이 순교자는 느린 처형 작업을 서두르게 했다. 이 순교자는 불을 열심히 삼켰다. 이 순교자는 난도질을 당했지만 가만히 서 있었다."[137] "그들은 인간이 견딜 수 없는 수준의 고통을 겪었지만 자신의 힘이 아니라 하느님의 은총으로 이것을 받아들였다." 교황 겔라시우스(492~496년 재위)는 그렇게 설명했다.[138] 기독교의 노예 처녀 블란디나가 177년 리옹에서 처형당할 때 그의 벗들은 "자신들의 눈으로 자매를 통하여 자신들을 위하여 십자가에 달리시는 분을 보았다."[139]

젊은 아내이자 어머니인 비비아 페르페투아는 203년 카르타고에서 갇혔을 때 연속해서 놀라운 꿈을 꾸었고, 이것은 페르페투아를 박해하던 사람들에게까지 그가 신성한 존재와 특별한 친밀함을 누리고 있다는 것을 증명해주었다. 감옥의 관리자도 "우리에게 진귀한 힘이 있다"는 것을 느꼈다고 페르페투아의 전기 작가는 회고했다.[140] 기독교인은 이런 '하느님의 친구들'을 통하여 자신들을 존중해줄 것을 요구할 수 있었고, 심지어 이교도 공동체들에 대한 우위도 주장할 수 있었다. 그러나 순교자의 그리스도 '간증'에는 늘 공격성의 단순한 암시를 넘어서는 것이 자리 잡게 된다. 페르페투아는 처형 전날 밤 남자로 변하여 경기장에서 이집트인과 씨름하는 꿈을 꾸었는데, 이집트인은 거대하고 외모가 "천했지만" 페르페투아는 신성한 힘을 주입받아 그를 땅바닥에 내던질 수 있었다. 잠을 깨자 페르페투아는 자신이 그날 야수가 아니라 '악마' 자신과 싸우게 되고 또 "승리가 내 것이 될 것"임을 알았다.[141]

순교는 늘 소수의 항의가 되지만, 순교자들의 폭력적 죽음은 국가의 구조적 폭력과 잔혹성을 생생하게 보여주었다. 순교는 늘 종교적일 뿐 아니라 정치적 선택이었으며, 이것은 나중에도 마찬가지다. 제국의 적으로 겨냥당하고 당국과 완전히 비대칭적인 권력 관계를 맺고 있는 이 기독교인들의 죽음은 다른 종류의 충성을 도전적으로 주장하는 것이었다. 그들은 이미 로마보다 본질적으로 우월한 고귀함을 얻었으며, 순교자들은 자신의 죽음을 억압자의 문간에 갖다놓음으로써 효과적으로 억압자를 악마로 만들었다. 동시에 이 기독교인들은 원한의 역사를 만들어 나가기 시작했고, 이것이 그들의 신앙에 새롭게 공격적인 날을 세우게 된다. 그들은 〈요한계시록〉의 예수처럼 자신들이 계속되는 종말론적 싸움에 참여하고 있다고 확신했다. 검투사처럼 경기장에서 맹수와 싸울 때 그들은 (제국주의 권력으로 체현된) 악마의 권세와 싸우고 있었고 예수의 승리의 재림을 촉진하고 있었다.[142] 자발적으로 당국에 출두하는 사람들은 나중에 '혁명적 자살'이라고 부르는 것을 감행하고 있었다. 그들은 당국이 자신을 죽이도록 강요함으로써 이른바 팍스 로마나의 내재적 폭력을 모든 사람이 볼 수 있도록 드러냈고, 자신들의 고통이 그 종말을 앞당길 것이라고 굳게 믿었다.

그러나 다른 기독교인들은 제국을 악마로 여기지 않았다. 오히려 그들은 로마로 개종하는 주목할 만한 경험을 했다.[143] 이 현상은 이번에도 동일한 행동 경로를 장려하는 '본질적' 기독교를 확정하는 것이 불가능하다는 것을 보여준다. 예를 들어 오리게네스는 기독교가 고대 고전 문화의 절정이라고 믿었다. 그리스 철학은 히브리 경전들과 마찬가지로 로고스, 즉 '하느님 말씀'의 표현이었다. 팍스 로마나는 섭리에 따라 정해진 것이었다. 오리게네스는 "왕국이 많았다면 예수의 가르침이 전 세계로 퍼지는 데 오히려 장애가 되었을 것"이라고 믿었다.[144]

지중해 도시 주교들은 정치가다운 면모와 지혜로운 판단 덕분에 '하느님의 친구들'이라는 명성을 얻었다.[145] 카르타고의 주교 키프리아누스(200~258)는 자신이 모든 면에서 로마에 비길 만큼 위엄 있는 특권 사회를 관장하고 있다고 주장했다.[146]

306년 디오클레티아누스 밑에서 군인으로 명성을 얻은 발레리우스 아우렐리우스 콘스탄티누스는 아버지 콘스탄티우스 클로루스의 뒤를 이어 제국 서부의 두 통치자 가운데 한 사람이 되었다. 그는 혼자 패권을 차지하기 위해 공동 황제 막센티우스와 전쟁을 벌였다. 312년 로마 근처 밀비오 다리에서 마지막 전투를 치르기 전날 밤 콘스탄티누스는 하늘에서 불타오르는 십자가의 환영을 보았는데, 거기에는 이런 글이 새겨져 있었다. "이것으로 정복하라!" 꿈을 꾸는 자이자 선견지명이 있었던 콘스탄티누스는 또 '하느님의 친구'인 자신을 보았으며, 늘 이후의 승리를 이 기적적인 징조 덕분이라고 여기게 된다. 그해 그는 기독교를 렐리기오 리키타로 선포했다.

콘스탄티누스 황제는 철학자 루키우스 카이킬리우스 락탄티우스(260?~325?)를 아들 크리스푸스의 교사로 고용했다. 락탄티우스는 막시미누스 다이아 밑에서 고통을 겪은 순교자들의 용기를 보고 기독교로 개종했다. 그는 국가가 본질적으로 공격적이고 약탈적이라고 믿었다. 로마인은 고상하게 미덕과 인간성 존중을 이야기하지만 자신이 설교하는 것을 실천에 옮기지는 않았다. 로마를 포함한 모든 정치권력의 목표는 늘 "남들에게서 폭력으로 빼앗은 땅을 넓히고 국가의 권력을 키우고 세입을 늘리는 것"이었는데, 이것은 오로지 라트로키니움, 즉 '강탈과 폭력'으로만 이룰 수 있었다.[147] '정의로운' 전쟁 같은 것은 없었다. 인간 생명을 빼앗는 것은 절대 허락될 수 없었기 때문이다.[148]

만일 로마인이 진정으로 덕이 있는 사람이 되려면 "남들의 재산을 돌려주고" 부와 권력을 버려야 한다. 락탄티우스는 그렇게 결론을 내렸다.[149] 예수라면 그렇게 했을지도 모르지만 기독교 로마에서는 그런 일이 생길 것 같지 않았다.

6장

비잔티움,
제국의 무기가 된 신앙

'기독교인 황제'라는
모순 어법

323년 콘스탄티누스는 동부의 황제 리키니우스를 물리치고 로마 제국의 단독 통치자가 되었다. 그러나 그의 궁극적 야망은 키루스가 그랬던 것처럼 지중해 연안에서 이란고원에 이르기까지 문명 세계 전체를 다스리는 것이었다.[1] 콘스탄티누스는 첫 단계로 수도를 로마에서 유럽과 아시아가 만나는 지점인 보스포루스 해협의 도시 비잔티움으로 옮기고 이름을 콘스탄티노폴리스로 바꾸었다. 이곳에서 그는 카이사레아의 주교 에우세비오스(264?~340?)의 환영을 받았다.

'만유를 통치하는 하느님'의 친구를 우리의 유일한 군주로 선포하라. …… 그는 '최고 주권자'의 전형적인 형상을 본으로 삼고 따랐으며, 그의 생각은 자신을 완벽하게 지혜롭고 선하고 의롭고 경건하고 용기 있고 하느님을 사랑하는 사람으로 만들어준 덕의 빛줄기를 반사하고 있다.[2]

이런 찬사는 세속 권위에 대한 예수의 비판과는 거리가 멀지만, 고대에 왕권을 장식하는 수사는 실제로 신을 가리키는 언어와 늘 서로 바꾸어 쓸 수 있었다.[3] 에우세비오스는 군주제(monarchy), 즉 '하나(monos)'의 통치를 유일신교의 자연스러운 결과로 보았다.[4] 이제 하나의 신, 하나의 제국, 하나의 황제가 있었다.[5] 콘스탄티누스는 군사적 승리에 의해 마침내 예수의 나라를 세웠고, 이것은 곧 전 세계로 뻗어 나갈 것이다. 에우세비오스는 콘스탄티누스의 이런 야망을 완벽하게 이해하여 황제는 로마 기독교인의 카이사르일 뿐 아니라 페르시아 기독교인의 적법한 군주이기도 하다고 주장했다.[6] 에우세비오스는 제국주의 기독교를 만들고 정리하면서 로마의 라트로키니움('강탈과 폭력')에 세례를 주어 예수의 원래의 메시지를 완전히 전복해버렸다.

콘스탄티누스의 개종은 분명히 엄청난 사건이었다. 기독교는 아직 로마 제국의 공식 종교는 아니었지만 마침내 로마법에서 인정을 받았다. 이제 교회는 재산을 소유할 수 있고 바실리카와 교회를 지을 수 있고 공적 생활에 분명한 기여를 할 수 있었다. 그러나 제국의 후원을 기쁘게 받아들인 기독교인들은 일부 눈에 띄는 부조화를 눈치채지 못했다. 예수는 따르는 사람들에게 가진 것을 모두 가난한 사람에게 주라고 했지만 기독교인 황제는 엄청난 부를 누렸다. 하느님의 나라에서는 부자와 가난한 자가 같은 식탁에 앉는다고 했으나 콘스탄티누스는 예외적인 고귀한 상태에서 살았다. 기독교는 억압적 농경 국가와 연결되면서 불가피하게 오염될 수밖에 없었다. 에우세비오스는 콘스탄티누스의 정복이 신성한 역사의 절정이라고 믿었다.[7] 예수는 제자들에게 천국과 지상의 모든 권력을 주었고, 기독교인 황제가 이것을 정치적 현실로 만들어놓았기 때문이다.[8] 에우세비오스는 콘스탄티누스가 이 현실을 이룩하기 위해 예수가 악마적이라고 비난한 로마 군단을 동원했다는 사실은 무시하는 쪽을 택했다. 312년에 시작된 교회와 제국의 밀접한 연합은 전쟁이 불가피하게 신성한 성격을 획득했음을 뜻했다. 그러나 비잔티움 사람들은 늘 전쟁을 '거룩하다'고 부르기를 망설이게 된다.[9] 예수도 초대 기독교인도 기독교인 황제라는 개념만큼 엄청난 모순 어법은 상상할 수 없었을 것이다.

그러나 이번에도 우리는, 한때 국가의 공격성에 문제를 제기한 전통이 귀족 통치를 지지할 때 그런 윤리적 입장은 유지될 수 없음을 보게 된다. 기독교 제국은 불가피하게 락탄티우스가 모든 제국주의의 특징이라고 믿은 '강탈과 폭력'에 오염된다. 다리우스 제국의 조로아스터교와 마찬가지로 종말론적 완성이 불가피하게 결함이 있을 수밖에 없는 정치 체제에 투사되었다. 에우세비오스는 콘스탄티누스가 세운 나라가 그리스도가 재림 때 오르게 될 나라라고 주장했다. 에우세비오스는 비잔티움의 기독교도에게 로마 제국의 무자비한 군국주의와 체제의 불의가 기독교 이상에 의해 바뀔 것임을 믿으라고 가르쳤다. 하지만 군인인 콘스탄티누스는 자신의 새로운 신앙에 대한 지식이 거의 없었다. 따라서 기독교가 제국주의적 폭력으로 개종할 가능성이 더 컸다.

콘스탄티누스도 자신의 입장이 모호하다고 느꼈던지 임종에 이를 때까지 세례를 미루었다.[10] 그는 인생의 마지막 해에 페르시아 원정을 계획하다가 병이 들자 에우세비오스가 전하는 바에 따르면 "살다가 어느 때라도 저질렀을 수 있는 죄로부터 자신을 정화할 때가 왔음을 인식했으며, 한 인간으로서 자신이 저지를 수밖에 없는 운명이었던 모든 죄를 영혼으로부터 씻어낼 수 있다고 믿었다."[11] 콘스탄티누스는 주교들에게 말했다. "나는 이제 하느님에게 어울리는 삶의 규칙을 정해서 지킬 것이다." 어쩌면 지난 25년 동안은 그럴 수 없었다는 사실을 암묵적으로 인정하는 이야기일 수도 있다.[12]

황제는 동방에 도착하기 전 북아프리카에서 기독교 이단의 사례를 처리해야만 했던 때에 이런 모순을 경험했다.[13] 콘스탄티누스는 이런 문제에 개입할 자격이 얼마든지 있었다. 그의 유명한 말이 그 이유를 설명한다. "나는 하느님에 의해 교회 외부의 일을 담당할 감독관으로 세워졌다."[14] 이단(hairesis)은 단지 교리의 문제가 아니라 정치적 문제이기도 했다. 이 그리스어는 '다른 길을 선택한다'는 뜻이다. 로마에서 종교와 정치는 분리될 수 없기 때문에 교회 내에서 일치에 이르지 못하면 팍스 로마나가 위협을 받았다. 국가의 문제에서는 어떤 로마 황제도 신민이 '자기 길을 가도록' 놓아둘 수 없었다. 콘스탄티누스는 서부의 유일한 황제가 되면서 분리주의 분파인 도나투스파로부터 청원의 폭격을 받게 되었으며, "그런 분쟁과 언쟁 때문에 …… 어쩌면 최고의 신이 인류만이 아니라 나 자신에게서도—신이 …… 지상 만물을 규제하는 일을 관리하도록 내게 맡겼기 때문에—등을 돌릴지 모른다."고 걱정했다.[15] 북아프리카의 기독교인 상당수는 카르타고의 새로운 주교인 카에킬리아누스의 주교 서품을 받아들이기를 거부했으며, 도나투스를 주교로 모시는 자신들만의 교회를 세웠다.[16] 다른 모든 아프리카 교회는 카에킬리아누스의 서품을 정당하다고 받아들였기 때문에 도나투스파는 교회의 일치를 파괴하고 있었고 콘스탄티누스는 행동에 나설 수밖에 없다고 결심했다.

여느 로마 황제와 마찬가지로 콘스탄티누스도 처음에는 본능적으로 군대를 동원해 반대파를 진압하려 했지만 결국 도나투스파의 재산을 몰수하는 것으로 타협했다.[17] 그러나 제국 군대가 칙령을 이행하려고 도나투스파의 바실리카로 행군해 들어갔을 때 비무장 회중이 저항하는 바람에 학살이 자행되는 비극이 벌어졌다. 도나투스파는 즉시 기독교인 황제가 같은 기독교인을 박해하며 콘스탄티누스의 개종에도 불구하고 디오클레티아누스 시대 이후 변한 것이 없다고 목청을 높여 불평했다.[18] 콘스탄티누스는 칙령을 철회할 수밖에 없었으며, 도나투스파를 그대로 내버려 두고 정통 주교들에게 다른 쪽 뺨도 내밀라고 명령했다.[19] 그는 도나투스파가 교묘하게 벌을 면했다는 사실을 불편하게 의식했을 것이다. 그래서 콘스탄티누스와 그의 후계자들은 팍스 크리스티아나(Pax Christiana)를 위협하는 신학 또는 교회의 담론을 경계했다. 그들은 이제 제국의 안보가 팍스 크리스티아나에 의존한다고 믿었다.[20]

콘스탄티누스는 거의 기독교화되지 않은 서방에서는 자신의 기독교를 장려하기를 머뭇거렸지만, 그가 동방에 왔다는 것은 이 신앙 쪽으로 정치적 개종을 했다는 표시였다.[21] 아직 기독교를 제국의 공식 종교로 만드는 것은 불가능했고 이교도가 여전히 공직을 맡고 있었지만 콘스탄티누스는 이교도 신전을 일부 폐쇄하고 그들의 희생 예배에 못마땅한 태도를 드러냈다.[22] 기독교의 보편주의적 주장은 세계 지배를 달성하려는 콘스탄티누스의 야망과 이상적으로 어울리는 듯했으며, 그는 평화와 화해라는 기독교의 에토스가 팍스 로마나와 완벽하게 일치한다고 믿었다. 그러나 동방 교회들이 형제애로 단결하기는커녕 모호한―또 콘스탄티누스로서는 이해할 수 없는―신학적 분쟁으로 심하게 분열되어 있다는 사실에 경악했다.

318년 알렉산드리아의 장로 아리우스는 '하느님의 말씀'인 예수의 본성이 신성한 것이 아니라는 의견을 제시했다. 그는 성경 텍스트를 풍부하게 인용하면서 하느님은 완벽한 순종과 겸손에 대한 보답으로 인간 예수에게 신성을 부여했을 뿐이라고 주장했다. 이때에는 그리스도의 본성에 관한 정통적 입장이 없었고, 많은 주교가 아리우스의 신학을 아주 편하게 받아들였다. 그들은 이교도 이웃들과 마찬가지로 신성한 것을 닿을 수 없을 만큼 먼 실재로서 경험하지 않았다. 그리스-로마 세계에서는 인간 남녀가 완전한 신이 되곤 하는 것을 당연하게 여겼다.[23] 당대의 주요한 기독교 지식인이었던 에우세비오스는 회중에게 하느님은 전에도 인간 형태로 자신을 드러낸 적이 있다고 가르쳤다. 처음에는 아브라함에게 나타났는데, 아브라함은 마므레에서 세 나그네를 영접하면서 야훼가 대화에 참여하고 있다는 것을 알았다. 나중에 모세와 여호수아도 비슷하게 신의 현현을 경험했다.[24] 에우세비오스가 보기에는 하느님의 말씀, 즉 로고스―인간 안의 신성한 요소[25]―가 그저 한 번 더 지상으로 돌아온 것일 뿐이었다. 이번에는 나사렛 예수라는 사람의 형태로.[26]

아리우스는 당시 알렉산드리아 주교의 젊고 전투적인 조수 아타나시우스의 격렬한 반대에 부딪혔는데, 아타나시우스는 하느님이 지상에 내려온 것이 이전 현현의 반복이 아니라 유일무이하고 전례 없고 반복될 수도 없는 사랑의 표현이라고 주장했다. 이 주장은 신성한 것에 대한 인식에 중요한 변화가 일어난 기독계 일각에서 반향을 일으켰다. 아리우스는 예수가 자신의 노력으로 하느님에게 올라갔다고 주장했지만, 많은 기독교인은 그들도 예수처럼 올라갈 수 있다고 더는 느끼지 못했다. 생명 그 자체인 하느님과 이제 만성적으로 연약한 데다가 급기야 소멸해 가는 듯 보이는 물질세계 사이에는 건널 수 없는 간극이 있는 것처럼 보였다. 모든 숨을 하느님에게 의존하는 인간은 무력하여 자신을 구할 수 없었다. 그러나 역설적으로 기독교인은 여전히 인간 예수를 묵상할 때 인간성에서 새롭고 신성한 잠재력을 보게 되고, 이것이 자신을 움직여 자신과 이웃을 다르게 바라보게 해준다는 것을 알았다. 인간의 몸에 대한 새로운 평가도 있었다. 기독교의 영성은 몸에서 영혼을 해방하려는 플라톤주의에 강한 영향을 받았지만, 4세기 초 일부 집단에서는 사람들이 지금까지 경멸해 온 몸이 인간을 신성하게 해줄 수 있다는ㅡ적어도 신성한 것이 플라톤주의자들이 생각하는 것과는 달리 육체적인 것과 분리된 실재가 아니라는ㅡ희망을 품기 시작했다.[27]

아타나시우스의 성육신(成肉身) 교리는 이런 변화된 분위기와 연결되어 있었다. 그는 이렇게 주장했다. 하느님은 예수라는 위격(位格)으로서 분리의 간극을 뛰어넘었고, 케노시스('자기 비우기')라는 놀라운 행동으로 인간의 몸을 입어 우리의 약함을 공유하면서 연약하고 소멸할 수밖에 없는 인간 본성을 완전히 바꾸어놓았다. "로고스는 우리가 신성해질 수 있도록 인간이 되었다." 아타나시우스는 말했다. "그는 우리가 보이지 않는 '아버지'의 관념을 받아들일 수 있도록 몸을 통해 자신을 드러냈다."[28] 복음의 좋은 소식은 새로운 생명, 인간이 나타났다는 것인데, 이것이 신성하기 때문이다.[29] 아무도 이 교리를 '믿도록' 강요받지 않았다. 사람들이 이 교리를 끌어안은 이유는 이것이 자신들의 개인적 경험을 반영했기 때문이다. 아타나시우스의 인간성 '신성화'

(테오시스) 교리는 어떤 신비한 방식으로 자신이 이미 변화되었고 자신의 인간성이 새로운 신성한 차원을 얻었다고 확신하던 기독교인에게는 완벽하게 이해되는 것이었다. 그러나 이 경험을 하지 못한 사람들에게 테오시스는 터무니없어 보였다.

따라서 지적 환경의 변화에 대응하여 새로운 두 가지 '기독교'가 등장했으며, 이 둘 모두 과거의 경전과 선각자들의 뒷받침을 받는다고 주장할 수 있었다. 조용하게 꾸준히 사유했다면 이 분쟁의 평화로운 해결이 어렵지 않았을 것이다. 그러나 여기에 제국주의 정치가 얽혀들었다. 물론 콘스탄티누스는 신학적 쟁점을 전혀 이해하지 못했지만 교회의 일치가 이렇게 깨진 것을 바로잡겠다고 결심했다. 325년 5월 황제는 이 문제를 단번에 최종적으로 해결하기 위해 주교들을 니케아로 모아 회의를 열었다. 이 자리에서 아타나시우스는 황제가 자신의 말에 귀를 기울이게 하여 자신의 입장을 관철했다. 주교들은 대부분 콘스탄티누스의 비위를 거스를까 걱정하여 아타나시우스의 교의를 형식적으로 지지했지만 계속 전과 다름없이 설교했다. 니케아는 아무것도 해결하지 못했으며 아리우스 논쟁은 그 뒤로 60년을 더 끌었다. 신학적으로 감당할 수 없는 문제를 끌어안은 콘스탄티누스는 결국 반대편으로 방향을 틀어 더 교양 있고 귀족적인 주교들이 장려하는 아리우스의 입장을 택한다.[30] 귀족이 아니었던 아타나시우스는 적들로부터 "사회의 가장 밑바닥에서" 벼락출세한 사람으로 "평민 장인과 다르지 않다"고 욕을 먹었다. 그러나 아타나시우스는 입으로는 케노시스를 설파하면서도 상대를 밀치고 앞으로 나서려는 태도나 신학적 확신을 버리지 않았는데, 이런 확신은 많은 부분 알렉산드리아 주변의 사막에서 등장한 새로운 수도원 운동에 영향을 받은 것이었다.

평화를 찾아
사막으로 떠난 수도자들

콘스탄티누스가 태어난 해인 270년 이집트의 젊은 농부가 생각에 잠겨 교회로 걸어가고 있었다. 안토니우스는 부모에게서 큰 땅을 물려받았지만 이 행운이 감당할 수 없는 짐이라고 생각했다. 이제 겨우 열여덟 살이었지만 누이를 부양하고 아내를 얻고 자식을 낳고 이들 모두를 먹여 살리기 위해 평생 농장에서 고된 노동을 해야 했다. 나일강이 범람하지 않을 때마다 기근이 닥치곤 하는 이집트에서는 굶는 것이 늘 현실적 위협이었으며, 대부분의 사람들은 이런 쉼 없는 노고가 불가피하다고 받아들였다.[31] 그러나 예수는 말했다. "너희는 무엇을 먹고 마시며 살아갈까, 또 몸에는 무엇을 걸칠까 하고 걱정하지 마라."[32] 안토니우스는 또 초대 기독교인이 가진 것을 모두 팔아 얻은 돈을 가난한 사람들에게 주었다는 사실도 기억했다.[33] 그가 계속 이런 구절들을 생각하면서 교회에 들어갔을 때 하필이면 사제는 또 예수가 어느 부유한 젊은 남자에게 한 말을 읽고 있었다. "네가 완전한 사람이 되려거든 가서 너의 재산을 다 팔아 가난한 사람들에게 나누어주어라. 그러면 하늘에서 보화를 얻게 될 것이다."[34] 즉시 안토니우스는 소유를 팔아 자유와 거룩함을 얻는 탐구에 나서기 시작했는데, 이것은 기독교화된 로마 국가와 세속적이고 제국주의적인 새로운 기독교 양쪽에 대한 반(反)문화적 도전이 된다. 우리가 본 다른 수도원 공동체들과 마찬가지로 안토니우스의 추종자들도 사람들이 함께 살아가는 더 평등하고 자비로운 방식을 설계하려 했다.

안토니우스는 처음 15년 동안은 다른 '출가자들'(아포탁티코이)과 마찬가지로 마을 변두리에 살았다. 그러다가 사막 주변의 무덤으로 자리를 옮겼고, 마지막으로 다른 수도자보다 더 과감하게 광야로 깊이 들어가 홍해 옆의 버려진 숲에서 오래 살다가 301년에 마침내 제자들을 모으기 시작했다.[35] 안토니우스는 광대한 사막에서 세상의 근심을 멀리서 바라볼 수 있는 '평정'(헤시키아)을 발견했다.[36] 성 바울은 기독교인은 자활해야 한다고 주장했으며,[37] 그래서 이집트 수도자들은 일용 노동자로 일하거나 농산물을 재배해 시장에 내다 팔았다. 안토니우스는 지나가는 여행자들을 대접하기 위해 채소를 재배했다. 다른 사람들과 화목하게 사는 법을 배우고 부를 공유하는 것은 그의 수도원 프로그램에 필수적이었다.[38]

한동안 이집트 농민은 경제적 또는 사회적 긴장에서 탈출하려고 이런 유형의 '이탈'(아나코레시스anachoresis)에 참여했다. 3세기 내내 마을마다 인간관계의 위기가 생겼다. 이집트의 농부들은 번창했지만 거칠었고 주먹을 앞세웠다. 그러나 세금 부담과 나일강 범람을 통제하기 위한 협동이 필요했기 때문에 원치 않으면서도 마음이 맞지 않는 이웃들과 가까이 살아야 했다.[39] 성공은 종종 원한의 대상이 되었다. 한 농부는 이렇게 설명했다. "나는 많은 땅을 소유하고 그 경작에 바쁘지만 마을의 어떤 사람과도 관계를 맺지 않고 혼자서 산다."[40] 사람들은 이웃 간 관계를 견딜 수 없게 되었을 때 가끔 정착지의 맨 가장자리로 물러나기도 했다.[41] 하지만 3세기 말 기독교가 이집트 시골에까지 이르자 아나코레시스는 이제 불만을 품은 후퇴가 아니라 정착 생활의 악다구니와 권태에 맞서는 환영할 만하고 도전적인 대안이면서 복음을 따라 살아가는 적극적 선택이 되었다. 수도자(monachos)는 예수가 처방한 '근심으로부터 자유'를 구하며 혼자(monos) 살았다.[*42]

수도자들은 이전 시대의 출가자들과 마찬가지로 반문화를 구축하여 농업 경제에서 수행하는 기능적인 역할을 벗어던지고 그 내재적 폭력을 거부했다. 수도자는 마을을 떠나는 순간 투쟁을 시작했다.[43] 이 은자(anchorite)* 가운데 가장 위대한 이의 설명에 따르면 처음에는 "긴 노년, 육체노동을 할 수 없는 상태, 그에 따르는 굶주림, 영양 부족으로 인한 병에 대한 두려움, 다른 사람의 손을 빌려 생활필수품을 얻어야만 한다는 깊은 수치감" 등 무시무시한 감정에 시달렸다.[44] 그러나 가장 큰 과제는 인간 심리의 깊은 곳에 숨어 있는 폭력적 충동을 가라앉히는 것이었다. 수도자들은 종종 자신의 싸움을 악마와 벌이는 전투로 묘사했는데, 현대인은 이것을 보통 성적 유혹으로 이해한다. 그러나 그들은 우리만큼 섹스에 몰두하지 않았다. 이집트 수도자들은 보통 여자를 피했는데, 여자가 그들이 탈출하고 싶어 하는 경제적 부담을 상징했기 때문이다.[45] 독설을 즐기는 이 이집트 농민에게 섹스보다 훨씬 위협적인 것은 분노라는 '악마'였다.[46] 아무리 도발적인 상황이라도 수도자는 모든 공격에 절대 폭력적으로 대응하지 말아야 했다. 어떤 수도원장은 설사 형제가 "네 오른쪽 눈을 뽑고 오른손을 자른다" 해도 폭력적인 말을 하는 것에는 변명의 여지가 없다고 판결했다.[47] 수도자는 성나 보여도 안 되고 짜증을 드러내는 몸짓조차 하지 말아야 했다.[48] 수도자들은 "원수를 사랑하라"는 예수의 명령을 지속적으로 묵상했다. 그들 대부분이 **실제로** 공동체에 적을 두고 있었기 때문

---

* 영어로 '수도자(monk)'는 그리스어 모나코스(monachos)에서 유래했다. 이 말은 주로 '(다른 사람과 떨어져) 혼자(모노스monos) 사는 사람'을 일컬었다.
* 영어로 '은자(anchorite)'는 '물러나다, 후퇴하다'라는 의미의 그리스어 아나코레오(anachoreo)에서 유래했다. 아나코레시스(anachoresis)는 이 동사의 명사형이다.

이다.[49] 수도자들에게 가장 영향력 있는 스승이었던 폰토스의 에우아그리오스(?~399)는 바울의 케노시스 교리에 의지하여 수도자들에게 영혼을 찢고 타인의 마음을 닫게 만드는 분노 탐욕 자만심 허영을 마음에서 비우라고 명령했다. 일부는 이런 가르침을 따름으로써 타고난 호전성을 초월하여 내적인 평화를 얻었는데, 그들은 이런 평화를 인간이 서로 또 하느님과 조화를 이루어 살던 에덴동산으로 돌아가는 것으로서 경험했다.

수도원 운동은 점점 빠르게 퍼졌는데, 이는 제국주의와 연결되어 점점 오염되어 가는 기독교에 대한 대안을 찾고 싶은 널리 퍼진 갈망을 보여주었다. 5세기 말 나일강 변, 시리아, 이집트, 메소포타미아, 아르메니아 사막에는 수도자 수만 명이 살고 있었다.[50] 아타나시우스의 기록에 따르면 그들은 광야에 영적 도시를 세웠는데, 이 도시는 세금, 억압, 군사적 폭력으로 지탱되는 세속 도시와 정반대였다.[51] 수도자들은 타인의 노동으로 먹고사는 귀족 계급을 세우지 않고 자급자족했으며, 생계를 유지하는 수준으로 살았고, 자신들이 생산한 잉여는 모두 가난한 사람들에게 나누어주었다. 그들은 군대의 폭력으로 이행되는 팍스 로마나 대신 헤시키아를 계발하고 마음에서 분노 폭력 증오를 체계적으로 제거했다. 안토니우스는 콘스탄티누스와 마찬가지로 많은 사람들로부터 '지상의 신'(에피게이오스 테오스)으로 숭배되었지만, 그는 강압이 아니라 친절로 다스렸다.[52] 수도자들은 새로이 생겨난 '하느님의 친구'였으며, 이들의 힘은 자기를 지우는 생활 방식, 지상에서는 이득을 얻을 수 없는 생활 방식에서 나온 것이었다.[53]

순교자들,
혹은 공격적인 신앙의 전사들

니케아 공의회(325년) 뒤 일부 기독교인은 점차 황제들에게 정나미가 떨어졌다. 그들은 기독교 로마가 제국 국가의 잔혹성과 폭력을 어떤 식으로든 없애는 유토피아가 되리라고 기대했으나 오히려 로마의 호전성이 교회에 침투했음을 알았다. 콘스탄티누스, 그의 아들 콘스탄티누스 2세(337~361년 재위)와 그 후계자들은 계속 일치를 위해 싸우고 필요할 때는 위력을 사용했으며 피해자들은 그들을 '박해자'라고 불렀다. 처음에 고통을 겪은 쪽은 아타나시우스의 '니케아인'이었지만, 아타나시우스의 신조를 제국의 공식 신앙으로 삼은 콘스탄티노폴리스 공의회(381년) 뒤로 이제 아리우스의 차례가 되었다. 공식 처형은 없었지만 군인들이 이단 모임을 해산하려고 교회를 침입할 때면 학살당하는 사람들이 생겨났으며, 점차 양편은 상대의 신학보다 폭력을 더 불평하게 되었다. 초기에 아타나시우스가 콘스탄티누스의 총애를 누릴 때는 아리우스파가 그의 "탐욕, 공격성, 한없는 야망"을 불평하고,[54] 그의 "강압" "살인" "주교 학살"을 비난했다.[55] 한편 니케아인은 자신들의 집사를 두들겨 패고 예배 보는 사람들을 짓밟던 제국 군대의 덜거덕거리는 무기와 번쩍이는 검을 생생하게 묘사했다.[56] 양편 모두 적이 성화된 처녀들을 사악하게 다룬 행위에 강박적으로 매달렸으며,[57] 죽은 자들을 '순교자'로 숭배했다. 기독교인은 '배교자'로 알려진 율리아누스 황제의 짧지만 극적인 치세(361~363년) 동안 점점 강렬해지는 원한의 역사를 만들어 가고 있었다.

율리아누스는 기독교 배경에서 성장했지만 새로운 신앙을 혐오하게 되었다. 그 신앙이 제국을 망칠 것이라고 확신했기 때문이다. 그의 신민 가운데 많은 수도 똑같이 느꼈다. 오래된 전례를 여전히 사랑하는 사람들은 팍스 데오룸을 이렇게 침해하는 것이 정치적 재앙을 낳을 것이라고 걱정했다. 율리아누스는 제국 영토 전체에 이교도 사제들을 임명하여 제우스, 유피테르, 헬리오스 또는 히브리 성경의 "지극히 높으신 하느님"[58] 등 여러 이름으로 섬기고 있는 '하나의 신'에게 희생제를 드리게 했다. 그는 기독교인을 공직에서 몰아내고 기독교를 채택한 적이 없는 도시에 특권을 부여하고 예루살렘의 유대교 성전을 재건하겠다고 발표했다. 율리아누스는 조심스럽게 노골적인 박해는 피하고 그저 이교도 희생제를 후원하고 이교도 사당을 재건하고 암암리에 기독교를 적대하는 폭력을 장려했다.[59] 오랫동안 교회에 반대하는 원한이 축적되면서 출구를 찾지 못하고 있었기 때문에, 율리아누스의 칙령들이 발표되자 어떤 도시에서는 기독교인에 반대하는 폭동이 일어났으며, 기독교인은 이제 자신들이 실제로는 얼마나 약한지 알게 되었다.

다시 한번 일부 기독교인은 자신들을 갑자기 적대하는 국가에 도전적인 순교 행동으로 응답했다. 이 2년 동안 죽은 순교자들은 대부분 이교도 폭도에 살해당하거나 이교도 종교를 도발적으로 공격한 죄로 지역 관리에게 처형당했다.[60] 유대인이 새로운 성전을 짓는 일을 시작하고 이교도도 즐겁게 신전을 재건하면서 제국 전체에 걸쳐 상징적인 건물에 갈등이 집중되었다. 기독교인은 콘스탄티누스 이래 유대교의 쇠퇴를 교회의 승리에 따른 중요한 성과로 보는 데 익숙했다. 그런데 이제 유대인 일꾼들이 예루살렘 성전 현장에서 목적의식을 품고 활동하는 것을 보게 되자 자신들의 신앙의 본질이 훼손되는 느낌을 받았다. 프리기아의 메룸에서는 더 불길한 상황이 전개되었다. 현지 이교도 신전을 수리하고 신상들에 광택을 내는 동안 기독교인 세 명이 "자신들의 종교가 겪는 불명예를 견디지 못한 나머지 덕을 행하려는 뜨거운 열정에 이끌려 밤을 틈타 신전에 들어가 신상들을 부수어버렸다." 이 일은 그들에게 새로운 수모의 상징으로 여겨진 건물을 향한 자살 공격이나 다름없었다. 총독이 회개를 촉구했지만 이 기독교인들은 거부하며 "희생제를 드려 자신들을 오염시키느니 차라리 어떤 고통이라도 기꺼이 겪겠다고 선언했다." 결국 그들은 고문을 당한 뒤 석쇠 위에서 타 죽었다.[61] 순교자 이야기들이 새로 쏟아져 나왔고, 이것은 원래의 《순교자 행전》보다 훨씬 선정적이었다.

이런 공격적 형태의 순교에서 순교자는 제국 폭력의 무고한 피해자가 아니었다. 이제 그들의 전투는 신앙의 적에 대한 상징적 공격의 형태를 띠었다. 현대의 일부 종교적 극단주의자들과 마찬가지로 기독교인은 갑자기 권력과 위엄을 상실했다고 느꼈다. 이들은 아주 최근까지 경멸당하는 소수자로 지냈기 때문에 그 느낌이 더욱 강렬했다.[62] 기독교인은 이교도 신상을 부수고 의식을 중단시키고 자신들의 지위 격하를 상징하는 신전을 파괴함으로써, 또 율리아누스의 '압제'에 도전하는 사람을 크게 찬양함으로써 순교를 스스로 불러들였다. 율리아누스가 페르시아 원정에서 전사하자 기독교인 요비아누스가 그를 대신하여 황제로 선포되었다. 이 일은 신의 구원으로 여겨졌다. 그러나 기독교인이 새로 찾은 안전과 권리를 무례하게 박살낸 율리아누스의 치세는 양극화된 종교적 분위기를 만들어, 적어도 하층 계급 사이에서는 기독교인과 이교도 사이의 적대가 악화되었다. 기독교인은 이교도가 세운 제도에 대한 공격 재개를 계획하면서 '두 번 다시는!'이라는 말을 마음에 새겼을 것이다.[63] 국가의 억압은 종종 상처의 역사를 남겨 종교 전통을 급진적으로 몰고 가며, 심지어 원래는 평화적인 비전을 폭력 운동으로 바꾸어놓기도 한다.

'카파도키아의 교부들'과
삼위일체 교리

그러나 기독교와 이교도 귀족은 이런 공격성을 누그러뜨리는 데 상층 계급 사이에서 중요한 역할을 하는 공통의 문화를 여전히 공유하고 있었다. 제국 전체에 걸쳐 젊은 귀족과 비천한 집안 출신의 재능 있는 개인은 고대부터 내려오는 '교육'(파이데이아)으로 안내되었다.[64] 이것은 지적으로 엄격하기는 했지만 학술 프로그램이 아니라 일차적으로 지배 계급의 행동을 형성하고 그들의 태도를 심오하게 주조해 나아가는 입문 과정이었다. 그 결과 이들은 제국 어디를 여행하든 그들의 동료와 관계를 맺을 수 있다는 것을 알았다. 파이데이아는 노예가 자주 맞아 죽고 사회적으로 열등한 사람에게 매질하는 것이 얼마든지 받아들여지고 세금이 밀렸다는 이유로 공개적으로 채찍질당하던 로마 후기 사회에서 폭력성의 중요한 해독제였다. 진짜로 교양 있는 로마인은 매우 예의 바르고 자제력이 강했다. 분노, 독설, 공격적 행동은 품위 있게 타인에게 양보하고 언제나 절제하는 태도로 차분하고 근엄하게 행동하리라 기대되는 신사에게 어울리지 않았기 때문이다.

파이데이아 때문에 옛 종교가 후기 로마 문화에서 빠질 수 없는 한 부분을 계속 차지했고 그 에토스는 교회 생활에도 흡수되어 교회에서 젊은 사람들은 그런 태도로 세례단으로 나아갔다. 일부는 심지어 파이데이아를 기독교를 위한 불가결한 준비 과정으로 보았다.[65] "나는 신중한 말로 분노의 고삐를 '죄는 법을 배운다." 카파도키아의 주교 나지안조스의 그레고리우스(329~390)는 회중에게 그렇게 말했다.[66] 그의 친구들인 카이세레아의 주교 바실리우스(330?~379?)와 바실리우스의 동생 니사의 주교 그레고리우스(331~395)는 이 전통적 훈련을 끝낸 뒤에야 세례를 받았다.[67] 파이데이아의 절제는 또 삼위일체 교리에도 영향을 끼쳤는데, 이 교리는 종종 '카파도키아의 교부들'이라 일컬어지는 세 사람이 아리우스파로 인한 위기가 끝날 무렵 개진했다. 그들은 교리 분쟁이 불편했다. 분쟁의 양편은 공격적이었고, 말로 표현할 수 없는 이런 문제들에 대한 부적절한 확신을 키워 갔다. 카파도키아인은 폰토스의 에우아그리오스가 설계한, 말과 소리를 사용하지 않는 기도를 했는데, 이 기도에는 마음에서 그런 성난 교조주의를 없애려는 목적도 있었다. 이들은 우리가 일반적인 문제에 관해 말하듯이 하느님에 관해 말하는 것은 불가능하다는 것을 알았다. 특히 삼위일체 교리는 기독교인이 우리가 하느님이라고 부르는 존재가 말과 개념이 닿지 않는 범위에 있다는 사실을 깨닫는 데 도움을 주려고 설계되었다. 이 교리는 또한 기독교인을 삼위일체에 대한 명상으로 이끌어, 그들 자신의 삶에서 공격적이고 호전적인 불관용에 맞서는 절제의 태도를 키워 나가는 데 도움을 주려는 것이기도 했다.

많은 기독교인이 니케아 신경(信經)에 혼란을 느끼고 있었다. 하느님이 하나라면 예수가 어떻게 신성할 수 있는가? 그렇다면 신이 둘이라는 뜻인가? 또 세 번째 신도 있는가—아타나시우스의 신경에서 아주 피상적으로 다루어진 '성령'은 무엇인가? 이 유대교 용어는 '신약'에서는 하느님의 힘과 임재에 대한 인간 경험을 가리켰는데, 인간 경험은 결코 신성한 실재 자체에는 다다를 수 없었다. 삼위일체는 이런 유대교의 통찰을 헬레니즘적 관용어로 번역하려는 시도였다. 카파도키아인의 설명에 따르면 하느님은 신성하고 접근 불가능한 하나의 '본질'(우시아)로서 인간의 정신을 완전히 넘어서 있지만, 이 본질은 세 가지 '현현'(히포스타시스)으로 우리에게 알려져 왔다. 즉 (존재의 근원) '아버지', (인간 예수 속에 있는) '로고스', 우리가 우리 내부에서 만나는 '영'이다. 삼위의 각 위격(person, '가면'을 뜻하는 라틴어 페르소나 persona에서 왔다)*은 우리가 절대 파악할 수 없는 신성한 우시아를 부분적으로 흘끗 보는 것에 불과하다. 카파도키아인은 개종자들이 명상을 할 때 삼위일체를 소개했으며, 이것은 그들에게 신성한 것은 절대 교조적 공식으로 요약될 수 없다는 사실을 일깨워주었다. 이 명상은 늘 되풀이되면서 기독교인에게 삼위일체의 핵심에 케노시스가 있다는 사실을 가르쳐주었다. '아버지'는 끊임없이 자신을 비우고, 모든 것을 로고스로 보내기 때문이다. 일단 그 '말씀'을 하고 나면 '아버지'는 이제 '나'를 갖는 것이 아니라 영원히 침묵하고 따라서 누구도 알 수가 없었다. 마찬가지로 '로고스'도 그 나름의 자아가 없고 '아버지'의 '너'일 뿐이며, '영'은 아버지와 아들의 '우리'였다.[68] 삼위일체는 파이데이아의 절제 경의 자기희생의 가치를 표현했으며, 더 귀족적인 주교들은 이것으로 기독교의 새로운 공격성에 맞섰다. 그러나 안타깝게도 다른

* 삼위일체 이론에서 등장하는 '위격(位格)'은 '토대, 실체, 본체'를 의미하는 그리스어 히포스타시스(hypostasis)와 '가면', '성격'을 의미하는 라틴어 페르소나(persona)의 번역어이다. 4세기 카파도키아의 교부들은 '삼위'를 설명하기 위해 히포스타시스라는 개념을 사용했고, 이것이 서방에서 라틴어 페르소나로 번역되었다. 이에 따라 '위격'의 의미로 주로 서방 교회에서는 페르소나를 많이 사용했지만 동방 교회에서는 히포스타시스를 사용했다. 이로 인해 용어적 혼란과 해석의 논란이 커지자, 451년 칼케돈 공의회에서는 두 단어가 동의어라고 공식적으로 선언했다.

주교들은 너무 쉽게 그런 공격성을 끌어안았다.

아우구스티누스와
'정의로운 전쟁'

콘스탄티누스는 주교들에게 제국 권력을 행사할 수 있는 새로운 권위를 부여했고, 특히 출신이 비천한 일부 사람들은 주교의 자리를 차지하려고 오늘날 의회의 자리를 놓고 정치가들이 경쟁하는 것만큼이나 적극적으로 노력했다.[69] 일부는 불법 성직 수임이 이루어지는 동안 심지어 쿠데타를 일으켜 밤새 교회를 점거하고 문에 방어벽을 쳤다.[70] "현재 우리에게는 주교라고 주장하는 사람들이 있다. 돈을 얻고 군사 작전을 벌이면서 명예로운 자리를 차지하려고 애쓰다 수렁에 빠진 사람들이다." 역사가 팔라디우스는 그렇게 불평했다.[71] 그들은 '폭군(tyrant) 주교'로 알려지게 되었다. 고대 그리스에서 티란노스(tyrannos)는 불법 폭력으로 권력을 잡은 힘센 자였다. 훗날 로마 제국에서 이 말은 실정, 잔혹, 무절제한 분노라는 일반적 의미를 지니게 되었다.[72] 아타나시우스가 주교가 되자 그의 적들은 자주 그를 폭군이라고 불렀는데, 아타나시우스가 신앙을 방어하려는 마음이 아니라 개인적 야망이라는 동기로 움직이기 때문이라고 그들은 주장했다. 아타나시우스는 아리우스파를 감옥에 보내고 태형과 고문에 처했을 때 "폭군처럼 날뛴다"고 묘사되었으며, 그의 수행원에 "제국 정부의 군인과 관리들이" 포함되어 있다는 점도 주목을 받았다.[73] 제국을 기독교화하는 것보다는 신앙을 제국주의화하는 것이 분명히 쉬웠다.

4세기 말에는 폭동이 도시 생활의 일반적 특징이 되었다. 이방 부족들이 쉴 새 없이 변경을 공격했고 시골에는 도적이 많았으며 도시에는 난민이 쏟아져 들어왔다.[74] 인구 과밀, 질병, 실업, 세금 증가로 인해 긴장이 생기고, 이것은 종종 폭력적으로 폭발했지만 군대는 국경을 방어하는 데 필요했기 때문에 총독은 이런 봉기를 진압할 군사력이 없어 군중 통제의 책임을 주교에게 넘겼다.[75] "군중의 제어되지 않은 운동을 막고 누르는 것은 당신 같은 주교의 책임이다." 안티오키아의 총대주교는 한 동료에게 그렇게 썼다.[76] 시리아의 주교들은 이미 무료 급식소를 운영하고 병원에서 들것에 환자를 나르고 무덤을 파는 일을 지역 수사들에게 맡기고 있었다. 이 수사들은 사람들, 특히 도시 빈민의 큰 사랑을 받았으며, 빈민은 수사들의 부자에 대한 공격적 비난에 귀를 기울였다. 이제 수사들이 폭동을 단속하기 시작했고 그 과정에서 군사 기술을 익혔다.

시리아의 수사들은 안토니우스의 이집트 수도자들과는 달리 분노라는 악마와 싸우는 데는 관심이 없었다. 보스코이, 즉 '방목자들'로 알려진 그들은 정해진 거처 없이 마음대로 산을 돌아다니며 야생 식물을 먹고살았다.[77] '잠 안 자는 알렉산드로스'는 가장 유명한 보스코이였는데, 재산 소유가 못마땅하여 일반적인 수사 공동체를 떠났다. 그는 '두 번 다시는'이라는 율리아누스 이후의 에토스를 완전히 흡수했으며, 사막에서 7년을 혼자 보낸 뒤 나타나 처음 한 행동은 이교도 마을의 가장 큰 신전을 태워버린 것이었다. 교회의 안보를 늘 위협하는 옛 종교의 우상들에 대해서는 관용을 베풀 수 없다. 그러나 알렉산드로스는 순교에는 실패했는데, 그가 자신을 죽이러 온 군중에게 너무 훌륭하게 설교하는 바람에 그들이 그 자리에서 기독교로 개종했기 때문이다. 알렉산드로스는 '근심으로부터 자유'에 헌신하는 교단을 설립했으며, 그의 수사들은 안토니우스처럼 생계를 위해 일하는 대신 적선으로 먹고살았고 생산적인 노동을 하지 않았다. 또 분노를 통제하려고 노력하는 대신 고삐를 완전히 풀어버렸다.[78] 380년대에는 이들 4백 명이 대규모 기도단을 조직하여 페르시아 국경을 따라 20년 여행을 시작하였으며, "쉬지 말고 기도하라"는 바울의 가르침에 순종하여 24시간 교대로 노래를 불렀다.[79] 국경 양쪽 마을에 살던 불운한 거주자들은 수사들이 시편 저자들의 우상 숭배에 대한 살벌한 비난을 음송할 때면 공포에 사로잡혔다. 수사들의 공격적 구걸은 간신히 먹고사는 이 시골 공동체들에 견딜 수 없는 짐이 되었다. 수사들은 도시에 도착하면 중앙의 공적 공간에 쭈그리고 앉아 도시 빈민을 엄청나게 끌어모았다. 빈민은 부자에 대한 수사들의 격렬한 비난을 들으려고 모여들었다.

부자들에게 괴롭힘을 당한다고 느끼지 않는 사람들은 수사들이 기독교의 가치를 절대적 방식으로 표현하기 때문에 존경했다. 알렉산드로스가 적의에 차 이교도에게 관용을 보이지 않는 것은 그가 기독교를 유일하게 진정한 신앙이라고 진심으로 믿는다는 증거로 보였다. 율리아누스 이후 기독교인은 점차 자신들을 포위 공격을 당하는 공동체로 규정했다. 그들은 지역 순교자들의 무덤 주위에 모여 그들의 수난사에 열심히 귀를 기울이고, 율리아누스의 박해의 기억을 경건하게 보존하면서 불만감을 계속 살려 나갔다. 다수는 귀족적인 주교의 예의 바른 관용을 좋아하지 않았다.[80] 이교도의 짧은 소생을 상징하던 이교도 신전들은 변함없는 위협으로 보였고, 이 위협은 점점 견딜 수 없이 강해졌다. 불에 기름을 붓는 격으로, 황제들은 이제 수사들의 인기를 활용하여 이 열성파를 이교도 세계에 풀어놓을 준비가 되어 있었다. 황제들은 전에 팍스 로마나를 강요했듯이 공격적으로 팍스 크리스티아나를 강요하게 된다.

테오도시우스 1세(379~395년 재위)는 그 무렵 개종을 했는데, 원래 에스파냐의 비천한 집안 출신이었다. 뛰어난 군인이었던 이 황제는 다뉴브강 지역의 평화를 회복하고서 380년 콘스탄티노폴리스에 도착했는데, 이때 그는 자신의 공격적 형태의 기독교를 동방에서 실행에 옮기겠다고 결심한 상태였다. 381년 니케아 정교를 제국의 공식 종교로 만든 콘스탄티노폴리스 공의회를 소집한 사람이 그였다. 테오도시우스는 입맛에 맞을 때는 로마 귀족에게 선심을 쓰는 체했지만 사실 서민에게 공감하여, 불만을 품은 시민을 그들이 사랑하는 수사를 통해 꾀어내어 권력의 기초로 삼기로 결심했다. 그는 이교도 신전을 파괴하는 일의 의미를 알고 있었다. 황후 아일리아 플라킬라는 이미 로마에서 귀족 여자 무리를 이끌고 이교도 성지를 공격하여 이름을 날렸다. 388년 테오도시우스는 수사들에게 공격 허가를 내렸고, 수사들은 시리아의 마을 성지들을 역병처럼 공격했다. 또 현지 주교와 공모하여 유프라테스강변 칼리니쿰의 회당도 파괴했다. 이교도의 웅변가 리바니우스는 황제에게 라트로키니움('강탈과 폭력')의 죄를 지은 이 '검은 가운 부족'의 처벌을 요구하면서, "막대기와 돌과 쇠막대, 또 어떤 경우에는 이런 것들을 경멸하여 아예 맨손과 맨발로" 신전을 사악하게 공격한 결과인 "완전한 황폐"를 묘사했다. 이교도 사제들은 "가만히 있거나 죽을" 수밖에 없었다.[81] 수사들은 폭력적 기독교화의 상징적 전위가 되었다. 그들의 음송 소리가 들리는 것만으로도 안티오키아의 총독은 재판을 휴정하고 도시에서 탈출했다. 미노르카에는 보스코이가 없었는데도 418년 그곳의 유대인 공동체 지도자는 자신의 회당이 폐허가 되고 그 자리를 시편을 노래하는 수사들이 차지하는 꿈을 꾸었다.

몇 주 뒤 회당은 실제로 파괴되었다. 비록 수사가 아니라 광적인 현지 기독교인이 파괴했지만.[82]

일부 주교는 이런 문화 파괴 행위에 반대했지만 잠시뿐이었다. 로마 법은 유대인 재산을 보호했기 때문에 테오도시우스는 칼리니쿰 회당의 방화를 선동한 주교에게 수리비를 내라고 명령했다. 하지만 밀라노의 주교 암브로시우스는 황제가 이 칙령을 철회하게 했다. 회당 재건은 율리아누스의 유대교 성전 복구 시도와 마찬가지로 진정한 신앙에 모욕이 될 것이라는 이유에서였다.[83] 제국의 기독교화는 이제 점점 이런 우상적 건물의 파괴와 동일하게 여겨졌다. 391년 테오도시우스가 알렉산드리아의 주교 테오필루스에게 디오니소스의 신전을 점령해도 좋다고 허락하자, 이 주교는 도시의 모든 신전을 약탈하고 노획한 보물을 모욕적으로 전시하며 퍼레이드를 벌였다.[84] 이에 대한 응답으로 알렉산드리아의 이교도는 기독교인 인질들을 데리고 세라피스*의 웅장한 신전으로 들어가 방어벽을 쳤고, 자신들이 디오클레티아누스의 박해로 받은 고통을 인질들이 재연하도록 강요했다.

그들은 인질들에게 불을 붙인 제단에서 희생을 드리도록 강요했다. 거부하는 사람들은 새로 정교하게 고안해낸 고문으로 죽였고, 일부는 교수대에 묶고 일부는 다리를 부러뜨렸으며, 근심에 찌든 고대인이 희생의 피와 더불어 신전의 다른 불순한 것들을 담아 두기 위해 만든 동굴에

세라피스 이집트 프톨레마이오스 왕조 시대(기원전 305~30년)의 국가신. 그리스인(지배자)과 이집트인(피지배자)의 종교적 통일을 목적으로 만들어진 것으로 보인다. 전형적인 그리스신의 용모를 띠었으며 알렉산드리아에 거대한 신전 '세라페움(Serapeum)'이 있었다.

던지기도 했다.[85]

이교도 지도자는 성지에서 조금 떨어진 곳에서 수사들의 노래 소리가 들리자 자신이 죽을 운명임을 알았다. 사실 세라피스 신전은 주교의 명령을 따르는 제국 군인들이 부쉈지만, 나중에 세례 요한의 유물을 들고 나타나 폐허에 쪼그리고 앉은 수사들이 이 기독교 승리의 상징이 되었다.[86] 많은 이교도가 이런 사건들에 충격을 받아 현장에서 개종했다고 전해진다.

이런 공격들이 성공하자 테오도시우스는 제국에서 이데올로기의 일치를 이루는 최선의 방법은 희생제를 금지하고 모든 옛 성지와 신전을 폐쇄하는 것이라고 확신하게 되었다. 그의 아들이자 후계자인 아르카디우스(395~408년 재위)는 이런 정책을 간결하게 표현했다. "[신전이] 쓰러지고 흔적이 사라질 때 모든 미신의 물질적 기초도 없어질 것이다."[87] 그는 제국 전체의 지역 귀족들이 광신자들을 신전에 풀어 이교도 신들이 자신의 집조차 방어할 수 없다는 것을 증명하게 했다. 현대의 한 역사가가 주목하듯이, "침묵시키고 태우고 파괴하는 것이 모두 신학적 시위의 방식이었다. 가르침이 끝나면 수사와 주교, 장군과 황제는 적을 현장에서 몰아냈다."[88]

이런 기독교적 국가 폭력에 가장 권위적인 축복을 한 사람은 북아프리카 히포의 주교 아우렐리우스 아우구스티누스(354~430)였다. 그는 호전성이 새로운 개종자들을 끌어들인다는 것을 경험으로 알았다.[89] 399년 서방의 황제 호노리우스의 대리자들이 카르타고의 신전과 우상 숭배 성지를 부수고 나서 25년이 지난 뒤 아우구스티누스는 자신의 글에서 이렇게 물었다. "그리스도의 이름으로 드리는 예배가 얼마나 늘었는지 보지 못하는 사람이 누구인가!"[90] 도나투스파 수사들이 390년대에 아프리카 시골 전역에서 광분하여 신전을 파괴하고 귀족의 재산을 공격하자 아우구스티누스는 처음에는 이들에 대한 무력 사용을 금지했지만 곧 도나투스파가 겁을 먹고 교회로 돌아오는 것은 엄한 제국의 칙령 때문임을 알아챘다. 따라서 '정의로운 전쟁' 이론을 계발한 사람이 아우구스티누스라는 것은 우연이 아닌데, 이 이론은 훗날 이 주제에 관한 모든 기독교인의 생각의 기초가 된다.[91] 예수가 제자들에게 공격을 당하면 다른 쪽 뺨을 내밀라고 말했다고 해서 악행을 앞에 두고 수동적으로 굴라고 요구한 것은 아니다. 아우구스티누스는 그렇게 주장했다.[92] 폭력을 악하게 만드는 것은 죽이는 행동이 아니라 그것을 촉발한 탐욕과 증오와 야심이라는 감정이다.[93] 하지만 사랑—적의 행복에 대한 진지한 관심—의 영향을 받은 폭력은 정당하며, 교사가 학생을 위하여 매를 드는 것과 마찬가지로 시행해야 마땅하다.[94] 그러나 무력은 늘 정당한 권위로부터 정당성을 인정받아야 한다.[95] 개인은 설사 자기방어를 위해 행동한다 해도 불가피하게 적에게 고통을 주려는 무절제한 욕망(리비도)을 느낄 수밖에 없는 반면, 단순하게 명령에 복종할 뿐인 직업 군인은 감정 없이 행동할 수 있다. 아우구스티누스는 폭력을 개인의 범위 너머에 놓음으로써 국가에 거의 무한한 권력을 부여했다.

430년 아우구스티누스는 반달족이 히포를 포위하고 있을 때 죽었다. 그의 말년에는 서쪽 지방들이 하나하나 이방 부족에게 떨어지고, 이방 부족들은 게르마니아와 갈리아에 자신의 왕국을 세웠으며, 410년에는 알라리크가 이끄는 고트족 기병이 도시 로마 자체를 약탈했다. 이에 대응하여 테오도시우스 2세(408~450년 재위)는 콘스탄티노폴리스 주위에 육중한 벽을 쌓아 요새화했지만, 비잔티움 사람들은 오래 전부터 동방을 지향하면서 여전히 키루스의 제국을 흉내내는 꿈을 꾸었고, 따라서 옛 로마를 잃고도 과도한 불평 없이 살아갈 수 있었다.[96)] 서유럽은 제국의 감독이 사라졌기 때문에 원시적 오지가 되고 문명은 사라졌으며, 한동안 마치 그곳에서 기독교 자체가 소멸할 것처럼 보였다. 그러나 서방의 주교들이 로마 공직자들이 비운 자리를 차지하여 일부 지역에서 질서의 외양을 유지했으며, 로마의 주교인 교황은 제국의 분위기를 상속받았다. 교황은 새로운 이방 왕국들로 선교사를 파견하여 브리튼에서 앵글로-색슨족을, 갈리아 옛 지방에서 프랑크족을 개종시켰다. 다가오는 수백 년 동안 비잔티움 사람들은 이 '이방' 기독교인을 점점 경멸하게 된다. 교황들은 성 베드로의 후계자로서 자신이 기독교 세계의 진정한 지도자라고 주장했지만, 비잔티움 사람들은 그런 주장을 절대 받아들이지 않았다.

비잔티움에서 그리스도의 본성을 둘러싼 논쟁은 전보다 훨씬 격렬하게 이어졌다. 늘 폭력적으로 표현된 이런 갈등은 오로지 올바른 교리를 찾는 종교적 열정이 원인이었던 것처럼 보일지도 모른다. 주교들은 인간에 대한 자신들의 비전, 즉 약하고 소멸해 가고 있지만 여전히 어떤 식으로든 신성하고 거룩한 존재라는 비전을 표현할 방법을 찾고 있었다. 그러나 이론 토론은 종교만이 아니라 제국의 내부 정치를 연료로 삼기도 했다. 주역은 '폭군 주교', 즉 세속적 야심과 엄청난 자만심이 있는 사람들이었으며, 황제들은 계속 물을 흐렸다. 테오도시우스 2세는 할아버지(테오도시우스 1세)보다 훨씬 열심히 무법의 수사들을 후원했다. 그의 피후원자 가운데 한 사람인 콘스탄티노폴리스의 총대

주교 네스토리우스는 그리스도에게 두 가지 본성이 있는데, 하나는 인간적인 것이고 하나는 신적인 것이라고 주장했다.[97] 그러나 니케아 신경은 인간성과 신성이 완전히 양립할 수 있다고 본 반면, 네스토리우스는 이 둘이 공존할 수 없다고 주장했다. 네스토리우스의 주장은 사려 깊었고 미묘한 차이를 놓치지 않았기 때문에 만일 토론이 마음을 연 상태에서 평화롭게 이루어졌다면 이 쟁점은 해결되었을 것이다. 그러나 알렉산드리아 총대주교 키릴로스는 네스토리우스라는 떠오르는 별을 누르려는 마음이 컸기 때문에 그의 주장을 명백한 이단이라고 격렬하게 비난하면서, 하느님은 우리를 구원하려고 몸을 굽힐 때, 네스토리우스의 주장과는 달리 어중간하게 하는 것이 아니라, 우리의 인간성을 그 육체적 성격과 필멸적 성격까지 포함하여 모두 끌어안는다고 주장했다. 이 쟁점을 해결하려고 만난 에페소스 공의회(431년)에서 양측은 서로 '폭압'을 자행한다고 비난했다. 네스토리우스는 키릴로스가 '광신적 수사' 무리를 보내 공격하려고 하는 바람에 자신의 집을 무장 경비병으로 둘러쌀 수밖에 없었다고 주장했다.[98] 같은 시대 역사가들은 양쪽을 모두 존중하지 않아, 네스토리우스는 '선동자'로, 키릴로스는 '권력에 굶주린 자'로 치부해버렸다.[99] 심각한 교리상의 갈등은 없다. 팔라디우스는 그렇게 주장했다. 이 사람들은 단지 "주교직에 대한 욕망, 또는 심지어 주교직의 지상권에 대한 욕망을 채우려고 교회를 갈기갈기 찢었다."[100]

449년 콘스탄티노폴리스의 존경받는 수사 지도자 에우티케스는 예수에게는 한 가지 본성밖에 없다고 주장했다. 예수의 인간성은 아주 철저하게 신성화되어 더는 우리의 인간성과 같지 않기 때문이라는 이유였다. 그는 적들을 —아주 부정확하게— '네스토리우스주의'라고 비난했다. 그의 주교인 플라비아누스는 사태를 조용히 해결하려 했으나 에우티케스는 황제의 총애를 받았기 때문에 이 문제를 법률 사건으로 만들겠다고 고집을 부렸다.[101] 그 결과는 교리를 둘러싼 내전이나 다름없었으며, 이 과정에서 황제와 수사들은 온건한 주교들에 맞서 신성하지 못한 동맹을 형성했다. '단성론(單性論)' 문제를 해결하기 위한 2차 회의는 449년 에페소스에서 열렸으며, 알렉산드리아의 총대주교인 '폭군 주교' 디오스코로스가 주재했다. 그는 이 회의를 이용하여 '동방 교회'의 수석 대주교로 자리를 잡겠다고 결심했다. 설상가상으로 테오도시우스는 수사 바르사우마와 그의 패거리를 에페소스로 불렀다. 겉으로는 그들이 "동방의 모든 수사와 신앙 깊은 사람들"을 대표한다는 명목이었지만 사실은 황제의 돌격대를 동원한 셈이었다.[102] 20년 전 바르사우마와 그의 수사 자객들은 팔레스티나와 트란스요르단에서 여호수아의 원정을 재연하는 의식을 거행하여, 진행로를 따라 놓인 모든 성지의 회당과 신전을 빼놓지 않고 파괴했으며, 438년에는 예루살렘의 성전산에서 유대인 순례자들을 살해했다. "그는 우리를 공격하려고 수사 수천 명을 보냈다." 피해자들은 나중에 그렇게 말했다. "그는 시리아 전역을 파괴했다. 그는 살인자이며 주교들을 죽인 자이다."[103]

회의 대표단은 에페소스에 도착했을 때 몽둥이를 휘두르며 에우티케스의 적을 공격하는 수사 무리의 마중을 받았다.

그들은 사람들을 죽였다. 일부는 배에서, 일부는 거리에서, 일부는 집에서, 또 일부는 기도하고 있던 교회에서 죽였다. 또 달아난 사람들을 추적하기도 했다. 그들은 사람들을 광적으로 찾아다녔으며, 굴이나 땅의 구덩이에 숨은 사람들조차 파냈다.[104]

교황의 특사인 푸아티에의 힐라리우스는 운이 좋아 목숨을 건져 빠져나왔지만, 플라비아누스 주교는 심하게 두들겨 맞고 그 직후에 죽었다. 디오스코로스는 반대하는 목소리가 들리는 것을 허용하지 않았으며 회의록을 조작했고 투표에 이르게 되면 제국 군대를 불러들였다.

그러나 이듬해 테오도시우스가 죽자 수사들은 제국의 지원을 잃었다. 451년 칼케돈에서 새 회의가 열려 에페소스 2차 회의 결과를 뒤집고 중립적인 신학적 절충안이 만들어졌다.[105] 예수는 완전히 신인 동시에 완전히 인간이라고 외교적으로 선언한 레오 교황의 '교리 서한'은 이제 정통의 시금석이 되었다.[106] 디오스코로스는 면직당했다. 방랑하는 시리아 보스코이는 제어되었다. 그 후로 모든 수사는 수도원 안에서 살고 그곳에 머물러야 했으며, 세속적인 일과 교회의 일 양쪽에 참여하는 것이 금지되었고, 해당 지역 주교에게 재정적으로 의존하면서 그의 통제를 받았다. 그러나 법과 질서의 승리로 찬양받는 칼케돈은 사실 제국의 쿠데타였다. 4세기 초 기독교인은 교회에 제국 군대가 들어오는 것을 신성 모독이라고 비난했다. 그러나 에페소스 2차 회의의 공포를 겪은 후 온건한 주교들은 황제에게 통제를 간청했다. 그 결과 제국의 군대와 민간 최고위 관리들 19명으로 이루어진 위원회가 칼케돈 공의회(451년)를 관장하여 안건을 정하고 반대파의 목소리를 누르고 정확한 절차를 강요했다. 그 이후 시리아어권에서 칼케돈 교회는 멜키트파―'황제의 교회'―로 알려졌다. 이전의 모든 제국에서 지배 계급의 종교는 예속된 신민의 신앙과 구별되었으며, 따라서 기독교 황제가 자신의 신학을 신민에게 강요하려는 시도는 과거와의 충격적 단절이었고 언어도단으로 경험되었다. 이런 제국주의화된 기독교에 반대하는 사람들은 항의의 뜻으로 에우티케스의 단성론을 지지했다. 사실

'단성론파'와 '니케아파' 사이의 신학적 차이는 미미했지만, 단성론자들은 다른 기독교 전통—특히 예수의 로마에 대한 입장—을 거론하며 멜키트파가 지상의 권력과 부정한 결탁을 했다고 주장했다.

그리스도의 본성에 관한 논쟁은 물리적 영역과 영적 영역의 분열 또는 신적인 영역과 인간적 영역의 분열 없이 현실에 대한 전체적 관점을 구축하려는 시도였다. 인간 사회에서도 교회와 국가의 심포니아, 즉 인간 예수에게서 이루어진 '로고스의 육화'에 기초한 조화와 일치가 있어야 한다. 유스티니아누스 황제(527~565년 재위)는 그렇게 믿었다.[107] 두 본성—인간적 본성과 신적 본성—이 한 인물에게서 발견된 것처럼 교회와 제국의 분리는 있을 수 없다. 이 둘은 함께 하느님의 나라를 이루며 이것은 곧 전 세계로 퍼질 것이다. 그러나 물론 예수의 나라와 비잔티움 국가 사이에는 엄청난 차이가 있었다.

이방인이 콘스탄티노폴리스의 성벽으로 점점 더 가깝게 다가오는 상황에서 유스티니아누스는 '황제의 교회'의 지상권을 정력적으로 행사하여 신성한 통일을 회복하는 일에 점점 열심을 냈다. 단성론파를 억압하려는 그의 시도 때문에 팔레스티나, 시리아, 이집트 사람들은 지속적으로 소외를 당했다. 유스티니아누스는 이제 유대교는 렐리기오 리키타가 아니라고 선언했다. 유대인은 공직에서 추방되었고 회당에서 히브리어 사용이 금지되었다. 528년 유스티니아누스는 모든 이교도에게 석 달의 여유를 주며 세례를 받으라고 했고, 이듬해에는 플라톤이 세운 아테네의 아카데메이아를 폐쇄했다. 모로코에서 유프라테스강에 이르기까지 모든 속주에서 그는 콘스탄티노폴리스 양식을 따라 건축된 교회에 제국의 통일을 상징하는 일을 위임했다. 어느 정도는 제국의 체제적 억압에 대항하는 항의로 시작된 전통이 이제 제국의 폭력에 대한 도전적 대안을 제공하는 대신 로마의 폭력적 강압의 도구가 된 것이다.

로마-페르시아 전쟁과
성모상을 든 병사들

540년 페르시아의 코스로우 1세는 농경 국가의 고전적 정의에 기초한 개혁으로 자신의 병든 나라를 이 지역에서 경제적 거인으로 키워나가기 시작했다.[108]

> 군주제는 군대에 달려 있고 군대는 돈에 달려 있다. 돈은 지세(地稅)에서 나오고 지세는 농업에서 나온다. 농업은 정의에 달려 있고 정의는 관리의 진실성에 달려 있고 진실성과 신뢰성은 왕의 늘 경계하는 태도에 달려 있다.[109]

코스로우는 더 효과적인 과세 방법을 고안하여 이전의 페르시아 왕들이 무시한 메소포타미아의 관개에 큰 투자를 했다. 여기에서 나오는 수익으로 전통적인 귀족 징집을 대신할 직업 군대를 만들 수 있었다. 이제 기독교 로마와의 전쟁은 불가피해졌다. 두 세력 모두 이 지역을 지배하기를 갈망했기 때문이다. 코스로우가 아랍의 부족민들을 고용하여 남부 국경을 단속하자 비잔티움 사람들은 갓산족—이들이 단성론 기독교로 개종했는데도—을 고용하여 다마스쿠스 근처의 겨울 진지에서 국경을 순찰하게 했다.

코스로우의 페르시아는 반역에 대해서는 관용이 절대 없었지만 종교 차별은 없었다. 어느 폭동 전야에 왕은 "나에 대항하여 불복하기를 고집하는 자들은 선한 조로아스터교도든 유대교도든 기독교도든 모두 죽일" 것이라고 경고하기도 했다.[110] 페르시아 왕들은 대부분의 전통적인 농경 국가 통치자들과 마찬가지로 자신의 신앙을 신민에게 강요하는 데는 아무런 관심이 없었다. 심지어 다리우스의 제국주의화된 조로아스터교도 엄격하게 귀족에게만 한정되었다. 신민은 기독교인 유대인 이교도 공동체에 살면서 원하는 대로 예배를 드렸고 그들 자신의 법과 관습의 지배를 받았으며 국가의 대리인인 종교 관리의 통치를 받았다. 이 방식이 천 년에 걸쳐 중동의 사회 조직을 결정했다. 코스로우가 죽고 난 뒤 페르시아에서는 내전이 벌어졌고, 비잔티움 황제 마우리키우스가 개입하여 어린 코스로우 2세(591~628)를 왕좌에 앉혔다. 페르시아 귀족으로부터 소외된 코스로우 2세는 기독교인을 주위에 불러들였지만, 그의 궁정의 화려함은 다가올 수백 년 동안 중동 군주제의 분위기를 결정지을 정도였다. 그는 아버지의 개혁을 이어받아 메소포타미아를 활기차고 부유하고 창조적인 지역으로 만들었다. 크테시폰(현대의 바그다드 근처)의 유대인 공동체는 세계 유대인의 지적이고 영적인 수도가 되었으며, 기독교 경전 연구에 앞장선 도시 니시비스도 또 하나의 위대한 지적 중심이 되었다.[111] 비잔티움의 지평이 오그라들면서 페르시아인은 시야를 넓히고 있었다.

동맹자 마우리키우스가 610년 쿠데타로 시해당하자 코스로우는 그 기회를 이용해 노예와 약탈물을 노리고 비잔티움에 대한 대규모 공격을 감행했다. 로마에서 다시 쿠데타가 일어나면서 로마령 북아프리카 총독 헤라클리우스가 황위에 오르자, 코스로우는 더 큰 규모의 공격을 벌여 안티오키아(613년), 시리아와 팔레스타나의 넓은 지역(614년),

이집트(619년)를 정복했고, 626년에 페르시아군은 심지어 콘스탄티노폴리스까지 포위했다. 그러나 헤라클리우스와 그의 소규모 정예 부대는 놀라운 반격을 시도하여 소아시아에서 페르시아군을 물리쳤으며, 이란고원을 습격하여 조로아스터교 귀족이 소유한 무방비 상태의 땅을 공격하고 그들의 성지를 파괴했다. 코스로우는 철수할 수밖에 없었다. 완전히 불신을 받게 된 코스로우는 628년에 장관들에게 시해당했다. 헤라클리우스의 원정은 이전 기독교 로마의 어느 전쟁보다 노골적으로 종교적인 색채를 드러냈다. 실제로 이제는 교회와 제국이 완전히 서로 얽혀 있어 콘스탄티노폴리스 포위 동안에는 기독교 자체가 공격을 당하는 것 같았다. 성벽으로부터 적을 물리치기 위해 성모상을 들고 행진하기도 했으며, 결국 도시가 구원을 받자 이 승리는 성모 마리아 덕분이라고 여겼다.

페르시아 전쟁기에 한 수사가 마침내 그리스도론 논쟁에 종지부를 찍었다. 막시무스(580~662)는 이런 쟁점은 단지 신학적 논리로만 정리될 수 없다고 주장했다. '신성화'는 성체 성사 경험에, 묵상에, 사랑의 실천에 뿌리를 두고 있기 때문이다. 바로 이런 공동의 의식과 규율 덕분에 기독교인은 '인간'을 생각하지 않고는 '하느님'을 생각하는 것도 불가능하다는 사실을 배우게 된다. 인간이 마음에서 상호관계를 망치는 질투와 적의를 없애면 심지어 이생에서도 신성해질 수 있다. "온전한 인간은 인간이 되신 하느님의 은총으로 신성화되어 하느님이 될 수 있다. 본성으로 영혼이나 몸이나 온전한 인간이며, 은총으로 영혼이나 몸이나 온전한 하느님이 된다."[112] 따라서 모든 사람 하나하나가 신성한 가치가 있다. 우리의 하느님 사랑은 이웃 사랑과 분리될 수 없다.[113] 사실 예수는 하느님에 대한 우리의 사랑을 판단하는 시금석이 원수를 사랑하는 것이라고 가르쳤다.

왜 예수는 이것을 명령했을까? 여러분을 증오 분노 원한으로부터 해방하고, 여러분이 완벽한 사랑이라는 지고의 은혜를 받을 자격을 갖추게 해주려는 것이다. 여러분은 하느님을 모방하여 모든 사람을 똑같이 사랑하지 않으면 그런 사랑을 얻을 수 없다. 하느님은 모든 사람을 똑같이 사랑하고 그들이 "구원을 얻어 진리를 아는 것에 이르기를" 바라시기 때문이다.[114]

막시무스는 황제의 후원을 놓고 경쟁한 폭군 주교들과는 달리 제국 폭력의 가해자가 아니라 피해자가 되었다. 페르시아 전쟁기에 북아프리카로 달아났다가 661년 강제로 콘스탄티노폴리스에 돌아와, 그곳에서 투옥되고 이단으로 유죄 선고를 받은 후 혀와 오른손이 잘리는 벌을 받았다. 그는 추방을 당했다가 바로 죽었다. 그러나 680년 제3차 콘스탄티노폴리스 공의회에서 정당함이 증명되어 '비잔티움 신학의 아버지'로 알려지게 된다.

신성화 교리는 단지 미래의 상태가 아니라 지금 여기 있는 전체적 인간의 변용을 찬양했는데, 사실 이것이 개별 기독교인의 살아 있는 경험이었다. 하지만 이런 영적 승리는 황제와 폭군 주교가 장려하는 '실현된 종말론'과 닮은 데가 거의 없다. 그들은 콘스탄티누스의 개종 뒤 제국이 하느님의 나라이며 그리스도의 두 번째 현현이라고 확신했다. 에페소스 2차 회의의 참사나 제국의 군사적 허약성조차 로마가 본질적으로 기독교화할 것이고 그리스도를 위하여 세계를 얻을 것이라는 그들의 믿음을 흔들 수 없었다. 다른 전통에서는 국가의 체제 폭력에 도전하는 대안을 만들려고 했으나 비잔티움 사람들은 1453년 콘스탄티노폴리스가 튀르크족에게 함락되는 순간까지도 계속 팍스 로마나가 팍스 크리스티아나와 양립할 수 있다고 믿었다. 그들은 제국의 후원을 뜨겁게 환영했을 뿐 국가의 역할이나 본질, 또는 국가의 불가피한 폭력과 억압에 대한 지속적인 비판을 한 적은 결코 없었다.[115]

7세기 초에 이르면 페르시아와 비잔티움 모두 제국주의적 지배를 위한 전쟁 때문에 망하게 된다. 참담한 역병 때문에 이미 허약해진 시리아는 궁핍해졌고 페르시아는 무정부 상태로 변해 변경 지대는 돌이킬 수 없이 훼손당했다. 그러나 페르시아인과 비잔티움인이 불안하게 서로를 주시하는 동안 진짜 위험은 다른 데서 나타났다. 두 제국은 자신들의 아랍 고객을 잊었고 아라비아반도가 상업 혁명을 경험했다는 것을 눈치채지 못했다. 아랍인은 두 강대국 사이의 전쟁을 면밀히 살펴보다가 두 제국 모두 치명상을 입고 약해졌다는 것을 알았다. 그들은 이제 막 놀라운 영적, 정치적 깨달음을 경험할 참이었다.

7장

이슬람의 딜레마,
정복과 공동체의 꿈

메카를 정복한
'예언자' 무함마드

페르시아-비잔티움 전쟁이 발발한 610년 아라비아 헤자즈 지역 메카 출신인 한 상인이 성스러운 달 라마단에 극적인 계시를 경험했다. 그 전부터 몇 년 동안 무함마드 이븐 압둘라는 매년 도시 바로 외곽의 히라산으로 피정을 갔다.[1] 그는 그곳에서 금식을 하고 영적인 훈련을 하고 빈민에게 적선을 하면서 그의 민족인 쿠라이시 부족의 문제를 깊이 생각했다. 불과 몇 세대 전만 해도 쿠라이시족의 조상은 북아라비아의 팍팍한 사막에서 절망적인 생활을 하고 있었다. 그러나 이제는 전에 꿈도 꾸지 못했을 만큼 부유해졌다. 이 불모의 땅에서는 농업이 거의 불가능했기 때문에 그들의 부는 전적으로 상업에서 만들어졌다. 수백 년 동안 이 지역 '유목민'(바다위)은 양을 몰고 말이나 낙타를

쳐서 근근이 생계를 유지해 왔는데, 6세기에 낙타가 더 무거운 짐을 실을 수 있는 안장을 발명했다. 그 결과 인도, 동아프리카, 예멘, 바레인의 상인들이 보낸 대상(隊商)이 베두인족*을 길잡이로 삼아 물 보급지를 하나씩 거치며 아라비아 스텝 지대를 통과하여 비잔티움과 시리아로 가게 되었다. 메카는 이런 대상의 정거장이 되었으며, 쿠라이시족은 자신들의 교역 사절단을 시리아와 예멘으로 보내기 시작했고, 베두인족은 매년 아라비아 전역에서 정기적으로 열리는 수크, 즉 '장터'를 돌아다니며 물자를 교환했다.[2]

메카의 번영은 순례 중심지라는 지위에도 의존하고 있었다. 수크가 열리는 철이 끝날 때면 아랍인은 하지('순례') 달 동안 메카 전역에서 도시 중심에 있는 오래된 입방체 모양의 신전 카바 주위에 모여들어 오래된 의식을 거행했다. 예배와 상업은 분리할 수 없었다. 하지의 절정은 타와프, 즉 수크 순회를 반영하여 카바를 일곱 바퀴 도는 것이었다. 그러나 메카는 외적인 성공에도 불구하고 사회적이고 도덕적인 위기에 빠져 있었다. 오래된 부족 정신은 갓 태어난 시장 경제의 에토스에 굴복했으며, 가문들은 이제 부와 위엄을 차지하려고 서로 경쟁했다. 사막에 사는 부족은 물자 공유가 생존에 필수적이었지만 이제 가문들은 사적인 재산을 축적했으며, 이 새로 등장한 상업 귀족은 쿠라이시족 가운데 가난한 사람들의 곤경을 무시하고 고아와 과부들의 유산을 빼앗았다. 부자들은 새로운 안정을 기뻐했지만 뒤처진 사람들은 방향 감각을 잃고 헤매는 느낌이었다.

시인들은 베두인족의 삶을 찬양했지만 현실에서 그 삶은 너무 많은

---

* 베두인(Bedouin)은 도시가 아닌 사막에서 사는 사람, 곧 유목민을 뜻하는 아랍어 바다위(badwi)에서 유래했다.

사람들이 너무 적은 자원을 놓고 경쟁하는 모질고 무자비한 투쟁이었다. 늘 기아에 허덕인 부족들은 목장, 물, 목초지를 놓고 끊임없이 싸웠다. 약탈을 위한 습격, 즉 가주는 베두인족 경제에 필수적이었다. 부족민은 물자가 바닥나면 이웃의 영토를 침략하여 낙타 소 식량 노예를 끌고 왔지만 살인은 피의 복수를 부르기 때문에 피하려고 애를 썼다. 목축민들이 대부분 그렇듯이 이들은 습격을 비난할 일이라고 여기지 않았다. 가주는 일종의 민족 스포츠였으며, 분명하게 정해놓은 규칙에 따라 당당한 태도로 솜씨 좋게 진행했는데, 베두인족은 이 습격을 매우 즐겼을 것이다. 가주는 모두에게 돌아갈 만큼 물자가 충분하지 않은 지역에서 부를 재분배하는 잔인하지만 단순한 방법이었다.

부족민은 초자연적인 것에는 거의 관심이 없었지만 미덕과 명예의 규약을 정리하여 자신들의 삶에 의미를 부여했다. 그들은 이것을 '무루와'라고 불렀는데, 이 표현은 번역이 어렵다. 이것은 '용기' '인내' '지구력'을 포괄한다. 무루와의 핵심에는 폭력성이 있었다. 부족민은 자신의 집단에 가해지는 모든 부당한 행위에 복수하고 약한 구성원을 보호하고 적에게 도전해야 했다. 각 구성원은 부족의 명예가 공격당하면 바로 친족 방어에 나설 준비를 갖추어야 했다. 특히 자원을 공유해야 했다. 다른 사람들은 굶주리는데 개인이 부를 축적하면 스텝 지대에서 부족의 생존은 불가능했다. 잘나가는 시절에 인색하게 굴면 힘든 시기에 아무도 도와주지 않았다. 그러나 6세기에 베두인족이 점차 확대되는 부족 간 전쟁의 반복적 순환에 빠져들면서 무루와의 한계는 비극적으로 분명해졌다. 그들은 친족 집단 바깥에 있는 사람들을 가치 없는 소모품으로 여기기 시작했으며, 옳든 그르든 부족을 방어하기 위해 살인을 할 때는 도덕적인 괴로움을 전혀 느끼지 않았다.[3] 심지어 용기라는 이상조차 이제는 기본적으로 전투적이 되었다. 용기가 자기방어가 아니라 선제 타격에서 발휘되었기 때문이다.[4] 무슬림은 전통적으로 이슬람 이전 시기를 '자힐리야(jahiliyyah)'라고 부르는데, 이것은 보통 '무지의 시기'로 번역된다. 그러나 어근 jhl의 일차적 의미는 '성을 잘 냄'—명예와 위엄에 대한 극도의 민감성, 과도한 오만, 그리고 특히 폭력과 보복으로 흐르는 만성적 경향—이다.[5]

무함마드는 메카의 억압과 불의와 더불어 자힐리야의 군사적 위험을 강하게 의식하게 되었다. 메카는 어느 부족 출신이든 상인들이 공격받을 두려움 없이 자유롭게 모여 사업을 할 수 있는 곳이 되어야 했으며, 그래서 상업적 이익을 위해 쿠라이시족은 전쟁을 버리고 초연한 중립의 위치를 유지했다. 그들은 원숙한 솜씨와 외교로 카바 반경 30킬로미터 범위에 모든 폭력을 금지하는 '성소'(하람)를 세웠다.[6] 그러나 자힐리야의 정신을 누르는 것 이상의 일이 필요하게 된다. 메카의 귀족은 여전히 쇼비니즘을 내세웠고 예민했고 걷잡을 수 없는 분노를 폭발시키기 일쑤였다. 612년에 메카인에게 설교를 하기 시작했을 때 경건한 상인 무함마드는 이런 폭발하기 쉬운 사회의 위태로움을 잘 인식하고 있었다. 그의 작은 추종자 공동체를 이루는 다수는 힘이 없고 불리한 위치에 있는 씨족 출신이었으며, 그의 메시지는 아랍인을 위한 새로운 계시인 쿠란('암송')에 기초를 두고 있었다. 고대 세계의 문명화된 민족들의 사상은 교역로를 따라 전파되었고 아랍인은 그 사상에 관해 열심히 토론했다. 그들 자신의 지역 전승에 따르면 아랍인은 아브라함의 장자인 이스마엘의 후손이었으며,[7] 많은 사람들이 자신의 높은 신 알라—그의 이름은 단순히 '하느님'이라는 뜻이었다.—가 유대인과 기독교인의 하느님과 동일하다고 믿었다. 그러나 아랍인에게는 배타적 계시나 그들만 특별히 선택받았다는 관념이 없었다. 쿠란은 그저 알라가 아브라함의 후손에게 펼치는 계시 가운데 가장 최근 것이며, 모두가 이미 아는 내용을 '일깨워주는 것'이었다.[8] 실제로 나중에 글로 기록된 쿠란을 이루는 자료 가운데 한 놀라운 구절에서 알라는 자신이 어떤 예언자의 계시든 차별하지 않는다는 점을 분명히 밝힌다.[9]

쿠란의 밑바탕에 깔린 메시지는 비잔티움을 찢어놓은 것과 비슷한 새롭고 난해한 교리가 아니라, 메카에서 등장하고 있던 구조적 폭력에 도전하는 정의로운 사회를 구성하는 내용이 무엇인지 그저 '일깨워주는 것'이었다. 즉 사적으로 재산을 축적하는 것은 잘못이고, 공정하게 대접하고 존중해주어야 할 가난하고 취약한 사람들과 부를 나누는 것은 선하다는 것이다. 무슬림은 메카 자본주의의 탐욕이나 체제의 불의에 대안을 제공하는 움마, 즉 '공동체'를 이루었다. 결국 무함마드 지지자들의 종교는 '이슬람'이라고 부르게 된다. 개인이 알라에게 전 존재를 '내어줄' 것을 요구했기 때문이다. 무슬림은 그저 그렇게 내어준 남녀일 뿐이었다.* 그러나 처음에 이 새로운 신앙은 대체로 '개선'이라고 번역될 수 있는 타자카로 불렸다.[10] 무슬림은 부를 축적하고 빈민의 곤경을 무시하는 것이 아니라, 스스로 굶주리더라도 서로 책임을 지고 궁핍한 자를 먹이라는 가르침을 받았다.[11] 그들은 자힐리야의 '성을 잘 냄'을 아랍의 전통적 덕목인 힐름—자제 인내 자비—으로 바꾸었다.[12] 그들은 약한 자를 돌보고 노예를 해방하고 매일, 심지어 매시간 작으나마 착한 행동을 함으로써 점차 책임감과 연민의 정신을

---

* 아랍어로 이슬람(islam)은 신에게 '내어주다', '복종하다'는 뜻이며 무슬림(muslim)은 '복종하는 사람', 곧 이슬람을 믿는 사람을 뜻한다.

얻어 자신의 이기심을 정화하게 될 것이라고 믿었다. 사소한 도발에도 폭력적으로 보복하는 부족민과는 달리 무슬림은 반격하지 않고 복수를 알라에게 맡겨야 하며,[13] 다른 모든 사람을 항시 상냥하고 예의 바르게 대해야 했다.[14] 사회적으로 이슬람의 내어줌은 공동체에서 사는 법을 배움으로써 실현되었다. 신자들은 타인과 깊은 유대를 발견하고, 스스로 대접받고 싶은 대로 타인을 대접하려고 노력하게 되었다. "자신을 위해 바라는 것을 이웃을 위해서도 바라지 않는다면 너희 가운데 누구도 신자가 될 수 없다." 무함마드는 그렇게 말했다고 전해진다.

처음에 메카의 기성 권력 기구는 움마에 거의 주목하지 않았지만 무함마드가 자신의 메시지의 유일신교적 성격을 강조하기 시작하자, 그들은 신학적인 이유보다는 상업적인 이유로 경악했다. 지역 신들에 대한 노골적인 거부는 사업에 나쁠 것이고, 카바 주위에 토템을 유지하고 하지 동안 그곳에 방문할 목적으로 찾아오는 부족들을 소외시킬 것이었기 때문이다. 이제 심각한 균열이 생기고 있었다. 무슬림은 공격을 당하고, 아직 쿠라이시족 내 한 부분에 지나지 않던 움마는 경제적, 사회적으로 배척당했으며, 무함마드의 목숨이 위태로워졌다. 메카에서 북쪽으로 약 4백 킬로미터 떨어진 농업 부락 야트리브 출신 아랍인들이 자신들의 땅에 와서 정착하라고 움마에 권했을 때 그것 외에 다른 해법은 없는 듯 보였다. 그래서 622년 무슬림 약 70가구는 집을 버리고 오아시스로 떠났다. 그곳은 훗날 마디나트 안-나비, 즉 '예언자의 도시' 메디나로 알려지게 된다.

메카로부터의 이 히즈라(hijrah, '이주')는 특별한 행동이었다. 부족을 가장 신성한 가치로 여기는 아라비아에서 친족을 버리고 낯선 사람들의 영원한 보호를 받아들이는 것은 신성모독에 맞먹는 일이었다. 히즈라라는 말 자체가 고통스러운 단절을 암시한다. "그는 자신을 친근하고 애정이 담긴 소통을 단절한다. …… 그는 …… 그들과 사귀는 것을 …… 중단한다." 어근 hjr의 의미는 이렇게 번역되었다.[15] 따라서 메카의 무슬림은 무하지룬('이주자들')이라는 별명을 얻고, 이런 트라우마적 전위(轉位)는 이들의 정체성의 중심을 이루게 된다. 안사르('돕는 자들'), 즉 이슬람으로 개종한 메디나의 아랍인들 또한 피가 섞이지 않은 타인들을 받아들임으로써 대담한 실험을 시작했다. 메디나는 통일된 도시가 아니라 요새화된 부락들이 여럿 모인 곳이었으며, 각 부락은 서로 다른 부족 집단이 차지하고 있었다. 큰 아랍인 부족은 둘이었고—아우스족과 카즈라즈족—유대인 부족이 스물이었으며, 이들 모두가 늘 서로 싸웠다.[16] 이런 상황에서 중립적 외부자인 무함마드는 중재자가 되었고, '돕는 자들'과 '이주자들'이 모두 하나가 되어 적과 싸우는 하나의 거대 부족—"개별적인 사람들은 사라지는 하나의 공동체"—으로 통합하는 합의를 만들어낸다.[17] 이렇게 해서 메디나는 원시적 '국가'가 되었고, 그 즉시 힐름의 이데올로기에도 불구하고 전쟁에 참여할 수밖에 없다는 것을 알게 되었다.

'이주자들'은 공동체의 자원을 소모했다. 그들은 상인과 은행가였지만 메디나에서는 일할 기회가 거의 없었다. 그들은 농사 경험이 없었고, 어차피 농사를 지을 땅도 구할 수 없었다. 따라서 별도의 수입원을 찾아야 했으며, 궁핍한 때에 목숨을 이어갈 수 있는 방식으로 받아들인 가주가 눈에 보이는 해결책이었다. 그래서 624년 무함마드는 메카의 대상을 공격하는 습격대를 파견하기 시작했는데, 이것은 단지 무슬림이 자신의 부족을 공격한다는 점에서만 논란의 여지가 있는 행동이었다. 하지만 쿠라이시족은 오래전에 전쟁을 버렸기 때문에 '이주자들'은 가주에 미숙하여 첫 습격은 실패로 돌아갔다. 그러다 마침내 감을 잡기 시작했지만 실수로 메카의 상인을 죽이고 반도 전체에서 폭력이 금지되는 '신성한 달'에 싸움을 벌임으로써 아라비아의 주요한 두 규칙을 어겼다.[18] 무슬림은 이제 메카의 보복을 예상해야 했다. 석 달 뒤 무함마드는 스스로 그해 메카의 가장 중요한 대상을 공격하는 가주를 이끌었다. 정보를 입수한 쿠라이시족은 즉시 대상을 보호할 군대를 파견했지만, 바드르의 우물에서 벌어진 정면 대결에서 무슬림은 놀라운 승리를 거두었다. 쿠라이시족은 이듬해 메디나를 공격하여 우후드 전투에서 무슬림을 격파하는 것으로 대응했지만, 627년 다시 메디나를 공격했을 때는 무슬림이 '참호 전투'—무함마드가 정착지 둘레에 방어용 도랑을 팠기 때문에 그렇게 부른다.—에서 쿠라이시족에게 참패를 안겼다.

움마에는 내적인 분쟁도 있었다. 메디나의 유대인 부족 가운데 셋—카이누카족 나디르족 쿠라이자족—은 무함마드가 오아시스에서 자신들의 정치적 우위를 훼손했기 때문에 그를 죽이려 했다. 그들은 상당한 규모의 군대를 거느리고 있는 데다가 메카와 기존의 동맹 관계도 있어 무슬림에게 위험 요인이었다. 카이누카족과 나디르족이 반역을 꾀하고 무함마드를 암살하겠다고 위협하자 무함마드는 그들을 메디나에서 추방했다. 그러나 나디르족은 이미 근처 카이바르 유대인 정착자들과 결합하고 현지 베두인족에게서 메카에 대한 지지를 이끌어내려고 애를 쓰고 있었다. 따라서 포위 공격이 벌어지는 상황에서 쿠라이자족이 메카와 음모를 꾸며 정착지 전체를 위험에 빠뜨린 '참호 전투'가 끝난 뒤 무함마드는 자비를 베풀지 않았다. 그는 아랍의 관습에 따라 쿠라이자족 남자 7백 명을 죽이고 여자와 아이는 노예로 팔았다. 다른 17개 유대인 부족은 메디나에 남았으며, 쿠란은 계속 무슬림에게 '책의 민족'*을 존중하라고 가르치고 그들 모두가 공유하고 있는 것을 강조했다.[19] 무슬림은 쿠라이자 부족민에게 종교적 이유가 아니라 정치적 이유로 판결을 내렸지만 이 잔혹 행위는 '예언자' 경력의 바닥이었다. 그때부터 '예언자'는 베두인족과 관계를 구축하려고 외교적 노력을 강화했으며, 베두인족은 무함마드의 군사적 성공에 감명받아 강한 동맹 관계를 맺었다. 이슬람으로 개종할 필요는 없었다. 단지 움마의 적과 싸우겠다고만 맹세했다. 무함마드는 주로 협상으로 제국을 구축한 역사상 소수의 지도자 가운데 한 명이었음이 분명하다.[20]

628년 3월, 하지 달 동안 무함마드는 메카로 순례를 떠나겠다고 발표하여 모두를 놀라게 했다. 순례 때는 무기 소지가 금지되었기 때문에 그것은 비무장으로 적의 영토에 들어간다는 뜻이었다.[21] 무슬림 천 명가량이 무함마드와 동행하겠다고 자원했다. 쿠라이시족은 순례자들을 공격하려고 기병대를 파견했지만 베두인 동맹자들이 뒷길로 안내하여 순례자들은 모든 폭력이 금지된 메카 성지로 들어갈 수 있었다. 그러자 무함마드는 순례자들에게 후다이비야의 우물 옆에 앉아 쿠라이시족이 협상해 오기를 기다리라고 명령했다. 그는 쿠라이시족이 자신 때문에 매우 괴로운 처지에 놓였음을 알고 있었다. 만일 성스러운 땅에서 순례자들을 죽이면 카바의 수호자들은 이 지역에서 신뢰를 완전히 잃게 될 터였다. 그러나 쿠라이시족의 사절이 도착하자 무함마드

책의 민족(Ahl al-Kitab) 이슬람교에서 성전에 기초한 신앙을 가진 사람들을 지칭하는 말. 일반적으로 토라, 성경, 아베스타를 지닌 유대인, 기독교인, 조로아스터교도를 뜻한다.

는 전쟁을 치르며 움마가 얻은 모든 이익을 버리는 것처럼 보이는 조건에 동의했다. 그를 따라온 순례자들은 경악하여 폭동을 일으킬 뻔했지만, 쿠란은 후다이비야의 휴전을 '명백한 승리'로 찬양하게 된다. 메카인은 비무장 순례자들을 학살하려 했을 때 전형적인 자힐리야의 호전성을 드러냈지만, 신은 무슬림 위에 '평화의 영'(사키나)을 내려보냈다.[22] 무함마드의 첫 전기 작가는 이 비폭력적 승리가 갓 태어난 운동의 전환점이었다고 선언했다. 이후 2년 동안 "전보다 두 배 또는 그 이상이 이슬람으로 들어왔으며"[23] 630년에 메카는 자발적으로 무슬림 군대에 문을 열었다.

쿠란,
무자비와 자비의 공존

무함마드의 삶에 대한 우리의 주요 출처는 쿠란인데, '예언자'의 23년 포교 기간 동안 그에게 온 계시를 모은 것이다. 공식 텍스트는 무함마드 사후 20년쯤 뒤 3대 칼리파인 우스만의 지휘에 따라 표준화되었다. 하지만 쿠란은 원래 구전되고 암송되고 외우던 것이었다. 그 결과 '예언자'가 살아 있는 동안, 또 사후에도 텍스트는 유동적이었으며, 사람들은 자신이 들은 각기 다른 부분을 기억하고 깊이 생각했을 것이다. 쿠란은 일관된 계시가 아니다. 계시는 특정 사건에 대응하여 무함마드에게 하나씩 찾아왔기 때문에 여느 경전이나 마찬가지로 여기에도 모순이 있다. 특히 전쟁과 관련된 부분이 그렇다. 지하드('투쟁')는 쿠란의 주요 주제로 꼽히지는 않는다. 사실 이 말과 그 파생어들은 겨우 41번밖에 나오지 않으며, 그 가운데 10개만이 분명하게 전쟁을 가리킨다. 이슬람의 '내어줌'은 우리의 내재적 이기심에 맞선 끊임없는 지하드를 요구한다. 이것은 때로는 '싸움'을 포함하지만 시련을 용감하게 견디고 곤경에 빠진 가난한 사람들에게 베푸는 것 또한 지하드로 묘사된다.[24]

군사적 폭력에 관한 단일하거나 체계적인 쿠란의 가르침은 없다.[25] 때때로 신은 싸움보다는 인내와 자제를 요구한다.[26] 때때로 방어적 전쟁을 허용하고 공격을 비난하지만, 다른 때는 일정한 한계 내에서 공격적 전쟁을 요구한다.[27] 이따금씩 이런 제약을 거두어들이기도 한다.[28] 어떤 구절에서는 무슬림에게 '책의 민족'과 평화롭게 살라고 가르친다.[29] 다른 구절에서는 그들을 억누르라고 요구한다.[30] 이런 모순된 가르침은 쿠란 전체에 걸쳐 나타나며 무슬림은 이 모순을 합리화하기 위해 두 가지 주석 전략을 계발했다. 첫 번째는 쿠란의 각 구절을 무함마드 생애의 역사적 사건과 연결하고 이 맥락을 이용해 일반적 원칙을 확립하는 것이었다. 그러나 현존하는 텍스트가 계시들을 연대순으로 배치한 것이 아니기 때문에 초기 학자들은 이 아스바브 알-누줄('계시의 사건')을 결정하는 데 어려움을 겪었다. 두 번째 전략은 이전 구절을 파기하는 것이었다. 학자들은 움마가 여전히 생존 투쟁 중일 때는 신이 무슬림에게 난제에 대한 일시적 해결책을 주었을 뿐이고, 이슬람이 승리를 거둔 뒤에야 영속적인 계명을 줄 수 있었다고 주장했다. 따라서 후기의 계시—그 가운데 일부는 제약 없는 전쟁을 요구한다.—가 신의 결정적인 말이며, 이것은 그 이전의 관대한 명령을 무효로 만든다.[31]

파기를 지지하는 학자들은 무슬림이 메카에서 아직 약한 소수파였을 때 신은 싸움이나 대적을 피하라 명령했다고 주장했다.[32] 하지만

어느 정도 힘을 얻은 히즈라 뒤에는 싸워도 좋다고 허락했다. 이때에
도 오직 자기방어일 경우만이었다.[33] 무슬림의 힘이 세지면서 이런 제
약의 일부는 거두어졌고,[34] 마침내 '예언자'가 승리를 거두고 메카에
귀환하자 무슬림은 언제 어디서든 가능할 때마다 비무슬림과 전쟁을
벌이라는 명령을 받았다.[35] 따라서 신은 무슬림에게 서서히 세계 정복
을 준비시키면서 상황에 맞게 지침을 가다듬었다. 그러나 현대 연구
자들은 초기의 주석학자들이 어느 계시가 어느 특정한 '사건'과 연결
되느냐, 또는 어느 구절이 어느 구절을 파기하느냐에 관해 늘 의견이
일치하지 않았다는 점에 주목했다. 미국의 종교학자 루벤 파이어스톤
(Reuven Firestone)은 대립하는 쿠란의 구절들이 사실은 예언자의 생애
동안, 또 사후에 움마 내부의 다양한 집단의 견해를 드러낸 것이라고
주장했다.[36]

초기 움마에 불화와 분파가 있었다 해도 놀랄 일은 아니다. 무슬림
도 기독교인과 마찬가지로 근본적으로 서로 다른 방식으로 계시를 해
석하고, 또 다른 여느 신앙과 마찬가지로 변화하는 환경에 대응하여
발전하게 된다. 신이 싸움을 장려했다는 이야기를 들으면 일부 무슬림
이 언짢아할 것임을 쿠란은 의식하고 있는 듯하다. "싸움은 설사 너에
게 가증스럽다 해도 너를 위해 정해진 것이다."[37] 일단 움마가 전쟁에
참여하기 시작하자, 광범위한 항의를 이끌어낼 만큼 강했던 한 집단은
일관되게 참전을 거부한 것으로 보인다.

신자들이여, 왜 "가서 신의 대의로 싸우라"고 말했는데도 땅으로 가
라앉을 듯한 모습이냐? 이 세상을 다가올 세상보다 좋아하느냐? 다가
올 삶에 비하면 이 세상의 즐거움은 얼마나 적으냐! 나가 싸우지 않으면

신은 너를 심하게 벌하고 다른 사람을 네 자리에 앉힐 것이다.[38]

쿠란은 이런 사람들을 '느림보' '거짓말쟁이'라고 부르며, 전쟁 동안 그런 사람들이 '집에 머무는 것'을 허락했다는 이유로 무함마드를 책망했다.[39] 그들은 무관심과 두려움에 사로잡혀 있다는 이유로 비난받았고 카피르, 즉 이슬람의 적과 똑같이 취급되었다.[40] 그러나 이 집단은 무슬림에게 보복하지 말고 "용서하고 참으라"고, 공격에 자비와 인내와 예의로 대응하라고 가르친 쿠란의 많은 구절을 가리킬 수 있었다.[41] 다른 구절에서 쿠란은 최종적 화해를 자신 있게 예상하기도 한다. "우리와 너희 사이에 아무런 논쟁이 없게 하라. 신이 우리를 모으실 것이고 신에게 우리는 돌아갈 것이다."[42] 파이어스톤은 쿠란 전체에 이런 평화주의적 주제가 놀랄 만큼 일관된 것은 움마에 한동안—어쩌면 9세기까지—살아남은 하나의 강력한 경향을 반영한 것이 틀림없다고 믿는다.[43]

그러나 결국 더 전투적인 집단이 승리를 거두었다. 아마 '예언자'가 죽고 나서 오랜 세월이 지난 9세기에 이르면 더 공격적인 구절들이 현실을 반영했기 때문일 것이다. 이 무렵 무슬림은 군사력으로만 유지될 수 있는 제국을 건설했다. 그들이 가장 좋아하는 텍스트는 '검의 구절'이었는데, 그들은 이것을 신이 이 주제에 관해 마지막으로 한 말로 여겼다. 하지만 여기에서조차 전면전의 승인은 곧바로 평화와 관용에 대한 요구로 이어진다.

금지된 달이 지나면 어디에서 우상 숭배자들을 만나건 그들을 죽이고 그들을 붙잡고 그들을 포위하고 모든 초소에서 그들을 기다려라. 하지만 그들이 회개하고 기도를 계속하고 명령한 대로 적선을 하면 그들이 자기 길을 가게 하라. 신은 가장 자비롭고 용서하는 마음이 크시기 때문이다.[44)

따라서 쿠란에는 무자비와 자비가 늘 함께한다. 신자들은 계속 "소란이 사라지고 종교가 신의 것이 될 때까지"[45) 싸우라는 명령을 받지만, 적이 평화를 간청하는 순간 즉시 그 이상의 적대는 없도록 해야 한다는 말을 듣는다.[46)

칼리파의 정복 전쟁과
이슬람 제국 건설

632년 무함마드가 죽은 뒤 그가 이룩한 동맹은 깨졌고, 그의 '후계자'(칼리파) 아부 바크르는 아라비아가 만성적 전쟁으로 돌아가는 것을 막으려고 이탈하는 부족들과 싸웠다. 다른 곳에서도 보았지만, 이런 만성적인 내분을 저지하는 유일한 방법은 평화를 강제할 수 있는 강력한 패권적 군사력을 재확립하는 것이었다. 2년이 안 되어 아부 바크르는 팍스 이슬라미카(Pax Islamica)를 회복하는 데 성공했고, 634년에 그가 죽은 뒤 2대 칼리파 우마르 이븐 알-카타브(634~644년 재위)는 평화가 외부를 상대로 한 공격으로만 보존될 수 있다고 믿었다. 이 군사 원정은 종교에 영향을 받은 것이 아니었다. 쿠란에는 무슬림이 세계를 정복하기 위해 싸워야 한다고 주장하는 대목은 찾아볼 수 없다. 우마르의 원정은 거의 전적으로 아라비아의 위태로운 경제가 동인이었다. 아라비아에 관습적인 농경 제국을 건설하는 것은 불가능했다.

경작에 적합한 땅이 너무 적었기 때문이다. 쿠라이시족의 빈약한 시장 경제는 반도 전체를 지탱할 수 없다는 것이 분명했고, 쿠란은 이슬람 동맹의 구성원들이 서로 싸우는 것을 금지했다. 그렇다면 궁핍한 시기에 부족은 어떻게 먹고살 수 있을까? 가주, 즉 약탈을 위한 이웃 부족 습격이 아라비아의 빈약한 자원을 재분배하는 유일한 방법이었지만 이제 이것은 금지되었다. 우마르의 해결책은 아라비아반도 너머의 부유한 정착지들을 습격하는 것이었는데, 그 지역은 이때 페르시아-비잔 티움 전쟁 후에 혼란에 빠져 있었고, 이 사실은 아랍인도 잘 알고 있었다.

우마르의 지도를 받아 아랍인은 반도에서 뛰쳐나갔고, 처음에는 소규모 국지적 습격에 머물렀지만 나중에는 대규모 원정에 나섰다. 그들이 예상한 대로 저항에 부딪히는 일은 거의 없었다. 양대 세력의 군대는 현저히 축소되었고 종속된 집단들은 불만이 강했다. 유대인과 단성론 기독교인은 콘스탄티노폴리스의 핍박이 지겨웠고, 페르시아인은 여전히 코스로우 2세의 암살 뒤에 이어진 정치적 격변으로 인한 충격에서 벗어나지 못하고 있었다. 아랍인은 놀라울 정도로 짧은 시간에 로마군을 시리아에서 내몰고(636년) 자원이 고갈된 페르시아군을 짓밟았다(637년). 641년에는 이집트를 정복했고, 이란 전역에 평화를 가져오기 위해 약 15년을 싸워야 했지만 652년에 결국 승리를 거두었다. 이제는 남부 속주들이 잘려 나가 일부만 남은 비잔티움만 버티고 있었다. 이렇게 바드르 전투 20년 뒤 무슬림은 메소포타미아, 시리아, 팔레스타나, 이집트의 주인이 되었다. 마침내 이란을 정복했을 때는 페르시아와 비잔티움 사람들 모두가 이루지 못한 꿈을 이루어 키루스의 제국을 재창조했다.[47]

아랍인이 성공한 이유를 설명하기는 어렵다. 그들은 능숙한 습격자였지만 장기전 경험이 거의 없었고 우월한 무기나 기술도 없었다.[48] 사실 '예언자'가 그랬듯이, 정복 초기에는 싸움보다는 외교로 얻은 영토가 많았다. 다마스쿠스와 알렉산드리아는 모두 관대한 조건을 제안받고 항복했다.[49] 아랍인은 국가 건설의 경험이 없었기 때문에 페르시아와 비잔티움의 토지 보유, 과세, 정부 체계를 그대로 채택했다. 정복한 민족에 이슬람을 강요하려는 시도는 없었다. '책의 민족'—유대교도 기독교도 조로아스터교도—은 딤미('보호받는 신민')가 되었다. 이슬람 비판자들은 종종 이런 조치를 이슬람이 지닌 편협성의 증거라고 비난하지만, 우마르는 단순히 코스로우 1세의 페르시아 체제를 개조했을 뿐이었다. 이슬람은 아랍 정복자들의 종교가 되고—조로아스터교가 페르시아 귀족의 배타적 신앙이었듯이—딤미는 이란에서 그랬던 것처럼 자신의 일을 스스로 관리하고 군사적 보호의 대가로 지즈야, 즉 인두세를 냈다. 종교적 일치를 강제하려는 기독교 로마 제국의 수백 년에 걸친 강압적 시도 뒤에 전통적인 농경 제국 체제가 다시 등장했고 딤미의 다수는 이런 무슬림 정체(政體)를 구원이라고 생각했다.

638년 우마르는 비잔티움 사람들로부터 예루살렘을 뺏은 직후, 기독교 성지들을 건드리지 않겠다는 헌장에 서명하고 70년에 파괴된 뒤로 폐허로 남겨진 채 도시의 쓰레기장으로 이용되던 유대교 성전 유적지를 정화했다. 그 뒤로 이 거룩한 유적지는 하람 알-샤리프, 즉 '가장 고귀한 성소'라고 부르게 되며, 이슬람 세계에서 메카와 메디나 다음 세 번째로 거룩한 장소가 된다. 우마르는 또 바르 코크바 전쟁 이후 유대에 영주하는 것이 금지되었던 유대인에게 '예언자 다우드(다윗)의 도시'로 돌아오라고 권했다.[50] 11세기에 예루살렘의 한 랍비는 하느님이 그의 백성에게 자비를 보여주어 '이스마엘의 나라'가 팔레스티나를 정복하도록 허락한 것을 감사하는 마음으로 회고한다.[51] "그들은 어떤 신앙을 고백하는지 묻지 않았다." 12세기의 시리아인 역사가 미카엘은 말한다. "또 사악한 이교 민족 그리스인이 그랬던 것과는 달리 신앙 고백을 이유로 아무도 박해하지 않았다."[52]

무슬림 정복자들은 처음에는 체제의 억압과 제국의 폭력에 저항하려고 노력했다. 우마르는 자신의 관리들이 현지 민족을 추방하거나 메소포타미아의 비옥한 땅에 사유지를 확보하는 것을 허락하지 않았다. 대신 무슬림 병사들은 이라크의 쿠파, 시리아의 바스라, 이란의 쿰, 이집트의 푸스타트 등 전략적 위치에 세운 새로운 '요새 도시'(암사르)에 살았다. 오래된 도시 가운데는 다마스쿠스만이 유일하게 암사르가 되었다. 우마르는 여전히 유아기 상태인 움마가 더 세련된 문화들로부터 떨어져 살 때만 온전함을 유지할 수 있다고 믿었다. 안정되고 중앙 집권적인 제국을 확립하고 유지하는 무슬림의 능력은 군사적 성공보다 훨씬 놀라웠다. 페르시아인과 비잔티움인 모두 아랍인이 최초의 승리 뒤에 자신들이 정복한 제국에 그저 정착할 수 있도록 요구할 것이라고 생각했다. 사실 이방인들은 서쪽 지방에서 그렇게 행동했고, 이제 그들은 로마법에 따라 통치하며 라틴 방언들을 사용했다.[53] 하지만 무슬림은 750년 팽창 전쟁이 마침내 그쳤을 때, 히말라야산맥에서 피레네산맥에 이르는 제국을 스스로 통치했다. 이것은 그때까지 세계사상 가장 큰 제국이었으며, 정복된 민족 대부분이 이슬람으로 개종하고 아랍어를 사용했다.[54] 이 특별한 성취는 쿠란의 메시지를 확인해주는 것처럼 보였는데, 쿠란은 쿠란의 원리에 기초한 사회가 늘 번창할 것이라고 가르쳤기 때문이다.

나중 세대들은 이 '정복 시대'를 이상화하지만 사실 이때는 어려운 시기였다. 콘스탄티노폴리스를 물리치려다 실패한 일은 쓰디쓴 타격이었다. '예언자'의 사위 우스만이 3대 칼리파(644~656년 재위)가 되었을 무렵 무슬림 군대는 폭동을 일으키고 불만을 터뜨렸다. 이제는 거리가 워낙 멀어졌기 때문에 원정은 진이 빠지는 일이었으며 약탈물도 줄어들었다. 병사들은 집에서 멀리 떨어져 늘 낯선 환경에 살면서 안정된 가정 생활은 전혀 누리지 못했다.[55] 이런 불안이 하디스 문헌에 반영되어 있는데, 여기에서 지하드라는 고전적 교리가 형태를 잡아가기 시작했다.[56] 하디스('언행록')에는 쿠란에 포함되지 않은 예언자의 말과 이야기가 기록되어 있다. 이제 무함마드는 그들과 함께 있지 않았기 때문에 사람들은 그가 어떻게 행동했는지, 전쟁 같은 주제에 관해서는 무슨 생각을 했는지 알고 싶어 했다. 이런 전승들은 8세기와 9세기 동안에 묶이고 편찬되었는데, 그 수가 너무 많아 진정한 언행록과 명백히 위조인 것들을 구분할 필요가 생겼다. 하디스 가운데 '예언자' 자신의 시대에 나온 것은 거의 없었지만, 심지어 위작으로 여겨지는 것들도 초기 움마에 속한 무슬림이 자신들의 놀라운 성공을 어떻게 바라보았는지 알려준다.

많은 하디스가 전쟁을 신이 신앙을 퍼뜨리는 방법이라고 보았다. "나는 인류 전체에게 보내심을 받았다."[57] '예언자'는 말한다. "나는 민족들이 '알라 외에 다른 신은 없다'고 증언할 때까지 그들과 싸우라는 명령을 받았다."[58] 제국 건설은 병사들이 스스로 인류에게 혜택을 준다고 믿을 때 가장 빠른 진척을 보이며, 자신이 신의 사명을 받았다는 확신은 처지는 사기를 북돋운다. 또 '집에 머무는 느림보'에 대한 경멸도 있다. 병사들은 아마 정복의 혜택은 누리면서도 곤경은 나누려

하지 않는 무슬림에게 분개했을 것이다. 그래서 어떤 하디스에서 무함마드는 정착 생활을 비난한다. "나는 상인과 농부가 아니라 자비와 투사로 보내심을 받았다. 이 움마에서 가장 나쁜 사람들은 '종교'(딘)를 진지하게 받아들이지 않는 상인과 농부이다."[59] 다른 하디스는 매일 죽음과 함께 살아가며 "집은 지었으나 그 안에서 살지 못하고, 여자와 결혼은 했으나 성교는 하지 못하는" 전사의 고난을 강조한다.[60] 이 전사들은 가난한 자를 돌본다든가 하는 다른 형태의 지하드는 무시하기 시작했으며, 자신들만이 진정으로 지하드를 수행하는 자라고 생각했다. 어떤 하디스는 싸움이 '여섯 번째 기둥', 즉 '신앙 고백'(샤하다), 적선, 기도, 라마단 금식, 하지와 더불어 이슬람의 '핵심적 관행'이라고 주장한다. 일부는 전쟁을 하는 것이 카바 옆에서 밤새 기도하거나 여러 날 금식하는 것보다 훨씬 귀중하다고 말한다.[61] 하디스는 쿠란에서는 한 번도 부여한 적이 없는 영적 차원을 싸움에 부여한다. 병사의 의도가 매우 강조된다. 그는 신을 위해 싸우는가, 아니면 단지 명성과 영광을 위해 싸우는가?[62] '예언자'에 따르면 "이슬람의 수도원 생활은 지하드다."[63] 군대 생활이라는 소명은 병사들을 민간인과 격리했다. 기독교 수사들이 평신도와 구분되어 살았듯이, 무슬림 전사들이 부인과 떨어져 살면서 금식과 기도를 열심히 하는 요새 도시는 그들의 수도원이었다.

병사들은 계속 때 이른 죽음의 가능성과 마주쳤기 때문에 내세에 관한 많은 추측이 있었다. 쿠란에는 '종말의 시간'에 관한 자세한 시나리오는 없고, '낙원'은 막연한 시적인 표현으로만 묘사되었다. 그러나 이제 일부 하디스는 정복 전쟁이 '최후의 날'을 예고한다고 주장했으며,[64] 무함마드가 운명의 날의 예언자로서 말한다고 상상했다. "보라!

신은 그 시간 직전에 나에게 검을 주어 보내셨다."[65] 무슬림 전사들은 '종말의 시간'의 전투를 하는 엘리트 전위로 묘사된다.[66] 종말이 오면 모든 무슬림은 정착 생활의 안락을 버리고 입대해야 하며, 이 군대는 비잔티움을 물리칠 뿐 아니라 중앙아시아, 인도, 에티오피아 정복을 완료할 것이다. 일부 병사들은 순교를 꿈꾸었고 하디스는 전투에서 죽는 자들의 운명에 관한 쿠란의 짧은 언급을 기독교의 심상으로 보완했다.[67] '순교자'라는 뜻의 아랍어 샤히드는 그리스어 마르투스*와 마찬가지로 궁극적으로 자신을 내어줌으로써 이슬람을 '증언하는 자'를 뜻했다. 하디스는 천국의 보답을 나열한다. 샤히드는 다른 모든 사람과는 달리 무덤 속에서 최후의 심판을 기다릴 필요 없이 즉시 낙원의 특별한 장소로 승천할 것이다.

신이 보시기에 순교자에게는 여섯 가지 [독특한] 특질이 있다. 신은 기회가 생기자마자 그를 용서하시고, 그에게 낙원에 있는 그의 자리를 보여주신다. 그는 무덤의 고통에서 구원을 받고 [최후 심판의] 엄청난 공포에서 안전하며 명예의 관이 그의 머리에 놓이는데 그 관의 루비 하나가 세상과 그 안에 있는 모든 것보다 좋다. 그는 후리[낙원의 여자들] 72명과 결혼하며, 신 앞에서 친척 70명을 좋게 말해줄 권리를 얻는다.[68]

순교자는 군대에서 힘든 생활을 한 보답으로 포도주를 마시고 비단 옷을 입고 지하드를 위해 포기했던 성적 기쁨을 한껏 누릴 것이다. 하지만 새로운 군사적 이상에 그렇게 헌신하지 않는 다른 무슬림은 때

---

* '증언자'라는 뜻의 그리스어 마르투스(martus)에서 영어의 '순교자(martyr)'라는 말이 유래했다.

이른 죽음이 모두 순교라고 주장하게 된다. 익사, 역병, 화재, 사고도 인간의 유한성을 '증언하며' 사람들이 신뢰하는 인간 제도에는 안전이 없고 오직 무한한 신 안에만 있다는 것을 보여주기 때문이다.[69]

무슬림의 분열, 수니파와 시아파

궁핍한 삶에서 세계 지배에 이르는 놀라운 변화를 이루는 동안 무슬림 사이에 지도력, 자원 분배, 제국의 도덕과 관련하여 의견 불일치가 생긴 것은 어쩌면 불가피했을 것이다.[70] 656년 우스만은 병사들의 폭동 중에 살해당했는데, 이슬람 전통의 수호자인 쿠란 암송자들이 이 폭동을 지지했다. 이들은 움마에 권력이 점점 집중되는 데 반대하고 있었다. 이런 불평분자들의 지원을 받아 '예언자'의 사촌이자 사위인 알리가 4대 칼리파가 되었다. 알리는 독실한 사람이었으며 실용적인 정치 논리와 투쟁했지만 우스만의 친족인 다마스쿠스 총독 무아위야가 이끄는 반대파가 있는 시리아에서는 그의 통치를 받아들이지 않았다. '예언자'의 가장 완고한 적으로 꼽히던 자(아부 수피얀)의 아들 무아위야는 그의 지혜롭고 유능한 통치를 높이 평가하는 부유한 메카 가문들과 시리아 백성의 지지를 받았다. '예언자'의 친척과 벗이 서로 공격 태세를 취하는 광경은 엄청난 혼란을 일으키는 것이었기에 양쪽은 무력에 의한 갈등을 막기 위해 중립적 무슬림의 중재를 요청했는데, 그들은 무아위야에게 우호적인 결정을 내렸다. 극단주의 집단은 이 결정을 받아들이기를 거부했고, 알리가 애초에 굴복한 것에 충격을 받았다. 그들은 무아위야처럼 권력을 추구하는 사람이 아니라 가장 헌신적인 무슬림(이 경우에는 알리)이 움마를 이끌어야 한다고 믿었다. 이 불복파는 이제 양쪽 통치자를 모두 배교자로 간주하고 움마에서 물러나 독립적 지휘관을 둔 그들만의 진영을 구축했다. 그들은 하리지, 즉 '밖으로 나가는 자들'로 알려지게 된다. 2차 중재 실패 뒤인 661년 알리는 하리지파에게 살해당한다.

이 내전은 이슬람의 삶에 영원히 지워지지 않는 상흔을 남겼다. 그 후 경쟁하는 정파들은 이 비극적 사건들에 근거하여 자신의 이슬람 소명을 이해하려고 노력했다. 현재 통치하는 지배자의 행동에 항의하는 무슬림은 이따금씩 하리지파처럼 움마에서 물러나, 모든 '진정한 무슬림'에게 더 높은 이슬람의 기치를 위해 투쟁(지하드)을 함께할 것을 촉구했다.[71] 일부에게는 알리의 운명이 주류 정치 생활의 구조적 불의의 상징이 되었는데, 시아투 알리('알리의 당파')라고 자칭한 이 무슬림은 원칙 있는 항의의 신앙을 발전시키면서 알리의 남자 후손을 움마의 진정한 지도자로 받들었다. 그러나 움마를 갈가리 찢어놓은 살인적 분열에 경악한 무슬림 대부분은 설사 어느 정도의 억압과 불의를 받아들인다 해도 움마의 통일이 최우선 과제가 되어야 한다고 결론을 내렸다. 그들은 알리의 후손을 받드는 대신 '예언자'의 순나('관행')를 따르게 된다.* 기독교나 유대교와 마찬가지로 원래의 계시에 대한 근본적으로 다른 해석 때문에 이제 순수하고 본질주의적인 '이슬람'에 관해 말하는 것은 불가능해진다.

쿠란은 무슬림에게 역사적 사명을 부여했다. 바로 가장 약하고 가장 공격당하기 쉬운 사람들을 포함한 모든 구성원을 절대적으로 존중

---

* 순나를 따르는 자들을 '수니'라고 일컬었다.

하는 정의로운 공동체의 창조였다. 따라서 정치는 영성에서 관심을 다른 데로 돌리게 하는 행위가 아니라 거꾸로 기독교인이라면 성사(聖事)라고 부를 만한 것으로서, 무슬림이 신을 경험하게 해주고 신성한 것이 우리 세계에서 효과적으로 기능하게 해주는 무대였다. 따라서 국가 제도가 쿠란의 이상에 미치지 못하면, 국가의 정치 지도자가 잔인하거나 착취를 하면, 공동체가 외적에게 모욕을 당하면, 무슬림은 삶의 궁극적 목적에 대한 자신의 믿음이 위기에 처했다고 느낄 수도 있었다. 무슬림에게 국가의 체제 폭력에서 발생하는 고난과 억압과 착취는 신성한 의미가 있는 도덕적 쟁점이었고 세속적 영역으로 격하할 수 없는 것이었다.

알리가 죽은 뒤 무아위야는 수도를 메디나에서 다마스쿠스로 옮기고 세습 왕조를 건설했다. 이 우마이야 왕조는 관습적인 농경 제국을 이루게 되는데, 이로 인해 특권 귀족과 부의 불평등한 분배가 존재했다. 여기에 무슬림의 딜레마가 있었다. 그러나 이제 절대군주제가 지휘관들이 불가피하게 권력을 놓고 공격적으로 경쟁할 수밖에 없는—알리와 무아위야가 그랬듯이—군대에 의한 과두제보다 훨씬 만족스럽다는 일반적 합의가 생겨났다. 우마이야 왕조는 옛 아랍의 격식 없는 면을 일부 허용했지만, 군주의 예외적 지위의 중요성을 이해했다. 그들은 페르시아의 관행을 모범으로 삼아 궁정의 격식을 갖추었으며, 모스크에서 칼리파를 사람들 눈에 띄지 않게 보호했고, 오직 칼리파만이 이슬람을 전쟁에 소환할 수 있다는 판결로 국가 폭력의 독점을 이루었다.[72]

그러나 쿠란이 비난하는 체제 폭력을 채택한 것은 신앙이 깊은 무슬림에게는 매우 혼란스러운 일이었으며, 지금은 이슬람의 핵심으로 여기는 거의 모든 제도가 내전 후 벌어진 고통스러운 논의에서 등장했다. 하나는 수니파와 시아파 분열이었다. 또 하나는 '법학'(피크흐)이라는 학문이었다. 법학자들은 정의로운 사회를 건설하라는 쿠란의 명령을 신앙의 꿈이 아니라 진정한 가능성으로 만들 정확한 법적 규범을 확립하기를 원했다. 또한 이런 토론은 이슬람 역사 편찬도 낳았다. 무슬림은 현재에서 해결책을 찾으려면 '예언자'와 초대 네 칼리파(라시둔)의 시대를 돌아보아야 했다. 더욱이 귀족의 늘어나는 사치와 세속적 태도에 대한 반작용으로 무슬림 금욕주의가 발전했다. 수도자들은 '예언자'가 그랬던 것처럼 빈민의 일반적인 복장인 성긴 양털 옷(수프)을 입었으며 이 때문에 수피파(아랍어로는 타사우프)로 알려지게 된다. 칼리파와 행정부는 모든 농경 제국을 괴롭히는 문제와 씨름하며 강력한 군주제를 발전시키려고 노력한 반면, 이 경건한 무슬림은 체제의 불의나 억압과 어떤 식으로든 타협하는 데 완강하게 반대했다.

특히 한 사건이 국가의 내재적 폭력과 무슬림의 이상 사이의 비극적 갈등을 상징한다. 알리 사후 시아파는 알리의 후손에게 희망을 걸었다. 알리의 큰아들 하산은 무아위야와 합의를 보고 정치 생활에서 물러났다. 그러나 680년 무아위야는 죽으면서 아들 야지드에게 칼리파를 넘겼다. 처음으로 무슬림 통치자를 동료들이 선출하지 않은 사건이었기 때문에 시아파는 쿠파에서 알리의 작은 아들 후사인을 지지하는 시위를 벌였다. 이 봉기는 무자비하게 진압당했지만 후사인은 이미 메디나를 출발하여 쿠파로 향했으며, 소규모의 지지자와 그들의 처자식이 동행했다. 그들은 '예언자'의 가족이 제국의 불의를 끝내기 위해 행진하는 광경이 움마에 이슬람의 우선순위가 무엇인지 일깨워줄 것이라고 확신했다. 그러나 야지드는 군대를 보내 쿠파 외곽의 카르발라

평원에서 그들을 학살했다.* 후사인은 갓난 아들을 품에 안고 마지막으로 죽었다. 모든 무슬림이 '예언자'의 손자가 살해된 것을 슬퍼했지만 시아파에게 카르발라 사건은 무슬림의 딜레마를 상징했다. 호전적인 제국 국가에서 이슬람의 정의는 어떻게 현실적으로 이행될 수 있는가?

우마이야의 칼리파 아브드 알-말리크(685~705년 재위) 치세에 영토 확장 전쟁은 새로운 동력을 얻어 중동은 이슬람의 얼굴을 갖기 시작했다. 아브드 알-말리크가 693년에 예루살렘에 세운 '바위의 돔'은 유스티니아누스의 어느 건물 못지않게 웅장했다. 그러나 우마이야의 경제는 곤경에 빠졌다. 약탈에 지나치게 의존했고 공공건물에 대한 투자를 감당할 수가 없었다. 우마르 2세(717~720년 재위)는 국가 지출을 줄이고 남는 부대를 해산하고 지휘관의 급여를 줄여 이 상황을 수습하려 했다. 그는 딤미가 자신들만 내야 하는 지즈야(인두세)에 분개하며, 이런 정책이 쿠란의 평등주의를 위배한다고 믿는 무슬림이 많다는 것을 알았다. 결국 우마르 2세는 세입의 격감을 무릅쓰고 딤미에게 이슬람 개종을 권장하는 첫 칼리파가 되었다. 그러나 그는 명이 짧아 자신의 개혁이 완성되는 것을 보지 못했다. 그의 후계자인 히샴 1세(724~743년 재위)는 중앙아시아와 북아프리카에 대한 새로운 군사 공격을 시작했지만, 지즈야를 다시 징수하여 경제를 소생시키려 하자 북아프리카의 베르베르족 개종자들이 대규모 폭동을 일으켰다.

카르발라 전투 680년 10월 10일 카르발라에서 우마이야 왕조의 칼리파 야지드 1세의 군대와 시아파의 지지를 받던, '예언자' 무함마드의 손자 후사인 이븐 알리와 소수의 추종자 무리 사이에서 벌어진 전투. 군사력의 차이로 후사인 세력이 처참하게 패했다. 후사인의 무덤이 있는 카르발라는 시아파의 성지가 되었으며 시아파는 이날을 공적으로 추모한다.

불만을 품은 페르시아 개종자들의 지원을 받는 새 왕조는 무함마드의 삼촌 압바스의 후손임을 주장하면서 우마이야 통치에 도전했는데, 시아파의 수사(修辭)에 크게 의지했다. 749년 8월 그들은 쿠파를 점령하고, 이듬해 우마이야 칼리파를 물리쳤다. 그러나 압바스파는 권력을 잡자마자 시아파 신앙은 옆으로 제쳐놓고 페르시아 모델을 따라 절대군주제를 구축했다. 이 조치는 종속 민족들에게는 환영받았지만 제국주의의 구조적 폭력을 끌어안아 이슬람의 평등주의에서 완전히 벗어나는 것이었다. 그들의 첫 번째 행동은 모든 우마이야파를 학살하는 것이었다. 그리고 몇 년 뒤 칼리파 아부 자파르 알-만수르(754~775년 재위)는 시아파 지도자들을 살해하고 수도를 크테시폰에서 남쪽으로 불과 60킬로미터 정도 떨어진 새로운 도시 바그다드로 옮겼다. 압바스 왕조는 완전히 오리엔트 지향적이었다.[73] 서양에서는 732년 푸아티에에서 프랑크족의 왕 카롤루스 마르텔이 무슬림 습격대에게 승리를 거둔 것이 유럽을 이슬람 지배에서 구한 결정적 사건으로 보는 경우가 많다. 그러나 실제로 기독교 세계를 구한 것은 압바스 왕조의 서양에 대한 완전한 무관심이었다. 그들은 제국이 더 팽창할 수 없다는 것을 깨닫자 정교한 페르시아식 외교로 외무를 처리했고, 군인은 곧 궁정에서 이례적인 존재가 되었다.

하룬 알-라시드(786~809년 재위)의 치세에 이르러 아랍 군주제에서 페르시아 군주제로 나아가는 이슬람 제국의 변용이 완성되었다. 칼리파는 지상에서 '신의 그림자'로 찬양을 받았으며, 그의 무슬림 신민은 전에는 오직 신에게만 고개를 숙였지만 이제는 칼리파 앞에 엎드렸다. 처형자가 늘 통치자 옆에 서서 그에게 생사를 좌우하는 권력이 있음을 보여주었다. 칼리파는 정부의 일상적인 업무는 재상에게 맡겼다. 칼리파의 역할은 분파와 정치 활동의 범위를 넘어서는 궁극적 호소에 대한 심판관이 되는 것이었다. 그에게는 두 가지 중요한 업무가 있었다. 하나는 금요 기도를 이끄는 것이고, 또 하나는 군대를 이끌고 전투에 나서는 것이었다. 후자는 새로운 것이었다. 우마이야 왕들은 직접 전투에 나선 적이 없기 때문이다. 따라서 하룬은 첫 독재적 전사-칼리파였다.[74]

압바스 왕조는 콘스탄티노폴리스를 정복하려는 노력을 포기했지만 매년 하룬은 비잔티움 영토를 습격하여 자신이 이슬람 방어에 헌신한다는 것을 보여주었다. 비잔티움 황제는 이슬람 세계에 대한 상징적 공격으로 응수했다. 궁정 시인들은 "신을 두려워하는 자의 노력(지하드)을 넘어서서 노력하는" 하룬의 열정을 찬양했다. 그들은 하룬이 자신에게 요구되지 않는 과업에서 자발적으로 위험을 무릅쓴다는 점을 거론했다. "그대는 원한다면 다른 사람들이 그대 대신 고난을 견디는 동안 쾌적한 곳에 갈 수도 있었으리라."[75] 하룬은 의도적으로 신체 건강한 모든 남자는 당연히 '예언자' 곁에서 전장으로 달려 나가던 황금시대를 불러냈다. 그러나 제국은 영광의 허울 속에서 이미 경제적으로나 군사적으로 곤경에 빠져 있었다.[76] 압바스 왕조의 직업 군대는 비용이 많이 들었으며 인적 자원이 늘 문제가 되었다. 그러나 비잔티움 사람들에 맞서 국경을 방어하는 일은 피할 수 없었기 때문에 하룬은 자신처럼 자발적으로 봉사할 용의가 있는 헌신적인 민간인에게 접근했다.

점차 제국의 변경에 사는 무슬림은 '국경'을 적대적 세계에 맞서 방어해야 할, 이슬람의 온전함의 상징으로 보기 시작했다. 그 전부터 울라마('배움이 깊은 학자들') 가운데 일부는 우마이야 왕가가 지하드를 독점하는 데 반대했다. 그것이 지하드를 모두의 의무로 규정하는 쿠란의 구절이나 하디스 전승과 충돌했기 때문이다.[77] 그래서 우마이야 왕가가 콘스탄티노폴리스를 포위 공격했을 때(717~718년) 울라마, 하디스 수집가, 수도자, 쿠란 암송자들은 국경에 모여 기도로 군대를 지원했다. 그들의 동기는 신앙에서 나왔지만, 아마 그들도 전장의 긴장과 흥분에 이끌렸을 것이다. 이제 그들은 하룬의 뒤를 따랐으며, 시리아와 비잔티움 국경만이 아니라 중앙아시아, 북아프리카, 에스파냐의 변경에도 훨씬 많은 수가 모였다. 이 학자와 수도자 가운데 일부는 전투나 요새와 관련된 임무도 수행했지만 대부분은 기도, 금식, 공부의 형태로 영적 지원을 했다. '자원(自願)'(타타와)은 이슬람에 깊은 뿌리를 내렸다가 우리 시대에 다시 강력하게 등장하게 된다.

8세기 동안 이런 '싸우는 학자들' 가운데 일부는 분명하게 지하드적인 영성을 발전시키기 시작했다. 아부 이샤크 알-파자리(802년경 사망)는 자신이 공부와 전쟁의 삶에서 '예언자'를 모방하고 있다고 믿었다. 변경에서 극단적인 금식과 영웅적인 야간 불침번에 참여한 이브라힘 이븐 아드함(778년 사망)은 그보다 완벽한 형태의 이슬람은 있을 수 없다고 주장했다. 압둘라 이븐 무바라크(797년 사망)도 이에 동의하면서 초기 무슬림 전사들의 헌신이 움마를 묶은 접착제였다고 주장했다. 지하드 수행자에게는 국가의 허가가 필요 없었으며, 이들은 당국이나 직업 군인이 좋아하든 말든 자원할 수 있었다. 그러나 이런 신앙심 깊은 자원자들로는 제국의 인력 문제를 해결할 수 없었기 때문에 결국 칼리파 알-무타심(833~842년 재위)은 스텝 지대 출신의 튀르크 노예로 개인 부대를 만들었으며, 이들 덕분에 이슬람은 유목민들의 막강한 전투 기술을 이용할 수 있게 되었다. 맘루크('노예') 각각은 이슬람으로 개종했는데, 쿠란은 무슬림을 노예로 삼는 것을 금했기 때문에 그들의 아들은 자유인으로 태어났다. 이런 정책에는 모순이 가득했지만 맘루크들은 결국 특권 계층이 되었으며, 그리 멀지 않은 미래에 이 튀르크인들이 제국을 지배하게 된다.

자원자들은 또 다른 종류의 이슬람을 창조했고, 자신들의 삶의 방식이 움마를 적으로부터 방어하느라 오랜 세월을 보낸 '예언자'의 삶에 가장 가깝다고 주장할 수 있었다. 그러나 그들의 전투적 지하드는 더 폭 넓은 움마에는 전혀 호소력이 없었다. 변경이 먼 현실인 메카와 메디나에서는 가난한 사람들을 위한 적선과 배려가 여전히 지하드의 가장 중요한 형태로 보였다. 일부 울라마는 '싸우는 학자들'의 믿음에 열성적으로 반대하면서 학문에 평생을 바치고 모스크에서 매일 기도하는 사람도 전사와 똑같이 훌륭한 한 사람의 무슬림이라고 주장했다.[78] 새로운 하디스는 바드르 전투에서 집으로 가는 길에 무함마드가 동료들에게 이렇게 말했다고 전했다. "우리는 작은 지하드〔전투〕에서 큰 지하드로 돌아가고 있다." 큰 지하드란 저열한 감정과 싸우며 자신의 사회를 개혁하려는 더 힘들고 중요한 노력이었다.[79]

이슬람 율법 '샤리아', 평등의 이상

'정복'의 시대에 울라마는 요새 도시들에서 독특한 무슬림 법 체계를 발전시키기 시작했다. 당시 움마는 아주 작은 규모였다. 그러나 10세기에 이르면 제국 인구의 50퍼센트가 무슬림이었기 때문에 요새의 법전은 이제 어울리지 않았다.[80] 압바스 왕조 귀족은 아다브('문화')라고 알려진 자기 나름의 페르시아 법전이 있었는데, 이것은 글로 이루어진 예술과 귀족에게 기대되는 궁정 예절에 기초를 두었기에 대중에게는 명백히 적합하지 않았다.[81] 따라서 칼리파들은 울라마에게 표준화된 이슬람 법 체계―이것이 이슬람의 율법 샤리아가 된다.―를 개발해 달라고 요청했다. 그 결과 네 '법률학파'(마드하브)가 등장했는데, 이들의 주장은 모두 똑같이 타당한 것으로 여겨졌다. 각 학파의 독특한 관점은 '예언자'와 초기 움마의 관행(순나)에 기초를 두고 있었다. 이런 발전에 강한 영향을 끼친 탈무드와 마찬가지로 새로운 법학(피크흐)은 삶 전체가 신성함으로 덮이는 것을 목표로 삼았다. 따라서 단일한 '신앙 규칙'을 강요하려는 시도는 없었다. 개인은 자기 나름의 마드하브를 자유롭게 선택했고, 유대교의 경우와 마찬가지로 자신이 선택한 학파의 판결을 따랐다.

샤리아 법은 농경 사회의 귀족 통치에 원칙 있는 대안을 제공했다. 이것이 세습 계급 체제를 받아들이기를 거부했기 때문이다. 따라서 샤리아에는 혁명적 잠재력이 있었다. 실제로 마드하브를 세운 학자들 가운데 둘―말리크 이븐 아나스(795년 사망)와 무함마드 이드리스 알-샤피이(820년 사망)―은 초기 압바스 왕조에 대항한 시아파 봉기에 참여했다. 샤리아는 무슬림 한 사람 한 사람이 신에게 직접 책임을 진다고 주장했다. 무슬림은 신성한 법을 중간에서 전달할 칼리파나 사제가 필요 없으며, 모든 사람―지배 계급만이 아니라―이 움마의 행복에 책임을 진다. 귀족의 아다브가 정치적으로 실행 가능한 것을 실용적으로 바라본 반면, 샤리아는 이상주의적이고 반문화적인 도전이었으며, 암묵적으로 제국주의 국가의 구조적 폭력을 비난하고 어떤 제도도 개인의 개별적 결정에 개입할 권리가 없다고 대담하게 주장했다. 그러나 농경 국가를 이런 노선으로 운영할 방도는 없었으며, 칼리파들은 늘 샤리아를 알라의 법으로 인정하면서도 그 법에 따라 통치할 수는 없었다. 그 결과 샤리아 법은 사회 전체를 관장한 적이 없으며, 절대적이고 자의적이며 재판이 약식으로 이루어지는 칼리파의 법정이 최고 법원 자리를 유지했고, 이론적으로는 아무리 비천한 무슬림이라도 하급 귀족 구성원에 대한 사법 처리를 칼리파에게 호소할 수 있었다.[82] 그렇더라도 샤리아는 평등이라는 이슬람 이상의 변함없는 증인이었다. 이 이상은 비록 정치 생활에 통합하는 것은 불가능해 보이지만, 우리 인류에게 아주 깊이 뿌리박혀 있기 때문에 우리는 늘 고집스럽게 그것이 인간이 함께 살아가는 자연스러운 방법이라는 확신을 유지하고 있다.

알-샤피이는 장차 지하드의 고전적 교리가 될 내용을 정리했는데, 이것은 샤리아의 독재 혐오에도 불구하고 표준적인 제국주의적 이데올로기에 기초하고 있었다. 여기에는 이원론적 세계관이 담겨 있으며, 움마에는 신성한 사명이 있고 이슬람 통치가 인류에게 혜택을 줄 것이라고 주장한다. 신은 전쟁이 움마의 생존을 위해 필수적이었기 때문에 전쟁을 선포했다. 알-샤피이는 그렇게 주장했다. 인류는 다르 알-이슬람('이슬람의 거처')과 비이슬람 세계인 다르 알-하르브('전쟁의 거처')로 나뉜다. 둘 사이에 일시적 휴전은 허락되지만 최종적 평화는 있을 수 없다. 하지만 모든 윤리적 믿음은 신에게서 왔기 때문에 움마는 신의 인도를 받는 수많은 공동체 가운데 하나일 뿐이며, 지하드의 목표는 종속된 주민을 개종하는 것이 아니다. 이슬람을 다른 계시와 구별하는 것은 이슬람에는 그 통치를 인류 나머지에게까지 확장하라는 신이 내린 명령이 있다는 것이다. 이슬람의 사명은 모든 남녀가 세속적 원리에 따라 운영되는 국가의 압제에서 해방될 수 있도록 쿠란에서 신이

명한 사회 정의와 공정성을 확립하는 것이다.[83] 그러나 압바스 칼리파 체제는 주민 다수의 강압적 정복에 의존하는 독재라는 것이 현실이었다. 여느 농경 국가와 마찬가지로 이 체제는 구조적으로 쿠란의 규범을 완전히 이행할 수 없었다. 그러나 우리 제도의 불완전성을 일깨워 주는 그런 이상주의가 없으면 내재적 폭력과 불의는 아무런 비판을 받지 않을 것이다. 어쩌면 종교적 비전의 역할은 받아들일 수 없는 것을 완전히 받아들이도록 허락하지 않음으로써 거룩한 불편으로 우리를 채우는 것일지도 모른다.

알-샤피이는 또 전투적 지하드가 모든 무슬림의 의무라는 '싸우는 학자들'의 확신에도 반대되는 판결을 내렸다. 샤리아 법에서 매일매일의 기도는 예외 없이 모든 무슬림을 구속했기 때문에, 이것은 파르드 알-아인, 즉 개인의 의무였다. 모든 무슬림이 움마의 복지에 책임이 있기는 하지만, 예를 들어 모스크 청소 같은 일은 임명된 관리에게 맡길 수 있기 때문에 이것은 파르드 알-키파야, 즉 공동체가 개인에게 위임한 의무였다. 하지만 이런 일이 방치된다면 다른 사람들이 주도권을 쥐고 개입할 의무가 있었다.[84] 알-샤피이는 비이슬람 세계에 맞서는 지하드는 파르드 알-키파야이며 칼리파의 궁극적 책임이라고 선포했다. 따라서 변경을 방어할 병사가 충분하기만 하다면 민간인은 병역을 면제받았다. 하지만 적의 침입이 있을 경우 국경 지역의 무슬림은 도움을 주어야 할 수도 있었다. 알-샤피이는 압바스 왕조가 영토 확장을 포기한 시기에 글을 썼기 때문에 공격 지하드가 아니라 방어 전쟁에 찬성하는 법을 만들고 있었다. 무슬림은 이런 맥락의 지하드의 정통성을 두고 오늘날에도 논쟁을 벌이고 있다.

이맘과 칼리파,
누가 진정한 지도자인가?

수니파 무슬림은 평화를 유지하기 위해 농경 체제의 불완전성을 이미 받아들였다.[85] 시아파는 여전히 체제 폭력을 비난했지만 압바스 체제를 다루는 실용적인 방법을 발견했다. 알리로부터 내려오는 이맘('지도자')의 계보에서 여섯 번째인 자파르 알-사디크(765년 사망)는 형식적으로는 무장 투쟁을 버렸다. 반란은 늘 야만적으로 진압당하고 용납할 수 없는 인명 손실만 낳았기 때문이다. 그래서 시아파는 주류로부터 초연한 태도를 보이게 되는데, 이런 이탈은 압바스 압제에 대한 소리 없는 비난이자 진정한 이슬람 가치에 대한 증언이었다. 자파르는 '예언자'의 후손으로서 자신의 카리스마를 소중하게 여기고 움마의 정당한 지도자 자리를 지켰지만, 그 이후 영적 안내자로만 기능하게 된다. 자파르는 결과적으로 종교와 정치를 분리했다. 이런 신성한 세속주의는 20세기 말까지 시아파의 지배적 이상으로 유지된다.

그러나 이맘은 칼리파에게 늘 견딜 수 없을 정도로 거슬리는 존재였다. 신자들에게 '예언자'와 연결되는 살아 있는 고리로 존경받는 이맘은 경전 묵상과 자선 사업에 조용히 헌신함으로써, 제국의 폭력을 섬뜩하게 일깨워주는 처형자를 늘 옆에 두는 칼리파와는 뚜렷한 대조를 이루었다. 어느 쪽이 진정한 무슬림 지도자인가? 이맘은 폭력과 불의가 지배하는 세상에서는 안전하게 또는 공개적으로 존재할 수 없는 신성한 존재를 체현했다. 거의 모든 이맘이 칼리파에게 살해당했기 때문이다. 9세기 말 무렵 12대 이맘이 감옥에서 불가사의하게 사라지자 신이 그를 기적적으로 감추었고, 그가 언젠가는 돌아와 정의의 시대를 열 것이라는 소문이 퍼졌다. 이렇게 감추어진 상태에서 이맘은 움마의 진정한 지도자로 남았으며, 그렇게 모든 세속 정부는 정통성을 잃었다. 역설적으로 '감추어진 이맘'은 시간과 공간의 속박에서 벗어나 시아파의 삶에 더욱 생생한 존재가 되었다. 이 신화는 결함이 있는 폭력적 세계에서 진정으로 공정한 정책을 집행하는 일이 가능하지 않다는 것을 비극적으로 보여주었다. 무하람(이슬람력 첫째 달)의 10일(아슈라), 이맘 후사인의 죽음을 추도하는 날에 시아파는 공개적으로 그의 피살을 애도하며 거리를 행진했고, 주류 무슬림 생활의 부패에 영원히 반대한다는 것을 보여주기 위해 울며 가슴을 쳤다. 그러나 시아파 모두가 자파르의 신성한 세속주의에 찬성한 것은 아니다. 알리의 계보가 7대 이맘 이스마일에서 끝났다고 믿는 이스마일파는 여전히 신앙이 정의로운 사회를 위한 군사적 지하드에 의해 뒷받침되어야 한다고 확신했다. 10세기 압바스 체제가 심각하게 쇠퇴할 때 이스마일파 지도자는 북아프리카에 이 체제와 경쟁하는 칼리파 국가를 세웠으며, 이 파티마 왕조는 훗날 이집트, 시리아, 팔레스티나로 퍼져 나갔다.[86]

10세기에 무슬림 제국은 분열하기 시작했다. 비잔티움인은 파티마의 허약함을 이용해 안티오키아와 킬리키아의 중요 지역을 정복한 반면, 다르 알-이슬람 내부에서 튀르크 장군들은 칼리파를 계속 최고 지도자로 인정하면서도 거의 독립적인 국가들을 세웠다. 945년 튀르크의 부와이 왕조는 심지어 바그다드를 점령했으며, 칼리파가 궁정을 유지하기는 했지만 이 지역은 부와이 왕국의 속령이 되었다. 그러나 이슬람은 결코 기운이 다한 세력이 아니었다. 쿠란과 독재 군주제 사이에는 늘 긴장이 존재했으며, 칼리파에 대한 충성에 기반하여 상징적으로 연결되는 독립 통치자들이라는 새로운 구도는 정치적으로는 효과가 떨어질지 몰라도 종교적으로는 더 적합한 것이었다. 그 후 무슬림의 종교적 사고는 진행 중인 사건들에 덜 시달리게 되었으며, 움마가 새로운 제국주의의 위협에 직면한 근대에 들어서야 다시 정치적 지향을 띠게 되었다.

중앙아시아의 셀주크 튀르크는 새로운 질서를 가장 충실하게 대변했다. 그들은 칼리파의 종주권을 인정했지만, 총명한 페르시아인 재상 니잠 알-물크(1063~1092년 재위) 밑에서 남쪽으로 예멘, 동쪽으로 옥수스강, 서쪽으로 시리아까지 뻗어 나가는 제국을 건설했다. 셀주크족이 보편적으로 인기를 얻었던 것은 아니다. 더 급진적인 이스마일파 가운데 일부는 현재 레바논 지역의 산에 자리 잡은 요새로 물러나 그곳에서 시아파 체제로 셀주크를 대체할 지하드를 준비하며, 이따금씩 셀주크 정권의 주요 인사를 암살하는 자살 공격을 감행했다. 그들의 적은 신비한 황홀경을 유도하기 위해 마리화나를 사용한다는 이유로 그들을 하샤신(hashashin)이라고 불렀는데, 여기에서 영어의 '암살자(assassin)'라는 말이 나왔다.[87] 그러나 대부분의 무슬림은 셀주크의 통치를 쉽게 받아들였다. 셀주크족의 나라는 중앙 집권적 제국이 아니었다. 지역을 관장하는 아미르('총독')는 사실상 자율성을 지녔으며, 이 이질적인 군사 정권들에 이념적 통일성을 부여하는 울라마와 긴밀하게 협력했다. 그들은 교육 수준을 높이기 위해 첫 마드라사*를 만들었

마드라사 이슬람 세계의 전통적 고등 교육 기관. 11세기경에 형성되어 이슬람 신학과 법학 등을 체계적으로 교육하고 인재를 육성하는 역할을 담당하고 있다. 특히 중세 시대에는 신학 외에도 세속 학문을 받아들임으로써 당대 세계 최고 수준의 교육 전당으로 인식되기도 했다. 20세기 들어 서방의 근대화 교육이 유입되어 그 역할이 축소되고 변모했다.

으며, 니잠 알−물크는 제국 전체에 이런 학교를 세워 울라마에게 권력 기반을 제공하면서 뿔뿔이 흩어진 속령들을 끌어모았다. 아미르는 등 장했다 사라졌지만 각 지역에서 샤리아 법정은 안정적 권위를 유지했다. 더욱이 수피 신비주의자들, 또 이들보다 카리스마가 강한 울라마는 셀주크 제국 전역을 여행하면서 일반 무슬림에게 국제 공동체에 대한 강한 소속감을 심어주었다.

그러나 11세기 말에 이르면 셀주크 제국도 쇠퇴하기 시작한다. 셀주크 제국 또한 영토를 놓고 서로 싸우기 시작하면서 군대에 의한 과두제라는 일반적인 문제에 봉착했다. 이들은 내분에 깊이 몰두하는 바람에 변경을 소홀히 했고 스텝 지대에서 유입되는 유목민을 막을 수 없었다. 유목민은 이제 동족이 다스리는 비옥한 정착지로 가축 떼를 몰고 오고 있었다. 튀르크 유목민은 큰 집단을 이루어 꾸준히 서쪽으로 이동했으며, 가장 좋은 목초지를 차지하면서 현지 주민을 몰아냈다. 결국 그들은 아르메니아고원에서 비잔티움과 만나는 경계에 이르렀다. 1071년 셀주크 족장 알프 아르슬란은 아르메니아의 만지케르트에서 비잔티움 군대를 물리쳤고, 비잔티움 사람들이 물러나자 유목 튀르크족은 무방비 상태의 변경을 뚫고 비잔티움령 아나톨리아로 침투하기 시작했다. 그러자 시달리다 못한 비잔티움 황제는 서방의 기독교인에게 도움을 청했다.

8장

십자군과 지하드,
성스러운 폭력의 충돌

신을 섬기는 두 길,
싸움과 기도

교황 그레고리우스 7세(1073~1085년 재위)는 튀르크 부족민 무리가 비잔티움 영토에 침입했다는 소식을 듣고 몹시 불안하여, 1074년 자신과 함께 아나톨리아의 형제들을 '해방'하자고 신자들을 소집하는 일련의 편지를 보냈다. 그는 동방으로 가는 부대를 하나 직접 맡겠다고 제안했다. 그렇게 해서 그리스의 기독교인에게서 튀르크의 위협을 제거하고 성도 예루살렘을 이교도로부터 해방하겠다는 것이었다.[1] 리베르타스('자유')와 리베라티오('해방')는 11세기 유럽의 유행어였다. 유럽의 기사들은 칼라브리아, 사르디니아, 튀니지, 시칠리아, 아풀리아를 점령한 무슬림으로부터 그 무렵 '해방된' 땅을 소유했으며, 에스파냐 '재정복'(레콩키스타)을 이미 시작했다.[2] 훗날 서양의 제국주의적 공격은 종종 자유라는 수사로 표현되곤 한다. 그러나 중세 유럽에서는 리베르타스에 다른 함의가 있었다. 서방의 여러 주에서 로마 권력이 붕괴하자 주교들은 로마 원로원 귀족의 자리를 차지하고, 떠나간 제국 관리들이 남긴 정치적 진공 속으로 발을 들여놓았다.[3] 이렇게 로마 성직자들은 과거 귀족의 리베르타스라는 이상을 채택했으나, 이것은 자유와는 거의 관계가 없었다. 이 이상은 지배 계급의 특권적 지위를 가리켰으며, 사회가 야만으로 떨어지지 않으려면 유지되어야만 하는 것이었다.[4] 그레고리우스는 성 베드로의 후계자로서 자신에게 기독교 세계를 통치할 신성한 의무가 있다고 믿었다. 그의 '십자군 원정'은 한편으로는 로마 주교의 지상권을 받아들이지 않는 동방 제국에 교황의 리베르타스를 다시 내세우기 위해 기획된 것이었다.

그레고리우스는 교황 임기 내내 평신도 통치자들의 부상하는 권력에 맞서 교회의 리베르타스를 주장하려 애썼지만 결국 실패했다. 그가 제안한 십자군 원정은 수포로 돌아갔으며, 성직자를 평신도의 지배에서 해방하려던 단호한 노력은 서방의 신성로마제국 황제 하인리히 4세에게 무참하게 꺾였다. 8년 동안 교황과 황제는 권력 투쟁에 휘말려 서로 상대의 폐위를 노렸다. 1084년 그레고리우스가 다시 파문으로 위협하자 하인리히는 다짜고짜 이탈리아를 침공하여 라테란 궁에 대위 교황을 세웠다. 그래도 교황들은 남 탓을 할 수 없었던 것이 서방 제국이 그들의 창조물이었기 때문이다. 그 전 수백 년 동안 비잔티움인은 이탈리아의 라벤나에 전초 기지를 유지하며 이방인에 맞서 로마 교회를 보호했다. 그러나 8세기가 되자 이탈리아 북부의 랑고바르드족이 너무 난폭해지는 바람에 교황에게는 더 강한 평신도 보호자가 필요했다. 그래서 753년 교황 스테파노 2세는 한겨울에 알프스산맥을 넘는 영웅적 여행을 감행하여 옛 로마의 속주 갈리아에 가서 프랑크족의 왕 카롤루스 마르텔의 아들 피핀에게 동맹을 요청했으며, 그 결과 카롤링거 왕조는 교황으로부터 정통성을 부여받았다. 피핀은 즉시 이탈리아 군사 원정을 준비하기 시작했으며, 그의 열 살 난 아들 카롤루스─나중에 카롤루스 대제(프랑스 이름은 샤를마뉴)로 알려지게 된다.─는 지치고 꾀죄죄한 교황을 숙소로 모셨다.

옛 로마 속주에 왕국을 건설한 게르만 부족은 기독교를 받아들이고 구약의 전사 왕들을 숭배했지만, 그들 군대의 에토스에는 여전히 영웅주의라는 고대 아리아의 이상과 더불어 명성과 영광과 전리품을 바라는 욕망이 가득했다. 그들의 전쟁 행위에는 이 모든 요소가 뗄 수 없이 섞여 있었다. 카롤링거 왕조의 전쟁은 하느님의 승인을 받은 성전으로 제시되었으며, 그들은 자신의 왕조를 '신(新)이스라엘'이라고 불렀다.[5] 이렇게 그들의 군사 원정에는 분명히 종교적 차원이 있었지만 물질적 이익이 그것만큼 중요했다. 732년 카롤루스 마르텔(741년 사망)은 투르를 약탈하러 가던 무슬림 군대를 물리쳤지만, 승리를 거둔 뒤 즉시 프랑키아 남부의 기독교 공동체들을 무슬림이 그랬다고 생각해도 좋을 만큼 철저하게 약탈했다.[6] 그의 아들 피핀은 교황을 방어하기 위한 이탈리아 전쟁에서 랑고바르드족에게 재화 3분의 1을 양도하라고 강요했다. 이 엄청난 부를 바탕으로 삼아 피핀의 성직자들은 알프스 북부에 진정으로 보편적이고(catholic) 로마적인 문화권을 세울 수 있었다.

샤를마뉴(768~814년 재위)는 그런 풍부한 자원의 뒷받침을 받을 때 왕이 무엇을 할 수 있는지 보여주었다.[7] 785년에는 이탈리아 북부와 갈리아 전체가 그의 수중에 있었다. 792년 샤를마뉴는 중부 유럽으로 들어가 헝가리 서부의 아바르족을 공격하고 전리품을 수레에 실어 고향으로 가져왔다. 이런 원정은 '이교도'와 싸운 성전으로 선전되었지만 프랑크족은 더 세속적인 이유로 그런 전쟁을 기억했다. "아바르족의 모든 귀족이 전쟁에서 죽었고 그들의 영광은 모두 떠났다. 그렇게 오랜 세월에 걸쳐 축적된 그들의 부와 보물은 모두 흩어졌다." 샤를마뉴의 전기를 쓴 아인하르트는 만족하여 그렇게 기록했다. "프랑크족의 전쟁 가운데 이보다 그들을 부유하게 해주고 그들의 물질적 소유를 늘린 사례는 기억에 없다."[8] 이런 팽창 전쟁은 오직 종교적 열정에서만 이루어진 것이 결코 아니었다. 더 많은 경작지를 획득하려는 경제적 명령에서 활력을 얻었다. 점령지의 주교 관구는 식민지 통제의 도구가 되었고,[9] 정복된 민족의 집단 세례는 영적 재편성보다는 정치적 재편성의 표현이었다.[10]

그러나 종교적 요소가 두드러졌다. 800년 크리스마스 날 교황 레오 3세는 성 베드로 성당에서 샤를마뉴에게 '신성로마제국'의 관을 씌워주었다. 회중은 그를 '아우구스투스'로 찬양했고 레오는 샤를마뉴의 발 앞에 엎드렸다. 이탈리아의 교황과 주교들은 오래전부터 로마 제국의 존립 근거가 가톨릭교회의 리베르타스를 보호하는 것이라고 믿어 왔다.[11] 또 제국이 몰락한 후 그들은 교회가 왕과 그의 전사들 없이는 살아남을 수 없다는 것을 알았다. 따라서 750년과 1050년 사이에 왕은 사회적 피라미드의 정점에 선 신성한 존재였다. "우리 주 예수 그리스도가 폐하를 기독교인의 통치자로 세워, 교황이나 콘스탄티노폴리스 황제보다 우월한 권력의 자리에 올리셨습니다." 브리튼의 수사이자 궁정 고문인 앨퀸은 샤를마뉴에게 그렇게 썼다. "그리스도 교회들의 안전 전체가 오직 폐하에게 달려 있습니다."[12] 샤를마뉴는 레오에게 보내는 편지에서 황제로서 "모든 곳에서 그리스도의 교회를 방어하는 것"이 자신의 사명이라고 선언했다.[13]

로마 제국이 붕괴한 후 유럽에서 삶의 불안정성과 혼란스러운 유전(流轉)은 천국의 영원한 안정성에 분명하게 가닿고 싶다는 갈망을 빚어냈다. 그래서 성자들의 유물이 인기를 끌었다. 이것이 하느님과 함께 있는 순교자들과 신자를 연결해주는 물리적 고리가 되어주었기 때문이다. 막강한 샤를마뉴조차 이런 폭력적이고 불안정한 세계에서는 자신이 취약하다고 느꼈다. 아헨에 있는 샤를마뉴의 왕좌에는 유물을 박아넣는 구멍들이 있었으며, 기도와 신성의 발전소로서 제국 경계에 자리 잡은 풀다, 장크트갈렌, 라이헤나우의 큰 수도원들은 유물 수집에 큰 자부심을 느꼈다.[14] 유럽의 수사는 이집트나 시리아의 수사와 매우 달랐다. 그들은 농민이 아니라 귀족이었다. 사막의 동굴이 아니라 농노들이 경작하는 수도원의 사유지에서 살았다.[15] 그들 대부분은 시민 사회의 유대가 붕괴 직전인 것처럼 보이던 6세기에 작성된 〈성 베네딕투스 수도 규칙서〉를 따랐다. 베네딕투스의 목표는 폭력과 불확실성의 세계에서 복종, 안정, 렐리기오('존중', '유대')의 공동체를 창조하는 것이었다. 규칙서에는 로마 병사의 군사 디스키플리나('훈련')와 비슷한 것이 제시되었다. 여기에는 정서와 욕망을 개조하고 기사의 공격적인 자기주장과는 아주 다른 겸손의 태도를 기를 수 있도록 세심하게 기획된 일련의 신체적 의례가 규정되어 있었다.[16] 수도원의 디스키플리나는 물리적인 적이 아니라 제멋대로인 마음과 보이지 않는 악의 힘을 물리치는 일에서 출발했다. 카롤링거 왕가는 자신들의 전투 승리가 고도로 '훈련된' 군대 덕분임을 알았다. 따라서 그들은 베네딕투스 공동체에 감사했으며, 9세기와 10세기에 이 '규칙서'에 대한 지지는 유럽

정부의 중심적 특징이 되었다.[17]

수사들은 수도원 바깥의 무질서한 세계와 분리된 '사회 집단'(오르도*)을 형성했다. 그래서 세속 생활의 가장 부패한 측면인 섹스 돈 싸움 가변성을 버리고 순결 가난 비폭력 안정성을 끌어안았다. 불안정한 보스코이와는 달리 베네딕투스회 수사들은 평생 같은 공동체 안에 머물겠다고 맹세했다.[18] 그러나 수도원은 개인의 영적 탐구의 지원보다는, 귀족의 차남 이하 아들들에게 직업을 제공하는 사회적 기능을 위해 기획되었다. 그들은 토지 소유를 절대 바랄 수 없었기 때문에 사회에 분열을 야기하는 요인이 될 수도 있는 자들이었다. 이 시점에 서방 기독교 세계는 공적인 것과 사적인 것, 자연적인 것과 초자연적인 것을 구분하지 않았다. 따라서 기도로 악마의 권세와 싸우는 수사들은 이 세계의 안보에 필수적이었다. 귀족이 하느님을 섬기는 데에는 두 가지 길이 있었다. 싸움과 기도였다.[19] 수사들은 세속적 병사의 영적 대응물이었으며, 그들의 전투도 똑같이 현실적이었고 훨씬 더 의미심장했다.

수도원장은 영적 무기로 무장하고 천국에서 내리는 은총의 이슬로 기름 부음을 받은 수사 부대의 지원을 받는다. 그들은 그리스도의 힘 안에서 영의 검을 들고 악마들의 공허한 계략에 맞서 함께 싸운다. 그들은 이 나라의 왕과 성직자를 보이지 않는 적의 공격으로부터 방어한다.[20]

카롤링거 왕조의 귀족은 지상 전투의 승리가 수사들의 전투 훈

---

* 라틴어 오르도(ordo)는 '집단', '회(會)'라는 의미 외에도 '질서'라는 뜻이 있으며, 이 단어에서 '질서' '순서' '체계'라는 뜻의 영어 단어 '오더(order)'가 유래했다.

련—그들의 무기는 오직 "철야 기도, 찬송, 기도, 시편, 구호(救護), 매일 미사 드리기"뿐이지만—에 달려 있다고 확신했다.[21]

원래 서방 기독교 세계에는 수사 성직자 평신도 세 사회 신분이 있었다. 그러나 카롤링거 왕조 시대에 서로 구분되는 두 귀족 신분이 등장했다. '전사 귀족'(벨라토레스)과 '종교인'(오라토레스)이었다. 세상(사이쿨룸)에서 일하기 때문에 한때 별도의 오르도를 형성했던 성직자와 주교는 이제 수사와 합쳐졌으며, 점차 결혼과 싸움을 포기하고 수사와 비슷하게 살라는 압박을 받게 된다. 여전히 고대 아리아 가치의 영향을 받았던 프랑크와 앵글로-색슨 사회에서는 전장에서 피를 흘리는 사람들은 더럽혀졌기 때문에 성물을 다루거나 미사를 올리지 못했다. 하지만 군사적 폭력은 이제 곧 기독교의 세례를 받게 된다.

9세기와 10세기에 노르드족과 마자르족 침략자들이 유럽을 짓밟고 카롤링거 제국을 무너뜨렸다. 그들은 이후 사악하고 극악무도한 침략자로 기억되지만, 사실 바이킹 지도자는 카롤루스 마르텔이나 피핀과 다르지 않았다. 그는 단순히 '출정에 나선 왕'으로서 공물, 약탈물, 위신을 위해 싸웠다.[22] 962년 색슨족의 왕 오토는 마자르족을 간신히 물리치고 게르마니아의 많은 지역에 신성로마제국을 재건했다. 그러나 프랑키아에서는 왕들의 권력이 너무 쇠퇴하여 지위가 낮은 귀족을 더는 제어할 수 없었다. 귀족들은 서로 싸웠을 뿐 아니라 교회 재산을 약탈하고 농촌 마을을 위협했으며, 농업 소출이 낮으면 가축을 죽이고 집을 태웠다.[23] 하급 귀족 구성원—크니흐트('병사')나 슈발리에('말 탄 사람')라고 불렀다.—은 그런 습격에 아무런 가책을 느끼지 않았으며, 약탈은 그들의 생활 방식에서 핵심적인 일이었다. 수십 년 동안 프랑키아의 기사들은 거의 쉼 없이 전쟁에 참여하여 이제는 경제적으로 약탈물과 전리품에 의존하고 있었다. 프랑스 역사가 마르크 블로크(Marc Bloch)가 설명한 대로, 전쟁은 기사에게 명예와 영웅주의적 태도를 가져다주는 것 외에 "어쩌면 가장 큰 이윤의 원천으로서 귀족의 주요 산업"이었으며, 따라서 자산이 부족한 사람들에게 평화가 찾아오는 것은 "위신의 비참한 상실만이 아니라 경제적 위기"가 될 수도 있었다.[24] 전쟁이 없으면 기사는 직업 도구라 할 수 있는 무기와 말을 살 수 없었고, 천한 노동을 할 수밖에 없었다. 소유의 강탈은 우리가 보았듯이 귀족이 자원을 획득하는 유일하게 명예로운 방법으로 여겨졌으며, 이런 인식이 아주 강해서 중세 초기 유럽에는 "전쟁 활동"과 "약탈" 사이에 "아무런 경계선이 없었다."[25] 따라서 10세기에 많은 궁핍한 기사에게 농민을 강탈하고 괴롭히는 것은 아주 자연스러운 일일 뿐이었다.

이런 폭력의 분출은 장원, 즉 대규모 소유지가 자리 잡고 유럽 전역에서 농업 잉여의 강제 추출에 의존하는 농업 체계가 만개하던 시기에 발생했다.[26] 이 농업 체계를 유지한 구조적 폭력의 도래는 10세기 말 새로운 오르도의 출현으로 예고되었다. 그 오르도는 임벨레 불구스, 즉 '비무장 평민'으로서 그들의 소명은 라보라레, 즉 '일하는 것'이었다.[27] 장원 체제는 무기를 들 수 있는 자유농민과 들 수 없는 노예 사이의 낡은 구분을 없애버렸다. 이제 그 둘은 하나로 합쳐졌다. 이 새로운 오르도는 싸우는 것이 금지되어 기사의 공격으로부터 자신을 방어할 수 없었으며, 간신히 생계를 유지하는 수준에서 살아갈 수밖에 없었다. 서양 사회는 두 층, '권력자들'(포텐테스)과 '빈민'(파우페레스)으로 계층화가 이루어졌다. 귀족은 빈민을 복속시키기 위해 일반 병사의 도움이 필요했기 때문에 기사들은 노역과 과세를 면제받는 가신이 되어 귀족의 구성원이 되었다.

귀족 사제들은 당연히 이런 억압적 체제를 지지했고, 사실 그런 체제를 만드는 데 대체로 가담하기도 하여, 빈민 다수는 그들이 복음의 평등주의를 극악하게 저버린 데 분노하기도 했다. 교회는 이런 불평분자 가운데 목청이 큰 사람들을 '이단'이라고 비난했지만, 이들의 이의 제기는 새로운 사회 체제와 정치 체제에 대한 항의를 종교적으로 표현한 것일 뿐 신학적 쟁점과는 아무런 관련이 없었다. 예를 들어 11세기 초에 아르브리셀의 로베르는 파우페레스 크리스티('그리스도의 빈민')라는 남루한 수행단 선두에 서서 브르타뉴와 앙주를 맨발로 돌아다녔는데, 복음의 가치로 돌아가자는 그의 요구는 폭넓은 지지를 받았다.[28] 프랑스 남부에서 로잔의 앙리 또한 성직자 계급의 탐욕과 부도덕을 공격하여 거대한 군중을 모았고, 플란데런에서 안트베르펀의 탄헬름의 감동적 설교에 감화된 사람들은 미사 참석을 중단하고 십일조 헌금을 거부했다. 로베르는 결국 교회에 복종하여 베네딕투스 수도원을 건립하고 성자가 되었지만, 앙리는 30년 동안 '이단'으로 활동했으며 탄헬름은 자신의 교회를 세웠다.

부르고뉴 클뤼니의 베네딕투스 수도원 수사들은 기사들의 무법적 공격성을 제한하려는 개혁을 시도하여 내적인 폭력과 사회적 항의라는 두 겹의 위기에 대응했다. 수사들은 성지 순례를 장려하여 평신도에게 수사의 렐리기오—그들의 관점에서 보자면 기독교의 유일하게 진정한 예법이었다.—의 가치를 소개하려 했다. 순례자는 수사와 마찬가지로 세상에 등을 돌리고 거룩한 중심을 향해 나아가겠다고 결심했다. 또 수사와 마찬가지로 출발하기 전에 현지 교회에서 맹세를 한 다음 특별한 제복을 입었다. 모든 순례자는 순례를 하는 동안 순결을 지켜야 했으며, 기사들은 무기 소지가 금지되었기 때문에 상당한 기간 본능적인 공격성을 억누를 수밖에 없었다. 평신도 순례자들은 길고 어렵고 종종 위험한 여행 내내 공동체를 형성하여, 부자도 빈민의 궁핍과 취약한 상태를 공유하고 빈민은 가난에 신성한 가치가 있음을 배웠으며, 둘 다 길에서 불가피하게 겪는 곤경을 금욕의 한 형태로 경험했다.

동시에 개혁가들은 싸움에 영적 가치를 부여하여 기사의 전쟁을 기독교인의 소명으로 만들려고 노력했다. 그들은 전사가 비무장 빈민을 하급 귀족의 약탈로부터 보호하고 교회의 적을 추적함으로써 하느님을 섬길 수 있다고 판단했다. 930년경 클뤼니의 수도원장 오동이 쓴 《오리야크의 성 게랄두스의 생애》의 성자 같은 주인공은 왕도 수사도 주교도 아닌 평범한 기사였지만 그리스도의 병사가 되어 빈민을 보호함으로써 성스러움에 이르렀다. 개혁가들은 이런 '성전' 예찬을 촉진하기 위해 군기와 검을 축복하는 의식을 만들고 미카엘, 게오르기우스, 메르쿠리우스(사람들은 그가 배교자 율리아누스를 죽인 것으로 믿었다) 같은 전투적 성자들에 대한 숭배를 장려했다.[29]

이와 관련된 운동을 벌인 주교들은 기사들의 폭력을 제한하고 교회 소유지를 보호하기 위해 '하느님의 평화' 운동을 개시했다.[30] 군주제가 더는 기능하지 않고 사회가 폭력적 혼돈으로 빠져든 중부와 남부 프랑스에서 그들은 도시 외곽의 들판으로 나가 성직자 기사 봉건 영주가 모이는 대규모 집회를 열기 시작했다. 이런 대회에서 기사들은 파문의 위협을 견디지 못하고 빈민을 괴롭히는 것을 중단하겠다고 맹세할 수밖에 없었다.

나는 황소나 암소나 다른 짐을 나르는 짐승을 노략하지 않겠습니다. 농민이나 상인을 약탈하지 않겠습니다. 그들로부터 한 푼도 취하지 않겠으며 몸값을 요구하지도 않겠습니다. 그들을 때려 생계 수단을 빼앗지도 않겠습니다. 목초지에서 수말 암말 망아지를 탈취하지 않겠습니다. 사람들의 집을 부수거나 태우지 않겠습니다.[31]

이런 '평화 공의회'에서 주교들은 같은 기독교인을 죽이는 자는 누구나 "그리스도의 피를 흘리는 것"이라고 주장했다.[32] 그들은 이제 '하느님의 휴전'도 도입하여, 매주 그리스도의 수난과 죽음과 부활의 날들을 기념함으로써 수요일 저녁부터 월요일 아침까지 싸움을 금지했다. 이렇게 해서 평화는 특정한 시기 동안 현실이 되었지만 폭력 없이는 유지될 수 없었다. 주교들은 오직 '평화 군대'를 결성함으로써만 '평화'와 '휴전'을 강요할 수 있었다. 연대기 기록자 라울 글라베르(Raoul Glaber, 985~1047)의 설명에 따르면 휴전을 깨는 자는 누구든 "자신의 목숨으로 대가를 치르거나 자신의 나라와 같은 기독교인 집단에서 쫓겨날 수밖에 없었다."[33] 평화를 유지하는 이런 무력은 기사의 폭력을 하느님에 대한 진정한 '봉사'로, 사제나 수사의 소명과 동등한 것으로 만드는 데 도움을 주었다.[34] 평화 운동은 프랑스 전역으로 퍼져 11세기 말에 이르면 기사의 상당수가 실제로 더 '종교적인' 생활 방식으로 개종하고 군사적 의무를 평신도 수도원 생활의 한 형태로 여겼다는 기록이 있다.[35]

그러나 당대 개혁 지도자 가운데 한 사람인 교황 그레고리우스 7세가 보기에 기사의 임무는 교회의 리베르타스를 보존하기 위해 싸울 때만 거룩한 소명이 될 수 있었다. 따라서 그는 왕과 귀족을 교회의 적과 싸우는 자신의 '성 베드로 군대'로 끌어들이려고 노력했다. 그리고 이 군대와 함께 '십자군' 원정에 나서려 했다. 그레고리우스는 편지에서 포위 공격을 당하는 동방 기독교인에 대한 형제의 사랑과 교회의 리베라티오라는 이상을 군사적 공격과 연결했다. 그러나 군에 참여하는 평신도는 거의 없었다.[36] 그들이 왜 참여하겠는가? 원정은 벨라토레스, 즉 평신도 전사 귀족을 희생하여 교회 권력을 강화하려고 기획된 것이 분명했기 때문이다. 교황들은 전에 카롤링거 왕조의 야수적 폭력을 축복했다. 교회가 그 폭력 때문에 생존할 수 있었기 때문이다. 그러나 그레고리우스가 하인리히 4세와 싸우면서 배웠듯이 싸우는 사람들은 이제 무조건 교회의 리베르타스를 보호하려고 나서지 않았다. 교황과 황제 사이의 이 정치적인 권력 투쟁은 십자군 원정기에 종교적으로 영향을 받은 폭력의 동인이 된다. 양편 모두 유럽에서 정치적 우위를 놓고 경쟁하고 있었으며, 그 우위란 폭력의 독점을 뜻했기 때문이다.

1074년 그레고리우스의 십자군 원정에 선뜻 응하는 사람은 없었다. 그러나 20년 뒤에는 평신도의 반응이 완전히 달라진다.

제1차 십자군 원정, 광기의 살육

1095년 11월 27일 역시 클뤼니의 수사였던 교황 우르바누스 2세는 프랑스 남부 클레르몽에서 열린 '평화 공의회'에서 연설을 하여 제1차 십자군을 소집했다. 그는 샤를마뉴의 후예인 프랑크족에게 직접 호소했다. 이 연설의 당대 기록은 없으며 우르바누스의 편지들로부터 그가 했을 법한 말을 추론할 수 있을 뿐이다.[37] 우르바누스는 그 무렵 이루어진 개혁과 보조를 맞추어 프랑키아의 기사들에게 같은 기독교인을 공격하는 것을 중단하고 대신 하느님의 적들과 싸우라고 촉구했다. 우르바누스는 그레고리우스 7세와 마찬가지로 프랑크족에게 형제, 즉 동방의 기독교인을 "무슬림의 압제와 억압"으로부터 "해방하라"고 촉구했다.[38] 그런 다음 그들은 성지로 가서 예루살렘을 해방해야 한다. 이런 식으로 '하느님의 평화'는 기독교 세계에 집행될 것이며 동방에서는 하느님의 전쟁이 벌어질 것이다. 십자군 원정은 동방의 형제들을 위해 고상하게 목숨을 내놓는 사랑의 행동이 될 것이다. 그들은 집을 떠났기 때문에 수도원에 들어가려고 세상을 버린 수사들과 똑같이 천상의 보답을 얻게 될 것이다. 우르바누스는 그렇게 확신했다.[39] 그러나 이 모든 신앙적인 이야기에도 불구하고 십자군 원정은 교회의 리베르타스를 확보하기 위한 우르바누스의 정치적 공작에도 필수적이었다. 그 전 해에 우르바누스는 하인리히 4세의 대위 교황을 라테란 궁에서 내쫓고, 클레르몽에서는 간통에 기초한 결혼을 했다는 이유로 프랑키아의 필리프 1세를 파문했다. 이제 우르바누스는 양쪽 군주에게 자문을 구하지 않고 동방으로 대규모 군사 원정단을 파견함으로써 기독교 세계의 군사적 방어를 통제한다는 왕의 특권을 찬탈한 셈이었다.[40]

그러나 교황이 어떤 말을 해도 교육이 부족한 사람들은 완전히 다른 뜻으로 이해할 수 있었다. 우르바누스는 클뤼니의 사상에 근거하여 원정을 늘 순례라 부르곤 했다. 다만 이 순례자들은 중무장한 기사들이고 이 '사랑의 행동'은 무고한 수천 명의 죽음을 부르게 되지만. 우르바누스는 틀림없이 제자들에게 자기 십자가를 지라는 예수의 말을 인용했을 것이며, 아마 십자군 원정대에게 옷 뒷면에 십자가를 꿰매넣고 예수가 살고 죽었던 땅으로 가라고 말했을 것이다. 순례의 유행은 이미 유럽에서 예루살렘을 높은 자리에 올려놓았다. 라울 글라베르는 예수가 죽은 뒤 천 년이 되는 1033년 종말의 시간이 다가왔다고 확신한 "수많은 사람들"이 "초라한 적그리스도"와 싸우러 예루살렘으로 행군했다고 전한다.[41] 30년 뒤에는 순례자 7천 명이 하느님이 더 나은 세상을 세우려면 적그리스도가 본성을 드러내도록 강요해야 한다며 유럽을 떠나 성지로 향했다. 1095년에도 기사 다수는 십자군 원정을 이런 대중적인 묵시록적 관점에서 바라보았을 것이다. 또 동방의 기독교인을 돕자는 우르바누스의 부름을 친족에 대한 복수로 보고, 봉건 영주의 봉토를 회복하듯이 성지에서 그리스도의 세습 재산을 지키기 위해 싸워야 한다고 느꼈을 것이다. 중세 초기 십자군 원정 역사가 한 사람은 사제의 입을 빌려 청중에게 묻는다. "외부인이 여러분의 친족 가운데 한 사람을 쓰러뜨리면 여러분은 혈족의 복수를 하지 않겠는가? 하물며 비난받고 자기 땅에서 추방당하고 십자가에 달려 도와 달라고 외치는 여러분의 하느님, 여러분의 아버지, 여러분의 형제의 복수는 말해 무엇할까."[42] 신앙적인 관념은 틀림없이 더 세속적인 목적과 합쳐졌을 것이다. 많은 사람들이 명성과 위신은 물론이고, 외국에서 부를 얻거나 후손을 위한 봉토를 마련하려고 십자가를 졌을 것이다.

사태는 금세 우르바누스의 통제력을 벗어났다. 종교적 권위의 한계를 보여주는 사례였다. 우르바누스는 질서 있는 군사 원정을 상상하여 십자군에게 추수 뒤까지 기다리라고 권했다. 그러나 다섯 대부대가 이런 분별력 있는 조언을 무시하고 봄에 길을 떠나 유럽을 가로질렀다. 그 결과 수천 명이 아사하거나, 아니면 이 갑작스러운 공격에 겁을 먹은 헝가리인에게 격퇴당했다. 우르바누스는 십자군이 유럽의 유대인 공동체를 공격할 것이라고는 생각하지 못했지만, 1096년 게르만 십자군 한 부대는 슈파이어, 보름스, 마인츠에서 유대인을 4천 명에서 8천 명 학살했다. 이 부대의 지도자인 라이닝겐의 에미호는 자신을 최후 심판의 날들 동안 서방에서 나타나 예루살렘의 적그리스도와 싸우는 민간전승 속의 황제로 내세웠다. 에미호는 유대인이 기독교로 개종하기 전에는 예수가 재림하지 않는다고 믿어, 자신의 부대가 커다란 유대인 공동체들이 있는 라인 지방의 도시들로 다가가자 죽이겠다고 위협해서라도 유대인이 세례를 받게 하라고 명령했다. 일부 십자군은 진짜로 혼란에 빠진 듯하다. 예수를 실제로 죽인 민족—어쨌든 십자군은 그렇게 잘못 믿고 있었다.—이 바로 문간에서 잘살고 있는데 왜 수천 킬로미터 떨어진 곳에 있는 무슬림과 싸우러 가야 하는가? 한 유대인 연대기 기록자는 십자군끼리 하는 말을 들었다. "보라, 여기에 메시아를 십자가에 달아 죽인 유대인이 있는데 우리는 이스마엘의 자손에게 복수를 하러 가고 있다. 먼저 유대인에게 복수를 하자."[43] 나중에는 프랑스 십자군 일부도 혼란에 빠지게 된다. "바로 눈앞에 유대인, 하느님의 가장 큰 원수인 민족이 있는데 왜 하느님의 적을 공격하러 동방의 먼 땅까지 가야 하는가? 우리는 거꾸로 하고 있다."[44]

십자군 원정으로 인해 반유대주의 폭력은 유럽의 만성 질병이 되었다. 십자군을 소집할 때마다 기독교인은 먼저 고향의 유대인을 공격하곤 했다. 이런 박해는 물론 종교적 신념의 영향을 받았겠지만 사회적, 정치적, 경제적 요소도 개입되어 있었다. 라인 지방 도시들은 시장 경제가 발전하여, 이것이 결국 농경 문명을 대체하게 된다. 따라서 이들은 근대화의 아주 이른 단계에 진입했는데, 이런 이행은 늘 사회 관계를 긴장시키기 마련이다. 로마 제국의 멸망 이후 도시 생활은 쇠퇴했다. 교역은 거의 사라지고 상인 계급도 없었다.[45] 그러나 11세기 말 무렵 생산성이 증가하자 귀족은 사치품을 찾게 되었다. 귀족의 요구에 부응하기 위하여 농민으로부터 전문가—석공 장인 상인—계급이 출현했으며, 그 결과 돈과 물자의 교환이 이루어지면서 도시가 재탄생했다.[46] 귀족은 자신들의 타고난 권리라고 여기던 부를 획득하여 하층 계급으로부터 성장한 빌랭('벼락부자')에게 분개했는데, 이 또한 독일 십자군이 폭력을 행사하는 데 연료가 되었을 수도 있다. 유대인이 특히 이 충격적인 사회 변화와 관련되었기 때문이다.[47] 주교가 관장하던 라인 지방 도시들에서 도시민은 수십 년 전부터 상업에 장애가 되는 봉건적 의무를 떨쳐버리려고 노력해 왔지만 그들의 통치자인 주교들은 장사에 관해 극단적으로 보수적이었다.[48] 또 부유한 상인과 가난한 축에 속하는 장인들 사이에 긴장이 있었는데, 주교들이 유대인을 보호하려 하자 상대적으로 재력이 약한 도시민이 십자군에 가담해 살해에 나선 것으로 보인다.

십자군은 늘 종교적 열정만큼이나 사회적이고 경제적인 요인에 의해 움직이게 된다. 십자군 원정은 특히 모험을 찾아 시골을 자유롭게 방랑하는 것으로 군사 훈련을 마무리하던 유벤투스, 즉 기사 '청년'에게 매력이 있었다.[49] 언제든 폭력적 행동에 나설 준비가 되어 있는 이 편력 기사들은 정주한 삶의 속박에서 자유로웠는데, 이들의 무법성이 십자군의 잔혹성의 일부를 설명해줄 수도 있을 것이다.[50] 첫 십자군 가운데 다수는 오랫동안 홍수, 역병, 기근에 시달려 황폐해진 프랑스 북동부와 독일 서부에서 왔기 때문에 그냥 견딜 수 없는 삶에서 떠나고 싶은 마음뿐이었을지도 모른다.[51] 또 십자군 원정 무리에는 불가피하게 모험가, 강도, 타락한 수사와 도적이 끼어 있었으며, 다수는 틀림없이 부와 행운의 꿈만이 아니라 '들뜬 마음'에 이끌려 나왔을 것이

다.[52]

1096년 가을에 유럽을 떠난 제1차 십자군 원정의 지도자들이 여기에 참여한 데는 복합적 동기가 있었다. 이탈리아 남부 타란토의 백작 보에몽은 아주 작은 영토를 소유하고 있었는데, 자신의 세속적 야심을 감추지 않았다. 그는 기회가 생기자마자 십자군에서 이탈하여 안티오키아의 군주가 되었다. 그러나 보에몽의 조카 탕크레드는 십자군 원정에서 영적 딜레마의 답을 찾았다. 그는 싸우는 직업과 복음을 화해시킬 수 없어 "불안으로 타올랐으며" 심지어 수도원 생활을 고려하기도 했다. 그러다가 우르바누스 교황의 호출을 듣는 순간 "눈이 열리고 용기가 태어났다."[53] 한편 부용의 고드프루아는 교회의 적과 싸우는 것을 영적 소명으로 보는 클뤼니의 이상에 영감을 받았지만, 그의 형제 보두앵은 동방에서 그냥 명성, 재산, 소유지를 원할 뿐이었다.

그러나 십자군 원정의 무시무시한 경험은 그들의 관점과 기대를 바꾸어놓았다.[54] 십자군 가운데 다수는 고향 마을을 떠나본 적이 없었다. 이제 그들은 고향에서 수천 킬로미터 떨어져 이제까지 알던 모든 것과 차단된 채 불안한 지형에서 무서운 적들에게 둘러싸여 있었다. 안티타우로스산맥에 도착하자 다수는 공포에 사로잡혀 몸이 굳어졌고 "몹시 우울한 상태에서" 가파른 산들을 바라보며 "너무 겁이 나고 마음이 비참하여 두 손을 비틀었다."[55] 튀르크족이 초토화 작전을 펼쳐 이들에게는 식량이 없었기 때문에 가난한 축에 속하는 비전투원과 병사들은 파리 떼처럼 죽어 나갔다. 연대기 기록자들이 전하는 바에 따르면,

안티오키아 포위 공격 동안 굶주린 사람들은 밭에서 아직 자라고 있

는 콩 줄기, 소금을 치지 않은 다양한 종류의 풀, 심지어 땔감 부족으로 제대로 조리를 하지 못해 먹는 사람의 혀를 찌르는 엉겅퀴까지 삼켰다. 그들은 또 말 낙타 개, 심지어 쥐도 먹었다. 가난한 사람들은 심지어 동물 가죽을 먹거나 똥을 헤쳐서 낟알을 주워 먹었다.[56]

십자군은 곧 자신들의 지도자가 형편없고 식량도 부족하다는 사실을 깨달았다. 또 적에 비해 수가 엄청나게 부족하다는 것도 알았다. "우리에게 백작이 한 명이라면 적에게는 왕이 마흔 명이었다. 우리에게 연대가 하나라면 적에게는 군단이 하나였다." 원정에 따라나선 주교들은 고향에 보내는 합동 편지에서 그렇게 말했다. "우리에게 성이 하나 있다면 그들에게는 왕국이 하나 있었다."[57]

그렇다 해도 그들은 최적의 순간에 목적지에 도착했다. 셀주크 제국은 해체되고 있었을 뿐 아니라 그 무렵 술탄이 죽어 아미르들은 후계 자리를 놓고 서로 싸우고 있었다. 튀르크족이 연합 전선을 유지했다면 십자군 원정은 성공할 수 없었을 것이다. 그러나 십자군은 현지 정치에 관해서는 아무것도 몰랐고, 그들이 안다고 생각한 것은 거의 전적으로 종교적 관점과 편견에서 나온 것이었다.[58] 구경꾼들은 십자군 원정 부대를 행진하는 수도원이라고 묘사했다. 위기마다 행렬, 기도, 특별 성찬식이 있었다. 그들은 굶주렸지만 전투 전에 금식을 하며 전투 지침만큼이나 설교에도 열심히 귀를 기울였다. 굶주린 사람들은 예수, 성자, 이제 천국에서 영광스러운 순교자가 된 죽은 십자군의 환영을 보았다. 그들은 천사들이 자신들과 함께 싸우는 것을 보았고, 안티오키아 공성전 때는 가장 힘든 순간에 거룩한 유물—그리스도의 옆구리를 찌른 창—을 발견했다. 이것 때문에 절망하던 사람들은 몹시 들

떠 도시 밖으로 뛰쳐나갔고, 포위하고 있던 튀르크족은 놀라서 달아났다. 1099년 7월 15일 마침내 예루살렘 정복에 성공하자 십자군은 하느님이 자신들과 함께 있다고 결론을 내릴 수밖에 없었다. "우리가, 이런 얼마 안 되는 사람들이 이 적의 나라들 사이에서 그들과 맞설 뿐 아니라 살아남기까지 했다는 데 누가 놀라지 않을 수 있겠는가?" 지도 신부인 샤르트르의 푸셰르는 그렇게 썼다.[59]

전쟁은 "관계를 보지 못하는 무능력 때문에 일어나는 정신 이상"이라고 적절하게 묘사되어 왔다.[60] 제1차 십자군 원정은 특히 정신병적이었다. 어느 모로 보나 십자군은 반쯤 미친 것 같았다. 그들은 3년 동안 주변 세계와 정상적으로 만나지 못했으며, 장기화된 공포와 영양실조 때문에 비정상적 정신 상태에 놓이는 경우가 많았다. 그들은 문화적으로나 인종적으로 자신들과 다른 적과 싸우고 있었으며─우리 시대에도 자주 보게 되지만, 이 요인은 정상적인 심리적 억제를 제거하는 경향이 있다.─예루살렘 주민을 공격할 때는 사흘 동안 약 3만 명을 살육했다.[61] "십자군은 눈에 띄는 모든 사라센족과 튀르크족을 죽였다." 《프랑크족의 공적》의 저자는 기쁜 마음으로 그렇게 전했다. "그들은 남녀 할 것 없이 모두 죽였다."[62] 거리에 피가 냇물처럼 흘렀다. 유대인은 회당에 몰아넣고 검으로 죽였으며, 하람 알-샤리프로 피신한 무슬림 만 명은 잔인하게 학살했다. "머리, 손, 발 무더기가 여럿 보였다." 프로방스의 연대기 기록자 아길레르의 레몽은 그렇게 썼다. "사람들은 무릎과 고삐까지 차는 핏물 속에서 말을 달렸다. 사실 이 장소가 불신자들의 피로 가득 찬 것은 하느님의 정의롭고 훌륭한 심판이었다."[63] 죽은 자들이 너무 많아 십자군은 시신을 처리할 수가 없었다. 다섯 달 뒤 샤르트르의 푸셰르는 크리스마스를 축하하려고 예루살렘

에 왔을 때 여전히 도시 주위의 밭과 도랑에 널린 채 썩어 가는 주검에서 나는 악취에 경악했다.[64]

더 죽일 사람이 남지 않자 십자군은 '부활의 교회'로 행진하며 찬송가를 불렀다. 그들의 뺨에는 기쁨의 눈물이 흘러내렸다. '그리스도의 무덤' 옆에서는 부활절 전례문을 노래했다. "말하건대 이날은 앞으로 오랫동안 기억될 것이다. 우리의 노고와 슬픔이 기쁨과 환희로 바뀌었기 때문이다." 레몽은 크게 기뻐했다. "말하건대 이날은 모든 기독교의 정당성, 이교의 굴욕, 신앙의 갱신을 보여준다."[65] 여기에 또 다른 정신 이상적 단절의 증거가 있다. 십자군은 인간 잔혹성의 피해자가 묻힌 무덤 옆에 서 있는데도 자신의 폭력적 행동에 의문을 제기할 수 없었다. 이 경우에는 오랜 세월의 공포 굶주림 고립으로 드높아진 전투의 환희가 종교적 신화와 합쳐져 완전한 의(義)라는 환상을 만들어냈다. 하지만 승자는 결코 범죄에 책임을 지지 않으며, 연대기 기록자들은 곧 예루살렘 정복을 역사의 전환점으로 묘사했다. 수사 로베르는 이 사건의 중요성을 넘어설 수 있는 것은 천지창조와 예수의 십자가 처형밖에 없다는 놀라운 주장을 했다.[66] 그 결과 이제 서방에서 무슬림은 "야비하고 혐오스러운 인종"이며, "비열하고 타락했으며 악마에 사로잡혔고", "하느님에게 완전히 이질적이며", "오직 처형에만 적합하다"고 여겨졌다.[67]

이런 성전과 여기에 영감을 준 이데올로기는 기독교의 평화적인 경향에 대한 완전한 부정을 표현했다. 이것은 또 기독교 서방의 첫 제국주의적 진출이었는데, 수백 년의 정체 뒤 기독교 서방은 다시 국제 무대에 돌아오기 위해 분투하게 된다. 예루살렘, 안티오키아, 갈릴리, 에데사, 타라불루스에 다섯 십자군 국가가 세워졌다. 이 국가에는 상비군이 필요했으며, 교회는 수사들에게 검을 주어 전쟁의 승인을 완성했다. 원래 가난하고 병든 순례자를 돌보기 위해 세워진 '성 요한 구호 기사단'과 하람의 알-아크사 모스크에 입주하여 도로를 순찰하던 '성전 기사단'이 그 예였다. 수사들은 가난, 순결, 군사 지휘관에 대한 복종을 서약했으며, 일반 기사들보다 규율이 훨씬 잘 잡혀 있었기 때문에 로마 군단 이후 서방에서 최초의 전문적인 전투 부대가 되었다.[68] 클레르보의 새로운 시토* 수도원의 원장이었던 성 베르나르는 정식 기사를 싫어했다. 그들은 좋은 옷을 입고 고삐에 장신구를 달고 손이 고왔으며, 싸우는 동기는 "비합리적 분노, 공허한 명예에 대한 갈망, 지상의 소유에 대한 동경"뿐이었기 때문이다.[69] 그러나 성전 기사단은 수사의 온유함과 군사력을 겸비했으며, 그들의 유일한 동기는 그리스도의 적을 죽이는 것이었다. 베르나르는 기독교인이라면 "이교도"가 "흩어지고", "잘려 나가고", "쫓겨나는" 것을 보고 기뻐해야 마땅하다고 말했다.[70] 이처럼 첫 서방 식민지들에 퍼진 이데올로기에는 종교가 구석구석 스며들어 있었는데, 훗날 서방의 제국주의는 더 세속적인 이데올로기의 영향을 받으면서도 종종 십자군 원정의 무자비함과 공격적 독선을 공유하게 된다.

시토회(Cistercion) 베네딕투스회 몰렘의 수도원장 로베르(1028?~1111)가 1098년 프랑스 디종 근처 시토에서 창립한 개혁적 수도회. 베네딕투스 수도 규칙의 엄격한 준수와 청빈 생활을 지향했으며 12세기에 전성기를 이루며 유럽에서 많은 수도원을 거느렸다.

십자군이 깨운
이슬람의 공격적 지하드

무슬림은 십자군의 폭력에 어안이 벙벙했다. 십자군이 예루살렘에 도착했을 때 '프랑크족'은 이미 무시무시한 평판을 얻고 있었다. 그들이 안티오키아에서 10만 명 이상을 죽였고, 포위 공격을 당하던 시기에는 굶주림 때문에 난폭해져서 시골을 배회하며 사라센족이 눈에 띄기만 하면 잡아먹겠다고 공개적으로 맹세했다는 말이 돌았다.[71] 사실 무슬림은 예루살렘 대학살 같은 것은 경험해본 적이 없었다. 그들은 3백 년에 걸쳐 온갖 강대한 지역 세력과 싸워 왔지만, 이런 전쟁은 늘 상호 합의한 한계 내에서 이루어졌다.[72] 따라서 무슬림 기록들은 경악하여 프랑크족이 노인 여자 병자를 봐주지 않았고, 심지어 "고향을 떠나 성소에서 경건하게 은둔하여 사는" 독실한 울라마도 학살했다고 전한다.[73]

그러나 이런 경악할 만한 출발에도 불구하고 거의 50년 동안 프랑크족에 대한 무슬림의 대규모 공격은 없었으며, 나아가서 십자군은 이 지역의 정치 구조의 일부로 받아들여졌다. 십자군 국가들은 작은 독립적 속국들로 이루어진 셀주크의 패턴에 딱 들어맞았으며, 아미르들은 서로 싸울 때면 프랑크족 통치자들과 동맹을 맺곤 했다.[74] 튀르크족 지휘관들에게 고전적인 지하드의 이상은 이미 죽었으며, 십자군이 도착했을 때 국경을 방어하기 위해 달려 나간 '자원자'는 없었다. 아미르들은 이제 외적의 침입에 저항할 준비를 하지 않았기 때문에 국경 방어에 소홀했다. 그들은 서로 전쟁을 벌이는 데 열중해서 '이교도'의 존재에는 관심이 없었다. 십자군 원정의 이상이 지하드를 수도원 생활의 한 형태로 보는 하디스와 공명(共鳴)하고 있었음에도, 십자군 원정을 기록한 첫 무슬림 역사가들은 프랑크족의 종교적 열정을 전혀 인식하지 못하고 그들의 동인이 물질적 탐욕뿐이라고 가정했다. 역사가들 모두 프랑크족의 승리가 아미르들이 연합 전선을 형성하지 못했기 때문임을 깨달았지만 십자군 원정 뒤에도 여전히 단결을 위한 진지한 노력은 보이지 않았다. 한편 '성지'에 머물고 있던 프랑크족은 그들의 생존이 무슬림 이웃과 공존하는 능력에 달려 있다는 것을 깨닫고 곧 외고집의 편견을 버렸다. 그들은 현지 문화에 동화되었으며 튀르크족 방식으로 목욕을 하고 옷을 입는 법을 배우고 현지어를 구사했다. 심지어 무슬림 여자와 결혼도 했다.

아미르들은 지하드를 잊었지만 한 줌의 '싸우는 울라마'는 잊지 않았다. 예루살렘 정복 직후 다마스쿠스의 카디('판관') 아부 사이드 알-하라위는 예루살렘의 무슬림 난민 대표단을 이끌고 바그다드에 있는 칼리파의 모스크로 가 그에게 침략자들에 대항하는 지하드를 소집해 달라고 간청했다. 그들의 끔찍한 이야기에 회중은 눈물을 흘렸지만, 칼리파는 이제 너무 약해져 아무런 군사적 행동도 할 수가 없었다.[75] 1105년 시리아의 법학자 알-술라미는 프랑크족에 대항하는 지하드는 파르드 알-아인, 즉 지역 아미르들에게 지워지는 '개인의 의무'이며, 아미르들은 칼리파의 무능으로 인한 공백을 채우고 들어가 침략자들을 다르 알-이슬람에서 쫓아내야 한다고 주장했다. 그러나 어떤 군사적 행동도 그 전에 '더 큰 지하드', 즉 무슬림이 두려움이나 냉담과 싸울 마음과 정신의 개혁이 선행하지 않으면 성공하지 못할 것이다. 그는 그렇게 주장했다.[76]

그러나 여전히 반응은 거의 없었다. 무슬림은 자신의 종교에 의해 성전에 참가하러 미친 듯이 달려 나가도록 프로그램되어 있기는커녕, 지하드에는 아무런 의욕이 없고 영성의 새로운 개혁에만 몰두했다. 특히 수피 신비주의자 가운데 일부는 다른 신앙 전통에 공감하는 데 뛰어난 능력을 발휘하게 된다. 학식이 높고 영향력이 큰 이븐 알-아라비(1165~1240)는 신의 사람은 회당에서든 모스크에서든 신전에서든 교회에서든 집에 있는 것과 같으며, 그 이유는 이 모두가 신을 올바르게 이해하게 해주기 때문이라고 주장하게 된다.

> 나의 마음은 무엇이든 될 수 있다.
> 수도자의 수도원, 신상의 신전,
> 영양의 목초지, 신자의 카바,
> 토라의 탁자, 쿠란.
> 사랑은 내가 품은 신앙이다. 내가 신의 낙타를
> 어느 방향으로 돌리든, 하나뿐인 진실한 신앙은 여전히 내 것이다.[77]

12세기와 13세기, 즉 십자군 원정기에 수피즘은 주변부의 운동을 넘어서서 이슬람 세계의 많은 지역에서 지배적인 분위기로 자리를 잡았다. 높은 수준의 신비에 도달할 수 있는 사람은 거의 없었지만 음악과 춤을 포함하는 수피즘의 집중 훈련은 신에 대한 단순하고 편협한 관념이나 다른 전통에 대한 쇼비니즘적 태도를 버리는 데 도움을 주었다.

그러나 소수의 울라마와 수행자들은 프랑크족의 존재를 견딜 수 없었다. 1111년 알레포의 카디 이븐 알-카샤브는 칼리파를 무기력에서 깨우려는 시도로 수피파, 이맘, 상인 대표단을 이끌고 바그다드로 가서 칼리파의 모스크에 난입하여 그의 설교단을 부수었지만 소용이 없었다.[78] 그러나 1119년에 마르딘과 다마스쿠스의 부대는 카디의 설교에 큰 감동을 받아 "감정과 존경심에 울음을 터뜨리며" 안티오키아의 로제르 백작을 물리쳐 프랑크족에 승리를 거둔 첫 무슬림이 되었다.[79] 하지만 십자군에 대항하는 행동은 지속적으로 이루어지지 않다가, 1144년 거의 우연히 모술의 아미르 장기가 시리아 원정 동안 에데사의 기독교 공국을 정복했다. 프랑크족에 거의 관심이 없던 장기는 하룻밤 새에 영웅이 되는 바람에 스스로 놀랐다. 칼리파는 장기를 '종교의 기둥'이자 '이슬람의 초석'이라고 찬양했지만, 그를 독실한 무슬림이라고 보기는 힘들었다.[80] 튀르크족 역사가는 그의 "거칢, 공격성, 무례함이 적과 민간인의 죽음을 불러왔다"고 비난했다. 장기는 1146년에 술에 취해 정신을 잃은 동안 노예에게 살해당했다.[81]

마침내 아미르 몇 명이 정신이 번쩍 든 것은 유럽에서 에데사를 되찾으려고 온 제2차 십자군 원정(1148년)의 대군을 보았을 때였다. 이 십자군 원정은 기독교인에게 창피를 주는 큰 실수였지만, 현지 사람들은 프랑크족을 진짜 위험하게 보기 시작했다. 무슬림의 반격을 이끈 사람은 장기의 아들 누르 앗-딘(1146~1174년 재위)이었는데, 그는 '싸우는 학자들'의 조언을 받아들여 우선 더 큰 지하드에 헌신했다. 그는 '예언자'의 움마 정신으로 돌아가 검박한 생활을 하고 종종 밤새 기도를 했으며, '정의의 집'들을 세워 신앙이나 지위에 관계없이 누구든 와서 잘못의 시정을 요청하게 했다. 그는 지역의 도시를 요새화하고 마드라사와 수피 수도원을 지었으며 울라마를 육성했다.[82] 민중에게 지하드 정신은 거의 소멸 상태였기 때문에 그 정신을 소생시키는 것은 힘든 일이었다. 누르 앗-딘은 예루살렘을 찬양하는 하디스 묶음집을 배포하고 무슬림이 성도를 되찾았을 때 알-아크사 모스크에 아름다운 설교단을 설치하게 했다. 하지만 28년의 재위 기간 동안 한 번도 프랑크족을 직접 공격한 적은 없었다.

누르 앗-딘의 가장 큰 전과는 파티마 왕조 이집트를 정복한 것이었으며, 예루살렘을 재정복하게 되는 사람은 이집트의 쿠르드족 총독으로 있던, 보통 살라흐 앗-딘('신앙의 명예')이라는 칭호로 알려진 유수프 이븐 아이유브였다. 그러나 살라딘(살라흐 앗-딘)은 누르 앗-딘의 제국을 유지하기 위해 다른 아미르들과 싸우는 데 재위 기간의 10년을 써야 했으며, 이때 프랑크족과 많은 조약을 맺었다. 살라딘 또한 처음에는 더 큰 지하드에 집중하여 동정 겸손 카리스마로 민중의 사랑을 받지만, 살라딘의 전기를 쓴 사람의 설명에 따르면 그는 군사적 지하드에도 열정적인 태도를 보였다.

지하드와 그에 따르는 고난은 그의 마음과 그의 사지를 포함한 온몸을 무겁게 짓눌렀다. 그는 다른 것은 말하지 않고 오로지 싸움을 위한 장비만 생각했으며, 무기를 든 사람들에게만 관심을 가졌다. …… 그는 '신의 길'을 따르는 지하드를 사랑하여 가족과 아들들, 고국, 집과 모든 재산을 버리고 온 세상 가운데 자신의 천막의 그늘에서만 살기로 했다.[83]

누르 앗-딘과 마찬가지로 살라딘은 늘 울라마 수피파 카디 이맘을 거느리고 다녔으며, 이들은 행군을 하는 동안 부대에 쿠란과 하디스를 낭송했다. 거의 죽었던 지하드는 이 지역에서 살아 있는 힘이 되어 갔다. 지하드는 이슬람에 내재하는 폭력적 본성이 아니라 서방의 지속적인 공격 때문에 부활했다. 훗날 서방의 중동 개입은 모두, 아무리 그

동기가 세속적이라 해도, 제1차 십자군 원정의 광적인 폭력의 기억을 불러내게 된다.

살라딘은 십자군과 마찬가지로 가장 큰 적은 내부에 있다는 말이 자신의 적에게도 해당할 수 있다는 사실을 알았다. 결국 살라딘이 군사적 성공을 거둔 것은 프랑크족 내부의 만성적인 다툼과 서쪽에서 새로 온 사람들이 지역 정치를 이해하지 못하고 내세우는 매파 정책 덕분이었다. 그 결과 1187년 7월 살라딘은 갈릴리의 '하틴의 뿔'에서 기독교군을 물리칠 수 있었다. 그는 전투 뒤에 예루살렘 왕을 풀어주었지만 살아남은 '성전 기사단'과 '구호 기사단'을 그가 있는 자리에서 죽이게 했다. 그들이 '무슬림 레콩키스타'에 가장 큰 위험이라는 정확한 판단에 따른 것이었다. 예루살렘을 차지했을 때 살라딘이 처음으로 느낀 충동은 1099년 십자군 학살의 복수를 하는 것이었지만, 프랑크족 사절의 설득으로 폭력 없이 도시만 차지했다.[84] 기독교인을 한 사람도 죽이지 않았으며, 예루살렘의 프랑크족 거주자들은 아주 약소한 액수만 몸값으로 받고 풀어주었고, 다수는 기독교인이 요새를 지키고 있던 티루스까지 호위해주었다. 서방의 기독교인은 살라딘이 십자군보다 인도적으로 행동했다는 것을 불편하지만 의식하지 않을 수 없었으며, 여기에서 그를 명예 기독교인으로 만드는 전설이 생겨났다. 그러나 일부 무슬림은 비판적이었다. 이븐 알-아티르는 이런 자비는 심각한 군사적, 정치적 오류이며, 이로 인해 프랑크족이 티루스에서 베이루트에 이르는 좁은 해안 국가를 유지할 수 있었고, 이것이 13세기 말까지 계속 무슬림의 예루살렘을 위협했다고 주장했다.[85]

얄궂게도 군사적 지하드가 더 큰 지하드의 영성에 새겨지는 동안 십자군 원정에서는 점차 물질적이고 정치적인 이해관계가 동력으로 자리 잡게 되고 영적인 부분은 밀려났다.[86] 우르바누스 교황은 제1차 십자군 원정을 소집했을 때 교황의 우위를 확보하려고 왕의 특권을 찬탈했다. 그러나 신성로마제국 황제 프리드리히 바바로사, 프랑스의 필리프 2세, 잉글랜드의 리처드 1세가 이끌고 소집한 제3차 십자군 원정(1189~1192년)은 속세 통치자들의 폭력 독점을 다시 주장했다. 살라딘이 하디스 낭독으로 부하들에게 영감을 주는 동안 리처드는 부하들에게 무너진 아코 성벽의 돌을 하나 가져올 때마다 돈을 주겠다고 제안했다. 몇 년 뒤 제4차 십자군 원정은 유럽의 새로운 인간인 베네치아 상인들이 순전히 상업적 이득을 위해 가로챘으며, 이들은 십자군을 설득하여 자라 항구에서 같은 기독교인을 공격하고 1204년에는 콘스탄티노폴리스를 약탈하게 했다. 비잔티움은 서방의 황제들이 통치했으며, 1261년에야 그리스인이 마침내 이들을 간신히 쫓아낼 수 있었다. 그러나 그 사이에 이 황제들의 무능이 그때까지 서방의 어느 왕국보다 복잡한 정체(政體)를 갖추었던 이 세련된 국가를 치명적으로 약화시켰다고 볼 수도 있다.[87] 교황 인노켄티우스 3세는 1213년 이집트에 서방의 기지를 구축할 목적으로 제5차 십자군 원정을 소집하여 교황의 리베르타스를 다시 주장했지만, 십자군 함대는 전염병으로 무력해졌으며 지상군은 카이로로 행군하는 동안 불어난 나일강에 가로막혔다.

제6차 십자군 원정(1228~1229년)은 원래의 십자군 원정의 이상을 완전히 전복했다. 그 무렵 교황 그레고리우스 9세에게 파문당한 신성로마제국 황제 프리드리히 2세가 이끌었기 때문이다. 코즈모폴리턴적인 시칠리아에서 성장한 프리드리히는 유럽 나머지 사람들과는 달리 이슬람 공포가 없었으며, 지하드에 아무런 관심이 없던 친구 술탄 알-카밀과 휴전 협상을 했다. 프리드리히는 그런 식으로 전투 한 번 하지 않고 예루살렘, 베들레헴, 나사렛을 회복했다.[88] 하지만 양쪽 통치자는 대중의 분위기를 잘못 판단했다. 무슬림은 이제 서방이 화해 불가능한 적이라고 확신했고, 기독교인은 예루살렘을 되찾는 것보다 무슬림과 싸우는 것을 더 중요하게 여기는 듯했다. 1229년 3월 프리드리히는 도발적으로 성묘 교회에서 예루살렘 왕으로서 스스로 왕관을 썼다. 어떤 사제도 파문자를 위해 대관식을 주관하려 하지 않았기 때문이다. 신성로마제국의 튜턴족 기사들은 이 대관식으로 프리드리히가 지상에서 하느님의 대리자가 되어 "하느님과 인류 사이에" 서 있으며, "전 세계를 다스리도록 선택된" 자는 교황이 아니라 황제라고 당당하게 선언했다.[89] 이제 서방에서 십자군 원정이 정치에 끼치는 영향이 중동에서 벌어지고 있는 일보다 중요해 보였다.

이슬람 세계를 흔든 칭기즈 칸

기독교인은 1244년에 예루살렘을 다시 잃었다. 약탈하는 콰라즘 왕국의 튀르크족이 몽골 군대로부터 달아나다 성도에서 미쳐 날뛴 것이다. 이것은 기독교 세계와 이슬람 세계 양쪽에 무시무시한 위협이 다가왔음을 보여주는 조짐이었다. 1190년에서 1258년 사이에 칭기즈 칸의 몽골 무리는 중국 북부, 고려, 티베트, 중앙아시아, 아나톨리아, 러시아, 유럽 동부를 휩쓸었다. 통치자가 즉시 항복하지 않으면 도시는 쑥밭이 되고 신민은 학살당했다. 1257년 칭기즈 칸의 손자 훌라구는 티그리스강을 건너 바그다드를 포위하고 압바스 왕조의 마지막 칼리파를 궁지에 몰아넣었다. 이어 알레포를 무너뜨리고 다마스쿠스를 점령했는데, 다마스쿠스는 항복하여 파괴를 면했다. 처음에 프랑스의 루이 9세와 교황 인노켄티우스 4세는 몽골이 기독교로 개종하여 이슬람을 쳐부수기를 바랐다. 그러나 반대로 이슬람이 십자군의 해안 국가를 구하게 되는데, 어쩌면 이로써 서방 기독교 세계를 몽골인으로부터 구하게 된 것인지도 모른다. 결국 중동에 여러 나라를 세운 몽골 통치자들은 이슬람으로 개종하게 된다.

1250년 불만을 품은 맘루크족이 군사 쿠데타를 일으켜 살라딘의 아이유브 제국을 장악했다. 10년 뒤 뛰어난 맘루크족 지휘관 바이바르스는 갈릴리의 아인 잘루트 전투에서 몽골군을 물리쳤다. 그러나 몽골인은 이미 메소포타미아, 이란 산악 지대, 시르-옥수스강 유역 분지, 볼가강 지역의 방대한 이슬람 영토를 정복한 뒤였다. 그들은 이곳에 커다란 나라 넷을 세웠다. 몽골의 폭력은 종교적 편협성에서 생겨난 것이 아니었다. 그들은 모든 신앙의 타당성을 인정했으며, 어떤 지역을 장악하면 대개 그 지역의 전통을 받아들였다. 그래서 14세기 초에 이르면 네 나라 모두 몽골 통치자들이 이슬람으로 개종하게 된다. 그러나 몽골 귀족은 여전히 칭기즈 칸의 군사 규약인 '야사'를 따랐다. 몽골 귀족의 다스림을 받은 무슬림 신민 다수는 그들의 화려한 궁정에 놀라고 새로운 통치자에게 매혹되었다. 그러나 약탈 과정에서 무슬림 학문과 문화가 너무 많이 사라졌기 때문에 일부 법학자들은 "이즈티하드('독립적 추론')*의 문이 닫혔다"고 선언하기도 했다. 이런 반발은 농경 문명이 지닌 보수적 경향의 극단적 예로, 여기에서는 대규모로 혁

이즈티하드(ijtihad) 이슬람 법학자들이 쿠란이나 하디스에서 다루지 않는 문제에 관해 독립적인 해석과 판단을 하는 것. 이 과정에는 많은 숙고가 요청되기에 '노력'이라는 의미를 지니기도 한다.

신을 이행할 경제적 자원이 부족했으며 독창성보다 사회 질서를 높이 평가했고 문화는 얻기 힘들기 때문에 이미 성취한 것을 보존하는 것이 더 중요하다고 생각했다. 이렇게 지평이 좁아진 것은 이슬람의 내재적 역학의 영향 때문이 아니라 충격적인 몽골의 공격에 대한 반발 때문이었다. 다른 무슬림은 몽골 정복에 아주 다르게 반응했다.

무슬림은 늘 다른 문화에서 배울 준비가 되어 있었으며, 15세기 말에 이르면 칭기즈 칸의 후예에게서 실제로 배웠다. 소아시아, 중동, 북아프리카의 오스만 제국, 이란의 사파비 제국, 인도의 무굴 제국은 몽골 군사 국가를 기초로 수립되어 당대 세계에서 가장 선진적인 국가들이 된다. 그러나 몽골인은 자신의 의사와는 관계없이 영적 소생을 부추기기도 했다. 잘랄 앗-딘 루미(1207~1273)는 가족과 함께 몽골군을 피해 이란에서 아나톨리아로 이주했으며, 그곳에서 새로운 신비주의적 수피 교단을 설립했다. 루미의 철학은 오늘날 세계에서 가장 널리 읽히는 무슬림 저작으로서 난민이 겪는 고향 상실과 절연의 느낌을 담고 있다. 그러나 루미는 또 몽골 제국의 광대한 넓이에 매혹되어 수피파에게 영적 수준에서 가없는 지평을 탐사해보고 다른 신앙에 마음과 정신을 열라고 권했다.

하지만 똑같은 외상이라 해도 반응은 각자 다 다른 법이다. 이 시기의 또 다른 사상가로, 우리 시대까지 큰 영향을 끼치고 있는 '싸우는 학자' 이븐 타이미야(1263~1328)는 루미와 마찬가지로 난민이었지만 몽골인을 증오했다. 그는 이제 같은 무슬림이 된 몽골 개종자들을 카피르('이교도')로 보았다.[90] 그는 또 이즈티하드의 중단을 못마땅하게 생각했다. 이 무시무시한 시대에 법률가들은 창의적으로 생각할 필요가 있었기 때문에 두 무자비한 적, 즉 십자군과 몽골인 때문에 움마가 약해졌다는 사실에 맞추어 샤리아를 개조했다. 사실 십자군은 기진한 힘이었으나 몽골인은 여전히 레반트 정복을 시도하고 있는 것인지도 몰랐다. 이븐 타이미야는 자신의 땅을 방어하는 군사적 지하드에 대비하면서 무슬림에게 더 큰 지하드에 참여하여 '예언자' 시대의 순수한 이슬람으로 돌아가, 철학(팔사파), 수피 신비주의, 시아파 교의, 성자나 묘 숭배 등 진짜가 아닌 관행을 없애라고 촉구했다. 이런 거짓 신앙을 고집하는 무슬림은 이교도보다 나을 것이 없었다. 이슬람으로 개종한 첫 몽골족 가잔 칸이 1299년 시리아를 침공하자, 이븐 타이미야는 몽골인은 이슬람으로 개종했지만 샤리아보다 몽골의 군사적 규약인 야사를 준수하기 때문에 이교도이며, 따라서 무슬림 신민은 몽골인에게 복종할 의무가 없다고 선언하는 파트와('법적 판결')를 내놓았다. 무슬림은 전통적으로 같은 무슬림을 배교자로 비난하는 것을 경계해 왔다. 오직 신만이 사람 마음을 읽을 수 있다고 믿었기 때문이다. 같은 무슬림이 배교했다고 선언하는 타크피르 관행은 무슬림이 다시 외세에 위협을 당한다고 느끼는 우리 시대에 와서 새로운 생명을 얻는다.

유대인 박해와 '이단' 배척의 기원

십자군 전쟁기에 유럽도 시각이 더 편협해져, 어떤 역사가가 '박해하는 사회'라고 부른 상태가 되었다.[91] 11세기 초까지만 해도 유대인은 유럽에 완전히 통합되어 있었다.[92] 샤를마뉴 치세에 그들은 제국의 보호를 누리며 중요한 공직을 맡았다. 지주가 되었고 장인으로 모든 업종에서 일했으며 유대인 의사는 수요가 많았다. 유대인은 기독교인과 같은 언어를 사용했으며—이디시어가 발전한 것은 13세기 이후다.—자녀들에게 라틴 이름을 지어주었다. '게토'는 없었다. 런던에서는 12세기 중반까지 유대인과 기독교인이 나란히 살았고 서로 집을 사고팔았다.[93) 그러나 11세기에 유대인이 파티마 왕조의 칼리파 알-하킴을 설득하여 1006년에 예루살렘의 '부활 교회'를 파괴하게 했다는 소문이 돌았다. 하지만 정신 이상자임이 분명해 보이는 이 칼리파는 기독교인만이 아니라 유대인이나 자신과 같은 무슬림도 박해했다.[94) 결과적으로 유대인은 리모주, 오를레앙, 루앙, 마인츠에서 공격을 당했다. 기독교인의 상상 속에서 유대인은 이슬람과 연결되어 있었기 때문에 십자군 원정이 거듭될수록 유대인의 지위는 위태로워졌다. 리처드 1세가 1198년 런던으로 성 십자가를 가져온 뒤 이스트 앵글리아와 링컨에서 박해가 있었고, 1193년 요크에서는 세례를 거부한 유대인들이 집단 자살을 했다. 아이들의 죽음을 지역 유대인 공동체 탓으로 돌리는 이른바 '피의 비방'은 1140년대에 노리치에서 한 아이가 살해당했을 때 처음 표면화되었다. 글로스터(1168년), 베리 세인트 에드먼즈, 윈체스터(1192년)에서도 비슷한 사례가 있었다.[95)

이런 박해의 파도는 물론 왜곡된 기독교 신화의 영향을 받은 것이지만 사회적 요인의 산물이기도 했다. 순수하게 농업적인 경제에서 상업화된 경제로 천천히 이행하면서 도시가 서양 기독교 세계를 지배하기 시작했으며, 12세기 말에 이르면 번영, 권력, 창조의 중심이 되었다. 부는 심하게 편중되었다. 하층민 출신 은행가와 재정가가 귀족의 희생을 대가로 부자가 된 반면, 일부 도시민은 비참한 빈곤 상태에 떨어졌을 뿐 아니라 전통적으로 농민 생활을 지원하던 구조도 사라졌다.[96) 11세기 말에 이르면 화폐가 일반적으로 사용되는데, 이것은 전통적인 사회 구조를 파괴하는 급속한 경제 성장으로 인한 혼란스러운 변화의 상징이 되었다. 돈은 '모든 악의 뿌리'로 여겨졌으며, 민중의 도상학에서 일곱 가지 죄악 중 탐욕은 본능적인 혐오와 공포를 자극했다.[97] 원래 기독교인이 가장 성공적인 대금업자였지만, 12세기 들어 유대인이 그들의 토지를 압류하면서 다수가 귀족이나 대금업자의 토지 관리인, 재정 대리인이 될 수밖에 없었고, 그 뒤로 유대인은 돈과 연결되어 오명을 얻었다.[98] 페르투스 아벨라르두스의 《철학자와 유대인과 기독교인 사이의 대화》(1125)에 나오는 유대인의 설명에 따르면, 유대인은 토지 보유권이 불안정하기 때문에 "우리에게 남은 주요한 이득은 낯선 사람에게 이자를 붙이고 돈을 빌려주어 이곳에서 우리의 비참한 생활을 유지하는 것이다. 하지만 이런 일은 돈 때문에 압박을 받는 사람들이 우리에게 느끼는 증오만 강해지게 할 뿐이다."[99] 물론 유대인은 기독교인이 느끼는 불안의 유일한 희생양이 아니었다. 십자군 원정 이후 유럽에서는 한때 관심이 사라져 무시하던 무슬림이 이제는 박멸에만 적합한 존재로 보이게 되었다. 12세기 중반 클뤼니의 수도원장인 가경자 피에르는 이슬람을 오로지 검에 의해서만 전파된 피에 굶주린 종교로 묘사했다. 이것은 제1차 십자군 원정 때 기독교인의 행동에 대한 감추어진 죄의식을 반영한 환상일 수도 있다.[100]

갓 태어난 자본주의와 서양 사회의 점증하는 폭력, 이 두 가지는 모두 예수의 근본적인 가르침과 아주 명백하게 어긋나는 것이었는데, 이에 대한 불안은 12세기 말 교회가 적극적으로 시작한 '이단' 박해에서도 나타났다. 이번에도 이런 공격은 교리적인 것이라기보다는 정치적인 것이었다. 농민의 생활 조건은 최저 수준으로 내려가 빈곤이 큰 문제가 되었다.[101] 일부는 도시에서 부자가 되었지만, 인구 증가로 상속받은 재산은 잘게 나뉘었고 토지를 잃고 마을을 떠나 필사적으로 일자리를 구하며 시골을 떠도는 사람의 수는 늘어났다. '세 신분' 체제의 구조적 폭력은 기독교인이 매우 간절하게 영혼을 탐색하는 원인이 되었다. 이단 그룹만이 아니라 정통 그룹 사이에서도 부자들은 자신의 영혼을 구하는 유일한 방법이 이제 죄악시하게 된 부를 버리는 것뿐이라는 결론에 이르고 있었다. 부유한 상인의 아들 아시시의 프란체스코(1181~1226)는 심한 병을 앓은 뒤 세습 재산을 버리고 은자로 살면서, 빈민에게 봉사하고 가난을 함께 나누는 데 헌신하는 탁발 수사들로 이루어진 새로운 교단을 세웠다. 수사들의 수는 급속히 불어났다. 교황 인노켄티우스 3세(1198~1216년 재위)는 프란체스코회의 규칙을 승인하면서, 그런 방법으로 전체 사회 질서를 위협하는 빈곤 문제를 어느 정도 제어할 수 있기를 바랐다.

다른 그룹은 그렇게 충성스럽게 교회를 따르지 않았다. 모든 재산을 가난한 사람들에게 내어준 리옹의 부유한 사업가 발데스의 지지자들은 1181년에 파문을 당하고 나서도 사도들처럼 맨발에 남루한 옷차림으로 모든 것을 공유하며 짝을 지어 유럽 도시들을 돌아다녀 많은 지지자를 끌어모았다. 발데스파보다 훨씬 불온하게 다가온 것은 카타리파, 즉 '순수한 자들'이었는데, 이들 또한 시골을 돌아다니며 빵을 구걸하고 청빈, 순결, 비폭력에 헌신했다. 이들은 이탈리아 북부와 중부의 모든 주요 도시에 교회를 세우고, 영향력 있는 평신도의 보호를 받았으며, 랑그도크, 프로방스, 토스카나, 롬바르디아에서 특히 큰 세력을 구축했다. 카타리파는 세속적인 가톨릭 기성 체제보다 훨씬 분명하고 진정성 있게 복음의 가치를 체현했다. 기성 체제는 카타리파에 사악하게 대응했는데, 아마 어떤 면에서는 자신들이 예수의 가르침에 분명하게 모순되는 체제에 의지하고 있는 것에 죄책감을 느꼈기 때문이었을 것이다. 1207년 교황 인노켄티우스 3세는 프랑스의 필리프 2세에게 랑그도크의 카타리파를 공격할 십자군 원정을 이끄는 일을 위임하면서 카타리파가 무슬림보다 나쁘다고 말했다. 카타리파 교회는 "계속 괴물 같은 무리를 낳는데, 이렇게 해서 그 후손이 다른 사람들에게 광기의 독을 퍼뜨려 범죄자들의 혐오스러운 승계가 이루어지면서 그 부패는 더욱 기운차게 반복된다."[102]

필리프는 이 원정이 프랑스 남부에 대한 자신의 장악력을 높여줄 것이라고 여겨 기꺼이 복종했지만, 툴루즈의 레몽 6세, 베지에와 카르카손의 레몽-로제를 비롯한 백작들은 거부했다. 레몽의 남작 가운데 한 명이 교황 특사를 칼로 찔러 죽이자, 인노켄티우스는 카타리파가 "거꾸로 우리를 멸절하고" 랑그도크의 정통 가톨릭을 박멸하기로 결심했다고 확신했다.[103] 1209년 시토의 수도원장 아르망-아말리크는 대규모 군대를 이끌고 나와 도시 베지에를 포위 공격했다. 부대원들이 수도원장에게 도시에 들어갔을 때 정통 가톨릭과 이단을 어떻게 구별하느냐고 묻자 수도원장은 이렇게 대답했다고 한다. "모두 죽여라. 하느님은 자신의 편을 아실 것이다." 그 뒤에 무차별 학살이 벌어졌다. 베지에의 가톨릭교도는 도시를 떠나라는 명령을 받았을 때 카타리파 이웃을 버리기를 거부하고 함께 죽는 쪽을 선택한 것으로 보인다.[104] 이 십자군 원정의 목적은 종교적 제휴와 더불어 외부의 침입에 대항한 지역적 연대였다.

카타리파에 대한 십자군 원정에서 보인 극단적 수사(修辭)와 군사적 무자비함은 깊은 부정의 증상이었다. 교황과 수도원장은 그리스도를 모방하는 데 헌신했지만 아소카와 마찬가지로 문명의 딜레마에 부딪했다. 문명은 구조적이고 군사적인 폭력 없이는 존재할 수 없으며, 카타리파는 그 폭력에 저항하고 있었다. 인노켄티우스 3세는 역사상 가장 강력한 교황이었다. 그는 교회의 리베르타스를 확보했으며, 전임자들과는 달리 왕과 황제의 군주로서 그들을 부릴 수 있었다. 그러나 그가 이끄는 사회는 로마 제국의 붕괴 후 야만에 굴복했고, 이제는 세계 최초로 상업이 지배하는 경제를 창조하는 과정에 있었다. 아브라함에게서 나온 세 가지 신앙은 모두 불평등과 체제 폭력에 대한 대담한 거부에서 시작되었는데, 이 거부는 자원의 공평한 분배가 이루어져야 한다는 인간들의 끈질긴 확신을 반영한 것으로, 이런 확신은 아마 수렵-채집 시기까지 거슬러 올라갈 것이다. 하지만 이것은 서양 사회가 향하고 있는 길과 어긋났다. 카타리파와 프란체스코파는 모두 이런 막다른 골목에서 위기를 느꼈으며, 아마 예수가 지적했듯이, 국가의 구조적 폭력에서 이득을 보는 사람들은 모두 그 잔혹성에 연루되어 있음을 깨달았을 것이다.

인노켄티우스가 이런 딜레마에 관하여 깊이 고민했을 것 같지는 않다. 카타리파에 대한 그의 신경증적으로 과장된 수사는 그저 자신의 지위에 대한 약간의 불안의 표현이었을 것이다. '설교자 수도회'의 건립자인 도밍고 데 구스만(1170?~1221?, 라틴 이름은 도미니쿠스)의 입장은 그보다 훨씬 통렬했다. 그의 탁발 수사들은 프란체스코회와 마찬가지로 청빈을 극단적으로 밀고 나가 아무런 재산도 소유하지 않고 구걸로 생계를 유지했다. 탁발하는 도미니쿠스 수도회 수사들은 짝을 지어 랑그도크 전역을 돌아다니며 '이단'을 평화롭게 정통으로 돌아오게 하려고 노력하면서, 그들에게 성 바울이 기독교인은 정치적 권위에 복종하라고 주장했다는 점을 일깨웠다. 그러나 그들은 불가피하게 반

카타리파 십자군 원정과 연결되면서 오염될 수밖에 없었다. 특히 도미니쿠스가 인노켄티우스로부터 자신의 수도회를 승인받으려고 1215년 라테란 공의회에 참석한 뒤로 이런 경향이 강해졌다.

　교회에 계속 충성하면서도 기독교 세계의 체제 폭력이 복음의 가르침을 위반하는 과정에 주목하던 사람들은 불가피하게 갈등을 겪었다. '이단'의 말에 일리가 있다는 사실을 인정할 수는 없었지만, 그들의 딜레마에 관심을 가질 수밖에 없었기 때문에 오히려 그들에게 격분했으며, 이런 정서를 밖으로, 괴기하고 비인간적인 형태로 투사했다. 그 결과 카타리파 교회에 대한 편집증적 환상이 퍼졌는데, 그들이 인류를 파괴하고 사탄의 나라를 복원하겠다고 결심했으며 고도로 조직되어 은밀하게 움직인다는 것이었다.[105] 우리는 나중에 트라우마적 근대화 과정을 통과하는 다른 사회에서도 비슷하게 음모에 대한 공포가 분출하여 결국 똑같이 폭력을 낳고 마는 것을 보게 된다. 랭스 공의회(1157년)는 카타리파가 "종교의 베일을 쓰고 빈민 사이에 숨어 있으며 …… 이곳저곳으로 움직이면서 소박한 사람들의 신앙을 훼손한다."고 묘사했다.[106] 곧 유대인이 비슷한 국제적 음모에 연루되어 있다는 이야기가 나온다.[107] 이슬람 세계에도 힘보다 사랑으로 손을 내밀어야 한다고 주장한 클뤼니의 수도원장 가경자 피에르처럼 공정한 정신을 가진 사람조차도 이슬람을 "짐승 같은 잔혹성"에 중독된 "이단과 악마적 종파"로 묘사했다.[108] 피에르는 제2차 십자군 원정이 시작될 때 프랑스 왕 루이 7세에게 모세와 여호수아가 아모리 사람과 가나안 사람을 죽인 것처럼 무슬림을 많이 죽이기를 바란다고 편지를 보냈다.[109] 이 시기에 뿔과 꼬리가 달린 괴기스런 인간으로 종종 묘사되던 사탄은 유대교나 이슬람보다 서양 기독교에서 훨씬 위협적인 형체가 되었다. 유럽인은 압박감 속에서 정치적 벽지에서 나와 주요한 세계적 권력으로 옮겨 가면서 보이지 않는 '공동의 적'에게 공포를 느꼈는데, 이것은 그 자신 내부에서 받아들일 수 없어 절대악과 연결짓고 있던 것을 표상했다.[110]

기사 영웅들의 반체제적 기독교

인노켄티우스 3세는 유럽에서 실질적인 교황 군주제를 달성했지만, 이후 다른 어떤 교황도 그의 권력에는 미치지 못한다. 프랑스의 루이 7세(1137~1180년 재위), 잉글랜드의 헨리 2세(1154~1189년 재위), 신성로마제국의 프리드리히 2세 같은 세속 군주들이 모두 교황의 우위에 도전했다. 그들은 그 어느 때보다 보통 사람들의 삶에 깊이 개입할 수 있는 정부 제도를 갖춘 막강한 왕국을 구축했으며, 따라서 사회 질서를 위협하는 '이단'을 열심히 박해했다.[111] 그들은 우리가 말하는 의미의 '세속주의자'가 아니었다. 그들은 여전히 왕권이 신성하고 전쟁이 거룩하다고 보았지만, 공식 교회와는 매우 다르게 전쟁의 기독교 신학을 발전시켰다. 이번에도 우리는 전쟁과 싸움과 폭력에 대한 단일하고 본질주의적인 기독교적 태도를 집어내는 것이 불가능하다는 것을 알게 된다. 기독교의 형판(型板)은 집단에 따라 매우 다른 용도로 이용할 수 있었다.

주교와 교황은 '하느님의 평화'와 십자군 원정 양쪽을 다 이용하여 전사 귀족을 통제했지만, 13세기에 기사들은 교황 군주제로부터 독립성을 선언하는 기사도 규약을 계발하는 것으로 응답했다. 기사들은 클뤼니의 개혁을 거부했고, 수사의 이상으로 개종할 의사가 없었고, 기사에 대한 베르나르의 혹독한 비판에 무관심했다. 그들의 기독교에는 게르만 부족들의 인도-유럽 전사 규약과 그들의 명예 충성 무용(武勇)이라는 에토스가 섞여 있었다. 개혁 교황들이 기사들에게 같은 기독교인을 죽이는 것을 금하고 대신 이슬람을 살육하라고 촉구했지만, 이 반항적 기사들은 기쁜 마음으로 자신의 영주와 백성을 위협하는 어떤 기독교인과도 싸웠다.

12세기 초에 지어진 샹송 드 제스트, 즉 무훈시에서도 전쟁은 자연스럽고 폭력적이고 신성한 활동이다. 이 기사들은 분명히 전장의 흥분과 강렬함을 사랑하고, 종교적 열정으로 그것을 경험했다. "이제 다시 전쟁이 우리에게 닥쳤으니 그리스도를 열렬히 찬양하라!" 아서왕의 한 기사는 그렇게 외친다.[112] 11세기 말에 지어진 〈롤랑의 노래〉는 샤를마뉴의 무슬림 에스파냐* 원정이 끝났을 때 벌어진 사건을 묘사한다. 튀르팽 대주교는 기쁜 마음으로 원 없이 무슬림을 죽이고 롤랑은 죽은 동료들의 영혼이 곧장 천국으로 갔다고 믿어 의심치 않는다.[113] 손잡이에 유물이 박힌 롤랑의 검 뒤랑달은 성물이며 샤를마뉴에 대한 그의 충성은 하느님에 대한 헌신과 분리될 수 없다.[114] 이 기사들은 수사에게서 영감을 얻기는커녕 수사들을 경멸한다. 튀르팽 대주교가 단호하게 말하듯이 "전투에 앞장서서 사납게 싸우지" 않는 기사는 차라리 "수도원의 온유한 수사가 되어 매일 무릎을 꿇고 자기 죄를 위해 기

무슬림 에스파냐 711년 우마이야 왕가의 이베리아반도 침략을 시작으로 1492년 아라곤과 카스티야 연합군에 의해 이슬람 왕국 그라나다가 점령당할 때까지 이베리아반도에서 무슬림이 지배한 국가나 지역. 아랍어로는 알-안달루스(Al-Andalus)라고 부른다.

도"하는 편이 낫다.[115]

《성배를 찾아서》(1225?)는 우리를 기사 영성의 핵심으로 데려다준
다.[116] 이 작품은 시토 수도회가 품은 이상의 영향을 분명하게 보여주
는데, 이 이상은 수도원 생활에 더 내성적인 영성을 도입했지만 이 이
야기는 이런 내적 탐구를 전장의 영웅주의로 대체하고 기사의 종교적
세계를 교회 제도와 구분한다. 사실 예수가 최후의 만찬에 사용한 잔
인 성배를 찾는 일에는 기사만 참여할 수 있다. 그들의 전례는 교회나
수도원보다는 영지의 성에서 이루어지며, 그들의 성직자는 수도원장이
나 주교가 아니라 은자인데, 은자의 다수는 기사 출신이다. 지상에서
그리스도의 대리인은 교황이 아니라 갤러해드*다. 지상의 영주에 대한
기사의 충성은 신성한 의무이며 다른 어떤 약속도 그것을 대신하지 못
한다.

> 기사의 마음은 주군의 적을 향해 아주 냉정하고 무자비하여 세상 그
> 어떤 것으로도 부드럽게 바꿀 수가 없어야 하기 때문이다. 공포에 무너
> 지는 자는, 주군의 싸움을 감당하지 못하느니 차라리 전장에서 죽음을
> 맞으려는 기사의 무리에 속할 수 없고 진정한 친구가 될 수 없다.[117]

왕의 적을 죽이는 것은 그 적이 기독교인이라 해도 그리스도의 무슬
림 적을 죽이는 것만큼이나 거룩하다.

기성 교회 체제는 기사들의 반체제적 기독교를 제어하는 것이 불가
능함을 알았다. 이 기사들은 자신들이 어떤 식으로든 공격당하지 않는

갤러해드(Galahad) 아서왕 전설에 등장하는 원탁의 기사 중 한 명. 성배를 찾는 모험
에 참여하며, 토머스 맬러리의 《아서왕의 죽음》의 주요 인물이다.

위치에 있다는 것을 알았기 때문에 교회의 요구에 따르기를 무조건 거부했다.[118] "모두가 기사들을 공경해야 한다." 13세기의 한 성직자는 말했다. "왜냐하면 그들이 거룩한 교회를 방어하고 우리를 위하여 우리를 해하려는 자들에 맞서 정의를 지탱하기 때문이다. …… 악한 자들이 기사를 두려워하지 않으면 …… 누군가 우리의 성배를 우리가 보는 데서 하느님의 탁자로부터 가져가도 아무도 그것을 막지 못할 것이다. …… 선이 유지되지 못할 것이다."[119] 왜 기사들이 구태여 교회에 복종해야 할까? 그들은 승리만으로 자신들이 '만군의 주'와 특별한 관계를 맺고 있다는 것을 증명했는데.[120] 어떤 시인은 실제로 전쟁에 필요한 신체적 노력 솜씨 인내심 용기 때문에 기사의 일은 다른 어떤 직업보다 '훨씬 고상한 일'이 되었으며, 기사는 그들만으로 이루어진 우월한 계급이 되었다고 주장했다. 또 어떤 기사는 이렇게 주장했다. 기사도는 "배우기가 매우 어렵고 힘들고 값비싼 것이라 겁쟁이는 감히 떠맡으려 하지 않는다."[121] 기사는 싸움이 수사의 금식이나 철야 기도보다 훨씬 까다로운 수행 활동이라고 본다. 기사는 고난이 무엇인지 실제로 안다. 매일 그는 전장에서 십자가를 지고 예수를 따른다.[122]

영국과 프랑스 사이의 백년전쟁 초기의 영웅 랭커스터의 헨리 (1310~1361)는 전장의 부상, 고통, 피로, 위험을 통해 그리스도를 위하여 "당신이 선택한 그런 괴로움 노고 수고"를 겪게 해 달라고 기도했다. "단지 상을 얻거나 내 죄를 없애기 위해서만이 아니라, 주님 당신이 나를 사랑하기 때문에 그랬듯이 순수하게 당신을 사랑하기 때문에" 그렇게 하게 해달라.[123] 반대편에서 싸우던 조프루아 드 샤르니에게 전쟁의 신체적 분투는 생명에 의미를 부여했다. 무용은 극도의 "고통, 노고, 공포, 슬픔"을 요구하기 때문에 가장 높은 인간적 성취였다.

그러나 그것은 또 "큰 기쁨"도 주었다.[124] 수사들은 편했다. 이른바 수사들이 겪는 고난은 군인이 살면서 매일 견디는 고난에 비하면 "아무것도 아니었다." 군인은 "큰 공포에 에워싸여" 언제라도 "패배하거나 죽거나 포로가 되거나 부상당할" 수 있다는 것을 잘 알고 있었다.[125] 세상의 명예만을 위해 싸우는 것은 소용없지만, 기사들이 하느님의 길에서 싸우면 그들의 "고귀한 영혼은 영원토록 천국에 자리 잡을 것이며 그들의 인격은 영원히 존경받을 것이다."[126]

이런 기사도 규약을 지키는 왕들은 자신들도 교회로부터 독립하여 하느님과 직접 연결된다고 믿었으며, 13세기에 이르면 그들 가운데 일부는 교황의 우위에 도전할 만큼 힘을 키웠다고 믿었다.[127] 이런 도전은 1296년 과세를 둘러싼 분쟁으로 시작되었다. 제4차 라테란 공의회(1215년)는 성직자를 세속 군주의 직접적 관할에서 '해방'했는데, 이제 프랑스의 필리프 4세와 잉글랜드의 에드워드 1세는 자신의 영토에서 성직자에게 과세할 권리를 주장하고 나섰다. 교황 보니파키우스 8세가 반대했지만 그들은 자기 뜻대로 했다. 에드워드는 잉글랜드 성직자에게서 법의 보호를 박탈했고, 필리프는 교황권 유지에 필수적인 자원의 운송을 차단했다. 1301년 필리프는 다시 공세에 나서, 프랑스의 주교 한 사람을 반역과 이단 혐의로 법정에 세웠다. 보니파키우스가 교서 〈우남 상크탐〉*을 발표하여 모든 현세 권력은 교황의 지배를 받는다

〈**우남 상크탐**(Unam Sanctam)〉 1302년 교황 보니파키우스 8세가 발표한 교서. 가톨릭 교회의 통일과 영원한 구원을 위해 교회에 속할 필요성, 교회의 최고 수장인 교황의 지위와 교황에게 복종할 의무를 밝혔다. 우남 상크탐은 '유일한 성스러움', '단 하나의 권위'라는 뜻이다.

고 주장했지만, 필리프는 기욤 드 노가레와 용병 무리를 파견하여 왕권 찬탈 혐의로 보니파키우스를 체포해 파리로 데려오게 했다. 노가레는 교황을 아나니에서 체포하여 며칠 수감했지만 교황은 탈출했다. 하지만 충격이 너무 컸던지 보니파키우스는 그 직후 죽고 말았다.

그 전까지 어떤 왕도 교황의 지지 없이는 생존할 수 없었다. 하지만 아나니에서 벌어진 무도한 일을 보고 보니파키우스의 뒤를 이은 교황 클레멘스 5세(1305~1314년 재위)는 교황권을 융통성 있게 운용하겠다고 생각하여 프랑스 교황 계보에서 처음으로 아비뇽에 거주하는 교황이 되었다. 클레멘스는 보니파키우스가 필리프에 맞서 발표한 교서를 모두 철회하여 유순하게 필리프의 정통성을 복원해주었으며, 필리프의 명령에 따라 성전 기사단을 해체하고 그들의 막대한 부를 몰수했다. 왕에게는 어떠한 복종의 의무도 지지 않고 오로지 교황에게만 속한 성전 기사단은 왕권 우위의 적이었다. 또 그들은 교황 군주제가 내세운 십자군 원정이라는 이상의 전형이었기 때문에 사라져야 했다. 수사들은 남색, 식인, 악마 숭배를 인정할 때까지 고문을 당했다. 다수는 이런 자백을 거부하고 화형대에 섰다.[128] 필리프의 무자비함을 보면 왕권이 인노켄티우스 3세의 교황 군주제보다 평화로운 것이 되리라고 생각할 수가 없었다.

필리프가 최초의 근대 세속 국가를 만들었다고 주장하는 일부 학자들의 주장은 잘못이다. 아직은 주권 국가가 아니었다.[129] 필리프는 왕권을 다시 신성하게 만드는 중이었다. 야심 많은 왕들은 왕이 한때 유럽에서 신성한 것의 최고 대표자였다는 것을 알았으며, 교황이 왕의 특권을 찬탈했다고 주장했다.[130] 필리프는 신정주의적 통치자로서 그의 신민은 그를 '반신', '왕이자 사제'라고 불렀다. 그의 땅은 '거룩했으며' 프랑스인은 새로운 '선택받은 백성'이었다.[131] 영국에서도 거룩함은 "십자군 원정으로부터 나라와 그 전쟁들로 옮겨졌다."[132] 1376~1377년 의회를 개회할 때 상원 의장은 잉글랜드가 새로운 이스라엘이라고 주장했다. 잉글랜드의 군사적 승리는 잉글랜드가 하느님의 선택을 받았다는 증거였다.[133] 이런 신성한 왕권 아래에서는 나라의 방어가 신성한 일이 되었다.[134] 나라의 영토를 지키기 위해 싸우다 죽은 군인은 십자군과 마찬가지로 순교자로 숭배되었다.[135] 사람들은 여전히 십자군 원정에 나서서 예루살렘을 해방할 꿈을 꾸었지만, 거룩한 전쟁이 민족 전쟁의 애국주의와 합쳐지기 시작하는 중요한 상황이 전개되고 있었다.

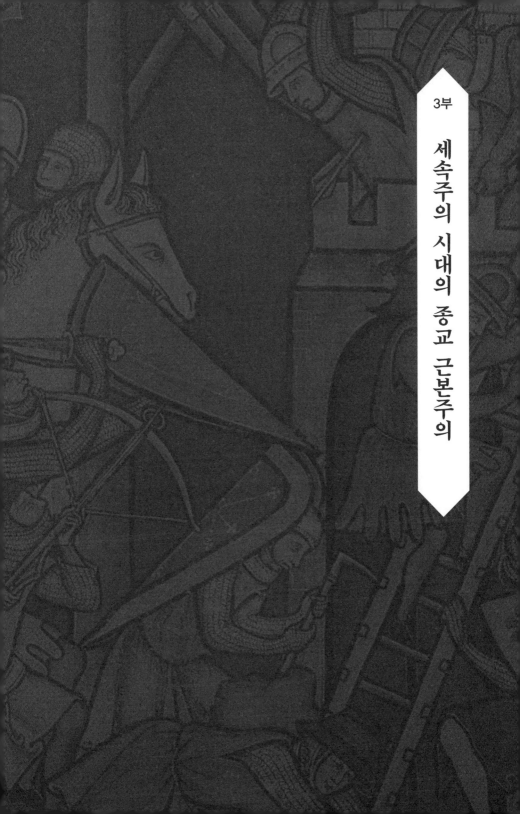

3부

세속주의 시대의 종교 근본주의

9장

근대의 개막과
종교의 도래

르네상스 휴머니즘과
식민주의 열광

1492년 1월 2일 가톨릭 군주인 아라곤의 페르난도와 카스티야의 이사벨은 에스파냐 남부의 이슬람 왕국 그라나다에 거둔 승리를 축하했다. 군중은 깊은 감회에 젖어 성벽에 기독교 깃발들이 나부끼는 것을 지켜보았고 유럽 전역에 종소리가 의기양양하게 울려 퍼졌다. 그러나 그날의 승리에도 불구하고 유럽인은 여전히 이슬람에 위협을 느꼈다. 1453년 오스만 튀르크족은 수백 년 동안 무슬림의 침식으로부터 유럽을 보호하던 비잔티움 제국을 흔적까지 없애버렸다. 두 군주가 즉위한 뒤인 1480년 오스만은 지중해에서 해군 공격을 개시했고 그라나다의 술탄 아부 알-하산은 카스티야의 항구 사아라를 기습했다. 그렇게 에스파냐는 이슬람 세계와 전쟁을 벌이는 최전선이 되었다. 많은 사람들이 페르난도가 신화 속 황제라고 믿으며, 기독교 세계를 통일하고 오스만을 물리쳐 기독교가 땅끝까지 퍼지는 '성령의 시대'를 실현할 것이라 기대했다.[1] 서유럽은 실제로 곧 세계의 패권을 차지하게 되지만 1492년에는 아직 이슬람에 한참 뒤처져 있었다.

오스만 제국은 세계에서 가장 강하고 영향력이 큰 나라였으며, 아나톨리아, 중동, 북아프리카, 아라비아를 지배했다. 이란의 사파비 왕조와 인도의 무굴 왕조 또한 공적 생활의 거의 모든 측면을 체계적이고 관료적으로 정밀하게 운영하는 절대군주제를 확립했다. 이 나라들의 강력한 이슬람 이데올로기는 통치의 모든 면에 스며들어 있었다. 오스만은 충실한 수니파, 사파비는 시아파였고, 무굴은 팔사파(철학)와 수피파에 기울어 있었다. 이들은 이 시기 유럽의 어느 왕국보다 훨씬 능률적이고 강력했으며, 농경 국가의 절정을 이루었고,[2] 전근대 사회의 특징인 '보수적 정신'의 마지막 웅장한 표현이었다.[3] 앞서 보았듯이 모든 농경 사회는 결국 본질적으로 제한된 자원이라는 한계에 이르게 되고, 이것이 혁신에 제동을 걸었다. 오직 완전히 산업화된 사회만이 무제한 진보가 요구하는 끊임없는 기반 시설의 복제가 가능했다. 전근대 사회는 많은 새로운 아이디어를 실행에 옮길 자원이 부족했기 때문에 독창성을 장려할 수 없었다. 사람들이 혁신적으로 생각하도록 장려한 뒤에 거기에서 아무런 결과가 나오지 않으면 그로 인한 좌절은 사회 불안을 일으킬 수 있었다. 보수적 사회에서는 안정과 질서가 표현의 자유보다 훨씬 중요했다.

어떤 전통적 제국이든 정부의 목적은 주민을 인도하고 주민에게 서비스를 제공하는 것이 아니라 그들에게 세금을 부과하는 것이었다. 대개 신민의 사회적 관습이나 종교적 믿음에는 개입하려 하지 않았다.

그보다는 농민으로부터 가져갈 수 있는 것은 무엇이든 다 가져가고 다른 귀족이 농민의 잉여를 가져가는 일은 막으려고 정부가 세워진 것이었다. 따라서 이런 국가들에 전쟁—세수 기반을 정복하고 확장하고 유지하기 위해—은 필수적이었다. 실제로 1450년에서 1700년 사이에 오스만이 전쟁에 개입하지 않은 해는 8년뿐이었다.[4] 오스만이 맺은 한 조약은 농경 국가가 조직화된 폭력에 의존한다는 사실을 간결하게 표현한다.

> 세상은 그 무엇보다도 녹색의 밭이며 그 울타리는 국가다. 국가는 정부이고 그 수반은 군주다. 군주는 군대의 지원을 받는 목자다. 군대는 돈으로 유지되는 경비 집단이며, 돈은 신민이 제공하는 불가결한 자원이다.[5]

그러나 수백 년 동안 유럽인은 상업 경제를 고안해 왔으며 결국 아주 다른 종류의 국가를 창조하게 된다. 근대 세계는 1492년에 출범했다고 이야기되는 경우가 많다. 실제로 유럽인이 근대 세계를 창조하는 데에는 약 4백 년이 걸렸다. 그 세계는 신민의 개인적 삶에 훨씬 많이 개입하고, 끊임없는 혁신을 예상하며 운영되고, 종교를 정치와 분리하게 되고, 그 경제는 이제 농업 잉여에 토대를 두지 않게 된다.

그라나다에서 열린 기념식에는 군주들이 지원하는 크리스토퍼 콜럼버스도 참석했다. 곧 그는 인도로 가는 새로운 무역로를 찾기 위해 에스파냐의 팔로스 항구를 출발했으나 인도 대신 아메리카를 발견했다. 페르난도와 이사벨은 이 항해를 후원하여 자신도 모르는 새에 우리의 세계화되고 서양 지배적인 세계의 창조를 향해 중요한 한 걸음을 내

디뎠다.[6] 어떤 사람들에게 서양의 근대성은 권력을 주고 자유를 주고 마음을 사로잡는 것이 된다. 반면 어떤 사람들은 같은 것을 강압적이고 침략적이고 파괴적인 것으로 경험하게 된다. 신세계 발견의 선구자가 된 에스파냐와 포르투갈 사람들은 그곳이 그저 자신들의 이익에 맞게 쪼개지고 약탈되고 착취당하기를 기다리고 있다고 상상했다. 교황 알렉산데르 6세도 마찬가지였다. 그는 자신이 세계의 논란의 여지 없는 군주라도 되는 것처럼 북극에서 남극까지 에스파냐와 포르투갈에게 나누어주고, 유럽의 식민주의자에게 저항하는 원주민은 누구든 '정의로운 전쟁'의 상대로 삼으라고 페르난도와 이사벨에게 명령을 내렸다.[7]

하지만 알렉산데르는 인노켄티우스 3세가 아니었다. 14세기 동안 교황 권력은 곤두박질쳤으며 권력의 저울은 왕들에게 기울었다. 일곱 교황이 잇따라 아비뇽에 살면서(1309~1377년) 프랑스 왕들의 지배하에서 꼼짝도 하지 못했다. 1378년 교황 선거로 논란이 벌어지며 로마의 우르바누스 6세와 아비뇽의 클레멘스 7세 사이에서 교회가 갈라졌고, 유럽의 왕들은 자신의 경쟁 관계에 따라 편을 택했다. 분열은 1417년 콘스탄츠 공의회에서 마르티누스 5세를 선출하고 나서야 끝이 났지만, 이제 로마에 무사히 돌아온 교황은 결코 이전의 위엄을 회복하지 못했다. 부패와 부도덕에 관한 이야기가 나돌았으며, 1492년에는 체사레 보르자와 루크레치아 보르자를 비롯하여 네 명의 사생아를 낳은 로드리고 보르자가 노골적인 뇌물로 교황 자리에 올라 알렉산데르 6세라는 이름을 얻었다. 교황으로서 그의 주요 목표는 이탈리아 군주들의 권력을 꺾고 자신의 가족을 위한 부를 확보하는 것이었다. 따라서 그가 페르난도와 이사벨에게 내린 명령은 영적 가치가 수상스러웠다.

초기 식민주의자들은 약탈을 위해 대규모 습격을 하듯이 신세계로 격렬하게 돌진했으며, 탐욕이 경건한 의도와 아무 충돌 없이 섞였다. 포르투갈인은 (북대서양의) 카보베르데 제도에 설탕 플랜테이션을 세웠으며, 아프리카인 3백만에서 5백만 명이 고향에서 강제로 끌려나와 그곳에서 노예가 되었다.[8] 아메리카의 다른 어떤 식민지도 노예제와 그렇게 심각하게 얽히지는 않았다. 포르투갈인이 마침내 희망봉을 돌아 인도양으로 공격적으로 퍼져 나가면서, 그들의 청동 대포는 경쟁자들의 가냘픈 다우선*과 정크선을 쉽게 해치웠다. 그들은 1524년에는 동아프리카, 서인도, 페르시아만, 말라카 해협의 가장 좋은 항구를 모두 장악했으며, 1560년에는 인도의 고아를 근거지로 삼아 대양 전체에 연쇄적인 정착지를 건설했다.[9] 포르투갈은 순수한 교역 제국으로서 내륙의 영토는 정복하려 하지 않았다. 한편 에스파냐는 남북 아메리카를 침략하여 토착 민족을 학살하고 땅 약탈품 노예를 손에 넣었다. 그들은 기독교의 이름으로 싸운다고 주장했을지 모르지만 에르난 코르테스는 자신의 진짜 동기에 관해 가차 없이 솔직했다. 그는 그저 "부자가 되고 싶고, 농민처럼 일하고 싶지 않았다."[10] 코르테스는 멕시코 중부 몬테수마의 아스테카 제국에서 지역 족장들을 각 도시의 중앙 광장으로 초대한 뒤 족장이 가신들과 함께 도착하면 소수의 에스파냐군을 동원하여 그들을 쏘아 죽이고 도시를 약탈하고 나서 다음 도시로 이동하곤 했다.[11] 코르테스가 1525년 아스테카 수도에 도착했을 때 몬테수마는 이미 죽었고 조각난 제국은 이제 에스파냐의 손에 넘어갔다. 살아남은 사람들 가운데 다수는 면역이 없었던 유럽의 질병으로 죽었

다우선(Dhow) 아라비아해나 인도양 등에서 널리 쓰인, 대형 삼각돛을 단 연안 항해용 범선.

다. 약 10년 뒤 프란시스코 피사로도 비슷한 군사 전술을 이용했으며 페루의 잉카 제국에 천연두를 들여왔다. 유럽인에게 식민주의는 상상도 할 수 없는 부를 안겨주었다. 반면 토착 민족에게는 전례 없는 규모의 죽음을 가져왔다. 한 추정치에 따르면 1519년에서 1595년 사이에 멕시코 중부의 인구는 1690만 명에서 백만 명으로 줄었으며, 1572년에서 1620년 사이에 잉카의 인구는 반으로 줄었다.[12)]

코르테스와 피사로는 콩키스타도르('정복자'), 즉 에스파냐의 고관이 되기 위해 신세계로 간 사회적 지위가 낮은 남자들의 영웅이었다.[13)] 그들의 정복은 군사적 만행으로 달성되고 체계적인 착취로 유지되었다. 정복자들은 새 지역에 도착하면 형식적인 성명서를 에스파냐어로 낭독하여, 아무것도 이해하지 못하는 주민에게 교황이 그들의 땅을 에스파냐에 주었으니 그들은 이제 교회와 가톨릭 군주에게 복종해야 한다고 통보했다. "우리는 너희와 너희 아내와 너희 자식을 취하여 노예로 삼을 것이고, 우리는 너희 물자를 가져가고 너희에게 우리가 줄 수 있는 모든 피해와 손실을 줄 것이다."[14)] 에스파냐는 아프리카 노예를 수입할 필요가 없었다. 그냥 현지 민족을 노예로 삼아 환금 작물을 재배하게 하고 광산에서 일하게 하고 가사 노동을 제공하게 했다. 16세기가 끝날 무렵 그들은 매년 평균 은 3억 그램, 금 190만 그램을 실어 갔다. 에스파냐는 이런 독보적 자원으로 남북 아메리카에서 필리핀으로 뻗어 나가고, 유럽의 많은 지역을 지배하여 최초로 세계 제국을 건설했다.[15)]

에스파냐 식민주의자들은 토착 민족을 다루는 방식에 아무런 가책을 느끼지 않았다. 그들은 '야만인'을 인간으로 보지 않았고, 아스테카에서 인신 공희와 식인 풍습을 발견하고 경악했다.[16)] 그러나 에스파냐에서는 도미니쿠스회가 충실하게 기독교 원리를 고수하며 정복당한 민족들을 위해 목소리를 높였다. 교회는 이 아메리카 '왕들'에 대한 관할권이 없다. 유럽인에게 직접 해를 끼치지 않는 한 그들을 공격해서는 안 된다. 이미 14세기에 생푸르생의 두란두스는 그렇게 주장했다. 토마스 카예탄 추기경은 주장했다. 교황은 이 새로운 땅에 선교사를 보내야 하지만 "그들의 땅을 빼앗거나 그들을 일시적으로 굴복시키는 것을 목적으로 삼지" 말아야 한다.[17] 신학자인 프란시스코 데 비토리아는 콩키스타도르에게는 "적을 그들의 영토에서 몰아내고 그들의 재산을 약탈할" 권리가 없다고 말했다.[18]

그러나 르네상스 인본주의자들은 식민지 기획에 깊이 공감했다. 토머스 모어가 쓴 이상적 사회에 관한 허구적 이야기 《유토피아》(1516)에서 유토피아 사람들은 "침략군을 친구들의 영토에서 몰아내거나, 인도주의의 이름으로 억압당하는 사람들을 압제와 노역에서 해방할" 때만 전쟁에 나섰다.[19] 모두 매우 칭찬할 만한 일이지만 이런 자비로운 정책에는 한계가 있었다. 섬이 감당할 수 없을 만큼 인구가 많아지면 유토피아인은 본토로 정착민을 보내 "원주민이 살지 않거나 경작하지 않는 땅이 많은 곳 어디에나" 식민지를 만들 권리가 있다고 생각했다. 그들은 "전에는 너무 황량하거나 무가치해 원주민에게 먹을 것을 제공해줄 수 없을 것처럼 보이던" 이 방치된 땅을 경작하여 풍성한 작물을 키워낼 것이다.[20] 우호적인 원주민은 식민지로 흡수해 들일 수 있지만, 유토피아인은 자신들에게 저항하는 사람들과 싸우는 데 아무런 가책을 느끼지 않는다. "유토피아인은 땅을 놀리거나 황폐하게 내버려두면서도, 자연의 법칙에 따라 그 땅에서 먹을 것을 얻어야 하는 다른 사람들이 그곳을 이용하고 소유하는 것을 금지하는 사람들과 전쟁을 벌이는 것이 완벽하게 정당한 일이라고 말한다."[21]

근대 초기 사상에는 무자비하고 잔인한 흐름이 있었다.[22] 이른바 인본주의자들은 야만성과 편협성을 관습적 종교와 연결지었고, 이에 맞서는 것은 타고난 권리라는 다소 편의적인 생각을 제창(提唱)했다. 근대 정치 담론에서 여전히 핵심적인 자리를 차지하고 있지만 인권 철학은 사실 애초부터 모든 인간에게 적용되는 것이 아니었다. 유럽은 종종 기근에 시달렸고 점점 늘어나는 인구를 감당할 수 없을 것 같았기 때문에 토머스 모어 같은 인본주의자들은 경작할 수 있는 땅을 황무지로 내버려 둔다는 생각에 분개했다. 그들은 로마 제국주의의 옹호자 타키투스를 돌아보았는데, 그는 "아무도 소유하지 않은 것은 모두의 소유"라는 이유로 망명자들은 살 곳을 확보할 당연한 권리가 있다고 확신했다. 옥스퍼드의 민법 교수 알베리코 젠틸리(1552~1608)는 이 구절에 대해 논평하면서 "하느님은 세상이 텅 비도록 창조하지 않기" 때문에 "빈 곳을 점유하는 것"은 "자연의 법칙으로 간주"해야 한다고 결론을 내렸다.

> 그런 땅은 그 영토의 주권자에게 속하는 것이지만 …… 설사 주권자가 그곳에 대한 관할권은 유지한다 해도, 진공을 혐오하는 자연 법칙 때문에 그 땅은 그곳을 차지하는 사람들이 책임지게 될 것이다.[23]

젠틸리는 어떤 사람들은 노예로 태어났으며, "자연에 의해 지배받을 운명을 타고났는데도 복종하지 않는" 원시 민족과 전쟁을 하는 것은 야생 동물을 사냥하는 것만큼이나 필연적이라는 아리스토텔레스의 견해도 인용했다.[24] 젠틸리는 중앙아메리카 사람들이 혐오스럽게도 음란하고 식인도 하기 때문에 분명히 그런 범주에 들어간다고 주장했다. 성직자들은 신세계의 폭력적 복속을 자주 비난한 반면, 신앙인이 저지르는 잔혹 행위에 대한 대안을 만들려고 노력하던 르네상스 인본주의자들은 오히려 그 복속을 승인했다.

'정치적인, 너무나 정치적인'
종교재판

에스파냐는 종교에 내재한 광적인 폭력을 상징하게 되는 정책을 실시했다. 1480년 오스만의 위협이 최고조에 달했을 때 페르난도와 이사벨은 '에스파냐 종교재판소'를 설립했다. 가톨릭 군주들이 여전히 교황의 유순한 종이면서도 이 종교재판소를 교황의 종교재판소와 분리하기를 고집했다는 점은 의미심장하다. 페르난도는 그렇게 해서 자신의 종교재판소의 잔혹성이 완화되기를 바랐을지도 모르며, 어쨌든 이 재판소를 영구 기관으로 둘 의도는 전혀 없었던 것이 거의 분명하다.[25] 에스파냐 종교재판소는 기독교 이단자를 표적으로 삼은 것이 아니라 기독교로 개종했으나 타락했다고 여겨지는 유대인에게 초점을 맞추었다. 무슬림 에스파냐에서 유대인은 한 번도, 이제 유럽 나머지 지역에서 상습적으로 벌어지고 있던 박해를 받은 적이 없었지만,[26] 레콩키스타 십자군이 14세기 말 반도를 따라 남진하면서 아라곤과 카스티야의 유대인은 세례반 앞으로 끌려갔다. 어떤 유대인은 자발적 개종으로 목숨을 건지려 했는데, 이 콘베르소('유대인 개종자') 가운데 일부는 기독교 사회에서 아주 큰 성공을 거두어 상당한 원한을 샀다. 폭동이 일어나면 개종자는 재산을 빼앗기곤 했는데, 이런 폭력은 종교적 충성심만큼이나 경제적이고 사회적인 질서가 원인이었다.[27] 군주들은 개인적으로 반유대주의는 아니었고 그저 나라가 평화롭기를 바랐지만, 그들의 나라는 내전으로 흔들리고 이제 오스만의 위협과 마주하고 있었다. 그러나 종교재판소는 안정을 얻으려는 시도로는 너무 결함이 컸다. 나라가 외부 세력의 위협과 마주하면 종종 벌어지는 일이지만 내부의 적에 대한 편집증적 공포가 생겨났고, 이 경우 공포의 대상은 국가 안보를 해치기 위해 은밀히 활동하는 타락한 개종자들로 이루어진 '제5열'이 되었다. 에스파냐 종교재판소는 광적인 '종교적' 편협성의 대명사가 되었지만 그 폭력의 원인은 신학이라기보다는 정치적 고려였다.

신민의 종교적 관행에 대한 개입은 에스파냐에서는 전적으로 새로운 것이었는데, 이곳에서는 신앙 고백의 획일화가 가능한 적이 없었기 때문이다. 기독교인 유대인 무슬림이 '공존'(콘비벤시아)하는 세월이 수백 년 흐른 뒤라 군주가 주도하는 종교재판은 강력한 반대에 부딪쳤다.[28] 그러나 자신의 종교를 지키는 유대인을 표적으로 삼으려는 대중적 욕구는 없었지만, '신(新)기독교인'으로 알려진 이른바 타락한 '비밀스런 유대인'에 대해서는 상당한 우려가 있었다. 종교재판관은 어떤 지역에 들어가면 '배교자'가 자발적으로 자백을 할 경우 용서해주겠다고 약속하고, '구(舊)기독교인'에게는 돼지고기를 먹지 않거나 토요일에 일을 하지 않으려 하는 이웃을 신고하라고 명령했다. 늘 그들의 '믿음'보다는 관행과 사회적 관습에 주목했다. 충성스러운 가톨릭교도로 알려진 개종자 다수는 상황이 괜찮을 때 사면 기회를 잡는 것이 지혜롭다고 생각했고, 반대로 종교재판관과 대중은 이런 '자백'의 물결을 보고 은밀한 유대주의자* 결사가 실제로 존재한다고 확신했다.[29] 나라가 위기를 겪을 때 이런 식으로 반대파를 찾아내는 것은 종교적이든 세속적이든 근대 국가에서 드물지 않은 특징이 된다.

1492년 정복 뒤 두 가톨릭 군주는 그라나다의 커다란 유대인 공동체를 물려받았다. 기독교의 승리로 풀려난 열렬한 애국주의로 인해 음모에 대한 공포가 일으키는 히스테리는 더욱 강해졌다.[30] 8백 년 전 무슬림 군대가 에스파냐에 도착했을 때 유대인이 그들을 도왔다는 오래된 이야기를 기억한 일부는 두 군주에게 유대교를 신봉하는 유대인을 에스파냐에서 추방하라고 압력을 가했다. 군주들은 처음에는 망설였으나 1492년 3월 31일에 추방 칙령에 서명을 했고, 이로 인해 유대인은 세례냐 추방이냐를 선택해야 했다. 대부분은 세례를 택하여 이제 개종자로서 종교재판에 시달리게 되었지만, 약 8만 명은 국경을 넘어 포르투갈로 들어갔고 5만 명은 오스만 제국으로 피신했다.[31] 페르난도와 이사벨은 교황의 압력을 받아 이제 에스파냐의 무슬림에게로 관심을 돌렸다. 1499년에 그라나다는 기독교 구역과 이슬람 구역으로 나뉘어 있었다. 무슬림은 개종을 해야 했으며, 1501년에 이르면 그라나다는 공식적으로 '신기독교인'의 왕국이 되었다. 그러나 '무슬림 개종자'(모리스코)들은 새로운 신앙에 대해 아무런 지침을 받지 못했고, 모두가 그들이 계속 이슬람 율법에 따라 살고 기도하고 금식한다는 것을 알았다. 실제로 북아프리카 오랑의 한 무프티('법률 권위자')는 에스파냐 무슬림이 겉으로는 기독교에 순응해도 좋다고 허락하는 파트와를 냈으며, 에스파냐 사람들 대부분은 무슬림의 종교 의식을 못 본 체했다. 실

유대주의자(Judaizer) 기독교인이면서 각종 유대 절기나 할례 등을 비롯한 유대 관행을 따르는 이들을 가리키는 말. 〈갈라디아서〉에서 사도 바울이 비판적으로 언급했다.

질적인 '공존'이 회복된 셈이었다.

에스파냐 종교재판소는 그 긴 역사에서 첫 20년이 틀림없이 가장 폭력적이었을 것이다. 죽임을 당한 사람들의 수에 대한 믿을 만한 증거는 없다. 역사가들은 한때 이 초기에만 유대인 개종자 약 1만 3천 명이 불에 타 죽었을 것이라고 믿었다.[32] 그러나 최근의 추정에 따르면 자수한 사람들은 대부분 재판에 넘겨지지 않았고, 사형을 피해 달아난 개종자는 대부분 결석 재판을 하여 상징적으로 인형을 태웠으며, 1480년에서 1530년 사이에 실제로 처형을 당한 사람은 1천5백 명에서 2천 명에 불과했다.[33] 그렇더라도 이 일은 비극적이고 충격적인 사태였고, 수백 년에 걸친 평화적 공존을 깨뜨려버렸다. 이 경험은 개종자에게는 참담한 일이었으며 개탄할 만한 역효과를 낳았다. 구금당할 때 충실한 가톨릭교도였던 개종자 다수가 자신이 받은 대접이 너무 역겨워 유대교로 다시 돌아가 종교재판소가 박멸하러 나선 '비밀스런 유대인'이 되고 말았기 때문이다.[34]

에스파냐는 근대의 중앙 집권적 국가가 아니었지만 15세기 말에는 세계에서 가장 강한 왕국이었다. 남북 아메리카에 식민지를 소유했을 뿐 아니라 네덜란드에 자산이 있었고, 두 군주는 자식들을 포르투갈, 잉글랜드, 오스트리아 합스부르크 왕가의 상속자들과 결혼시켰다. 페르난도는 천적 프랑스의 야망을 억제하려고 프랑스에 맞서 이탈리아 원정에 나서 나바라 북부와 나폴리에 대한 통제권을 쥐었다. 따라서 에스파냐는 공포와 원한의 대상이었고 종교재판소에 대한 과장된 이야기가 유럽 다른 지역으로 퍼졌지만, 사실 유럽 전체가 큰 변화로 인한 격렬한 진통을 겪고 있었다.

루터와 칼뱅,
'개인 종교'의 탄생

16세기 유럽에서는 새로운 과학 기술과 자본의 끊임없는 재투자에 기초를 둔 새로운 종류의 문명이 서서히 출현했다. 새 문명은 궁극적으로 이 대륙을 농경 사회의 많은 제약에서 풀어주었다. 서양 사람들은 과거의 성취를 보존하는 데 초점을 맞추는 대신 미래를 바라볼 수 있는 자신감을 얻고 있었다. 옛 문화는 사람들이 세심하게 규정된 한계 안에 그대로 머물 것을 요구한 반면, 콜럼버스 같은 선구자들은 아는 세계 너머로 모험에 나서기를 장려했으며, 그곳에서 살아남았을 뿐 아니라 번창했다. 많은 다양한 분야에서 동시에 발명이 이루어지고 있었다. 그 가운데 어느 것도 당시에는 특별히 중요해 보이지 않았지만, 그것들이 축적된 결과는 결정적이었다.[35] 한 분야의 전문가는 다른 분야에서 이루어진 발견의 도움을 받는다는 것을 알게 되었다. 1600년에 이르자 아주 많은 영역에서 동시에 대규모로 혁신이 이루어져 진보는 되돌릴 수 없는 것이 되었고, 종교는 이런 발전에 적응하거나 아니면 의미를 잃을 수밖에 없었다.

17세기 초에 이르자 네덜란드인은 서양 자본주의를 건설할 벽돌을 만들었다.[36] 합자 회사의 구성원은 자신들의 자본 기여분을 모아서 장기적으로 공동 관리했는데, 이것은 해외 식민지 개척이나 교역 사업에서 한 사람이 제공할 수 있는 것보다 훨씬 큰 자원과 안정성을 주었다. 암스테르담에 생긴 최초의 지방 은행은 나라 안에서나 팽창하는 국제 시장에서나 능률적이면서도 값싸고 안전하게 예금 송금 지불 서비스를 이용할 수 있게 해주었다. 마지막으로 증권 거래소는 상인들이 온갖 종류의 상품을 거래할 수 있는 중심이 되었다. 교회가 전혀 통제할 수 없는 이런 기관들은 자기 나름의 동력을 얻었고, 시장 경제가 발전함에 따라 점차 낡은 농경 구조를 무너뜨려 상업 계급이 그들 나름의 권력 기반을 닦을 수 있게 해주었다. 성공을 거둔 상인 장인 제조업자 들은 전에는 귀족의 영역이었던 정치에 참여할 만큼 강력해져, 심지어 귀족 분파들을 이간질하여 이득을 얻는 수준에 이르렀다. 그들은 강력한 중앙 집권 군주국을 건설하려는 왕들과 동맹을 맺는 경향이 있었다. 그렇게 하면 교역이 편해지기 때문이었다. 잉글랜드와 프랑스에 절대군주제와 주권국이 등장하면서 상업 계급, 즉 부르주아지는 점점 영향력이 커졌고, 시장의 힘 덕분에 국가는 전적으로 농업적인 경제가 강요하던 여러 제약에서 점차 벗어날 수 있었다.[37] 그렇다고 이 국가가 농경 국가보다 구조적으로나 군사적으로 덜 폭력적일까?

독일에는 강력한 중앙 집권적 군주국이 없고, 신성로마제국 황제가 통제할 수 없는 수많은 크고 작은 나라들이 뒤엉켜 있을 뿐이었다. 1506년 페르난도와 이사벨의 손자이자 막시밀리안 황제의 손자이기도 한 카를 5세는 오스트리아 합스부르크 왕가의 땅을 상속받고, 1516년에 페르난도가 죽자 아라곤과 카스티야의 왕이 되었다. 또 1519년에는 신성로마제국의 황제로 선출되었다. 합스부르크 왕가는 교묘한 일련의 결혼 동맹, 능숙한 외교와 전쟁으로 이전 유럽의 어느 통치자보다 넓은 영토를 다스리고 있었다. 카를의 야망은 오스만 제국과 흡사한 전 유럽 제국을 창조하는 것이었지만, 프랑스와 잉글랜드의 본을 따라 자신의 나라를 강한 군주국으로 만들기 원하는 독일의 제후들을 통제할 수 없다는 것을 알게 되었다. 더욱이 독일 중부와 남부의 도시들은 북유럽에서 가장 중요한 상업 중심지로 자리를 잡았다.[38] 그곳의 경제적 변화는 계급 갈등으로 이어졌고, 이번에도 불만은 가난한 자의 피를 빨아먹는다고 하는 유대인 '고리대금업자'와 부패한 가톨릭 사제에게 향했다.

1517년 아우구스투스파 탁발 수사인 마르틴 루터(1483~1546)는 비텐베르크 성의 교회 문에 유명한 95개조를 걸었고, 이로써 '종교 개혁'이라고 알려진 과정이 시작되었다. 교회의 면죄부 판매에 대한 루터의 공격은 불만을 품은 도시민에게 반향을 일으켰다. 그들은 성직자가 수상쩍은 구실로 속기 쉬운 사람들에게서 돈을 뜯어내는 데 질려 있었다.[39] 기성 교회는 루터의 항의를 거만하게 경멸했지만, 젊은 성직자들은 루터의 생각을 도시의 민중에게 전달하고 지역 개혁을 주도했으며, 결과적으로 그들의 회중을 로마의 통제에서 해방했다. 지적으로 더 활발한 성직자들은 루터의 생각을 자신의 책으로 퍼뜨렸고, 이 책들이 새로운 인쇄술 덕분에 전례 없는 속도로 유포되어 근대 최초의 대중 운동으로 꼽히는 사건이 시작되었다. 과거의 다른 이단들과 마찬가지로 루터도 반(反)교회를 만들어냈다.

루터와 다른 위대한 개혁가들—울리히 츠빙글리(1484~1531)와 장 칼뱅(1509~1564)—은 근본적이고 광범한 변화를 겪고 있는 사회를 상대하고 있었다. 근대화는 늘 두려움을 안겨준다. 사람들은 사태의 중심에서 살고 있기 때문에 그들의 사회가 어디로 가는지 볼 수 없으며, 느리지만 근본적인 변화를 고통스럽게 받아들인다. 변하는 세상에서 전과 다르게 마음이 편치 않기 때문에 자신의 신앙도 변했다고 생각했다. 루터 자신이 극심한 우울에 시달렸고, 예전 생활 방식에 맞추어 설계된 낡은 제의에서 의미를 찾지 못하는 자신의 상태를 웅변적으로 기록했다.[40] 츠빙글리와 칼뱅은 둘 다, 유일하게 자신을 구원할 수 있다고 믿은 하느님의 절대적 힘을 깊이 확신하기 전까지 심한 무력감에 시달렸다. 이 개혁가들은 로마 교회를 떠나면서 서양 근대에서 최초로 꼽히는 독립 선언을 하고 있었으며, 기성 가톨릭을 향한 공격적 자세 때문에 프로테스탄트('항의자')로 알려졌다. 그들은 자신이 선택하는 대로 성경을 읽고 해석할 자유를 요구했다. 비록 이들 세 사람도 **자신의** 가르침에 반대되는 견해에는 관용을 보일 수 없었지만, 개혁된 기독교인은 하느님 앞에 성경과 함께 홀로 섰다. 이렇게 프로테스탄트는 근대적 정신을 품고 성장하는 개인주의를 시성(諡聖)했다.

루터의 '세속주의' 비전은 평화적이라고 하기는 힘들지만, 그는 교회와 국가의 분리를 옹호하는 유럽 최초의 기독교인이기도 했다. 루터는 하느님이 물질세계로부터 물러나 있기 때문에 이 세계는 이제 아무런 영적 의미가 없다고 믿었다. 루터는 그보다 앞선 다른 엄격주의자들과 마찬가지로 영적 순수성을 갈망하여 교회와 국가는 각기 상대의 적절한 영역을 존중하면서 독립적으로 작동해야 한다고 결론을 내렸다.[41] 루터의 정치에 관한 글에서 우리는 한때는 세계에 스며 있었지만, 이제는 전체 세계에서 분리된 별개의 활동으로 종교가 도래하는 것을 본다. 하느님의 구원하는 힘을 믿는 개인의 행동에서 의로움을 얻는 진정한 기독교인은 '하느님의 나라'에 속해 있으며, 성령 덕분에 불의와 증오가 불가능하기 때문에 기본적으로 국가의 강제에서 자유롭다.[42] 하지만 루터는 그런 기독교인의 수가 적다는 것을 알았다. 대부분은 여전히 죄의 노예였으며, 비기독교인과 함께 '세상의 나라'에 속해 있다. 따라서 "그냥 놓아두면 물고 뜯을 것이기에 사나운 들짐승을 사슬과 밧줄로 묶어 두는 것과 마찬가지로" 이 죄인들을 국가가 억누르는 것이 필수적이다.[43] 루터는 강한 국가가 없으면 "세상은 혼돈에 빠질 것이며", 어떤 정부도 현실에서 사랑과 용서와 관용이라는 복음의 원리에 따라 통치할 수 없다는 것을 이해했다.[44] 이런 시도를 하는 것은 "사나운 들짐승의 밧줄과 사슬을 풀어 그것들이 아무 데서나 물어뜯고 베어 물게 하는 것"과 같을 것이다.[45] '세상의 나라', 악마가 다스리는 이기심과 폭력의 영역에 인간 사회를 유지할 수 있는 평화, 연속성, 질서를 부여하는 유일한 방법은 검을 사용하는 것이다.

그러나 국가는 개인의 양심에 대한 관할권이 없기에 이단과 싸우거나 성전을 이끌 권리도 없다. 국가는 영적 영역과는 아무런 관계가 없는 반면, 현세의 일에는 무조건적이고 절대적인 권위를 **지녀야만 한다**. 국가가 잔인하고 압제적이고 '하느님 말씀'의 가르침을 금한다 해도 기독교인은 그 권력에 저항하지 말아야 한다.[46] 한편 진정한 교회, 하느님의 나라는 '세상의 나라'의 본래 부패하고 타락한 정책과 거리를 두고, 오직 영적인 일만을 다루어야 한다. 프로테스탄트는 로마 교회가 죄 많은 '세상의 나라'에 손을 대는 바람에 진정한 사명에서 실패했다고 믿었다.

근대 이전의 신앙이 공동체의 신성함―상가, 움마, '그리스도의 몸'―을 강조한 반면 루터에게 '종교'란 완전히 개인적이고 사적인 문제였다. 이전의 현자 예언자 개혁가는 국가의 체제 폭력에 맞설 수밖에 없다고 느낀 반면, 루터가 생각한 기독교인은 내적인 의로움의 세계로 물러나고 사회는, 정말이지 말 그대로, 지옥에나 가라고 내버려두어야 했다. 나아가서 루터는 지상 정치의 제한적이고 열등한 성격을 강조하면서 자격이 없는 국가 권력을 승인하는 잠재적으로 위험한 일을 했다.[47] 독일 농민 전쟁에 대한 루터의 반응은 세속화된 정치 이론이 반드시 국가 폭력의 감소를 낳지는 않는다는 것을 보여주었다.

1525년 3월과 5월 사이에 남부와 중부 독일의 농민 공동체들은 자신들의 전통적 권리를 박탈하는 제후들의 중앙 집권화 정책에 저항했으며, 많은 마을이 냉정한 협상으로 폭력에 의존하지 않고 제후들로부터 양보를 얻어낼 수 있었다. 하지만 독일 중부 튀링겐에서는 무법의 농민 무리가 시골을 배회하며, 수녀원 교회 수도원을 약탈하고 불태웠다.[48]

루터는 농민 전쟁에 관해 쓴 첫 소논문에서 공정한 태도를 유지하려고 노력하며 귀족의 '속임수'와 '강탈'을 질책했다.[49] 하지만 그가 보기에 농민은 종교와 정치를 섞는 용서할 수 없는 죄를 범했다. 고난을 당하는 것이 그들의 운명이다. 루터는 그렇게 주장했다. 농민은 복음을 따라 다른 쪽 뺨을 내밀고 목숨과 재산의 손실을 받아들여야 한다.[50] 농민은 무모하게도 그리스도가 모든 사람을 자유롭게 만들었다고 주장한다. 이 주장은 신약의 가르침과 분명히 일치하는 견해였지만 루터에게는 전혀 먹히지 않았다. 그는 "세속 국가는 사람들의 불평등이 없으면 존재할 수 없기에, 일부는 자유롭고 일부는 감옥에 있으며, 일부는 주인이고 일부는 종"이라고 주장했다.[51] 루터는 제후들에게 가능한 모든 수단을 써서 농민 선동가들을 진압하라고 권했다.

할 수 있는 사람은 누구나 비밀리에든 공개적으로든 때리고 베고 찌르게 하라. 반도(叛徒)보다 유독하고 해롭고 악마 같은 것은 없다는 사실을 기억하라. 미친개를 죽여야 할 때와 같다. 너희가 공격하지 않으면 미친개가 너를 공격할 것이며, 너와 함께 온 땅을 공격할 것이다.[52]

반도는 악마의 노예가 되었으며, 그들을 죽이는 것은 자비로운 행동이다. 루터는 그렇게 결론을 내렸다. 그들을 사탄과의 유대로부터 구해주는 것이기 때문이다.

이런 반역은 사회 구조 전체를 위협했기 때문에 국가는 잔혹하게 진압했다. 이때 죽은 농민의 수는 무려 10만 명에 달했을 수도 있다. 이 위기는 전통적인 관념이 널리 의심을 받던 시기에 근대 초기 국가들이 얼마나 불안정했는지 보여준 불길한 신호였다. 개혁가들은 경전에만 의지할 것을 요구했지만, 성경이 엉뚱한 사람 손에 들어가면 위험한 무기가 될 수도 있다는 것을 알게 된다. 민중은 스스로 성경을 읽기 시작하자 곧 예수의 가르침과 당시 교회나 정치의 관행 사이에 존재하는 명백한 모순을 보게 되었다. 재세례파가 특히 파괴적이었다. 그들은 복음을 문자 그대로 읽어 신성로마제국, 시의회, 직인 길드 같은 제도를 비난했다.[53] 일부 네덜란드 재세례파가 1534년 독일 북서부 뮌스터를 장악한 뒤 일부다처제를 제도화하고 사적 소유를 금지하자, 가톨릭과 프로테스탄트는—이번만큼은 확고하게 의견의 일치를 이루었다.—재세례파가 다른 도시들도 쉽게 흉내낼 수 있는 정치적 위협이 되었다고 보았다.[54] 이듬해 뮌스터의 재세례파는 가톨릭과 프로테스탄트 연합군에게 학살당했다.[55]

지배자에 대한
충성 맹세가 된 신앙 고백

뮌스터 재앙과 농민 전쟁은 다른 통치자들이 종교적 반대파를 다루는 방식에 영향을 끼쳤다. 서유럽에서 이단은 늘 순수한 신학적인 문제라기보다는 정치적 문제였으며, 공공질서를 위협했기 때문에 폭력적으로 억눌렀다. 따라서 엘리트 가운데 이단을 박해하고 처형하는 것이 잘못되었다고 생각하는 사람은 거의 없었으며, 이단은 자신들이 믿는 것 때문이라기보다는 하거나 하지 않는 것 때문에 죽임을 당했다. 그러나 종교 개혁은 '믿음'을 완전히 새롭게 강조하기 시작했다. 그때까지 중세 영어 벨레벤(beleven)은 (그리스어 피스티스pistis나 라틴어 크레도credo와 마찬가지로) 실질적으로 '헌신'이나 '충성'을 표현했다. 그러나 이제 점차 일군의 교의적 견해에 대한 지적 수용을 가리키게 되었다.[56] 종교 개혁이 진전되면서 새로운 종교와 낡은 종교의 차이, 또 다양한 프로테스탄트 교파의 차이를 설명하는 일이 중요해졌다. 따라서 '39개 신조', '램버스 신조', '웨스트민스터 신앙 고백'* 등 의무적 '믿음'의 목록이 등장했다.[57] 가톨릭도 그들 나름으로 개혁을 진행해 비슷한 일을 해서 트리엔트 공의회(1545~1563년)에서 정리가 되었다. 여기에서 명제 형식으로 표준화된 의견을 모은 교리 문답이 나왔다.

종교 개혁으로 생겨난 교리의 분열은 특히 강력한 중앙 집권적 통치를 갈망하는 국가에서 중요했다. 그때까지 전통적인 농경 국가는 하층 계급의 종교 생활을 감독할 수단도 없었고, 또 대개는 의향도 없었다. 그러나 절대 통치를 위해 노력하는 군주들은 신민의 생활을 더 면밀하

---

* 영국 성공회의 교의를 정리한 '39개 신조(Thirty-nine Articles)'는 1571년 엘리자베스 1세에 의해 공식 승인받았다. 가톨릭과 프로테스탄트 모두 받아들일 수 있도록 교리에 대한 폭넓은 해석을 열어 둔 것이 특징이다. '램버스 신조(Lambeth Articles)'는 예정설과 관련된 케임브리지대학의 논쟁을 해결하기 위해 1595년 캔터베리의 대주교 존 휘트기프트가 칼뱅주의 교리를 9개 신조로 정리한 것이다. 엘리자베스 1세로부터 공식 승인을 받지 못한 것으로 전해진다. '웨스트민스터 신앙 고백(Westminster Confession)'은 영국 의회가 소집한 웨스트민스터 회의(1643~1649년) 기간에 만들어진 장로회의 신앙 고백서이다. 33장으로 구성되어 있으며 정통 칼뱅주의 입장을 취하고 있다.

게 감독할 수 있게 해주는 국가 조직을 발전시켰고, 점차 신앙 고백의 충성이 정치적 충성의 기준이 된다. 잉글랜드의 헨리 8세(1509~1547년 재위)와 엘리자베스 1세(1558~1603년 재위)는 모두 가톨릭교도를 배교자가 아니라 국가의 반역자로 보고 박해했다. 토머스 모어는 헨리 8세의 대법관이었을 때 정치적으로 위험한 이교도에게 가혹한 판결을 내렸지만, 그 자신도 헨리를 성공회 수장으로 섬기는 '지상권 승인 선서'를 거부하여 처형되고 만다.[58] 프랑스에서 '파리 칙령'(1543년)은 프로테스탄트 이단을 "우리 신민의 평화와 안정을 위협하는 선동가이자 훼방꾼이며, 가톨릭 신앙의 보존에 주로 의존하고 있는 우리 국가의 번영에 반대하는 비밀 음모자"라고 묘사했다.[59]

종교 개혁은 기독교의 생산적인 형태들을 낳았지만, 동시에 여러 면에서 비극이었다. 16세기와 17세기에 유럽에서는 무려 8천 명이 재판을 받고 이단으로 처형된 것으로 추정되어 왔다.[60] 정책은 지역마다 달랐다. 프랑스에서는 1550년대에 이르면 재판 절차가 공개적인 전쟁, 학살, 대중적 폭력에 자리를 내주게 된다. 독일 가톨릭 종교재판관들은 프로테스탄트를 추적하는 데 큰 열의를 보인 적이 없지만, 신성로마제국 황제 카를 5세와 그의 아들인 에스파냐의 펠리페 2세(1556~1598년 재위)는 네덜란드의 프로테스탄트주의를 종교적 위협뿐 아니라 정치적 위협으로 간주하여 그들을 탄압하는 정책을 흔들림 없이 밀고 나갔다. 잉글랜드에서는 군주의 신앙이나 충성에 따라 정책이 바뀌었다. 가톨릭 신앙을 지지하던 헨리 8세는 루터주의자들에게 늘 적대적이었지만, 교황에 대한 충성은 자신의 정치적 지상권을 위협하기 때문에 중죄로 보았다. 그의 아들 에드워드 6세(1547~1553년 재위) 치하에서 추는 칼뱅주의 쪽으로 움직였다가 가톨릭교도인 메리 튜더

(1553~1558년 재위) 치하에서는 다시 반대로 움직였고, 그 결과 프로테스탄트 약 3백 명이 화형되었다. 엘리자베스 1세 치하에서 잉글랜드는 다시 공식적으로 프로테스탄트 국가가 되었으며, 이때 주요 피해자는 외국 신학교에서 훈련을 받고 잉글랜드에 살면서 국교를 기피하는 가톨릭교도들을 위해 은밀하게 미사와 성사를 집전해준 가톨릭 선교 사제들이었다.

이 초기 근대 국가들이 계몽주의의 전망을 공유했다고 생각할 수는 없다. 문명은 늘 강제에 의존해 왔으며, 따라서 국가 폭력은 공공질서에 필수적인 것으로 간주되었을 것이다. 좀도둑질 살인 위조 방화 여성 납치가 모두 사형에 해당하는 죄였으며, 따라서 이단에 대한 사형이 특별하거나 극단적인 것은 아니었다.[61] 보통 처형은 국가와 지방의 권위를 표현하고 강요하는 의례화된 억제책으로서 공적으로 집행되었다.[62] 직업 경찰과 현대적인 감시 방법이 없는 상태에서 공공질서는 그런 구경거리에 의존했다. 오늘날 우리에게는 아주 역겨워 보이지만 반대파를 죽이는 것은, 특히 국가가 여전히 취약한 상태일 때는 권력 행사에 필수적인 것으로 여겨졌다.[63] 하지만 이단 탄압이 전적으로 실용적인 목적만 있던 것은 아니었다. 개인의 진실성에서 중심이 되는 이데올로기도 한몫을 했다. 한때 무자비한 박해자였던 토머스 모어가 순수하게 정치적 이해관계대로만 움직였다면 '지상권 승인 선서'를 했을 것이다. 메리 튜더가 프로테스탄트에 반대하는 열정이 덜했더라면 체제를 강화할 수 있었을 것이다. 이단은 다른 중죄와는 달랐다. 피고가 입장을 바꾸면 사면을 받고 목숨도 구할 수 있었기 때문이다. 현대 학자들은 관리들이 길 잃은 양을 다시 우리로 데려오기를 종종 진심으로 바랐고, 회개하지 않는 이단의 처형을 자신의 패배로 여겼다는 사실을 보여주었다.[64] 1550년대에 열성적인 종교재판관 피터르 티틀레마우스는 플란데런에서 이단 재판을 적어도 1,120건 주재했지만, 그 가운데 127건만 처형에 이르렀다. 1560년에 종교재판관, 시 당국, 사제는 재세례파 소에트켄 판 덴 하우테와 세 여자 동반자를 열두 번이나 구해주려고 했다. 메리 튜더 치세에 런던의 가톨릭 주교 에드먼드 보너는 프로테스탄트 존 필폿을 구하려고 열다섯 번이나 노력했고, 리처드 우드먼을 구하려고 여섯 번, 엘리자베스 영을 구하려고 아홉 번이나 노력했다.[65]

가톨릭 루터파 칼뱅파는 모두 이단 처형을 정당화할 성경 구절을 찾아낼 수 있었다.[66] 일부는 자비와 관용을 설교한 성경의 가르침을 인용했지만, 이런 자비로운 조언은 다수가 거부했다.[67] 그러나 실제로 수천 명이 참수 화형 교수형을 당하고 사지가 찢겨 죽기는 했지만, 앞뒤 가리지 않고 광적으로 순교를 향해 달려드는 일은 없었다. 절대다수는 혼자 신념을 간직한 채 겉으로는 국가의 포고에 순응하는 것으로 만족했다.[68] 칼뱅은 그런 겁 많은 태도를 통렬히 비난하여, 비밀 칼뱅주의자를 예수에 대한 믿음을 비밀로 간직했던 바리새인 니고데모에 비유했다. 하지만 프랑스와 이탈리아의 '니고데모파'는 칼뱅처럼 제네바에 안전하게 살면서 그런 영웅적인 노선을 택하는 것은 쉬운 일이라고 반박했다.[69] 엘리자베스 1세 치하에서는 자신의 희생이 조국을 구할 것이라 믿고 잉글랜드 전도를 위해 훈련받은 예수회*와 신학대학

예수회 에스파냐 출신의 사제 로욜라의 이그나티우스(이그나티우스 데 로욜라)가 세운 가톨릭 수도회. 프로테스탄트의 종교 개혁에 대항해 가톨릭 내에서 일어난 개혁 운동의 일환으로 볼 수 있다. 1534년 이그나티우스의 소규모 모임에서 출발해 1540년 교황에게 정식 승인 받았다. 이그나티우스의 《영신 수련》의 지침을 따랐으며 청빈 생활, 사제 교육, 포교 활동에 기치를 두었다.

생들 사이에서만 강렬한 순교 숭배가 있었다.[70] 하지만 이들도 신입생들에게는 또 지나치게 열의를 품지 말라고 주의를 주었다. 1580년대 로마의 잉글리시칼리지의 매뉴얼은 모두가 순교의 부름을 받은 것은 아니며 아무도 불필요하게 위험을 무릅쓰면 안 된다고 가르쳤다.[71]

가톨릭과 프로테스탄트는 에스파냐 종교재판소에 대한 증오에서는 마음이 맞았다. 그러나 소름 끼치는 평판에도 불구하고 이 종교재판소의 범죄는 과장되어 있었다. 심지어 엄숙한 행렬, 불길한 의상, 이단 화형 등의 요소를 갖추어 외국인들에게 에스파냐 광신의 상징으로 보이는 아우토-다-페('신앙 고백')조차 들리는 소문과는 조금 달랐다. 아우토-다-페는 에스파냐 문화에 깊이 뿌리를 내린 관습이 아니었다.[72] 원래 단순한 화해의 예배였던 이 행사는 16세기에 이르러서야 그런 화려한 형식을 갖추게 되었고, 짧은 전성기(1559~1570년)를 지난 뒤에는 거의 열리지 않았다. 게다가 반항자 화형이 이 의식의 중심도 아니었다. 고발을 당한 사람들은 보통 도시 바깥에서 번거로운 형식을 거치지 않고 죽임을 당했으며, 한 사람도 처형하지 않은 아우토-다-페가 수십 건이었다. 종교재판이 시작되고 나서 20년이 지나자 고발당하는 사람들 가운데 유죄 판결을 받는 사람이 2퍼센트 이하로 줄었으며, 이들 가운데 대부분은 결석 상태에서 인형을 태우고 끝냈다.[73] 아우토-다-페의 인기가 최고조에 이르렀던 1559년과 1566년 사이에는 약 백 명이 죽은 반면, 메리 튜더 치세에 죽은 프로테스탄트는 3백 명이었다. 프랑스의 앙리 2세 치세(1547~1559년)에는 그 두 배, 네덜란드에서는 그 열 배가 죽임을 당했다.[74]

에스파냐 종교재판소가 죽인 프로테스탄트는 극소수였다. 피해자 대부분은 '신기독교인'이었다. 에스파냐가 다른 유럽 국가들과 전쟁을 벌이는 1580년대에 이르면 왕은 다시 '내부의 적'을 공격하게 되는데, 이번에 그 적은 무어인이었다. 이들은 전의 유대인과 마찬가지로 신앙보다는 문화적 차이와 경제적 성공 때문에 원한을 샀다.[75] "그들은 자기들끼리 결혼을 하고 구기독교인과 섞이지 않는다." 톨레도의 재판소는 1589년에 펠리페 2세에게 불평을 했다. "그들 누구도 신앙 생활을 하지 않고 군에 입대하지 않고 가사를 돌보지 않는다. …… 그들은 교역에 참여하여 부를 일구었다."[76] 그러나 이번에도 박해는 역효과를 낳았다. 괴롭힘을 당하는 무어인이 가상의 적에서 진짜 적으로 바뀌었다. 프랑스의 위그노파와 앙리 4세가 무어인의 환심을 사려 하거나 무어인이 모로코의 술탄에게 도움을 청하는 일이 벌어졌기 때문이다. 그 결과 1609년 무어인은 에스파냐에서 쫓겨나고, 이로써 유럽에서 무슬림 공동체라고 부를 만한 것은 완전히 사라지고 말았다.

'정치적 종교전쟁'이 바꾼 유럽 지도

에스파냐는 30년전쟁(1618~1648년)의 참상에서 절정에 이른 종교전쟁에 깊이 관여했다. 이 전쟁에서 근대 서양의 '창조 신화'라고 일컬어져 온 것이 태어났다. 이 신화가 독특하게 세속적인 서양의 통치 양식이 생겨난 과정을 설명해주기 때문이다.[77] 종교 개혁의 신학적 다툼이 가톨릭과 프로테스탄트를 너무 자극하는 바람에 분별없는 전쟁을 벌여 서로를 학살하다 마침내 종교와 정치를 분리하는 자유 국가가 창조되면서 폭력이 억제되었다, 흔히 그런 식으로 이야기된다. 유럽은 일단 전쟁이 '거룩'해지면 전투 참가자들이 모두 하느님이 자기편이라고 확신하므로 폭력은 한계를 모르고 타협은 불가능해진다는 것을 힘겹게 배우게 되었다. 그 결과 종교는 정치 생활에 영향을 끼치는 것이 완전히 금지되었다.

하지만 어떤 것도 그렇게 간단하지는 않다. 종교 개혁 뒤에 독일 북부와 스칸디나비아는 대체로 루터파가 되었다. 잉글랜드, 스코틀랜드, 네덜란드 북부, 라인 지방, 프랑스 남부는 칼뱅파가 지배적이었다. 대륙의 나머지는 여전히 주로 가톨릭이었다. 이 상황은 자연스럽게 국제 관계에 영향을 끼쳤지만 유럽 지배자들에게는 다른 걱정이 있었다. 그들 다수, 특히 절대국가를 만들려고 하는 지배자들은 이제 독일 지역, 에스파냐, 네덜란드 남부를 다스리는 합스부르크 왕가의 특별한 성공에 불안을 느꼈다. 오스만 제국처럼 유럽 전역에서 헤게모니를 쥐려는 카를 5세의 갈망은 주권 민족 국가로 나아가려던 유럽의 더 다원적인 힘과 맞서게 되었다.[78] 독일 제후들은 당연히 카를의 야망에 저항하고 지역 권력과 전통적 특권을 지키기 위해 싸웠다.

그러나 참전하는 사람들의 마음속에서 종교전쟁은 물론 프로테스탄트와 가톨릭 사이의 사활을 건 싸움으로 경험되었다. 종교적 정서는 병사와 장군이 적과 거리를 두는 데, 서로 공유하는 인간성이라는 느낌을 완전히 지우는 데, 잔혹한 싸움을 바람직할 뿐 아니라 고상하게 만드는 도덕적 열정을 주입하는 데 도움을 주었다. 그러나 세속적 이데올로기도 이런 일은 다 할 수 있다. 이 전쟁들은 근대적인 의미에서 전형적으로 '종교적'이지는 않았다. 만일 그랬다면 우리는 예를 들어 프로테스탄트와 가톨릭이 같은 편에서 싸우는 일을 상상할 수 없을 것이다. 하지만 실제로는 종종 그런 일이 벌어졌으며, 결과적으로 그들은 자신들과 같은 종교를 믿는 사람들과 싸우게 되었다.[79] 카를 이 신성로마제국 황제가 되고 나서 겨우 2년 뒤, 가톨릭교회는 '보름 스 의회'(1521년)에서 루터에게 유죄 선고를 했다. 그러나 가톨릭교도 인 카를은 치세 첫 10년 동안 독일의 루터파에게 거의 관심이 없었다. 대신 이탈리아에서 교황이나 프랑스 가톨릭 왕들과 싸우는 데 집중했 다. 가톨릭 통치자들은 그들의 권력을 제한하려 한 트리엔트 공의회 의 포고에 특히 적대적이었다. 그러나 이것은 자신의 영토에서 교회를 제어하려는 유럽 군주들의 긴 투쟁에서 하나의 작은 일화일 뿐이었 다.[80] 1556년이라는 비교적 늦은 시기에도 교황 바오로 4세는 카를의 아들이자 에스파냐의 헌신적인 가톨릭 통치자인 펠리페 2세와 전쟁을 하러 나섰다.[81] 프랑스의 가톨릭 왕들은 합스부르크 왕가가 심지어 자신들과 맞서 오스만 튀르크와 동맹을 맺을 각오까지 하는 것을 보 며 큰 불안을 느꼈다.[82] 그들은 30년(1521~1552년)이 넘는 기간 동안 가톨릭 황제에 맞서 다섯 번 군사 행동에 나섰으며, 황제는 이 전쟁에 서 독일의 프로테스탄트 제후 다수의 지원을 받았다. 카를은 그들에 게 그들 영토의 교회에 대한 광범한 권력을 부여하는 것으로 보답했 다.[83]

독일의 제후들도 가톨릭과 루터파 할 것 없이 카를의 중앙 집권적 야망에 불안을 느꼈다. 1531년 일부 프로테스탄트 제후와 시민들이 연 합하여 카를에 맞서 '슈말칼덴 동맹'을 결성했다. 하지만 첫 슈말칼덴 전쟁* 동안 다른 주요한 루터파 제후들은 카를 편에서 싸운 반면, 프 랑스의 가톨릭 왕 앙리 2세는 '루터파 동맹'에 가담하여 황제군을 공격 했고, 독일의 가톨릭 제후들은 중립을 지켰다.[84] 더욱이 카를의 제국 군 병사 다수는 신앙보다는 돈을 위해 싸우는 용병이었고, 일부는 프 로테스탄트였다.[85] 이런 전쟁들의 동력이 단순하게 종파적 열성만이 아닌 것은 분명했다. 결국 카를은 패배를 인정하고 1555년 아우크스부르크 화의에 서명해야 했다. 프로테스탄트 제후들은 몰수한 가톨릭교회 재산을 소유하는 것이 허락되었고, 이후 유럽에서는 지역 통치자의 종교적 충성이 신민의 신앙을 결정했다. 훗날 이 원칙은 "영토에 속한 자는 종교도 영토에 따라야 한다."라는 격언에 담겼다.[86] 카를은 황위를 버리고 수도원으로 들어갔으며, 제국은 독일 지역을 통치하는 동생 페르디난트와 에스파냐와 네덜란드를 통치하는 아들 펠리페 2세가 나누어 가졌다.

이것은 한쪽 무리의 국가 건설자들이 다른 무리에게 거둔 정치적 승리였다.[87] 독일의 가톨릭과 루터파 제후들은 뭉쳐서 카를을 공격했다. 카를의 목표가 단지 이단을 진압하는 것이 아니라 그들을 희생해서 자신의 권력을 늘리려는 것임을 정확하게 깨달았기 때문이다.[88] 농민과 하층 계급은 신학적 신념을 거의 드러내지 않고 영주와 주인이 요구하는 대로 가톨릭에서 루터주의로, 또 다시 반대로 옮겨 다녔다.[89] 투쟁 끝에 체결된 아우크스부르크 화의는 가톨릭 프로테스탄트 할 것 없이 제후들의 정치권력을 높여주었다. 제후들은 이제 종교 개혁을 자신들에게 유리하게 이용하여 성직자에게 세금을 물리고 교회 소유지를 전유하고 교육을 통제하고 교구를 통하여 신민 한 사람 한 사람에게까지 자신들의 권위를 잠재적으로 확대했다.[90]

슈말칼덴전쟁 신성로마제국 황제 카를 5세와 슈말칼덴 동맹 사이에서 벌어진 전쟁. 일반적으로는 신교 세력이 트리엔트 공의회 참여를 거부한 것이 원인이 되어 1546년부터 1547년까지 일어난 전쟁을 가리킨다. 전쟁 결과는 카를 5세의 승리였다. 전쟁 이후 카를 5세 편에 섰던 작센의 선제후는 황제의 계속된 신교 탄압과 자신의 정치적 입지에 대한 불만으로 1552년 반란을 일으켰다. 이 사건을 제2차 슈말칼덴전쟁으로 구별하여 1546~1547년 전쟁을 제1차 슈말칼덴전쟁이라고 부르기도 한다.

프랑스 종교전쟁(위그노전쟁, 1562~1598년)에서도 비슷하게 복잡한 상황을 관찰할 수 있다. 이 전쟁 또한 칼뱅주의 위그노파와 가톨릭 다수파의 싸움일 뿐만 아니라, 경쟁하는 귀족 분파들의 정치적 대결이기도 했다.[91] 기즈 집안은 가톨릭이고 남부의 부르봉 집안은 위그노였다. 몽모랑시 집안은 갈려, 나이 든 세대는 가톨릭으로 기울고 젊은 세대는 위그노로 기울었다. 이 귀족들은 '하나의 왕, 하나의 신앙, 하나의 법'으로 이루어진 중앙 집권적 국가를 만들려는 왕의 야망에 맞서 전통적 권리를 옹호했다. 이런 투쟁의 사회적이고 정치적인 요소는 워낙 자명하여 1970년대에 이르기까지 학자들은 대부분 신앙이 왕과 귀족들의 순수하게 세속적인 야망을 위장하는 것일 뿐이라고 믿었다.[92] 하지만 1973년 내털리 제이먼 데이비스(Natalie Zemon Davis)는 그의 유명한 글에서 가톨릭과 프로테스탄트 양쪽 모두 성경에 의지하여 거행한 대중적 의식, 예배 의식, 적을 비인간화하는 민간 전통을 검토한 결과 프랑스 내전이 "본질적으로 종교적"이었다고 결론을 내렸다.[93] 그 이후 학자들은 종교의 역할을 재강조했지만, 그렇더라도 이 시기에 '정치적인' 것을 '종교적인' 것과 분리하는 것은 여전히 시대착오적이라고 지적한다.[94]

1534년 10월 25일, 칼뱅파는 파리, 블루아, 오를레앙, 투르 전 지역의 대형 공공 구조물에 가톨릭 미사를 공격하는 독설에 찬 풍자적 벽보를 내걸었다. 이 벽보는 심지어 프랑수아 1세의 침실 문에도 나붙었다. 아침에 미사를 드리러 가던 가톨릭교도는 대문자로 인쇄된 표제와 마주쳤다. **"교황 미사의 끔찍하고 상스럽고 견딜 수 없는 악폐에 관한 진정한 논설."** 프랑스의 팸플릿 작가 앙투안 마르쿠르는 "성체 성사에 의해 온 세상이 …… 완전히 망하고 무너지고 길을 잃고 황폐해질 것"이라고 주장하며 성체 성사에 반대하는 네 가지 논거를 나열했다. 그리스도가 갈보리에서 이룬 완벽한 희생을 미사가 되풀이한다고 주장하는 것은 신성모독이다. 예수의 몸은 하느님과 함께 천국에 있으므로 빵과 포도주에 임재할 수 없다. 성변화(聖變化)는 성경에 근거가 없다. 성찬식은 단순히 기억하는 행동이다. 마르쿠르는 성직자에 대한 맹렬한 공격으로 말을 맺었다.

이것[미사]에 의해 그들은 죽었건 살았건 상상할 수 있는 모든 것을 빼앗고 파괴하고 삼켰다. 이것 때문에 그들은 누구에게도 어떤 것에도 아무런 의무나 책임을 느끼지 않고 살며 심지어 공부를 할 필요도 없다. …… 그들은 산적처럼 자신에게 반대하는 모든 사람을 죽이고 태우고 파괴하고 살해한다. 이제 그들이 가진 것은 힘뿐이기 때문이다.[95]

이 비판은 너무 극단적이어서 심지어 나중에 제네바에서 칼뱅을 대리하게 되는 테오도뤼스 베자마저 프랑스 프로테스탄트 교회의 역사에 관한 글에서 이 벽보를 비난했다. 그럼에도 이 볼썽사나운 공격이 프랑스 종교전쟁의 불을 댕겼다.

왕은 벽보를 보자마자 위그노파에 대한 박해를 전국에서 시작했고, 이로 인해 칼뱅 본인을 포함한 많은 사람들이 나라를 떠날 수밖에 없었다. 프랑수아 왕은 신학적인 편견에 사로잡힌 사람이 아니었다. 그는 새로운 사상에 개방적이었으며 에라스뮈스를 포함한 인본주의자들을 궁정에 받아들였다. 그러나 왕은 이 벽보가 신학적 비방인 동시에 정치 체제 전체에 대한 공격이라고 정확하게 파악했다. 성체 성사는 사회적 유대의 최고 표현으로서, 그리스도와의 사적인 교제로 경험되기보다는 주로 공동체를 결속하는 의례,[96] "평화를 맞이하고 나누고 주고 받고 만드는" 의식으로 경험되었다.[97] 가톨릭교도는 해결되지 않은 불화가 있다면 성사를 받기 전에 이웃의 용서를 구해야 했다. 왕 사제 귀족 평민 모두 똑같이 성화된 빵을 먹었고, 이렇게 함으로써 '그리스도의 몸' 안에서 하나가 되었다. 또 가톨릭이든 프로테스탄트든 이 벽보를 군주제에 대한 암묵적인 공격으로 이해했다. 프랑스의 왕은 늘 반신으로 숭배되었다. 그러나 칼뱅주의자들이 이제 '그리스도의 실제적 임재'를 부정한 것은 암묵적으로 중세 기독교에서 핵심적인 대목, 즉 왕이 자신의 몸에 체현하고 있는 신체적인 것과 성스러운 것의 융합을 부정하는 것이었다.[98] 프랑수아의 문에 상스러운 벽보를 붙인 것은 종교적인 동시에 정치적인 행동이었다. 프랑수아에게 그 둘은 분리할 수 없는 것이었다.

그러나 이어지는 전쟁에서 프랑스 주민을 프로테스탄트와 가톨릭의 공동체로 깔끔하게 분리하는 것은 불가능했다.[99] 이 경우에도 사람들은 자신의 신앙 노선과는 다른 행동을 했고 심지어 종교적 충성을 바꾸기도 했다.[100] 1574년 랑그도크의 총독인 몽모랑시의 앙리는 가톨릭교도였지만 군주제를 공격하는 헌법을 지지하여 위그노파 이웃과 행동을 함께했다.[101] 1579년 상당한 수의 위그노파는 왕위를 요구하던 극단적 가톨릭교도 기즈 공작의 기치하에서 왕과 싸우려 했다.[102] 심지어 가톨릭 왕들도, 아우크스부르크 화의로 저지하기는 했으나 완전히 무력화하지는 못한 합스부르크 왕가와 싸울 때 프로테스탄트와 동맹을 맺었다. 샤를 9세(1560~1574년 재위)는 네덜란드의 에스파냐계 합스부르크 왕가에 대항하여 위그노파와 함께 싸웠고, 1580년에 앙리 3세(1574~1589년 재위)는 가톨릭 에스파냐에 대항하여 네덜란드 칼뱅주의자들을 지지하려 했다.

하층 계급 또한 귀족제에 대항한 투쟁에서 종파적 충성을 넘어섰다. 1562년 프로테스탄트 예배를 금지한 가톨릭 귀족들에 대항하여 위그노파 농민이 일으킨 반역에는 가톨릭 농민 수백 명이 가세했다.[103] 가톨릭 농민과 프로테스탄트 농민은 1578년 앙리 3세의 과도한 증세에 반대하여 다시 연합군을 이루어, 거의 1년 동안 미친 듯이 농촌을 휩쓸다 왕의 군대에 학살당했다.[104] 1590년대의 조세 저항 때는 오-비테루아의 프로테스탄트 마을과 가톨릭 마을 스물네 곳에서 대안적인 자치 체제를 형성했으며,[105] 남서부에서는 프로테스탄트와 가톨릭이 귀족에 대항하여 수십 차례 공동 봉기에 나섰고, 어떤 경우에는 무려 4만 명이 참여하기도 했다. 이런 결사 가운데 가장 유명한 크로캉 (croquant)은 종교적 차이를 무시하는 것이 그 일원이 될 수 있는 자격요건이었다.[106]

1589년 앙리 3세 시해 후 위그노파 지도자 나바라의 앙리는 앙리 4세로서 왕위를 이으면서 가톨릭으로 개종하고 엄정 중립 정책을 채택하여 프랑스 종교전쟁에 종지부를 찍었다. 그는 '낭트 칙령'(1598년)으로 위그노파에 종교적 시민적 자유를 부여했으며, **고등법원**이 예수회를 프랑스에서 쫓아내자 그들을 복권시켰다. 그러나 이것이 관용적 세속 국가의 탄생을 뜻하는 것은 아니었다. 앙리는 '하나의 신앙'이라는 이상을 버리지 않았기 때문이다. 낭트 칙령은 일시적 화해, 위그노파를 그의 편으로 끌어들여 시간을 벌려는 시도에 불과했다. 프랑스 왕권은 아직 너무 허약하여 종교적 획일화를 이루지 못했지만, 왕은 그런 획일화가 국가를 중앙 집권화하고 민족을 하나로 묶는 데 도움을 주리라고 믿었다.[107]

그러나 앙리의 관용 정책에도 불구하고 유럽은 무정하게 30년전쟁이라는 참사로 흘러 들어가 유럽 중부 주민의 약 35퍼센트가 죽임을 당하게 된다. 이 경우에도 마찬가지로 종교적 연대가 분명히 이런 일련의 갈등의 한 요인이기는 하지만 절대 유일한 동기는 아니었다.[108] 이 점은 전쟁이 시작되기 9년 전인 1609년 칼뱅주의자 선제후 프리드리히 5세가 합스부르크 왕가에 대항하여 전 유럽 '프로테스탄트 제후 연맹'을 만들려고 했을 때 이미 분명하게 드러났다. 이 연맹은 프로테스탄트 제후들의 지지는 거의 받지 못했지만 가톨릭교도인 앙리 4세와 사부아의 카를로 에마누엘레의 지지는 얻었다. 가톨릭이 지배적인 보헤미아에서 가톨릭교도인 합스부르크 황제 페르디난트 2세에 대항하여 봉기가 일어나면서 전쟁이 본격적으로 시작됐다. 1618년 반군은 도전적으로 보헤미아의 왕위를 칼뱅주의자 프리드리히 5세에게 제안했지만 프로테스탄트 연맹의 다른 구성원들은 그를 지지하기를 거부했고 연맹은 2년 뒤에 해체되었다.[109] 합스부르크가 반란을 진압하고 보헤미아를 다시 가톨릭화하는 데는 2년이 걸렸으며, 그동안 네덜란드는 합스부르크의 통치에 대항하여 새로 싸움을 시작했다.

유럽의 제후들은 합스부르크의 제국주의에 저항했지만, 순수하게 '가톨릭적인' 또는 '프로테스탄트적인' 대응은 한 번도 없었다. 가톨릭 프랑스는 거의 언제나 황제에 대항하여 독일의 프로테스탄트 제후들을 지원했다. 값을 가장 비싸게 부르는 사람을 위해 싸우는 용병들이 전쟁을 치렀기 때문에, 예를 들어 스코틀랜드와 잉글랜드 출신의 프로테스탄트는 가톨릭 프랑스의 군대에 들어가 싸웠다.[110] 가톨릭 장군 에른스트 폰 만스펠트는 전쟁 초기에 가톨릭 보헤미아 반군에 맞서 제국 군대를 이끌었지만, 1621년에는 편을 바꾸어 보헤미아에서 칼뱅주의자 프리드리히 5세의 부대를 지휘했다.[111] 가톨릭 제국군의 최고 지휘관이 된 보헤미아의 용병 지도자 알브레히트 폰 발렌슈타인은 루터파였으며, 그의 보병 다수는 가톨릭의 박해를 피해 고국을 떠난 프로테스탄트였다. 발렌슈타인은 종교보다 군사적 사업을 벌이는 데 관심이 있는 것처럼 보였다.[112] 그는 자신의 거대한 사유지를 자신의 50만 사병(私兵)을 위한 방대한 무기고로 바꾸었다. 그는 동료의 사회적 지위나 종교적 신념에는 관심이 없었고 부대원에게는 오직 복종과 능률만 요구했다. 그의 부대원은 시골에서 사는 것이 허락되었기 때문에 농촌 주민을 공포에 떨게 했다.

1629년에 이르자 페르디난트 황제는 제국을 다시 장악한 것으로 보였다. 그러나 1년 뒤 상황이 바뀌어 프랑스의 총리 리슐리외 추기경은 스웨덴의 프로테스탄트 전사 왕 구스타브 아돌프를 설득하여 합스부르크 제국을 침략하게 했다. 아돌프는 종종 프로테스탄트 대의의 영웅으로 제시되지만, 1630년 자신의 목적을 공표할 때 종교는 언급하지 않았으며, 처음에는 동맹자를 모으는 데 어려움을 겪었다.[113] 독일의 가장 강력한 프로테스탄트 제후들은 스웨덴의 침공을 위협으로 보고 제3자 연합을 구축하여, 스웨덴과 합스부르크 양쪽에 거리를 두었다. 1632년 11월에는 루터파 독일 농민이 루터파 스웨덴인을 자신의 땅에서 몰아내려다가 다짜고짜 살육을 당하기도 했다.[114] 그러나 1631년 아돌프가 마그데부르크에서 독일 제후들의 가톨릭 연맹에 첫 승리를 거둔 뒤로는 중립을 유지하려던 많은 나라들이 결국 스웨덴 공격군에 가담했다. 부대의 자금 물자 통제가 모두 부족했기 때문에 스웨덴군은 시골 약탈에 의지했으며, 민간인을 엄청나게 죽였다.[115] 30년전쟁에서 사상자가 대량으로 발생한 이유는 어느 정도는 용병 부대를 이용한 데서 찾을 수 있다. 이들은 스스로 물자를 조달해야 했기 때문에 민간인을 잔인하게 수탈하고 부녀자를 능욕하고 포로를 학살하는 방법에 의지할 수밖에 없었다.

1631년 1월 가톨릭 프랑스가 프로테스탄트 스웨덴군을 구출하러 왔다. 스웨덴군의 원정에 병참을 제공하겠다고 약속했고, 1634~1635년 겨울에는 제국군과 싸울 부대를 파견했다. 이들은 이탈리아에서 교황령에 대한 합스부르크의 통제를 약화시키기를 바라던 교황 우르바누스 8세의 후원을 얻었다. 그러나 브란덴부르크와 작센의 프로테스탄트 국가는 스웨덴, 프랑스, 교황 동맹에 맞서기 위해 '프라하 조약'(1635년)을 맺어 가톨릭 황제와 화해했으며, 몇 달이 지나지 않아 루터파 나라들도 대부분 페르디난트와 화해했다. 프로테스탄트군은 제국군에 흡수되었고 독일의 가톨릭과 프로테스탄트는 스웨덴군에 맞서 함께 싸웠다. 이제 30년전쟁의 나머지 부분은 대체로 가톨릭 프랑스와 가톨릭 합스부르크의 싸움이 되었다.[116] 어느 쪽도 결정적인 승리를 거두지 못하자 진 빠지는 오랜 싸움 끝에 한데 묶어 '베스트팔렌 조약'(1648년)이라고 알려진 협정이 체결되었으며, 그 결과 오스트리아 합스부르크 왕가는 물려받은 땅을 통제하고 스웨덴은 포메라니아, 브레멘, 발트해 연안 지역을 소유하게 되었다. 프로이센은 중요한 독일 프로테스탄트 국가로 부상하고, 프랑스는 알자스 지방의 많은 곳을 손에 넣었다. 마침내 칼뱅주의는 신성로마제국에서 합법적 종교가 되었다.[117] 30년전쟁을 끝냄으로써 유럽은 제국 통치의 위험과 싸워 이겼다. 이제 페르시아, 로마, 오스만을 본뜬 거대 통일 제국은 나타나지 않는다. 대신 유럽은 더 작은 나라들로 나뉘어 각자 자기 영토에서 주권을 주장하고, 직업 군인으로 이루어진 상비군의 지원을 받고, 절대 통치를 갈망하는 제후의 지배를 받게 된다. 아마 국가 간의 만성적 전쟁을 막으려는 처방이었을 것이다.

이런 전쟁을 하는 사람들의 마음속에는 물론 '종교적' 감성이 자리 잡고 있었다. 하지만 종교를 사회적, 경제적, 정치적 쟁점과 구분할 수 있다고 상상하는 것은 기본적으로 시대착오적인 것이다. 역사가 존 보시(John Bossy)는 1700년 이전에는 사회나 정치와 분리된 '종교'라는 개념이 없었다는 점을 일깨워주었다. 이 장에서 나중에 보겠지만 그런 구분은 근대 초기 철학자와 정치가가 교회와 국가를 형식적으로 분리하고 나서야 이루어지며, 그때부터 자유 국가까지는 또 먼 길이었다. 그 시기 전에는 "종교적 대의와 사회적 대의를 나누는 일관된 방법은 전혀 없었다. 그런 구분은 근대의 발명품이다."[118] 사람들은 사회의 다양한 비전을 위해 싸웠지만, 아직 종교적인 요인을 속세의 요인과 구별할 방법이 없었다.

이것은 찰스 1세의 처형을 낳고 올리버 크롬웰(1599~1658) 치하의 단명한 청교도 공화국을 탄생시킨 '잉글랜드내전'(1642~1648년)도 마찬가지였다. 잉글랜드내전의 경우에는 종파의 경계선을 넘은 전쟁 참가자들의 예를 나열하는 것이 더 어렵다. 크롬웰의 청교도군과 왕군이 모두 성공회의 구성원이었기 때문이다. 그러나 그들은 신앙을 바라보는 눈이 달랐다. '청교도'는 자신의 나라에서 이루어지던 종교 개혁의 느리고 제한된 진전에 불만을 품고 잉글랜드 기성 체제에서 '교황적' 관행을 '숙청'하고자 했다. 그들은 권위적인 주교가 있는 정교한 교회 건물에서 예배를 드리는 대신, '거듭나는' 회심을 경험한 사람들로 이루어진 작고 배타적인 회중을 형성했다. 잉글랜드와 스코틀랜드 교회에서 칼뱅주의를 근절하려는 캔터베리 대주교 윌리엄 로드의 고압적 시도, 청교도 성직자에 대한 성무 정지, 왕권 절대주의 지지가 핵심적인 자극제였다. 크롬웰은 하느님이 지상의 일을 관장하며 잉글랜드인을 새로운 '선택받은 백성'으로 선발했다고 확신했다.[119] 1645년 그의 신형군(新型軍)이 네이즈비 전투에서 왕군을 물리친 사건은 "놀라운 섭리와 주의 출현"을 증명한 것으로 보였으며,[120] 잔인한 아일랜드 정복은 "하느님의 의로운 심판"으로 정당화되었다.[121]

그러나 이제는 잉글랜드내전이 종교적 광신의 마지막 분출이며, 이 분출이 1660년 찰스 2세의 입헌군주제로 안정되었다고 보지 않는다.[122] 이 내전 또한 국가의 중앙 집권화에 대항한 유럽의 더 큰 투쟁의 일부였다. 찰스 1세는 30년전쟁 뒤 대륙에 확립된 것과 비슷한 절대 군주제를 이루려 노력했으며,[123] 내전은 중앙 집권화에 반대하고 지역의 이익과 자유와 특권을 보호하려는 시도였다.[124] 이번에도 스코틀랜드 장로교도와 아일랜드 가톨릭교도는 군주제를 약화하기 위해 교파의 구분을 초월하여 한동안 청교도와 함께 싸웠다. 찰스는 스코틀랜드에 주교의 통치를 강요하려 했으며, 스코틀랜드인은 1639년 성명에서 종교만이 아니라 "모든 군주 정부를 물리치기 위해" 싸운다는 점을 분명히 밝혔다.[125] 1641년 찰스에게 제출한 대간의서(大諫議書)에서 청교도는 종교와 정치가 분리될 수 없다는 점을 당연하게 받아들였다. "우리는 이 모든 잘못의 뿌리를 이 왕국의 종교와 정의의 굳건한 기초를 이루는 정부의 근본적 법과 원칙을 전복하기 위한 악의적이고 파괴적인 기획이라고 본다."[126]

윌리엄 캐버노가 《종교적 폭력의 신화》에서 설명하듯이 이런 전쟁은 "종교가 모든 것"도 아니었고 "정치가 모든 것"도 아니었다. 하지만 이런 전쟁이 세속적인 일과 분리된 사적이고 개인적인 활동으로서 '종교'라는 관념을 만드는 데 도움을 준 것은 사실이다.[127] 스웨덴이 30년 전쟁에 참여하도록 배후에서 조종한 총리 악셀 옥센셰르나는 스웨덴 추밀원을 상대로 이 전쟁은 "종교의 문제라기보다는 공적인 일을 수행하는 문제로서 여기에 종교도 포함된다."고 말했다.[128] 루터파 교회는 이미 스웨덴 국가에 흡수되었거나 '포함되었기' 때문에 그는 그렇게 말할 수 있었다. 정치권력의 새로운 구성은 교회를 종속적 영역으로 밀어 넣기 시작했으며, 이 과정은 권위와 자원의 근본적 재분배를 포함했다. 16세기 말 프랑스에서 '세속화(secularization)'라는 새로운 단어가 만들어졌을 때, 이 말은 원래 "교회 소유 물자를 세상(saeculum) 소유로 이전하는 것"을 가리켰다.[129] 교회의 소관이었던 입법과 사법 권력은 점차 새로운 주권 국가로 이전되었다.

대부분의 국가와 마찬가지로 이 근대 초기 왕국들도 힘으로 이루어졌다. 모두 최대한 많은 땅을 합병하려고 싸웠고, 주권 국가라면 허락할 수 없는 전통적 특권과 면책권을 놓고 그것을 지키려는 도시, 성직자, 지역 결사, 귀족과 내부 전투를 치렀다.[130] 근대 국가는 경쟁하는 정치 제도, 즉 제국, 도시 국가, 봉건 영주를 군사적으로 물리침으로써 생겨났다.[131] 중세 정부에 완전히 통합되어 있던 교회도 정복해야 했다. 이렇게 16, 17세기 전쟁은 "이전 시대의 경쟁하는 힘들 가운데 일부가 불에 타버리고 일부는 섞이고 바뀌어 새로운 합성물이 되는 용광로 …… 그 뒤에 나온 모든 것의 모체"였다.[132]

종교 폭력의 해법을 찾아서, 홉스와 로크

이런 정치적이고 사회적인 상황 전개는 '종교'라는 말을 새롭게 이해할 것을 요구했다.[133] 근대 초기 사상의 특징 가운데 하나는 대립을 가정하는 경향이었다. 현상을 더 정확하게 정의하려고 시도하면서 한때는 공존했던 경험 범주가 이제 서로 대립하게 되었다. 신앙과 이성, 지성과 감성, 교회와 국가. 그때까지 '내적인' 세계와 '외적인' 세계는 보완적이었으나, 이제 종교는 정치 같은 '외적' 활동과 분리된 사적이고 내면화된 일이 되었다. 프로테스탄트의 기독교 재해석 자체가 근대 초기의 산물이었는데, 프로테스탄트는 '종교'를 정의하고 다른 신앙 전통이 순응하기를 기대하는 의제를 설정했다. 이 새로운 정의는 종교를 사적 영역으로 밀어 내린 새로운 주권 국가의 계획을 반영했다.

이런 전개에서 핵심적인 인물이 처버리의 에드워드 허버트 경(1583~1648)으로서 그는 철학자였을 뿐 아니라 교회 업무의 국가 통제를 위해 노력한 정치가였다. 허버트의 가장 중요한 작업이자, 휘호 흐로티위스(1583~1645) 르네 데카르트(1596~1650) 존 로크(1632~1704) 같은 중요한 철학자들에게 영향을 끼친 《진리에 관하여》는 기독교가 제도도 아니고 생활 방식도 아니며, 인간 정신에 내재한 다섯 진리의 집합이라고 주장했다. (1) 지고의 신이 존재하며 (2) 이 신을 예배해야 하고 (3) 윤리적 생활과 자연스러운 경건함으로 섬겨야 하며 (4) 따라서 인간은 죄를 거부해야 하고 (5) 죽은 뒤에는 하느님에게서 보상을 받거나 벌을 받는다.[134] 허버트에 따르면 이런 관념은 본능적이고 자명하며 가장 낮은 수준의 지성도 이해할 수 있는 것이기 때문에 교회의 의례와 안내가 불필요했다.[135] 그러나 이런 '진리'는 사실 불교도 힌두교도 유교도 도교도에게는 낯설어 보일 것이고, 많은 유대인 기독교인 무슬림도 이상하다고 생각할 것이다. 허버트는 "이렇게 꾸밈없이 하느님에게 예배드리는 것을 모든 사람이 만장일치로 열렬히 원하리라" 믿었으며, 모두가 "신앙의 이런 자연스러운 표시"에 동의할 것이기 때문에 이것이 평화의 열쇠라고 확신했다. 이 진리를 받아들이기를 거부하는 '무례한 정신'이 있다면 세속 관리에게 벌을 받아야 했다.[136] 그런데 이런 핵심적 사상의 '자연스럽고' '정상적이고' '내재적인' 성격을 강조하는 데에는 마음속에서 이 진리를 발견하지 못하는 사람이 어떤 면에서는 부자연스럽고 비정상적이라는 뜻이 담겨 있었다. 근대 초기 사상에 어두운 흐름이 등장하고 있었던 것이다. 따라서 신앙의 이런 사유화는 그것이 없애려고 노력하는 이른바 '종교적' 열성과 마찬가지로 분열적이고 강압적이고 편협해질 가능성이 있었다.

토머스 홉스(1588~1679) 또한 국가의 교회 통제를 평화에 필수적이라고 보았으며, 강한 군주가 교회를 장악하고 종교적 통일을 이루기를 바랐다. 그는 헌신적인 왕당파로서 잉글랜드내전 뒤 파리 망명 중에 고전《리바이어던》(1651)을 썼다. 종교의 분열적 힘은 하느님이 질서 잡힌 우주를 창조하기 위해 성경에 나오는 혼돈의 괴물 리바이어던을 제압하듯이 효과적으로 제어해야 한다. 홉스는 그렇게 주장했다. 홉스는 종교전쟁은 전적으로 비합리적인 교조를 놓고 벌인 의미 없는 언쟁 탓이라고 강하게 주장했다. 모두가 이 의견을 공유한 것은 아니다. 잉글랜드의 정치 이론가 제임스 해링턴은《오세아나 공화국》(1656)에서 이런 갈등에 일조한 경제적이고 법적인 쟁점을 논의하지만 홉스는 받아들이지 않았다. 오직 "창피한 교리"로 민중을 잘못

이끈 설교자들만이 "최근 벌어진 모든 해악의 원인"이다. 홉스는 그렇게 주장했다.[137] 장로교 성직자들은 잉글랜드내전 이전에 감당할 수 없는 감정을 부추긴 데 가장 큰 책임이 있으며, "따라서 벌어진 모든 일은 그들의 죄다."[138] 홉스의 해법은 절대국가를 창조하는 것이었다. 이 국가는 인간이 자신의 믿음에 고집스럽게 집착하는 바람에 쉼 없이 전쟁의 운명으로 빠지는 경향을 누를 것이다. 인간은 인간성이 진리를 파악하는 데 약하다는 사실을 인정하고, 서로 계약을 맺고 절대군주를 선출하여 그의 생각을 자신의 것으로 받아들이는 법을 배워야 한다.[139] 이 통치자는 성직자들을 통제하여 종파적 갈등의 가능성까지 예방할 것이다.[140] 그러나 슬프게도 역사는 홉스의 해법이 지나치게 단순함을 보여주었다. 유럽 국가들은 종파적 다툼이 있든 없든 계속 야만적으로 서로 싸우게 된다.

존 로크의 해법은 종교의 자유였다. 그의 관점에서는 종교전쟁의 원인이 다른 관점을 받아들이지 못하는 치명적인 무능력이었기 때문이다. 종교는 "사적인 탐색"이고 그렇기 때문에 정부의 감독을 받을 수가 없다. 로크는 그렇게 주장했다. 이 개인적 탐구에서 모든 사람은 외적 권위보다 "자신의 노력"에 의지해야 한다.[141] 종교와 정치를 섞는 것은 심각하고 위험하고 실존적인 잘못이다.

교회 자체는 국가와 절대적으로 분리되고 구분되는 것이다. 양쪽을 나누는 경계는 고정되어 있고 움직일 수 없다. 원래의 목적과 일에서, 또 모든 것에서 서로 완벽하게 다르고 무한하게 다른 이 두 사회를 섞는 사람은 하늘과 땅, 곧 가장 멀리 떨어지고 대립적인 것을 뒤섞는 것이다.[142]

로크는 정치와 종교의 분리가 사물의 본성 자체에 새겨져 있다고 가정했다. 물론 이 생각은 급진적 혁신으로서 같은 시대 사람들은 대부분 로크의 생각이 특이하고 받아들일 수 없다고 여겼을 것이다. 이렇게 되면 근대의 종교는 전에 있던 어떤 것과도 완전히 다른 것이 된다. 그러나 로크는 종교가 격한 감정을 분출할 수도 있다고 보고, 종교를 정부로부터 격리하는 것이 평화로운 사회를 창조하기 위해 "가장 필수적"이라고 주장했다.[143] 로크에게서 우리는 서양의 에토스에 깊이 뿌리를 내리게 되는 '종교적 폭력 신화'의 탄생을 본다.

서양 기독교가 근대 초기에 더 내면화된 것은 사실이다. 신앙이 그리스도의 구원의 힘을 내적으로 전유하는 것이라는 루터의 개념, 아빌라의 테레사(1515~1582)의 신비주의, 로욜라의 이그나티우스(1491~1556)의 《영신 수련》에서 이 점은 분명히 드러난다. 그러나 과거에 내적 세계를 탐사하는 과정에서 불교 수도자는 '사람들의 복지와 행복을 위해' 일하고, 유학자는 사회 개혁을 위한 정치적 노력을 할 수밖에 없었다. 예수는 광야에서 사탄과 고독한 싸움을 한 뒤에 고통을 당하는 갈릴리의 여러 마을에서 치유의 사목을 시작했으며, 이로 인해 당국에 처형당했다. 무함마드는 히라산의 동굴을 떠나 메카의 구조적 폭력에 대항하는 정치 투쟁에 나섰다. 근대 초기에도 이그나티우스의 예수회는 《영신 수련》이 동력이 되어 전 세계—일본, 인도, 중국, 아메리카—로 진출했다. 그러나 근대 '종교'는 구도자가 자기 자신에 파묻히게 함으로써 이 자연스러운 역학을 뒤집으려 했고, 불가피하게 다수가 신앙의 이런 부자연스러운 사유화에 반발하게 된다.

르네상스 인본주의자들은 자신들이 수립하던 천부인권을 신세계의 토착 민족에게까지 확장하지 못함으로써 지금도 우리 정치 생활을 형성하는 근대 초기 사상의 음험한 이면을 이미 드러내고 있었다. 근대 정치의 자유주의적 에토스를 처음 정리한 사람으로 꼽히는 로크 또한 자신이 제안한 세속주의의 어두운 면을 드러냈다. 로크는 관용의 선구자였음에도 주권 국가는 가톨릭이나 이슬람을 수용할 수 없다고 강하게 주장했다.[144] 그는 노예에 대한 주인의 "절대적이고 자의적이고 전제적인 권력"을 승인했으며, 여기에는 "언제라도 노예를 죽일 수 있는 권한"이 포함되었다.[145] 로크는 노스캐롤라이나와 사우스캐롤라이나의 식민지화에 직접 관여하면서 아메리카의 원주민 '왕들'은 사법권이나 자신의 땅에 대한 소유권이 없다고 주장했다.[146] 도회풍의 토머스 모어와 마찬가지로 로크 또한 "아메리카의 야생 숲과 경작되지 않은 황무지를" 유럽의 "곤궁하고 비참한" 사람들을 돕는 데 사용할 수 있는데도 "어떠한 개선, 경작, 관리도 없이 자연 상태로 방치하는 것"을 견딜 수 없었다.[147] 이렇게 식민지의 토착 민족을 희생하고 자유주의적이고 세속주의적인 서양에 특권을 부여하는 폭력적 억압의 새로운 체제가 등장하고 있었다.

식민지 문제에 대해서는 근대 초기 사상가 대부분이 로크에게 동의했다. 흐로티위스는 원주민에 대한 군사적 행동은 원주민에게 자신의 영토에 대한 법적 권리가 없기 때문에 모두 정당하다고 주장했다.[148] 홉스는 아메리카 원주민―"수도 적고 야만적이고 수명이 짧고 가난하고 비열한"―은 농업 경제를 발전시키지 않았기 때문에 자신의 땅을 포기해야 한다고 믿었다.[149] 세인트 폴 성당의 수석 사제인 존 던은 1622년 런던에서, 지금의 뉴욕과 사우스캐롤라이나 사이의 모든 땅을 식민지로 만들어도 좋다는 칙허장을 받은 버지니아회사를 상대로 설교를 하면서 주장했다. "자연법과 국제법에 따라 아무도 산 적이 없거나 이전 거주자가 완전히 방치하여 기억할 수 없는 옛날부터 버려진 땅은 그것을 소유하는 자들의 것이 된다."150) 식민주의자들은 이런 믿음을 품고 북아메리카로 간다. 그러나 근대 초기 사상가들과는 달리 이들은 교회와 국가를 분리할 의도가 전혀 없었다.

10장

세속주의의 승리,
혁명과 민족

미국, 독실한 신앙인들이 세운
최초의 세속 국가

1620년 '순례자 선조'(필그림 파더스)가 매사추세츠만에 도착했을 때 자신들이 이제 곧 세계 최초의 세속 공화국의 기초를 놓아야 한다는 이야기를 들었다면 경악했을 것이다. 그들은 로드 대주교가 가톨릭의 관행으로 자신들의 교회를 타락시킨다고 믿었기 때문에 잉글랜드를 떠났으며, 자신들의 이주를 새로운 '출애굽'으로, 아메리카를 '잉글랜드의 가나안', 곧 자신들의 '약속된 땅'으로 보았다.[1] 1630년 매사추세츠만 식민지의 첫 총독 존 윈스럽은 배에서 내리기 전 그들이 다른 나라에 빛이 되고, '구잉글랜드(Old England)'가 종교 개혁을 소생시키도록 고무하는, 진정으로 청교도적인 공동체를 건설하기 위해 아메리카 광야에 왔다고 일깨워주었다.[2] "우리가 언덕 위의 도시가 될 것임을 생각해야 한다. 모든 사람의 눈이 우리를 지켜보고 있으니, 우리가 맡은 이 일에서 우리의 하느님을 그릇되게 대하여 하느님이 우리에게서 지금의 도움을 거두시게 되면, 우리는 전 세계 사람들 입에 오르내리는 이야깃거리가 될 것이다."[3] 청교도의 가장 중요한 임무 가운데 하나는 아메리카 원주민을 북아메리카 프랑스 가톨릭 정착자들의 간계에서 구해내, 뉴잉글랜드(New England)를 "예수회가 이 지역에서 세우려고 하는 적그리스도 왕국에 맞서는 요새"로 만드는 것이다.[4] 윈스럽은 이때 세속 국가라는 관념을 생각할 수도 없었을 것이며, 식민지 개척자들 대부분과 마찬가지로 민주주의를 좋아하지도 않았다. 그는 아메리카 땅에 발을 들여놓기 전에 이주자들에게 하느님은 "언제나 일부는 부유하고 일부는 가난할 수밖에 없고, 일부는 권력과 존엄이 높고 귀하며 일부는 천하여 종속될 수밖에 없게 인간의 조건을 만들어놓았다."고 단단히 일러두었다.[5]

청교도는 하느님이 특별한 배려로 자신들에게 땅을 주었다고 확신했으며, 이런 성약(聖約)에 대한 믿음은 인본주의자들의 천부인권이라는 세속적 학설과 무리 없이 섞여들었다. 1630년 사우샘프턴을 떠나기 전날 저녁 존 코튼 목사는 청교도 이주의 성경적 선례를 모두 나열했다. 하느님이 '텅 빈' 세상을 식민지로 만든 아담과 노아의 자손에게 원래의 주민에게 사거나 허가를 구하지 않고도 '비어 있는 자리'에 들어가 살 '자유'를 주었다는 것을 보여준 뒤 바로 다음 주장으로 자연스럽게 나아갔다. "비어 있는 땅에서는 그 땅을 소유하는 자, 그곳에 문화와 농업을 전해주는 자가 곧 그 땅의 권리를 가지는 것이 자연의 원리다."[6] 잉글랜드에는 사람이 너무 많다. 베이회사의 사업 관리자인 로버트 쿠시먼은 그렇게 주장했다. 반면 원주민은 "근면하지 않고, 땅이나 물자를 이용할 기술이나 과학, 솜씨, 능력이 없고, 또 거름을 주거나 수확하거나 정리하는 작업도 하지 않아 모든 것이 손상되고 썩고 못쓰게 되었기" 때문에 아메리카는 "방대하고 텅 빈 혼돈"이다. 따라서 정착자들이 "아무도 이용하지 않는 땅을 차지하는 것"은 "합법적"이다.[7] 이런 자유주의적 학설은 개척자들이 아메리카 원주민을 다루는 데 성경의 가르침만큼이나 큰 영향을 끼치게 된다.

청교도 신학에서는 '원죄'가 중심에 자리를 잡고 있었고, 이로 인해 이 고집스러운 청교도 식민지 개척자들은 정체(政體)를 생각할 때 인간의 타락한 본성을 다스릴 절대주의적 해결책 쪽으로 기울었다. 아담이 죄를 짓지 않았다면 정부는 필요 없었을 것이다. 하지만 구원받지 못한 사람들은 자연히 거짓말 도둑질 살인에 빠져들게 되며, 이런 악한 충동은 오직 강하고 권위적인 정부만이 힘으로 제어할 수 있다. '거듭난' 사람들은 '하느님의 아들'로서 자유를 누리지만 오직 하느님이 명령하는 것만 자유롭게 할 수 있다. 그들은 회심하면서 자신의 경향을 따를 권리를 포기했으므로 하느님이 그들 위에 세워놓은 권력에 복종해야만 한다.[8]

매사추세츠만 식민지는 물론 북아메리카의 첫 잉글랜드 정착지는 아니었다. 버지니아의 제임스타운 건설자들은 1607년에 도착했다. 그들은 국교를 반대하는 열렬한 청교도가 아니라 자신들의 식민지를 이윤이 남는 상업적 사업체로 만들려는 중상주의자들이었다. 그러나 배에서 내려서 그들이 처음 한 일은 돛을 지붕 삼고 통나무를 좌석 삼아 임시 교회를 지은 것이었다.[9] 그들의 식민지도 거의 매사추세츠만큼이나 엄격했다. 교회 예배는 의무였고 음주 도박 간통 게으름 사치스러운 옷차림에는 벌금을 물렸다. 죄를 지은 사람이 태도를 바꾸지 않으면 파문하고 재산을 몰수했다.[10] 이것은 상업적인 동시에 기독교적인 기획이었으며, 런던에서는 구원의 역사에서 중추적 순간으로 환영했다.[11] 그들이 받은 칙허장에 따르면 버지니아회사의 주요 목적은 경제적 성공보다는 원주민의 개종이었다.[12] 버지니아인은 근대 초기 프로테스탄트와 마찬가지로 아우크스부르크 화의의 원칙을 고수했다. "영토에 속한 자는 종교도 영토에 따라야 한다." 농경 국가 통치자들은 신민의 영적 생활을 통제하려고 시도하는 일이 드물었던 반면, 상업 정신을 지닌 버지니아인은 적절하게 규제되는 사회에서 모든 시민이 똑같은 신앙을 가져야 한다고 생각했다. 따라서 그들이 보기에 종교 의식을 준수하도록 강요하는 것은 정부의 의무였다.

존 로크는 아직 태어나기도 전이었으며, 따라서 아메리카 식민지에서 종교와 정치와 경제는 여전히 분리될 수 없었다. 실제로 버지니아인은 상업을 순수하게 세속적인 활동으로 생각할 수 없었다.[13] 회사의 선전 담당자 새뮤얼 퍼처스는 자신들의 이데올로기를 가장 충실하게 표현했다.[14] 아담이 타락하지 않았다면 온 세상이 원래의 완전함을 유지했을 것이고 탐험은 쉬웠을 것이다. 하지만 죄가 찾아오면서 인간이 너무 타락하여 서로 살육을 할 정도가 되자 하느님은 바벨탑을 파괴한 후 사람들을 지상에 흩어놓고 서로 알지 못한 채 살아가게 했다. 그러나 동시에 상업이 사람들을 다시 한데 모을 것이라고 선언했다. 에덴에서 아담은 모든 필수품을 가질 수 있었지만, 타락 이후 이 또한 흩어졌다. 그러나 이제 근대적인 항해 기술 덕분에 한 지역에 속하는 나라가 다른 곳에는 부족한 물자를 공급할 수 있게 되었으며, 하느님은 세계 시장을 이용하여 비기독교 세계를 구원할 수 있다. 아메리카에서 버지니아인은 기근이 찾아오곤 하는 잉글랜드에 기본 식품을 공급하는 동시에 원주민에게 복음을 가져다줄 것이다. 버지니아회사의 포스터는 하느님이 이제 예언자와 기적을 통해 일하시지 않는다고 설명했다. 이 시대에 세상을 복음화하는 유일한 길은 "발견과 상인의 교역을 결합하는 것"이다. 식민지 개척자들은 원주민의 땅에 살면서 그들과 거래를 하며 "일상의 대화"를 통해 "그들에게 하늘의 진주를 팔" 것이다.[15] 따라서 상품의 추구는 그 자체가 목적이 아니며, 회사는 이윤만 구하면 실패할 것이다. 퍼처스는 그렇게 주장했다.

퍼처스는 원래 그 땅을 원주민에게서 강제로 빼앗아서는 안 된다고 믿었다. 하느님이 그들에게 준 땅이기 때문이다.[16] 그의 프로테스탄트 이데올로기는 온정주의적이라고 할 수는 있어도, 어쨌든 토착 민족에 대한 어느 정도의 존중이 있었다. 하지만 무시무시한 겨울을 두 번 보내는 동안 식민지 개척자들은 굶어 죽어 갔고 징집한 노동자들은 그 지역에 살던 포와탄 부족에게로 달아났다. 잉글랜드 총독이 포와탄 족장에게 도망자들을 돌려 달라고 하자 족장은 경멸하며 거부했다. 그러자 잉글랜드 민병대는 정착지를 습격하여 아메리카 원주민 15명을 죽이고, 그들의 집을 태우고, 옥수수를 베고, 족장의 부인을 납치하면서 자식들을 죽였다.[17] 평화로운 '일상의 대화'는 그것으로 끝이었다. 원주민은 당황했다. "왜 당신들은 식량을 공급하는 우리를 죽이려 하는가?" 포와탄 족장이 물었다. "왜 우리를 시샘하는가? 우리는 무장하지 않았으며 당신들이 우호적인 태도를 보인다면 청하는 것을 줄 용의가 있다."[18]

그러나 1622년에 이르자 원주민은 식민지의 급속한 성장에 공포를 느끼기 시작했다. 잉글랜드인이 그들의 사냥터 가운데 상당한 면적을 차지했기 때문에 그들은 필수적인 자원을 빼앗긴 셈이었다.[19] 포와탄

족은 갑자기 제임스타운을 공격하여 잉글랜드 주민의 약 3분의 1을 죽였다. 버지니아인은 무자비한 지구전으로 보복했다. 지역 부족들이 정착하여 옥수수 재배하는 것을 허락했다가 추수 직전에 공격하여 가능한 한 많은 수의 원주민을 죽인 것이다. 그들은 3년이 안 되어 제임스타운 학살을 몇 배로 복수했다. 그들은 복음의 동정 원리에 따라 식민지를 세우는 것이 아니라 무자비한 군사력을 동원하는 박멸 정책을 개시했다. 퍼처스조차 성경을 버리고 인본주의자들의 공격적인 인권 학설에 의지할 수밖에 없었다. 원주민은 잉글랜드 정착민에게 저항함으로써 자연법을 어겼기 때문에 그런 운명을 겪어 마땅하다고 동의해버리고 만 것이다.[20] 과거에 신앙이 있던 자리에 실용적인 고려가 들어서기 시작했다. 회사는 잉글랜드에 필요한 주요 식량을 생산하지 못했고, 투자자들은 충분한 수익을 얻지 못했다. 식민지가 기능할 수 있는 유일한 방법은 담배를 재배하여 1파운드(약 450그램)당 5실링에 파는 것이었다. 버지니아는 거룩한 기업으로 시작하여, 로크의 자유주의적 이데올로기가 아니라 상황의 압박 때문에 점차 세속화되었다.[21]

매사추세츠의 청교도는 원주민을 죽이는 데 아무런 양심의 가책이 없었다.[22] 그들은 30년전쟁 중에 잉글랜드를 떠났기 때문에 그 무시무시한 시기의 호전성이 몸에 밴 상태였으며, 성경을 매우 선택적으로 읽어 자신들의 폭력을 정당화했다. 예수의 평화주의적 가르침은 무시하고, 히브리 경전 일부에 나오는 전투적 태도에 의존했다. "하느님은 탁월한 전사다." 알렉산더 레이턴은 그렇게 설교했다. 성경은 "가장 훌륭한 전쟁 지침서다."[23] 존경받는 목사 존 코튼은 그들이 원주민의 영토에 대한 천부의 권리를 지녔을 뿐 아니라 그들의 땅을 차지하라는 "하느님의 특별한 위임"을 받았기 때문에 상대의 "도발이 없어도" 공격—정상적으로는 불법인 절차였다.—을 할 수 있었다.[24] 훗날 미국 정치의 특징으로 자주 등장하는 예외주의적 사고의 표시가 이미 눈에 보이고 있었다. 1636년 플리머스 식민지의 총독 윌리엄 브래드퍼드는 잉글랜드 무역상 살해에 복수하기 위해 코네티컷 해안 미스틱강변에 있던 피쿼트족의 요새화된 마을을 습격한 일을 묘사했다. 그는 무시무시한 살육을 지켜보며 거만한 자족감을 드러냈다.

불을 피한 자들은 검에 죽임을 당했다. 일부는 산산조각이 났고, 일부는 양날의 칼에 찔려 죽었다. 신속히 처리했기 때문에 탈출한 사람은 거의 없었다. 이렇게 해서 이번에는 4백 명 정도를 죽인 듯했다. 그들이 그렇게 불에 튀겨지고, 피의 개울이 흘러 불을 끄는 광경은 무시무시했지만, 또 거기에서 나는 악취는 끔찍했지만 승리는 달콤한 희생제로 느껴졌으며, 병사들은 자신들을 위해 그렇게 멋지게 일해주신 하느님에게 기도를 드렸다.[25]

청교도는 얼마 남지 않은 피쿼트족 생존자들과 '하트퍼드 조약' (1638년)을 놓고 협상하면서 모든 피쿼트족 마을을 파괴하고 여자와 아이를 노예로 팔겠다고 고집했다. 기독교인이 더 자비롭게 행동했어야 하는 것 아닐까? 30년전쟁에 참전한 존 언더힐 대위는 물었다. 그는 자신의 수사 의문문에 단호한 부정으로 답했다. 하느님이 잉글랜드인을 지원하기 때문에 "우리는 우리의 행동을 비추어줄 빛이 충분했다."[26]

하지만 30년 뒤 일부 청교도가 이런 원주민 원정의 타당성에 의문을 제기하기 시작했다.[27] 1675년 기독교로 개종한 원주민의 살해 사건 뒤 플리머스 당국은 아주 박약한 증거를 들어 잉글랜드인이 '필립 왕'이라고 부르던 왐파노아그 족장 메타콤이 이 사건의 책임자라고 지목했다. 당국이 측근 세 명을 처형하자 메타콤은 원주민 동맹자들과 함께 바로 플리머스와 로드아일랜드의 잉글랜드 마을 90개 가운데 50개를 파괴했다. 1676년 봄에 원주민 군대는 보스턴에서 15킬로미터 정도 떨어진 곳까지 다가갔다. 가을에는 전황이 식민지 개척자들에게 유리하게 돌아갔다. 그러나 그들은 힘겨운 겨울을 마주하고 있었고, 로드아일랜드의 나라간세트족에게는 식량과 물자가 있었다. 잉글랜드 민병대는 이번에도 미심쩍은 증거를 제시하며 나라간세트족이 메타콤을 도왔다고 비난하면서 그들의 마을을 공격하여 약탈하고, 거주자들을 학살하고—대부분이 비전투원 피난민이었다.—정착지를 불태워버렸다. 전쟁은 양쪽의 잔혹 행위로 얼룩졌지만—원주민 전사들은 산 채로 포로의 머리 가죽을 벗겼고 잉글랜드인은 포로의 배를 가르고 사지를 찢었다.—1676년 여름에 양편은 싸움을 포기했다. 그러나 이 전쟁으로 원주민 가운데 거의 절반이 사라졌다. 1,250명이 전투에서 죽고, 625명이 부상으로 죽고, 3천 명이 포로가 되어 병으로 죽었다. 그러나 잉글랜드는 약 8백 명의 사상자를 냈을 뿐인데, 이 수치는 잉글랜드 총주민 5만 명 가운데 1.6퍼센트에 불과했다.

청교도 기성 체제는 식민지 개척자들이 하느님의 길로부터 타락하고 교회 출석을 게을리 하는 것을 보고 하느님이 원주민을 이용하여 벌을 주었다고 믿었기 때문에 원주민 사상자에는 아무런 관심이 없었다. 하지만 식민지 개척자 다수는 이제 총력전의 도덕성을 전만큼 확신하지 않았다. 이번에는 목소리가 큰 소수파가 전쟁에 반대하는 의견을 냈다. 1656년 보스턴에 처음 도착하여 청교도의 불관용의 피해자가 되기도 했던 퀘이커교도는 잔혹 행위를 강하게 비난했다. 로드아일랜드 총독 존 이스턴은 플리머스의 청교도가 도발적으로 정착지를 확대하고 악의적으로 부족들을 이간하는 과정에서 오만과 과신을 드러내고 있다고 비난했다. 원주민에게 파견된 선교사 존 엘리엇은 이 싸움이 자기 방위 전쟁이 아니며, 진짜 침략자는 증거를 과장하고 원주민을 부당하게 처벌한 플리머스 당국이라고 주장했다. 버지니아에서 그런 것처럼 정치에서 신앙이 쇠퇴하면서 합리적이고 자연주의적인 주장이 점차 신학적인 주장을 대체하게 되었다.[28]

흔히 있는 일이지만 종교적 열성의 전반적 쇠퇴는 사회의 일부 불만분자들의 부흥을 자극하는 경향이 있다. 18세기 초에 이르면 식민지에서 예배는 형식적이 되고 우아한 교회가 뉴욕과 보스턴의 스카이라인을 바꾸어놓는다. 이런 교회의 점잖은 회중은 시골 지역에서 광적인 신앙이 분출하는 데 경악했다. '대각성운동'은 코네티컷주 노샘프턴에서 처음 터져 나왔다. 1734년 두 젊은이의 죽음과 조너선 에드워즈 목사(1703~1758)의 강력한 설교가 이 도시를 신앙의 열기로 달아오르게 했고, 이 열기는 매사추세츠와 롱아일랜드로 퍼져 나갔다. 에드워즈가 설교를 하는 동안 회중은 비명과 고함을 지르고 통로에서 몸을 비틀고 설교단 주위에 몰려들어 멈춰 달라고 간청했다. 그러나 에드워즈는 냉정하게 설교를 이어 갔으며, 히스테리에 사로잡힌 대중은 보지도 않았고 그들에게 위로를 주지도 않았다. 그냥 종 당김줄만 똑바로 보고 있었다. 이때 3백 명이 몸이 뒤틀리는 회심을 경험했고, 성경에서 눈을 뗄 수가 없어 음식을 먹는 것도 잊었다. 그러면서도 어떤 자연적 감각과도 사뭇 다른 아름다움을 기쁘게 경험하여 "큰 목소리로 찬탄하는 마음을 표현하지 않을 수 없었다."고 에드워즈는 회고했다.[29] 또 어떤 사람들은 하느님에 대한 두려움에 마음이 무너져 절망의 심연으로 가라앉았다가, 갑자기 죄에서 자유로워졌다는 확신을 얻으면서 지극한 환희를 향해 솟아오르기도 했다.

대각성운동은 종교가 진보와 민주주의에 장애가 되는 것이 아니라 근대화를 향한 긍정적인 힘이 될 수도 있다는 것을 보여주었다. 묘한 일이지만, 겉으로는 원시적으로 보이는 이 히스테리 현상이, 윈스럽에게는 충격을 주었겠지만 우리의 현재 규범에는 훨씬 가까운 평등주의를 청교도가 받아들이는 데 도움을 주었다. 대각성운동은 하버드 교수진을 놀라게 했고 에드워즈가 공부한 예일은 그와 관계를 단절했지만, 에드워즈는 신세계에서 다른 질서—다름 아닌 하느님의 나라—가 고통스럽게 태어나고 있다고 믿었다. 에드워즈는 사실 혁명을 관장하고 있었다. 대각성운동은 크게 분출하여 지상에서는 만족을 거의 바랄 수 없는 가난한 식민지들로도 흘러들었다. 교육받은 계급은 유럽 계몽주의의 합리적 위로에 기댄 반면, 에드워즈는 행복 추구라는 계몽주의의 이상을 문맹의 회중에게 그들이 이해할 수 있는 형식으로 가져다주었으며, 그 과정에서 이들은 1775년의 혁명적 격변을 맞이할 준비를 해나갔다.[30]

이 시기에는 식민지 개척자 대부분이 민주주의는 최악의 정부 형태이며 사회의 계층화는 하느님의 뜻이라고 여전히 믿고 있었다. 그들의 기독교적 지평에는 농경 국가에 필수적인 체제 폭력이라는 한계가 있었다. 뉴잉글랜드 회중 가운데 오직 거듭나는 회심을 경험한 '의인'만이 '성만찬'에 참여할 수 있었다. 이들은 잉글랜드 주민의 5분의 1에 불과했지만 이들만이 하느님이 '신이스라엘'과 맺은 성약에 참여했다. 그러나 의인조차 교회에서 말을 하는 것이 허락되지 않아 말없이 목사의 시중을 들어야 했으며, 거듭나지 않은 다수는 법 앞에는 평등했지만 정부에서 목소리를 내지 못했다.[31] 에드워즈의 할아버지인 노샘프턴의 솔로몬 스토더드는 대중은 진지한 생각을 할 능력이 없다고 퉁명스럽게 내쳐버렸다. "정부를 그들의 손에 쥐어주면 혼란스러운 외침이 상황을 주도할 것이다. …… 곧 모든 것이 뒤집힐 것이다."[32] 그러나 스토더드는 비회심자를 비롯한 모든 회중에게 성만찬에 참석하라고 촉구했으며, 매우 감정적인 모임을 열어 회중에게 일어나서 직접 공개적으로 성약을 요구하라고 명령했다.

에드워즈는 할아버지가 독재적인 관점을 지녔지만 사실상 대중에게 목소리를 주었다는 점을 이해했다. 그 자신은 회중에게 교회에서 할 말을 하지 않으면 영원히 길을 잃게 될 것이라고 다그쳤다. 에드워즈는 뉴잉글랜드 귀족에 속했다. 그는 정치적 혁명에 관심이 없었지만 이제는 설교자로서 청중이 자신들의 상황에 관해 설득력 있게 말하지 않는 영원한 진리에는 순순히 귀를 기울이려 하지 않는다는 사실을 깨달았다. 17세기 잉글랜드라면 통했을지 모르지만, 아메리카에는 다른 종류의 사회, 기성 귀족제에 속박당하지 않는 사회가 생겨나고 있었다. 1748년 에드워즈는 삼촌인 존 스토더드 대령의 장례식에서 주목할 만한 송덕문을 읽었는데, 여기에는 위대한 지도자의 자질이 나열되어 있었다. 이 신세계에서 지도자는 민중의 수준으로 내려와야 한다.[33] 지도자는 "인간 본성을 잘 알아야 하고", 나라의 "상태와 환경"을 숙지해야 하며, 자신의 생각을 인간적, 사회적 경험의 현실에 맞추어야 한다. 지도자는 민중을 알아야 하며 현재의 사건에 관심을 기울이고 위기를 예측해야 한다. 마지막에 가서야 에드워즈는 지도자가 "좋은 집안" 출신이어야 하지만, 그 이유는 오직 교육이 "유용하고" 지도자에게 더 큰 능력을 줄 수 있기 때문이라고 말했다. 위인은 "좁고 사적인 정신"을 지닌 이기적인 사람들과는 아무런 관계가 없다. 에드워즈는 상인 사업가 부동산 투기꾼 앞에 서서 "몇 파운드를 얻으려고 부끄러운 줄 모르고 자기 손을 더럽히고 …… 가난한 사람들의 체면을 짓밟고 이웃을 착취하고 권한을 이용하여 자기 배를 불리는" 사람들을 혹독하게 비난했다.[34] 식민지 사회의 구조적 폭력에 대한 이런 혁명적 공격은 다른 도시로 퍼졌고, 2년 뒤 에드워즈는 설교단에서 쫓겨나 다른 부적응자들과 함께 변경에서 피신 생활을 했으며 한동안 스톡브리지 원주민의 목사 노릇을 하기도 했다. 에드워즈는 당대의 사상을 잘 알았고 로크와 뉴턴의 책을 읽었지만, 그가 근대 평등주의라는 이상을 보통 사람들에게 전파하게 해준 것은 기독교였다.

1730년대와 1740년대 대각성운동은 미국의 첫 대중 운동이었다. 이 운동은 많은 보통 사람들에게 역사의 경로를 바꿀 수 있는 전국적인 사건에 참여하는 첫 경험을 안겨주었다.[35] 많은 미국인이 이후 독립 혁명 지도자들의 세속적 경향에서는 쉽게 자신과의 관련성을 찾을 수 없지만, 무아경에 빠지게 되는 부흥회는 그들이 '자유'라고 부르는 행복한 상태의 기억을 남겨주었다. 이들은 또 부흥회에 고무되어 자신의 감정적 믿음이 점잖은 계급의 지적인 경건함보다 우월하다고 여기게 되었다. 귀족적 성직자가 열성적 태도에 드러낸 경멸을 기억하는 사람들은 제도적 권위에 대한 불신을 버리지 않게 되었으며, 이 불신이 훗날 잉글랜드의 왕을 거부하는 과감한 조치를 취하는 발판이 되었다.

1775년 영국 정부가 프랑스와 식민지 전쟁을 벌이는 비용을 대기 위해 식민지 개척자들에게서 세금을 걷으려 하자 분노에 불이 붙어 곧바로 반란이 일어났다. 지도자들은 미국 독립전쟁을 세속적 사건이자 제국 권력에 대항하는 냉정하고 실용적인 투쟁으로 경험했다. 그들은 계몽주의적 인간들로서 로크와 뉴턴의 영향을 받았으며, 계시의 교리와 그리스도의 신성을 거부한다는 점에서 정통 기독교도와는 다른 이신론자들이었다. 토머스 제퍼슨, 존 애덤스, 벤저민 프랭클린이 초안을 잡고 1776년 7월 4일 식민지 의회의 비준을 받은 〈독립선언문〉은 로크의 자명한 인권─생명, 자유, 소유[36]─이론과 계몽주의의 자유와 평등이라는 이상에 기초한 계몽주의 문건이었다. 하지만 이 사람들에게는 부를 재분배한다거나 계급 체제를 폐지한다는 유토피아적 관념이 없었다. 그들에게 이것은 그저 실용적이고 원대하지만 감당할 만한 독립전쟁일 뿐이었다.

그러나 '건국의 선조'는 신사 계급에 속했으며 그들의 사상은 전형적이라고 할 수 없었다. 대부분 칼뱅주의자였던 미국인은 건국자들의 이 합리주의적 에토스에서는 자신과 연결되는 관련성을 찾지 못했다. 식민지 개척자들은 처음에는 영국과 결별하는 것을 망설였기 때문에 모두 투쟁에 참여하지는 않았으며, 참여한 사람들은 건국자들의 이상만큼이나 기독교의 천년 왕국 신화에서도 동기를 찾았다. 독립전쟁 기간에 세속주의 이데올로기는 다수의 종교적 갈망과 창조적으로 섞이면서 아주 다양한 신앙을 가진 미국인들이 잉글랜드의 힘에 맞서 한데 뭉칠 수 있었다. 목사들은 정부의 덕과 책임의 중요성을 이야기하여, 영국의 압제에 대한 새뮤얼 애덤스의 격렬한 비난을 민중이 이해하도록 도왔다.[37] '건국의 선조'는 자유를 이야기할 때 종교적 의미가 강한 단어를 사용했다.[38] 조너선 에드워즈의 손자이자 예일대학 총장을 지낸 티머시 드와이트는 독립전쟁이 '임마누엘의 나라'를 가져올 것이라고 예언했다.[39] 코네티컷의 설교자 에버니저 볼드윈은 자유, 신앙, 학식은 유럽에서 밀려나 미국으로 왔으며, 예수가 이곳에 자신의 나라를 세울 것이라고 주장했다. 필라델피아대학의 학장 윌리엄 스미스는 식민지가 "자유, 예술, 천국의 지식이 자리 잡도록 선택받은 곳"이라고 주장했다.[40] 존 애덤스는 아메리카의 잉글랜드 정착지를 세계 계몽을 위한 하느님의 계획의 일부로 보았고,[41] 토머스 페인은 확신하며 말했다. "세상을 다시 시작할 힘이 우리에게 있다. 현재와 같은 상황은 노아의 시대 이후 처음이다."[42]

그러나 이런 흥분에는 하느님 나라의 적에 대한 증오가 섞여 있었다. 인지 조례(1765년)*가 통과된 뒤 애국적인 노래들은 그 일을 저지른 사람들―뷰트 경, 그렌빌 경, 노스 경―을 사탄의 앞잡이로 묘사했으며, 정치적 시위에서 그들의 초상은 악마의 형상과 나란히 내걸렸다.[43] 조지 3세가 캐나다 영토의 프랑스 가톨릭교도에게 종교의 자유를 허가했기 때문에 미국 식민지 개척자들로부터 적그리스도의 동맹자라는 비난을 받았다.[44] 하버드와 예일의 총장들조차 독립전쟁을 가톨릭주의를 무너뜨리려는 하느님의 계획의 일부로 보았다.[45] 식민지 개척자들은 이런 맹렬한 종파적 적대감 때문에 여전히 다수가 구세계에 강한 애정을 느끼고 있었는데도 그 세계와 단호하게 결별할 수 있었다. 가톨릭 '압제'에 대한 증오는 오랫동안 미국의 국가적 정체성의 핵심 요소로 남게 된다. 건국자들은 로크의 추종자였을지 모르지만, '종교'는 아직 식민지에서 추방되지 않았다. 만일 그랬다면 독립전쟁은 성공하지 못했을 것이다.

인지 조례(Stamp Act) 1765년 영국이 북아메리카 식민지에서 처음으로 실시한 과세법. 북아메리카에 주둔한 군대 비용의 일부를 식민지로부터 충당하기 위해, 각종 증서를 비롯해 신문, 광고, 달력 등의 인쇄물에 인지를 붙일 것을 강제한 법이다.

1776년 7월 독립이 선포되자마자 식민지들은 새로운 헌법을 작성하기 시작했다. 버지니아에서 토머스 제퍼슨(1743~1826)이 제안한 한 구절은 비준을 통과하지 못했다. "모든 사람은 종교적 의견에 관한 완전하고 자유로운 권리를 지닌다. 누구도 어떤 종교 제도에 참여하거나 그것을 지지하도록 강요받지 않는다."[46] 이 말은 종교**에 대한** 자유와 종교**로부터의** 자유를 보장했다. 그러나 제퍼슨의 '종교' 개념은 근대 초기의 두 가지 혁신에 기초를 두었으며, 그의 동포 대부분은 여기에 동의하지 않았다는 점을 염두에 두어야 한다. 첫째는 종교를 '믿음'과 '의견'으로 환원한 것이다. 제퍼슨은 계몽주의적 경험론의 사도로서 종교 지식이 계시, 의례, 공동의 경험에서 얻어진다는 생각을 거부했다. 종교 지식은 그저 일부가 공유하는 일군의 믿음이었다. 미국 종교의 자유의 선구자 제퍼슨과 제임스 매디슨(1751~1836)은 모든 계몽 철학자와 마찬가지로 어떤 생각도 조사를 면제받거나 심지어 명백한 거부를 면제받을 수 없다고 믿었다. 그런데도 그들은 동시에 양심의 권리를 고집했다. 어떤 사람의 개인적 확신은 그 자신의 것으로서 정부의 강제를 따르지 않는다. 따라서 의무적인 믿음은 기본 인권의 침해였다. "종교적 굴레는 정신을 속박하고 쇠약하게 만들며, 그 결과 정신은 모든 고상한 기획, 모든 예상되는 전망을 감당할 수 없다." 매디슨은 그렇게 이의를 제기했다.[47] 지난 1500년은 "대체로 모든 곳에서 …… 성직자의 자만과 나태, 평신도의 무지와 굴종을 낳았으며, 둘 다에게서 미신과 편협과 박해를 낳았다."[48] 그는 그렇게 맹렬하게 주장했다. '종교적 폭력의 신화'는 건국자들의 마음에 분명하게 뿌리를 내리고 있었다. 제퍼슨은 '버지니아에서 종교적 자유 확립을 위한 법령'에서 주장한다. 새로운 계몽 시대에 "우리의 시민권은 물리학이나 기하학에 대한 우리의 의견에 의존하지 않듯이, 우리의 종교적 의견에도 의존하지 않는다."[49]

제퍼슨과 매디슨의 비판은 인공적 관념에 신적 지위를 부여하는 우상 숭배적 경향에 대한 건강한 교정책이었다. 사상의 자유는 근대의 세속적 서양에서 신성한 가치, 침해할 수 없고 타협할 수 없는 인권이 된다. 그 덕분에 과학과 기술의 진보가 이루어지고 예술이 번창할 수 있었다. 하지만 계몽 철학자들이 선포한 지적 자유는 근대화의 사치품이었다. 전근대적 농경 국가에서는 전 주민이 전통을 내던지고 자유롭게 기성 질서를 비판하도록 허락하는 것이 절대 불가능했다. 더욱이 귀족적인 건국자들 대부분은 이 특권을 보통 사람에게까지 확장할 의도가 없었다. 그들은 여전히 계몽된 정치가로서 위에서 이끄는 것을 자신들의 과제로 당연시했다.[50] 미국 2대 대통령 존 애덤스(1797~1801년 재임)는 대부분의 엘리트와 마찬가지로 '군중 통치'나 신사 계급의 궁핍을 초래할 수도 있는 정책은 모조리 의심했으며,[51] 제퍼슨의 더 급진적 지지자들은 이런 '압제'에 항의했고, 에드워즈와 마찬가지로 민중의 목소리를 들을 것을 요구했다.[52] 건국의 선조가 신성시한 이상이 사회 현실에 널리 적용될 수 있었던 것은 산업 혁명이 사회 질서를 흔들어놓은 이후였다.

제퍼슨과 매디슨의 두 번째 가정은 종교가 기본적으로 정치와 분리된 자율적이고 개인적인 인간 활동이며, 그 둘을 섞는 것은 큰 일탈이라는 것이었다. 이 가정은 로크에게는 자명한 것이었을 수도 있지만, 미국인 대부분에게는 매우 이상한 생각이었을 것이다. 건국자들은 동포를 잘 알았다. 연방 헌법은 어떤 하나의 프로테스탄트 교파를 공식화하는 일을 삼가지 않는 한 결코 모든 주의 지지를 얻을 수 없었다.

주 헌법의 다수 역시 마찬가지였다. 미국인 대부분이 여전히 정부 내에 종교가 자리 잡는 것을 지지한다는 바로 그 이유 때문에, 몇 개 주를 통합하는 일에는 연방 수준의 종교적 중립성이 요구되었다.[53] 그래서 수정 헌법 1조의 권리 장전(1791년)에 처음 새겨 넣은 조항은 "의회는 국교를 정하거나, 자유로운 종교 활동을 금하는 것과 관련된 법을 제정하지 않는다."였다. 국가는 종교를 장려하지도 않고 방해하지도 않는다. 그냥 내버려둘 뿐이다.[54] 하지만 여기에서도 정치적 결과가 생겨났다. 1800년의 치열한 대통령 선거 기간 이신론자 제퍼슨은 무신론자, 심지어 무슬림이라고 비난당했다. 그는 종교에 적대적이지 않지만 정부가 종교적인 일에 간섭하는 것은 단호히 반대한다고 대답했다. 코네티컷주 댄버리의 침례교도 지지자 무리가 온 나라가 함께 금식하는 날을 정하자고 요구하자 제퍼슨은 그것이 대통령의 권한을 넘어서는 일이라고 대답했다.

> 종교는 오직 인간과 그의 신 사이의 문제이며, 인간은 다른 누구에게도 자신의 신앙과 예배를 빚지지 않고, 정부의 입법 권력은 오직 행동에만 미치지 의견에는 미치지 않는다고 여러분과 함께 믿기에, 나는 입법부가 "국교를 정하거나, 자유로운 종교 활동을 금하는 것과 관련된 법을 제정하지 않는다"고 선언하여 교회와 국가의 분리 장벽을 건설한 미국민 전체의 행동을 엄숙한 존경의 마음으로 바라봅니다.

그런 분리가 교회와 국가 양쪽에 이익을 줄 수 있기는 하지만, 이것은 제퍼슨이 가정한 것과는 달리 사물의 본성에 새겨진 것이 아니라 근대의 혁신이었다. 미국은 완전히 새로운 것을 시도하고 있었다.

제퍼슨은 청교도 정부의 불관용 정책에 반대했다는 이유로 뉴잉글랜드에서 쫓겨나 로드아일랜드주 프로비던스를 건설한 로저 윌리엄스(1604~1683)에게서 '분리 장벽'의 이미지를 빌려 왔다.[55] 하지만 윌리엄스는 나라의 복지보다는 자신의 신앙에 관심이 많았으며, 정부가 어떤 식으로든 개입하면 신앙이 오염된다고 믿었다.[56] 그는 로드아일랜드를 복음서의 정신에 다가가는 대안적 기독교 공동체로 만들려고 했다. 이와는 대조적으로 제퍼슨은 인간을 "속임을 당하고 고역을 겪는 존재"로 타락시킨, "교회와 국가의 혐오스러운 결합"으로부터 국가를 보호하는 데 관심이 많았다.[57] 그는 과거에는 이런 '혐오스러운 결합'이라는 죄를 짓지 **않은** 국가가 있었다고 가정하는 듯했는데, 물론 완전히 틀린 가정이었다. 세속화된 미국이 더 종교적인 선배 국가들보다 덜 폭력적이고 덜 강압적일 것인지는 아직 두고 보아야 했다.

건국자들이 무엇을 원했건 미국인 대부분은 여전히 합중국이 기독교 원칙에 기초를 두는 것을 당연하게 여겼다. 1790년에 이르면 새로운 나라의 국민 약 40퍼센트가 변경에 살았으며, 자신들의 곤경을 함께 나누지 않고 영국인처럼 가혹하게 세금만 물리는 공화주의 정부에 점차 분노하게 되었다. '2차 대각성운동'이라고 불린 새로운 부흥의 물결은 더 민주적이고 성경에 기초한 미국을 지향하는 민중의 운동을 표현했다.[58] 새로운 부흥 운동가들은 에드워즈 같은 지식인이 아니고 민중에 속하는 사람들로서 거친 몸짓, 소박한 유머와 속어를 사용하고 꿈, 환상, 천상의 이적에 의존했다. 집단 행사 동안은 시 외곽에 거대한 천막을 쳤고, 군중은 복음 성가를 부르며 무아경에 빠졌다. 하지만 이 예언자들은 계몽주의 이전으로 퇴행한 것이 아니었다. 로렌조 다우는 세례 요한처럼 보였을지 몰라도 제퍼슨과 페인을 인용했으며, 여느 계몽 철학자들과 마찬가지로 사람들에게 스스로 생각하라고 촉구했다. 기독교 나라에서는 먼저 된 자가 나중 되고 나중 된 자가 먼저 되어야 한다. 하느님은 가난하고 못 배운 사람들에게 자신의 통찰을 전했으며, 예수와 제자들은 학위가 없었다.

제임스 켈리와 바턴 스톤은 하버드의 박식한 신앙을 민중에게 강요하려는 귀족적 성직자에게 욕을 퍼부었다. 일찍이 계몽 철학자들은 민중이 권위에 대한 의존을 버리고 타고난 이성을 이용하여 진리를 발견할 용기를 내야 한다고 주장했다. 이제 부흥 운동가들은 미국 기독교인이 상층 계급 학자들의 지침 없이 성경을 읽을 수 있어야 한다고 주장했다. 스톤은 자신의 교파를 세우면서 '독립 선언'이라는 이름을 붙였다. 부흥 운동가들은 교육받지 않은 사람들도 자신의 것으로 만들수 있는 언어로 평민에게 민주주의, 평등, 언론의 자유, 독립이라는 근대의 이상을 제시했던 것이다. 2차 대각성운동은 엘리트에게는 후퇴로보였을지 몰라도 사실 프로테스탄트판 계몽주의였다. 부흥 운동가들은 미국의 지배 계급이 아직 줄 준비가 되지 않은 수준의 평등을 요구함으로써 무시하면 위험한 사태가 벌어질 수도 있는 민중의 불만을 대변했다.

처음에 이런 거칠고 민주적인 기독교는 아주 빈곤한 미국인에게 한정되었지만, 1840년대에 찰스 피니(1792~1875)는 이것을 중간 계급에게 가져왔으며, 복음서를 문자 그대로 읽는 데 바탕을 둔 '복음주의적' 기독교를 만들었다. 복음주의자들은 세속적 공화국을 그리스도에게로 개종시키겠다고 결심했고, 결국 19세기 중반에 이르면 복음주의는 합중국의 지배적인 신앙이 된다.[59] 1810년 무렵부터 이 프로테스탄트는 정부의 안내를 기다리지 않고 교회와 학교에서 활동을 시작하여 개혁 결사를 세웠는데, 이 운동은 북부 여러 주에서 버섯처럼 퍼져 나갔다. 일부는 노예제에 반대하는 운동을 했고, 일부는 술에 반대하는 운동을 했다. 일부는 여성, 또 일부는 불우한 집단에 대한 억압을 끝내려고 노력했고, 일부는 형벌이나 교육 개혁을 위해 노력했다. 이 근대화 운동은 2차 대각성운동과 마찬가지로 평범한 미국인이 프로테스탄트 포장지로 싸인 양도 불가능한 인권이라는 이상을 끌어안도록 도왔다. 그 구성원들은 합리적인 방식으로 분명하게 규정된 목표를 짜고, 조직하고, 추진하는 것을 배웠으며, 이로써 기성 체제와 맞설 힘을 기를 수 있었다. 서양 사람들은 계몽주의에 견주어 다른 문화 전통을 재보고 평가를 내리는 경향이 있다. 그러나 미국의 대각성운동은 민중이 다른 경로, 구체적으로 말하자면 종교적인 경로로 이런 이상에 이를 수 있다는 것을 보여주었다.

사실 미국의 복음주의자들은 계몽주의의 이상 몇 가지를 아주 철저하게 전유하여 일부 역사학자들이 '계몽주의 프로테스탄트주의'라고 부르는 묘한 잡종을 만들어냈다.[60] 알렉시 드 토크빌은 1830년대에 미국을 방문했을 때 이 역설에 주목하여 말했다. 이 나라의 특징이 "완벽하게 구분된 두 요소"를 결합해냈는데, 이 요소들은 "다른 곳에서는 종종 전쟁을 일으키지만, 미국에서는 …… 어떻게 된 일인지 놀랍게도 서로 합쳐져 통합을 이루는 데 성공했다. 내가 말하는 것은 **종교의 정신**과 **자유의 정신**이다."[61] 건국의 선조는 뉴턴과 로크의 이른바 '온건한' 계몽주의의 영향을 받았다. 그러나 복음주의자들은 루소의 '혁명적' 계몽주의만이 아니라 볼테르와 흄의 '회의주의적' 계몽주의도 배격하고, 스코틀랜드 사상가 프랜시스 허치슨(1694~1746) 토머스 리드(1710~1796) 애덤 스미스(1723~1790) 듀걸드 스튜어트(1753~1828)

의 '상식' 철학을 받아들였다.[62] 상식 철학은 복음주의자들에게, 인간에게는 도덕적 원인과 그것이 공적 생활에서 낳는 결과 사이의 분명한 관련을 볼 수 있는, 결코 실수하는 법이 없는 타고난 능력이 있다고 가르쳐주었다. 사물을 이해하는 방식은 단순했고 상식으로 감당할 수 있었다. 어린 아이라도 복음의 본질을 파악하고 스스로 뭐가 옳은지 파악할 수 있었다. 미국 복음주의자들은 마음만 먹으면 신세계에 기독교 가치를 완전히 이행하는 사회를 창조할 수 있다고 자신했다.[63] 헌법은 세속 국가를 건설했지만 나라 고유의 문화 발전을 장려하는 일은 전혀 하지 않았다. 건국자들은 정부 행동에 응하여 문화가 자연스럽게 진화할 것이라고 생각했다.[64] 그러나 복음주의적 복지와 개혁 결사들 덕분에 '계몽주의 프로테스탄트주의'가, 약간 아이러니이긴 하지만, 세속 국가의 민족적 에토스가 되었다.[65] 국가에서 종교를 떼어낼 수는 있지만 민족에게서 종교를 떼어낼 수는 없다. 정력적인 선교 사업, 개혁 조직체, 출간물 덕분에 복음주의자들은 새로운 나라를 통합할 수 있는, 성경에 기초한 문화를 창조했다.

종교를 파괴하고 '시민 종교'를 세운 프랑스 혁명

미국인은 정의롭고 합리적인 기초 위에 사회를 조직하는 것이 가능하다는 것을 보여주었다. 프랑스에서 부르주아지, 즉 융성하는 중간 계급의 지도자들은 이 사건을 주의 깊게 지켜보고 있었다. 그들 또한 개인의 자유를 강조하는 이데올로기를 발전시켜 왔기 때문이다.[66] 하지만 그들에게는 더 어려운 과제가 있었다. 그들은 직업 군대, 중앙 집권적 관료제, 절대 왕정을 갖추고 오랫동안 자리를 지켜 온 지배 계급을 몰아내야 했다.[67] 하지만 18세기 말에 이르면 유럽에서 전통적인 농경 사회는 점점 큰 압박에 시달리게 된다. 많은 사람이 도시로 이주하여 농업 이외의 일이나 전문직에 종사하게 되었고, 문자 해득률이 높아지고 전례 없는 사회 이동이 일어났다.

1789년 봄 루이 16세의 절대 왕정은 곤경에 처했다. 낭비가 심한 관리 조직 때문에 프랑스 경제는 위기로 곤두박질쳤고, 이제 성직자(제1계급)와 귀족(제2계급)은 왕의 새로운 과세 체제를 거부했다. 왕은 막다른 골목에서 빠져나가려고 5월 5일 베르사유에서 삼부회를 소집했다.[68] 왕은 세 계급—성직자, 귀족, 평민—이 별도로 토의와 투표를 하기를 바랐지만, 제3계급은 귀족이 절차를 지배하는 것을 용납하지 않았으며, 성직자와 귀족에게 함께 새로운 국민의회를 만들자고 권했다. 하위 성직자 150명이 가장 먼저 제3계급에 합류했는데, 이들은 평민과 출신 배경이 같았으며 주교의 오만에 질려 더 평등한 교회를 원했다.[69] 제2계급에서도 이탈하는 사람들이 생겼다. 파리 귀족에게 경멸받던 시골 신사 계급과 귀족의 보수주의에 짜증을 내던 부유한 부르주아지였다. 6월 17일 새로운 국민의회가 선언되었고, 이 의회의 구성원들은 20일 새로운 헌법을 만들기 전에는 해산하지 않겠다고 맹세했다.

의회는 미국 모델을 놓고 이성적이고 계몽된 토론을 벌일 생각이었지만, 그것은 민중을 고려하지 않은 생각이었다. 흉작 뒤에 식량 공급률이 위험할 정도로 낮아지자 도시에서는 빵 값이 치솟았고 실업이 급증했다. 4월에는 숙련공 5천 명이 파리에서 폭동을 일으켰고 소요를 제어하기 위해 전국에서 혁명위원회와 민병대가 결성되었다. 의회의 토론 기간에 계급 대표들은 방청석에서 야유와 조롱을 받았으며, 고통에 시달리다 못한 군중은 거리로 나가 길에서 마주치는 모든 '구체제' (앙시앵 레짐)의 상징을 공격했다. 이 폭동을 진압하라고 파견한 병사 일부가 오히려 반란 무리에 가담한 것이 사태 발전에 전기가 되었다. 7월 14일 군중은 파리 동부의 바스티유로 몰려가 죄수들을 풀어주고 감옥 책임자를 난자했다. 다른 고위 관리들도 같은 운명을 맞이했다. 시골에서 굶주린 농민은 '큰 공포'에 사로잡혀, 구체제가 그들을 굶겨 복종시키려고 일부러 식량 부족 사태를 만들어냈다고 확신했다. 이런 의심은 일자리를 찾으러 온 굶주린 노동자들 때문에 더 강해졌는데, 농민은 그들을 귀족이 보낸 선견대라고 생각했다.[70] 마을 주민은 성을 습격하고 유대인 대금업자를 공격하고 십일조와 세금을 내지 않으려 했다.

나라가 통제를 벗어나자 의회는 더 급진적으로 바뀌었다. 의회는 주권을 군주가 아니라 민중에게 부여하고, 모든 인간이 양심, 재산, 언론의 자유를 누릴 천부의 권리가 있고, 또 법 앞의 평등, 개인의 안전, 기회 균등을 누려야 한다고 선포하는 〈인권선언〉을 발표했다. 그런 다음 프랑스의 가톨릭교회를 부수는 일에 착수했다. 앞서 보았듯이 '종교적 폭력의 신화'는 교회와 국가의 분리가 사회를 종교에 내재한 호전성으로부터 해방할 것이라는 믿음에 기초했다. 그러나 유럽과 세계 다른 지역의 거의 모든 세속화 개혁은 종교 제도에 대한 호전적 공격에서 시작하며, 이것은 원한, 아노미, 고통 또 어떤 경우에는 폭력적인 반격을 불러일으키게 된다. 1789년 11월 2일 의회는 교회의 부를 몰수하여 국채를 갚는 안건을 568표 대 346표로 통과시켰다. 오텡의 주교 샤를 모리스 드 탈레랑은 교회는 일반적인 방식으로 재산을 소유하는 것이 아니라고 지적했다. 교회에 토지와 재산이 주어진 것은 선한 사업을 하라는 뜻이라는 이야기였다.[71] 그러나 이제 국가는 성직자에게 보수를 주고 이런 자선 활동 자금을 스스로 댈 수 있었다. 이 결정이 나온 뒤 1790년 2월 3일에는 교육이나 병원 사업에 종사하는 교단을 제외한 모든 교단을 폐지했다. 많은 성직자가 이 조치에 격렬하게 항의했으며 평민 다수도 심한 혼란을 느꼈지만, 일부 사제는 이 조치가 교회를 초기의 순수성으로 되돌리고 심지어 새로운 '국교'를 출범시킬 수도 있는 개혁의 기회라고 보았다.

세속 체제는 이렇게 강제, 권력 제거, 소유 박탈의 정책으로 출범했다. 1790년 5월 29일 의회는 교회를 국가 부서로 격하시키는 '성직자 민사 기본법'을 발표했다. 주교 관구 50개가 폐지되었고, 브르타뉴의 많은 교구에서는 주교가 사라졌다. 교구 4천 개가 없어졌고 주교의 보수는 삭감되었으며 주교는 민중이 선출하기로 했다. 11월 27일에는 성직자에게 여드레 말미를 주며 나라, 법, 왕에게 '충성 맹세'를 하게 했다. 의회의 성직자 44명이 맹세를 거부했고, 알자스, 앙주, 아르투아, 브르타뉴, 플란데런, 랑게도크, 노르망디에서 사제단이 겪은 모욕에 항의하는 폭동이 일어났다.[72] 가톨릭은 일상의 거의 모든 면과 아주 깊이 얽혀 있었기 때문에 제3계급 다수가 경악하여 체제에 등을 돌렸다. 프랑스 서부에서는 교구민이 성직자에게 맹세를 거부하라고 압력을 넣었으며, 맹세를 거부한 성직자를 대체하기 위해 파견된, 기본법을 찬성한 성직자는 상대하지 않으려 했다.

세속 국가의 공격성은 곧 노골적인 폭력으로 이어졌다. 이웃 군주국들이 혁명에 대항하기 위해 움직였기 때문이다. 종종 일어나는 일이지만 외부의 위협은 '내부의 적'에 대한 공포로 번져 갔다. 1792년 여름 프랑스군이 오스트리아군에 참패하자 반혁명 사제들로 이루어진 '제5

열'이 적을 도왔다는 소문이 마구 퍼져 나갔다. 프로이센 군대가 국경을 돌파하여 파리의 마지막 방어선인 베르됭을 위협하자 다루기 어려운 성직자들을 수감했다. 9월에 왕당파 성직자들이 동시에 봉기를 계획한다는 무서운 소문이 퍼진 상황에서 폭력적인 군중이 감옥을 습격하여 죄수 2천 명에서 3천 명을 죽였는데, 사망자 다수는 사제였다. 두 주 뒤 프랑스는 공화국을 선포했다.

　프랑스와 미국은 종교에 대하여 정반대 정책을 채택했다. 미국의 모든 주는 결국 국교제를 폐지했지만, 성직자가 귀족 정부에 연루되지 않았기 때문에 전통 교파에 대한 강렬한 적대감이 없었다. 그러나 프랑스에서 교회는 귀족 통치에 깊숙이 개입했기 때문에 철저한 공격이 아니면 해체될 수 없었다.[73] 이제 비종교적인 체제도 종교적으로 성립한 체제만큼이나 폭력의 잠재력이 크다는 것이 분명해졌다. '9월학살' 뒤 더 잔혹한 일들이 일어났다. 1793년 3월 프랑스 서부 방데에서 징병, 불공정 과세, 그리고 특히 혁명 정부의 반가톨릭 정책에 항의하여 봉기가 시작되었다.[74] 반란 무리는 지역에 아무런 뿌리가 없는 기본법 찬성 성직자들이 그들이 알고 사랑하는 사제들의 자리를 차지하러 방데에 오는 것에 분노했다. 그들은 가톨릭 왕군을 결성하여 동정녀 마리아의 깃발을 들고 찬송가를 부르며 행군했다. 이 봉기는 귀족의 군대가 아니라 민중의 군대가 일으킨 것이었지만, 그들은 가톨릭을 지키겠다고 결의했다. 60퍼센트 이상이 농부였고 나머지는 숙련공과 상점주였다. 그러나 봉기 진압을 위해 파리에서 파견한 세 부대는 방향을 틀어 '연방주의 폭동'을 상대해야 했는데, 이 폭동은 보르도, 리옹, 마르세유, 툴루즈, 툴롱의 온건한 지방 부르주아지와 공화주의자들이 파리의 조치에 항의하여 왕당파와 합세하여 일으킨 것이었다.

연방주의자들이 무시무시한 보복을 당하며 진압되자 혁명군 네 부대가 '공안위원회'로부터 지침을 받아 1794년 초 방데에 도착했는데, 이 지침은 카타리파 십자군이 사용하던 수사(修辭)를 떠올리게 했다. "가는 길에 만나는 모든 주민을 총검으로 찔러라. 이 지역에 애국자가 몇 명 있을 수도 있다는 것을 알지만 상관없다. 우리는 모든 것을 희생해야 한다."[75] 튀로 장군은 부하들에게 명령했다. "무기를 소지한 채 발견되거나 들고 다닌 적이 있다고 의심되는 모든 산적은 총검으로 찔러라. 여인과 소녀와 아이들에게도 똑같이 행동하라. …… 단지 의심만 가더라도 살려 두어서는 안 된다."[76] 프랑수아-조제프 베스테르만은 원정이 끝날 무렵 상관들에게 보고했다. "방데는 이제 존재하지 않는다. 내가 받은 명령에 따라 아이들을 말발굽으로 짓밟고 여자들을 학살했다. …… 길에는 시체들이 널려 있다."[77] 자유와 우애를 약속했던 혁명은 근대 초기 최악의 잔혹 행위를 저질렀으며, 그 결과 25만 명을 학살했을 가능성이 있다.

인간은 늘 삶에 의미와 목적을 부여하는 치열함과 환희의 순간을 추구해 왔다. 만일 어떤 상징, 아이콘, 신화, 의식, 교리가 더는 초월적 가치의 느낌을 제공하지 못하면, 사람들은 그것을 다른 것으로 대체하는 경향이 있다. 종교사가들은 무엇이든 신성함의 상징이 될 수 있으며, 그런 현현은 "심리적, 경제적, 영적, 사회적 삶의 모든 영역에서" 발생할 수 있다고 말한다.[78] 이 사실은 프랑스에서 확인되었다. 혁명가들이 하나의 종교를 없애자마자 사람들은 다른 종교를 만들어내, 나라를 신성의 구현체로 만들었다. 혁명 지도부는 대담한 천재성으로, 전통적으로 교회와 연결되어 온 강렬한 감정이 새로운 상징으로 향할 때도 똑같이 유지될 수 있다는 사실을 보여주었다. 1793년 8월 10일,

나라가 전쟁과 유혈로 갈가리 찢기는 동안 파리에서 화가 자크 루이 다비드가 연출한 축제는 '공화국의 단일성과 불가분성'을 기념했다. 축제는 동틀 무렵 바스티유 감옥이 있던 자리에서 시작되었다. 이곳에서 당당한 '최고 여신' 조각상의 젖가슴에서 나온 물이 '국민공회'의 의장이 들고 있는 컵으로 흘러들었다. 의장은 그 물을 프랑스 도(道, 데파르트망)를 대표하는 86명의 노인에게 전하는 거룩한 친교 행사를 열었다. 혁명 광장에서 의장은 자유의 여신상 앞에서 문장(紋章)과 홀(笏)과 왕좌를 태우는 거대한 모닥불에 불을 붙였고, 앵발리드에 모인 군중은 프랑스 민중을 헤라클레스로 표현한 거대한 상을 보았다.[79] 이런 축제는 아주 빈번하게 열려 사람들은 축제광에 관한 글을 쓰기도 했다.[80] 19세기 역사학자 쥘 미슐레가 설명했듯이, 국가의 의식은 "낯선 신생, 탁월하게 영적인 신생"의 도래를 기념했다.[81]

가톨릭 미사는 초기 축제의 중심적 특징이었지만 1793년에 이르면 사제는 이런 국가적 의식에서 사라졌다. 이 해에 자크 에베르는 노트르담 성당의 높은 제단에서 '이성의 여신'을 왕좌에 앉혀, 이 성당을 철학의 성전으로 바꾸어놓았다. 혁명적 정치 자체가 예배의 대상이 되어갔다. 지도자들은 정치적 사건을 묘사할 때 '신조' '열심당원' '성사' '설교' 같은 용어를 자주 사용했다.[82] 오노레 미라보는 〈인권 선언〉은 정치적 복음이 되었고 프랑스 헌법은 사람들이 죽을 각오를 하고 지키는 종교가 되었다."라고 썼다.[83] 시인 마리-조제프 셰니에는 국민공회에서 말했다. "여러분은 폐위된 미신의 폐허에 단일 보편 종교를 세우는 방법을 알 것입니다. 우리의 입법자들은 그 종교의 설교자이며, 행정 장관은 주교이고, 그 안에서 인간 가족은 공동의 어머니이자 신인 조국의 제단에서만 향을 피웁니다."[84] 토크빌에 따르면 혁명은 "프

랑스의 개혁보다는 인류의 재생을 위해 노력하는 것처럼 보였기" 때
문에,

> 새로운 종류의 종교, 물론 신이 없고 의식이 없고 죽은 뒤의 삶이 없
> 기 때문에 불완전한 종교이지만, 그런데도 이슬람처럼 병사, 사도, 순교
> 자로 지상을 쓸어버리는 종교였다.[85]

도전적으로 세속적인 이 종교성을 유럽인이 오랫동안 이슬람의 속
성으로 본 광적인 폭력성과 동등하게 여긴 것이 흥미롭다.

장 자크 루소(1712~1778)가 처음 묘사한 '시민 종교'는 신과 내세,
사회 계약, 불관용 금지에 대한 믿음에 기초를 두었다. 그 축제는 참가
자들 사이에 신성한 유대를 형성할 것이다. 루소는 그렇게 썼다. "구
경꾼들이 스스로 즐거워하게 하라. 그들 스스로 배우가 되게 하라. 그
렇게 하면 각자 타인에게서 자신을 발견하고 사랑하여 모두가 더 단
결하게 될 것이다."[86] 하지만 루소가 말하는 사랑의 관용은 시민 종교
의 가르침을 거부하는 사람들에게까지 확장되지는 않았으며, 혁명에
도 비슷한 엄격함이 들어서기 시작했다.[87] '공화국의 단일성과 불가분
성'을 찬양하는 축제가 열리고 한 달 뒤 막시밀리앙 드 로베스피에르
(1758~1794)가 전투적 교황과 같은 열성으로 배반자를 찾아내고 반대
자를 추적하는 재판소를 만들면서 공포 정치가 시작되었다. 왕과 왕
비, 왕족과 귀족의 구성원이 처형되었을 뿐 아니라 충성스러워 보이는
애국자들도 한 무리 또 한 무리 단두대로 갔다. 평생 프랑스 감옥과 병
원의 환경을 개선하려 노력한 저명한 화학자 앙투안 라부아지에, 혁명
력을 설계한 질베르 롬도 머리가 잘렸다. 1794년 7월 숙청이 끝날 때

까지 성인 남녀와 아이 약 1만 7천 명이 단두대로 갔고, 그 두 배가 질병이 만연한 감옥에서 죽거나 지역 자경단에게 학살당했다.[88]

한편 혁명 지도부는 유럽의 비혁명 체제와 싸우는 성전을 벌이고 있었다.[89] 대륙은 베스트팔렌 조약(1648년) 이후 거의 150년 동안 상대적인 평화를 누려 왔다. 권력의 균형이 주권 국가들의 조화를 유지해주었다. 이제 전장의 야만은 받아들여지지 않았다. 절제와 제약이 새로운 표어가 되었다.[90] 군대는 충분한 보급을 받아 병사들이 직접 약탈에 나서 농민을 겁에 질리게 할 필요가 없었다.[91] 훈련, 규율, 올바른 처리 방법에 대한 강조가 이루어졌고, 1700년에서 1850년 사이에는 군사 기술에서 의미 있는 발전이 없었다.[92] 그러나 처음에는 혁명군, 그 다음에는 나폴레옹이 이런 제약을 내팽개치면서 평화는 박살이 났다.

교권을 폐지한 뒤 프랑스 국가가 더 평화적이 된 것은 물론 아니었다. 1793년 8월 23일 국민공회는 국민총동원령을 공포했다. 역사상 처음으로 사회 전체가 전쟁에 동원된 것이다.

> 모든 프랑스인은 병역을 위해 상시 징집된다. 청년은 전투에 나선다. 기혼 남성은 무기를 제조하고 탄약을 수송한다. 여성은 천막과 옷을 만들고 병원에서 일한다. 아동은 낡은 천으로 붕대를 만든다. 노인은 광장에 나와 병사들의 용기를 북돋고, 공화국의 단결과 왕들에 대한 증오를 설교한다.[93]

18세에서 25세 사이의 자원병 약 30만 명이 보강되어 프랑스군은 백만 대군으로 늘어나는 새로운 기록을 세웠다. 이제까지 농민과 숙련공을 속이거나 강제로 데려와 군대를 만들었지만, 새로운 '자유군' 병사들은 보수도 많이 받았고 첫해에는 장교도 능력 위주로 병사들 사이에서 뽑았다. 1789년에는 프랑스 장교 가운데 90퍼센트 이상이 귀족이었으나, 1794년에 귀족 출신은 3퍼센트에 불과했다.[94] 혁명 전쟁과 나폴레옹 전쟁에서 젊은이들이 백만 명 이상 죽었는데도, 그 이상이 기꺼이 자원했다. 이 병사들은 직업 군인의 예법이 아니라 혁명의 가두 투쟁에서 배운 날 것 그대로의 폭력성으로 싸웠으며, 아마 전쟁의 황홀경을 맛보았을 것이다.[95] 이들은 자급자족을 해야 했기 때문에 30년전쟁의 용병들과 똑같은 잔혹 행위를 했다.[96] 거의 20년 동안 프랑스군은 아무도 막을 수 없을 것처럼 보였다. 그들은 벨기에, 네덜란드, 독일을 침공하고, 이 의기양양한 진군을 막으려는 오스트리아와 프로이센의 군대를 가볍게 쓸어버렸다.

그러나 혁명적 프랑스는 유럽의 민족들에게 자유를 주지 않았다. 혁명의 상속자 나폴레옹은 속국을 거느린 전통적인 제국을 만들어 영국의 제국주의적 야망을 위협했다. 1798년 나폴레옹은 영국의 인도 항로를 차단할 수에즈 기지를 건설하기 위해 이집트를 침공했으며, 피라미드 전투에서 맘루크군에게 참담한 패배를 안겼다. 프랑스군 전사자는 열 명에 불과한 반면 맘루크군은 2천 명 이상을 잃었다.[97] 그런 뒤 나폴레옹은 이집트 민중의 해방자를 자처함으로써 더할 나위 없는 아이러니를 드러냈다. 프랑스의 '이집트연구소'로부터 세심한 설명을 들은 나폴레옹은 알-아즈하르 마드라사('학교')의 셰이크('지도자')들에게 아랍어로 인사를 했으며, '예언자'에 대한 깊은 존경심을 표하고, 이집트를 오스만과 그들의 대리인인 맘루크로부터 해방하겠다고 약속했다. 프랑스군에는 한 무리의 학자가 동행했고, 근대 유럽 문학 도서관, 실험실, 아랍 활자를 갖춘 인쇄기가 함께했다. 그러나 울라마는 감동받지 않았다. 그들은 말했다. "이 모든 것이 우리를 꾀려는 기만과 속임수에 불과하다."[98] 그들의 말이 옳았다. 이 지역을 정복하기 위해 계몽주의 학문과 과학을 활용한 나폴레옹의 침략은 서양의 중동 지배의 시초가 되었다.

많은 사람들에게 프랑스 혁명은 실패한 것으로 보였다. 나폴레옹 제국의 체제 폭력은 혁명의 원칙을 배신했으며 나폴레옹은 또 가톨릭 교권을 복권시켰다. 환멸을 일으키는 사건들이 수십 년 동안 차례차례 벌어지며 1789년의 희망이 꺼져 갔다. 바스티유 함락의 찬란한 날들은 9월학살, 공포 정치, 방데 학살, 군사 독재로 이어졌다. 1814년 나폴레옹이 몰락한 뒤에는 루이 18세(루이 16세의 동생)가 왕좌로 복귀했다. 그러나 혁명의 꿈은 쉽게 죽지 않았다. 공화국은 두 번의 짧은 기간, 나폴레옹이 1815년 워털루에서 최후의 패배를 당하기 전 '백일천하' 동안 그리고 1848년에서 1852년 사이의 짧은 기간 소생했다. 1870년에 다시 복구되었지만 이번에는 1940년 나치에 파괴되었다. 따라서 우리는 프랑스 혁명을 실패로 보는 것이 아니라 긴 과정의 폭발적 출발로 보아야 할지도 모른다. 수천 년의 전제 정치를 뒤집은 그런 엄청난 사회적, 정치적 변화는 하룻밤 새에 이루어질 수 없다. 혁명에는 오랜 시간이 걸린다. 하지만 귀족 체제가 아주 깊이 뿌리를 내려 계속 유지되던 유럽의 몇몇 다른 나라와는 달리, 프랑스는 비록 제한적인 형태로나마 결국 세속 공화국을 이루어냈다. 우리는 우리 시대에 일어난 혁명들, 예를 들어 이란, 이집트, 튀니지의 혁명들을 실패라고 속단하기 전에 오랫동안 끌어온 이 고통스러운 과정을 염두에 두어야 한다.

영국의 식민 통치가 부른
인도의 분열

프랑스 혁명은 유럽 정치를 바꾸었을지 모르지만 농업 경제에 영향을 끼치지는 않았다. 근대는 영국의 산업 혁명에서 성년에 이르렀으며, 산업 혁명은 18세기 후반에 시작되었지만 그 사회적 영향이 진짜로 느껴진 것은 19세기 초에 이르러서였다.[99] 산업 혁명은 증기 기관의 발명과 함께 시작되었으며, 증기 기관은 영국 전체의 노동력을 합친 것보다 많은 에너지를 제공하여, 경제는 전례 없는 속도로 성장했다. 오래지 않아 독일, 프랑스, 일본, 미국이 영국의 뒤를 따랐고, 산업화된 이 나라들은 모두 완전히 바뀌었다. 새로운 기계를 다루기 위해 주민은 농업 대신 산업에 동원되었다. 이제 경제적 자급자족은 과거의 일이 되었다. 정부는 또 농경 사회에서는 불가능한 방식으로 보통 사람들의 삶을 통제하기 시작했다.[100] 찰스 디킨스는 《어려운 시절》(1854)에서 산업 도시를 지옥으로 그려놓았다. 노동자들 — 경멸적으로 '일손'이라고 부른다. — 은 비참한 가난 속에 살며 도구적 가치 외에는 아무런 가치가 없다. 농경 국가의 억압은 산업화의 구조적 폭력으로 대체되었다. 더 자비로운 국가 이데올로기가 발전하고 그 어느 때보다 많은 사람이 전에는 오직 귀족에게만 가능했던 안락을 누리게 되지만, 일부 정치가들의 최선을 다한 노력에도 불구하고, 건널 수 없는 간극이 늘 부자와 빈자를 갈라놓는다.

관용, 독립, 민주주의, 지적 자유라는 계몽주의의 이상은 이제 고상한 갈망이 아니라 실제적인 필수품이 되었다. 대량 생산은 대량 판매 시장을 요구하여, 이제 보통 사람들이 생존만 가능한 수준에서 살아가게 하는 것은 바람직하지 않았다. 제조된 물품을 구매할 여유가 있어야 했다. 더욱더 많은 사람이 생산 과정으로—공장 노동자, 인쇄공, 사무실 직원으로—끌려들어 갔으며 적어도 약간의 교육은 받아야 했다. 그러자 불가피하게 그들은 정부가 자신들을 대리해줄 것을 요구하게 되고, 근대적 통신 덕분에 노동자의 정치적 조직화는 수월해졌다. 단일 집단이 정부를 지배하거나 심지어 효과적으로 정부에 반대할 수도 없기 때문에, 다양한 정당이 권력을 놓고 경쟁할 수밖에 없었다.[101] 이제 지적 자유는 경제에 필수였다. 경제적 진보에 필수적인 혁신은 계급 길드 교회에 구속되지 않고 이루어지는 자유로운 생각으로 달성할 수밖에 없었기 때문이다. 정부는 모든 인간 자원을 활용해야 했기에 유럽의 유대인과 잉글랜드와 미국의 가톨릭교도 같은 외부자도 주류로 들여오게 되었다.

산업화된 나라들은 곧 국외에서 새로운 시장과 자원을 구할 수밖에 없었으며, 따라서 독일 철학자 게오르크 빌헬름 헤겔(1770~1831)이 예언한 대로 식민주의로 밀려 나가게 된다.[102] 이런 새로운 제국에서 제국 권력과 종속 민족 사이의 경제적 관계는 농경 제국에서와 마찬가지로 일방적이 되었다. 새로운 식민 권력은 식민지의 산업화를 도운 것이 아니라, 유럽의 산업화 과정의 연료를 대줄 수 있는 원료를 뽑아내기 위해 '저개발' 국가를 그저 전유할 뿐이었다.[103] 그 대가로 식민지는 서양에서 싼 제품을 받아들였으며, 이것이 지역 산업을 망쳤다. 당연한 일이지만 식민주의는 침입적이고 강제적으로 경험되었다. 식민주의자는 근대적 수송과 통신 시설을 건설했지만, 그것은 주로 자신들의 편의를 위해서였다.[104] 18세기 말 인도에서는 영국 상인들이 벵골의 자산을 워낙 무자비하게 약탈했기 때문에 이 시기는 보통 '벵골 수탈'

로 묘사된다. 결국 이 지역은 만성적으로 의존적인 처지에 놓이게 되었으며, 마을 사람들은 자신의 식량을 재배하는 대신 세계 시장에 내보낼 황마와 쪽을 재배했다. 영국인이 질병과 기근을 막는 데 도움을 준 것은 사실이지만, 결과적으로 늘어난 인구 성장은 빈곤과 과밀을 낳았다.[105]

이렇게 산업화된 과학 기술과 제국의 결합은 종교가 아니라 완전히 세속적인 시장 가치에 의해 추동되는 지구적 형태의 체제 폭력을 창조하고 있었다. 서양이 워낙 앞서 나갔기 때문에 종속 민족들이 그들을 따라잡는 것은 실질적으로 불가능했다. 점점 세계는 서양과 그 나머지로 나뉘었으며, 이런 체제의 정치 경제적 불평등은 군사력으로 유지되었다. 19세기 중반에 이르면 영국은 인도 아대륙 대부분을 통제하고, 외국의 통치에 마지막으로 필사적으로 저항하다 인도인 7만 명이 죽은 세포이의 항쟁(1857년) 이후에는 마지막 무굴 황제를 공식적으로 폐위했다.[106] 식민지는 세계 시장에 들어가야 했기 때문에 어느 정도의 근대화는 필수적이었다. 경찰, 군대, 지역 경제는 완전히 재조직되어야 했으며, 원주민 가운데 일부는 근대 사상에 입문해야 했다. 농경 제국이 보통 사람들의 종교 전통을 바꾸려고 시도하는 경우는 아주 드물었지만, 인도에서 영국의 혁신은 이 아대륙의 종교 정치 생활에도 급격한 변화를 일으켰다.

인도 사람들에게는 자신들이 그렇게 철저하게, 또 그렇게 쉽게 종속당했다는 것이 충격적인 일이었다. 자신들의 사회 체제에 뭔가 근본적으로 문제가 있다는 뜻이었기 때문이다.[107] 전통적인 인도 귀족은 이제 외국의 지배 계급만이 아니라, 완전히 달라진 사회 경제 질서와 더불어, 사무직원과 관료로 이루어진, 영국인이 만들어낸 새로운 원주민 핵심 집단, 과거의 엘리트보다 수입을 더 올리기도 하는 집단도 상대해야 했다. 이 서양화된 인도인은 결과적으로 새로운 카스트가 되었는데, 근대화되지 않은 다수와는 서로 도저히 이해할 수 없는 사이였다. 영국인 통치자들이 강요하여 진전을 이룬 민주화는 인도의 사회 구조에 낯선 것이었다. 인도는 늘 엄격하게 위계적이었으며, 조직화된 통일보다는 서로 공통점이 없는 집단 사이의 시너지를 장려해 왔기 때문이다. 더욱이 영국인은 이 아대륙의 당혹스러운 사회적 다양성과 마주치자 자신들이 이해한다고 착각한 집단들에 얽매여 인도인을 '힌두' '무슬림' '시크' '기독교' 공동체로 나누었다.

그러나 다수인 '힌두'는 다종다양한 카스트, 종파, 집단으로 이루어져 있으며, 현대 서양인은 '힌두'를 조직화된 종교로 이해하지만 그들은 자신을 그런 종교의 구성원으로 보지도 않았다. 실제로 그들을 통일하는 위계도 없었고, 표준이 되는 의식이나 관행이나 믿음도 없었다. 그들은 서로 관련 없는 수많은 신을 섬기고, 서로 논리적 관련이 없는 예배에 참여했다. 하지만 이제 그들 모두 자신들이 영국인이 '힌두교'라고 부르는 뭔가로 함께 뭉쳐져 있다는 것을 알게 되었다.[108] '힌두'라는 말은 무슬림 정복자들이 토착민을 묘사하기 위해 처음 사용했다. 이 말은 특정한 종교적 함의는 없이 그냥 '원주민' 또는 '지역민'을 뜻했으며 불교도 자이나교도 시크교도를 포함하는 토착 민족들도 스스로 자신을 그렇게 불렀다. 그러나 영국 통치 시기에 힌두는 긴밀한 집단이 되어, 인도인의 오랜 전통에는 이질적인 폭 넓고 카스트가 없는 공동체적 정체성을 만들어 나갈 수밖에 없었다.

자국의 공적 영역에서 종교를 추방한 영국인이 인도 아대륙을 그렇게 엄격하게 종교적 표현으로 분류한 것은 역설적인 일이었다. 영국인은 종교적 소속을 기초로 삼아 인도의 선거 제도를 만들었으며, 1871년에 실시한 인구 조사로 이런 종교 공동체들은 다른 공동체와의 관계 속에서 자신의 수와 세력 범위를 강하게 의식하게 되었다. 영국인은 이런 식으로 종교를 전면에 내세움으로써 자기도 모르는 사이에 공동체적 갈등의 역사를 남아시아에 물려주었다. 무굴 제국에서도 물론 무슬림 지배 계급과 힌두 신민 사이에 긴장이 있었지만 종교적 색채를 띠는 일은 드물었다. 서양 기독교인은 종교 개혁 시기에 더 종파적이 되었지만, 인도는 반대 방향으로 움직이고 있었다. 13세기 베다 정통은 바크티, 즉 카스트나 신조를 구분하지 않고 받아들이는 인격신에 대한 '헌신'에 의해 바뀌기 시작했다. 바크티는 수피즘에서 많은 영감을 얻었는데, 수피즘은 인도 아대륙에서 이슬람의 지배적 양식이 되었으며, 오래전부터 전지전능하고 어디에나 존재하는 신은 단일 신조에 구속받지 않기 때문에 호전적인 정통성 주장은 '우상 숭배'(쉬르크)의 한 형태라고 주장해 왔다.

시크교는 너그러운 관용의 분위기에서 태어났다. 시크라는 말은 산스크리트 시샤('제자')에서 나왔다. 시크교도가 그들의 전통의 창시자인 구루 나나크(1469~1539)와 그에게서 영향을 받은 아홉 계승자의 가르침을 따랐기 때문이다. 펀자브의 라호르 근처 마을에서 태어난 나나크는 신을 내적으로 이해하는 것이 사람들을 나눌 수도 있는 교리나 관습을 엄격하게 지키는 것보다 훨씬 중요하다고 주장했다. 하지만 그는 신중하여, 다른 사람의 믿음을 조롱하는 것은 피했다. 나나크는 수피파와 마찬가지로 인간이 남들의 믿음을 공격하는 광신에서 벗어나야 한다고 믿었다. "종교는 공허한 말 속에 살지 않는다." 그는 그렇게 말한 적이 있다. "모든 사람을 평등하게 보는 사람이 종교적인 사람이다."[109] 나나크가 초기에 내놓은 격언 하나는 이런 단정적인 표현을 사용한다. "힌두란 없다. 무슬림이란 없다. 나는 누구를 따를 것인가? 나는 신의 길을 따를 것이다."[110]

다른 종교에 대한 개방성을 옹호한 또 다른 중요한 인물은 무굴의 세 번째 황제 아크바르(1556~1605년 재위)였다. 그는 힌두 감수성을 존중하여 사냥을 포기하고 자신의 생일에 동물 희생을 금했으며 채식주의자가 되었다. 1575년에는 모든 종교 전통의 학자들이 모여 자유롭게 영적 문제를 논의할 수 있는 '예배의 집'을 설립했고, 올바르게 인도된 종교라면 어느 종교에서든 하나의 신이 자신을 드러낸다는 신념에 기초를 둔 '신성한 일신교'에 헌신하는 수피 교단을 만들었다. 그러나 모든 무슬림이 이런 비전을 공유한 것은 아니었으며, 이런 정책은 무굴이 힘이 있는 동안만 유지될 수 있었다. 그들의 힘이 쇠퇴하기 시작하자 다양한 집단이 제국의 통치에 대적하기 시작했으며 종교 갈등이 격화되었다. 아크바르의 아들 자한기르(1605~1627년 재위)는 계속 반란을 진압해야 했다. 여섯 번째 황제 아우랑제브(1658~1707년 재위)는 무슬림 지배 계급 내에 규율을 강화해야만 정치적 통일성이 복원될 수 있다고 믿었던 듯하다. 따라서 그는 음주 같은 방종을 불법화하고 무슬림이 힌두 신민과 협력하는 것을 금했으며 힌두 신전을 광범위하게 파괴했다. 종교적 열정만큼이나 정치적 불안정의 결과이기도 한 이런 폭력적 정책은 아우랑제브가 죽자 즉시 원상으로 돌아왔지만, 결코 잊히지는 않았다.

시크교도는 제국의 폭력으로 고통을 받았다. 한때 모든 외적인 상징을 기피했던 시크교도는 이 무렵 그들 나름의 상징을 개발했다. 1604년 다섯 번째 구루인 아르잔 데브는 펀자브의 암리차르에 순례지 '황금 사원'을 만들고 시크 경전을 안치했다. 시크교는 늘 폭력을 삼가 왔다. 구루 나나크는 말했다. "아무도 해치지 않는 무기를 들어라. 이해를 너의 갑옷으로 삼아라. 적을 친구로 바꾸어라."[111] 첫 네 구루는 무기를 들 필요가 없었다. 그러나 1606년 자한기르는 다섯 번째 구루를 고문하여 죽였으며, 1675년 아우랑제브는 아홉 번째 구루 테그 바하두르를 참수했다. 따라서 바하두르의 계승자인 고빈드 싱은 완전히 다른 세계와 마주하게 되었다. 이제 인간 지도자는 없을 것이다. 10대 구루는 그렇게 선포했다. 앞으로 시크의 유일한 구루는 그들의 경전이 될 것이다. 1699년 고빈드는 시크 칼사('정화된' 또는 '선택받은') 교단을 만들었다. 그 구성원들은 크샤트리아 전사와 마찬가지로 자신을 싱('사자')이라고 불렀으며, 검을 들고 다니고 병사의 옷을 입고 머리를 깎지 않아 자신을 다른 사람들과 구분했다. 이번에도 제국의 폭력은 원래 평화적이었던 전통을 급진화했으며, 본래의 시크교 비전에서는 완전히 이질적인 배타주의를 들여왔다. 고빈드는 아우랑제브에게 다른 모든 것이 실패하면 검을 들고 싸우는 것만이 옳은 길이라고 써 보냈다고 전해진다. 공동체를 방어하는 데 투쟁이 필요할 수도 있다. 다만 그것은 오직 최후의 수단이다.[112]

힌두 시크 무슬림 공동체들은 이제 영국의 호의와 자원과 정치적 영향력을 얻기 위해 경쟁했다. 각 공동체의 지도자는 자신들이 더 큰 집단을 대표한다고 영국인이 믿게 해야 자신들의 생각을 더 쉽게 관철할 수 있다는 것을 알았고, 식민지 체제에서 번영하려면 서양식 종교 이해에 적응해야 한다는 것을 깨달았다. 그 결과 새로운 개혁 운동에는 같은 시대의 프로테스탄트 규범을 채택하여 자신의 전통을 왜곡하는 경향이 생겨났다. 루터가 초대 교회로 돌아가려 했던 것처럼, 1875년 다야난다 사라스바티가 펀자브에서 창건한 아리아 사마지('아리아 인회')는 베다 정통성으로 돌아가려 했다. 그는 또 권위적인 정전을 만들려고 했는데, 이는 인도에서는 전례가 없는 일이었다. 아리아 사마지는 극히 환원적인 형태의 '힌두교'였다. 베다 전통은 오래전부터 소수 엘리트의 신앙이었는데, 고대 산스크리트를 이해할 수 있는 사람이 극소수였기 때문이다. 따라서 교육받은 계급에게만 호소력을 지니는 경향이 있었다. 그러나 영국 통치가 끝나는 1947년에 이르면 아리아 사마지의 회원은 150만 명을 헤아리게 된다. 세계 다른 지역에서도 세속적 근대성이 강제되는 곳이면 '근본적인 것'으로 돌아가려는 비슷한 시도가 생겼다. 아리아 사마지는 그런 근본주의에 내재된 공격성의 한 예였다. 다야난다는 《진리의 빛》이라는 책에서 불교도와 자이나교도는 '힌두교도'의 분파에 불과하다고 치부했고 기독교 신학을 조롱했으며 시크교는 힌두교의 한 종파라고 주장했다. 또한 구루 나나크를 의도만 좋은 무지한 사람으로 폄하하면서, 그가 베다 전통을 전혀 이해하지 못했고 '예언자' 무함마드를 신랄하게 악용했다고 말했다. 1943년 이 책은 파키스탄 신드 지역의 무슬림에게 격렬한 항의를 받았으며, 영국과 이슬람 양쪽으로부터 자유로운 인도를 위한 운동을 벌이는 힌두교도를 결집하는 계기가 되었다.[113]

다야난다가 죽은 뒤 아리아 사마지는 더욱 모욕적이고 불경한 태도로 시크 구루들을 공격했는데, 어쩌면 불가피한 일이지만, 이것이 시크교도가 정체성을 공격적으로 주장하는 데 영향을 끼쳤다. 아리아 사마지 저서들이 "시크교도는 힌두교도"라고 주장하자 저명한 시크교 학자 칸 싱 나바는 매우 큰 영향력을 발휘한 소책자 〈우리는 힌두가 아니다〉로 반격했다.[114] 물론 우스운 일은, 영국인이 오기 전에는 아무도 자신을 이런 식으로 '힌두'라고 생각하지 않았다는 것이다. 고정관념에 사로잡힌 채 다양한 신앙 공동체를 바라보는 영국의 경향은 시크 전통을 급진화하는 데도 일조했다. 영국인들이 시크교도는 기본적으로 호전적이고 영웅적인 사람들이라는 생각을 부추겼기 때문이다.[115] 영국은 1857년 반란* 동안 시크교도의 지원에 감사하여 칼사 구성원을 군대에 받아들이지 않으려던 초기의 태도를 버렸다. 더욱이 그들은 징집된 뒤에도 전통 복장을 착용하는 것이 허용되었다. 이런 특별 대우 때문에 점차 시크교도는 별도의 구분된 인종이라는 생각이 자리를 잡아 갔다.

이제까지 시크교도와 힌두교도는 편자브에서 똑같은 문화 전통을 공유하며 함께 평화롭게 살아왔다. 시크교에는 중앙의 권위가 없었기에 다양한 형태가 번창했다. 종교적 정체성이 지역에 따라 다양하게 규정되는 인도에서는 늘 이것이 규범이었다.[116] 그러나 1870년대에 시크교도는 새로운 현실에 적응하려는 시도로 그들 나름의 개혁 운동을 전개하기 시작했다. 19세기 말에 이르면 편자브 전역에 '시크 사바' 집단이 백 개 정도 있었는데, 이들은 시크의 독자성을 열심히 주장하면서 시크교 학교와 대학을 세우고 논쟁적 문헌을 엄청나게 쏟아냈다.[117] 표면적으로 이 무리는 시크 전통을 따르는 것으로 보였지만 이

세포이의 항쟁 1857년부터 1859년까지 전개된 인도의 독립전쟁. 당시 영국 동인도회사에 고용된 인도인 용병(세포이)들은 열악하고 차별적인 노동 환경과 종교적 무시로 인해 영국을 상대로 항쟁을 일으켰으며, 이 싸움은 인도의 하층 농민에게까지 확산되며 2년간 계속되었다. 결국 세포이들은 영국군에게 진압당했으며 무굴 제국은 완전히 멸망했다. 이후 영국은 인도에서 동인도회사를 통한 간접 지배가 아닌 직접 지배를 시작했다.

런 분리주의는 나나크의 원래의 비전을 완전히 뒤집는 것이었다. 이제 시크교도는 단일한 정체성을 채택할 것처럼 보였다. 실제로 오랜 세월에 걸쳐 시크교 근본주의가 등장하면서 전통을 선별적으로 해석하여, 초기 구루들의 평화로운 에토스는 무시하고 10대 구루 고빈드 싱의 호전적 가르침으로 돌아가자고 주장하게 된다. 새로운 시크교는 세속주의에 열성적으로 반대했다. 이런 일치를 강제하기 위해 시크교도가 정치권력을 잡아야 한다는 것이었다. 한때 모두에게 열려 있던 전통은 수많은 적—힌두교도, 이단자, 근대화론자, 세속주의자, 모든 형태의 정치적 지배—으로 대표되는 '타자'에 대한 공포에 무너졌다.[118]

　무슬림 전통에도 비슷한 왜곡이 일어났다. 영국의 무굴 제국 해체는 트라우마를 준 분수령이었으며, 그때까지 실질적으로 세계의 주인이었던 민족을 한순간에 강등시켰다. 그들은 처음으로 문명화된 세계의 핵심 문화 중 한 곳에서 적대적 이교도의 지배를 받았다. 움마의 안녕의 상징적 중요성을 고려할 때 이것은 단지 정치적 불안이 아니라 그들 존재의 영적인 깊은 곳을 건드리는 불안이었다. 따라서 일부 무슬림은 불만의 역사를 캐내게 된다. 우리는 전에도 수모의 경험이 전통에 피해를 주고 폭력의 촉매가 되는 것을 보았다. 힌두교 주민 가운데 7백 년 동안 무슬림 통치를 받아 온 사람들이 그간 제국의 통치에 원한을 쌓아 온 것처럼 이제 무슬림은 특히 영국이 1857년 반란의 책임을 그들에게 돌린 뒤에는 갑자기 매우 취약한 처지에 놓였다고 느끼게 되었다.[119]

　많은 사람들이 인도 아대륙에서 이슬람이 사라지고 무슬림이 정체성을 잃을 것이라고 걱정했다. 무슬림의 첫 번째 충동은 주류에서 물러나 먼 과거의 영광에 매달리는 것이었다. 1867년 델리 근처 데오반드에서 울라마 간부단은 무슬림이 외국의 통치 아래에서 진실한 삶을 살도록 돕기 위해 삶의 모든 측면을 관장하는 상세한 파트와를 발표하기 시작했다. 시간이 흐르면서 데오반드파는 인도 아대륙 전체에서 마드라사 네트워크를 확립했으며, 여기에서 그 나름으로 아리아 사마지만큼이나 환원적인 이슬람의 한 형태를 장려했다. 그들은 또한 '근본적인 것'—'예언자'와 첫 네 칼리파의 원시 이슬람—으로 돌아가려 하여 시아파처럼 나중에 나타난 집단을 격렬하게 비난했다. 이슬람은 수백 년 동안 다른 문화 전통을 동화시키는 주목할 만한 능력을 과시했지만 데오반드파는 식민지에서 겪은 수모 때문에 이븐 타이미야가 무굴 문명에서 움츠러든 것과 같은 방식으로 서양으로부터 물러났다. 데오반드파 이슬람은 '독립적 추론'(이즈티하드)을 받아들이려 하지 않았으며, 샤리아를 지나치게 엄격하게 문자 그대로 해석해야 한다고 주장했다. 데오반드파는 카스트 제도를 거부하고 가장 가난한 이슬람을 교육하겠다는 결의를 보인 면에서는 사회적으로 진보의 입장에 서 있었지만, 모든 혁신에 근본적으로 반대했다. 예를 들어 여성의 의무 교육을 완강하게 비난했다. 초기에 데오반드파는 폭력적이지는 않았지만 나중에는 호전적이 되었다. 이들은 원래 전통적으로 수피파와 팔사파의 포용적인 계율에 기울어 있던 인도 아대륙 이슬람에 강한 영향을 끼치게 되는데, 실제로 데오반드파는 이제 적의를 드러내며 그 둘을 비난하고 있었다. 20세기에 그들은 이슬람 세계에서 상당한 영향력을 확보하게 되며, 중요성에서 카이로의 명망 있는 알-아자 마드라사와 어깨를 나란히 하게 된다. 영국의 인도 정복 때문에 일부 힌두교도 시크교도 무슬림은 방어적 자세를 취할 수밖에 없었으며, 이것은 쉽게 폭력으로 넘어갈 수 있었다.

산업화가 낳은
폭력적 민족 국가

　제조 방식의 변화와 더불어 불길한 기술 발전이 찾아왔다. 근대 무기의 발명이었다. 윌리엄 암스트롱, 클로드 에티엔 미니에, 헨리 슈래프널이 개발한 새로운 포와 포탄은 유럽인이 식민지 피지배자를 수월하게 통제하게 해주었다. 이들은 처음에는 이 새로운 기관총을 같은 유럽인에게는 사용하기를 꺼렸으나, 1851년 미니에 탄환 라이플이 외국에 나가 있는 영국 부대에 보급되었다.[120] 이듬해 반투 부족민을 향해 이 총을 사용했을 때, 사수들은 자신의 행동의 참담한 결과를 볼 필요 없는 1,300미터 거리에서 반투 부족민을 겨냥할 수 있다는 것을 알게 되었다.[121] 이 거리가 가까운 거리에서 살인을 하기를 머뭇거리는 타고난 마음을 무디게 해주었다. 1890년대 초에 독일 동아프리카 부대와 헤헤 부족민이 만났을 때 장교 한 명과 병사 한 명이 기관총 두 정으로 원주민 천 명가량을 죽였다.[122] 1898년 수단의 옴두르만 전투에서는 1분에 6백 발을 쏘는 맥심건 불과 여섯 정이 마디(이슬람교의 구세주)의 추종자 수천 명을 쓰러뜨렸다. "그것은 전투가 아니라 처형이었다." 한 구경꾼은 그렇게 전했다. "주검이 쌓여 있는 것이 …… 아니라 …… 드넓은 땅에 고르게 퍼져 있었다."[123]

　새로운 세속적 에토스는 금세 이 무시무시한 폭력에 적응할 수 있었다. 이 에토스는 물론 일부 종교 전통이 장려하던 보편주의적 전망, 모든 인간의 신성함을 존중하는 태도를 계발하는 데 도움을 준 전망을 공유하지 않았다. 이듬해 이런 무기의 합법성을 따지는 헤이그의 한 회의에서 존 아르다 경은 설명했다. "문명화된 인간은 야만인보다 부상에 훨씬 민감하다. …… 야만인은 호랑이와 마찬가지로 감수성이 그다지 예민하지 않기 때문에 치명적인 부상을 입어도 계속 싸우려 한다."[124] 1927년이라는 늦은 시기에도 미국 육군 대위 엘브리지 콜비는 "사태의 진짜 핵심은 완전 파괴와 절멸이 야만 부족이 아는 주요한 전쟁 방법이라는 것"이라고 주장할 수 있었다. "지나친 인도주의적 생각" 때문에 우월한 화력을 이용하지 못하는 것은 잘못이다. 이런 잘못된 동정심에 굴복하는 지휘관은 "그저 자신의 민족에게 잔인하게 구는 것일 뿐"이다. "비전투원"이 몇 명 죽는다 해도, 그것은 "더 예의 바른 성격의, 오래 끄는 작전에서 입었을 수도 있는 피해보다 아마 훨씬 적은 인명 손실일 것이다. 따라서 비인도적 행동이 **실제로는 인도적**이다."[125] 민족 차이 때문에 다른 집단은 인간으로 보지 않게 되었고, 이런 관점은 널리 퍼져 기계화된 무기의 힘으로 가능해진 대량 학살을 아무렇지도 않게 수용하게 되었다. 상상도 못하던 폭력의 시대가 동트고 있었다.

산업화는 민족 국가도 낳았다.[126] 농경 제국은 단일 문화를 강제할 기술이 없었다. 근대 이전 왕국의 경계와 영토는 느슨하게 규정할 수 있었을 뿐이며, 군주의 권위는 일련의 중첩된 충성을 통해 존중되었다.[127] 하지만 19세기에 유럽은 중앙 정부가 통치하는 분명하게 규정된 국가로 재구성되었다.[128] 산업 사회는 표준화된 읽고 쓰는 능력, 공통어, 인간 자원의 통일적 통제를 요구했다. 신민은 통치자와 다른 언어를 사용하는 경우에도 통합된 '민족', 즉 '상상의 공동체'—이 안에 있는 사람들은 전혀 모르는 사람들과도 깊은 관련성을 느끼라는 권유를 받는다.—에 속하게 되었다.[129]

종교적으로 조직된 농경 사회는 종종 '이교도'를 박해했다. 세속화된 민족 국가에서 그들은 동화되거나 사라져야 하는 '소수 집단'이었다. 1807년 제퍼슨은 전쟁 장관에게 미국 원주민은 "박멸"하거나 아니면 "우리의 범위 너머" 미시시피강 건너편으로 내몰아 "숲의 짐승들과 함께" 살게 해야 하는 "후진 민족"이라고 말했다.[130] 1806년 나폴레옹은 유대인을 프랑스의 완전한 시민으로 만들었지만, 2년 뒤에는 그들에게 프랑스 이름을 쓰고 신앙을 개인화하고 가족마다 세 번의 결혼 가운데 적어도 한 번은 상대를 이방인으로 택하라고 명령하는 '조명난 칙령'을 발표했다.[131] 이런 강제 통합은 진보로 여겨졌다. 영국 철학자 존 스튜어트 밀(1806~1873)은 브르타뉴 사람은 물론 "세계의 일반적 움직임에 참여하거나 관심을 보이지 않고 자신의 작은 정신의 궤도를 공전하면서 지나간 시대의 반쯤 야만적인 유물인 자신의 바위에서 시무룩하게 있는 것보다는" 프랑스 시민권을 받아들이는 편이 낫다고 주장했다.[132] 그러나 영국 역사학자 존 댈버그-액턴 경(1834~1902)은 민족이라는 개념을 개탄하면서, 그것이 장려하는 인민의 "허구적인" 전체적 의지가 "자신을 옹호할 목적으로 모든 천부의 권리와 모든 확립된 자유"를 짓밟을 것을 걱정했다.[133] 그는 민족을 보전하려는 욕망이 절대적인 것이 되어 가장 비인도적인 정책을 정당화하는 데 이용될 수 있다고 보았다. 그보다 더 나빠질 수도 있었다.

[민족성은] 국가와 민족을 이론적으로 서로 어울리게 만들어 실제적으로 경계 안에 있을 수도 있는 다른 민족성을 종속적 상태로 만들어버린다. …… 따라서 공동체의 모든 권리를 자기 것이라고 주장하는 그 지배적 집단의 인간성과 문명의 수준에 따라 열등한 인종은 박멸되거나

노예 상태로 내려가거나 의존 상태에 놓이게 된다.[134]

민족주의에 대한 그의 유보적 태도는 너무나 정당한 것이었다.

새로운 민족 국가는 근본적 모순 속에서 애를 썼다. **국가**(정부 기관)는 세속적인 것으로 여겨지지만, **민족**(사람들)은 유사 종교적 감정을 일으킨다는 모순이었다.[135] 1807년에서 1808년 사이에 나폴레옹이 프로이센을 정복하고 있을 때 독일 철학자 요한 고틀리프 피히테는 베를린에서 연이어 강의를 하면서 독일의 분리된 여러 국가들이 하나의 통일된 민족 국가가 되는 때를 고대했다. 그는 주장했다. 조국은 신성한 것의 표현, 민족의 영적 본질의 저장소이며, 따라서 영원하다. 독일인은 민족을 위해 죽을 준비가 되어 있어야 한다. 민족은 시간이 동틀 무렵부터 존재했고 그들이 죽은 뒤에도 계속 존재하며, 이것만이 인간에게 그들이 갈망하는 불멸을 주기 때문이다.[136] 홉스 같은 근대 초기 철학자들은 강력한 국가가 유럽의 폭력을 억제해줄 것을 요구했으며, 그들은 이런 폭력이 오로지 '종교'의 영향으로 생겨난다고 믿었다. 그러나 프랑스에서는 전쟁에 모든 시민을 동원하기 위해 민족을 호명했으며, 피히테는 독일인에게 조국을 위해 프랑스 제국주의와 싸우라고 장려했다. **국가**는 폭력을 억제하기 위해 고안되었으나, 이제 **민족**은 폭력을 방출하는 데 이용되고 있었다.

신성한 것을 사람이 그것을 위해 죽을 각오가 되어 있는 것이라고 정의할 수 있다면, 민족은 틀림없이 성스러움의 구현체, 지고의 가치였다. 따라서 민족 신화는 민족이라는 테두리 안의 단결 연대 충성을 장려했다. 하지만 여기에서는 아직 종교와 연결된 다수의 영적 전통에서 중요한 이상이었던 '만인에 대한 관심'이 계발되지 않았다. 민족 미토스는 시민에게 땅끝까지 공감을 넓히라거나 그들 가운데 있는 나그네를 사랑하라거나 적에게도 의리를 지키라거나 만유의 행복을 빌라거나 세상의 고통을 인식하라고 권하지 않는다. 사실 이런 보편적 감정이입이 전사 귀족의 폭력에 영향을 끼친 적은 거의 없지만, 그래도 대안을 제시하고 지속적으로 문제 제기를 하기는 했다. 그러나 이제 종교가 개인화하면서 힘없는 민족은 증대하는 구조적, 군사적 폭력에 점점 굴복할 수밖에 없었고, 이런 폭력에 맞설 '국제적' 에토스는 존재하지 않았다. 세속적 민족주의는 외국인을, 특히 그가 다른 인종 집단에 속해 있을 때는, 착취와 대량 학살의 만만한 대상으로 여기는 듯했다.

남북전쟁과 노예제를 둘러싼 신학적 분열

미국에서 식민지들, 훗날의 주들은 생산성을 유지할 인력이 부족했기 때문에 1800년이 되자 1천만 명에서 1천5백만 명에 이르는 아프리카 노예를 강제로 북아메리카로 실어 왔다.[137] 노예들은 야만적인 방법으로 복종을 강요당했다. 그들은 되풀이하여 인종적 열등성에 관한 이야기를 들었으며, 가족은 나뉘고, 중노동 매질 신체 절단에 시달렸다. "모든 인간은 평등하게 창조"되었으며 "창조주로부터 양도 불가능한 권리를 부여받았다"고 그렇게 당당하게 주장하던 건국자들은 노예들의 처지는 개의치 않았던 듯하다. 이의를 제기하는 사람들은 계몽주의 원리가 아니라 기독교 도덕을 근거로 들었다. 북부 여러 주에서 기독교 노예폐지론자들은 노예제를 나라의 오점이라고 비난했으며, 1860년에 대통령 당선자 에이브러햄 링컨(1809~1865)은 새로 정복한 모든 영토에서 노예제를 금한다고 발표했다. 거의 즉시 사우스캐롤라이나가 연방에서 탈퇴했으며, 다른 남부 주들도 뒤따를 것이 분명해 보였다.

정치적 쟁점—연방의 보존이냐 해체냐.—이 무엇인지는 의심의 여지가 없었지만, 당혹스럽게도 북부인이나 남부인 모두 이념의 안내자로 의지했던 성직자에게서 공통된 견해를 찾을 수 없었다. 노예제 찬성론자는 수많은 성경 텍스트를 마음대로 갖다 댔지만,[138] 노예제 폐지론자는 노예 소유자에 대한 명백한 비난이 성경에 전혀 없었기 때문에 성경의 정신에 호소할 수밖에 없었다. 남부의 설교자 제임스 헨리 손힐은 노예제가 노동을 조직하는 "선하고 자비로운" 방법이라고 주장한 반면,[139] 뉴욕의 헨리 워드 비처는 노예제가 "나라가 저지른 죄의 가장 놀랍고 가장 비옥한 원인"이라고 주장했다.[140] 하지만 신학적 분열이 북남 분열과 정확하게 일치하지는 않았다. 브루클린에서 헨리 반 다이크는 노예제 폐지는 "완전한 성경 거부"에 해당하기 때문에 악이라고 주장했지만,[141] 뉴욕대학의 그리스-동양학 교수 테일러 루이스는 반 다이크가 "크게 변한 세상의 조건"을 충분히 고려하지 않는다고 반박했다. 옛 제도가 그대로 현대 세계에 이식될 수 있다고 주장하는 것은 "악의에 찬 오류"다.[142]

루이스가 성경에 섬세하게 접근했던 것은 고대 노예제에 대한 학문적 이해가 있었기 때문인데, 1830년대에 노예제 폐지 운동이 처음 시작된 이후로 운동을 주도해 온 북부 복음주의자들은 고대 노예제를 몹시 혐오했다.[143] 그들은 여전히 인간은 권위적이거나 전문적인 안내 없이도 스스로 진리를 발견할 수 있다는 계몽주의적 확신을 품고 성경에 접근했지만, 이제 당혹스럽게도 독립전쟁 이후 나라를 통일했던 성경이 나라를 분열시키고 있다는 것을 알게 되었다.[144] 복음주의자들은 이 중대한 위기의 순간에 나라를 인도하지 못했다. 그러나 여러 주의 정치적 통합이 에이브러햄 링컨의 당선과 남부의 연방 탈퇴로 좌절되면서, 노예제 문제는 성경이 아니라 '내전'(1861~1865년)으로 정리되었다.

그렇다고 해서 전시에 종교적 정서가 흐려졌다는 말은 아니다. 반대였다. 미국이라는 국가는 자신의 분투가 원칙 있는 헌법 수호라고 보게 되지만, 미국 국민에게 내전은 종교적 확신이 강하게 깔린 갈등이었다. 내전에 참전한 군인들은 미국 역사상 가장 종교적 동기가 강하다고 묘사되어 왔다.[145] 북부인과 남부인 양쪽 모두 하느님이 자기편이고, 하느님이 무슨 일을 하고 있는지 잘 안다고 믿었다.[146] 전쟁이 끝났을 때 남부인은 자신들의 패배를 신성한 천벌로 보았고, 북부 설교자들은 자신들의 승리를 하느님이 그들의 정치적 방식을 승인한 결과라고 축하했다. "공화주의 제도는 전쟁을 경험하는 과정에서 전에 보지 못한 방식으로 옹호되었다." 비처는 그렇게 기뻐했다. "내 생각에는 하느님이 이 사건을 통해 이 땅의 모든 나라에 말씀하신 것 같다. '진정한 기독교에 기초를 둔 공화주의적 자유는 세계의 기초로서 굳건하다.'"[147] "연방은 이제 단순한 인간의 계약으로 생각되지 않을 것이다." 1865년의 예일대 졸업식에서 하워드 부슈널은 외쳤다. "하나의 민족이라는 느낌은 심지어 일종의 종교가 되고 있다."[148]

그러나 사실 전쟁의 결과는 하느님이 아니라 근대 무기가 결정했다. 양편은 모두 미니에 라이플로 무장했는데, 이 때문에 양쪽 모두 돌격―전통적인 교전 양식―을 하면 이 총의 상당히 긴 사정거리 안에 들어가게 되어 엄청난 사상자가 나왔다.[149] 그러나 무시무시한 인명 손실―한 번의 돌격에서 2천 명이 죽을 수도 있었다.―에도 불구하고 장군들은 부하들에게 계속 공격하라는 명령을 내렸다.[150] 그 결과 전쟁의 첫 열두 번 전투 가운데 여덟 번의 전투에서 남부 연합은 9만 7천 명을 잃었고, 1864년 북부 장군 율리시스 그랜트는 윌더니스에서 로버트 리와 맞붙은 원정 첫 여섯 달 동안 6만 4천 명을 잃었다.[151] 보병들은 정치 또는 군대 지도자들보다 먼저 이 문제를 파악했다. 미니에는 일어서서 쏘아야 했기 때문에 양편의 보병은 참호를 파기 시작했고, 이 방식이 초기 산업화된 전투와 그 길게 늘어지는 교착 상태의 특징이 되었다.[152] 양편이 '파고 들어가' 결정적인 전진을 이룰 수 없었기 때문에 근대 전쟁은 전투 동안에도 전투 뒤에도 시간을 질질 끌었다.

전쟁이 끝난 뒤 올리버 웬들 홈스 주니어, 앤드루 딕슨 화이트, 존 듀이 같은 생각이 깊은 지도자들은 계몽주의적 프로테스탄트주의의 확신에서 물러났다.[153] 유럽에서도 계몽주의의 자신감이 훼손되었다. 독일에서는 18세기 말과 19세기 초에 학자들이 고전 텍스트 연구에 이용하는 근대적 역사-비평적 방법론을 성경에 적용했다. 이 '고등 비평'은 성경에 단일한 목소리로 전달되는 메시지는 없다는 것, '모세 오경'은 모세가 쓴 것이 아니라 적어도 서로 다른 네 자료로 이루어져 있다는 것, 기적 이야기는 문학적 비유에 불과하다는 것, 다윗 왕이 시편의 저자가 아니라는 것을 드러냈다. 얼마 후 찰스 라이엘(1797~1875)이 지각(地殼)은 하느님이 만든 것이 아니라 바람과 물의 점진적 영향으로 형성되었다고 주장했다. 찰스 다윈(1809~1882)은 호모 사피엔스가 침팬지와 똑같은 원시 유인원에서 진화했다는 가설을 제시했다. 여러 연구에 따르면, 존경받는 철학자 이마누엘 칸트가 우리의 사고방식이 객관적 실재와 아무런 관계가 없다고 주장함으로써 계몽주의 기획

전체는 사실상 무너졌다.

유럽에서 불신의 파도가 고조된 배경에는 회의주의만이 아니라 근본적인 사회적, 정치적 변화에 대한 갈망도 있었다. 독일인은 프랑스 혁명에 매혹되었지만 독일의 사회적, 정치적 상황에서는 비슷한 가능성을 찾아볼 수 없었다. 따라서 폭력에 호소하기보다는 사람들이 생각하는 방식을 바꾸는 편이 더 낫다고 여겼다. 1830년대에 이르면 신학적 소양이 있고 성직자의 사회적 특권에 특히 분노하며 루터 교회를 보수주의의 요새라고 보는 급진적 지식인 일파가 세력을 형성했다. 교회는 부패한 구체제의 일부로, 그런 체제를 지탱해 온 신과 함께 사라져야 한다. 그들은 그렇게 주장했다. 루트비히 포이어바흐의 무신론적 성명서인 《기독교의 본질》(1841)은 신학적 논문으로만이 아니라 혁명적 논문으로 탐독되었다.[154]

그러나 미국에서 도시 엘리트는 프랑스 혁명의 폭력에 경악했으며, 그런 소요를 막을 사회적 개혁을 장려하는 데 기독교를 이용했다. 라이엘이 드러낸 사실들이 잠깐 공황을 일으켰지만, 미국인은 대부분 우주의 설계가 지적이고 자비로운 창조주의 존재를 증명한다는 뉴턴의 비전을 믿었다. 더 자유주의적인 기독교인은 고등 비평에 마음을 열고 기꺼이 다윈주의를 '기독교화'하려 했다. 아직 그 함의를 완전히 소화하지 못했기 때문이었다. 진화론이 미국에서 악령이 된 것은 그 뒤인 1920년대였다. 자유주의적 엘리트는 아직은 자연 선택 과정에 하느님이 개입하고 있으며 인류는 점차 영적 완전을 향해 진화해 간다고 믿었다.[155]

그러나 내전 후 노예제 문제를 해결하지 못해 기가 죽은 복음주의자 다수는 자신이 정치적으로 주변화되었음을 깨닫고 공적 생활에서 물러났다.[156] 따라서 그들의 종교는 정치와 분리되어 사적인 일이 되었다. 건국자들이 바라던 그대로였다. 복음주의자들은 당대의 큰 문제에 기독교인의 목소리를 내는 대신 안으로 향하여, 아마 성경이 나라의 가장 어두운 시간에 그들을 실망시킨 것처럼 보였기 때문이겠지만, 성경의 정통성과 관련된 사소한 문제에 몰두했다. 그런 후퇴는 어떤 면에서는 긍정적인 발전이기도 했다. 복음주의자들은 여전히 고집스럽게 반가톨릭적이었는데, 그들이 뒤로 물러남으로써 가톨릭 이민자들을 미국 민족으로 받아들이는 것이 쉬워졌기 때문이다. 하지만 동시에 이 나라에 건전한 비판이 사라지기도 했다. 전쟁 전에 설교자들은 하나의 제도로서 노예제의 정당성에 초점을 맞추었지만 인종 문제는 무시해 왔다. 비극적인 일이지만 그들은 여전히 복음을 미국의 이 커다란 문제와 연결하지 못했다. 남부의 아프리카계 미국인은 노예제 폐지 후에도 백 년 동안 계속 백인 우월주의자 군중에게서 인종 분리, 차별, 일상적 테러를 겪었으며, 현지 행정 기관들도 이 폭력을 거의 저지하지 않았다.[157]

민족주의,
세속 시대의 새로운 신앙

미국인은 내전의 참상에 충격을 받아 군을 해체했다. 한편 유럽인은 더 문명화되고 지속 가능한 전쟁 양식을 발견했다고 믿게 되었다.[158] 이렇게 효율적이라고 생각되는 전쟁에서 그들의 모범은 프로이센의 재상 오토 폰 비스마르크(1815~1898)였는데, 그는 철도와 전신 체계에 큰 투자를 했으며, 군대에 새로운 다발식 후장총과 강철 대포를 지급했다. 비스마르크는 이런 선진적인 과학 기술을 갖추지 못한 나라들과 비교적 짧고 냉혹하면서도 엄청나게 성공적인 세 번의 전쟁—덴마크전쟁(1864년) 오스트리아-프로이센 전쟁(1866년) 프랑스-프로이센 전쟁(1870년)—을 치러 통일 독일을 만들었다. 이제 유럽의 민족 국가들은 각자의 민족 신화에 자극받아 자신도 유일무이하고 영광스러운 운명을 실현하기 위해 싸울 수 있다고 확신했다. 영국 작가 이그나티우스 프레더릭 클라크는 1871년에서 1914년 사이에 유럽의 어느 나라에서든 미래의 참담한 전쟁을 그린 장편이나 단편이 나오지 않은 해가 없었음을 보여주었다.[159] '다음 대전'은 늘 무시무시하지만 불가피한 시련이며, 그 뒤에 그 나라는 더 나은 삶으로 도약한다고 상상했다. 그러나 도약은 상상만큼 쉽지 않다는 것이 드러난다. 각 강국은 모든 나라가 똑같이 새로운 무기를 보유하게 되면 어느 나라도 유리한 위치에 서지 못하며, 따라서 비스마르크의 승리는 흉내낼 수 없다는 점을 고려하지 못했다.

액턴 경이 예측했듯이, 이런 호전적 민족주의 때문에 소수 집단의 삶은 더욱 힘겨워졌다. 유대인은 민족 국가에서 점점 만성적으로 뿌리 뽑힌 상태에 있는 코즈모폴리턴으로 등장하게 되었다. 러시아에서는 유대인 학살이 일어났는데, 정부는 학살을 묵인하거나 심지어 조직하기도 했다.[160] 독일에서는 1880년대에 반유대주의 정당들이 나타나기 시작했다. 1893년에는 프랑스 참모 본부에서 유일한 유대인 장교였던 알프레드 드레퓌스 대위가 독일로 비밀을 빼돌렸다는 허위 증거로 유죄 판결을 받았다. 많은 사람들이 드레퓌스가 프랑스를 약화시키려는 국제 유대인의 음모에 참여했다고 믿었다. 새로운 반유대주의는 수백 년에 걸친 기독교인의 편견에 의지하고 있었지만, 여기에 과학적 근거도 제공했다.[161] 반유대주의자들은 유대인이 자기 민족의 생물적이고 유전적인 명세와 어울리지 않는다고 주장했으며, 어떤 사람들은 현대 의학이 암을 없애듯이 유대인도 없애야 한다고 주장했다.

일부 유대인이 반유대주의적 참화를 정확하게 예측하면서 그들 나름의 민족 신화를 발전시킨 것은 어쩌면 불가피한 일이었을 것이다. 시온주의는 대체로 성경에 기초를 두고 조상의 땅에 유대인을 위한 안전한 피난처를 만들자는 운동을 벌였지만, 시온주의자는 또 근대 사상의 다양한 흐름—마르크스주의 세속주의 자본주의 식민주의—에 의지하기도 했다. 일부는 이스라엘의 땅에 사회주의 유토피아를 건설하기를 바랐다. 초기에 가장 목소리가 큰 시온주의자들은 종교적 유대주의 때문에 유대인이 박해 앞에서 수동적이 되었다고 확신한 무신론자들이었다. 오직 메시아만이 유대인을 다시 '약속된 땅'으로 데려가줄 수 있다고 주장하던 정통파 유대인은 경악했다. 하지만 시온주의도 다른 대부분의 민족주의와 마찬가지로 그 나름의 종교성이 있었다. 팔레스타인의 농업 식민지에 정착한 시온주의자는 '찰루침'이라고 불렀는데, 이것은 구원 해방 구출이라는 성서적 함의를 지닌 말이었다. 그들은 자신들의 농사를 '아보다'라고 불렀고, 이것은 성경에서는 성전 예배를 가리켰다. 팔레스타인으로 이주하는 것은 알리야, 즉 영적 '상승'이었다.[162] 그러나 시온주의자들의 구호는 "땅이 없는 민족에게 민족이 없는 땅을"이었다.[163] 그들은 다른 유럽 식민주의자들과 마찬가지로 멸종의 위기에 처한 민족은 '텅 빈' 땅에 정착할 천부의 권리가 있다고 믿었다. 그러나 그 땅은 비어 있지 않았다. 팔레스타인 사람들은 그들 나름으로 독립의 꿈이 있었고, 시온주의자들이 마침내 국제 사회를 설득하여 1948년에 '이스라엘 국가'를 만들었을 때 팔레스타인 사람들은 이제 민족으로 자신을 규정하는 세계에서 자신의 땅 없이 뿌리 뽑힌 멸종 위기의 민족이 되었다.

　　제1차 세계대전(1914~1918년)은 한 세대의 젊은 남자들을 파괴했지만, 처음에는 많은 유럽인이 이 전쟁을 열렬히 환영했다. 이 현상은 오랫동안 종교가, 또 이제 세속 시대의 새로운 신앙인 민족주의가 활성화한 그 감정에 저항하는 것이 얼마나 어려운 일인지 보여준다. 1914년 8월 유럽의 도시들은 축제 분위기에 휩싸였는데, 이것은 프랑스 혁명의 의식과 마찬가지로 민족이라는 '상상의 공동체'를 실체를 갖춘 현실로 만들었다. 생면부지의 사람들이 환희에 젖어 서로를 바라보았다. 소원했던 친구들이 합리적으로 설명하기 어려운 빛나는 유대를 느끼며 서로 끌어안았다. 그 후 이런 행복감은 공동의 광기의 분출로 폄하되었지만, 직접 경험한 사람들은 그것이 그들의 삶에서 '가장 깊이 살아본' 사건이라고 말했다. 이것은 또 '근대성으로부터의 탈출'이라고도 불렀는데, 사람들이 기능에 따라 규정되고 분류되며 모든 것이 순전히 물질적인 목적에 종속되는 산업 사회에 대한 깊은 불만에서 생겨났기 때문이다.[164] 선전포고는 삶에 의미를 주는 고상한 이타주의나 자기희생을 향한 소환장으로 보였다.

　　"계급 지위 언어의 차이는 모두 그 순간 쏜살같이 밀려오는 우애라는 감정에 쓸려 나갔다." 오스트리아 작가 슈테판 츠바이크는 그렇게 회고했다. 모두가 "대중 안에 통합되었으며, 모두가 민족의 일부였고, 이제까지 주목받은 적이 없는 인격에 의미가 주어졌다. …… 모두가 미미한 자기를 불타오르는 대중 안으로 던졌고, 거기서 모든 이기심을 정화하라는 부름을 받았다."[165] 너무 외롭고 좁고 제한적으로 느껴지는 정체성을 내던지고 근대성이 강요하는 프라이버시에서 벗어나려는 갈망이 있었다.[166] 개인은 "이제 이전 시대의 고립된 인간이 아니었다." 슈테판 츠바이크는 그렇게 말했다.[167] "이제 우리는 그토록 오랫동안 시달려 오던 것에서 벗어났다. 이제는 외롭지 않다." 마리안네 베버는 그렇게 선언했다. 새로운 시대가 시작된 것 같았다. "사람들은 자신들이 실제로 평등하다는 것을 깨달았다." 루돌프 빈딩은 회고한다.[168] "아무도 다른 누구보다 중요하게 여겨지고 싶어 하지 않았다. ······ 다시 태어난 것 같았다."[169] 그것은 "영혼만이 아니라 몸도 황홀경과 같은, 삶과 존재에 대한 엄청나게 고양된 사랑으로 빠져들게 했다." 카를 추크마이어는 그렇게 회고한다. "참여, 함께 살아감이 주는 기쁨이었고, 심지어 우아하기까지 한 느낌"이었다.[170] "평화로운 시절의 목적 없이 어슬렁거리던 편협한 삶"의 하찮음은 "끝났다." 프란츠 샤우베커는 무척 기뻐했다.[171] 평생 독일의 자본주의를 비판한 콘라트 해니시는 말했다. 처음으로 "온 마음, 깨끗한 양심으로, 아무런 배신감 없이 세상을 휩쓰는 폭풍 같은 노래"를 함께 부를 수 있었다. "독일, 만유 위의 독일."[172]

그러나 참호에서 자원병들은 산업화를 벗어나기는커녕 산업화에 완전히 지배당하고 있다는 사실을 깨달았다. 불길한 종교적 계시처럼 전쟁은 20세기 문명이 감추고 있던 물질적이고 기술적이고 기계적인 현실을 드러냈다.[173] "모든 것이 기계가 된다." 한 병사는 그렇게 썼다. "이 전쟁은 전문화된 인간 살육 산업이라고 불러도 좋을 것 같다."[174] 그런데도 많은 병사가 참호에서 경험한 심오한 공동체의 느낌을 결코 잊지 못했다는 것은 현대 사회의 외로움과 파편화에 대한 분명한 고발장이다. "갑자기 사병들 간의 동지애가 우리를 감쌌고, 이것은 결코 사라지지 않았다." 토머스 로렌스는 그렇게 회고한다.[175] 시몬 드 보부아르를 가르친 한 교수는 "모든 사회적 장벽을 넘어서는 동지애의 기쁨을 발견하고 다시는 '시민 생활에서 젊은 중간 계급 남자를 노동하는 녀석들과 나누는 분리'에 굴복하지 않겠다고 결심했다. …… 그는 그런 분리를 자신의 신체 절단처럼 느꼈다."[176] 많은 사람들은 심지어 보이지 않는 적을 미워할 수도 없었고, 마침내 자신들이 몇 달 동안 포격하던 사람들을 보았을 때 충격을 받았다. "그들은 우리에게 자신의 진짜 모습을 보여주고 있었다. 우리처럼 인간이자 병사인 사람들, 우리처럼 군복을 입은 사람들이었다." 한 이탈리아 병사는 말했다.[177]

민족을 위한 이 세속적 전쟁은 참가자 일부에게 종교적 전통과 연결되는 경험을 제공했다. '황홀경'(엑스타시스) 해방감 자유 평정 공동체 의식 그리고 다른 인간, 심지어 적과의 심오한 관계. 그러나 제1차 세계대전은 백 년간 이어지는 전례 없는 살육과 학살을 예고했으며, 이런 살육과 학살은 이제 사람들이 알고 있는 종교가 아니라 그에 못지않게 당당하고 신성한 관념들의 영향을 받았다. 사람들은 권력 명예 빈약한 자원 그리고 특히 민족을 위해 싸운 것이다.

11장

근대의 폭주와
근본주의의 반격

근본주의 운동의 탄생지,
미국

20세기에는 근대 국가가 종교를 사적 영역으로 추방한 데 저항하는 여러 시도가 있었다. 헌신적인 세속주의자들에게는 이런 종교적 노력이 시계를 거꾸로 돌리려는 시도로 보였지만, 사실 이 모든 시도는 오직 우리 시대에만 번창할 수 있는 근대적 운동이었다. 실제로 일부 논평가들은 이것을 탈근대적으로 보기도 했는데, 이 운동이 근대성의 정전 다수에 광범한 불만족을 표현했기 때문이다. 철학자 전문가 정치가가 뭐라고 주장하든, 전 세계 사람들은 종교가 공적 생활에서 더 중심적인 역할을 하기를 소망했다. 이런 유형의 종교성을 종종 '근본주의'라고 부르지만, 쉽게 다른 언어로 번역되지 않는 데다 다양한 현상의 획일화를 의도하기 때문에 만족스럽지 않은 용어다. 사실 이런 운동들은 일종의 '가족 유사성'을 공유하지만 각각 자기 나름의 초점과 촉발점이 있다. 세속 정부가 확립된 거의 모든 지역에서는 영국이 지배하던 인도에서 등장한 무슬림과 힌두교도의 개혁 운동과 유사한 종교적이고 반문화적인 항의가 있었다. 종교를 개인의 양심에 한정하려는 시도는 근대화의 한 부분으로서 서양에서 시작되었지만, 다른 곳에서는 아무런 의미가 없었다. 오히려 많은 사람들은 이런 기대를 부자연스럽고 환원적이고, 심지어 해를 끼치는 것이라고 생각하게 된다.

다른 곳에서 자세히 썼지만, 유대교든 기독교든 이슬람교든 근본주의는 그 자체로는 폭력적 현상이 아니다.[1] 근본주의자들 가운데 극소수만이 테러 행위에 나선다. 대부분은 그저 점점 신앙에 적대적으로 보이는 세상에서 헌신적인 삶을 살려고 노력할 뿐이며, 거의 모든 근본주의 운동은 세속적, 자유주의적 체제가 자신을 공격한다고 인식하는 데서 시작된다. 이런 운동은 기본 패턴을 따르는 경향이 있다. 우선 주류 사회로부터 물러나 진정한 신앙의 섬을 만드는데, 이 현상은 대체로 인도 아대륙에서 데오반드파가 했던 일과 비슷하다. 하지만 그다음 단계로 들어가면 일부는―절대 '모두'가 아니다.―더 넓은 사회를 '개종'시키려는 반격에 참여한다. 내가 연구한 운동은 하나도 빠짐없이 그 뿌리에 공포가 있었는데, 바로 현대 사회가 자신의 신앙을 파괴하려 한다는 확신이다. 이 확신은 단순히, 아니 기본적으로도 편집증으로 볼 수 없다. 예를 들어 유대인의 삶에서 근본주의 운동은 홀로코스트 이후에, 즉 히틀러가 유럽의 유대인을 박멸하려고 시도한 뒤에 처음으로 하나의 세력이 되었다. 우리는 과거에도 사람들이 멸절을 두려워할 때 시야가 좁아지는 경향이 있고 폭력적으로 공격에 나서기도 하는 것을 보았다. 그러나 근본주의자들은 대부분 자신의 적대적 태도를 수사적 표현이나 비폭력적 정치 활동에 국한한다. 하지만 우리는 예외적인 사례들이 현재와 같은 양상으로 나타나는 이유를 관심 있게 살펴볼 것이다.

우리는 근본주의 운동 가운데 최초로 꼽히는 한 운동의 위기에서 근본주의 전반에 관하여 많은 것을 배울 수 있는데, 이 운동은 제1차 세계대전 직후 미국에서 발전했다. '근본주의(fundamentalism)'라는 용어 자체가 1920년대에 기독교의 '근본'으로 돌아가기로 결심한 미국 프로테스탄트가 만든 것이다. 내전 뒤 그들은 공적 생활에서 물러났으며, 이것이 그들의 시야를 좁혔고, 또 어쩌면 왜곡하기도 했다. 그들은 전과는 달리 인종적 또는 경제적 불평등 같은 쟁점에 관여하는 대신 성경 직해주의에 초점을 맞추었으며, 성경의 모든 주장이 말 그대로의 진실이라고 확신했다. 따라서 이제 그들의 적은 사회 불의가 아니라 성경에 대한 독일 '고등 비평'이었는데, 이런 비평은 여전히 복음을 사회 문제와 연결하려는 더 자유주의적인 미국 기독교인의 환영을 받고 있었다. 그러나 기본으로 돌아가자는 주장을 내세웠지만 근본주의 운동은 매우 혁신적이었다. 예를 들어 16세기 이전의 기독교인은 늘 성경을 우화적으로 읽으라는 권고를 받았다. 심지어 칼뱅조차 〈창세기〉의 첫 장이 생명의 기원에 관한 사실적 설명이라고 믿지 않았으며, 그렇다고 믿는 '광신적 인물들'을 신랄하게 꾸짖었다.[2] 그러나 새로운 근본주의적 전망은 성경 자체의 뻔한 모순도 전면적으로 부정할 것을 요구했다. 어떤 대안에도 폐쇄적이고 오직 자신의 맥락에서만 일관성이 있는 성경의 무오류성은, 큰 불안에서 태어난 닫힌 사고방식을 만들어 냈다. "종교는 수많은 과학적 인간들에 대항하여 목숨을 걸고 싸워야 한다." 1874년 성경의 무오류성이라는 교조를 정리한 찰스 하지는 그렇게 설명했다.[3] 성경 텍스트의 지위에 대한 이런 궁지에 몰린 몰입은 종교적 권위의 성격에 대한 기독교인의 더 폭 넓은 관심을 반영했다. 바로 4년 전 제1차 바티칸 공의회(1870년)는 교황의 무오류성이라는 새로운—그리고 논란의 여지가 아주 많은—교리를 선포했다. 이때는 근대성이 낡은 진리를 부수고 핵심적인 질문에는 대답을 하지 않고 있던 시기라 절대적 확실성에 대한 갈망이 있었다.

모든 유형의 근본주의는 현대의 전쟁과 폭력에 대한 공포에 사로잡히곤 한다. 제1차 세계대전 동안 유럽에서 발생한 충격적 학살은 종말의 시작일 뿐이며, 이 전례 없는 살육은 〈요한계시록〉에서 예언한 전투임에 틀림없다. 복음주의자들은 그렇게 결론을 내렸다. 현대 사회의 중앙 집권화와 세계 지배에 근접하는 모든 것에 대한 깊은 우려도 있었다. 복음주의자들은 새로운 국제연맹에서 〈요한계시록〉에서 예언한 로마 제국의 재생, 적그리스도의 거처를 보았다.[4] 근본주의자들은 이제 자신들이 세계를 곧 파괴할 사탄 세력과 싸우고 있다고 생각했다. 그들의 영성은 방어적이었으며 가톨릭 소수 집단의 불길한 영향력에 대한 편집증적 공포로 가득했다. 심지어 미국 민주주의를 "이 세상이 지금까지 본 것 중 가장 악마적인 통치"로 묘사하기도 했다.[5] 미국 근본주의자들이 그리는 전쟁 유혈 학살로 가득한 '종말의 시간'의 으스스한 시나리오는 냉정하고 합리적인 분석으로 완화할 수 없는 뿌리 깊은 고통의 증상이다. 그보다 덜 안정된 나라에서는 비슷한 불안 절망 공포가 물리적 폭력으로 분출하기 십상이다.

미국 근본주의자들은 제1차 세계대전의 폭력을 보고 겁에 질려 움츠러들면서 현대 과학을 거부하게 되었다. 그들은 진화론을 물고 늘어졌다. 독일이 저지른 전시 잔혹 행위는 다윈주의적 사회 이론을 따른 결과라는 믿음이 널리 퍼져 있었는데, 이 이론에 따르면 삶은 오직 최강자만 생존할 수 있는 잔인하고 불경스러운 투쟁이었다. 물론 이 이론은 다윈 가설의 천박한 왜곡이지만, 사람들이 인간 역사에서 가장 살벌한 전쟁을 이해하려고 애쓰던 시기에는 진화론이 현대 생활에서 가장 무자비한 모든 것을 상징하는 것처럼 보였다. 이런 생각은 특히 세속주의자 엘리트가 자신의 문화를 장악한다고—마치 외세가 식민지를 만들듯이—느끼던 소도시 미국인을 불안하게 했다. 이 불안은 1925년 테네시주 데이턴의 유명한 스코프스 재판*에서 절정에 이르렀다. 이때 민주당 소속의 정치가 윌리엄 제닝스 브라이언으로 대표되는 근본주의자들은 공립학교에서 진화론 교육을 금지하는 주 입법부의 결정을 옹호하며, 새로 설립된 '미국시민자유연맹'의 지원을 받는 합리주의적 운동가 클래런스 대로와 맞섰다.[6] 주 법령은 확정되었지만 대로의 날카로운 심문을 받은 브라이언의 무능한 방어로 근본주의자들의 대의는 완전히 불신을 받게 되었다.

이런 수모에 대한 그들의 반응은 교훈적이다. 언론은 브라이언과 그의 근본주의 지지자들을 가망 없는 시대 착오자들로 폭로하는 적의에 찬 캠페인을 벌였다. 근본주의자들은 현대 사회에는 설 자리가 없다. 저널리스트 헨리 루이 멩켄(Henry Louis Mencken)은 그렇게 주장했다.

스코프스 재판 1925년 7월 미국 테네시주 데이턴의 과학교사 존 스코프스(John Scopes)가 공립학교에서 진화론을 가르칠 수 없는 주 법령을 어겨 받은 재판. 1925년 초 테네시주 입법부는 진화론을 학생들에게 가르치지 못하도록 막는 '버틀러 법(Bulter Act)'을 통과시켰는데, 스코프스가 이를 어기면서 재판을 받게 되었다. 이 재판은 전 국민의 관심 속에 라디오 방송으로 중계되었으며, 근본주의자의 신앙에 맞서 과학적 논리로 맞선 스코프스 쪽이 상대를 압도하는 모습을 보였다. 그러나 법령에 따라 스코프스는 결국 유죄 판결을 받았다.

"그들은 배움, 심지어 작은 시골 학교에서 언제든지 얻을 수 있는 막연하고 하찮은 배움조차 인간 정신이 감당하기에 너무 무거운 짐이라고 여긴다." 멩켄은 데이턴을 "테네시의 빈약한 마을", 데이턴의 시민을 "고지대 골짜기에서 입을 헤벌리고 있는 영장류"라고 조롱했다.[7] 하지만 근본주의 운동은 폭력으로든 미디어 캠페인으로든 공격을 당할 때마다 거의 어김없이 더 극단적으로 나아간다. 이런 공격은 불평분자들에게 그들의 공포에 분명한 근거가 있다는 것을 보여준다. 세속 세계는 **정말로** 그들을 파괴하려는 것이다. 스코프스 재판 전에는 찰스 하지조차 〈창세기〉가 모든 세목에서 과학적으로 옳다고 믿지는 않았지만, 재판 뒤에는 '창조 과학'이 근본주의 운동의 구호가 되었다. 데이턴 전에는 주요 근본주의자들이 좌파에 속하는 사람들과 함께 사회사업에 참여했다. 그러나 그 뒤에는 극우로 돌아서, 주류 사회에서 완전히 물러나 그들만의 교회 대학 방송국 출판사를 세웠다. 그들은 점점 주류의 문화적 레이더 밑으로 내려갔다. 그러나 1970년대 후반 자신들이 상당한 대중적 지지를 얻고 있다는 사실을 알게 되자, 제리 폴웰의 '도덕적 다수'라는 우파 단체와 함께 주변으로부터 주류로 다시 진입했다.

미국 근본주의는 그 뒤로 쭉 미국 정치에서 확고한 목소리를 내기 위해 경쟁을 벌였다. 그리고 주목할 만한 성공을 거둔다. 그렇지만 폭력에 의지하지는 않는데, 그것은 대체로 미국 프로테스탄트가 가령 중동의 무슬림만큼 큰 고통을 겪지는 않았기 때문이다. 이집트나 이란의 세속 통치자와는 달리 미국 정부는 그들의 재산을 몰수하지도 않았고, 성직자를 고문하거나 암살하지도 않았고, 제도를 폭력적으로 해체하지도 않았다. 미국에서 세속적 근대성은 토착적으로 자라났으며, 군사적으로 외부에서 강요한 것이 아니라 시간이 흐르면서 유기적으로 진화한 것이기에 미국 근본주의자들은 1970년대 말 공적인 자리에 등장하기 시작했을 때 잘 확립된 민주적 통로를 이용하여 자신의 주장을 밝힐 수 있었다. 이렇게 미국 프로테스탄트 근본주의는 보통 폭력의 동인은 아니었지만, 어느 정도는 폭력, 즉 현대전의 트라우마와 세속주의적 기성 제도의 공격적 경멸이라는 심리적 폭력에 대한 대응이었다. 이 두 가지 모두 종교 전통을 왜곡하고 신자들의 공동체 너머 먼 곳까지 영향을 끼칠 수 있다. 그렇더라도 미국 근본주의는 도전적으로 자기주장을 하고 강력한 '타자'에 대항하여 자신의 정체성과 문화를 회복하겠다는 결의를 밝힌다는 점에서 다른 불만 집단과 마찬가지로 피식민자의 감수성을 드러낸다.

인도, 식민주의가 낳은
폭력적 근본주의

미국과 대조적으로 무슬림 근본주의는 종종 물리적 공격으로 이어졌다. 물론 이 또한 늘 그랬던 것은 아니다. 이 결과는 이슬람이 체질적으로 프로테스탄트 기독교보다 폭력적인 성향이 강해서가 아니라 무슬림이 훨씬 가혹하게 근대성을 받아들여야 했기 때문이다. 식민주의라는 도가니 속에서 근대 국가가 탄생하기 전, 이슬람은 여전히 많은 무슬림의 땅에서 사회 조직 원리로 작동하고 있었다. 제1차 세계대전이 끝나고 오스만 제국이 패배한 뒤인 1920년 영국과 프랑스는 오스만 영토를 서양식 민족 국가로 분할하여 위임통치령과 보호령을 세운 뒤 이 새로운 나라들에 차츰 독립을 부여했다. 그러나 민족 국가에 내재한 모순은 민족주의 전통이 없는 이슬람 세계에서 특히 고통스럽게 나타났다. 유럽인이 그려놓은 국경이 워낙 자의적이었기 때문에 민족적인 '상상의 공동체'를 창조하기가 대단히 어려웠다. 예를 들어 영국은 수니파가 소수인 이라크에 수니파 통치자를 임명하여 다수인 시아파와 북쪽의 쿠르드족을 모두 다스리게 했다. 레바논은 인구의 50퍼센트가 무슬림이라 당연히 아랍 이웃들과 긴밀한 경제적, 정치적 관계를 원했지만, 프랑스가 선택한 기독교 정부는 유럽과 더 강한 유대를 선호했다. 1948년 국제연합(UN)의 팔레스타인 분할과 이스라엘 유대 국가 건설도 이에 못지않게 유해하다는 것이 드러났다. 이 일은 아랍계 팔레스타인 주민 75만 명의 강제 이주를 낳았으며, 남은 사람들은 자신에게 적대적인 국가 안에서 살게 되었다. 이스라엘이 세계에서 가장 오래된 축에 속하는 종교의 신봉자들을 위해 세워진 세속 국가라는 점도 문제를 더 복잡하게 만들었다. 그러나 이스라엘이 생기고 나서 첫 20년 동안 이스라엘 지도부는 공격적일 만큼 세속적이었으며, 팔레스타인 사람들에게 가해진 폭력, 이스라엘과 이웃들의 전쟁, 팔레스타인의 반격 등의 동기 또한 종교가 아니라 세속적 민족주의였다.

1947년 영국이 인도 아대륙을 힌두 인도와 무슬림 파키스탄으로 분할한 것도 비슷한 문제를 낳았다. 둘 다 종교의 이름으로 세워진 세속 국가였기 때문이다. 가차 없는 분할 과정으로 7백만 명이 넘는 사람들이 이주를 해야 했고, 한 나라를 떠나 다른 나라의 같은 종교를 믿는 사람들과 합류하려고 시도하다가 백만 명이 죽었다. 인도와 파키스탄 양쪽에서 엄청난 수의 사람들이 이른바 '국어'를 구사할 수 없었다. 힌두 마하라자('대왕')가 통치한다는 이유로 무슬림이 다수인데도 인도에 넘겨진 카슈미르에서는 특별히 위태로운 상황이 벌어졌다. 영국의 결정은 여전히 논란이 되고 있으며, 동파키스탄과 서파키스탄이 인도 영토를 사이에 두고 수천 킬로미터 떨어져 있다는 데서도 비슷하게 자의적인 면을 느낄 수 있다.

힌두교도는 분할 전에 독립 투쟁을 하면서 영국과 싸우는 일의 정당성 문제를 두고 격렬한 토론을 벌였는데, 이 토론에서는 인도의 집단 기억에 깊은 영향을 준 텍스트 《바가바드기타》가 상당히 중요한 역할을 했다. 아힘사는 인도에서 중요한 영적 가치였지만, 《바가바드기타》는 폭력을 승인하는 것처럼 보였다. 그러나 모한다스 간디(1869~1948)는 이런 해석에 동의하지 않았다. 바이샤 가문에서 태어난 간디는 자이나교도 친구가 많았는데, 이들이 그가 인생 후반에 품게 된 태도에 영향을 끼쳤다. 간디는 남아프리카공화국에서 오랜 세월 변호사로 일하면서 인도인을 탄압하는 차별법에 맞서다가 1914년 인도로 돌아와 자치에 관심을 갖고 '나탈인도국민회의'라는 정당을 세운 뒤 무저항으로 식민 지배에 저항한다는 그의 독특한 방법론을 발전시켜 나갔다. 간디는 힌두 종교 전통 외에 예수의 '산상수훈', 레프 톨스토이의 《신의 나라는 네 안에 있다》, 존 러스킨의 《나중에 온 이 사람에게도》, 헨리 데이비드 소로의 《시민 불복종》의 영향을 받았다.

간디의 세계관에서 중심은 우파니샤드에서 처음 개진된, 만유가 브라흐만의 현현이라는 통찰이었다. 모두가 똑같은 신성한 핵심을 공유하기 때문에 폭력은 온 우주의 형이상학적 경향과 어긋났다. 존재의 통일성이라는 이 심오하게 영적인 비전은 민족 국가의 공격적 분리주의나 쇼비니즘과 직접적으로 대립하는 것이었다. 간디가 영국 체제의 이기적인 고집에 평화적으로 복종을 거부한 것은 아힘사, 사티아그라하(진리의 깨달음과 함께 오는 '영혼의 힘'), 스와라지('자치')에 기초를 두고 있었다. 《바가바드기타》에서 아르주나가 처음에 싸우기를 거부한 것은 진정한 아힘사가 아니다. 간디는 그렇게 주장했다. 아르주나는 이때 아직도 자신을 적과 다르다고 생각하여, 친구든 적이든 그들 모두가 브라흐만의 화신임을 깨닫지 못하고 있었기 때문이다. 만일 아르주나가 곧 싸울 상대인 두료다나와 자신이 궁극적으로 하나임을 진정으로 이해했다면, 그는 적의 증오를 사랑으로 바꿀 수 있는 능력인 '영혼의 힘'을 얻었을 것이다.

하지만 우리가 보았듯이, 똑같은 텍스트와 영적 관행에 기초를 두면서도 완전히 다른 행동 경로로 나아갈 수 있다. 다른 사람들은 《바가바드기타》의 이런 해석에 반대했다. 힌두 학자 아우로빈도 고시 (1872~1950)는 《바가바드기타》에서 크리슈나의 폭력 승인은 단지 삶의 엄혹한 현실을 인정한 데 불과하다고 주장했다. 그래, 소란에 초연하여 평화롭게 지낼 수 있으면 좋겠지만, 간디의 '영혼의 힘'이 실제로 세상에서 유효한 현실이 되기 전에는 개인이나 민족 양쪽에 내재한 타고난 공격성이 "오늘날 우리가 보는 것처럼 짓밟고 부수고 학살하고 태우고 오염시킨다." 간디는 자신이 폭력을 버림으로써 싸움에 의지한 사람들만큼이나 많은 생명의 파괴를 가져왔다는 사실을 깨닫게 될지도 모른다.[8] 아우로빈도는 간디 비판자들의 관점을 대변하는데, 이 비판자들은 간디가 그의 비폭력 운동에 대한 영국의 대응으로 실제로 무시무시한 유혈 사태가 벌어졌다는 사실에 눈감고 있다고 생각했다. 하지만 아우로빈도는 아소카의 영원한 딜레마를 표현한 것이기도 했다. 폭력이 불가피한 정치 세계에서 비폭력이 가능한가?

그렇지만 간디는 자신의 이론을 궁극적 결론까지 내다보았다. 비폭력은 원수를 사랑하는 것만이 아니라, 그들이 나의 적이 아님을 깨달는다는 뜻이다. 간디는 그렇게 주장했다. 그는 식민 통치의 조직적, 군사적 폭력을 증오했을지는 몰라도 차마 그것을 집행하는 사람들을 증오할 수는 없었다.

> 나의 사랑은 배타적 사랑이 아니다. 나는 무슬림이나 힌두교도를 사랑하면서 영국인을 미워할 수는 없다. 힌두교도와 무슬림의 방식이 전반적으로 나의 비위에 맞기 때문에 그들만 사랑한다면, 그들의 방법이 내 비위에 맞지 않으면, 사실 언제라도 그렇게 될 수 있는데, 그때는 바로 그들을 미워하기 시작할 것이기 때문이다. 사랑하는 사람들의 선에 기초한 사랑은 보수를 목적으로 하는 일이나 다름없다.[9)]

모든 인간 한 사람 한 사람의 신성함에 대한 존중과 인도에서 오랫동안 영적 탐구의 절정으로 여겨지던 "평정"이 없다면 "종교를 상실한 정치"는 "영혼을 죽이기 때문에 죽음의 덫"이다. 간디는 그렇게 믿었다.[10)] 우리의 지구화된 세계의 모든 부분은 깊이 서로 연결되어 있지만 세속적 민족주의는 이와 비슷하게 보편성을 지닌 이데올로기를 발전시킬 수 없을 것처럼 보인다. 간디는 서양의 세속주의에 동의할 수 없었다. "모든 곳에 스며 있는 보편적 '진리의 영'을 마주보려면 가장 작은 미물도 자신처럼 사랑할 수 있어야 한다." 간디는 자서전에서 그렇게 결론을 내렸다. 진리에 대한 헌신은 삶의 모든 분야에 관여하기를 요구했다. 그래서 간디는 정치에 뛰어들었다. "종교가 정치와 아무런 관계가 없다고 말하는 사람들은 종교가 무슨 뜻인지 모르는 것"이다.[11)] 간디의 말년은 인도 분할 과정과 그 이후에 분출한 공동체의 폭력으로 어두웠다. 간디는 1948년 그가 무슬림에게 너무 많이 양보하고 파키스탄에 큰 돈을 기부했다고 믿는 급진파 민족주의자에게 암살당했다.

무슬림과 힌두교도는 인도의 독특하게 긴장된 조건에서 민족 정체성을 형성하면서 둘 다 세속적 민족주의를 늘 따라다니는 죄를 피하지 못했다. 소수 집단에 관용을 보일 수 없었던 것이다. 게다가 이들의 사고방식에는 여전히 영성이 스며 있었기 때문에 이런 민족주의적 편향은 그들의 전통적인 종교적 관점도 왜곡했다. 1920년대에 무슬림과 힌두교도 사이의 폭력이 점점 증가하면서 다야난다의 아리아 사마지는 더 전투적으로 변했다.[12] 아리아 사마지는 1927년에 열린 회의에서 군사 간부단인 아리아 비르 달('아리아 말 부대')을 만들었다. 그들은 새로운 아리아 영웅이 크샤트리아의 미덕, 즉 용기, 신체적 힘, 특히 무기를 능숙하게 다루는 기술을 계발해야 한다고 선언했다. 아리아 비르 달의 주요 의무는 무슬림과 영국인에 대항하여 아리아 민족의 권리를 지키는 것이었다.[13] 아리아 사마지는 3년 전 케샤브 발리람 헤드게와르가 인도 중부에서 건립한 라슈트리아 스와얌세바크 상('민족자원봉사단'으로 보통 RSS라고 부른다)에 밀리지 않으려고 조바심을 냈다. 아리아 사마지는 영국인의 종교 관념을 힌두교에 적용한 반면, 민족자원봉사단은 전통적인 종교적 이상에 서양 민족주의를 합쳤다. 민족자원봉사단은 일차적으로 충성, 규율, 힌두 유산에 대한 존중을 바탕으로 삼아 봉사의 기풍을 진작하기 위해 기획된 인격 형성 기관이었으며, 주로 도시 중간 계급의 관심을 끌려고 노력했다. 이들의 영웅은 17세기의 전사 시바지였는데, 그는 조직 능력만이 아니라 전통적인 힌두 의식에 대한 충성심에서 힘을 얻어 무굴에 대항한 반역을 성공적으로 이끌었다. 시바지는 여러 농민 카스트 출신의 신병들을 통일된 군대로 묶어

냈으며, 민족자원봉사단은 영국령 인도에서 같은 일을 하겠다고 맹세했다.[14]

이런 식으로 새로운 종교성이 인도에서 탄생하고 있었는데, 이것은 아힘사를 환기하는 것이 아니라 전통적인 전사의 에토스를 발전시켜 힌두의 힘을 계발하는 것이었다. 그러나 크샤트리아의 이상과 세속적 민족주의를 융합하는 것은 위험했다. 민족자원봉사단에게 '어머니 인도'는 영토적 존재가 아니라 살아 있는 신이었다. 어머니 인도는 늘 거룩한 땅으로 숭배되었으며 그 바다 강 산은 신성하다고 여겨졌지만 수백 년 동안 외국인들에 의해 더럽혀지고 이제 곧 분할로 강간당할 판이었다. 전통적으로 어머니 인도는 모든 사람을 끌어안았지만, 민족자원봉사단은 소수 집단에 대한 서양의 불관용을 새로 받아들여 무슬림이나 동아시아 불교도를 더는 인정할 수 없다고 주장했다.

헤드게와르는 지식인이라기보다는 활동가였는데, 그의 사고는 총명한 급진주의자 사바르카르의 영향을 크게 받았다. 사바르카르는 영국인에 의해 수감되었지만 고전이 된 그의 책 《힌두적인 것》이 감옥에서 밀반출되어 1923년에 출간되었다. 이 책은 (히말라야산맥에서부터 이란과 싱가포르까지 뻗어 있는) '대인도'를 본래의 모습대로 인정하고 이 나라를 다른 민족주의자들처럼 조국으로 인정할 뿐 아니라 '성지'로 숭배하는 사람을 힌두교도라고 규정했다.[15] 이런 종교와 세속적 민족주의의 융합은 잠재적으로 유독했다. 사바르카르의 책에 새로 등장하는 힌두교도의 민족 정체성은 이슬람 배제에 의지하고 있었다. 인도의 복잡한 역사 전체가 무슬림 제국주의와의 필사적인 투쟁으로 환원되어 제시되었다. 힌두교도는 늘 다수파였는데도 수백 년에 걸친 제국주의 지배의 영향을 받아 자신을 적에게 포위되어 멸망 위기에 처한 소수파로 보았다.[16] 그들은 수많은 종속 민족과 마찬가지로 원한과 수모의 역사를 써 나갔으며, 종교 전통은 이것에 침식되어 폭력 쪽으로 방향을 틀었다. 어떤 사람들은 긴 억압 과정을 민족적 수모로 경험했다. 1930년대에 민족자원봉사단의 두 번째 지도자 골왈카르는 어떤 면에서는 제1차 세계대전 후 독일이 연합군에 당한 수모의 산물이라고도 할 수 있는 국가사회주의의 이상에 끌렸다. 골왈카르는 인도의 외국인들에게는 두 가지 선택밖에 없다고 주장했다. "외국 인종들은 분리된 삶을 버려야 한다. …… 이 나라에 그대로 남아 있으려면 힌두 민족에 완전히 종속되어 아무것도 요구하지 말고, 특별 대우는커녕 아무런 특권도—시민권조차도—누리지 말아야 한다."[17] 골왈카르는 독일인이 "그들의 나라에서 유대 인종을 숙청한 것"을 찬양했다. 인도는 아리아인의 "인종적 자부심"에서 배울 것이 많다. 그는 그렇게 믿었다.[18]

인도 분할의 참사는 무슬림과 힌두교도의 관계를 망치는 매우 위험한 독이 되고 있던 원한의 역사에 독을 더 부을 수밖에 없었다. 심리학자 수디르 카카르(Sudhir Kakar)가 설명했듯이 수십 년 동안 수십만 힌두교도와 무슬림 아이들이 그 시기에 벌어진 폭력 이야기에 귀를 기울였는데, 이 이야기는 "철천지원수의 흉포함을 강조한다. 이것이 역사적 증오가 한 세대에서 다음 세대로 전달되는 첫 번째 통로다."[19] 이 참사는 또 세속주의적 힌두교도와 종교적 힌두교도 사이에도 불화를 일으켰다.[20] 세속주의자들은 그런 폭력이 절대 다시 일어날 수 없다고 확신했다. 많은 사람들은 이 비극이 영국 탓이라고 생각했다. 다른 사람들은 그저 무시무시한 일탈로 여기기도 했다. 인도의 초대 총리 자와할랄 네루는 나라의 산업화와 과학적 합리주의와 민주주의 확산이 이런 공동체적 열성에 대응할 수 있을 것이라고 믿었다.

그러나 다시 문제가 생길 것 같다는 불온한 조짐이 있었다. 1949년 갠지스 평원 동부 아요디아에서 비슈누의 화신이자 힌두 덕목의 주요한 모범인 라마의 조각상이 그의 신화적 탄생 유적지에 있는 건물에서 발견되었다. 하지만 이곳은 무굴 제국 초대 황제인 바부르가 1528년에 세웠다고 전해지는 모스크의 유적지이기도 했다.[21] 독실한 힌두교도는 신이 라마의 재현물을 그곳에 두었다고 주장했다. 무슬림은 당연히 그 주장을 부정했다. 폭력 충돌이 벌어지고, 민족자원봉사단 소속인 치안 판사는 신상 제거 명령을 거부했다. 신상에는 정기적으로 예배를 드려야 하기 때문에 힌두교도는 그 이후 라마의 신상이 기적적으로 나타난 기념일에 건물로 들어가 종교적인 찬가를 부르는 것이 허용되었다. 40년 뒤 이 신성한 장소는 세속주의자들이 그렇게 자신만만하게 예언한 과학적 합리주의를 누르게 된다.

폭력 국가와
급진 이슬람주의의 등장

파키스탄의 건립자인 무함마드 알리 진나(1876~1948)는 무슬림이 자신의 종교적 소속에 의해 규정되거나 제한받지 않는 국가를 건설하고 싶었을 뿐인 뻔뻔스러운 세속주의자였다. 그러나 사실 이 나라는 출발 전부터 이슬람에 의해 규정되었다. 이런 종교적 규정은 불가피하게 어떤 기대를 불러일으켰으며, 정부는 여전히 단호하게 세속적이었지만 정치 생활을 다시 신성하게 바꾸어야 한다는 압력이 처음부터 존재했다. 파키스탄에서는 데오반드파가 특히 강력했다. 그들은 영토 민족주의와 세속적 민주주의라는 근대 체제를 지지했고, 자금 부족으로 국가 교육 체계가 붕괴하던 시기에 자신들의 마드라사에서 빈민에게 무상 교육을 제공했다. 이 학생들은 주류 세속 교육으로부터 분리되어 데오반드파의 독특하고 매우 편협한 형태의 이슬람을 교육받았다. 데오반드파는 자신들의 이슬람 생활 방식을 보호하기 위해 자미아트-울라마-이-이슬람(JUI, '이슬람성직자회의')이라는 정당도 만들었다. 이들은 1960년대 말에 이르면 수만 명의 학생과 동문을 거느려 정부에 민법과 은행 시스템을 이슬람화하라는—이렇게 하면 그들의 극단적으로 종교적인 졸업생들에게 일자리를 줄 수 있었다.—압력을 넣을 수 있을 만큼 강력한 위치에 올라서게 된다.

1941년 정치와 종교가 분리된 세속 국가 건설에 반대하여 인도에 세워진 자마아트-이-이슬라미는 완전히 달랐다. 자마아트는 데오반드파와는 달리 마드라사라는 근거가 없었고 과거에 매달리지도 않았다. 대신 자유와 독립이라는 근대적 이상의 영향을 받은 이슬람 이데올로기를 계발했다. 건립자인 아불 알라 마우두디(1903~1979)는 오직 신만이 인간사를 지배하기 때문에 다른 어느 것도—"인간이건 가족이건 계급이건 인간 집단이건 심지어 인류 전체이건"—주권을 내세울 수 없다고 주장했다.[22] 따라서 어떤 인간의 권위에도 복종할 의무가 없다. 각 세대는 '예언자'가 그랬던 것처럼 당대의 자힐리야와 싸워야 한다. 자힐리야의 폭력, 탐욕, 무신론적 태도는 항존하는 위험이기 때문이다. 서양 세속주의는 신의 통치에 대한 반역과 다름없기 때문에 현대적 자힐리야의 전형이다.[23] 또한 마우두디는 주장했다. 이슬람은 정치와 분리된 서양식 종교가 아니다.—이 대목에서 그는 간디와 의견이 완전히 일치했다.—오히려 이슬람은 딘이다. 즉 의례적인 활동만이 아니라 경제적, 사회적, 정치적 활동도 반드시 포함하는 종합적인 생

활 방식이다.[24]

그 말[딘]의 쓰임은 '예언자'의 메시지가 주로 하나의 신을 섬기는 것, 일군의 믿음을 지키는 것, 몇 가지 의식을 거행하는 것을 목표로 한다고 믿는 사람들의 관점을 단호히 반박한다. 이것은 또 딘이 문화적, 정치적, 경제적, 입법적, 사법적인 것을 포함하여 이 세상과 관련된 다른 문제와 관련이 없다고 생각하는 사람들의 견해도 반박한다.[25]

무슬림은 자힐리야 국가의 구조적 폭력을 거부하고, 사적 생활에서만이 아니라 공적 생활에서도 경제 정의, 사회 조화, 정치적 평등 — 이 모든 것은 신에 대한 깊은 '인식'(타크와)에 기초를 둔다. — 을 이행할 책임이 있었다.

인도 분할 전에 자마아트는 '큰 지하드'에 참가하여 자기 삶을 개혁할 사람을 훈련시키는 데 집중했다. 오직 진정으로 그들이 쿠란을 따르는 삶을 살아야만 사람들이 이슬람 정부를 갈망하도록 영향력을 발휘하게 될 것이라는 희망을 품을 수 있었기 때문이다. 그러나 분할 뒤에 운동은 분열했다. 구성원 625명 가운데 240명은 인도에 남았다. 인도 인구 가운데 11퍼센트만 무슬림이었기 때문에 인도 자마아트는 이슬람 국가 건설을 기대할 수 없었다. 대신 구성원들은 종교적 믿음에 따른 차별을 금지하는 새 인도 국가의 온건한(무신론적인 태도와는 다른) 세속주의를 제한적으로 존중하는 입장을 채택했다. 이것은 "축복"이며 "인도에서 이슬람의 안전한 미래에 대한 보장"이다. 그들은 그렇게 선언했다.[26] 그러나 이슬람 국가를 건설할 가능성이 있었던 파키스탄에서 마우두디와 그의 자마아트 제자 385명은 그런 제약을 느끼지 않았다. 그들은 파키스탄에서 가장 조직화된 정당이 되어 도시의 교육 받은 계급들의 지지를 얻었고, 성직자의 모든 재산을 몰수한 아유브 칸(1958~1969년 재임)의 독재, 또 대중의 지지를 얻기 위해 이슬람의 상징과 구호를 이용했지만 실제로는 종교를 그저 경멸하기만 한 줄피카르 알리 부토(1971~1977년 재임)의 사회주의 체제에 맞서 강하게 저항했다.

따라서 마우두디는 계속 자힐리야 세속주의에 반대하는 투쟁(지하드)에 헌신하면서도 지하드가 단순히 '성전(聖戰)'만 의미하지 않도록 늘 그것을 전통적인 방식으로 폭넓게 해석했다. 책을 쓰거나 교육을 하는 것과 같은 평화로운 정치적 활동으로도 신의 주권을 이루기 위해 '싸울' 수 있다는 것이었다.[27] 따라서 파키스탄의 자마아트를 폭력에 광적으로 몰입한다고 낙인찍는 것은 잘못이다. 이 정당이 인도 분할 후에 그렇게 서로 다른 두 길로 갔다는 사실은 이들에게 환경에 적응할 유연성이 있음을 보여준다. 마우두디는 혁명적 쿠데타, 암살, 증오와 갈등을 부추긴 정책과는 아무런 관계가 없다. 오히려 그는 목적과 수단이 "깨끗하고 훌륭해야만" 이슬람 국가가 단단히 뿌리를 내릴 수 있다고 주장했다.[28] 세속적 민족 국가에서 진정한 이슬람 사회로의 이행은 "자연스럽고 점진적이고 평화로워야" 한다. 그는 늘 그렇게 주장했다.[29]

그러나 파키스탄에서 폭력은 정치의 주요한 방법이 되었다.[30] 지도자들은 계속 군사 쿠데타로 권좌에 올랐으며, 모든 정치적 반대를 무자비하게 억압한다는 점에서 칸도 부토도 자비롭고 평화적인 세속주의의 모범으로 볼 수는 없었다. 파키스탄 사회에는 폭력이 워낙 만연했기 때문에 그것을 포기한 집단은 성공할 가망이 없었다. 마우두디는 자마아트에 대한 대중의 지지를 얻으려고 1953년에 이른바 이단적 아흐마디야* 종파 반대 운동에 앞장서는 데 동의하고 선동적인 팸플릿을 썼는데, 이것이 폭동을 촉발해 그는 투옥되었다.[31] 그러나 이 일은 예외적인 사례였다. 마우두디는 계속 파키스탄 정치에서 폭력을 비난했으며, 부토에 반대하는 파업과 시위를 조직하고 통신 체계를 마비시키고 도시의 상업 및 교육 시설을 파괴하고 경찰과 폭력적 대치를 이끈 자마아트의 방계 조직 이슬라미-자미아트-이-탈라바(IJT, '이슬람학생회')의 공격적 활동을 꾸짖었다. 자마아트의 다른 구성원들은 파키스탄의 전염병 같은 폭력에 굴복했지만, 마우두디는 계속 민주적으로 이슬람 국가를 성취하는 일에 헌신했다. 그는 되풀이하여 이슬람 국가는 신정 체제가 될 수 없다고 주장했다. 어떤 집단이나 개인도 신의 이름으로 통치할 권리가 없다는 것이 그 이유였다. 이슬람 정부는 국민이 선출하여 정해진 임기 동안 일해야 한다. 성인 보통 선거, 정기 선거, 다당제, 독립적 사법부, 인권과 시민 자유를 보장해야 한다. 이것은 영국의 의회민주주의와 별로 다르지 않은 체제였다.[32]

지아 울-하크는 1977년에 쿠데타로 권력을 잡고 독재체제를 수립한 뒤 파키스탄이 샤리아 법을 따라야 한다고 선언하며 여러 연설에서 마우두디의 글을 많이 차용했다. 그는 또 자마아트 고위 당직자를 여러 명 내각에 앉히고 자마아트 활동가 수천 명을 공무, 교육, 군대에 받아들였다. 샤리아 법정이 세워지고 절도 매춘 간통 알코올 섭취를

아흐마디야 19세기 말 인도 출신의 미르자 굴람 아흐마드(1835?~1908)가 창립한 이슬람 종파. 이슬람교의 정통 해석과 달리 예수가 죽음을 피해 120살에 인도로 탈출했다고 믿었으며, 서방의 식민주의에 맞서 지하드의 폭력적 수단이 아닌 평화로운 방법을 호소하기도 했다. 정통 이슬람교에서는 이단으로 규정하고 있다.

처벌하는 전통적인 이슬람 형벌이 도입되었다. 이 무렵 마우두디는 건강이 나쁜 상태였고 자마아트의 현역 지도자들은 지아의 군사 정권을 지지하면서 장래가 밝다고 보았다. 그러나 마우두디는 깊은 우려를 표명했다. 신의 주권을 찬탈하고 군대와 구조적 폭력으로 통치하는 독재가 어떻게 진정으로 이슬람일 수 있는가? 마우두디는 죽기 직전 다음과 같은 짧은 메모를 남겼다.

> 이슬람법의 이행만으로는 이슬람이 진정으로 목표로 삼는 긍정적 결과를 낳을 수 없다. …… 〔이슬람법의〕 이런 선언만으로는 사람들의 마음에 신앙의 불을 밝힐 수 없고, 그들의 정신을 이슬람의 가르침으로 계몽할 수 없고, 그들의 습관이나 예절을 이슬람의 덕목에 맞출 수 없기 때문이다.[33)

무슬림의 미래 세대가 이 교훈에 주의를 기울였다면 좋았을 것이다.

폭력적 근대화의 역류, 무슬림형제단

서양 근대성은 그것이 처음 잉태된 장소에 두 가지 축복을 내렸다. 정치 독립과 기술 혁신이었다. 그러나 중동에서 근대성은 식민지 예속으로 찾아왔으며 혁신의 잠재력이 거의 없었다. 서양이 너무 앞서 나가 무슬림은 그것을 모방할 수밖에 없었기 때문이다.[34) 또한 외부로부터 이질적 수입품으로 강요된 반갑지 않은 변화는 갑작스럽고 마음에 들지 않았다. 유럽에서는 수백 년 걸린 과정이 불과 수십 년 만에 피상적으로 또 종종 폭력적으로 이루어져야 했다. 근대화를 추진하는 사람들이 직면하는 거의 해결할 수 없는 문제들은 이미 무함마드 알리(1769~1849)의 활동기에 분명하게 드러났다. 그는 나폴레옹의 침략 후 이집트 총독이 되었으며 이 후진적인 오스만의 속령을 40년도 안 되는 기간에 근대 세계로 끌고 들어가는 기념비적 업적을 이루어냈다. 그러나 그는 무자비한 강제에 의존할 수밖에 없었다. 이집트의 관개와 통신을 개선하는 강제 노역단에서 일하다 농민 2만 3천 명이 죽었다. 그 외에도 수천 명이 군대에 징집되었으며, 일부는 군역을 피하기 위해 자신의 손가락을 자르거나 심지어 스스로 눈을 멀게 만들었다.[35] 무함마드 알리는 모든 기계, 무기, 제품을 유럽에서 사야 했기 때문에 기술의 자립은 있을 수 없었다.[36] 또 독립도 불가능했다. 그는 오스만으로부터는 어느 정도 자율성을 얻었지만, 근대화 때문에 이집트는 결국 영국의 실질적인 식민지가 되었다. 무함마드 알리의 손자 이스마일 파샤(1830~1895)는 이 나라를 유럽인에게 아주 바람직한 곳으로 만들었다. 그는 프랑스 기술자들에게 수에즈 운하 건설을 위탁했고, 철로를 약 1,450킬로미터 깔았고, 이제까지 경작되지 않던 땅 약 4,050제곱킬로미터 이상에 관개를 했고, 남녀 아이를 위한 근대적 학교를 세웠고, 카이로를 우아한 근대 도시로 바꾸었다. 그 과정에서 나라는 파산하여 결국 1882년에 영국인이 필요로 하던 구실을 만들어주었다. 그들은 주주의 이익을 보호한다는 명목으로 군대를 보내 이집트를 점령했다.

근대화를 어느 정도 달성하더라도 유럽 제국주의 세력은 그것을 파괴할 수 있었다. 아마 무함마드 알리의 가장 큰 업적은 면직물 산업 건설이었을 것이다. 면직물 산업은 이집트에 확실한 경제적 토대를 약속해주었으나, 첫 이집트 총영사 크로머 경은 이집트 면이 영국의 이익을 해친다는 이유로 생산을 중단시켰다. 여성 해방의 지지자가 아니었던—그는 런던의 여성참정권반대연맹의 창립 회원이었다.—크로머 경은 또 이스마일의 여성 교육 프로그램을 축소하고 여성이 전문 직업에 진입하는 것을 막았다. 은혜로 보이는 것들은 실제로는 보기보다 작았다. 1922년 영국은 이집트가 새로운 왕 밑에서 의회 기구와 자유주의적인 서양식 헌법을 갖추고 약간의 독립을 얻는 것을 허용했지만, 군사와 외교 정책에 대한 통제권은 유지했다. 1923년에서 1930년까지 총선거가 세 번 있었는데, 이집트에서 영국의 권력을 줄이자는 운동을 벌인 와프드당이 매번 승리했지만 그때마다 영국은 선출된 정부가 물러나도록 강요했다.[37] 마찬가지로 유럽인은 이란에서 민주주의의 발전을 막았다. 1906년 이란에서는 근대화된 성직자와 지식인들이 아흐마드 샤 카자르에 반대하는 혁명을 성공적으로 이끌며 입헌 통치와 대의 정부를 요구했다. 그러나 거의 즉시 러시아는 샤가 새로운 '의회'(마즐리스)를 해산하는 것을 도왔다. 1920년대에는 영국인들이 선거를 조작해 마즐리스가 영국 해군이 연료로 사용하는 이란 석유를 국유화하는 것을 막았다.[38]

따라서 중동의 무슬림은 제국주의 권력의 세속 통치를 군사적이고 체제적인 폭력으로 경험했다. 20세기에 독립을 이룬 뒤에도 상황은 나아지지 않았다. 중동의 제국들을 해체한 유럽인은 이 지역을 떠나면서 권력을 식민지 이전의 지배 계급에 이양했는데, 이 계급들은 과거의 귀족적 에토스에 사로잡혀 있었기 때문에 근대화를 수행할 능력이 없었다. 이들은 대개 개혁적인 군대 장교들이 조직한 쿠데타로 폐위되었는데, 이 장교들은 사실상 서구식 교육을 받은 유일한 평민이라 할 수 있었다. 이란의 레자 칸(1921년), 시리아의 아디브 알-시샤클리(1949년),

이집트의 가말 압드 알-나세르(1952년) 등이 그런 장교였다. 이 개혁가들도 무함마드 알리와 마찬가지로 급속하게, 피상적으로, 심지어 유럽인보다 훨씬 폭력적으로 근대화를 추진했다. 그들은 막사 생활과 이의 없이 명령을 따르는 데 익숙한 군인이었기 때문에 반대파를 무자비하게 제거하고 근대화의 복잡성을 과소평가했다.[39] 세속주의는 그들의 국민에게 해방이나 평화로 다가오지 않았다. 오히려 세속화를 추진하는 지배자들이 익숙한 제도를 파괴하여 알아볼 수 없는 세상을 만들어 놓아 결과적으로 그들을 공포에 떨게 했다.

이번에도 종교를 국가에서 떼어낼 수는 있었지만 민족에게서 떼어낼 수는 없었다. 장교들은 세속화를 원했지만 세속화된 이슬람이라는 말 자체를 모순으로 여기는 신앙심 깊은 민족들을 다스리게 되었다.[40] 이 통치자들은 단념하지 않고 기성 종교 체제에 선전포고를 했다. 무함마드 알리는 프랑스 혁명가들의 공격적 방법을 본떠 성직자를 경제적으로 굶겨 죽이기로 했다. 그는 세금 면제 정책을 철회하고 주요 수입원인, '종교적인 일에 쓰이도록 기증된 토지'(와크프)를 몰수하고 성직자가 소유한 작은 권력이라도 모조리 체계적으로 박탈했다.[41] 이런 무자비한 공격으로 인해 이집트의 울라마에게 근대성은 영영 오염된 것이 되었으며, 그들은 위협을 받으면서 점점 반동적으로 나아갔다. 나세르는 정책을 바꾸어 그들을 국가 관리로 만들었다. 수백 년 동안 울라마의 박학한 전문 지식은 민중을 복잡한 이슬람 율법 안으로 안내하는 역할을 해 왔지만, 동시에 국가의 체계적 폭력과 민중 사이에서 보호벽 역할을 하기도 했다. 이제 민중은 울라마를 정부의 종복으로 경멸하게 되었다. 이로 인해 울라마는 이슬람 전통의 복잡성을 잘 아는 책임감 있고 전문적인 종교적 권위자라는 자리를 잃어버렸다. 자

칭 종교 지도자와 더 둔한 급진주의자들이 그 틈을 파고들었으나 결과는 대개 참담했다.[42]

이슬람 세계 전체에서 근대 터키 공화국의 창건자 무스타파 케말 아타튀르크(1881~1938)는 세속주의적 폭력의 화신으로 보였다. 제1차 세계대전 후 그는 오스만의 중심인 아나톨리아에 영국과 프랑스가 들어오지 못하게 함으로써 터키는 식민화를 피하는 아주 유리한 위치에 서게 되었다. 아타튀르크는 이슬람의 모든 법적, 정치적, 경제적 영향력을 박탈하겠다고 결심했으며, 그 결과 서양에서는 계몽된 무슬림 지도자로 존경받는 경우가 많다.[43] 그러나 사실 그는 이슬람을 증오하여 "썩어 가는 시체"로 묘사하기까지 한 독재자였다.[44] 아타튀르크는 흔한 호전적인 방식으로 수피 교단을 불법화하고 그들의 재산을 빼앗고 마드라사를 폐쇄하고 와크프를 전유했다. 특히 그는 샤리아 법을 폐지하고 주민 대부분에게 의미 없는, 스위스 법률을 핵심으로 삼은 법으로 대체했다.[45] 마침내 1925년 아타튀르크는 칼리파의 지위가 무효라고 선언했다. 칼리파는 오래전부터 정치적으로는 사문(死文)화된 상태였지만 움마의 통일성 그리고 움마와 '예언자'의 연결을 상징했다. 도처의 수니파 무슬림은 자신의 역사에서 이 암울한 순간에 맞이한 이러한 상실을 영적이고 문화적인 상처로 경험했다. 서양이 아타튀르크를 지지했기 때문에 많은 사람은 서양이 이슬람 자체를 파괴하려 한다고 믿게 되었다.

오스만의 마지막 술탄들은 떠오르는 상인 계급을 제어하기 위해 부르주아지의 약 90퍼센트를 차지했던 그리스와 아르메니아의 신민을 체계적으로 추방하고 죽였다. 1908년 근대화주의자의 정당인 청년터키당은 쿠데타로 술탄 압둘 하미드 2세를 폐위했다. 그들은 오귀스트

콩트(1798~1857) 같은 서양 사상가들의 반종교적 실증주의만이 아니라, 이성의 시대의 부산물로서 제국주의 시대에 유용하게 사용된 새로운 '과학적' 인종주의도 흡수했다. 그 결과 제1차 세계대전 동안 청년 터키당은 순수한 튀르크인의 국가를 만들기 위해, 적과 내통했다는 구실로 아르메니아의 기독교인에게 제국으로부터의 추방과 '재정착'을 명령했다. 이로 인해 20세기 최초의 종족 학살이 발생했는데, 학살을 저지른 자들은 종교적 광신자들이 아니라 공공연한 세속주의자들이었다. 아르메니아인은 백만 명이 넘게 학살당했다. 남자는 젊든 늙든 그 자리에서 살해당했고 노인과 여자와 아이는 사막으로 내몰려 그곳에서 강간당하고 총살당하고 굶어 죽고 독살당하고 질식해 죽고 타 죽었다.[46] "나는 튀르크인으로 이 세상에 왔다." 의사이자 '처형자 총독'으로 불린 메메트 레시트는 그렇게 선언했다. "아르메니아 배반자들은 조국의 가슴에서 자신들을 위한 틈을 찾아냈다. 그들은 위험한 세균이다. 이런 세균을 박멸하는 것이 의사의 의무 아니겠는가?"[47]

아타튀르크는 권좌에 오르자 인종 숙청을 완결했다. 수백 년 동안 그리스인과 터키인은 에게해의 양편에서 함께 살았다. 아타튀르크는 이 지역을 분할하여 엄청난 인구 교환을 조직했다. 이제 터키가 된 곳에 사는 그리스어를 쓰는 기독교인은 그리스가 될 곳으로 추방하고, 그리스에 사는 터키어를 쓰는 무슬림은 반대편으로 쫓겨났다. 그 결과 이슬람 세계의 많은 사람은 그 뒤로도 늘 서양의 세속주의와 민족주의를 인종 청소, 유독한 불관용, 귀중한 이슬람 제도의 폭력적 파괴와 연결짓게 되었다.

이란에서 레자 칸은 서양화된 상층 계급과 중간 계급에는 구애했지만 농민 대중에게는 관심이 없었고, 따라서 그 어느 때보다 울라마에 의존했다. 이 나라에서는 두 민족이 발전하고 있었다. 하나는 근대화된 민족이고 다른 하나는 근대성의 혜택에서 배제되고 삶에 의미를 주던 종교 전통을 잔인하게 박탈당한 민족이었다. 레자는 국가의 정체성을 이슬람보다는 고대 페르시아 문화 위에 세우기로 결심하고, 즉결로 이맘 후사인을 위한 아슈라 애도 의식을 불법화하고 이란인에게 하지를 금지하고 샤리아 법정의 관할 범위를 과감하게 축소했다. 아야톨라 모다레스*가 반대하자 투옥한 뒤 처형해버렸다.[48] 1928년 레자는 '복식 균일법'을 발표했고, 병사들이 거리에서 총검으로 여자들의 베일을 벗겨내 조각조각 찢어버렸다.[49] 1929년 아슈라에 경찰은 쿰의 명망 있는 파이지야 마드라사를 둘러쌌고, 학생들이 수업을 마치고 쏟아져 나오자 그들의 전통 의복을 벗기고 서양 옷을 강제로 입혔다. 1935년 경찰은 마슈하드의 8대 이맘의 성소에서 복식법에 반대하여 평화 시위를 벌이는 군중에게 발포하라는 명령을 받았으며 비무장 이란인 수백 명을 죽였다.[50] 서양에서는 종교의 폭력을 제어하기 위해 세속 민족 국가가 세워졌다. 중동의 수많은 사람들에게 세속적 민족주의는 그들의 닻줄이었던 영적 지원을 박탈하는 피에 굶주린 파괴적 힘이었다.

이렇게 중동은 식민지 시기에 생겨난 억압과 폭력의 새로운 체계에 야만적으로 편입되었다. 전에 막강한 오스만 제국에 속했던 이 지역은 제국주의자들에 의해 거의 하룻밤 새에 의존적인 블록으로 난폭하

아야톨라 모다레스(1870?~1937) 이란의 시아파 종교 지도자이자 정치가. 나자프에서 이슬람 율법을 공부했으며 이후 마즐리스의 성직자 대표 격으로 활동하며 레자 칸의 세속 공화국 계획에 강하게 반대하다 감옥에서 죽었다. 이란 혁명 이후 호메이니는 모다레스를 레자 칸 시대에 가장 용감한 사람이라고 칭했다.

게 축소되고, 율법은 외국의 법전으로 대체되고, 유서 깊은 의식은 폐지되고, 성직자는 처형되고 재산을 빼앗기고 공개적으로 수모를 당했다. 사람들은 근대적 건물, 기관, 서양식으로 배치된 도로에 둘러싸여 이제 자기 나라에서도 편치 않았다. 이런 변화의 영향은 사랑하는 친구가 불치병으로 몰골이 서서히 처참해지는 과정을 눈앞에서 지켜보는 것에 비유되었다. 늘 아랍 세계의 맹주였던 이집트는 다른 많은 중동 국가보다 훨씬 길게 서양의 직접 통치를 겪으며 특히 어렵게 근대로 이행해야 했다. 끈질긴 외국의 존재와 영적, 도덕적 지도력의 부재는 이 나라에 위험한 불안을 불러일으키고 쓰라린 굴욕감을 주었지만 영국 정부도 새로운 이집트 정부도 이 문제를 해결할 생각이 없었던 것 같다. 전통적인 이집트 엘리트에 속하는 일부 개혁가가 이 점증하는 소외에 맞서려고 애를 썼다. 알-아자르의 셰이크 무함마드 압두(1849~1905)는 근대적인 법적, 헌법적 제도가 전통적인 이슬람 규범과 연결되어야만 사람들이 이해할 수 있다고 주장했다. 당시 민중은 세속적 법 체계로 인해 혼란에 빠져 이집트는 사실상 무법 국가가 되어 가고 있었다.[51] 그러나 이슬람의 사회 체제가 "정치적으로 사회적으로 죽어 가고 있었다"고 여긴 크로머 경은 그런 주장을 받아들이려 하지 않았다.[52] 같은 맥락에서 압두의 전기를 쓴 라시드 리다(1865~1935)는 학생들이 이슬람 율법 공부와 함께 근대적인 법학 사회학 과학을 배울 수 있는 대학을 세워, 언젠가 샤리아를 희석하지 않으면서도 근대화하여 외국 이데올로기가 아니라 진정한 무슬림 전통에 기초한 법을 제정할 수 있기를 바랐다.[53]

이 개혁가들은 그들의 사상을 이어 갈 만큼 제자들에게 영감을 주지 못했다. 그러나 무슬림형제단의 창설자이자, 근대화론자들이 만들어낸 영적 지도력의 진공 상태로 뛰어든 더 적극적인 '자유 활동가' 하산 알-바나(1906~1949)는 훨씬 큰 성공을 거두었다.[54] 근대 과학을 공부한 교사인 바나는 근대화는 필수적이지만 이집트인은 매우 종교적이기 때문에 영적 개혁이 따라야만 성공을 거둘 수 있다고 믿었다. 이집트인에게는 결코 완전하게 자기 것으로 만들 수 없는 이질적 이데올로기보다는 자신의 종교적 전통이 도움이 되었을 것이다. 바나와 친구들은 이집트의 정치 사회적 혼란을 보고, 또 영국인의 사치스러운 집과 운하 지대 이집트 노동자들의 오두막집의 극명한 차이를 보고 충격을 받고 슬퍼했다. 1928년 3월의 어느 날 밤 제자 여섯 명이 바나에게 행동에 나서 달라고 간청하면서 수많은 사람들이 겪고 있고, 이제 시작 단계에 불과한 고통을 웅변적으로 표현했다.

> 우리는 이슬람의 영광에 이르고 무슬림의 행복을 위해 봉사할 수 있는 실제적인 방법을 알지 못한다. 우리는 이 수모와 속박의 삶에 지쳤다. 우리는 아랍인과 무슬림이 아무런 지위도 존엄도 없이 사는 것을 본다. 외국인에게 속한 하찮은 고용인만 있을 뿐이다. …… 우리는 당신이 인식한 행동으로 가는 길을 인식할 수 없고, 조국과 종교와 움마에 봉사할 길을 알 수가 없다.[55]

바로 그날 밤 바나는 무슬림형제단을 만들었고, 이로써 무슬림 사회의 민초적 개혁이 시작되었다.

형제단이 다급한 요구에 분명하게 응답했다는 것은, 그 조직이 이집트 정치에서 가장 막강한 역할을 수행하는 집단의 하나가 된 것을 보면 알 수 있다. 1949년 바나가 암살당할 무렵에는 이집트 전역에 형제단 지부가 2천 개 있었으며, 형제단은 이집트에서 공무원 학생 도시 노동자 농민 등 모든 사회 집단을 대표하는 유일한 조직이었다.[56] 형제단은 군사 조직은 아니었다. 단지 익숙한 이슬람 환경 안에서 이집트 공중에게 근대 제도를 가져다주려 했을 뿐이다. 형제단은 모스크 옆에 소년 소녀를 위한 학교를 짓고, 이집트에서 가장 인기 있는 청년 집단이 된 스카우트 운동 단체 '로버스'를 조직했다. 형제단은 노동자를 위한 야학과 학생들이 공무원이 될 수 있도록 돕는 시험 대비 학원을 세웠다. 시골 지역에는 진료소와 병원을 지었다. 로버스를 동원하여 빈민 지역의 위생과 보건 교육을 개선하는 일에 나섰다. 형제단은 또 노동조합을 만들어 노동자에게 그들의 권리를 알려주었다. 형제단이 있는 공장에서 노동자들은 정당한 임금을 받고 건강보험과 유급 휴가를 얻어냈으며 회사 내 모스크에서 기도할 수 있었다. 이렇게 바나의 반문화 운동은 다른 시대의 어떤 낡은 흔적이기는커녕 이슬람이 영적 활력을 불어넣을 뿐 아니라 효과적인 근대화의 힘이 될 수 있음을 증명했다. 그러나 형제단의 성공은 양날의 칼임이 드러나게 된다. 이들로 인해 정부가 교육과 노동 환경에 관심을 보이지 않는다는 사실이 확연하게 드러났기 때문이다. 따라서 바나의 형제단은 체제에 도움을 주는 존재가 아니라 심각한 위협으로 인식되었다.

형제단은 완벽하지 않았다. 이들은 반지성적으로 흐르는 경향이 있었고, 그들의 발언은 종종 방어적이고 독선적이었으며, 서양관은 식민지 경험으로 왜곡되어 있었고, 지도자들은 반대를 용납하지 않았다. 가장 심각한 문제는 이곳에서 테러리스트 분파가 발전해 나왔다는 것이다. 이스라엘 국가의 창건 이후 팔레스타인 난민의 곤경은 현대 세계에서 무슬림의 무능을 보여주는 곤혹스러운 상징이 되었다. 일부에게 폭력은 앞으로 나아갈 유일한 방법으로 보였다. 장차 이집트 대통령이 되는 안와르 사다트(1918~1981)는 운하 지구의 영국인을 공격하기 위해 살해단을 조직했다.[57] 다른 준군사 조직들이 궁과 와프드에 부속되어 있었기 때문에, 일부 단원들이 '비밀 기구'(알-지하즈 알-시리)를 만드는 것은 불가피했을 것이다. 구성원이 약 천 명에 불과한 이 기구는 워낙 은밀하게 움직였기 때문에 형제단 단원들도 대부분 이름조차 들어보지 못했다.[58] 바나는 이 '비밀 기구'를 비난했지만 통제하지는 못했고, 결국 이것이 형제단을 오염시키고 위험에 빠뜨리게 된다.[59] '비밀 기구'가 1948년 12월 28일 마흐무드 엘-노크라시 총리를 암살했을 때 형제단은 매우 강한 표현으로 잔혹 행위를 비판했다. 그러나 정부는 이 기회를 이용해 형제단을 탄압했다. 1949년 2월 12일 바나는 거리에서 저격당했는데, 새로운 총리의 명령에 따른 것이 거의 확실했다.

1952년 나세르가 정권을 잡았을 때 형제단은 다시 모였지만 몹시 분열되어 있었다. 나세르는 아직 인기를 잃기 전인 초기에 헌신적인 세속주의자이고 소련의 동맹자이면서도 형제단에 구애했다. 그러나 나세르가 이슬람 국가를 만들 의도가 전혀 없다는 것이 분명해지자 '비밀 기구'의 한 구성원이 시위를 하던 도중 그를 저격했다. 나세르는 살아남았고, 공격을 받았을 때 그가 보여준 용기는 그의 인기를 드높이는 데 기여했다. 나세르는 이제 다시 형제단에 반대하여 움직일 수 있다고 생각했다. 1954년 말에 이르면 천 명이 넘는 형제단원이 재판에 넘겨지고, 헤아릴 수 없이 많은 다른 사람들―다수는 전단을 배포하는 것 이상의 범죄를 저지르지 않았다.―이 단 하루도 재판을 받지 못한 채 아무런 죄과도 없이 15년 동안 감옥에서 괴로운 생활을 해야 했다. 나세르는 1956년 수에즈 위기* 때 서양에 도전하여 더 큰 아랍 세계의 영웅이 된 뒤 나라를 세속화하려는 노력을 강화했다. 그러나 이런 국가 폭력은 체제에 대한 무장 저항을 요구하는 더 극단적인 형태의 이슬람을 낳았을 뿐이다.

종교적 극단주의는 종종 적의에 찬 공격적 세속주의와 공생 관계로 발전한다. 1954년에 구금된 형제단 가운데는 형제단의 선전 책임자 사이이드 쿠트브(1906~1966)가 있었다.[60] 쿠트브는 젊은 시절 자신의 신앙과 세속 정치 사이에 아무런 갈등을 느끼지 않았지만 영국인의 무자비한 정책으로 소외감을 느꼈고 미국 방문 중에는 인종 편견에 충격을 받았지만 그의 관점은 여전히 온건했으며 모호했다. 쿠트브가 급진적으로 바뀐 것은 나세르 치하 감옥의 폭력이었다. 쿠트브는 고문을 당했고, 단 한 번의 사건으로 수감자 20명이 학살당하는 것을 보고 망연자실했다. 그 다음에도 수십 명이 또 고문당하고 처형당했다. 외국인이 아니라 같은 민족에게 당한 것이었다. 세속주의는 이제 자비로운 것이 아니라 잔인하고 공격적이고 부도덕해 보였다. 쿠트브는 감옥에서 마우두디의 사상을 한 걸음 더 밀고 나아갔다. 그는 나세르가 서양 모델에 맞추어 이슬람을 민영화하기로 결정했다는 소식을 듣고, 또 자신의 수감 생활 중 일어난 잔혹 행위를 보고, 이른바 무슬림 통치자도 여느 서양 열강만큼이나 폭력적으로 자힐리야가 될 수 있다고 믿게 되었다. 쿠트브는 폭력과 불의에 공포를 느낀 다른 사람들과 마찬가지

수에즈 위기 1956년 이집트의 수에즈 운하 국유화 문제로 이집트와 영국, 프랑스, 이스라엘 사이에서 벌어진 전쟁. 제2차 중동전쟁으로도 불린다. 7월 이집트 대통령 나세르가 수에즈 운하를 국유화하여 이스라엘의 유일한 홍해 진출로인 티란 해협을 봉쇄하자, 이스라엘과 수에즈 운하의 공동 지분을 가진 영국과 프랑스가 이집트를 침공했다. 그해 11월 유엔의 정전 결의로 전쟁은 마무리되었으며 수에즈 운하는 이집트에 귀속되었다.

로 세계를 선명하게 두 진영으로 나누는 이원론적 이데올로기를 발전시켰다. 하나는 신의 주권을 받아들이는 진영이고 다른 하나는 받아들이지 않는 진영이었다. 신은 무함마드의 활동을 통하여 제대로 질서가 잡힌 사회를 창조하기 위한 실천적 강령을 계시했다. 첫 번째로 무함마드는 신의 명령에 따라 행동하면서 자마아트, 즉 정의와 공평에 헌신하는 '정당'을 만들었는데, 이것은 이방의 제도와는 거리가 먼 것이었다. 두 번째로 무함마드는 히즈라(이주) 때 신을 공경하는 상태와 신을 믿지 않는 상태를 완전히 분리했다. 세 번째로 무함마드는 메디나에 이슬람 국가를 세웠다. 네 번째로 자힐리야 메카에 대항하여 지하드를 시작했으며, 메카는 결국 신의 주권에 고개를 숙였다.

쿠트브는 이런 생각들을 《이정표》라는 책에 정리했으며, 이 책은 감옥에서 밀반출되어 탐독되었다. 그는 학식이 있는 사람이었지만 《이정표》는 공식적인 이슬람의 권위를 내세운 작업이 아니었다. 이것은 너무 멀리 밀려난 사람의 부르짖음이었다. 쿠트브의 강령은 이슬람의 역사를 왜곡했다. 메카와의 갈등에서 전환점이 된, 후다이비야에서 무함마드의 비폭력 정책에 대한 언급이 없었기 때문이다. 굴욕, 외국의 점령, 세속화의 공격성이 이슬람의 원한의 역사를 만들어낸 것이다. 이제 쿠트브는 과거에 대한 편집증적 시각으로 이슬람의 파괴를 노리며 계속 무자비하게 이어지는 자힐리야 적들―이교도 유대인 기독교인 십자군 몽골 공산주의자 자본가 식민주의자 시온주의자―만 보고 있었다.[61] 그는 1966년에 처형을 당하는 바람에 자신의 강령에 담긴 실천적 함의가 현실로 나타나는 것을 보지는 못했다. 훗날 그를 추종한 몇몇 사람들과는 달리 그는 무슬림이 무장 투쟁을 할 준비를 갖추려면 그 전에 긴 영적, 사회적, 정치적 준비를 해야만 한다는 것을 깨달았던 듯하다. 그러나 그가 죽은 뒤 중동의 정치 상황은 악화되어 점증하는 폭력과 그로 인한 소외 때문에 쿠트브의 작업은 불만을 품은 젊은이들에게 공명을 일으켰다. 특히 쿠트브와 마찬가지로 이집트 감옥에서 강경해져 때가 무르익는 과정을 기다릴 여유가 없다고 느낀 형제단원들이 그를 지지했다. 이들은 1970년대 초에 석방되자 쿠트브의 생각을 주류 사회로 가지고 들어가, 실행에 옮기려고 노력하게 된다.

유사 종교적 열정이 된
유대 민족주의

1967년 6월 이스라엘과 아랍 이웃들 사이의 6일전쟁* 후 중동 지역에서는 이슬람 국가들만이 아니라 이스라엘도 종교적 부흥을 경험했다. 우리가 보았듯이 시온주의는 도전적인 세속적 운동으로 출발했으며, 유대 국가의 군사 원정에 대한 종교적 내용은 전혀 없었다. 그들이 팔레스타인 사람들을 폭력적으로 탄압한 것은 종교적 명령이라기보다는 세속적 민족주의의 결과였다. 전쟁 전 많은 이스라엘인들은 자신들을 모두 바다에 쓸어 넣겠다는 나세르의 맹세를 들으면서 이스라엘을 멸절하려는 또 한 번의 시도가 있을 것이라고 확신했다. 그들은 번개같은 속도로 대응하여 엄청난 승리를 거두고 시리아로부터 골란고원

6일전쟁 1967년 6월 5일부터 6일간 벌어진 이스라엘과 아랍 국가들 간의 전쟁. 제3차 중동전쟁으로도 불린다. 1967년 이스라엘과 시리아 사이의 분쟁이 격화되자 이집트 대통령 나세르는 범아랍권 지도력을 강화하기 위해, 수에즈 위기 이후 시나이반도에 주둔하던 유엔군을 몰아낸 후 티란 해협을 봉쇄했다. 이에 이스라엘은 먼저 공격을 개시하여 요르단, 이집트, 시리아 세 나라를 단 6일 만에 격파하고 승리를 거두었다.

을, 이집트로부터 시나이반도를, 요르단으로부터 예루살렘 서안과 구시가를 빼앗았다.

이 행동에서 종교가 두드러지지는 않았지만, 많은 이스라엘인들이 이 극적인 운의 역전을 홍해를 건너는 것과 비슷한 기적으로 경험하게 된다.[62] 1898년 시온주의 이론가 테오도어 헤르츨(Theodor Herzl)은 헤롯 성전의 마지막 남은 유물인 서쪽 성벽(통곡의 벽)을 찾아갔을 때, 유대인 숭배자들이 그 돌에 소심하게 매달려 있는 것을 보고 역겨움을 느꼈다.[63] 하지만 1967년 6월 얼굴을 검게 칠한 낙하산 부대원과 무신론자 장교들이 그 '벽'에 기대 울었을 때, 군인들의 세속적 에토스는 신성한 지리학에 의해 순간적으로 변화를 겪었다. 우리가 보았듯이 민족주의는, 특히 긴장과 감정이 고조된 상태에서는, 쉽게 유사 종교적 열정으로 넘어간다. 예루살렘에 대한 헌신은 수천 년 동안 유대인 정체성의 중심이었다. 사람들은 자신을 둘러싼 풍경을 과학적 방법으로 지도로 옮기기 오래전부터 세상에서 자신의 자리를 감정적, 영적으로 규정했으며, 다른 모든 곳과 근본적으로 다르게 경험되는 지역적 특색에 저항할 수 없이 이끌려 왔다. 1967년 이스라엘의 경험은 우리가 여전히 세상을 완전히 세속화하지 못했다는 것을 보여준다.[64] 군인들의 '믿음'은 변하지 않았지만, 그들은 '벽'을 통해 다른 사람들이 신성한 것 —"크고 무시무시하고 다른 세상에서 온 것"[65]이면서도 동시에 "잘못 알아보는 것이 불가능한 오랜 친구"[66] — 과 마주칠 때 겪는 것과 비슷한 경험을 했다. 그들 자신이 파괴를 아슬아슬하게 피했듯이 '벽'도 그들과 같은 생존자였다. "이제 파괴는 없을 것이다." 한 병사는 돌에 입을 맞추며 말했다. "이 벽은 두 번 다시는 버려지지 않을 것이다."[67]

'두 번 다시는'은 홀로코스트 이후 유대인의 구호가 되었으며, 이제 장군과 병사들은 그 말을 다시 사용하고 있었다. 또 처음으로 '거룩한 도시'라는 표현이 시온주의의 수사에 들어갔다. 그러나 중동의 신성한 고대 지리학에 따르면 '거룩한 도시'의 핵심은 아무도 그곳을 소유할 수 없다는 것이었다. 그곳은 신에게, 마르두크나 바알이나 야훼에게 속했기 때문이다. '다윗의 도시'는 야훼가 성전의 보좌에서 다스렸고, 왕은 야훼가 기름을 부은 대리인으로서 행동할 뿐이었다. 예루살렘은 통치자의 개인 소유가 되는 대신 야훼를 위해 '분리되었기' 때문에 '거룩한'(카도쉬) 곳이 되었다. 그러나 신성한 지리학의 감정이 영토 보전을 가장 중요하게 여기는 이스라엘의 세속적 민족주의와 합쳐지자 정치가들은 예루살렘이 절대적으로 이스라엘 국가 소속이라는 데 의심을 품지 않았다. "우리는 우리의 가장 거룩한 장소에 돌아왔다." 스스로 세속주의자임을 인정하는 지휘관 모셰 다얀은 말했다. "우리는 돌아왔고 우리는 결코 떠나지 않을 것이다."[68] 예루살렘은 다른 모든 요구를 초월하여 타협의 여지가 없는 절대적인 것이 되었다. 국제법이 전쟁 중에 정복한 땅의 영구 점유를 금지했는데도 이스라엘의 유엔 대표 압바 에반은 예루살렘이 "모든 정치적이고 세속적인 고려를 넘어 그 위에, 그 앞과 뒤에 놓여 있다."고 주장했다.[69]

이스라엘의 신성한 지리학에는 또 도덕적이고 정치적인 영역이 강하게 개입했다. 이스라엘인은 예루살렘을 샬롬('평화', '전체성')의 도시로 찬양했지만, 〈시편〉은 예루살렘에 '정의'(체데크)가 없으면 샬롬도 없을 것이라고 주장했다. "백성을 억압하는 자들을 쳐부수고 약한 자들의 권리를 세워주며 빈민들을 구하게 하소서."[70] 야훼의 시온에는 억압과 폭력이 있을 수 없다. 그곳은 가난한 자들에게 천국이 분명하다. 하지만 예루살렘의 '거룩함'이 세속적 민족 국가와 합쳐지자 그곳의 팔레스타인 거주자는 취약한 소수가 되었고 오염물 같은 존재가 되었다. 1967년 6월 10일 밤 휴전 협정이 조인되었고 '벽' 옆의 마그리비 구역의 팔레스타인 거주자 619명에게는 세 시간 안에 집에서 나가라는 명령이 떨어졌다. 세 시간이 지나자 불도저들이 국제법을 어기고 들어와 이 역사적인 구역—가장 초기의 예루살렘 와크프 가운데 하나—을 파괴해버렸다. 6월 28일 이스라엘 국회는 구시가와 동예루살렘을 공식 합병하여 이곳이 이스라엘 국가의 일부라고 선포했다.

세속적 민족주의는 종교적 이상을 이용하고 왜곡해 왔다. 하지만 종교가 근대 민족 국가를 끌어안는 것도 똑같이 위험할 수 있다. 정통 유대교도는 1967년 훨씬 전부터 이스라엘 세속 국가를 신성시하고 그것을 지상의 가치로 받들었다. 약간 멸시를 당하던 시온주의의 종교적 형태도 이스라엘인 대부분의 세속적 민족주의와 늘 나란히 존재해 왔다.[71] 이런 공존은 1950년대에 약간 더 두드러지게 되었는데, 이때 모셰 레빈게르, 슐로모 아비네르, 야코프 아리엘, 엘리에제르 발드만을 포함한 일군의 젊은 정통주의자들이 늙어 가는 랍비 즈비 예후다 쿠크의 영향권 안에 들어갔으며, 이 랍비는 이스라엘 세속 국가를 '신성한 실체'이며 지상에 존재하는 하느님의 나라로 여겼다.[72] 유랑 시기에는 '땅'과 연결된 계명을 지키는 것이 불가능했다. 그런데 이제 전체를 완성하고 싶은 갈망이 생겨났다. 쿠크주의자들—쿠크의 추종자들이 그렇게 알려지게 되었다.—은 정치적 삶으로부터 신성한 것을 배제하는 대신 다시 한번 신성한 것이 존재 전체에 "언제나 어느 영역에나" 퍼지게 하려고 했다.[73] 따라서 정치적 참여는 "거룩함의 정점으로 올라가는 것"이었다.[74] 쿠크주의자들은 '땅'을 우상으로 바꾸었다. 절대적 지위에 있는 존재, 전통적으로 오직 우리가 하느님이라고 부르는 초월자에게만 바치던 질문 없는 숭배와 헌신을 지상에서 요구하는 존재가 된 것이다. "시온주의는 하늘의 문제다." 쿠크주의자들은 주장했다. "이스라엘 국가는 신성한 실체이며 우리의 거룩하고 고귀한 국가다."[75] 쿠크주의자들에게는 이스라엘 땅의 모든 흙덩이가 거룩했다. 그 제도는 신성했다. 이스라엘 병사들의 무기는 기도용 숄만큼이나 신성했다. 하지만 이스라엘은 여느 나라와 마찬가지로 이상과는 거리가 멀었으며, 구조적이고 군사적인 폭력 양쪽의 죄를 지었다. 과거에 예언자들은 국가의 체계적 불의에 이의를 제기했으며, 사제들은 거룩한 전쟁에도 비판적이었다. 그러나 쿠크주의자들에게 세속적 이스라엘은 비판을 넘어선 곳에 있었으며 세계 구원의 핵심이었다. 이스라엘 수립으로 메시아적 구원은 이미 시작되었다. "에레츠 이스라엘('이스라엘의 땅')에 오는 모든 유대인, 이스라엘 땅에 심은 모든 나무, 이스라엘 군대에 온 모든 병사는 또 하나의 영적 단계를 이룬다. 말 그대로, 구원 과정에서 또 하나의 단계다."[76]

앞서 보았듯이, 고대 이스라엘은 맨 처음부터 국가 폭력을 수상쩍게 보았다. 그런데 이제 쿠크주의자들은 그것에 최고의 지지를 보내고 있었다. 민족 국가가 일단 지고의 가치가 되면 액턴 경이 예측했듯이, 국가가 할 수 있는 일에는 한계가 없다. 말 그대로 무엇이든 가능하다. 쿠크주의자들은 국가를 신성한 수준으로 드높임으로써 민족주의의 그림자, 즉 소수자에 대한 불관용에도 신성한 지지를 보냈다. 유대인이 땅 전체를 점령하지 않으면 이스라엘은 비극적이게도 불완전한 상태를 유지할 것이며, 따라서 아랍 영토를 합병하는 것은 지고한 종교적 의무다. 그들은 그렇게 주장했다.[77] 6일전쟁이 끝나고 며칠 뒤, 노동당 정부는 평화와 국가 인정을 대가로 점령 영토 가운데 일부—서안의 가장 중요한 성서 관련 유적지 일부를 포함하여—를 아랍인에게 돌려주겠다고 제안했다. 쿠크주의자들은 이 계획에 격렬하게 반대했으며, 이때 처음으로 그들에게 세속적 동맹자들이 생기는 것을 보고 그들 자신도 놀랐다. 일군의 이스라엘 시인 철학자 장교 들이 승리에 고무되어 이양을 막겠다며 함께 모여 쿠크주의자들에게 정신적, 재정적 지원을 제안했다. 이제 같은 목표를 품고 있다는 것을 깨닫고, 세속적 민족주의자들이 이제까지 멸시를 당하던 종교적 시온주의자들과 제휴한 것이다.

이런 지원에 힘입어 1968년 4월 모세 레빈게르는 여러 가족으로 이루어진 소규모 집단을 이끌고 서안의 헤브론에서 유월절을 기념했다. 그들이 파크 호텔에 투숙한 뒤 떠나기를 거부하자 노동당 정부는 당황했다. 그러나 그들의 대담함은 노동당원의 마음을 울렸다. 나라가 생기기 이전 시절 아랍 땅을 공격적으로 점거하여 영국에 도전한 개척 이민자들을 떠올리게 했기 때문이다.[78] 다시 세속적 열의와 종교적 열의가 위험하게 합쳐졌다. 쿠크주의자들에게 아브라함 이삭 야곱이 묻힌 헤브론은 팔레스타인인—사실 그들도 이 예언자들을 숭배했다.—의 존재로 오염된 것처럼 보였다. 쿠크주의자들은 무슬림 공동 기도 시간이 되었는데도 '족장의 동굴'을 떠나기를 거부하고, 입구를 막고 시끄럽게 떠들었다. 독립기념일에는 '성지'에 이스라엘 국기를 내걸었다.[79] 마침내 한 팔레스타인 사람이 수류탄을 던졌고, 이스라엘 정부는 내키지 않았지만 헤브론 외부의 정착민을 위해 이스라엘 국방군이 보호하는 집단 거주지를 만들었다. 1972년에 이르면 이 키르야트 아르바의 거주자가 5천 명에 이르게 되었다. 쿠크주의자들에게 이 땅은 '건너편'

에 있는 악마적 세계의 경계를 뒤로 밀어내는 전진기지였다.

그러나 노동당 정부는 여전히 영토 합병은 거부했다. 이집트와 시리아가 시나이와 골란고원을 침공하여 매우 힘겹게 물리친 1973년 10월전쟁 후 쿠크주의자, 랍비, 매파 세속주의자 한 무리는 구시 에무님, 즉 '신자들의 블록'을 결성했다. 정당이라기보다는 압력 집단인 구시의 목표는 다름 아닌 "이스라엘과 전 세계의 완전한 구원"이었다.[80] 이스라엘은 '거룩한 민족'으로서 유엔 결의안이나 국제법의 구속을 받지 않는다. 구시의 궁극적 계획은 서안 전체를 식민지로 만들어 점령 지역에 유대인 수십만 명을 이식하는 것이었다. 구시는 자신들의 주장을 내세우기 위해 서안 도보 여행과 시위를 조직했으며, 1975년 독립 기념일에는 무장한 유대인 거의 2만 명이 서안 '피크닉'에 참여하여 이 지역에서 저 지역으로 행군을 했다.[81]

구시는 이런 행군, 군대와의 전투, 불법 점거를 환희와 해방감을 안겨주는 제의로서 경험했다.[82] 그러나 이들이 세속주의자에게 그렇게 큰 지지를 받았다는 점은 이들이 종교를 전혀 좋아하지 않는 이스라엘인도 똑같이 강하게 느끼던 민족주의 감정을 이용하고 있음을 보여준다. 구시는 또 멸절 위기에 처한 민족―그들은 물었다. 10월전쟁 뒤에 이스라엘인이 실제로 멸절 위기에 처했다는 사실을 누가 부정할 수 있는가?―은 '비어 있는' 땅에 정착할 자격이 있다고 오래전에 선포한 서양의 천부 인권 전통에도 의지할 수 있었다. 그들의 신성한 임무는 그것이 진정으로 '비어 있도록' 보장하는 것이었다. 메나헴 베긴이 이끄는 리쿠드당이 1977년 선거에서 노동당을 물리치고 요르단 양안에 이스라엘인 정착을 공언하자 쿠크주의자들은 하느님의 뜻이 작용하고 있다고 믿었다. 그러나 밀월은 짧았다. 1977년 11월 20일 이집트의 안와르 사다트 대통령은 평화 협상을 시작하기 위해 역사적인 예루살렘 방문을 감행했으며, 이듬해 테러리스트 출신 베긴과 사다트는 '캠프데이비드 협정'에 서명했다. 이집트가 이스라엘 국가를 공식 인정하는 대가로 이스라엘이 시나이반도를 이집트에 돌려준다는 내용이었다. 이 예기치 않은 사태 진전을 지켜보면서 수많은 서양인은 결국 세속적 실용주의가 승리를 거둘 것이라고 결론을 내렸다.

팔라비의 '백색 혁명'과
돌아온 호메이니

그러나 이란 혁명이 그 희망을 박살내버렸다. 서양 정치가들은 샤 무함마드 팔라비를 진보적 지도자로 여겨, 그가 같은 민족에게서 아무런 정통성을 확보하지 못했는데도 팔라비 체제를 지지했다. 이란인은 사실 '서양과 나머지' 체제의 구조적 폭력을 첨예한 형태로 경험하고 있었다. 독립, 민주주의, 인권, 민족 자결은 '서양'을 위한 것이었다. 이란인에게는 폭력 지배 착취 압제가 일상사였다. 1953년 미국중앙정보국(CIA)과 영국정보부가 조직한 쿠데타로 세속적 민족주의자 총리 무함마드 모사데크가 (이란 석유산업을 국유화하려 했다가) 권좌에서 밀려나고 샤가 복귀했다. 이 사건은 이란인에게 그들이 자신의 운명을 좌우할 힘이 거의 없다는 것을 보여주었다. 1953년 이후에는 미국이 그전의 영국과 마찬가지로 군주와 석유 매장지를 통제하며 외교 특권과 교역상의 양보를 요구했다. 미국 사업가와 고문들이 쏟아져 들어왔으나 이 호황으로 혜택을 본 이란인은 극소수였다. 1962년 샤는 마즐리스 의회를 해산하고 미국중앙정보국과 이스라엘의 모사드(중앙공안정보기관)가 훈련시킨 공포의 비밀경찰 조직인 국가안전정보기구(사바크 SAVAK)의 지원을 받아 인기 없는 개혁을 밀어붙이는 '백색 혁명'을 시작했다. 이 개혁은 서양의 갈채를 받았다. 자본주의를 확립하고 봉건적 토지 소유를 무너뜨리고 문자해득률과 여권(女權)을 높였기 때문이다. 하지만 사실 이 개혁은 부자에게 유리하고 도시 거주자에게 초점을 맞추었으며 농민을 무시했다.[83] 너무 빠르게 근대화하는 경제가 겪는 일반적인 증상이 나타났다. 농업이 쇠퇴하고, 농촌을 떠난 사람들이 도시로 쏟아져 들어가 황폐한 판자촌에 살면서 짐꾼이나 행상으로 위태로운 생활을 해 나갔다.[84] 사바크 때문에 이란인은 자기 나라에서 죄수가 된 느낌이었으며, 비밀 마르크스주의자와 이슬람 게릴라 집단이 형성되어 모든 반대를 폭력으로 억압하는 세속 체제에 맞섰다.

그러다가 거의 알려지지 않은 한 성직자가 이 억압적 체제에 맞서 공개적으로 말할 용기를 냈다. 1963년 쿰의 파이지야 마드라사에서 윤리학 교수로 재직하던 아야톨라 루홀라 호메이니(1902~1989)는 샤에 대한 지속적인 공격을 개시하여 고문, 마즐리스 해산, 미국에 대한 줏대 없는 굴종, 팔레스타인인의 기본적 인권을 부정하는 이스라엘 지지 등을 비난했다. 한번은 한 손에는 쿠란, 다른 손에는 1906년 헌법을 들고 샤가 둘 다 배신했다고 비난하기도 했다.[85] 1963년 3월 22일 6대 이맘 순교 기념일에 사바크는 마드라사를 습격하여 호메이니를 체포하고 학생 몇 명을 살해했다. 호메이니는 석방되자 공격을 재개했다. 아슈라 의식 때는 후사인을 찬양하는 연설에서 샤를 680년 카르발라 비극의 악당인 칼리파 야지드에 빗댔다.[86] 호메이니가 두 번째로 체포되자 이란인 수천 명이 거리로 몰려나왔고, 평신도와 성직자가 나란히 항의했다. 사바크는 발포 명령을 받았으며, 성직자들은 압제에 저항하는 전쟁에서 후사인처럼 죽겠다는 결의를 보여주려고 순교자의 하얀 수의를 입고 총구와 맞섰다. 민간인 수백 명이 죽고 나서야 가까스로 평화가 회복되었다.[87]

호메이니는 항의했다. 팔라비 체제는 자신의 민족을 공격하고 있다. 호메이니는 늘 이 체제 불의의 최고 피해자인 빈민을 옹호했으며, 샤에게 궁을 떠나 판자촌의 개탄할 만한 상태를 보라고 명령했다. 1964년 10월 27일 그는 이렇게 주장했다. 이란은 미국의 식민지나 다름없다. 미국은 부유한 나라인데 사람들이 거리에서 자다니 부끄러운 일이다. 수십 년 동안 외국인들이 석유를 약탈해 가는 바람에 이란인은 아무런 이득도 얻지 못했다. "나는 다음 겨울 빈민의 상태를 깊이 우려하고 있다. 그런 일이 없기를 바라지만, 다수가 추위와 굶주림으로 죽을 것으로 예상되기 때문이다." 호메이니는 결론을 내렸다. "울라마는 빈민을 생각하여 지난겨울의 가혹한 상황을 예방할 조치를 취해야 한다."[88] 이 연설 뒤에 호메이니는 추방을 당하여 이라크로 망명했다. 그는 하룻밤 새에 이란의 영웅, 억압에 대항하는 시아파의 단호한 저항의 상징이 되었다. 마르크스주의나 자유주의 이데올로기는 오직 소수의 이란인에게만 호소력이 있었을 뿐이지만 카르발라의 비유적 표현은 모든 사람, 특히 도시 빈민도 이해할 수 있었다. 서양인은 외향적이고 군중의 비위를 맞추는 정치가에게 익숙하기에 호메이니의 호소력을 이해하기 힘들지만 이란인은 그의 과묵한 태도, 내면을 바라보는 듯한 눈길, 단조로운 연설이 감각을 완전히 통제한 '정신 맑은' 신비주의자의 표시라고 인정했다.[89] 호메이니는 나자프의 이맘 알리의 무덤 근처에서 망명 생활을 하여 사람들의 마음속에서 12이맘과 밀접하게 연결되었으며, 근대적 통신수단 덕분에 '감추어진 이맘'과는 달리 멀리에서도 사태를 계속 지휘하게 된다.

서양에서 호메이니는 대체로 광신자로 여겨졌고 그의 성공은 미신이 합리성을 누른 것으로 보였다. 하지만 체제 폭력에 대한 그의 원칙 있는 반대와 세계 정의에 대한 요구는 동시대 서양의 종교적 발전과 깊은 조화를 이루고 있었다. 호메이니의 메시지는 교황 요한 23세(1958~1963년 재위)의 메시지와 다르지 않았는데, 그의 회칙 〈어머니와 교회〉(1961)는 족쇄가 풀린 자본주의는 부도덕하고 지속 가능하지 않으며, "모든 형태의 경제적 기업은 사회 정의와 자비의 원칙에 따라 관리되어야 한다."고 주장했다. 교황은 또 세계의 공평성을 요구했다. 민족 번영으로는 충분하지 않았다. "인간의 목표는 민족과 국제적 사법 질서에서 사회 정의를 이루는 것이어야 하며 …… 모든 경제 활동은 단지 사적인 이익만이 아니라 공동의 선을 위해서도 수행될 수 있다."[90] 〈지상의 평화〉(1963)에서 교황은 국제 관계의 기초는 경제적 이익보다는 인권이 되어야 한다고 주장했다. 이 탄원은 저개발 국가를 착취하는 서양의 정책을 비판하는 것이 분명했다.

호메이니가 샤의 불의를 거세게 비판한 것과 비슷한 시기에 라틴아메리카의 가톨릭교회는 해방 신학을 발전시켜 나갔다. 사제와 수녀는 소규모 빈민 공동체들에 브라질 사회의 체제 폭력을 시정하기 위해 성경을 공부하라고 권했다. 1968년 라틴아메리카 주교들은 콜롬비아 메데인에 모여 이 새로운 운동에서 등장한 명제들을 지지했는데, 해방 신학 운동은 예수가 가난하고 억압받는 사람들 편이며 기독교인은 정의와 평등을 위해 투쟁해야 한다고 주장했다. 이란과 마찬가지로 라틴아메리카에서도 이런 종류의 신학에 정치적, 경제적 엘리트는 심각한 위협을 느꼈다. 해방 사제들에게는 '공산주의자'라는 별명이 붙었으며,

이들은 이란 성직자들과 마찬가지로 투옥되고 고문당하고 처형당했다. 제국주의적 서양이 '제3세계'에 강요하는 경제 질서에 폭력이 내재해 있다는 점을 분명히 밝혔기 때문이다.

라틴아메리카는 수백 년 동안 폭력의 땅이었다. 우리는 식민지 시대 이래 특권을 지닌 소수가 민중 대다수를 착취하는 데 사용해 온 폭력을 이야기하고 있다. 우리는 굶주림 무력감 저개발 …… 불법이지만 현존하는 노예제, 사회적, 지적, 경제적 차별의 폭력을 이야기하고 있다.[91]

또 해방 사제들은 주장했다. 세계는 이제 상호 의존적이기 때문에 북아메리카의 개인은 오직 다른 사람들, 예컨대 브라질 빈민가에서 살고 있는 사람들이 궁핍할 때에만 안락한 생활을 할 수 있다. 그들이 값싸게 물건을 사는 것은 다른 사람들이 그 물건의 생산 과정에서 착취를 당했기 때문이다.[92]

미국에서도 종교가 혁명적인 날을 세워 20세기 들어 처음으로 미국 정부의 정책에 맞섰다.[93] 존 케네디와 린든 존슨 두 대통령은 정치에서 종교를 배제하려고 조심했으나 자유주의적 가톨릭 프로테스탄트 유대교도는 종교의 이름으로 미국의 구조적이고 군사적인 폭력에 반대하는 운동을 벌였다. 그들은 이란의 시아파 무슬림과 마찬가지로 베트남전쟁에 반대하여 거리로 나섰고 국내의 인종 차별에 반대하여 마틴 루터 킹의 민권 운동에 참여했다. 1962년 '전국교회평의회'는 케네디에게 "국내와 국외에서 [가난을] 없애려는 전면적인 노력"을 기울일 것을 요청했다.[94]

서양에서는 종종 군중 선동가로 생각되는 호메이니는 폭력을 옹호하지 않았다. 거리에서 항의한 군중은 비무장이었으며 그들의 죽음은 샤의 세속 정권의 무자비한 잔인성을 적나라하게 드러냈다. 부상을 당해도 비폭력으로 대응하는 것이 "우리의 생존에 절대적으로 필요하며 …… 우리 세계의 문제를 해결하는 열쇠"[95]라고 주장한 마틴 루서킹이 암살당한 일 또한 미국 사회에 잠재한 폭력을 드러냈다. 킹은 호메이니의 세계 정의 요구에 동의했을 것이다. 킹은 쿠바 피그스만에서 케네디가 맞이한 참담한 제국주의적 재앙(1961년)*을 개탄했으며, 존슨이 아프리카계 미국인에게 이전 어느 대통령보다 많은 혜택을 주었는데도 베트남전쟁을 지지하지 않았다. 그러나 1970년대 말 이란 혁명이 일어났을 때 서양의 분위기는 바뀌어 있었다. 1978년 해방 신학에 격렬하게 반대하던 폴란드 크라쿠프 출신의 보수적 주교 카롤 보이티와는 교황으로 선출되면서 요한 바오로 2세라는 이름을 얻었다. 근본주의적인 '도덕적 다수'가 미국 종교 생활의 전선으로 쏟아져 나왔고, 정력적으로 인권 운동을 하던 '거듭난' 민주당 대통령 지미 카터는 샤 독재의 충성스러운 지지자였다.

서양의 관점에서 보자면 이란은 1970년대에 경기가 좋아진 것 같지만 사실 국가는 민중의 희생으로 부유해졌다. 백만 명이 실업 상태였으며, 동네 상인들은 외국 물품의 유입으로 망했고, 번영하는 미국인 이주자들에 대한 적개심이 널리 퍼져 있었다.[96] 호메이니가 망명한

피그스만 침공 미국중앙정보국(CIA)이 피델 카스트로의 사회주의 쿠바 정부를 전복하기 위해 쿠바 망명자 1천4백여 명을 훈련시켜 1961년 4월 피그스만에 투입해 공격하려다 실패한 사건. 미국은 개입을 부정했으나 주권 침해에 대한 비판을 면치 못했다.

뒤 샤는 독재를 강화했고 더 공격적으로 세속화를 시작했다. 샤는 와크프를 몰수하고 마드라사를 엄격하게 관료적으로 통제했다.[97] 아야톨라 리다 사이디가 정권을 비난하다가 고문을 당해 죽자 수천의 시위대가 쿰 거리로 쏟아져 나왔다.[98] 소르본에서 공부한 카리스마 넘치는 평신도 철학자 알리 샤리아티(1933~1977)는 젊고 서양화된 이란인 사이에서 혁명의 불꽃을 살려 나갔다.[99] 그는 말했다. 서양적 이상에 너무 순응하여 시아파 정신을 버리면 자신을 잃게 될 것이다. 알리와 후사인의 모범에 비추어볼 때 무슬림은 불의와 강압과 압제에 맞서 '안 된다'고 말할 수밖에 없다. 그 또한 고문당하고 투옥당했다가 망명 중에 죽었는데, 사바크 요원들에게 희생된 것이 거의 틀림없다. 호메이니는 1971년 나자프에서 〈이슬람 정부〉를 발표하여, 울라마가 국가를 통치해야 한다고 주장했다. 그의 벨라야트-이 파키흐, 즉 '[이슬람] 법학자들의 정부'라는 학설은 서양의 근대성에 맞서는 것처럼 보였으며 시아파 대부분에게 충격을 주었다. 수백 년 동안 성직자들은 '감추어진 이맘'의 부재 상태에서는 어떤 정부든 부패한다는 이유로 공직을 거부해 왔기 때문이다. 그러나 호메이니의 사상은 세계적인 구조적 폭력에 도전하는 제3세계 지식인들의 생각과 분명히 비슷했다. 그는 늘 주장해 왔다. 이슬람은 "신앙과 정의에 헌신하는 전투적 개인들의 종교다. 그것은 자유와 독립을 바라는 사람들의 종교다. 그것은 제국주의에 맞서 투쟁하는 사람들의 학교다."[100]

이 시점에서 호메이니를 포함한 누구도 샤를 무너뜨릴 수 있다고 믿지 않았지만 사태는 그가 예상한 것보다 빠르게 진행되었다. 1977년 11월 호메이니의 아들 무스타파가 이라크에서 암살당했는데, 이번에도 사바크 요원들이 저지른 일인 것이 거의 분명했다.[101] 샤는 애도 행사를 금지했다. 그러나 이 사건은 호메이니를 더욱더 시아 이맘들과 같은 존재로 만들고—후사인과 마찬가지로 그의 아들도 의롭지 않은 통치자에게 죽임을 당했기 때문에—샤를 다시 야지드처럼 보이게 했을 뿐이다. 그리고 이 위태로운 시기에 미국 대통령 지미 카터는 자신을 '큰 사탄'으로 보이게 만들었다. 1977년 11월 이란이 무스타파 호메이니를 애도하는 동안 샤는 워싱턴을 방문했고, 카터는 큰 감정을 담아 "세계의 소란한 구석에 있는 안정된 섬" 이란과 미국의 "특별한 관계"에 관해 이야기했다.[102] 카터는 그렇게 해서 샤이탄, 즉 미국을 추종하여 그 자신의 민족에게 피해를 주도록 샤를 꾀는 '유혹자'로서 당시 전개되고 있던 카르발라의 드라마 속으로 들어갔다.

혁명은 반(牛)관제 신문이라고 할 수 있는 〈에테라아트〉가 터무니없이 호메이니를 공격한 1978년 1월 8일에 시작되었다.[103] 다음 날 쿰에서 비무장 학생 4천 명이 1906년 헌법의 부활, 언론 자유, 정치범 석방, 호메이니 귀환을 요구했다. 이 기간 내내 이란인은 샤의 세속 정부와 국제 공동체가 일관되게 거부해 온 독립, 자유, 입헌 통치를 요구하여, 자신들이 근대적 에토스를 완전히 소화하고 있었음을 보여주었다. 이 시위에서 학생 70명이 살해당했다. 이 학살로 정권은 선을 넘었다. 이제 하나의 패턴이 등장했다. 쿰 학살 40일 뒤 군중은 죽은 이들을 위한 전통적인 애도 행사를 열기 위해 모였고 더 많은 사람들이 학살당했다. 다시 40일 뒤 새로운 순교자를 기리는 의식과 시위가 벌어졌다. 샤에 반대하지만 자신들이 민중에게 호소력이 없다는 것을 알고 있던 마르크스주의자 세속주의자 자유주의자가 종교적인 정신을 지닌 혁명가들과 합세했다. 그러나 이것은 폭력 봉기가 아니었다. 영화관 은행 주류 판매업소—'큰 샤이탄'의 상징들—가 공격을 당했지만 사람들은 공격을 당하지 않았다.[104] 이제 감옥은 정치범으로 가득 찼고 늘어가는 사망자 수는 서양에서 진보적이고 평화적이라고 찬사를 받던 샤의 세속 정권이 자신의 민족을 학살하고 있다는 것을 보여주었다.

혁명은 정치적일 뿐 아니라 종교적인 사건으로도 경험되었다. 시위자들은 자신이 억압에 대항하는 투쟁에서 후사인을 따르고 있다고 확신하고, "어디에나 카르발라, 매일이 아슈라"라고 적힌 현수막을 들고 다녔다.[105] 그들은 마치 몸을 쇠약하게 만드는 독을 씻어내 진정성을 회복하는 것처럼 혁명이 변화시키고 정화시키는 경험이라고 말했다.[106] 많은 사람이 후사인이 직접 자신들을 이끄는 것처럼 느꼈으며, 호메이니가 '감추어진 이맘'과 마찬가지로 멀리서 자신들을 지휘하고 있다고 생각했다.[107] 라마단 마지막 날인 9월 4일 밤 엄청난 군중이 거리에 엎드려 기도했지만 이번에는—중요한 전환점으로—군대가 발포하지 않았다. 심지어 중간 계급이 항의에 가담하여 "독립, 자유, 이슬람 정부!"라고 적힌 현수막을 들고 행진했다.[108] 9월 8일 오전 6시 계엄령이 선포되었지만 이미 테헤란의 잘레 광장에 모여 있던 시위대 2만 명은 이 사실을 몰랐다. 시위대가 해산을 거부하자 군인들이 발포했다. 이날은 무려 9백 명이 죽은 것으로 추정된다.[109]

그날 저녁 카터는 캠프데이비드에서 샤에게 전화를 하여 지지를 약속했고, 백악관은 인명 손실을 유감으로 여기면서도 이란과의 특별한 관계를 재확인했다. 미국 혁명가들이 쟁취한 자유와 독립은 모두를 위한 것이 아닌 게 분명했다. 무하람의 첫 사흘 밤 동안 남자들은 순교자의 하얀 수의를 입고 통행금지에 도전하여 거리를 뛰어다녔으며, 다른 사람들은 지붕에서 샤를 반대하는 구호를 외쳤다. BBC는 이 며칠 동안에만 이란 군대와 경찰에 7백 명이 살해당했다고 추정했다.[110] 그런데도 시위대의 폭력은 없었다. 12월 9일 여섯 시간 동안 거대한 행렬—시간에 따라 수는 30만에서 150만 명을 왔다 갔다 했다.—이 테헤란 거리를 4열로 조용히 걸었다. 아슈라 당일에는 이슬람 순교 시아를 나타내는 녹색 붉은색 검은색 기를 들고 2백만 명이 추가로 행진했다.[111]

한 달 뒤 모든 것이 끝났다. 샤와 왕가는 이집트로 피신했고, 1979년 2월 1일 호메이니는 테헤란으로 돌아왔다. 그의 도착은 바스티유 습격과 마찬가지로 세상을 영원히 바꾸는 사건으로 보였다. 헌신적인 자유주의 세속주의자들에게 그것은 어두운 순간이었으며, 비이성의 힘이 합리성에 거둔 승리였다. 하지만 다수의 무슬림에게는, 시아파만이 아니라 수니파에게도 빛나는 역전이었다. 호메이니가 차를 타고 테헤란 거리를 통과하자 군중은 마치 '감추어진 이맘'이 돌아온 것처럼 그를 환영했으며 새로운 시대가 동텄다고 믿었다. 타하 헤자지(Taha Hejazi)는 축하의 시를 발표하여 샤와 국제 공동체가 거부했던 정의에 대한 떨리는 희망을 표현했다.

이맘이 돌아왔으니
이 망가지고 상처받은 어머니 이란은
압제와 무지의 족쇄로부터
약탈 고문 감옥의 사슬로부터
영원히 해방될 것이다.[112]

호메이니는 '예언자'가 전투 뒤에 작은 지하드에서 더 큰 지하드로, 즉 사회에서 진정으로 이슬람적인 가치를 이행하는 일로 돌아간다고 선언한 하디스를 인용하기를 좋아했다. 이것은 '작은' 정치적 투쟁보다 훨씬 부담스러운 투쟁이었다. 그날 호메이니는 환희에 찬 군중을 보면서 이제 막 시작될 더 부담스러운 지하드에 불안을 느꼈을 것이 틀림없다.

그것은 정말로 투쟁이었다. 아마 예측 가능한 일이었겠지만, 거의 즉시 마르크스주의자 자유주의자 신자 들의 연약한 연합은 깨질 조짐을 보였다. 새 헌법에 대한 반대가 있었으며, 1980년에만 정권을 쓰러뜨리려는 음모 네 개가 드러났고, 세속주의 게릴라와 호메이니의 혁명방위대 사이에 계속 시가전이 벌어졌다. 그러자 공포 통치가 이어졌는데, 이것은 프랑스 혁명과 러시아 혁명 뒤에 이어진 것과 다르지 않았다. 정부가 통제할 수 없는 이른바 혁명 평의회들이 '비이슬람적 행동'을 이유로 수백 명을 처형했다. 가장 큰 타격은 1980년 9월 20일 사담 후세인의 이라크군이 이란 남서부를 침공한 것이었다. 이 격동의 시기에 벌어진 미국인 인질 사태는 하늘이 호메이니에게 준 선물이라는 것이 드러났다. 1979년 11월 4일 이란 학생 3명이 테헤란의 미국 대사관으로 돌진하여 90명을 포로로 잡았다. 호메이니가 학생들의 계획을 사전에 알았는지는 분명하지 않았으나 모두 그가 즉시 인질을 석방할 것이라고 예상했다. 그러나 여성 인질과 대사관의 해병대 경비대원들은 미국으로 돌아가는 것이 허용되었지만 남은 외교관 52명은 444일 동안 구금되었다. 서양에서는 이 창피한 일이 이슬람 근본주의의 전형적인 행태로 보였다.

그러나 인질을 계속 데리고 있겠다는 호메이니의 결정은 이슬람적인 의무에 따른 것이 아니라 단순한 정치적 판단이었다. 그는 이렇게

'큰 사탄'에게 초점을 맞추는 것이 어려운 시기에 이란인을 자신의 뒤에 단결시킬 것이라고 보았다. 그가 총리 바니 사드르에게 설명했듯이,

이 행동에는 많은 이득이 있다. 미국인은 이슬람 공화국이 뿌리를 내리는 것을 원치 않는다. 우리는 인질을 그대로 데리고 있으면서 우리의 내부 작업을 끝내고, 그런 다음 석방한다. 이것이 우리 민족을 단결시킨다. 우리 적은 감히 우리에 맞서 행동하지 못한다. 우리는 어려움 없이 헌법을 민중의 투표에 붙이고 대통령과 의회 선거를 실행에 옮길 수 있다. 이 모든 일을 끝내면 인질을 보내줄 수 있다.[113]

인질은 용도가 사라진 직후인 1981년 1월 20일, 새 미국 대통령 로널드 레이건이 취임하고 '사탄 같은' 전임자 지미 카터가 이임하던 날 석방되었다. 인질 사태가 이슬람 혁명의 이미지와 이상주의를 더럽히는 것은 불가피했다. 많은 이란인이 그 상징성을 높이 평가하면서도 그 일을 불편하게 여겼다. 한 나라의 대사관은 외국 땅에서 별도의 주권을 지닌 영토로 간주되기 때문에 일부는 미국 국민을 그곳에 감금하는 것이 적절하다고 보았다. 수십 년 동안 이란인이 미국의 묵인하에 자기 나라에 감금된 느낌을 받았던 상황을 떠올린 것이다. 그러나 인질 사태는 단순한 보복 정치였으며 인질들에 대한 가혹한 대우는 이슬람만이 아니라 모든 신앙 전통의 기본 원칙을 침해하는 것이었다. 시계를 멈춤으로써 어느 정도 안정을 얻는 동안 호메이니 정권이 무엇을 얻었건, 이후 특권을 지닌 자유세계의 장부에 적힌 대로 오랜 세월에 걸쳐 대가를 치르게 된다.

시아파의 위대한 천재성은 폭력적일 수밖에 없는 정치 영역에서 종교의 이상을 완전히 실행에 옮기는 것이 불가능하다는 비극적 인식에 있었다. 아소카는 시아파 이맘들보다 먼저 동정적 다르마를 장려하면서도 군대를 해산할 수 없을 때 이것을 발견한 적이 있다. 신앙을 지닌 사람들은 기껏해야 호메이니가 1960년대에 팔라비 정권의 불의를 매질했을 때 그랬던 것처럼 이런 가치의 증인이 되거나 아니면 국가 폭력에 도전하거나 그도 아니면 폭력을 완화하는 대안을 제공할 수 있을 뿐이다. 그러나 우리가 이 이야기 전체에서 보았듯이 가장 인도주의적 전통이라 해도, 힘에 의존할 수밖에 없는 국가 이데올로기를 받아들인다면 이상은 실행에 옮길 수 없다. 호메이니는 자신의 혁명이 근대 세계의 합리적 실용주의에 맞서는 반역이라고 믿었다. 그의 벨라야트-이 파키흐 이론의 목표는 시아파의 가치를 제도화하는 것이었다. 여기에서 '수호자평의회'의 '최고 법학자'(파키흐)와 울라마는 이슬람 정의의 원칙을 침해하는 입법은 무엇이든 거부권을 행사할 권력을 지닌다.[114] 그러나 호메이니는 종종 이기적인 권력 게임을 한다는 이유로 수호자들을 자주 비난하게 된다. 그러는 호메이니 자신도 인질 사태 동안에는 냉소적인 현실 정치를 추구할 수밖에 없다고 느꼈다.

우리는 혁명에 긴 시간이 걸릴 수 있다는 것을 보았다. 프랑스 혁명과 마찬가지로 이란 혁명도 많은 단계를 거쳐 왔고 지금도 여전히 진행 중이다. 프랑스의 경우와 마찬가지로 이란인도 강력한 외부의 적이 자신의 정권을 파괴하는 것을 두려워했다. 1983년 여름 이라크군은 겨자탄으로 이란군을 공격했고, 이듬해에는 신경가스로 공격했다.[115] 호메이니는 미국이 1953년 모사데크를 축출했던 것과 비슷한 쿠데타를 조직할 것이라고 확신했다. 이란은 서양을 적대했기 때문에 그들이 남긴 주요 장비, 여분의 부품, 기술적 조언을 폐기했다. 인플레이션이 심해졌으며, 1982년에는 실업률이 전체 인구의 30퍼센트, 도시에서는 50퍼센트로 치솟았다.[116] 호메이니가 옹호했던 빈민의 상황은 혁명 정부 하에서도 별로 나아지지 않았다. 그러나 서양 관찰자들은 서양화된 이란인의 반발이 점점 심해졌는데도 호메이니가 대중, 특히 바자아리스('시장 상인'), 마드라사의 학생들, 신분이 높지 않은 울라마, 빈민의 사랑을 결코 잃지 않았다는 사실을 인정할 수밖에 없었다.[117] 샤의 근대화 강령이 간과한 이 사람들은 여전히 전통적으로 종교적인, 전근대적인 방식으로 생각하고 말했으며, 서양인 다수는 이것을 이해조차 하지 못했다.

이란 혁명 뒤에 성이 난 미국 관리가 소리를 지르는 광경이 목격되었다. "누가 도대체 종교를 진지하게 고려했겠는가?"[118] 계몽주의 이래 혁명은 사이쿨룸이 성숙하여 신앙으로부터 독립을 선포할 만큼 강해진 시기에 일어난다고 이해되었다.[119] 따라서 대중 봉기가 종교적 지향이 있는 국가를 건설한다는 관념은 통념을 뒤집는다는 점에서 거의 당혹스러운 것이었다. 많은 서양인이 그것을 시대착오적이고 비뚤어진 것이라고 개탄했다. 하지만 서양 정부들은 이란 민족에게 폭력을 가하는 그들 나름의 정치적이고 경제적인 의제를 추구함으로써 자신들이 새로운 종의 종교를 길러냈다는 사실을 보지 못하는 듯했다. 그들은 탈식민지 국가의 특정한 문제와 내부로부터 유기적으로 이루어지지 않고 외부로부터 강요된 근대화의 함정을 전혀 보지 못했다.[120] 그들은 새로운 신정 체제를 개탄하면서도 핵심적인 아이러니를 파악하지 못했다. 자유라는 서양의 이상은 이란인의 상상력에 불을 붙이고 이란인이 기본적 자유를 요구하도록 영감을 주었지만 서양의 세속적

이상은 이란인이 보기에는 그 이상을 추구하는 과정에서 따라온 자기 중심주의와 잔혹성에 의해 구제 불능한 수준으로 오염되어 있었다. 미국은 자신에게 전 세계에 자유를 전파할, 하느님이 준 사명이 있다고 선언했지만 여기에는 이란 민족이 포함되지 않은 것이 분명했다. "우리는 카터가 샤를 비호하리라고는 예상하지 못했다. 카터는 인권을 옹호한다는 구호를 내건 종교인이기 때문이다." 한 시아파 종교 지도자는 혁명 후 인터뷰에서 말했다. "독실한 기독교인인 카터가 어떻게 샤를 비호할 수 있는가?"[121] 그런 당혹감은 종교가 사적인 일이라는 관념이 전근대적 감수성에는 얼마나 이상하게 보이는지 드러낸다.

이란 혁명은 페르시아만의 상황을 극적으로 바꾸어놓았다. 샤는 이지역 미국 정책의 중심 축 가운데 하나였으며, 서양이 헐값에 방대한 석유 자원에 접근하게 해주었다. 1979년 12월 소련은 이란의 이웃인 아프가니스탄을 침공하여 이 지역에서 미국의 영향력 상실을 이용하려 했다. 초강대국들 사이의 이 냉전적 갈등은 궁극적으로 미국과 그 동맹자들을 표적으로 삼는 세계적 지하드에 영감을 주는 데 기여했다. 하지만 서양이 이런 위험을 인식하는 데는 시간이 걸린다. 1980년대와 1990년대에 서양은 중동과 인도 아대륙에서 벌어지는, 전적으로 '종교'에서 영감을 얻은 것으로 보이는 테러리스트의 잔혹 행위와 폭력에 더 관심이 있었기 때문이다.

12장

민족주의와 만난
종교적 열정

인민사원 913명의
'혁명적 자살'

1978년 11월 18일 가이아나 존스타운의 농업 이민단에서 스스로 복용한 청산가리(사이안화칼륨) 중독으로 미국민 913명이 죽었다.[1] 그때까지 미국 역사상 단일 사건에서 나온 가장 많은 인명 손실이었다. 죽은 남자와 여자와 어린아이는 1950년대 인디애나주 인디애나폴리스에서 카리스마 넘치는 설교자 제임스 워런 존스(1931~1978)가 세운 '인민사원' 신도였다. 인민사원은 인종적, 사회적 평등을 내세워 주로 가난한 노동 계급 백인 미국인과 아프리카계 미국인을 끌어들였다. 존스가 〈사도행전〉의 '사도적 사회주의'라고 부른 것에 기초하여 신도들은 엄격하게 공동체 생활을 했다. 1965년 존스는 핵폭탄이 시카고를 파괴하는 환상을 본 뒤 추종자들에게 가족을 데리고 자신과 함께 안전한 캘리포니아로 가자고 설득했다. 인민사원은 샌프란시스코와 로스앤젤레스에 시설을 세웠고, 법률 서비스 지원, 보육원 운영, 주택 시설 제공, 마약과 알코올 중독 회복 과정 지원을 통해 정치적으로 진보적이라는 평판을 얻었다. 신도가 약 천 명으로 불어났고, 1976년에 인민사원은 미국에 내재하는 체제 폭력과 불의를 피한다는 명목으로 가이아나로 이주했다.

종교가 다른 어떤 인간 활동보다 많은 죽음과 고통을 불러왔다고 주장하는 사람들은 종종 존스타운을 예로 든다. 그러나 존스는 성직 수임을 받은 감리교 목사로서 종종 복음서를 인용하고 새 신도를 모을 때 종교를 이용하기는 했지만, 스스로 무신론자이자 공산주의자를 자처하며 관습적인 기독교를 조롱했다. 인민사원의 폭력에 관한 이야기는 1972년부터 퍼져 나가기 시작했다. 이탈자들은 인민사원 안에서 벌어지는 구타, 욕설, 감정적 잔혹 행위를 폭로했다. 신도는 인종차별적이고 성차별적인 발언을 했다거나 공동체 생활 방식을 불평하고 음식을 낭비했다는 이유로 가혹한 징계를 당했다. 범죄자는 모진 체벌을 받고 공중 앞에서 수모를 당했으며, 공동체는 늘 공포 상태로 유지되었다. 존스는 미국중앙정보국의 고문 방법, 나치의 강제 수용소, 큐클럭스클랜(KKK단)의 린치에 관한 생생한 묘사를 신도의 마음에 새겨놓았다. 1972년 캘리포니아에 있을 때 존스는 이렇게 선언했다.

미국 정부는 이 나라 민중을 강제 수용소에 집어넣을 것이다. 유대인에게 했던 것처럼 사람들을 가스 처형실에 집어넣을 것이다. …… 여러분을 캘리포니아주 튤레이크, 펜실베이니아주 앨런타운, 오클라호마주의 엘리노 외곽 버밍엄 근처에 있는 강제 수용소에 집어넣을 것이다. 이미 준비를 다 해 두었다. …… 그들은 아직 강제 수용소들을 유지하고 있으며, 일본인에게 그런 짓을 했고 우리에게도 같은 짓을 할 것이다.[2]

"장담하는데, 우리는 기업 독재 때문에 위험에 처할 것이다." 존스는 강조했다. "큰 파시즘 국가, 큰 공산주의 국가가 될 수 있다."[3]

궁극적 테러는 1978년에 신도들이 집단 자살을 연습하면서 시작되었다. '백야'가 되면 신도들은 갑자기 깨우는 소리에 일어나 곧 미국 요원들에게 죽임을 당할 것인데, 자살이 유일하게 실행 가능한 선택지라는 말을 듣곤 했다. 그런 다음 그들은 독이 들어 있다는 음료를 받고서 죽을 때를 기다렸다. 1978년 11월 18일 공동체에 미국 하원 의원 리오 라이언이 방문을 했는데, 그는 인권 침해 신고를 받고 현장을 조사하러 온 참이었다. 라이언이 떠난 뒤 존스는 인민사원 신도를 보내 활주로에서 라이언을 사살하고, 공동체 전체를 존스타운 가건물로 모았다. 이곳에서 의료진은 플레이버-에이드라는 음료에 든 청산가리를 나누어주었고, 부모들이 이것을 자식에게 먹이고 자기들도 마셨다. 대부분은 기꺼이 죽은 것으로 보이지만 어린이 2백 명은 물론 살해당한 것이며 노인 백 명도 본인의 의사와 관계없이 주사를 맞았을지 모른다.

그들은 마지막 메시지를 녹음테이프로 남겼다. 존스는 '흑표당'*의 지도자 휴이 뉴턴에게서 '혁명적 자살'이라는 개념을 가져왔다.[4] "나

흑표당(Black Panthers) 1960년대와 1970년대 캘리포니아에서 주로 활동한 좌파 흑인 투쟁 단체. 인종 차별에 맞서 아프리카계 미국인의 인권을 지키기 위해 휴이 뉴턴 (Huey Newton)이 설립했다. 사회주의와 공산주의에 영향을 받았고 맬컴 엑스의 강경 투쟁 노선을 추종했다. 뉴턴의 회고록 《혁명적 자살(Revolutionary Suicide)》은 흑표당의 성격을 잘 보여주는 저서로 흑인 인권 운동에 영향을 끼쳤다.

는 혁명적 자살을 하기로 결정했다. 이 결정은 심사숙고한 것이다. 나는 죽지만 내 죽음이 해방을 촉진하는 도구로 쓰이기를 바란다." 존스타운의 한 거주자는 그렇게 말했다.[5] "이 혁명적 투쟁에서 여러분 모두와 함께 걸은 것은 나의 기쁨이었다. 사회주의, 공산주의를 위해 내 목숨을 내놓는 것 〔외에〕 다른 길은 가고 싶지 않다." 한 여자는 그렇게 말했다.[6] 사회에서 아무런 목소리도 내지 못하던 사람들은 자신들이 죽어 가는 충격적인 광경을 보여줄 때만 사람들이 그들의 목소리를 들을 것이라고 믿었다. 존스는 마지막으로 독을 먹었다. "우리는 말했다. 우리들 천 명은 말했다. 우리는 지금 이 세상을 좋아하지 않는다. 우리는 그냥 자살하는 게 아니다. 우리는 혁명적 자살이라는 행동을 하여 세계의 비인간적 상황에 항의하는 것이다."[7]

물론 존스타운의 공동체 역학은 복잡하고 가늠하기 힘들다. 종교는 이 비극의 원인이 아닌 것은 분명하지만 종교적 용어로 표현되는 '혁명적 자살'의 사례와 공통점이 많다. 인민사원은 미국 사회의 체제 폭력에 대한 항의였다. 그 구성원들은 이 사회에 불만과 고통이 점점 고조되어 온 역사가 있는데 주류 사회는 이를 무시한다고 주장했다. 존스타운은 항의인 동시에 공격이었다. 인민사원 신도들은 자신의 죽음을 미국의 문 앞에 놓았다. 이것은 미국의 체제 불의가 그들의 삶을 너무 견딜 수 없게 만들어 죽음이 차라리 나은 상황이 되었다는 것을 보여주는 시위였다. 비록 정신 이상에 가깝다 해도 존스는 모든 패를 쥔 초강대국과 자신이 비대칭적 싸움을 벌이고 있다고 믿은 것이 분명하다. 이 모든 요소는 또한 1980년대에 터져 나온, 종교에서 영향을 받은 테러리즘의 파도에서 수면으로 떠오르게 된다.

존스타운의 드라마가 너무도 충격적인 여러 이유 가운데 하나는 그것이 현대 문화에서 드러내는 허무주의의 맹아 때문이다. 인민사원은 근대성의 어두운 두 아이콘에 사로잡혀 있었다. 하나는 강제 수용소이고 또 하나는 버섯구름이었다. 지크문트 프로이트(1856~1939)에 따르면 인간은 생식 욕망만큼이나 죽음의 욕망이라는 강한 동기가 있다. 프랑스의 실존주의자 장 폴 사르트르(1905~1980)는 인간 의식에서 신의 빈자리(God-shaped hole), 근대 문화의 핵심에 자리 잡은 공허에 관해 이야기했다. 20세기 중반에 이르면 정신적 공허는 무시무시한 현실로 메워진다. 1914년부터 1945년 사이에 유럽과 소련에서 7백만 명이 폭력으로 죽었다.[8] 최악의 잔혹 행위 가운데 일부는 유럽에서 가장 교양 있는 사회로 꼽히던 독일에서 자행되었다. 홀로코스트는 교육이 야만을 제거할 것이라는 계몽주의의 낙관적 태도를 흔들어놓았다. 강제 수용소가 위대한 대학만큼 가까운 곳에 있을 수 있음을 보여주었기 때문이다. 나치가 저지른 민족 학살의 규모 자체가 그것이 근대성에 진 빚을 드러낸다. 이전 사회에서는 그런 대규모 박멸 계획을 집행한 적이 없었다. 나치는 산업 사회의 많은 도구와 업적—공장, 철도, 고급 화학 산업—을 이용하여 치명적 결과를 얻었으며, 모든 것이 단일하고 한정되고 정해진 목표에 종속되는 근대적인 과학적, 합리적 기획에 의존했다.[9] 근대의 과학적 인종주의에서 태어난 홀로코스트는 사회 공학의 궁극적 단계였으며, 국가가 소수 집단에 관용을 보여줄 수 없다는 사실을 보여주는 가장 극단적 시위였다. 이 일은 인간 한 명 한 명의 신성함에 대한 감각—전통적 종교의 핵심에 자리 잡은 확신이며, 유사 종교 체계는 재현하지 못하거나 하고 싶어 하지 않는 것으로 보인다.—을 잃었을 때 무슨 일이 일어날 수 있는지 보여주었다.

1945년 8월 6일 히로시마에 4,400킬로그램의 원자탄이 떨어져 약

14만 명이 죽었다. 사흘 뒤에는 나가사키에 플루토늄 폭탄이 떨어져 약 7만 명이 죽였다.[10] 수백 년 동안 사람들은 신이 일으킬 최후의 종말에 대한 꿈을 꾸었다. 그러나 대량 살상 무기가 나오면서 인간은 이제 묵시록적 결과를 얻는 데 신이 필요 없는 것 같았다. 국가는 최고 가치가 되었으며 국제 공동체는 핵이라는 수단이 암시하는 완전 멸절의 전망에도 불구하고 국가를 보호하기 위한 핵 공격의 정당성을 인정했다. 프로이트가 기술한 죽음의 욕망에 이보다 강력한 증거는 있을 수 없었다. 하지만 이것은 동시에 어쩌면 정치에서 '거룩함'을 제거한다는 순수하게 세속적인 이상—어떤 사물이나 사람은 우리의 개인적 이해관계로부터 '분리되어야' 한다는 확신—에 내재한 결함도 암시한다. 초월성—그것이 신이든 도(道)이든 브라흐만이든 니르바나이든—의 계발은 최고의 수준에서는 사람들이 인간의 유한성을 깊이 인식하도록 도왔다. 하지만 국가가 절대적 가치(종교적인 표현으로는 '우상')가 되면 우리가 국가를 위협하는 것으로 보이는 사람들을 숙청하지 않아야 할 이유가 없다.

그러나 이런 죽음의 욕망은 세속적 민족주의의 무신론적 폭력성에도 들어 있지만 20세기 후반에 종교적으로 표현된 폭력성에서도 분명하게 드러난다. 서양인이 이라크-이란 전쟁에서 죽은 이란의 어린 순교자에게 경악한 것은 지극히 당연했다. 전쟁이 선포되자마자 슬럼과 판자촌의 청소년들이 모스크로 몰려와 전선으로 보내 달라고 간청했다. 그들은 혁명의 흥분으로 과격해진 상태에서 자신들의 암울한 삶의 권태를 피하고 싶었다. 그때 과거의 전통 사회처럼 전쟁을 통해 환희와 강렬함을 얻을 가능성이 유혹으로 다가왔다. 정부는 불과 열두살의 어린 남자아이도 부모의 허락 없이 입대하여 전선에 갈 수 있다고 발표했다. 자원자들은 이맘의 보호를 받았고 낙원의 자리를 약속받았다. 수만 명의 청소년이 순교자의 표지인 주홍 머리띠를 두르고 전쟁 지역으로 쏟아져 들어갔다. 일부는 지뢰를 제거하기 위해 부대보다 앞서 달려 나갔다가 산산조각이 났다. 일부는 자살 폭탄 테러 공격자가 되어 11세기 이래 비대칭적인 전쟁의 다양한 맥락에서 사용되어 왔던 전술을 사용했다. 서기들이 전선으로 파견되어 순교자들의 유서를 써주었는데, 다수는 이맘에게 보내는 편지 형태였으며 "낙원으로 가는 길에 친구들과 함께" 싸우는 즐거움을 이야기했다.[11] 어린 순교자들은 호메이니의 혁명 신앙을 복원해주었다. 호메이니는 주장했다. 순교자들은 이맘 후사인과 마찬가지로 '보이지 않는 존재'가 최우선임을 증언하기 위해 죽어 가고 있다. 그러나 그들은 국가의 이익을 위해 이용된 것이기도 했다.

종교적으로 표현된 군국주의는 전근대적인 종교관을 지닌 문화에만 국한되지 않는다. 세속화된 서양에서 이런 군국주의는 근대성의 공포, 특히 근대의 산업화된 전쟁이 초래한 공포에 대한 대응으로 등장했다. 1980년대 초 특히 냉전이 격화되던 시기에 소련의 핵 공격을 두려워하던 불만에 찬 미국 프로테스탄트 집단들은 북서부의 외딴 지역에 요새화된 거점을 만들었다. 군사 훈련을 받고 탄약을 비롯한 다른 보급품을 비축하던 이 생존주의자들은 무신론적 소비에트 블록만이 아니라 미국 정부에도 위협을 느꼈다. '기독교 정체성'으로 느슨하게 협력하고 있던 이 집단들은 정통 기독교 교회와는 공통점이 거의 없었다.[12] 그들은 ('영국 이스라엘주의'라고 알려진 터무니없는 민족지학을 통하여) 자신들이 이스라엘 12지파의 직계 후손이라고 주장하면서 연방 정부와 그 유독한 다원주의를 치명적 위협으로 보는 백인 우월주의의 가치를 신봉했다. 이들의 수를 헤아리기는 어렵다. 이 집단들을 구성하는 요소가 단지 기독교 정체성에 불과했고 또 지금도 그렇기 때문인데, 아마 10만 명을 넘지는 않았을 것이다.[13] 또 모두 똑같은 관심사를 공유했던 것도 아니다. 일부는 엄격한 세속적 생존주의자들로서 그저 핵 재앙의 위험에서 달아나고 싶어 했을 뿐이다.[14] 하지만 이 극단적 집단 가운데 일부는 종교적 분위기를 풍기며, 공개적으로 표명하지는 않는다 해도 주류에 널리 퍼진 공포 불안 열망을 표현할 때 신앙의 언어를 사용한다.

메시지는 극적으로 퍼져 나갈 수 있다. 기독교 정체성이라는 이념의 횃불은 1995년 4월 19일 티머시 맥베이가 오클라호마시티의 앨프리드 P. 뮤러 연방 정부 건물을 폭파하는 데 영향을 주었다. 그러나 맥베이는 자칭 불가지론자였다. 그는 몇몇 기독교 정체성 지도자들과 마찬가지로 미국 육군에서 복무했고 폭력에 병적으로 집착했다. 1991년 페르시아만전쟁(걸프전쟁)에서는 포위된 한 무리의 이라크 병사들을 학살하는 데 참여했고 개인적인 수집을 목적으로 그들의 주검을 촬영했다. 그는 공식적으로는 기독교 정체성의 조직원이 아니었지만 그 소식지를 읽었고 간부들과 전화 통화를 했으며 오클라호마주와 아칸소주 경계에 있는 그들의 주거 단지를 찾아가기도 했다.[15]

그렇다면 특별한 종류의 폭력인 테러리즘을 어떻게 이해해볼 수 있을까?

종교와 마찬가지로 '테러리즘'은 정의하기 어렵기로 악명 높다. 서로 경쟁하고 또 모순되는 규정이 너무 많아, 한 학자에 따르면 이 말은 이제 "용어 혼란에 싸여 있다."[16] 한 가지 문제는 '테러리즘'이 매우 감정을 자극하는 말이고 영어에서 가장 강한 욕설 가운데 하나이며 어떤 폭력적 행동을 규정할 때 가장 비판적인 방법이라는 것이다.[17] 그렇기 때문에 혹시 절망에 빠져 고백하는 상황이라면 몰라도, 우리 자신이 하는 행동에는 절대 사용하지 않는다. 이 말은 뜻을 나타내기보다는 내포하기 때문에, 특히 대립하는 양자가 똑같은 감정을 실어 서로 똑같이 비난할 때는, 많은 것을 드러내기를 완강하게 거부한다. 그 결과 근본적인 갈등의 성격을 명료하게 밝히기보다는 상대를 비난하는 데 그치게 된다.[18]

테러리즘을 두고 "무고한 사람들에게 의도적으로 폭력을 사용하거나 사용하겠다고 위협하는 것으로서 그 목적은 구체적으로 그들 또는 다른 사람들을 협박하여 그런 협박이 아니라면 택하지 않을 행동 경로를 택하게 하는 것"이라고 정의를 시도한 경우도 있다. 하지만 이 정의는 재래식 전쟁의 몇 가지 형태에 대해서도 할 수 있는 말이다.[19] 실제로 민간인에 대한 가장 큰 규모의 테러리즘적 폭력 행위 가운데 일부는 독립 집단이나 개인이 아니라 국가가 수행해 왔다는 데 학자들 간에 일반적으로 합의가 이루어져 있다.[20] 20세기에 벌어진 민족 전쟁 와중에 민간인 수십만 명이 소이탄, 네이팜탄에 희생되거나 기화해버렸다. 제2차 세계대전 동안 연합국 과학자들은 주민에게 공포를 일으키려는 바로 그 목적을 위해 독일과 일본 도시 중 인구가 집중된 거주 지역에서 파괴적인 화재 폭풍을 일으킬 수 있도록 폭발물의 혼합과 바람의 패턴을 신중하게 계산했다.[21]

그러나 적어도 모두가 동의하는 한 가지가 있다. 테러리즘은 다른 동기—종교적, 경제적, 사회적—가 개입해 있더라도 근본적으로 또 본래 정치적이라는 점이다.[22] 테러리즘의 핵심은 **언제나** "권력, 그것을 얻거나 지키는 것"이다.[23] 따라서 이 분야 연구를 개척한 한 전문가에 따르면 "모든 테러리즘 조직은 장기적인 정치적 목적이 혁명이건 민족 자결이건 현상의 보존이나 복원이건 개혁이건 영향을 끼치거나 대체하고 싶어 하는 정부와 정치권력을 놓고 싸움에 들어간다."[24] 테러리즘적 행동의 첫 번째 동기가 정치적이라고 하는 주장은 당연해 보일지도 모른다. 그러나 그런 잔혹한 폭력 행위를 단지 '몰상식'한 것으로 여기겠다고 결심한 것처럼 보이는 사람들에게는 그렇지 않다. 그런 관점을 지닌 다수는, 놀라운 일이 아니지만, 스스로 비합리성의 전형이나 다름없다고 여기는 종교가 폭력의 궁극적 원인이라고 생각한다. 가장 저명한 예가 리처드 도킨스(Richard Dawkins)인데, 그는 "오직 종교적 믿음만이 다른 때에는 멀쩡하고 품위 있는 사람들에게서 그런 완전한 광기를 일으킬 만한 강한 힘이 있다."고 주장했다.[25] 그러나 이런 위험하고 과도한 단순화는 종교와 테러리즘 양쪽을 오해하는 데서 비롯된다. 그의 말은 물론 근대성에 대한 세속주의적 편견의 아주 익숙한 표현이며, 여기에서는 종교를 문명화된 나라의 정치에서는 배제해야 할 폭력적이고 비합리적인 힘으로 정해놓는다.[26] 어떻게 된 일인지 이런 편견에서는 세상의 모든 위대한 종교적 전통이 가장 핵심적 교의로 '자신이 대접받고 싶은 대로 다른 사람을 대접하라'는 명령을 공유한다는 사실을 고려하지 않는다. 물론 그렇다고 해서 종교가 종종 테러리즘적 잔혹 행위에 연루되어 왔다는 사실을 부정하려는 것은 아니다. 세상에서 정말로 벌어지고 있는 일을 보려하기보다는 종교를 희생양으로 삼는 편이 훨씬 쉽다는 의미이다.

체제 폭력과
공격적 지하드의 출현

세계의 주목을 받은 이슬람 테러리즘의 첫 번째 행동은 노벨 평화상 수상자이자 캠프데이비드 협정의 영웅으로서 서양에서는 대체로 진보적인 이슬람 지도자로 여겼던 안와르 사다트 대통령 살해였다. 서양인들은 이 공격의 잔인성에 경악했다. 1981년 10월 6일, 1973년 10월전쟁에서 이집트가 승리한 것을 기념하는 축하 행진이 벌어지는 동안 칼리드 이슬람불리 중위가 트럭에서 뛰어내려 사다트가 있는 단상으로 달려가 기관총을 연달아 쏘았다. 이슬람불리는 대통령 외에도 7명을 죽이고 28명에게 부상을 입혔다. 그의 정치적 동기는 분명히 정권 교체였지만 혁명적 열정은 이슬람 정서와 융합되어 있었다. 이슬람불리는 재판에서 사다트를 살해한 이유를 세 가지 들었다. 사다트의 압제적 통치하에서 이집트 무슬림이 겪는 고통, 캠프데이비드 협정, 한 달 전에 벌어진 이슬람주의자들의 수감.

사다트의 장례식에는 서양의 군주 정치가 저명인사 들이 무리를 지어 참석했지만 아랍 지도자는 없었고 카이로 거리는 괴괴하게 조용했다. 나세르 장례식 때의 소란스런 애도와는 완전히 다른 풍경이었다. 서양 정치가들은 사다트의 평화 제안을 찬양했지만 많은 이집트인은 그것을 기회주의적이고 자기 본위적 행동이라고 보았다. 특히 캠프데이비드 협정 3년 뒤에도 팔레스타인 사람들이 겪는 곤경이 달라지지 않았기 때문이다. 사다트는 또 냉전에서 '우익' 편을 들어, 1972년 나세르가 초청한 소련의 고문관 1천5백 명을 내보내고, 이집트에 자본주의적 자유 시장을 도입하기 위해 기획된 문호 개방 정책을 발표하여 서구의 지지를 얻었다.[27] 그러나 이란의 경우와 마찬가지로 외제 수입품이 시장을 휩쓸면서 소수의 기업인은 번창했지만 지역 사업가들은 몰락했다. 청년층 가운데 오직 4퍼센트만이 괜찮은 일자리를 구했으며 주택이 너무 비싸 젊은 남녀가 몇 년씩 결혼을 미루어야 하는 경우도 많았다. 이집트인 수천 명은 자기 나라에서 살 수가 없어 사우디아라비아나 페르시아만 연안 국가들로 일을 하러 떠나 고향의 가족에게 돈을 보냈다.[28] 사다트 이집트의 갑작스러운 서구화로 인한 사회적 혼란 또한 불안을 자극했다. 한 관찰자가 설명한 바에 따르면, 이집트 농민은 하루 종일 뜨거운 태양 아래서 고된 일을 한 뒤 미국 냉동 치킨을 사기 위해 줄을 서고 사우디아라비아에서 아들이 보내준 돈으로 산 텔레비전 앞에서 저녁을 보내며 드라마 〈댈러스〉의 등장인물 J. R. 유잉과 수 엘런의 익살짓을 지켜보는 상황인지라 도저히 '자기 문화의 전달자'로서 위엄을 유지할 수가 없었다.[29]

특히 이집트 사회의 신앙심 깊은 사람들이 사다트에게 배신감을 느꼈다. 처음에 사다트는 나세르 정권과는 달리 자기 정권의 정체성을 형성하려는 간절한 마음에 그들에게 구애를 하고, 무슬림형제단을 석방하고, 무슬림 학생 결사들이 사회주의자와 나세르파로부터 캠퍼스를 빼앗도록 권장하고, 자신을 '신앙 깊은 대통령'이라고 불렀다. 모스크 건설도 많았고 종교 방송 시간도 많았다. 하지만 문호 개방에는 이슬람다운 것이 전혀 없었다. 이것은 뻔뻔스러운 구조적 폭력이었으며 사다트가 신앙인으로서 취한 태도가 얼마나 공허한지 드러냈다. 왜냐하면 사다트는 쿠란이 분명하게 비난하는 불공평한 상황을 만들었기 때문이다. 대통령은 이집트인에 대한 자신의 경제적이고 정치적인 공격이 어느새 정권에 위험할 정도로 적대적인 정치적 이슬람주의 운동을 낳았다는 것을 알았다.

그 가운데 하나가 무슬림형제단 단원인 슈크리 무스타파가 석방 후 1971년에 세운 '무슬림결사'였다.[30] 그는 울라마가 주변화되면서 생겨난 진공 상태로 뛰어든 가장 미혹된 독립 활동가 중 한 명이 된다. 1976년에 이르면 무슬림결사는 조직원을 약 2천 명 거느리게 되는데, 이 남녀 조직원들은 자신들이 사다트의 자힐리야의 폐허에 순수한 움마를 건설하는 사명을 신으로부터 위임받았다고 확신했다. 슈크리는 《이정표》에 나오는 쿠트브의 강령을 극단까지 밀어붙여, 정부만이 아니라 이집트 주민 전체가 신앙을 버렸다고 선포한 뒤 추종자들을 거느리고 주류에서 물러나 카이로 외부 사막의 동굴이나 도시에서 가장 가난한 동네에 살았다. 조직원들이 이탈자를 죽이고 슈크리가 무슬림결사에 유죄 선고를 내린 존경받는 판사를 암살하면서, 그들의 실험은 폭력과 치명적인 패덕으로 끝이 났다. 그러나 슈크리의 무슬림결사는 비록 매우 오도되기는 했지만 사다트 체제의 더 어두운 면을 드러내는 거울상 역할을 했다. 슈크리가 이집트를 파문한 것은 극단적 행동이었지만 쿠란의 맥락에서 사다트의 체제 폭력은 정말로 자힐리야였다. 카이로의 가장 절망적인 구역으로의 히즈라(이주)는 조국에 자신의 자리가 없다고 느낀 많은 젊은 이집트인의 곤경을 반영했다. 무슬림결사 공동체는 다른 많은 사람처럼 페르시아만 연안 국가들로 일을 하러 떠난 청년들의 지지를 받았다. 무슬림결사는 모든 세속적 교육을 시간 낭비라고 비난했는데, 외국 가정에서 일하는 하녀가 하급 강사보다 수입이 많았기 때문에 이 말에도 일말의 진실은 있었다.

사다트가 대통령에 재임하는 동안 대학 캠퍼스를 지배한 학생 조직 자마트 알-이슬라미야는 무슬림결사보다 훨씬 건설적이었는데, 이들은 젊은이들의 요구를 무시하는 사회에서 자조(自助)에 나서려 했다.[31] 1973년에 이르면 그들은 거의 모든 주요 대학에 여름 캠프를 조직했는데, 이곳에서 학생들은 이슬람 분위기에 젖어 쿠란을 공부하고 철야를 하며 '예언자'에 관한 설교를 듣고 운동과 호신술을 배울 수 있었다. 세속 국가의 부족한 면에 대한 이슬람적 대안이 창조된 셈이었다.[32] 안타까울 정도로 시설이 부족하여 여러 명이 한 자리를 공유하곤 하는 캠퍼스에서는 여성을 희롱당하지 않게 보호하기 위해 강의 시간에 양성을 격리했고, 과밀한 기숙사보다 조용한 모스크에서 공부할 시간을 마련해주기도 했다. 그 덕분에 시골에서 올라와 근대 도시의 삶을 처음 경험하는 사람들도 이제는 익숙한 이슬람적 배경에서 근대성에 다가갈 수 있었다.

사다트가 서방으로 기울고 독재가 강화되면서 학생 시위는 더 공격적이 되었다. 1978년에 사다트는 '수치법'을 공포했다. 생각이나 말이나 행동이 기성 체제로부터 일탈하면 시민권 박탈과 더불어 여권과 재산 몰수로 벌하겠다는 것이었다. 시민은 '국민의 단결이나 사회 평화'를 위협하는 어떤 단체에 가입하거나 방송을 하거나 출판을 하는 것이 금지되었다. 집이라는 사적 공간에서 무심코 하는 말도 처벌을 면하지 못하게 되었다.[33] 정부의 억압에 대응하여 미냐대학 학생들은 기독교 교회—서방의 제국주의와 연결되어 있는 것으로 보였다.—를 부수고 서양 옷을 입은 사람을 공격하기 시작했다.[34] 사다트는 자마트를 해체했지만 탄압은 거의 언제나 운동을 더 극단적으로 몰고 가기 마련이라 일부 학생들은 무장 지하드에 헌신하는 비밀 운동에 가담했다. 칼리드 이슬람불리는 미냐대학에서 공부했고 그런 지하 세포 조직 가운데 하나에 가입했다. 사다트는 암살당하기 직전인 1981년 9월 내각 각료 정치가 지식인 기자 울라마, 나아가 이슬람주의자까지 포함한 반대자를 1천5백 명 이상 체포했는데, 이때 체포된 이슬람주의자 가운데는 칼리드의 형 무함마드도 있었다.[35]

사다트 암살자들이 품은 이념은 지하드 네트워크의 영적 인도자인 압드 알-살람 파라즈가 만들었는데, 파라즈는 1982년에 칼리드와 함께 처형당했다. 그의 논문 〈방치된 의무〉는 조직원들 사이에서 은밀하게 회람되었으며 사다트 암살 뒤에 출간되었다. 이 자극적이고 야비하고 정보에 어두운 문서는 세속화를 주장하는 개혁가들이 민중에게서 충분한 종교적 안내를 박탈할 때 얼마나 큰 혼란을 일으킬 수 있는지 보여준다. 파라즈 또한 독립 활동가였다. 그는 전기공학을 공부했으며 이슬람 율법에는 아무런 전문 지식이 없었다. 그러나 1980년대에 이르면 파라즈가 전개하는 독자적 사상이 밀려난 울라마가 제어할 수 없는 상태에서 퍼져 나가 마침내 사회 전체에 널리 받아들여진 것으로 보인다.[36] 제목에서 말하는 '방치된 의무'란 공격적 지하드였다. 파라즈는 주장했다. 무슬림은 정신이 허약한 호교론자 때문에 자기방어적인 경우에만 싸움이 허용될 수 있다고 믿어 왔다. 그래서 예속과 수모 속에 살았으며 오직 무기에 의지해서만 위엄을 회복할 수 있다. 사다트는 식민주의자가 움마에 강요하는 '불신앙의 법'으로 통치했기 때문에 이교도보다 나을 것이 없다.[37] 사다트와 그의 정부는 겉으로는 정통파처럼 보이지만 죽어 마땅한 배교자 무리다. 파라즈는 몽골 지배자들에 대항한 이븐 타이미야의 파트와를 인용했는데, 이 지배자들은 사다트와 마찬가지로 이름만 무슬림이었다. 무슬림은 알-샤피이 시대에 외적의 침입을 두려워했지만 지금은 이교도가 실제로 움마를 통치하고 있다. 따라서 진정한 이슬람 국가를 창조하려면 지하드는 신체가 튼튼한 모든 무슬림의 파르드 알-아인, 즉 '의무'다.

파라즈는 세속주의 담론과 마찬가지로 정치적 이슬람주의의 몇 가지 형태에도 똑같이 존재하는 '우상 숭배'를 드러낸다. 그가 움마를 최고의 가치로 받들었기 때문이다. "모든 무슬림은 칼리파의 나라가 회복되도록 진지하게 노력하는 것이 의무다." 파라즈는 그렇게 주장했다. 그렇게 하지 않는 사람은 "무슬림으로 죽는 게 아니다."[38] 과거에 이슬람은 성공으로 타당성을 인정받는 종교였다. 근대에 이르기까지 움마의 막강한 위치는 쿠란의 메시지를 확인해주는 것으로 보였다. 제대로 인도된 공동체는 만물의 이치와 조화를 이루기 때문에 계속 번영할 것이라는 메시지였다. 따라서 움마의 갑작스러운 격하는 다윈의 진화론이 일부 기독교인에게 그랬던 것만큼이나 일부 무슬림에게 신학적으로 충격을 주었다. 과거의 위대함에 대한 느낌이 남아 있었기 때문에 수치와 모욕감은 더욱 강해졌다. 근대 이슬람주의의 많은 부분은 역사를 다시 궤도에 올려놓으려는 필사적 투쟁을 표현했다. 그러나 영광스럽게 복원된 움마라는 이 꿈은 절대적인 것이자 그 자체로 목적이 되며, 이렇게 절대적인 목적으로서 공격적 지하드라는 수단—이 경우에는 범죄적인 암살—을 정당화한다. 이슬람 용어로 말하자면 이것은 쉬르크, 즉 정치적 이상을 알라와 같은 수준에 놓는 '우상 숭배'라는 첫째가는 죄가 된다. 어떤 주석가가 말했듯이 '지하드'라는 이상은 무법의 폭력을 용납하는 것과 거리가 멀며, 원래는 "인간의 최종적 진실은 어떤 멀고 더럽혀지지 않은 유토피아 속에 있는 것이 아니라, 그 이상을 세상의 슬픔이라는 다루기 어렵고 방해가 되는 현실에 적용하려는 긴장과 투쟁 속에 있다."는 중요한 통찰을 표현했다.[39]

파라즈의 원시적 신학은 이스라엘과 싸우는 것보다 사다트와 싸우는 것이 중요한 이유를 설명할 때 분명해진다. 그는 이집트에 진정으로 이슬람적인 국가가 수립되면 예루살렘은 자동으로 무슬림의 통치로 돌아갈 것이라고 믿었다. 쿠란에서 신은 적에게 수치를 주고 무슬림을 돕겠다고 약속했다. 파라즈는 자신이 받은 근대적인 과학 훈련과 무슬림은 타고난 지성을 이용해야 한다는 쿠란의 주장을 모두 허무주의적으로 방기함으로써 만일 무슬림이 주도권을 쥔다면 하느님이 "자연 법칙에 개입할 〔또 그것을 변화시킬〕 것"이라는 마법적 사고에 불과한, 영속 철학의 가장 순진한 형태로 돌아가버렸다. 투사들은 기적을 바랄 수 있을까? 파라즈는 '그렇다'고 대답했다.[40] 관찰자들은 사다트 암살 뒤에 계획된 봉기가 없었다는 것에 어리둥절했다. 파라즈는 나머지는 신이 개입하여 처리해줄 것이라고 믿었다.[41] 그러나 신은 그렇게 하지 않았다. 호스니 무바라크가 무난하게 대통령이 되었으며 그는 30년 동안 세속적 독재 권력을 유지했다.

자살 폭탄 순교와
헤즈볼라의 새로운 길

테러리즘은 이슬람 세계에서 식민지 권력이 국가로 설정해놓은 경계가 민족의 경계와 일치하지 않을 때 자주 발생했다.[42] 특히 레바논은 식민주의자들이 부조리하게 민족을 합쳐놓았다. 게다가 경제적 불균형의 패턴까지 물려받았고 그 나름의 독특하고 비극적인 문제도 있었다. 레바논의 시아파 주민은 티레와 시돈 사이 불모의 땅에 살았는데, 이곳은 1920년까지는 대(大)시리아의 일부였기 때문에 북쪽의 수니파 무슬림이나 마론파 기독교인과 아무런 역사적 유대가 없었다. 그들은 부유한 부르주아지가 베이루트를 중동의 지적 수도로 만들어놓은 근대화 과정에도 참여하지 않았다. 레바논 남부는 계속 저개발 상태였다. 헌법에서 각 신앙 공동체가 스스로 복지와 사회 제도를 책임지도록 정했기 때문이다. 시아파는 궁핍하여 3백 개 마을 대부분에 병원이나 관개 시설도 없었으며, 또 이들은 교육을 받지 않는 경향이 있어 중앙 정부에서 충분히 그들의 대리인을 확보하지 못했다. 1950년대에 수천 명이 그 땅에서 생계를 유지할 수가 없어 베이루트로 이주하여 마슬라크와 카란티나 등 판자촌을 형성했으며, 현지에서 이곳은 '불행 벨트'로 알려졌다. 그들은 결코 더 세련된 주민과 동화하지 못했으며 그들로부터 경멸을 당했다.

그러다가 1959년 총명하고 세계주의적인 이란 성직자 무사 알-사드르(Musa al-Sadr)가 나자프에서 왔는데, 이곳은 한 울라마 조직이 수정주의적 시아주의를 만든 곳이었다. 사드르는 시아파 사상으로 사람들이 정치적이고 사회적인 지위를 깊이 생각해보도록 도우면서 이 낙후된 공동체를 레바논을 이끄는 당파 가운데 하나로 바꾸어놓았다. 사드르는 이렇게 생각했다. 한 가지 문제는 시아파의 전통적인 정적(靜寂)주의가 시아파의 주변화에 기여했다는 것이다. 6대 이맘은 시아파를 압바스의 폭력으로부터 보호하기 위해 신성한 세속주의라는 정책을 채택했다. 그러나 근대 세계의 조건은 시아파가 이맘 후사인의 정신으로 돌아가 자기 손으로 자신의 운명을 개척할 것을 요구한다. 그들은 후사인에게서 용기와 정치적 선택의 모델을 찾을 수 있다.[43] 사드르는 울라마와 봉건적 지주가 그들의 공동체를 부양하지 못했다고 비판했다. 그는 역시 나자프 조직의 일원인 아야톨라 무함마드 파들 알라와 함께 이 공동체가 간절하게 원하던 사회적 서비스를 제공했으며, 시아

파의 자립과 레바논 체제의 불의에 맞선 저항의 문화를 건설하기 시작했다.[44]

레바논에는 이슬람주의 운동의 발전에 기여한 전형적인 구조적 폭력의 모든 요소가 존재했다. 서양화된 특권 엘리트와 근대화되지 않은 대중은 만을 사이에 두고 갈라져 있는 것이나 다름없었다. 도시화 속도는 너무 빨랐다. 사회 체제는 불공정했고, 물리적으로 사회적으로 뿌리 뽑힌 사람들이 늘어났다. 레바논의 상황은 다루기 힘든 아랍-이스라엘 갈등 때문에 더 복잡해졌다. 1969년 카이로 협정으로 '팔레스타인해방기구(PLO)'는 레바논 남부에 기지 건설을 허락받아 그곳에서 이스라엘을 공격했으며, 1970년에 요르단에서 추방당한 뒤부터는 레바논을 주요 기지로 삼았다. 따라서 레바논 남부 시아파는 이스라엘의 보복 폭격으로 많은 사상자를 냈다. 나라의 인구 구성도 바뀌었다. 시아파의 출산율이 극적으로 늘면서 1921년 10만 명에서 1975년 75만 명으로 인구가 늘어났다. 수니파와 마론파의 출산율은 하락하여 1970년대 중반에는 시아파가 인구의 30퍼센트를 차지함으로써 레바논에서 가장 큰 신앙 공동체가 되었다.[45] 수니파와 시아파 무슬림 양쪽이 이런 변화를 반영하는 정치 제도의 재건을 요구하자 파멸적 내전이 발발했다(1975~1978년). 레바논은 위험할 정도로 폭력적인 장소가 되어 이곳에서 전투는 이제 선택이 아니라 개인의 생존에 필수적인 것이 되었다.

시아주의 이슬람은 어디에서나 벌어지는 전쟁과 레바논 사회의 체제적 억압 때문에 전투적이 되었다. 사드르는 이미 시아파 청년에게 자기방어를 가르칠 훈련 캠프를 설립해놓고 있었으며, 내전이 벌어지자 '레바논저항군(AMAL)'을 세웠다. 이 조직은 가난한 계급과 '새로운 사람들' ― 경제적 사다리를 올라갈 수 있었던 시아파 사업가와 전문 직업인 ― 을 한데 모았다. 그들은 시아파 내의 작은 비교(秘教)적 분파인 드루즈파와 함께 마론파의 패권에 저항했다. 내전에서는 아마 시아파가 다른 어떤 집단보다 큰 고통을 겪었을 것이다. 그들의 판자촌이 기독교 민병대에 파괴당해 수천 명이 집을 잃었고, 이스라엘과 팔레스타인해방기구 사이에 싸움이 계속되는 동안 수천 명이 남부로 피신해야 했다. 1978년 이스라엘이 팔레스타인해방기구를 몰아내기 위해 레바논 남부를 침공하자 시아파가 살던 집들은 파괴되었고 수십만 명이 베이루트로 피신할 수밖에 없었다.

이런 중요한 순간에 사드르는 리비아를 방문했다가 사라져 ― 아마 카다피에 의해 살해되었을 것이다. ― 레바논의 '감추어진 이맘'이 되었다. 그가 사라지자 레바논저항군은 갈라졌다. 일부는 미국에서 교육받은 세속주의자로서 평화적 행동을 옹호하던 나비흐 베리를 추종했지만 교양을 갖춘 '새로운 사람들'은 파들 알라를 추종했는데, 이 학자의 견해는 학식 있는 권위자들의 공동체에서 큰 논란을 불러일으키게 된다. 파들 알라가 폭력적 갈등으로 찢긴 사회에서 쓴 《이슬람과 힘의 사용》(1976)은 무슬림이 싸울 준비를 갖추어야 하며, 필요하다면 정의와 공정을 위한 투쟁에서 후사인처럼 죽어야 한다고 주장했다. 순교는 단지 경건한 행동이 아니라 혁명적인 정치 행동이며, 억압과 잔혹성에 굴복하기를 거부하는 행동이었다. 힘을 제대로 사용하면 자신의 인생을 책임질 수 있으며, 이것이 폭력적인 세계에서 위엄 있게 생존하는 유일한 방법이었다.

힘은 세상이 너에게 자원과 부를 준다는 뜻이다. 거꾸로 약한 상태일 때 삶은 퇴보하고 에너지는 소진되고 질식과 마비에 굴복하게 된다. 역사, 전쟁과 평화의 역사, 과학과 부의 역사는 강자의 역사다.[46]

무슬림은 경제적 성공과 현대 기술을 피하는 것이 아니라 그것을 이용하여 불의와 주변화에 저항해야 한다. 무슬림은 서양을 흉내내는 것이 아니다. 시아파는 민족 국가를 시장 경제의 도구로 만드는 것이 아니라 공동체와 자존의 가치에 기초한 인간적인 국가를 건설할 것이기 때문이다. 목적은 이슬람적이지만 수단은 새롭다.

1979년 파들 알라는 이란 혁명의 영향 속에서 테헤란에서 훈련을 받고 자금도 지원받아 헤즈볼라, 즉 '신의 정당'을 세웠다. 서양 사람들은 혁명이 이란과 더 가까운 페르시아만 연안 국가들이나 사우디아라비아의 시아파 공동체로 퍼지지 못하고, 멀리 떨어진 레바논에 곧바로 뿌리를 내린 것에 어리둥절해했다.[47] 사실 이란과 레바논 사이에는 오랜 관계가 있었다. 16세기에 사파비 왕조는 당시 대체로 수니파의 나라였던 이란에 시아파 제국을 세우면서 레바논의 시아파 학자들에게 자신들을 가르치고 인도해 달라고 요청했다. 따라서 레바논의 시아파가 이란의 혁명 네트워크에 참여하는 것은 당연했다. 헤즈볼라는 이스라엘 침공(1982년)과 그 뒤 미국의 군사 개입(1983~1984년) 시기에 처음으로 세계의 주목을 받았는데, 1983년 10월 25일 헤즈볼라의 자살 폭탄 테러는 베이루트 공항 근처 군사 기지에 있던 미국인 241명과 프랑스인 58명의 평화유지군을 살해했다. 이 순교 작전 뒤에 미국 대사관과 미군 부대에 대한 추가 공격이 이어졌다.

헤즈볼라는 이런 폭력적 행동을 설명하기 위해 발표한 성명에서 미국의 호메이니 반대, 사담 후세인과 이스라엘과 기독교 마론파에 대한 지지를 이유로 댔다. 파들 알라는 제3세계의 고통에 대한 서양 열강의 '오만한 침묵'에 관해서 이야기했다.[48] 이런 작전들은 단지 종교적 열정의 영향을 받은 것이 아니라 정치적 목표가 분명했다. 외국 점령자들을 레바논에서 내보내는 것이었다. 이것은 '혁명적 자살'이었다. 파들 알라는 이런 방법을 두고 시아파가 비대칭적 투쟁을 하고 있다고 지적했다.

> 억압받는 민족들은 미국과 유럽이 지니고 있는 기술과 파괴 무기를 갖고 있지 않다. 그들은 그들 나름의 특별한 수단으로 싸워야 한다. ······ 우리는 ······ 세계의 억압받는 무슬림이 원시적이고 비관습적인 수단으로 공격적 권력과 맞서는 것을 테러리즘이라고 부르지 않는다. 우리는 이것을 세계 제국주의 세력에 대항하는 적법한 전쟁이라고 본다.[49]

이것은 무작위적이고 고집스럽고 비합리적인 행동이 아니라 무슬림이 위반하면 안 되는 "규칙의 지배를 받는 법적 의무"다.[50] 이 규칙 가운데 한 가지는 의도적으로 민간인을 과녁으로 삼는 것을 금지했는데, 이것은 이슬람 율법에 어긋나는 일이었다. 그러나 헤즈볼라는 다른 곳에 수감된 시아파 죄수들의 석방을 약속받기 위해 미국, 영국, 프랑스, 독일의 민간인을 볼모로 잡았다. 서양에서는 자살 공격을 보면서 오래전부터 이슬람의 광신을 상징하는 것으로 여기던 '암살단'을 떠올렸다. 헤즈볼라가 현대 중동에서 이 논쟁적인 방법의 선구자 역할을 한 것은 사실이지만 1980년대 레바논의 자살 폭탄 공격 대부분은 세속주의자가 한 일이었다. 조사에 따르면 헤즈볼라는 자살 작전 7건에 책임이 있었다. 반면 세속적인 시리아민족당은 22건, 사회주의적인 바트당

은 10건이었다.[51]

1986년에 이르면 성직자들은 대부분 자살 폭탄 공격과 인질을 잡는 것이 비이슬람적이라고 비난했다. 헤즈볼라는 방향을 바꾸어야 한다는 것이 일반적인 합의였다. 그들의 작전이 무책임하고 역효과만 내는 경우가 너무 많은 데다가 사상자도 많이 내고 시아파 공동체를 분열시켰기 때문이다. 헤즈볼라와 레바논저항군 사이에는 긴장이 조성되었으며, 레바논의 마을들은 이슬람 규칙을 강요하려는 헤즈볼라의 시도에 저항했다.[52] 이. 무렵 파들 알라는 폭력이 결국은 성과를 거두지 못했다고 결론을 내리게 되었다. 팔레스타인해방기구가 세계에 충격을 준 테러리즘으로 얻어낸 것이 무엇인가? 레바논 시아파는 자신이 처한 "객관적이고 현실적인 상황에서" 출발하여 새로운 길을 가야 한다. 그는 그렇게 주장했다.[53] 파들 알라는 레바논에 이슬람 국가를 세우는 것이 불가능하다는 것을 알았으며 1989년에는 심지어 이란인이 "나머지 세계와 관계 정상화"를 시도해야 한다고 주장하기도 했다. 혁명은 여느 정치 운동과 마찬가지로 변하는 세상과 더불어 여러 단계를 거치며 변하기 때문이다.

프랑스 혁명을 포함한 다른 모든 혁명과 마찬가지로 이슬람 혁명은 처음에는 현실적 노선을 따를 수 없었다. 당시에는 그것이 국가를 만드는 데 기여했다. 또 동원령을 선포하고 새로운 종교적 사유 방식과 삶의 방식을 제시했는데, 그 목적은 초강대국으로부터 무슬림의 자율성과 독립을 얻는 것이었다.[54]

이제 헤즈볼라는 테러리즘을 포기했으며 유권자에게 책임을 지고 사회적 행동과 풀뿌리에서부터 변화에 초점을 맞추는 정당이 되었다.

헤즈볼라는 이미 시아파 민병대들의 난투에서 물러나와 지하 세포 조직의 구조를 발전시키기 시작했고, 호메이니가 '식민지화된 뇌'라고 부른 것을 서양이 강요하는 한계 밖에서 생각할 수 있는 뇌로 바꾸기 위한 영적 과정을 고안해 나아갔다.[55] 모든 헤즈볼라 지도자들은 비판적이고 독립적으로 생각하는 능력을 계발하기 위해 지금도 철학 수업을 듣고 있다. 그들은 미국 시민권 운동가들처럼 마을에서 소집단과 작업을 하면서 각 개인이 공동체에 가장 크게 기여할 수 있는 방법을 찾는다. 사업을 시작하게 해주기도 하고 또 엘리트 민병대로 훈련시키기도 한다. 헤즈볼라의 목표는 모두가 어느 정도 존경을 주고받으며 스스로 가치가 있고 필요가 있는 존재라고 느낄 수 있는 시아파 공동체를 만들어 나가는 것이어서 마치 공자의 이상을 실현하는 듯한 인상을 준다. 헤즈볼라는 2006년 이스라엘과 전쟁을 한 이후로 특히 분노 관리에 집중했다. "우리는 이 분노를 파괴적인 경로에서 정치적으로 유용한 어떤 것─아마도 저항을 구축하는 것─또는 사회적으로 건설적인 어떤 행동 쪽으로 돌리고 싶다."[56]

전쟁 동안 헤즈볼라는 비대칭적 전쟁의 문제를 해결하기 위한 대안적 해법을 설계했다.[57] 그들은 그런 우발적 사태에 대비하여 지하 깊은 곳, 지표에서 10미터 넘게 파고 들어간 곳에 터널과 벙커를 구축했다. 헤즈볼라의 민병대는 이스라엘의 공습 동안 이곳에 피해 있다가 다시 올라가는 방식으로 장시간 로켓과 미사일 공격을 할 수 있었다. 그들은 이 방법으로 이스라엘의 막강한 군수에 심각한 피해를 입힐 수는 없다는 것을 알았지만, 오랜 기간 지속되는 끈질긴 미사일 공세는 실제로 이스라엘의 사기에 영향을 끼쳤다. 헤즈볼라의 목표는 이스라엘이 지상 침공을 시작하도록 만드는 것이었다. 그러면 훈련이 잘 된 헤즈볼라 게릴라군은 지형을 잘 알기 때문에 견착식 미사일로 이스라엘의 탱크를 효과적으로 공격할 수 있었다. 그들은 또 정보와 홍보를 매우 효과적으로 활용했기 때문에 많은 이스라엘 기자들이 이스라엘 방위군의 발표보다 헤즈볼라의 발표가 낫다고 솔직하게 인정할 정도였다. 헤즈볼라는 이스라엘이 철수하도록 만드는 데 성공함으로써 군사적으로 우월한 적을 물리치는 데 테러리즘이 유일한 방법일 필요가 없음을 보여주었다.

극단으로 가는 유대주의

테러리즘에 영향을 끼치는 면에서는 종교보다 민족주의가 훨씬 생산적이다. 이집트와 레바논 두 나라의 사례는 역사적으로 볼 때 한 민족에게서 민족 자결권을 부정하고 그들의 국토를 외국군이 점령하는 것이 종교적이든(레바논 시아파) 세속적이든(팔레스타인해방기구) 테러리즘 조직이 생겨나도록 자극하는 가장 강력한 요인임을 보여준다.[58] 그러나 이스라엘에서 우리는 세속적 민족주의가 종교 전통을 더 전투적인 방향으로 밀어붙이는 다른 역학을 본다. 그곳에서는 민족 국가가 지고의 가치가 되어 그것을 완전하게 보전하는 과제를 수행하면 아무리 극단적인 형태의 행동이라도 허락한다. 1980년 5월 헤브론에서 예시바* 학생 여섯 명이 살해당한 뒤 구시 에무님에 속한 정착민 메나헴

예시바 유대 정통 교육 기관. 주로 탈무드와 토라를 바탕으로 삼아 유대교의 전통 교리와 철학을 가르친다.

리브니(Menachem Livni)와 예후다 에치온(Yehuda Etzion)은 아랍인 시장 다섯 명의 차에 폭탄을 설치했다. 죽이는 것이 아니라 산 채로 불구로 만들어 이스라엘에 반대하면 어떤 결과가 나오는지 보여주려는 의도였다.[59] 그러나 이 작전은 부차적이었다. 1984년 4월 이스라엘 정부는 캠프데이비드 협정을 끝장내기 위해 '바위의 돔'을 폭파하려는 음모를 짠 유대인 지하 운동의 존재를 밝혔다.

탈무드 랍비들은 나라의 존립을 위태롭게 할 수도 있는 유대인의 공격성을 제어하기 위해 그 성전은 오직 메시아만 재건할 수 있다고 주장했고, 오랜 세월 동안 이 주장은 터부의 힘을 얻게 되었다. 그러나 유대 극단주의자들은 이슬람 세계에서 세 번째로 성스러운 장소이며 솔로몬의 성전 자리에 서 있다고 전해지는 바위의 돔 때문에 극도로 동요했다. 동예루살렘의 스카이라인을 지배하면서 자연 환경과 완벽한 조화를 이루는 웅장한 돔은 늘 수백 년에 걸친 이슬람의 '성지' 지배를 일깨워주었다. 구시에게 이 무슬림 소수파의 상징은 악마적인 것이 되었다. 리브니와 에치온은 이 돔을 "가증스러운 것"이자 "우리 세대의 모든 영적 오류의 근본적 원인"이라고 묘사했다. 지하 활동의 영적 자문인 예수아 벤 쇼샨에게 이 돔은 캠프데이비드 협정에 영향력을 행사하는 악한 힘이 깃든 곳이었다.[60] 세 명 모두 카발라* 영속 철학에 따라 이곳 지상에서 자신들이 하는 행동이 하늘에서 사건을 일으켜, 말하자면 하느님이 메시아의 구원을 실행에 옮기도록 만든다고 확신했다.[61] 이스라엘 방위군의 폭탄 전문가였던 리브니는 돔만 파괴하고

카발라 유대교 신비주의 사상. 히브리어로 '전승' '전통'을 의미하는데, 모세가 신으로부터 계시받은 것 중 토라 외에 문자로 표현할 수 없어 구전으로 전해준 가르침이라 말해진다. 우주 원리나 창조 과정에 대한 영지주의적 해석 경향을 보인다.

주변은 건드리지 않을 정밀 조준 폭탄 28개를 만들었다.[62] 그들이 계획을 실행에 옮기지 못한 유일한 이유는 작전을 축복해줄 랍비를 찾지 못한 것이었다. 이 음모는 현대판 죽음의 욕망의 또 다른 예였다. 상징적인 돔의 파괴는 거의 틀림없이 전쟁을 불렀을 것이고, 이 전장에서는 처음으로 이슬람 세계 전체가 단결하여 이스라엘과 싸웠을 것이다. 워싱턴 전략가들은 소련이 아랍을 지원하고 미국이 이스라엘을 지원하는 냉전기에 이 음모는 심지어 제3차 세계대전의 도화선이 될 수도 있었을 것이라고 믿었다.[63] 호전적인 사람들에게는 이스라엘 국가의 생존과 영토 보전이 워낙 중요하여 인류를 파멸시키는 일까지 정당화해주었던 것이다.

그러나 호전주의자들의 확신은 종교적 전통에서 영감을 얻기는커녕 랍비 유대교의 핵심 가르침에도 위배되었다. 랍비들은 되풀이하여 다른 인간을 향한 폭력은 자신의 형상을 따라 남자와 여자를 창조한 하느님을 부정하는 것과 같다고 주장했다. 따라서 살인은 신성모독이었다. 하느님은 누구든 하나의 생명을 파괴하는 자는 마치 온 세상을 파괴한 것처럼 벌을 받을 것임을 우리에게 가르치기 위해 한 명의 인간 아담을 창조했다.[64]

유대인의 수모와 피지배와 말살의 상징으로 인식된 바위의 돔은 유대인의 원한과 고난의 역사 속에 위태롭게 자리를 잡았으며, 이것은 말 그대로 폭탄이 될 수 있다. 유대인은 싸움으로 중동에서 초강국의 지위를 얻었는데, 이런 위상은 한때는 생각도 할 수 없는 것이었다. 구시에게 평화 협상 과정은 이렇게 힘겹게 얻은 지위를 위협하는 것처럼 보였으며, 율리아누스가 기독교를 탄압하며 이교도 신전들을 없애버렸을 당시 수사들과 마찬가지로 그들의 본능적 반응은 '두 번 다시는'

이었다. 그래서 유대인 급진주의자들은 랍비의 승인이 있건 없건 리브니의 위험한 구상을 계속 만지작거렸으며, 자신들의 정치적 기획이 영원한 진리에 기초를 두고 있다고 확신했다. '성전산 신자' 단체는 언젠가 바위의 돔을 대체할 유대교 성전을 위한 설계도를 그렸으며, 이 설계도를 예배를 위해 준비한 의식용 제기와 행사용 가운과 함께 하람 알-샤리프에 가까운 박물관에 도발적으로 전시하고 있다. 많은 사람들에게 아우슈비츠의 재에서 불사조처럼 날아오르는 유대교의 예루살렘은 타협할 수 없는 상징적 가치를 획득하게 되었다.

예루살렘의 역사를 보면 어떤 민족이 자신에게 성스러운 장소를 잃어버리거나 그 보유권이 위기에 처했다고 느낄 때 그 장소는 그들에게 늘 더 귀중한 가치를 지니게 된다. 따라서 리브니의 음모는 하람 알-샤리프가 팔레스타인인에게 더욱더 성스러운 장소가 되도록 만드는 데 기여했다. 이슬람이 세계의 강대국이었을 때 무슬림은 이 성스러운 공간에 헌신하면서도 포용적인 태도를 취할 자신감이 있었다. 그들은 예루살렘을 알-쿠드스('거룩한 것')라고 불렀으며, 거룩한 장소는 하느님에게 속한 것이고 결코 한 국가의 배타적 영역이 될 수 없음을 이해했다. 우마르는 이 도시를 정복했을 때 기독교 성지를 온전하게 보전하며 유대인에게 수백 년 동안 그들이 배제당했던 도시로 돌아오라고 권했다. 그러나 이제 팔레스타인 무슬림은 자신들의 도시를 잃게 되었다고 느끼자 집착이 강해졌다. 그 결과 이 거룩한 장소에서 무슬림과 유대인 사이의 긴장은 종종 폭력으로 분출하곤 한다. 예를 들어 2000년에 매파 정치가 아리엘 샤론(Ariel Sharon)이 우익 측근과 함께 예수살렘을 도발적으로 찾았을 때는 '2차 인티파다'라고 알려진 팔레스타인 봉기가 촉발되었다.

랍비 메이르 카하네(Meir Kahane)도 그가 "성전산 위에 있는 이방인의 가증스러운 것"이라고 부른 이 건물을 파괴할 음모를 꾸몄다.[65] 그가 1984년 크네세트(이스라엘 국회)에서 1.2퍼센트의 표를 얻어 의석을 얻자 이스라엘인 대부분이 경악했다.[66] 카하네에게 유대 민족에 조금이라도 위협이 되는 이방인을 공격하는 것은 신성한 의무였다. 그는 뉴욕에서 흑인 청년들이 유대인을 공격하자 복수하기 위해 '유대인방어연맹'을 만들었지만, 이스라엘에 도착하여 키르야트 아르바에 정착하면서 그 이름을 카흐('그러하다!')로 바꾸었으며 팔레스타인인을 그 땅에서 강제로 내보내는 것을 목표로 삼았다. 카하네의 이데올로기는 정체성의 '축소'를 상징하는데, 이것은 폭력의 촉매 가운데 하나다.[67] 카하네의 근본주의는 워낙 극단적이라서 유대주의를 하나의 가르침으로 환원했다. 그는 주장했다. "유대주의에는 여러 메시지가 있는 것이 아니다. 오직 한 가지뿐이다." 하느님은 그저 유대인이 "이 땅에 와서 유대인 국가를 건설하기"를 바란다는 것이다.[68] 이스라엘은 다른 모든 나라와 분리되어 '거룩한' 나라가 되라는 명령을 받았기에 "하느님은 우리가 고립되어 우리끼리 이 땅에 살면서 이질적인 것과 가능한 한 접촉하지 않기를 바란다."[69] 성경을 기록한 사제들은 거룩함을 섬기면서 모든 인간 각자의 본질적인 '다름'을 존중할 것을 촉구했으며, 유대인이 자신들의 땅에 사는 외국인을 사랑하고, 과거의 고난의 기억을 이용하여 박해를 정당화하지 말고 뿌리 뽑힌 이방인이 견디고 있는 고통에 공감하라고 촉구했다. 그러나 카하네는 세속적 민족주의의 극단적 형태를 체현했는데, 사실 유대 민족이 그런 고난을 겪은 것은 바로 이런 민족주의의 소수파를 용납하지 못하는 태도 때문이었다. 그의 관점에서 볼 때 '거룩함'이란 유대인의 고립을 뜻했으며, 유대인은 그들 자신의 땅에 '분리되어' 있어야 했고 팔레스타인인은 추방되어야 했다.

일부 유대인은 홀로코스트가 "우리 모두를 불러 모아 민주주의를 보존하고 인종주의와 싸우고 인권을 방어하게 했다."고 주장한다.[70] 그러나 많은 이스라엘인은 세상이 유대 민족을 구하지 못했기 때문에 군사적으로 강한 이스라엘이 존재할 필요가 있다고 결론을 내렸으며, 따라서 평화 협상에 참여하기를 주저했다. 카하네는 주장했다. 메시아의 구원은 6일전쟁 뒤에 시작되었다. 이스라엘이 영토를 합병하고 아랍인을 추방하고 바위의 돔을 부수었다면 구원은 고통 없이 찾아왔을 것이다. 그러나 이스라엘 정부가 국제 사회를 달래고자 이런 폭력에서 물러섰기 때문에 구원은 홀로코스트보다 훨씬 더 무시무시한 반유대주의의 재앙 속에 찾아올 것이며, 이로 인해 모든 유대인은 디아스포라를 당하게 될 것이다.[71] 홀로코스트가 카하네의 이데올로기에 어두운 그림자를 드리우고 있었다. '이스라엘 국가'는 유대인에 대한 축복이 아니라 이방인에 대한 하느님의 복수다. 그는 그렇게 믿었다. "하느님은 이제 자신의 이름에 대한 모독과 자신의 이름을 딴 민족이 당하는 비웃음 불명예 박해를 용납할 수 없다."[72] 따라서 유대인에 대한 모든 공격은 신성모독과 다름없으며, 유대인의 모든 복수 행위는 키두시 하-솀, 즉 '하느님의 이름으로 성화된 것'이다. "2천 년 동안 본 적이 없어 놀란 이방 세계의 얼굴에 들이민 유대인의 주먹."[73] 이것이 키르야트 아르바의 정착민 바루흐 골트슈타인(Baruch Goldstein)이 1994년 2월 25일 부림절에 헤브론의 '족장의 동굴'에서 팔레스타인 예배자 29명을 총으로 쏘도록 영향을 준 이데올로기였다. 이 학살은 1929년 8월 24일 헤브론에서 벌어진 유대인 59명 살해에 대한 복수였다. 골트슈타인은 공격 중에 죽었으며 이스라엘 극우로부터 순교자로 숭배받고 있다. 그의 행동은 이스라엘과 팔레스타인에서 벌어진 초기 무슬림 자살 폭탄 공격에 영향을 끼쳤다.

박해 이미지에 갇힌
힌두 민족주의

수모와 제국 지배의 집단 기억은 인도에서도 민족적 성격을 띠는 힘에 대한 욕망을 불러일으켰다.[74] 힌두교도는 역사를 돌아볼 때 의견이 나뉜다. 일부는 무슬림 통치 시기를 공존의 낙원, 힌두와 무슬림 전통이 결합된 문화로 본다. 그러나 힌두 민족주의자들은 문명의 충돌로 본다. 이때 호전적 이슬람은 억압받는 힌두 다수파에게 자신의 문화를 강요했다.[75] 제국의 구조적 폭력은 늘 지배받는 민족의 분노에 부딪히며, 제국주의자들이 떠난 뒤에도 오래 유지될 수 있다. 민족자원봉사단과 관련이 있는 바라티야자나타당(BJP), 즉 '인도인민당'은 1980년대 초에 세워졌으며, 이런 원한을 먹고 살며 또 강화한다. 인도인민당은 군사적으로 강한 인도, 핵무기(탄두에는 힌두 신들의 이름을 붙였다), 민족적 특수성을 내세웠다. 처음에는 여론의 호응을 얻지 못했지만 1989년에 바브리 모스크가 다시 한번 신문 표제에 등장하면서 운명이 극적으로 바뀌었다.[76] 이스라엘과 마찬가지로 인도에서도 신성한 땅이 나라의 수치의 상징이 되었다. 이곳에서도 무너진 신전 위에 지은 이슬람 '성지'의 모습이 엄청난 악감정을 불러일으켰다. 이슬람의 제국주의적 지배에 대한 힌두교도의 집단 기억을 시각적으로 강렬하게 상징했기 때문이다. 1989년 2월 활동가들은 모스크 자리에 라마의 새 신전을 짓기로 결심하고 인도 전역의 가난한 계급으로부터 기부금을 모았다. 아주 작은 마을에서는 새 신전에 들어갈 벽돌을 만들어 축성했다. 당연한 일이지만 북부에서는 무슬림과 힌두교도 사이에 긴장이 고조되었고 중재를 하려던 라지브 간디는 선거에서 패배했다.

반면 인도인민당은 여론조사에서 큰 성과를 얻었다. 다음 해에 당대표 랄 크리슈냐 아드바니는 라트 야트라('전차 순례'), 즉 서해안에서 아요디야에 이르는 30일간의 행진을 시작했는데, 이 행진은 라마 신전의 재건에서 절정에 이를 예정이었다. 그의 도요타 밴은 《마하바라타》의 마지막 전투에 나선 아르주나의 전차처럼 장식되었고 도로변에 줄지어 선 군중은 열렬하게 환호했다.[77] 순례는 의미심장하게 솜나트에서 시작되었는데, 전설에 따르면 이곳은 오래전 11세기에 중앙아시아 왕국 가즈니의 술탄 마무드가 힌두교도 수천 명을 학살하고 오래된 시바의 신전을 부수고 보물을 약탈한 곳이었다. 그러나 아드바니는 아요디야까지 가지 못했다. 1990년 10월 23일에 체포당했기 때문이다. 하지만 힌두 민족주의자 수천 명은 이미 인도 각지에서 현장에 모여들어 모스크를 파괴하기 시작했다. 수십 명이 경찰에 사살당하고 순교자로 추앙받으면서 힌두-무슬림 폭동이 나라 전체에서 폭발했다. 바브리 모스크는 1992년 12월 언론과 군대가 지켜보는 가운데 마침내 해체되었다. 무슬림에게 이 야만적 파괴는 인도 아대륙에서 이슬람 멸절이라는 무시무시한 유령을 불러냈다. 더 많은 폭동이 일어났다. 그 가운데 가장 악명 높은 것이 힌두교 순교자들을 아요디야로 실어 나르는 기차를 무슬림이 공격한 사건이었는데, 이에 대한 보복으로 구자라트에서 무슬림 학살이 일어났다.

이슬람주의자들과 마찬가지로 힌두 민족주의자들도 영광의 문명,

무슬림 도래 이전 인도의 영광을 소생시킬 문명을 재건한다는 전망에 이끌렸다. 그들은 이런 유토피아적인 미래로 가는 길이 '어머니 인도' 의 몸에 상처를 낸 무굴 문명의 유물로 막혀 있다고 믿었다. 헤아릴 수 없이 많은 힌두교도가 바브리 모스크의 파괴를 '노예제'로부터의 해 방으로 경험했지만 어떤 사람들은 그 과정이 아직 완성되지 않았다고 주장하며 마투라와 바라나시의 커다란 모스크들을 없애는 꿈을 꾸었 다.[78] 그러나 다른 많은 힌두교도는 아요디야 비극에 종교적으로 경악 했다. 힌두주의에 내재한 폭력에서 이런 성상 파괴의 연원을 찾을 수 는 없다. 힌두주의에는 물론 폭력을 찬성하거나 반대하는 단 하나의 본질이 없다. 그보다는 힌두 신화와 신앙이 세속적 민족주의의 감정과 섞여버렸다고 말할 수 있다. 특히 소수파를 용인하지 못하는 점에서 그렇다.

이 모든 것은 힌두 민족주의자들에게 새로운 라마 신전이 해방된 인 도의 상징이 되었다는 뜻이었다. 이와 관련된 감정을 표현한 기억에 남을 만한 연설이 있다. 1991년 4월 하이데라바드에서 존경받는 금욕 주의자 리탐브라(Rithambra)가 인도 서사시의 흘리는 듯한 운율을 담 아 표현한 2행 연구였다.[79] 신전은 단순한 건물이 아니다. 아요디야도 단순히 라마의 탄생지이기 때문에 중요한 것이 아니다. "라마 신전은 우리의 명예다. 그것은 우리의 자존심이다. 그것은 힌두 통일의 이미지 다. 우리는 신전을 건설할 것이다!"[80] 라마는 "대중 의식의 표현"이다. 그는 어부 구두장이 세탁부 등 가장 낮은 계급의 신이다.[81] 힌두교도 는 그들이 상실한 존엄, 자존심, 힌두 민족주의, 곧 힌두 정체성 때문 에 슬퍼했다. 이 새로운 힌두 정체성은 오직 대립적인 '타자'의 파괴에 의해서만 재건할 수 있었다. 무슬림은 관용적이고 자비로운 힌두교도의 이면이었다. 광적으로 편협한 신전 파괴자이자 최고의 압제자. 전체적으로 리탐브라는 자신의 연설을 난도질당한 주검, 잘린 팔, 해부당한 개구리처럼 열린 가슴, 베이고, 타고 강간당하고 침해당한 몸의 생생한 이미지로 장식했는데, 이 모든 것이 이슬람에게 모독당하고 유린당한 어머니 인도를 환기했다. 그러나 인도의 힌두교도 8억 명은 경제적으로나 사회적으로 억압당한다고 주장할 수 없었다. 따라서 힌두 민족주의자들은 그런 박해의 이미지에서 자양분을 얻으면서 강한 힌두 정체성은 오직 단호하고 폭력적인 행동으로만 복원할 수 있다고 주장한다.

민족주의와 종교 운동의 결합, 하마스

1980년대 이전에 팔레스타인인은 중동 나머지 지역의 종교적 부흥과 거리를 두었다. 야세르 아라파트의 팔레스타인해방기구는 세속 민족주의 조직이었다. 팔레스타인인 대부분이 그를 존경했지만 팔레스타인해방기구의 세속주의는 주로 서양화된 팔레스타인 엘리트에게 호소력이 있었으며, 독실한 무슬림은 테러에는 거의 참여하지 않았다.[82] 1971년 팔레스타인해방기구가 가자 지구에서 탄압을 받자, 셰이크 아흐마드 야신은 무슬림형제단의 지류라 할 수 있는 무자마('의회')를 세우고 사회복지 사업에 집중했다. 1987년 무자마는 가자 전역에 진료소, 마약 재활 센터, 청년 클럽, 운동 시설, 쿠란 교실을 세웠으며, 무슬림 의연금만이 아니라 팔레스타인해방기구를 약화시키려는 이스라엘 정부의 지원도 받았다. 이 시기에 야신은 무장 투쟁에는 아무런 관심이 없었다. 팔레스타인해방기구가 그를 이스라엘의 꼭두각시라고 비난하자, 그는 오히려 그들의 세속적 에토스가 팔레스타인인의 정체성을 파괴하고 있다고 대답했다.[83] 무자마는 1980년대에 결성된 '이슬람지하드(IJ)'보다 인기가 좋았는데, 이슬람지하드는 쿠트브의 사상을 팔레스타인의 비극에 적용하면서 자신들을 "전 세계의 오만한 세력(자힐리야), 식민주의자 적과 대항하여" 더 큰 세계적 투쟁을 벌이는 전위로 간주했다.[84] 이슬람지하드는 이스라엘 군대를 향한 테러 공격에 참여했지만 쿠란을 인용하는 경우는 드물었다. 그들의 수사는 솔직하게 세속적이었다. 모순적이지만 이 조직에서 종교적인 것은 이름뿐이었다. 이것이 이슬람지하드가 대중적 지지를 받지 못한 이유를 설명해줄지도 모른다.[85]

그러나 젊은 세속주의 팔레스타인인들이 주도한 1차 인티파다(1987~1993년)가 모든 것을 바꾸어놓았다. 팔레스타인해방기구를 이끄는 정당 파타의 부패와 비효율을 견디지 못한 이 젊은이들은 전 주민에게 일어서서 이스라엘 점령에 굴복하지 말라고 촉구했다. 여자들과 아이들이 이스라엘 군인에게 돌을 던졌고 이스라엘 방위군에게 사살당한 사람은 순교자로 찬양되었다. 인티파다는 국제 공동체에 강한 인상을 남겼다. 이스라엘은 오래전부터 자신이 아랍 골리앗과 싸우는 대담한 다윗이라고 선전했지만, 이제 세계는 중무장한 이스라엘 군인들이 비무장한 아이들을 쫓는 모습을 지켜보게 되었다. 군인인 이츠하크 라빈(Yitzhak Rabin)은 여자들과 아이들을 괴롭히는 것이 이스라엘 방위군의 사기를 꺾을 것임을 깨달았으며, 1992년 총리가 되었을 때는 아라파트와 협상할 준비가 되어 있었다. 이듬해 이스라엘과 팔레스타인해방기구는 '오슬로 협정'에 서명했다. 팔레스타인해방기구는 1948

넌에 그어놓은 국경 내에서 이스라엘의 존재를 인정하고 봉기를 끝내 겠다고 약속했다. 그 대가로 팔레스타인인은 5년 동안 서안과 가자에서 제한적 자치를 인정받았고 추후 이스라엘인 정착 문제, 팔레스타인 난민에 대한 보상, 예루살렘의 미래에 관해 최종 협상을 시작하기로 했다.

물론 쿠크주의자들은 이 협정을 범죄 행위로 간주했다. 1995년 7월 구시에 속하는 랍비 15명은 이스라엘 방위군이 영토에서 물러나기 시작하자 군인들에게 항명하라고 명령했다. 이는 내전에 상당하는 행동이었다. 다른 구시 랍비들은 라빈이 로데프('추적자')로서, 유대 율법에 따르면 유대인의 생명을 위태롭게 한 죄로 사형을 당해 마땅하다고 판결했다.[86] 1995년 11월 4일 제대 군인이자 바르일란대학 학생인 이갈 아미르는 이 판결을 마음에 새기고 텔아비브 평화 시위에서 총리를 저격했다.[87]

젊은 축에 속하는 무자마 구성원들은 인티파다의 성공을 보고 자신들의 복지 프로그램이 팔레스타인 문제를 진정으로 해결하지 못한다는 것을 깨닫고 떨어져 나와 '열정'이라는 뜻의 하마스를 결성하는데, 이것은 하라카트 알-무카와마 알-이슬라미야('이슬람저항운동')의 두문자어이기도 하다. 그들은 팔레스타인해방기구와 이스라엘 점령군 양쪽과 싸웠다. 청년들은 쿠란의 평등주의적 에토스가 팔레스타인 엘리트의 세속주의보다 마음에 맞았기 때문에 이곳으로 몰려왔다. 많은 신입 조직원이 중간 계급 하층 인텔리겐치아 출신이고 팔레스타인의 여러 대학에서 교육을 받았는데, 이 대학들은 이제 전통적 권위에 머리를 조아릴 생각이 없는 집단이었다.[88] 셰이크 야신은 하마스에 지지를 보냈고 그의 가장 가까운 동료들이 하마스의 정치적 지도부에 실무자로 들어갔다. 하마스는 서양의 이데올로기에 의지하는 대신 세속적 팔레스타인의 저항의 역사만이 아니라 이슬람 역사에서도 영감을 구했다. 종교와 정치는 구분되지 않고 서로 얽혀 있었다.[89] 하마스는 성명에서 '예언자'가 카이바르 전투에서 유대인 부족들에게 거둔 승리,[90] 살라딘이 십자군에 거둔 승리, 이슬람에서 예루살렘의 영적 지위[91]를 찬양했다. 하마스의 헌장은 팔레스타인인에게 무라비툰('경계의 수호자'[92])이 되라고 촉구하면서 '자원'의 숭고한 전통을 환기하고 팔레스타인의 투쟁을 고전적인 방어적 지하드로 제시했다. "우리 적들이 땅을 찬탈할 때 지하드는 모든 무슬림의 의무(파르드 알-아인)가 된다."[93]

그러나 초기에 전투는 이차적 관심사였다. 헌장은 쿠란의 지하드와 관련된 절은 전혀 인용하지 않았다.[94] 가장 앞세운 것은 '더 큰 지하드', 더 나은 무슬림이 되려는 투쟁이었다. 하마스는 팔레스타인해방기구가 서구적 세속주의를 진정성 없는 태도로 채택하면서 팔레스타인인이 약화되었다고 믿었다. 헌장은 계속해서 설명했다. 이렇게 되면서 "이슬람이 삶에서 사라졌다. 그래서 규칙을 어기고 개념을 욕하고 가치를 바꾸었다. …… 조국은 침략당하고 민중은 정복당했다."[95] 하마스는 폭력에 의지하지 않다가 오슬로 협정이 조인된 1993년에 팔레스타인인 17명이 하람 알-샤리프에서 살해당하자 이스라엘 군대와 팔레스타인인 부역자를 공격하는 일련의 작전으로 보복했다. 오슬로 협정 뒤에 호전적인 이슬람주의자 집단에 대한 팔레스타인 주민의 지지율은 13퍼센트로 떨어졌지만, 자신들이 가혹하고 예외적인 규제를 받고 있고 이스라엘이 가자와 서안 지구에서 무한정 주권을 유지할 것임을 알게 되면서 3분의 1로 늘어났다.[96]

헤브론 학살이 분수령이었다. 40일의 애도 기간이 끝나자 하마스 자살 테러리스트가 이스라엘 본토의 아풀라에서 이스라엘 국민 7명을 죽였다. 그 후 예루살렘과 텔아비브에서 네 번의 작전이 이어졌는데, 이 가운데 가장 강력한 것은 1994년 10월 19일 텔아비브의 버스 폭파로 23명이 죽고 거의 50명이 부상을 당했다. 이런 작전에서 무고한 민간인을 살해하고 청소년을 이용한 것은 도덕적으로 혐오스러운 일이었으며 외국에서 팔레스타인의 대의에 손상을 입혔고 운동을 분열시켰다. 일부 하마스 지도자는 하마스가 도덕적 우위를 잃음으로써 이스라엘의 지위를 강화해주었다고 주장했다.[97] 또 일부는 하마스가 이스라엘의 팔레스타인 민간인에 대한 공격에 똑같이 대응하고 있을 뿐이라고 주장했는데, 사실 2차 인티파다 발발 이후 이스라엘의 공격이 증가하여 폭격, 미사일 공격, 팔레스타인 지도자 암살 등이 늘어났다. 외국의 울라마도 똑같이 나뉘었다. 이집트의 대(大)무프티인 셰이크 탄타위는 자살 폭탄 공격이 이스라엘의 군사적 힘에 맞설 수 있는 팔레스타인의 유일한 방법이라고 옹호했고, 예멘의 셰이크 알-카라다위는 그것이 정당한 자기방어라고 주장했다.[98] 하지만 사우디아라비아의 대무프티인 셰이크 알-셰이크는 쿠란이 자살을 엄금하고 이슬람법은 민간인 살해를 금한다고 이의를 제기했다. 2005년 하마스는 자살 공격을 버리고 대신 가자에서 재래식 군사 조직을 만드는 데 집중했다.

일부 서방 분석가들은 자살 공격이 이슬람 전통에 깊이 뿌리박힌 것이라고 주장해 왔다.[99] 만일 그렇다면 왜 20세기 말 이전 수니파 이슬람에는 '혁명적 자살'이 알려져 있지 않았을까? 왜 더 전투적인 이슬람주의 운동이 이런 전술을 택하지 않았을까? 왜 하마스와 헤즈볼라 모두 그것을 버렸을까?[100] 하마스가 쿠란과 하디스에 근거하여 자살 테러리스트에게 낙원에 대한 환상으로 동기 부여를 한 것은 물론 사실이다. 하지만 자살 공격은 사실 스리랑카의 '타밀엘람해방호랑이'*가 만들어낸 것이었는데, 이들은 민족주의적 분리주의 집단으로서 종교를 좋아하지 않았으며 20년 동안 자살 작전을 260건 이상 시도했다고 주장했다.[101] 시카고대학의 로버트 페이프(Robert Pape)는 1980년에서 2004년 사이 전 세계의 자살 공격을 하나하나 조사하여 "자살 테러리즘은 이슬람 근본주의, 나아가서 어떤 종교와도 관계가 거의 없다."고 결론을 내렸다. 예를 들어 1980년대 레바논에서 벌어진 자살 공격 38건에서 8건은 무슬림, 3건은 기독교도, 27건은 세속주의자와 사회주의자가 시도했다.[102] 하지만 모든 자살 작전에는 공통된 전략적 목표가 있다. "테러리스트가 자신의 고국이라고 생각하는 영토로부터 자유주의적 민주주의 세력이 철군하도록 만드는 것"이다. 따라서 자살 폭탄 공격은 기본적으로 군사 점령에 대한 정치적 대응이다.[103] 이스라엘 방위군의 통계는 하마스의 모든 자살 공격 가운데 4퍼센트만이 이스라엘 본토의 민간인을 표적으로 삼고 있으며, 나머지는 서안 정착민과 이스라엘 군대를 향하고 있다는 것을 보여준다.[104]

이것은 하마스가 민족주의적인 동시에 종교적 운동이라는 사실을 부정하려는 것이 아니라 그 둘의 융합이 현대적 혁신이라는 점을 이야기하려는 것뿐이다. 이슬람 문화에 뿌리를 둔 것이 아닌 조국에 대한

타밀엘람해방호랑이(LTTE) 1976년 스리랑카 북부와 동부 주를 통합해 타밀족 국가 건설을 목표로 삼아 결성된 무장 조직. 스리랑카는 다수의 불교계 싱할리족과 소수의 힌두교계 타밀족으로 구성되어 있는데, 영국의 식민 지배 동안 두 민족 간 갈등이 깊어졌다. 1948년 영국으로부터 독립 이후 싱할리족이 정부 권력을 장악하면서 타밀족을 차별하자 타밀족 내에서 분리 독립을 주장하는 반군 게릴라 조직 타밀엘람해방호랑이가 만들어졌다. 1983년부터 정부군과 타밀엘람해방호랑이 사이에 내전(스리랑카 내전)이 이어졌으며 2009년 종식되었다.

고양된 사랑이 이제 무슬림의 열정으로 뒷받침되고 있다.[105) 비디오테이프에 담긴 하마스 순교자들의 마지막 메시지에는 이슬람적 주제와 민족주의적 주제가 어색하지 않게 연결되며 번갈아 등장한다. 예를 들어 스무 살의 아부 수라는 전통적인 무슬림의 기원에서 시작한다. "오늘은 세상의 주님을 만나고 사자(使者)에게 증언하는 날입니다." 이어 "팔레스타인과 세계 모든 지역의 모든 성자와 모든 무자히딘"에게 호소하고, 아무런 자의식 없이 성자들로부터 팔레스타인 민족주의자들에게로 넘어가고 나서, 마지막으로 세계적 전망으로 옮겨 간다.

순교자들이 피를 흘린 것은 알라를 위해서였고 고국에 대한 사랑 때문이었고 이 민족을 기리기 위해서였다. 팔레스타인이 이슬람을 유지하고 하마스가 계속 모든 미혹된 자들과 모든 괴롭힘당하고 억압당하는 자들의 길을 비추는 횃불이 되고 팔레스타인을 해방하려는 것입니다.[106)

팔레스타인인은 이란인과 마찬가지로 이스라엘 점령에 대항하는 지하드를 제3세계의 제국주의에 대항하는 투쟁의 한 부분으로 보았다. 나아가서 그들은 세속적 팔레스타인 권력과 싸우기는 하지만 이 둘은 모두 똑같은 민족주의적 열정을 공유하고 있다. 둘 다 팔레스타인을 위해 죽는 것을 큰 특권으로 여기고 전쟁 중인 조국에 살고 있는 초민족주의자답게 적에게 독한 증오를 품었다.[107)

그러나 고도로 양식화된 비디오로는 자살 폭탄 테러리스트가 건물 안으로 트럭을 몰고 들어가거나 혼잡한 시장에서 폭탄을 터뜨리는 순간 그들의 마음에 무엇이 지나가는지 결코 알 수가 없다. 그들이 전적으로 신을 위해 그렇게 한다고 상상하거나 오직 이슬람의 가르침에서만 동력을 얻고 있다고 상상하는 것은 모든 인간 동기의 자연스러운 복잡성을 무시하는 것이다. 생존자와 면담한 법의학 정신치료사들은 영웅이 되고 사후에 불멸성을 얻고자 하는 욕망이 강한 요인이라고 생각한다. 또 어떤 순교 지망자들은 삶에 의미와 목적을 주는 전투의 엑스타시스를 언급하는데, 이것은 앞에서 보았듯이 종교적 고양에 가까운 감정이지만 그 자체로 종교적이지는 않다. 사실 하마스의 일반 전사는 "정치나 이념이나 종교" 때문에 사는 것이 아니라 "'알라의 길로 가는' 죽음을 앞둔 자들 사이의 환희에 찬 동지애" 때문에 산다고 전해진다.[108] 점령하의 삶은 많은 자원자들에게 별 매력이 없었다. 가자 난민 수용소의 황량한 삶 때문에 축복받은 내세의 가능성과 이곳 지상에서의 찬란한 명성이라는 유혹이 그들에게 강렬하게 다가왔다. 그러고 보면 역사 전체에서 모든 공동체는 구성원을 위해 목숨을 내놓는 전사를 찬양해 왔다.[109] 팔레스타인인은 또 이스라엘과 싸움을 벌이다 본의 아니게 살해당한 사람들도 기린다. 하디스가 분명히 말하듯이 그들 또한 샤히드다. 모든 때 이른 죽음은 인간의 유한성과 더불어 민족의 곤경에 대한 '증언'이었다.[110]

자살 공격 테러리스트는 다른 종교 전통에서도 영웅으로 숭배를 받아 왔기 때문에 신앙과 테러리즘의 문제는 더 복잡해진다. 블레셋 족장들이 모여 있는 다곤 신전을 무너뜨리며 죽어간 판관 삼손의 이야기에서 성경 기록자는 삼손의 동기를 고민하지 않고 그냥 그의 용기를 찬양하기만 한다.[111] 삼손은 "영웅적으로 영웅적인 삶을 끝맺었다." 독실한 청교도 존 밀턴(John Milton)도 《투사 삼손》에서 비슷하게 결론을 내렸다.[112]

여기에는 눈물을 흘릴 것이 없고 울부짖을 것이 없고

가슴을 칠 것도 없다. 약함도 없고 경멸도 없고

비난이나 흠잡기도 없다. 오직 훌륭하고 정당한 것,

그렇게 고귀한 죽음에서 우리를 잠잠케 하는 것뿐이다.[113]

삼손의 종말은 두려움을 불러일으키기는커녕 그것을 본 사람들에게 "평화와 위로 …… 모든 열정이 소진된 차분한 마음"을 남겨주었다.[114] 이스라엘이 자신의 핵 능력을 '삼손 옵션'이라고 부르는 것은 우연이 아니다. 불가피하게 그 민족의 파멸을 낳게 될 공격을 명예로운 의무이자 유대 국가가 자유롭게 선택한 하나의 가능성으로 여기는 것이다.[115] 탈랄 아사드는 자살 폭탄 테러리스트가 규모는 작지만 이와 똑같은 섬뜩한 시나리오를 행동에 옮기고 있을 뿐이기에 "자유로운 정치 공동체를 방어하기 위한 무장 투쟁이라는 근대 서양 전통에 속하는 것으로 볼" 수 있다고 주장해 왔다. "위험한 적과 맞서 전통을 구하기 위해서는 (또는 국가를 세우기 위해서는) 일반적인 도덕적 구속에 얽매이지 않고 행동할 필요도 있다."[116]

자살 폭탄 테러리스트가 무고한 민간인을 표적으로 삼는 것을 비난하고 그 피해자를 애도하는 것은 절대적으로 옳은 일이다. 그러나 지금까지 보았듯이 국가 또한 전쟁에서 그런 피해자들을 표적으로 삼는다. 20세기 내내 민간인 사망자 수는 급격히 늘어나 이제는 모든 사망자의 90퍼센트에 이르고 있다.[117] 서양에서는 정규군의 사망을 세심하고 엄숙하게 애도하고 조국을 위해 죽은 병사를 반복하여 기린다. 그러나 그들로 인한 민간인의 죽음은 거의 언급하지 않으며 그것에 반대하는 지속적인 외침도 없다. 자살 폭탄 공격은 우리의 근본을 흔드는 충격을 준다. 하지만 이것이 매년 지뢰 때문에 자신의 조국에서 죽는 어린이 수천 명보다 충격적일까? 또는 드론 공격으로 인한 부수적 피해보다? 적어도 서양인들은 어찌 된 영문인지 "공중에서 산탄식 폭탄을 투하하는 것이 덜 역겨울 뿐 아니라 도덕적으로 우월하다고 여긴다." 영국의 심리학자 재클린 로즈는 말한다. "왜 피해자와 함께 죽는 것이 자신을 구하는 것보다 큰 죄라고 보는지는 분명치 않다."[118] 제국주의적 서양은 '나머지'를 희생하는 대가로 자신에게 특권을 부여하는 두 층의 위계를 만들어냈다. 계몽주의는 모든 인간의 평등을 설교했지만 개발도상국에서 서방 정책은 종종 이중 기준을 채택하기 때문에 서양인은 자신이 대접받기를 바라는 대로 다른 사람들을 대접하지 못한다. 서양인은 민족에 초점을 맞추기 때문에 점점 서로 관계가 밀접해지는 세계에서 그들에게 필요한 세계적 전망을 계발하는 것을 어렵게 만드는 듯하다. 서양인은 무고한 피를 흘리거나 테러 자체를 위해 테러를 일삼는 모든 행동을 개탄해 마땅하다. 하지만 동시에 민족적 이익을 추구하다 서양인이 흘린 피도 인정하고 진지하게 애도해야 한다. 그러지 않으면 서양인은 다른 사람들의 고통 앞에서 '오만한 침묵'을 유지하고 어떤 사람들의 목숨을 다른 사람들의 목숨보다 귀하게 여기는 세계 질서를 만들고 있다는 비난에서 자신을 방어하지 못할 것이다.

13장

'테러와의 전쟁'과
지하드의 물결

아프가니스탄 전장으로 떠난
무슬림들

1980년대 초 아랍 세계에서는 젊은 남자들이 아프가니스탄 국경 근처 파키스탄 북서부로 가 소련에 대항하는 지하드에 참여하는 흐름이 꾸준히 이어졌다.* 카리스마 넘치는 요르단계 팔레스타인 학자 압둘라 아잠은 아프가니스탄 형제들과 함께 싸우자며 무슬림을 소집했다.[1]

소련-아프가니스탄 전쟁 1979년 12월부터 1989년 2월까지 아프가니스탄에서 벌어진 소련과 무자히딘 간의 전쟁. 1978년 4월 누르 무함마드 타라키가 이끄는 공산 세력이 쿠데타를 일으켜 정부(아프가니스탄 민주공화국)를 세우고 공산주의 개혁을 강하게 추진하자 부족 세력과 무슬림이 반발하며 각지에서 봉기를 일으켰다. 1979년 12월 소련이 아프가니스탄을 침공해 공산 정권을 도왔고, 이에 맞서 이슬람권 전역에서 몰려온 무슬림 전사 무자히딘은 게릴라전을 전개했다. 소련을 견제하던 미국과 이슬람권인 파키스탄, 사우디아라비아 등도 무지히딘을 지원하면서 결국 소련이 철군했다.

아잠은 고대에 국경으로 몰려갔던 '싸우는 학자들'과 마찬가지로 소련 점령군을 몰아내는 것이 몸이 튼튼한 모든 무슬림의 의무라고 확신했다. "나는 이슬람 움마가 아프가니스탄에서 모든 이슬람 여성의 명예가 훼손당하고 있음에 책임을 져야 하며 무슬림이 부당하게 흘리고 있는 모든 핏방울에 책임을 져야 한다고 믿는다." 아잠은 그렇게 선언했다.[2] 아잠의 설교와 강연은 같은 무슬림의 고난에 괴로워하고, 도울 수 없다는 무력감에 좌절하고, 젊은이답게 열정적으로 뭔가 해보고자 하는 한 세대를 전율시켰다. 1984년에 이르면 사우디아라비아, 페르시아만 연안 국가들, 예멘, 이집트, 알제리, 수단, 인도네시아, 필리핀, 말레이시아, 이라크에서 점점 더 많은 신병이 도착했다.[3] 오사마 빈 라덴은 이런 자원병 가운데 한 사람이었다. 그는 가문으로부터 물려받은 막대한 재산으로 페샤와르에 있던 한 조직(MAK, '서비스국')의 주요 후원자가 되어, 동지들을 지원하고 신병 모집과 자금 조달을 조직하고 아프가니스탄의 고아와 난민에게 의료 서비스와 식량과 피난처를 제공했다.

로널드 레이건 미국 대통령도 아프가니스탄 전쟁을 성전이라고 일컬었다. 그는 1983년에 미국 '복음주의자협회'에서 연설을 하면서 소련을 '악의 제국'이라고 낙인찍었다. "세상에는 죄와 악이 있다." 레이건은 그의 말을 받아들일 준비가 썩 잘되어 있는 청중에게 말했다. "우리는 경전과 주 예수로부터 우리의 모든 힘으로 그것과 맞서라는 명령을 받았다."[4] 레이건과 독실한 가톨릭교도인 미국중앙정보국 국장 윌리엄 케이시(William Casey)에게는 무신론 공산주의자들에 맞서 이슬람 무자히딘을 지원하는 것이 전적으로 올바른 일로 보였다. 미화 6억 달러에 달하는 엄청난 일괄 지원(매년 사우디아라비아와 페르시아만 연안 국가들이 연장하고 보조했다)은 아프가니스탄의 게릴라군을 막강한 군대로 탈바꿈시켰으며, 그 결과 그들은 그들의 선조들이 19세기에 영국군과 싸우던 것만큼이나 격렬하게 소련군과 싸울 수 있었다. 아프가니스탄 투사 가운데 일부는 이집트에서 공부를 하고 쿠트브와 마우두디의 영향을 받았지만 대부분은 농경 사회 출신이었으며 수피파로서 근대 이슬람 사상의 영향에서 완전히 벗어나 성자와 성지에 헌신했다.

미국인도 '아랍계 아프가니스탄 전사(Arab-Afghans)'(외국 자원병을 그렇게 불렀다)에게 가능한 모든 격려를 해주었다. 그들은 빈 라덴 같은 아랍 기업가로부터 자금을 지원받고 미국인의 무기로 무장하고 파키스탄 군대에서 훈련을 받았다.[5] 그들은 페샤와르 주변 훈련소에서 아프가니스탄 게릴라와 함께 싸웠지만 그 기여는 과장하지 말아야 한다. 실제로 전투에 참여한 경우는 거의 없었다. 다수는 오직 인도주의적 사업에만 참여했고 페샤와르를 전혀 떠나지 않았으며, 일부는 겨우 몇 주만 머물렀다. 이 지역에 아랍 전사가 3천 명 이상 있는 경우는 드물었다. 일부는 여름 방학을 '지하드 투어'로 보내러 왔을 뿐이며, 여기에는 기념사진을 찍을 수 있도록 카이바르 고개를 넘는 답사도 포함되어 있었다. '나그네여단'이라고 알려져 있던 아랍계 아프가니스탄 전사는 자기들끼리 어울리는 경향이 있었고 파키스탄인과 아프가니스탄인은 그들을 약간 괴상하게 여겼다.

이슬람 울라마 지도부는 아잠을 약간 수상쩍게 보았지만 그의 진실성은 조국 지도자들의 부패와 위선에 환멸을 느낀 젊은 아랍계 아프가니스탄 전사들에게는 매우 매혹적이었다. 그들은 아잠이 늘 자신이 설교하는 것을 실천에 옮겼으며 평생에 걸쳐 학문과 전투적 행동주의를 결합해 왔다는 것을 알았다. 아잠은 시리아에서 샤리아를 공부하던 열여덟 살에 무슬림형제단에 들어가 6일전쟁에서 싸웠고, 아즈하르에서 공부를 하면서 형제단 청년회를 감독했다. 그가 사우디아라비아의 제다에 있는 압드 알-아지즈대학(킹압둘아지즈대학)에서 강사로 일할 때 그의 학생 가운데 젊은 빈 라덴도 있었다. 아잠은 선언했다. "이슬람 움마의 삶은 오로지 학자들의 잉크와 순교자들의 피에 의존할 뿐이다."[6] 학문은 움마의 영성을 심화하는 데 필수적이었지만 전사의 자기희생도 필수적이었다. 어떤 나라도 강한 군대 없이 탁월한 지위에 오른 적이 없었다. "역사는 오로지 피로만 기록된다." 아잠은 주장했다. "명예와 존중은 오로지 부상자와 주검으로 만든 토대 위에만 세워진다."

제국, 훌륭한 민족, 국가, 사회는 오로지 모범을 통해서만 세워질 수 있다. 사실 피 희생 부상자—순수하고 순결한 영혼들—없이 현실을 바꿀 수 있다거나 사회를 바꿀 수 있다고 생각하는 사람들은 딘[이슬람]의 본질을 이해하지 못하는 것이며 가장 훌륭한 사자(使者)를 사용하는 방법을 모르는 것이다.[7]

다른 이슬람 지도자들도 순교의 영광을 찬양했지만 아무도 그 폭력적 현실을 그렇게 생생하게 강조하지는 않았다. 아잠은 자신을 방어하지 못하는 공동체는 불가피하게 군사력의 지배를 받게 될 것이라고 믿었다. 그의 목표는 희생으로 움마에 영감을 줄 학자-전사로 이루어진 간부 집단을 양성하는 것이었다.[8] 아잠은 믿었다. 지하드는 신앙 고백, 기도, 적선, 라마단 금식, 하지와 동등한 '여섯 번째 기둥'이다. 지하드를 태만히 하는 무슬림은 심판의 날에 신에게 자신의 행동을 설명

해야 할 것이다.[9]

아잠은 이런 이론을 엉터리로 만들어낸 것이 아니었다. 그는 다르 알-이슬람이 외국 세력의 침략을 받았을 때 지하드가 파르드 알-아인, 즉 국경 근처에 사는 모든 건강한 무슬림의 책임이라고 판결한 8세기 학자 알-샤피이의 고전적 이론을 따르고 있었다. 이제 현대적인 교통 수단 덕분에 모든 무슬림이 아프가니스탄 국경에 모이는 것이 가능해 졌기에 지하드는 "지상의 모든 무슬림에게 의무"다. 아잠은 그렇게 추론했다. 아랍계 아프가니스탄 전사는 아프가니스탄을 해방하고 나면 비이슬람 국가들이 움마로부터 억지로 빼앗은 다른 모든 땅—팔레스타인, 레바논, 부하라, 차드, 에리트레아, 소말리아, 필리핀, 미얀마, 남예멘, 타슈켄트, 에스파냐를 회복하러 가야 했다.[10]

아잠은 강연과 글에서 아프가니스탄이 현대 자힐리야의 야만적 기계화의 영향을 받지 않은 곳이라고 약간 이상적으로 묘사했다. 아프가니스탄인은 순박한 인간성을 대표했다. 그들은 소비에트 골리앗과 싸우면서 그에게 목동에 불과한 다윗의 존재를 일깨웠다.[11] 이 전쟁에서 순교한 아프가니스탄인과 아랍인에 관한 그의 이야기는 전 세계 무슬림 청중에게 영감을 주었다. 하지만 아잠의 순교자들은 자살용 폭탄을 몸에 걸치지도 않았고 어떤 종류의 테러리스트가 되지도 않았다. 그들은 스스로 죽지도 않았고 민간인을 죽이지도 않았다. 그들은 전투 중에 소련군에게 살해당한 정규군이었다. 아잠은 사실 테러리즘에 완강하게 반대했기 때문에 결국 빈 라덴이나 이집트 근본주의자 아이만 알-자와히리와 갈라섰다. 아잠은 비전투원이나 사다트 같은 무슬림을 죽이는 것은 이슬람의 근본 가르침에 위배된다는 정통적 입장을 고수했다. 사실 그는 순교자는 침대에서 평화롭게 죽더라도 신성한 진리를 '증언'할 수 있다고 믿었다.[12] 아잠의 고전적 지하드주의는 일부 학자들의 비난을 받았지만 이란의 시아파 혁명의 성공에 당황한 젊은 수니파에게는 매우 매혹적이었다. 하지만 모든 자원병이 독실한 것은 아니었다. 일부는 심지어 관습을 따르지도 않았다. 페샤와르에서는 많은 사람들이 사다트 암살에 관련되었다는 명목으로 이집트에서 체포되고 고문당하고 구금되었던 자와히리 같은 강경파 무슬림의 영향을 받게 된다. 그 결과 아프가니스탄은 이슬람의 새로운 중심이 되었다. 동아시아와 북아프리카 출신 활동가들은 더 헌신할 수 있도록 전선으로 파견되었으며, 사우디아라비아 정부는 사실 자국의 젊은이들이 자원하도록 격려했다.[13]

'이슬람 정체성'이라는 정치적 각성

사우디의 영향력을 이해하려면 모순으로 보일 수도 있는 점을 고려해야 한다. 사우디아라비아왕국은 한편으로는 1979년 이란 혁명 후 미국의 주요한 지역 동맹이 되었다. 다른 한편으로는 극히 환원적인 형태의 이슬람을 지지했는데, 이 종파는 18세기에 아랍의 개혁가 무함마드 이븐 압드 알-와하브(1703~1792)가 발전시킨 것이었다. 이븐 압드 알-와하브는 '예언자'의 원시 이슬람으로 돌아갈 것을 설교하면서 시아주의 수피주의 팔사파 그리고 다른 모든 이슬람 울라마가 의존하고 있는 법학(피크흐) 등 그 이후에 발전한 것들을 모두 거부했다. 그는 특히 대중이 성인들과 그들의 무덤을 숭배하는 것에 괴로워하면서 그것이 우상 숭배라고 비난했다. 그렇다 해도 와하브주의는 본래 폭력적이지 않았다. 사실 이븐 압드 알-와하브는 자신의 후원자였던 나지드의 이븐 사우드가 벌이는 전쟁을 승인하지 않았다. 그가 단지 부와 영광을 위해서만 싸웠기 때문이다.[14) 와하브주의자들이 더 공격적이 된 것은 이븐 압드 알-와하브가 은퇴하고 나서인데, 그들은 1802년에 카르발라에 있는 이맘 후사인의 성지를 파괴하고 나아가 아라비아에서 '예언자' 무함마드와 그의 동료들과 관련된 기념물까지 파괴했다. 이 시기에 이르면 이 종파는 또 자신들의 교리를 받아들이지 않는 무슬림은 이교도(쿠파르)라고 주장했다.[15) 와하브주의자들은 19세기 초에 이븐 타이미야의 글을 그들의 정전에 집어넣었으며, 다른 무슬림을 불신자라고 선포하는 타크피르—이븐 압드 알-와하브는 이 행위를 거부했다.—가 그들의 관행의 중심에 자리 잡게 되었다.[16)

1973년 10월전쟁 동안 페르시아만 연안 국가들이 강요한 석유 수출 금지로 유가가 급등하자 사우디아라비아왕국은 이제 오일 달러를 확보하게 되었고, 이 돈으로 움마 전체에 와하브주의를 강제할 실질적 방법을 찾을 수 있었다.[17) 이슬람 세계의 지도권을 위협하는 이란의 시아파 혁명 성공에 몹시 당황한 사우디아라비아는 이란의 영향력에 맞서는 노력을 강화하면서 이란 대신 이 지역에서 미국의 최고 동맹자 자리를 차지했다. 사우디아라비아에 기반을 둔 '무슬림세계연맹'은 무슬림이 사는 모든 지역에 지부를 열었고, 사우디아라비아 종교부는 쿠란, 와하브주의 교리서, 이븐 타이미야, 쿠트브, 마우두디의 글을 중동, 아프리카, 인도네시아, 미국, 유럽의 이슬람 공동체에 배포했다. 그들은 이 모든 지역에서 사우디아라비아 양식의 건물을 짓는 자금을 대 현지 건축 전통과 결별하는 국제적 미학을 창조하고, 빈민에게 무상 교육을 제공하는 마드라스를 설립하고, 당연한 일이지만 와하브주의 교육 과정을 개설했다. 같은 시기에 이집트와 파키스탄 같은 형편이 좋지 않은 이슬람 국가로부터 페르시아만으로 일하러 온 젊은이들은 자신들이 얻게 된 새로운 풍요를 와하브주의와 연결했다.[18] 그들은 고국으로 돌아가면 사우디아라비아식 모스크와 남녀를 분리하는 쇼핑몰이 있는 새로운 동네에 사는 쪽을 택했다. 사우디아라비아는 이런 혜택의 대가로 종교적 순응을 요구했다. 다른 신앙 전통만이 아니라 이슬람의 다른 모든 형태까지 거부하는 와하브주의의 영향은 파키스탄, 요르단, 시리아만이 아니라 영국의 브래드퍼드와 뉴욕의 버펄로까지 깊이 파고들어 이슬람의 전통적인 다원주의를 심각하게 훼손했다. 미국이 사우디아라비아의 이란 반대를 환영하고 사우디아라비아가 자체 생존을 위해 미국의 군사력에 의존했기 때문에 서양은 자신도 모르게 이런 불관용이 빠르게 확산하는 데 기여하게 되었다.[19]

사우디아라비아의 근대 경험은 이집트, 파키스탄, 팔레스타인과는 매우 달랐다. 아라비아반도는 식민지가 된 적이 없었다. 이곳은 부유했으며 세속화를 강요받은 적이 없었다. 따라서 사우디아라비아 이슬람주의자는 자기 나라의 압제나 부패와 싸우는 대신 전 세계 무슬림의 고난에 관심을 두었는데, 그들의 범이슬람주의는 정신적으로 아잠의 세계적 지하드와 가까웠다. 쿠란은 무슬림에게 서로 책임을 지라고 말했다. 파이살 왕은 팔레스타인인에 대한 자신의 지원을 늘 그런 식으로 표현했으며, 사우디아라비아에 근거를 둔 '무슬림세계연맹'과 '이슬람협력기구'는 비이슬람 정권과 갈등을 겪고 있는 회원국에 자주 유대를 표명했다. 이제 사우디아라비아의 안락한 가정에서 텔레비전을 틀면 팔레스타인이나 레바논에서 고난을 겪는 무슬림의 모습을 볼 수 있었다. 그들은 이스라엘이 팔레스타인의 주택을 불도저로 뭉개는 사진을 보았고, 1982년 9월에는 이스라엘 방위군의 묵인하에 기독교 마론파가 사브라와 샤틸라의 난민 수용소에서 팔레스타인인 2천 명을 학살하는 것을 목격했다. 이슬람 세계에는 이런 종류의 고난이 너무 많았기 때문에 범이슬람주의 정서는 1980년대에 점점 팽배했고, 사우디아라비아 정부는 그 정서를 왕국의 신민이 내부의 문제로부터 눈을 돌리게 하는 방편으로 활용했다.[20] 사우디아라비아가 젊은이에게 아프가니스탄 지하드에 참여하라고 권하고 항공권 할인을 제공하는 한편, 국영 언론을 통해 그들이 국경 지대에서 거둔 공적을 찬양한 것도 이런 이유 때문이었다. 그러나 와하브주의 성직자 지배층은 아프가니스탄의 수피파 관행을 못마땅하게 여겨 지하드가 민간인의 개별적 의무가 아니라 여전히 통치자의 책임이라고 주장했다. 하지만 사우디아라비아 왕의 민간 정부는 자신들 나름의 세속적 이유 때문에 아잠의 가르침을 지지하고 있었다.

아프가니스탄에 자원해 가고 나중에 보스니아와 체첸공화국에서 싸웠던 사우디아라비아인에 대한 연구를 보면, 이들 대부분의 동기가 이슬람 형제자매를 돕고자 하는 바람이었음을 알 수 있다.[21] 나중에 빈 라덴의 경호원이 되는 나시르 알-바흐리는 이런 관심에 대한 가장 충실하고 통찰력 있는 설명을 제시했다.

우리는 우는 아이들, 홀로된 여자들, 수많은 강간 사건 등 우리가 목격한 비극과 우리가 보고 있는 사건의 영향을 크게 받았다. 우리는 지하드를 위해 전진하면서 가혹한 현실을 경험했다. 우리는 우리가 예상했거나 그 전에 매체에서 보고 들었던 어떤 것보다도 끔찍한 일들을 보았다. 마치 그 전까지 '눈을 감은 고양이'였다가 이런 비통한 일을 보고 나

서 눈을 뜨게 된 것 같았다.[22]

이 경험은 정치적 각성이었으며 자원자들은 나라의 경계를 초월하는 전 세계적 움마를 느끼기 시작했다. 알-바흐리는 이렇게 말했다. "움마의 관념이 우리 마음속에서 진화하기 시작했다. 우리가 민족들 사이에서 특별한 자리를 차지하는 민족(움마)임을 깨달았다. …… 민족주의의 문제는 우리 마음에서 밀려났으며, 우리는 그보다 넓은 시야를 확보하여 움마라는 문제를 바라보게 되었다."[23] 움마의 복지는 늘 이슬람의 정치적이고 매우 영적인 관심사였기에 같은 무슬림의 곤경은 이슬람 정체성의 핵심을 건드리는 것이었다. 많은 사람들이 이런 재앙에 대한 이슬람교 지도자들의 대응이 몹시 불충분한 것을 부끄러워했다. "그 긴 수모의 세월 뒤에 자신들이 마침내 무슬림 형제들을 돕기 위해 뭔가를 할 수 있게 되었다." 한 응답자는 설명했다.[24] 다른 응답자는 "형제들의 소식을 계속 들으며 매우 깊이 감정 이입을 하게 되어 그들을 돕기 위해 뭔가, 무슨 일이든 하고 싶었다."고 말했다. 한 자원자의 친구는 "우리는 종종 앉아서 무슬림이 당하는 학살에 관해 이야기하곤 했는데, 그럴 때면 친구의 눈에 눈물이 그렁거렸다."고 기억했다.[25]

이 조사는 또 거의 모든 경우 억압자에 대한 증오보다는 피해자에 대한 공감이 강했다는 것을 확인했다. 또 미국이 이스라엘을 지지했지만 아직은 반미 감정이 거의 없었다. "우리는 미국인 때문에 간 것이 아니다." 나시르 알-바흐리는 그렇게 주장했다.[26] 일부 신참은 영광스러운 순교의 화려함을 갈망했지만 다수는 또 전쟁에서 오는 흥분 자체, 영웅이 될 가능성과 전우들 사이의 동지애에 매혹되었다. 늘 그렇듯이 세속적 환경을 초월하는 전사의 면모는 신자의 영적인 초월성과 비슷한 데가 많아 보였다. 나시르 알-바흐리는 자신들이 자원자를 우상으로 여겼다고 기억했다. "아프가니스탄에서 돌아온 무자히딘이 지다, 메카, 메디나의 거리를 걸을 때 그들이 입고 있는 아프가니스탄 복장을 보곤 했는데, 그럴 때면 우리가 '예언자'의 승리를 거둔 동료들(사하바) 세대와 함께 살고 있다는 느낌이 들었으며, 그래서 그들을 모범으로 우러러보았다."[27]

마침내 1989년 2월 소련이 아프가니스탄에서 어쩔 수 없이 철군하고 1991년에 소련 자체가 붕괴하자 아랍계 아프가니스탄 전사들은 비록 착각이라 해도 세계 강국을 물리쳤다는 기분에 취했다. 이제 그들은 잃어버린 무슬림의 땅을 모두 재정복한다는 아잠의 꿈을 실현할 계획이었다. 이 시기에는 세계 전역에서 정치적 이슬람이 상승세인 것처럼 보였다. 팔레스타인에서 하마스는 파타에 진지하게 도전했다. 알제리에서는 1990년 지방 선거에서 '이슬람구국전선(FIS)'이 세속적인 '민족해방전선(FLN)'에 결정적 승리를 거두었으며, 수단에서는 이슬람 이론가 하산 알-투라비가 권좌에 올랐다. 소련 철수 뒤 빈 라덴은 알카에다를 창립했는데, 처음에는 계속 지하드를 진행하고 싶어 하는 아랍계 아프가니스탄 전사 출신들의 사교 모임으로 수수하게 출발했다. 단순하게 '기지'라는 뜻의 이름을 지녔던 이 조직은 이 시점에는 일관된 이데올로기나 분명한 목표가 없었다. 그래서 조직원 가운데 일부는 자유 활동가로서 부패한 세속주의 체제를 무너뜨리고 이슬람 정부를 세우려는 목적으로 고향에 돌아갔다. 여전히 아잠의 고전적 지하드주의에 헌신하던 일부는 체첸공화국과 타지키스탄공화국에서 러시아인과 맞서 싸우고 보스니아에서 세르비아인과 맞서 싸우기 위해 현지 무슬림과 합세했다. 그러나 곤혹스럽게도 이런 민족 갈등은 그들이 진정한 지하드라고 여기는 것으로 바꿀 수 없다는 것을 알게 되었다. 사실 보스니아에서 그들은 방해가 되는 존재일 뿐 아니라 분명한 골칫거리였다.

보스니아전쟁, 20세기 최후의 종족 학살

보스니아전쟁(1992~1995년)은 20세기 마지막 민족 학살이었다. 아르메니아 학살과 홀로코스트라는 그 이전의 두 학살과는 달리 이 대량 학살은 인종적 정체성보다는 종교적 정체성을 근거로 삼아 자행되었다. 그러나 발칸인의 분열이 오래되고 뿌리 깊으며 종교적 요소가 강해서 폭력을 근절할 수 없다는 가정이 서양에서는 널리 퍼졌지만, 그런 공동체 간의 불관용은 상대적으로 새로운 것이었다. 유대인 기독교인 무슬림은 오스만 통치하에서 5백 년 동안 평화롭게 함께 살았고 1918년 오스만 제국이 무너진 뒤에도 계속 그렇게 살았다. 이때 세르비아인, 슬로베니아인, 슬라브 무슬림, 크로아티아인은 유고슬라비아('남부 슬라브인의 땅')라는 다종교 연방을 형성했다. 유고슬라비아는 1941년 나치 독일에 의해 해체되었지만 제2차 세계대전 후 공산주의자인 지도자 요시프 브로즈 티토(1945~1980년 재임)에 의해 '형제애와 통일'이라는 기치를 내걸고 소생했다. 그러나 티토가 사망한 후 슬로보단 밀로셰비치의 급진적인 세르비아 민족주의, 그리고 프라뇨 투지만의 똑같이 독단적인 크로아티아 민족주의가 나라를 둘로 나누었고 보스니아는 중간에 끼었다. 슬라브 민족주의는 기독교 색채가 강했던 반면―세르비아인은 정통 가톨릭이고 크로아티아인은 로마 가톨릭이다.―무슬림이 다수이고 세르비아인 크로아티아인 유대인 집시 공동체도 있던 보스니아는 모든 종교를 존중하는 세속 국가를 원했다. 보스니아 무슬림은 자신을 방어할 군사력이 없었기 때문에 세르비아의 일부로 남아 있으면 박해를 받을 것임을 알고 1992년 4월 독립을 선언했다. 미국과 유럽 연합은 보스니아 헤르체고비나를 주권국으로 인정했다.

밀로셰비치는 세르비아를 이슬람 세계로부터 "유럽 문화와 종교를 방어하는 요새"로 묘사했고 세르비아의 성직자들과 학자들도 마찬가지로 자신들의 나라를 아시아인 무리를 막는 성채로 묘사했다.[28] 또한 명의 급진적인 세르비아 민족주의자 라도반 카라지치는 보스니아 의회가 독립을 선언하는 것은 그들의 나라를 "지옥으로" 끌고 들어가 "무슬림이 사라지게 만드는" 일이 될 것이라고 경고했다.[29] 그러나 이슬람에 대한 이런 잠재적인 증오는 19세기가 되어서야 나온 것인데, 이때 세르비아 민족주의자들은 인종에 기초한 민족적 정서를 기독교와 섞는 신화를 창조했다. 이 신화에서 1389년 오스만 제국에 패배한 라자르 왕자는 그리스도와 같은 인물로, 튀르크의 술탄은 그리스도를 죽이는 자로, 이슬람으로 개종한 슬라브인은 '튀르크화'한 것으로 그려놓았다. 이들은 비기독교 신앙을 선택하여 자신들의 슬라브 인종성을 포기하고 동양인이 되었다. 세르비아 민족은 이 외국인을 말살하기 전에는 다시 일어서지 못할 것이다.[30] 그러나 공존의 습관이 워낙 깊이 뿌리를 내리고 있었기 때문에 밀로셰비치는 3년간 가차 없이 선전을 펼친 뒤에야 세르비아인이 세속적 민족주의와 종교와 인종주의의 치명적 혼합물을 소생시키도록 설득할 수 있었다. 의미심장한 일은 보스니아전쟁이 수백 년 동안 유대인 기독교인 무슬림이 풍요로운 공존 관계를 누렸다는 문서 증거를 지우려는 광적인 시도에서 시작되었다는 점이다. 보스니아가 독립을 선언하고 나서 한 달 뒤 세르비아 민병대는 발칸 제국(諸國)에서 이슬람과 유대교 필사본을 가장 많이 소장하고 있는 사라예보의 '동방연구소'를 파괴하고, 국립도서관과 국립박물관을 불태웠으며, 그런 필사본 소장처를 모두 파괴 대상으로 삼았다. 세르비아와 크로아티아 민족주의자들은 또 모스크 약 1,400개를 파괴했고 불편한 과거의 기억을 모두 지우려고 그 터에 공원이나 주차장을 만들었다.[31]

그들이 박물관을 태우는 동안 세르비아 민병대와 중무장한 유고슬라비아 국군이 보스니아를 짓밟았고, 1992년 가을 카라지치가 '인종 청소'라고 부른 과정이 시작되었다.[32] 밀로셰비치는 감옥 문을 열고 작은 죄를 저지른 폭력배들을 민병대에 징집했으며, 그들이 처벌에 대한 걱정 없이 약탈 강간 방화 살인을 하도록 허용했다.[33] 무슬림은 한 명도 살려 두지 않았고 협조를 거부한 보스니아 세르비아인도 죽였다. 무슬림은 강제 수용소로 무리를 지어 끌려갔다. 변소나 다른 위생 시설도 없는 곳에서 더럽고 여위고 상처 입은 그들은 자신에게나 그들을 괴롭히는 사람들에게나 인간으로 보이지 않았다. 민병대 지휘자들은 술로 부대원의 거리낌을 무디게 하여 윤간 살인 고문을 강요했다. 1995년 여름 유엔의 '안전 지역' 가운데 하나인 스레브레니차가 세르비아군에 넘어갔을 때는 적어도 8천 명의 남자와 소년이 학살당했으며 가을 무렵에는 마지막 남은 무슬림이 살해당하거나 바냐루카 지역에서 추방당했다.[34]

국제 공동체는 경악했지만 살해를 멈추라는 긴급 요청을 하지 않았다. 오히려 모든 당사자가 똑같이 잘못이 있다는 느낌이 지배적이었다.[35] "나는 보스니아에는 전혀 관심이 없다. 조금도 없다." 〈뉴욕 타임스〉 칼럼니스트 토머스 프리드먼은 말했다. "그곳 사람들은 스스로 난국을 자초했다. 그들이 서로 계속 죽이게 놓아두자. 그러면 문제는 해결될 것이다."[36] 아랍계 아프가니스탄 전사들은 유일하게 군사적 원조를 제공하는 영예로운 일을 했지만 보스니아 무슬림은 그들이 관용적이지 않다고 생각했고 그들의 세계 지하드주의에 당황하여 이슬람 국가를 세우자는 그들의 모든 계획을 완강하게 거부했다. 안타깝게도 아랍계 아프가니스탄 전사의 존재는 외부에 보스니아 무슬림도 근본주의자라는 인상을 주었지만 사실 다수는 자신의 이슬람을 아주 가볍게 여겼다. 이슬람에 대한 상투적 관점과 유럽의 입구에 이슬람 국가가 생길지도 모른다는 두려움은 당연히 서양이 개입을 머뭇거리는 요인으로 작용했을 것이다. 자신들이 방어벽이라는 세르비아의 수사는 일부 유럽인과 미국인에게 그리 나쁘지 않게 보였을 것이다. 그럼에도 1995년 8월 북대서양조약기구(NATO)가 마침내 개입을 하여 보스니아의 세르비아 거점들에 연달아 공습을 감행했으며, 이 공습으로 마침내 이 비극적 갈등은 끝이 났다. 1995년 11월 21일 오하이오주 데이턴에서 평화 협정이 체결되었다. 그러나 세계에는 곤혹스러운 기억이 남았다. 다시 유럽에 강제 수용소가 생겼고 이번에는 무슬림이 그 안에 들어갔다. 홀로코스트 뒤에 '두 번 다시는'이라는 외침이 있었으나 이 외침은 유럽의 무슬림 주민에게는 적용되지 않는 것 같았다.

9·11은
종교전쟁인가?

고향으로 돌아간 다른 아랍계 아프가니스탄 참전 전사들은 아프가니스탄 경험을 공유하지 않는 현지 무슬림이 받아들이기에는 자신들이 너무 급진적임을 알게 되었다. 대다수가 그들의 무자비한 호전성을 격렬하게 거부했다. 아프가니스탄 참전 전사들은 알제리에서 이슬람 국가를 건설할 희망을 품었다. 1992년 총선거에서 이슬람구국전선이 다수를 차지할 것이 분명해 보였던 것이다. 그러나 막판에 군부가 쿠데타를 일으켜 이슬람구국전선을 탄압하고 지도자들을 투옥했다. 이란이나 파키스탄에서 그런 비헌법적 방식으로 민주적 절차가 좌절되었다면 전 세계에 분노가 일었을 것이다. 그러나 쿠데타로 막힌 것이 이슬람 정부였기 때문에 서방 언론의 일부는 환호성을 질렀는데, 마치 이런 비민주적 행동 덕분에 알제리가 어떤 신비한 방식으로 민주주의가 안주할 곳이 되었다고 주장하는 것 같았다. 프랑스 정부는 새롭게 강경 노선을 취한 민족해방전선의 리아민 제루알 대통령을 막후 지원하는 쪽으로 방향을 틀었고, 이로 인해 제루알은 이슬람구국전선과 더는 대화를 하지 않겠다는 결심을 굳혔다.

다른 곳에서도 보았듯이 이런 운동은 탄압을 받으면 거의 변함없이 더 극단으로 가는 경향이 있다. 이슬람구국전선의 더 급진적인 구성원들은 떨어져 나가 게릴라 조직인 '무장이슬람그룹(GIA)'을 결성하고, 여기에 귀환한 아랍계 아프가니스탄 전사들이 가입했다. 처음에 참전 전사들이 지도하는 군사 훈련은 환영을 받았으나, 곧 그들의 무자비한 방법은 알제리인에게 충격을 주었다. 그들은 알제리의 남부 산악 지대에서 테러 활동을 개시하여 암살을 자행했는데, 그 대상은 수사, 기자, 세속적이든 종교적이든 모든 지식인, 나아가서 마을 주민에 이르렀다. 그러나 군부가 이슬람구국전선에 대한 공감을 억누르고 무장이슬람그룹에 대한 불신을 조장하기 위해 이런 폭력을 묵인할 뿐 아니라 심지어 참여했을지도 모른다는 암시가 있었다. 게다가 장차 일어날 사건들의 으스스한 예고편이 있었다. 무장이슬람그룹이 프랑스 정부의 알제리 체제 지지를 막기 위해 파리 상공에서 추락시킬 목적으로 프랑스로 날아가는 비행기 한 대를 납치한 것이다. 다행히도 비행기는 마르세유에서 특공대원들이 장악했다.[37]

이집트로 귀환한 아랍계 아프가니스탄 전사들 또한 자신들이 동포가 받아들이기에는 너무 극단적이 되었다는 것을 알았다. 자와히리는 무바라크 정부 전체를 암살하고 이슬람 국가를 건설할 목적으로 이슬람지하드(IJ)를 창립했다. 그들은 1995년 6월 대통령을 암살하려 했지만 실패했다. 1996년 4월에는 버스에 탄 그리스 관광객 30명을 죽였다. 원래 표적으로 삼은 이스라엘인들이 막판에 버스를 바꾸어 탄 것이었다. 이슬람지하드는 마지막으로 1997년 11월 룩소르에서, 이집트에서 매우 중요한 관광 산업에 피해를 끼쳐 경제를 약화시키기 위해 60명을 학살했는데, 피해자 대부분이 외국인 관광객이었다. 그러나 이슬람지하드는 나라의 분위기를 완전히 오판했다는 사실을 알게 되었다. 이집트인은 이슬람 국가에 대한 이런 폭력적인 집착을 무슬림의 핵심적 가치를 위반하는 뻔뻔스러운 우상 숭배로 여겼다. 이집트인들이 룩소르에서 벌어진 잔혹 행위에 경악했기 때문에 자와히리는 아프가니스탄의 빈 라덴에게 돌아가 이슬람지하드를 알카에다와 합칠 수밖에 없었다.

빈 라덴 또한 사우디아라비아로 돌아갔을 때 다른 귀환 참전 전사들보다 상황이 낫지 않았다.[38] 1990년 이라크 대통령 사담 후세인이 쿠웨이트를 침공했을 때 빈 라덴은 사우디아라비아 왕실에 아랍계 아프가니스탄 전사들을 보내 왕국의 유전을 보호해주겠다고 제안했지만 왕실이 그 제안을 거부하고 미군을 선택하자 격분했다. 이렇게 해서 그는 사우디아라비아와 소원해지기 시작했다. 1994년 사우디아라비아 정부가 빈 라덴과 마찬가지로 미군의 아라비아 주둔에 반대하는 비폭력 개혁주의 정당인 사화('깨달음')를 탄압하자 빈 라덴은 사우디아라비아에 완전히 등을 돌렸다. 빈 라덴은 이제 평화적인 저항은 의미가 없다고 생각하여 수단에서 4년을 보내며 아랍계 아프가니스탄 전사들의 기획을 재정적으로 지원하는 일을 조직했다. 1996년 미국과 사우디아라비아가 투라비 정부에 압력을 가하여 그를 추방하자 빈 라덴은 탈레반이 막 정권을 잡은 아프가니스탄으로 돌아갔다.

서방은 소련이 철수한 뒤 아프가니스탄과 파키스탄에 흥미를 잃었지만 두 나라 모두 오랜 갈등으로 인해 정상 궤도에서 심각하게 벗어나 있는 상태였다. 미국만이 아니라 페르시아만에서도 파키스탄으로 돈과 무기가 쏟아져 들어오면서 극단주의 집단들은 고급 무기에 접근할 수 있었다. 하역할 때 그냥 훔치기만 하면 되는 일이었다. 이 중무장 극단주의자들은 무력의 국가 독점을 깼고, 그 결과 법 밖에서 군사행동을 할 수 있었다. 종교적이든 세속적이든 파키스탄의 거의 모든 집단이 자기방어를 위해 불법 무장 단체를 육성했다. 더욱이 이란 혁명 뒤 사우디아라비아는 파키스탄에서 큰 자리를 차지하고 있는 시아파 공동체의 존재를 의식하여 그 영향에 맞서기 위해 데오반드파 마드라스들에 자금 지원을 강화했다. 그 덕분에 데오반드파는 가난한 집안 출신의 학생들을 훨씬 더 많이 교육하게 되었고 시아파 지주 밑에서 소작을 하는 궁핍한 농민의 자식들을 보호하게 되었다. 따라서 이 아이들은 반시아파 편견을 품고 마드라스에 들어갔고, 이런 편견은 그곳에서 받는 교육으로 인해 더욱 강화되었다.

이 '학생들'(탈레반)은 파키스탄의 나머지 사회로부터는 고립된 채, 전쟁으로 고아가 되어 난민으로 파키스탄에 온 아프가니스탄 아이들 3백만 명과 긴밀하게 결속했다. 모두 전쟁과 가난에 상처받은 아이들이었고, 탈레반에게 규칙에 얽매이고 제한적이고 매우 불관용적인 형태의 이슬람을 소개받았다. 그들은 비판적 사고를 훈련받지 못했고 외부의 영향으로부터 차단되었으며 외고집으로 반 시아파적 태도를 형성해 갔다.[39] 1985년 데오반드파는 시아파를 괴롭힌다는 특정 목적을 위해 '파키스탄 예언자의 동료들의 병사들(SSP)'을 세웠으며, 1990년대 중반에는 훨씬 폭력적인 데오반드파 운동이 두 가지 나타났다. 하나는 시아파 암살을 전문으로 하는 '장비의 군대(LeJ)'였고, 또 하나는 카슈미르의 해방을 위해 싸우는 '빨치산 운동'이었다. 이런 학살의 결과로 이번에는 시아파에서 '파키스탄 예언자의 병사들(SMP)'을 결성하여 수니파를 다수 죽였다. 이 지역에서는 수백 년 동안 시아파와 수니파가 평화적으로 공존해 왔다. 그러나 이제 미국의 냉전으로 인한 갈등과 사우디아라비아-이란의 경쟁으로 인해 아프가니스탄은 분열되어 내란으로 치닫고 있었다.

아프가니스탄 탈레반은 그들이 속한 파슈툰 부족의 쇼비니즘과 데오반드파의 엄격주의를 결합했는데, 이것은 사악한 혼성물이자 이슬람의 이단적 형태로서 자신과 경쟁하는 모든 이데올로기에 대한 폭력적 반대로 표현된다. 소련 철수 후 혼돈에 빠진 아프가니스탄을 탈레반이 장악했을 때 파키스탄과 미국 모두 무정부 상태에 비하면 이 편이 받아들일 만한 대안이라고 보았다. 탈레반의 지도자 물라 오마르는 인간은 선하게 태어났기 때문에 올바른 길을 걸으면 정부의 강제나 사회적 서비스나 공중 보건이 필요 없다고 믿었다. 그래서 중앙 집권적 정부가 없었고, 주민은 지역의 탈레반 코미테('위원회')가 다스렸는데, 이들은 이슬람 율법을 조금만 어겨도 가혹하게 처벌했기 때문에 실제로 질서가 어느 정도 회복되었다. 탈레반은 근대성에 격렬하게 반대했다. 그들에게 근대는 결국 소련의 총과 공습의 형태로 찾아왔기 때문이다. 탈레반은 전통적인 부족 규범으로 통치했고, 이것을 신의 통치와 동일시했다. 그들은 순전히 지역에 초점을 맞추었으며 빈 라덴의 세계적 전망에 전혀 공감하지 않았다. 그러나 물라 오마르는 아랍계 아프가니스탄 전사들이 전쟁 때 지원해준 데 감사했으며, 빈 라덴이 수단에서 추방당하자 아프가니스탄으로 받아주었고, 그 대가로 빈 라덴은 이 나라의 기간 시설 개선을 지원했다.[40]

뿌리가 뽑힌 다른 급진주의자들, 그 가운데도 특히 자와히리를 비롯한 이집트 급진파도 아프가니스탄의 빈 라덴 주위에 모여들었다.[41] 그러나 알카에다는 이슬람주의 정치에서 여전히 역할이 작았다. 과거 이곳에서 전투원으로 활동한 한 인물은 ABC텔레비전과 이야기하면서 자신이 빈 라덴의 부관들이 운영하는 훈련소에서 열 달을 보냈지만 그런 조직 이름은 들어보지 못했다고 말했다.[42] 빈 라덴은 1993년 아랍계 아프가니스탄 전사 출신 람지 유세프의 뉴욕 세계무역센터 폭파 시도나 1995년 리야드에서 미국인 다섯 명을 죽인 트럭 폭탄 테러에 지지를 표명하기는 했지만 아무런 역할도 하지 않았던 것으로 보인다.[43]

그러나 알카에다는 점점 사기가 떨어지는 아프가니스탄 전투원들에게 이데올로기적 구심점을 제공했을 수도 있다.[44] 하지만 보스니아, 알제리, 이집트의 세 주요 전선에서 진전을 이루는 데 실패했을 뿐 아니라 1990년대 말에는 정치적 이슬람 자체가 최종적인 쇠퇴기에 접어든 것처럼 보였다.[45] 이란에서는 극적인 반전이 일어나 민주적 절차에 따라 후보로 출마한 호자트 알-이슬람 세예드 무함마드 하타미가 1997년 선거에서 압도적 승리를 거두었다. 하타미는 즉시 서방과 더 적극적인 관계를 원한다는 신호를 보냈고, 그의 정부는 살만 루슈디에 대한 호메이니의 파트와와 거리를 두었다. 알제리에서 압델라지즈 부테플리카 대통령의 정부는 온건한 이슬람주의자만이 아니라 전투적 세속주의자도 끌어안았으며, 파키스탄에서 세속주의자인 페르베즈 무샤라프 대령은 이슬람주의 정당들의 후원자인 나와즈 샤리프를 쓰러뜨렸다. 터키에서 이슬람주의자 네지메틴 에르바칸 총리는 재임 1년 뒤에 사임할 수밖에 없었으며, 수단에서는 투라비가 군사 쿠데타로 권좌에서 물러났다. 빈 라덴으로서는 전 세계의 이목을 끌 만한 엄청난 작전으로 다시 지하드에 불을 붙이는 것이 점점 다급한 일이 되어 갔다.

1996년 8월 빈 라덴은 미국과 이스라엘, 즉 십자군-시온주의자 동맹에 '선전포고'를 하면서, 그들이 무슬림에 가한 "공격, 부정, 불의"를 비난했다.[46] 그는 아라비아반도의 미군 주둔을 이스라엘이 팔레스타인을 점령한 것과 같다고 비난하고, 이슬람 세계의 부패한 정권에 대한 미국의 지지나 이스라엘과 미국의 이라크 제재를 공격했다. 그는 이라크 제재 때문에 수많은 이라크인 사망자가 발생했다고 주장했다. 1998년 2월 빈 라덴은 '시온주의자와 십자군에 대항하는 세계 이슬람 전선'의 발족을 선언하며, 모든 무슬림은 "가능한 모든 나라에서" 미국과 그 동맹을 공격하고 아라비아에서 미군을 몰아낼 종교적 의무가 있다고 말했다.[47] 빈 라덴의 이데올로기에서 완전히 새로운 주제세 가지가 나타나고 있었다.[48] 첫째는 러시아, 세르비아, 또는 '변절한' 무슬림 통치자가 아니라 미국을 제1의 적으로 삼은 것이다. 둘째로 세계 어디에서나, 심지어 미국 내에서도 미국과 그 동맹을 공격하라는 요구였다. 테러리스트는 보통 국제적인 지원을 잃을 위험이 있기 때문에 자신이 속한 나라 외부에서의 작전은 피하므로 이 요구는 예외적인 조치였다. 셋째로 빈 라덴은 쿠트브의 용어를 완전히 버린 적은 없지만 주로 범이슬람적 주제들에 근거하여, 특히 전 세계에서 무슬림이 겪고 있는 고난에 초점을 맞추었다.

이 마지막 사항이 빈 라덴이 전한 메시지의 핵심이며, 이를 통해 그는 자신의 지하드가 방어적이라고 주장할 수 있었다.[49] 빈 라덴은 선전포고에서 이슬람 세계에서 점점 커져 가는 불평의 분위기를 이용하며, 수백 년 동안 "무슬림은 십자군-시온주의자 동맹이 가하는 공격과 부정과 불의로 고통을 겪어 왔다."고 주장했다.[50] 알카에다의 선전 비디오에서 이 육성 메시지를 전할 때 배경에는 고통의 콜라주가 등장한다. 이스라엘 군인에게 괴롭힘을 당하는 팔레스타인 아이들, 레바논, 보스니아, 체첸에 쌓인 주검들, 가자에서 팔레스타인 아이에게 가해지는 총격, 폭파하고 불도저로 밀어버리는 주택들, 병상에 무기력하게 누워 있는, 눈이 멀고 팔다리가 없는 환자들의 모습. 1999년 이후 알카에다에 새로 들어온 남자들을 조사한 결과 그들 대다수에게 일차적인 동기는 여전히 그런 고통을 완화하려는 바람임이 드러났다.[51] "내가 정확히 어떤 방식으로 도움이 될지는 몰랐다." 관타나모에 수감된 한 사우디아라비아인 포로는 말했다. "하지만 나는 싸우러 간 것이 아니라 사람들을 도우러 갔다."[52] 페이잘 알-두하이일은 독실한 무슬림은 아니었지만 한 텔레비전 프로그램에서 체첸의 여성들과 아이들이 처한 곤경을 보고 너무 괴로워 즉시 참여했다.[53] 빈 라덴의 반미 수사에도 불구하고 미국에 대한 증오는 그가 모은 조직원들의 주요한 관심사가 아니었다. 반미적 태도는 파키스탄에 있는 알카에다 훈련소에서 이론을 주입하는 동안 생겨난 것으로 보이는데, 모두, 심지어 체첸에서 싸우려는 사람들도 이곳으로 가야 했다. '래커워너 6인'으로 알려진 뉴욕주 버펄로 출신 무슬림들은 나중에 반미주의에 충격을 받아 2001년에 훈련소를 떠났다고 말했다.[54]

빈 라덴의 '십자군-시온주의자 동맹' 모델은 정부의 투명성 부족으로 정확한 정보를 얻기 힘든 이슬람 국가들에 널리 퍼진 음모에 대한 공포에서 비롯되었다.[55] 그의 모델은 달리 설명할 수 없는 재앙의 연쇄를 설명해준다. 이슬람주의자들은 고전기에는 거의 인용되지 않았지만 십자군과 몽골 침략기에 큰 인기를 얻게 된 하디스를 자주 인용한다.[56] "이제 곧 모든 지평선에서 나라들이 너희에 대항하여 모여들 것이다.' '예언자'는 동료들에게 말했다. 무슬림은 "마음에 '허약함'(와흔)이 있기" 때문에 무력할 것이다. 허약함이란 무슨 뜻인가? "이 세상에 대한 사랑과 죽음에 대한 공포"다. 무함마드는 대답했다.[57] 무슬림은 물렁해져서 죽는 것이 두려워 지하드를 버렸다. 그들의 유일한 희망은 이슬람의 핵심에 놓인 용기를 다시 불러내는 것이다. 따라서 세상에 무슬림이 더는 두려워하지 않는다는 것을 보여주는 거대한 순교 작전이 중요하다. 그들이 처한 곤경은 너무 절망적이어서 싸우거나 죽임을 당하거나 둘 중 하나일 수밖에 없다. 급진주의자들은 또 다윗과 골리앗에 관한 쿠란의 이야기도 사랑하는데, 그 결말은 이렇다. "작은 힘이 큰 군대를 물리치는 일이 얼마나 자주 일어나는지!"[58] 따라서 적이 강할수록 투쟁도 더 영웅적이 된다. 투사들은 주장한다. 민간인을 죽이는 것은 안타까운 일이지만 십자군-시온주의자들 또한 무고한 피를 흘렸고, 쿠란은 복수를 명령한다.[59] 따라서 순교자는 동정심이나 자신이 비극적으로 수행할 수밖에 없는 끔찍한 행동에 대한 도덕적 혐오를 냉철하게 억누르고 용감하게 계속 나아가야 한다.[60]

알카에다 지도부는 한동안 2001년 9월 11일에 '볼 만한' 공격*을 계획했지만 적당한 새 조직원을 찾지 못해 진전이 없었다. 과학 기술에 유능하고 서양 사회에 익숙하고 독립적으로 작업할 능력을 갖춘 사람들이 필요했다.[61] 1999년 11월 무함마드 아타, 람지 빈 알-시브, 마르완 알-셰히, 지아드 자르라는 체첸공화국으로 가는 길에(어쨌든 그들은 그곳으로 간다고 생각했다) 아프가니스탄 칸다하르에 있는 알카에다 안전 가옥으로 방향을 틀었다. 특권층 출신인 그들은 유럽에서 공학과 기술을 공부했으며—자르라와 알-셰히는 기술자였고 아타는 건축가였다.—조종사 훈련을 받으면서 미국 사회에 쉽게 섞여들었다. 그들은 지금은 '함부르크세포'라고 알려진 집단의 구성원이었다. 네 명 가운데 빈 알-시브만 쿠란에 대한 깊은 지식이 있었다. 그들 가운데 누구도 무슬림 테러리즘에 책임이 있다고 종종 비난받는 마드라사에서 교육을 받은 적이 없었다. 대신 그들은 세속 학교를 다녔다. 게다가 자르

9·11테러 2001년 9월 11일 미국 뉴욕의 세계무역센터 빌딩, 워싱턴의 국방부 청사가 이슬람 테러 단체의 항공기 납치 테러로 공격받은 사건. 민간 항공기 4대가 납치되었는데, 2대는 세계무역센터 쌍둥이 빌딩과 충돌했고 1대는 국방부 청사(펜타곤)와 충돌했으며 나머지 1대는 추락했다. 미국 정부는 배후 세력으로 알카에다의 지도자 오사마 빈 라덴을 지목했고, 그해 10월 알카에다를 비호하고 있다고 알려진 아프가니스탄 탈레반 정권을 공격했다.

라는 알카에다를 만나기 전까지는 신앙이 독실하지도 않았다.[62] 그들은 알레고리와 상징을 사용한 사고에 익숙하지 않았으며, 과학 교육으로 인해 회의주의로 가는 것이 아니라 오히려 쿠란을 문자 그대로 받아들이는 경향이 있었는데, 이 경향은 전통적인 이슬람 주석으로부터 근본적인 일탈이었다. 그들은 전통적인 법학 훈련을 받지 않아 주류 이슬람 율법 지식은 기껏해야 피상적이었다.

법의학 정신과 의사 마크 세이지먼은 9·11 테러리스트를 비롯하여 그들과 긴밀히 협력한 사람들 — 모두 5백 명이었다. — 에 대한 연구에서 관련자 가운데 25퍼센트만이 전통적인 이슬람 교육을 받았다는 사실을 밝혔다. 3분의 2는 알카에다를 만나기 전까지는 세속주의적 입장이었다. 나머지는 그 무렵 개종한 사람들이었다.[63] 따라서 이슬람에 대한 그들의 지식은 제한적이었다. 많은 수는 독학을 했으며 일부는 수감되고 나서야 쿠란을 철저하게 공부했다. 세이지먼은 결론을 내린다. 아마도 문제는 이슬람이 아니라 이슬람에 대한 무지였던 듯하다.[64] 9·11 작전에 참여한 사우디아라비아인들은 와하브주의 교육을 받았지만, 와하브주의보다는 주로 범이슬람주의 이상의 영향을 받았는데, 이 이념은 와하브파 울라마가 자주 반대하던 것이었다. 펜실베이니아에 추락한 비행기에서 죽은 아메드 알-하즈나위, 뉴욕 세계무역센터에 충돌한 첫 번째 비행기에 탔던 압둘라지즈 알-오마리의 순교 비디오는 전 세계에서 무슬림이 겪는 고난을 열정적으로 이야기한다. 쿠란은 물론 무슬림에게 형제들을 도우라고 하지만 샤리아 법은 민간인에 대한 폭력, 전쟁에서 불의 이용을 금하고 무슬림이 자유롭게 종교 생활을 허락받는 나라에 대한 어떠한 공격도 금한다.

함부르크세포의 지도자 무함마드 아타는 아잠의 세계적 비전에서 동기를 부여받았으며 모든 신체 건강한 무슬림은 체첸공화국이나 타지키스탄공화국에서 형제와 자매를 방어할 의무가 있다고 확신했다.[65] 그러나 아잠이라면 이 그룹이 채택한 테러 활동을 개탄했을 것이다. 함부르크세포에서 온건한 구성원이 떨어져 나가자 아타와 입장을 공유하는 사람들이 들어왔다. 자신들과 다른 의견으로부터 고립된 이런 긴밀한 그룹에서 '대의'는 그들이 살고 숨 쉬는 환경이 된다. 세이지먼은 그렇게 믿는다.[66] 구성원들은 서로 깊은 애착을 품고 아파트를 함께 쓰고 함께 먹고 놀고 체첸공화국에서 온 전투 비디오를 보았다.[67] 특히 그들은 그 먼 곳에서 벌어지는 싸움과 긴밀하게 동일시했다. 현대 매체 덕분에 사람들은 먼 곳에서 벌어지는 사건의 영향을 받고—근대 이전에는 불가능했을 것이다.—이런 외국의 서사를 자신의 문제에 적용할 수 있었다.[68] 이것은 매우 인위적인 의식 상태다.

9·11 테러리스트들의 이야기는 이제 잘 알려져 있다. 비극 이후 세월이 흘렀지만 그날의 사건은 여전히 무시무시하게 다가온다. 이 책에서 우리의 과제는 이 잔혹 행위 속에서 종교의 역할을 평가하는 것이다. 서방에서는 본디 폭력적 종교인 이슬람이 최고 범죄자라는 확신이 널리 퍼져 있다. 9월 11일 몇 주 후 '이것이야말로 종교전쟁이다'라는 제목의 기사에서 미국 저널리스트 앤드루 설리번은 빈 라덴의 선전포고에서 이런 말을 인용했다.

미국에 전쟁을 선포하는 것은 미국이 이슬람 국가에 대한 십자군의 선두에 서고, '두 거룩한 모스크의 땅'에 군인을 수천 명 보내고, 특히 사우디아라비아의 상황과 정치에 개입하고, 그 나라를 장악한 억압적이고 부패하고 압제적인 정권을 지지하기 때문이다.[69]

설리번은 독자들에게 '십자군'이라는 "노골적으로 종교적인 표현"을 사용하는 데 주목하라고 일깨우면서, 빈 라덴의 불만은 미군이 사우디아라비아의 땅, 메카와 메디나라는 "두 거룩한 모스크의 땅"을 더럽히는 것이라고 지적했다.[70] '십자군'과 '모스크'라는 표현만으로 설리번은 이 사건이 정말로 종교전쟁이라고 믿으며, 이 사실을 근거로 삼아 자유롭게 서방의 자유주의적 전통에 대한 찬가를 불러도 좋다고 생각한다. 설리번은 멀리 17세기로 거슬러 올라가 논리를 세운다. 서방은 종교와 정치를 섞는 것이 얼마나 위험한지 이해했지만, 이슬람 세계는 안타깝게도 아직도 이 중요한 교훈을 배우지 못했다. 그러나 설리번은 위 인용 글에서 빈 라덴이 언급한 미국 외교 정책의 매우 구체적이고 분명하게 정치적인 두 측면, 즉 사우디아라비아 내정 간섭과 사우디아라비아 독재 정권에 대한 지지를 논하거나 생각하지는 않는다.[71]

심지어 "노골적으로 종교적인 표현"이라고 지적한 십자군과 거룩한 모스크조차 사실은 정치적이고 경제적인 의미를 담고 있다. 20세기 초부터 아랍어 알-살리비야('십자군')는 식민주의와 서방 제국주의에 일상적으로 적용되는 노골적으로 **정치적인** 표현이 되었다.[72] 미군의 사우디아라비아 주둔은 신성한 공간 침해일 뿐 아니라 미국에 대한 이 왕국의 의존과 미국의 이 지역 지배를 보여주는 모욕적인 상징이었다. 이 왕국은 미군으로 인해 비싼 무기 거래에 관여하게 되었으며, 미국은 사우디아라비아 기지를 통해 왕국의 유전에 쉽게 접근할 수 있었고, 미군은 페르시아만전쟁에서 수니파 무슬림에게 공습을 할 수 있었다.[73]

비행기 납치범들 자신은 물론 9·11 잔혹 행위를 종교적 행동으로 보았지만 이것은 규범적 이슬람과 거의 닮은 점이 없었다. 아타의 옷 가방에서 발견된 한 문건에는 시련을 겪을 때 도움이 되는 기도와 묵상 프로그램이 요약되어 있었다.[74] 만일 정신병이 "관계를 보지 못하는 무능력"이라면 이 문건은 매우 정신병적이다. 이슬람 영성의 주요한 명령은 타우히드('하나 만들기')다. 무슬림은 자신들의 활동과 사고를 통합할 때에만 신의 통일성을 진정으로 이해한다. 하지만 이 문건은 사명을 세분화하고, 조각으로 나누어—'어젯밤', 공항으로 가는 길, 비행기 타기 등—감당할 수 없는 전체는 결코 고려하지 않는다. 테러리스트들은 낙원을 바라보고 '예언자'의 시대를 돌아보라는—사실상 현재 자신들이 저지르는 잔혹 행위를 결코 생각하지 말라는—이야기를 들었다.[75] 한순간 한순간만 살면서 그들의 정신은 무시무시한 피날레로부터 멀어질 수 있었다. 기도 자체도 귀에 거슬린다. 모든 이슬람 담론과 마찬가지로 이 기도 문건은 비스말라—"가장 자비롭고 가장 동정심 많으신 알라의 이름으로"—로 시작하지만 자비나 동정심이 없는 행동을 가르친다. 그런 다음 슬그머니, 내 생각으로는 대부분의 무슬림이 우상 숭배라고 생각할 말로 넘어간다. "알라, 나 자신, 나의 가족의 이름으로."[76] 비행기 납치범은 동료 승객에 대한 연민이나 자기 목숨을 잃는 것에 대한 두려움을 잘라내고 비정상적인 정신 상태로 들어가기 위해 엄청난 노력을 기울이라는 말을 듣는다. 그는 그런 충동에 "저항하고" 자신의 영혼을 "길들이고" "정화하고" "설득해야" 하며, 영혼을 "부추기고", "영혼이 이해하게 만들어야" 한다.[77]

무함마드 모방은 이슬람 신앙에서 중심이다. 무슬림은 무함마드의 외적 행동을 모방함으로써 신에게 완전히 복종하는 내적 태도를 얻기를 바란다. 하지만 아타의 문건은 외적인 것을 거의 왜곡되게 강조함으로써 테러리스트들이 내적 세계로부터 결정적으로 방향을 틀게 한다. 그 결과 이런 헌신은 원시적이고 미신적으로 보이게 된다. 테러리스트들은 짐을 싸면서 두 손에 대고 쿠란 구절을 속삭여 이 거룩함으로 짐, 박스 자르는 칼, 칼, 신분증, 여권을 문지른다.[78] 옷은 '예언자'와 동료들의 의복처럼 품이 넉넉해야 한다.[79] 승객이나 승무원과 싸움을 시작할 때는 결의의 표시로 모두 "경건한 조상들이 전투에 들어가기 전에 그랬던 것처럼 이를 악물어야" 하고[80] "이 세상으로 돌아오고 싶어 하지 않는 투사처럼 때리고 알라후 아크바르!('알라는 위대하다!')를 외쳐야 한다. 이 외침이 불신자들의 심장에 공포를 일으키기 때문이다."[81] 테러리스트들은 "우울해지면" 안 되지만 "독실한 조상들이 전투 중에 형제들을 진정시키고 그들의 영혼에 고요와 기쁨이 깃들도록 시를 짓곤 했던 것처럼" 싸우는 동안 쿠란 구절을 암송해야 한다.[82] 그런 상황에서 그런 고요와 기쁨이 가능하다고 상상하는 것은 그들이 정말로 자신의 신앙을 자신이 하려는 일의 현실성과 연결할 수 없는 정신병적 상태였음을 보여준다.

우리는 여기에서 파라즈의 〈방치된 의무〉에서 우리가 주목했던 마법적 사고를 발견한다. 비행기 납치범들은 공항의 보안 게이트를 통과할 때 급진주의자들에게는 거의 '신조 진술'과 같은 구절을 암송해야 했다.[83] 쿠란에 나오는 우후드 전투에 관한 그 구절, "게으름뱅이들"이 용맹한 무슬림에게 "집에 머물라"고 권한 대목이다. 하지만 무슬림은 간단히 대꾸한다. "신만으로 우리는 충분하다. 신이 최고의 보호자다." 신앙 때문에 그들은 "신에게 은총과 상을 받고 돌아오며 아무런 피해를 보지 않았다."[84] 문건은 비행기 납치범들에게 장담한다. 그들이 그 말을 되뇐다면 "일이 바로잡힌다는 것을 알게 될 것이다. [신의〕 보호가 너희를 둘러쌀 것이다. 어떤 힘도 그것을 뚫지 못할 것이다." 이 구절 암송은 공포를 막아줄 뿐 아니라 모든 신체적 장애를 극복하게 해줄 것이다. "그 어떤 장치, 〔보안〕 게이트와 과학 기술도 〔미국인을〕 구하지 못할 것이다."[85] 신앙 고백의 첫 부분인 "알라 외에 다른 신은 없다"를 단순하게 반복하는 그 자체로 그들이 낙원에 들어가는 것이 충분히 보장된다. 비행기 납치범들은 미국인과 싸우면서 "이 진술의 무시무시함을 생각하라"는 말을 듣는다. 아랍 문자로 된 이 구절에는 "뾰족한 문자가 없다는 것"을 기억하라. "이것은 완벽과 완전의 표시이며 뾰족한 단어나 글자는 그 힘을 약화한다."[86]

'이슬람 테러리즘'의 본질

9·11 정확히 1년 뒤 루이스 아티야트 알라는 알-오마리의 순교 비디오를 본 뒤 지하드 웹사이트에 에세이를 쓴다. 알라가 쓴 이 화려한 찬사에는 부조리가 있다. 이 글은 비행기 납치범들―"산 같은 용기, 별 같은 남성성, 은하수 같은 공로"―이 비행기가 목표물을 맞힐 때 기뻐서 운다고 상상하고 있다.[87] 이 글은 9·11 테러리스트에 대한 널리 퍼진 비판을 반박하기 위해 쓴 것이 분명했다. 그러나 이 잔혹 행위를 개탄한 것은 온건파만이 아니다. 이슬람의 급진적인 단체들도 쿠란은 자살을 금한다고 분명하게 이의를 제기했다. 그들은 비행기 납치범들이 무책임하게 행동했다고 믿었다. 납치범들의 행동은 역효과를 낳기도 했다. 이 잔혹 행위는 미국에 대한 범세계적인 동정을 유발했으며 이스라엘과 미국의 유대를 강화하여 팔레스타인의 대의를 약

화했다. 알라는 이런 문제 제기를 반박하는 글에서 비행기 납치범들은 "자살을 한" 것도 아니고 단순히 "납치할 비행기를 발견한 미친 사람들"도 아니라고 말했다. 아니, 그들에게는 명확하게 규정된 정치적 목표가 있었다. "압제자의 기초를 부수고 시대의 우상 미국을 파괴하는 것."[88] 그들은 또 미국이 지배하는 중동의 구조적 폭력에 반격을 가했으며 "이븐 사우드, 호스니〔무바라크〕 같은 어리석은〔통치자들〕을 비롯하여 그릇되게 '권위 있는 자'(쿠란 4:59)로 자처"하지만 사실 "우리에게 달라붙은, 뉴욕과 워싱턴이라는 머리가 달린 문어의 빨판에 불과한 저능아들"을 거부했다.[89] 이런 작전의 목적은 단번에 무슬림을 수모 의존 굴종으로부터 빼낼 …… 무시무시한 역사적 도약"을 하는 것이었다.[90]

이런 정치적 목적은 9·11 직후 빈 라덴의 마음에서도 물론 가장 윗자리에 있었을 것이다. 하지만 그는 동시에 신의 의지도 동원했다. 그는 2001년 10월 7일에 배포된 비디오테이프에서 의기양양하게 말했다. "미국은 신에게서 가장 중요한 기관을 얻어맞았다. 그래서 그 가장 큰 건물들이 파괴되었다."[91] 파괴된 건물들은 세심하게 선정된 "미국의 군사적이고 경제적인 힘의 아이콘"이었다.[92] 빈 라덴은 다섯 번 미국을 가리켜 카피르(이교도)라는 말을 썼지만, 매번 그것은 미국의 종교적 믿음이 아니라 아라비아와 팔레스타인에서 무슬림이 당한 주권 침해를 가리켰다.[93] 같은 날 조지 부시 미국 대통령은 미국 주도하에 아프가니스탄의 탈레반과 싸우는 전쟁인 '항구적 자유 작전'을 발표했다. 이 군사 공격은 이슬람을 겨냥한 제1차 십자군과 마찬가지로 자유라는 말로 표현되었다. "우리는 우리의 귀중한 자유를 방어할 뿐 아니라 다른 모든 곳에 사는 사람들의 자유도 방어한다."[94] 부시는 아프가니스탄 사람들을 안심시키면서, 미국은 그들과 싸우는 것이 아니라 군사적 목표물만 공격할 것이며, 식량 약품 물자를 공중 투하하겠다고 약속했다. 공격 일주일 뒤 부시는 미국이 싸우는 대상은 이슬람이 아니라고 분명히 밝혔다. "테러의 얼굴은 이슬람의 진정한 신앙이 아니다. 그것은 이슬람의 핵심이 아니다. 이슬람은 평화다. 이 테러리스트들은 평화를 대표하지 않는다. 그들은 악과 전쟁을 대표한다."[95] 부시는 조심스럽게 세속적으로 표현된 이 연설에서 빈 라덴과 마찬가지로 세계가 한쪽은 선, 다른 쪽은 악으로 선명하게 나뉘어 있다고 보았다. "이 싸움에서 중립 지대는 없다. 어떤 정부든 이 무법자, 무고한 사람들을 살해한 자들을 후원한다면 그들 또한 무법자이자 살인자가 되는 것이다."[96]

부시의 마니교적인 세계관은 그의 행정부에서 현저하게 부각된 신보수주의자들의 사고를 반영하는데, 그들은 어떤 것도 21세기 미국의 유일무이한 역사적 사명을 막을 수 없다는, 반은 신화적인 믿음을 품고 있었다. '테러와의 전쟁'은 미국의 세계 지도자 자리를 위협하는 모든 세력을 대상으로 삼는다. 사실 신보수주의는 '믿음에 기초를 둔 체계'로 묘사되어 왔다. 교조에 대한 절대적 충성을 요구하고 믿음에서 일탈하는 것을 허락하지 않았기 때문이다.[97] 그 결과 세속 국가의 정치가 유사 종교적 열정과 확신으로 물들게 되었다. 미국은 어디에서나 세계적인 자유 시장, '하나의 진정한 경제'를 장려할 임무가 있다. 이것은 종교적 메시지는 아니지만 그렇더라도 부시의 정치적 기반이며, 여전히 미국이 '산상 도시'라는 비전을 따르는 1억 명의 복음주의적 기독교인에게는 종교적 메시지로서 강력하게 울려 퍼졌다.

알카에다에게 피신처를 제공한 탈레반의 아프가니스탄을 공격한 첫

석 달은 주목할 만한 성과를 거둔 것처럼 보였다. 탈레반은 패하고 알카에다 구성원은 흩어지고 미국은 아프가니스탄의 바그람과 칸다하르에 커다란 군사 기지를 지었다. 그러나 두 가지 불길한 상황 전개가 있었다. 부시는 제네바 협정에 따라 포로를 인도적으로 대우하라는 지침을 내렸지만 실제로 부대원들은 테러리스트가 전쟁 포로와 관련된 법의 적용을 받지 않기 때문에 '규칙에서 약간 벗어날' 수도 있다는 말을 들었다. 부시는 조심스럽게 이것이 이슬람에 맞서는 전쟁이 아니라고 강조했지만 종교적 감수성을 세심하게 고려하지 않는 현장에서는 그렇게 보이지 않았다. 2002년 9월 26일 아프가니스탄의 타카르에서 무자히딘 수송대가 붙잡혔다. 한 무슬림의 이야기에 따르면 미군은 "한 무자히드의 두 팔을 묶어 엿새 동안 매달아놓고 오사마 빈 라덴에 관해 신문했다." 결국 미군은 포기하고 이번에는 그의 신앙에 관해 물었다. 그는 대답했다.

알라, '예언자' 무함마드, 거룩한 쿠란을 믿는다. 이 대답을 듣자 미군은 "네 알라와 무함마드는 여기 없지만 쿠란은 있으니 그게 우리한테 어떻게 하는지 보자." 하고 대꾸했다. 그런 뒤에 한 미군이 거룩한 쿠란을 가져와 그 위에 오줌을 누기 시작했다. 그러자 다른 미군과 북부동맹* 부대원들도 같은 짓을 했다.[98]

북부동맹(UIF) 1996년 탈레반이 아프가니스탄 카불을 점령하자 당시 정부군과 지역 군벌 세력이 합세하여 결성한 반(反)탈레반 연합 전선. 정식 명칭은 '아프가니스탄구국이슬람연합전선'이며 9·11 테러 보복 전쟁으로 탈레반이 축출되자 다시 카불을 장악하여 현 정부를 세웠다.

여기에서 드러난 이슬람에 대한 노골적인 경멸에도 불구하고 이 사건이 미군이 이 전쟁에서 스스로 이슬람을 적으로 못 박고 있었음을 뜻하지는 않는다. 오히려 '테러와의 전쟁', '다른 종류의 전쟁'이라고 규정된, 전쟁의 비관습적 본질이 교전 규칙을 바꾸어놓았다고 할 수 있다. 미국은 이런 용어로 재래 전쟁의 규칙에서 해방되었다.[99] 지상군은 테러리스트가 정규 전투원과 동일한 보호를 받을 자격이 없다는 관점을 받아들인 것 같다.

9·11 이후에도 여전히 자신을 유일무이하게 자비로운 패권국이라고 여기는 미국은 동맹군의 지원을 얻어 어떤 전투에도 가담한 적이 없다고 주장하는 사람들을 무기한 억류하고, 폭력적이고 모욕적인 신문을 하고, 아니면 포로에게 고문을 자행한다고 알려진 나라로 보냈다. 일찍이 2001년 12월에 포로 수백 명이—'특별 송환'에 의해—적절한 절차 없이 미군 기지가 있는 쿠바의 관타나모만과 차고스 제도의 디에고가르시아섬에 억류되어 '스트레스와 감금'(즉 고문)을 겪었다.[100] 미국 감옥에서 발생하는 학대에 관한 빈번한—거의 일상적인—보고는 군과 정치 당국이 조직적인 가혹 행위 정책을 너그럽게 보았을 수도 있음을 암시한다.[101] '테러와의 전쟁'에서 두 번째 충격적인 상황 전개는 많은 수의 민간인 사상자다. 첫 석 달 동안 민간인 약 3천 명이 살해당했다. 9월 11일에 뉴욕, 펜실베이니아, 워싱턴에서 죽은 수와 대체로 비슷하다. 나중에 추방당한 아프가니스탄인 수천 명이 또 난민 수용소에서 죽게 된다.[102] 전쟁이 시간을 끌면서 사상자는 재앙에 가까운 수준으로 늘어났다. 2006년과 2012년 사이에 아프가니스탄 민간인 16,179명이 죽은 것으로 추정된다.[103]

9·11 뒤에 알카에다 '제2세대'가 지휘하는 테러 사건들의 두 번째

물결이 쓸고 지나갔는데, 여기에는 영국인 '구두 폭탄 테러리스트' 리처드 리드의 실패한 음모(2001년 12월), 튀니지의 제르바섬 폭탄 테러(2002년 4월), 2백 명 이상을 죽인 발리 나이트클럽 테러(2002년 10월) 등이 포함된다. 그러나 브루클린 다리를 파괴하려는 이만 패리스의 음모가 실패한 뒤에 알카에다 중앙 지도부 대부분이 죽임을 당하거나 체포되어 그 뒤로 큰 사건은 없었다.[104] 그러나 상황이 개선되는 것처럼 보이던 2003년 3월 미국, 영국과 동맹국들은 국제 공동체의 많은 반대와 이슬람 세계 전체의 강력한 항의를 무릅쓰고 이라크를 침공했다. 이 침공의 이유는 사담 후세인이 대량 살상 무기를 소유하고 알카에다를 지원했다는 주장이었는데, 결국 이 두 가지 모두 근거가 없다는 것이 드러났다.

이번에도 미국은 자유의 사자를 자처했다. 부시는 미국민에게 약속했다. "무력을 사용하게 된다 해도 미국과 우리 연합국은 언제든지 해방된 이라크 국민을 도울 준비가 되어 있다."[105] 다른 때에는 이렇게 주장했다. "우리는 제국이 되고자 하지 않는다. 우리 나라는 우리 자신과 다른 나라를 위한 자유에 헌신하고 있다."[106] 니얼 퍼거슨 같은 신제국주의 지식인들의 응원을 받은 부시 정권은 해방을 목적으로 삼아 식민주의적 침공과 점령 방법을 이용할 수 있다고 믿었다.[107] 미국은 강제로 이라크를 자유 세계 경제에 편입하려 하고, 자유주의적이고 민주적인 친서방 아랍 국가, 즉 이스라엘을 지지하고 시장 자본주의를 포용하는 동시에 미국에 군사 기지와 방대한 유전에 접근할 권한을 제공하는 국가를 창조하여 중동의 정치를 바꾸려 한다.

2003년 5월 1일 부시의 바이킹 제트기가 미국 에이브러햄링컨호의 갑판에 착륙했고, 그곳에서 대통령은 이라크전쟁에서 승리를 거두었다고 발표했다.[108] "우리는 자유라는 대의와 세계 평화를 위해 싸웠습니다." 그는 모여 있는 군인들에게 말했다. "여러분 덕분에 압제자는 쓰러지고 이라크는 자유로워졌습니다." 이 정치적 메시지에도 성전의 암시가 들어 있었다. 이 미국 민족의 전쟁은 하느님 자신이 지휘했다. "여러분 모두, 이 세대의 우리 군인 모두가 역사의 가장 높은 소명을 받들었습니다." 그는 그렇게 선언하면서 선지자 이사야를 인용했다. "어디를 가나 희망의 메시지, 오래되었지만 늘 새로운 이 메시지를 들고 가시기 바랍니다. 포로들에게는 '해방을 알려주고' 또 어둠에 있는 자들에게는 '자유를 주라.'"[109] 예수가 자신의 사명을 묘사하기 위해 인용한 성경 구절[110]을 이용함으로써 부시 행정부의 메시아적 경향이 드러났다.

부시가 포로의 해방을 선언한 것은 아이러니였다. 2003년 10월 언론은 미군 헌병이 사담 후세인의 악명 높은 감옥인 아부그라이브에서 이라크 죄수들을 학대하는 사진을 내보냈다. 나중에 영국이 관리하는 감옥에서도 거의 똑같은 가혹 행위가 일어난 것으로 드러났다. 이 사진들은 미국 관영 매체가 알려주는 전쟁보다 적나라한 이라크전쟁의 모습이었다. 벌거벗은 채 두건을 쓰고 바닥에서 꿈틀거리는 이라크인은 인간이 아니고 비겁하고 짐승 같고 미국의 우월한 힘에 완전히 지배당한 모습으로 묘사되었다.[111] 계급이 낮은 미군 병사들의 건방진 자세는 이런 뜻이었다. "우리는 높고 저들은 낮다. 우리는 깨끗하고 저들은 더럽다. 우리는 강하고 용감하며 저들은 약하고 겁이 많다. 우리는 당당하고 저들은 동물이나 마찬가지다. 우리는 하느님의 선택을 받았고 저들은 신성한 모든 것으로부터 소외되었다."[112] "그 사진은 우리다." 미국의 비평가 수전 손태그는 선언했다. 잔혹 행위를 한 것은 나치만

이 아니었다. 미국인 또한 "자신이 고문하고 있는 사람이 열등하고 야비한 인종이나 종교에 속했다고 믿으면" 같은 짓을 한다.[113] 미군 병사들은 자신의 행동이 부적절하다고 생각하지 못했고 처벌에 대한 두려움도 없었던 것이 분명하다. "그냥 재미로 한 일이었다." 죄수가 개처럼 줄에 묶인 채 걸어 다니게 한 사진에 나오는 린디 잉글랜드 이등병은 말했다. 공식 조사에서 내린 결론에 따르면 그들은 "그냥 그렇게 해도 되기 때문에" 그런 식으로 행동했다.[114]

부시의 항공 모함 연설 후 한 달이 지나지 않아 이라크는 혼돈에 빠져들었다. 이라크인 대부분이 부시의 고상한 수사를 믿지 않았으며, 미국은 단순히 자신들의 기름만 원하고 자신들의 나라를 이스라엘을 방어할 군사 기지로 이용할 작정이라고 확신했다. 그들은 사담 후세인이 제거된 것은 반길지 몰라도 미군과 영국군을 해방자로 보지는 않았다. "그들은 내 심장을 밟고 간다." 한 바그다드 거주자는 말했다. "우리를 무엇에서 해방한단 말인가?" 다른 주민은 따졌다. "우리에게는 〔우리 나름의〕 전통 도덕 관습이 있다."[115] 이라크 성직자 셰이크 무함마드 바시르는 미국이 이라크에 자유를 가져왔다 해도 그것은 이라크인을 위한 자유는 아니라고 불평했다.

그것은 점령군이 마음대로 할 수 있는 자유다. …… 아무도 그들에게 뭘 하고 있느냐고 물을 수 없다. 그들은 자유로 보호받고 있기 때문이다. …… 우리나라에서든 그들의 나라에서든 아무도 그들을 처벌할 수 없다. 그들은 강간할 자유, 벌거벗을 자유, 모욕할 자유를 표현했다.[116]

2004년 '모스크의 도시'로서 상징적인 역할을 하던 팔루자에 미군이 가한 엄청난 공격은 아랍의 9·11이라는 별명을 얻었다. 민간인 수백 명이 죽고 20만 명이 집을 잃었다. 이듬해까지 이라크에서 민간인 2만 4천 명이 죽고 7만 명이 부상을 당했다.[117] 점령은 이 지역에 평화를 가져오는 대신 이라크의 봉기와 사우디아라비아, 시리아, 요르단의 무자히딘을 불러왔다. 이들은 우리가 지금까지 논의한 다른 투사들과 마찬가지로 자살 폭탄 공격이라는 테러 기술로 이 외국의 침략에 대응하여, 결국 오랫동안 유지되던 타밀엘람해방호랑이의 기록을 깼다.[118]

세계 테러리즘에 관해서 보자면 상황은 이라크전쟁 전보다 훨씬 위험해졌다.[119] 2011년 빈 라덴 암살 후에도 알카에다는 여전히 번창하고 있다. 그 힘은 늘 조직보다는 개념에서 나왔다. 말하자면 강렬한 정치적 호전성을 신의 벌에 대한 수상쩍은 주장과 결합하는 전 지구적 혁명의 열정이었다. 소말리아와 예멘뿐만 아니라 이라크 등에 건립된 알카에다 지부(이 글을 쓰는 시점에도 이라크와 시리아 내전에서 점점 활동 폭이 커지고 있다)는 칼리파 영토의 복원을 궁극적 목표로 내세우면서 계속 지역 정치에 개입하고 있다. 다른 곳에는 긴밀하게 조직된 간부가 없다 해도 전 세계적인 테러를 갈망하는 자유로운 활동가들이 수천 명 있다. 이들의 특징은 인터넷 대화방에서 급진화하고 스스로 훈련하며 교육은 제대로 받지 못했고 아무런 분명한 실천적 목표도 없다는 것이다. 마이클 아데볼라조와 마이클 아데보왈레도 그런 경우였는데, 영국에서 태어나 이슬람으로 개종한 두 사람은 2013년 런던 남동부에서 영국 군인을 살해하고서 영국군 손에 죽은 무고한 무슬림의 복수를 하고 있다고 주장했다. 2004년에 네덜란드 영화제작자 테오 반 고흐를 암살한 무함마드 부예리, 같은 해 191명을 죽인 마드리드 열차 폭파범들과 마찬가지로, 그들도 알카에다와 직접 관련이 없었다.[120]

일부 자원자들은 신임을 얻고 중요한 작전 무대로 파견되기를 바라는 마음으로 알카에다 지도부를 찾아 나서기도 하지만 파키스탄의 훈련자들은 그들을 고향으로 보내 서양 국가들의 불안정을 유도하는 쪽을 더 좋아하는 듯하다. 7·7 런던 지하철 테러(2005년 7월), 오스트레일리아 폭탄 공격 계획(2005년 11월), 토론토 음모(2006년 6월), 대서양 상공에서 비행기 몇 대를 폭파하려다 좌절된 영국 계획(2006년 8월)이 그런 예다.

자유롭게 활동하는 이 테러리스트들은 모두 쿠란에 대한 지식이 거의 없기에 그들의 경전 해석을 두고 토론을 시도한다든가 그들의 범죄를 두고 '이슬람'에 책임을 묻는 것은 의미가 없다.[121] 실제로 그들 가운데 몇 명과 이야기를 나눈 마크 세이지먼은 정상적인 교육을 받았다면 그들이 그런 범죄를 저지르는 일은 생기지 않았을지도 모른다고 믿는다.[122] 세이지먼이 발견한 바에 따르면, 그들의 주된 동기는 외국인 소수자를 흡수하려고 애쓰는 세속적 민족 국가에서 하찮고 의미 없이 살아간다는 답답한 느낌에서 벗어나고자 하는 욕망이다. 그들은 유서 깊은 군사적 영광의 꿈을 찾으며 영웅적으로 죽으면 자신의 삶에 지역의 영웅이라는 의미를 부여하게 될 것이라고 믿는다.[123] 이런 경우 우리가 '이슬람 테러리즘'이라고 부르는 것이 정치적 대의—이슬람의 가르침과 반대되는 종교적 권고에 불타오르는—로부터 젊음의 격정에서 솟아 나오는 폭력 행위로 바뀌었다고 말하는 것으로 충분하다. 테러리스트들은 이슬람의 이름으로 행동한다고 주장할지 모르지만 재능 없는 초보자가 베토벤 소나타를 연주한답시고 불협화음만 들려주는 것과 다르지 않다.

빈 라덴의 목적 가운데 하나는 전 세계 무슬림을 자신의 지하드 비전으로 끌어모으는 것이었다. 그는 일부에게는 카리스마 있는 민간 영웅—말하자면 사우디아라비아의 체 게바라—이 된 것이 사실이지만 이 핵심적 사명에서는 결과적으로 실패했다. 2001년에서 2007년 사이에 무슬림이 다수인 35개국에서 갤럽 여론 조사를 실시했다. 그 결과 응답자의 7퍼센트만이 9·11 공격이 '완전히 정당하다'고 생각했다. 이 사람들에게 정당성의 이유는 전적으로 정치적이었다. 공격을 비난한 93퍼센트의 경우, 무고한 사람을 죽이는 일은 이슬람에 있을 수 없다는 것을 보여주는 쿠란의 구절들을 인용했다.[124] 미국과 그 동맹국들이 9·11 뒤에 다른 경로를 택했다면 이슬람 세계에서 테러에 대한 반대가 만장일치에 얼마나 더 가까워졌을지 궁금하다. 심지어 테헤란에서도 미국과 연대감을 표현하는 시위가 벌어진 시기에 조지 부시와 토니 블레어는 손을 잡고 그들 나름의 폭력적 답변을 내놓았으며, 이런 흐름은 비극적으로 탄생한 2003년 이라크 침공에서 절정에 이르렀다. 이라크 침공의 가장 결정적인 결과는 세계에 고통받는 무슬림의 이미지를 다시 한번 보여준 것이었는데, 서방은 이 고통에 연루되었을 뿐 아니라 이번에는 직접적인 책임까지 지게 되었다. 알카에다의 끈질김을 고려할 때, 애초에 젊은 무슬림을 페샤와르의 야영지로 끌어들이는 데 어떤 확장성 있는 지하드 이론보다 무슬림이 고통을 받는 이미지가 큰 역할을 했다는 사실을 기억하는 것이 좋을 것이다.

서방은 신의 이름으로 민간인을 죽이는 테러를 늘상 또 정당하게 비난하지만 서방이 벌이는 전쟁에서 죽는 수많은 민간인의 고통과 죽음을 '부수적 피해'로 일축한다면 도덕적으로 우월한 위치를 주장할 수 없다. 고대의 종교적 신화는 사람들이 국가 폭력의 딜레마와 마주하는 것을 도왔지만, 그와 대조적으로 현재의 민족주의 이데올로기는 우리가 딜레마를 부인하거나 우리의 마음을 냉혹하게 굳히도록 장려하는 듯하다. 매들린 올브라이트가 아직 빌 클린턴의 유엔 대사를 지낼 때 한 말보다 이것을 분명하게 보여주는 예는 없다. 올브라이트는 나중에 그 말을 취소했지만 전 세계 사람들은 결코 잊지 않았다. 1996년 CBS의 〈60분〉에서 레슬리 스탈은 올브라이트에게 이라크에 대한 국제적 제재의 대가가 정당화되느냐고 물었다. "우리는 아이들 50만 명이 죽었다고 들었다. 그러니까 히로시마에서 죽은 아이들보다 많은 수다. …… 그런 대가를 치를 가치가 있는 일인가?" 올브라이트는 대답했다. "나는 그것이 아주 어려운 선택이라고 생각한다. 하지만 그 대가, 우리는 그런 대가를 치를 가치가 있는 일이라고 생각한다."[125]

2012년 10월 24일 파키스탄 와지리스탄 북부에서 가족 소유의 넓고 트인 땅에서 채소를 따던 68세의 여자 마마나 비비가 미국 드론에 죽임을 당했다. 그는 테러리스트가 아니라 은퇴한 교사의 부인으로서 산파 일을 했지만 자신의 어린 손자 아홉 명 앞에서 산산조각이 났다. 아이들 가운데 몇 명은 여러 번 수술을 받았으나 가족은 가축을 다 잃었기 때문에 수술비를 대기가 힘들었다. 어린 아이들은 지금도 공포에 질려 밤새 비명을 지른다. 우리는 진짜 목표물이 무엇이었는지 모른다. 미국 정부는 공격 이후에 철저한 평가를 수행한다고 주장하지만, 한 번도 사과하지 않았고 피해 가족에게 보상을 하지 않았으며, 심지어 일어난 일을 자국민 앞에서 인정하지도 않았다. 미국중앙정보국 국장 존 브레넌은 이전에 드론 공격은 절대로 민간인 사상자를 내지 않는다고 주장했다. 최근에 와서는 그렇지 않다는 사실을 인정했지만 민간인의 죽음은 극히 드물다고 주장했다. 국제사면위원회는 불법적인 민간인 살해 증거를 찾아 이 지역에서 이루어진 약 55회의 공격을 검토했으며, 법의 테두리 바깥에서 민간인을 죽인 것으로 보이는 몇 차례의 공격에 관해 보고했다.[126] 비비의 아들은 말했다. "폭탄은 사람들 마음속에 증오만 일으켰다. 그리고 그런 증오와 분노는 더 많은 테러를 낳는다. 아무도 **우리에게** 그날 누가 죽었거나 부상당했느냐고 물은 적이 없다. 미국도 우리 정부도 묻지 않았다. 아무도 조사하러 오지 않았고 아무도 책임지지 않았다. 아주 간단히 말해 아무도 관심이 없는 것 같다."[127]

"제가 아우를 지키는 사람입니까?" 카인은 동생 아벨을 죽인 뒤에 물었다. 우리는 지금 서로 연결된 세계에 살고 있기 때문에 모두가 서로의 역사와 서로의 비극으로 얽혀 있다. 우리는 무고한 사람을 죽이는 테러리스트들을 비난한다. 아주 정당한 일이다. 그러나 동시에 우리는 마마나 비비, 그의 가족, 잘못된 시간 잘못된 장소에 있었다는 이유로 현대전에서 죽거나 다친 민간인 수십만 명과 우리의 관계, 또 그들에 대한 우리의 책임을 인정할 방법을 찾아야 한다.

누가 세계의 고통에
책임을 져야 하는가?

　우리는 지금까지 종교가 날씨와 마찬가지로 "아주 많은 일을 하는" 것을 보았다. 종교에 단일하고 변함없는 고유의 폭력적 본질이 있다는 주장은 부정확하다. 똑같은 종교적 믿음과 관행이 완전히 정반대의 행동 경로의 영감이 되기도 했다. 히브리 성경에서 〈신명기〉 저자들과 사제 저자들은 똑같은 이야기를 두고 명상했지만 〈신명기〉 저자들은 적의에 차 외국 민족에게 등을 돌린 반면, 사제 저자들은 화해를 추구했다. 중국의 도가 법가 병법가는 똑같은 일군의 관념과 명상적 수양을 공유했지만 그것을 서로 완전히 다른 용도에 썼다. 성 누가와 〈요한복음〉 저자들은 모두 예수의 사랑의 메시지를 사유했지만, 누가는 사회의 주변화된 구성원에게 관심을 보였고 〈요한복음〉 저자들은 자신의 집단에 사랑을 한정했다. 이집트의 안토니우스와 시리아의 보스코이는 모두 '근심으로부터 자유'를 실행에 옮기려 나섰지만, 안토니우스는 평생 마음에서 분노와 증오를 비우려고 노력한 반면 시리아 수사들은 파충류 뇌의 공격적 충동에 굴복했다. 이븐 타이미야와 루미는 둘

다 몽골 공격의 피해자였지만 이슬람의 가르침을 이용하여 완전히 다른 결론에 이르렀다. 수백 년 동안 이맘 후사인의 비극적 죽음에 관한 이야기는 시아파에게 체제 불의에 대항하는 원칙적 항의로 정치 생활을 포기하도록 영향을 끼쳤으나 최근 들어서는 오히려 정치적 행동에 나서서 압제를 거부하는 쪽으로 영감을 주었다.

근대에 이르기까지 종교는 정치와 전쟁을 포함하여 삶의 모든 측면에 스며들어 있었는데, 야심 많은 성직자들이 본질적으로 구분되는 이 두 행동을 '뒤섞었기' 때문이 아니라 사람들이 자신이 하는 모든 일에 의미를 부여하고 싶었기 때문이다. 모든 국가 이데올로기는 종교적이었다. 교황의 통제로부터 자유로워지고자 투쟁한 유럽의 왕들은 '세속주의자'가 아니라 반신으로서 숭배를 받았다. 승리한 모든 제국은 자신에게 신성한 사명이 있다고 주장했다. 적은 악하고 미혹되었고 압제적이지만 자신은 인류에게 유익을 줄 것이라고 말했다. 이런 국가와 제국은 모두 힘으로 만들어지고 유지되었기 때문에 종교는 그 폭력에 연루되었다. 17세기에 이르러서야 서양에서 종교가 정치 생활로부터 퇴출되었다. 따라서 사람들이 종교가 다른 어떤 제도보다 **많은** 전쟁과 억압과 고통에 책임이 있다고 주장할 때 우리는 물어야 한다. "무엇보다 많은가?" 미국 독립 혁명과 프랑스 혁명 이전에는 '세속' 사회가 없었다. 그러나 정치 활동을 '성화'하려는 우리의 충동은 뿌리 깊은 것이라 프랑스 혁명가들은 가톨릭교회를 주변으로 밀어내는 데 성공하자마자 새로운 국가 종교를 만들었다. 첫 세속 공화국 미국에서 국가는 늘 종교적 분위기, 명백한 운명*, 신이 허락한 사명을 품고 있었다.

존 로크는 교회와 국가의 분리가 평화의 열쇠라고 믿었지만 민족 국가는 전쟁 반대와는 거리가 멀었다. 문제는 우리가 '종교'라고 부르는 다면적 활동에 있는 것이 아니라 인간 본성과 국가 본질에 깊이 새겨진 폭력에 있으며, 국가는 처음부터 주민 가운데 적어도 90퍼센트에게 강압적 복속을 요구했다. 아소카가 발견했듯이 통치자가 국가 폭력을 피하더라도 군대를 해체하는 것은 불가능했다. 《마하바라타》는 전쟁의 삶을 살 운명인 전사 왕의 딜레마를 개탄했다. 중국인은 아주 일찍부터 문명화된 삶에 어느 정도의 무력은 필수적임을 깨달았다. 고대 이스라엘인은 처음에는 농경 국가를 피하려 했지만 곧 아무리 도시 문명의 착취와 잔혹성이 싫다 해도 그것 없이 살 수는 없다는 것을 깨달았다. 그들 또한 '모든 민족과 같아질' 수밖에 없었다. 예수는 제국의 에토스에 도전하는 포괄적이고 동정적인 왕국을 설교했고, 그런 노력 때문에 십자가에 달렸다. 무슬림 움마(공동체)는 상업화된 메카의 자힐리야 불의에 대한 대안으로 시작되었지만 결국 제국이 될 수밖에 없었다. 당시에는 절대군주제가 평화를 유지할 수 있는 최선의, 또 어쩌면 유일한 길이었기 때문이다. 현대의 군사 역사가들은 직업적이고 책임감 있는 군대가 없었다면 인간 사회는 원시 상태로 남아 있거나 끊임없이 전쟁을 벌이는 유랑민 무리로 타락했을 것이라는 데 동의한다.

사람들은 민족 국가 창조 이전에는 정치를 종교적인 방식으로 생각했다. 콘스탄티누스의 제국은 원래는 평화로웠던 전통이 정부와 너무 밀접하게 결합할 때 무슨 일이 일어나는지 보여주었다. 기독교 황제들

명백한 운명(Manifest Destiny) 미국이 북미 전역을 지배할 운명을 타고났다는 주장. 1845년 미국의 텍사스 병합 당시 저널리스트 존 오설리번(John O'Sullivan)이 "아메리카대륙에 확대해야 할 우리의 명백한 운명은 해마다 증가하는 수백만 인구의 자유로운 발전을 위하여 신이 베풀어주신 것이다."라고 말한 데서 비롯되었다. 이후 이 말은 미국의 영토 확장 정책의 논거로 이용되었다.

은 이교도 전임자들이 팍스 로마나를 강제했던 것만큼이나 호전적으로 팍스 크리스티아나를 강요했다. 십자군은 물론 종교적 열정에서 영감을 얻었지만 동시에 매우 정치적이기도 했다. 교황 우르바누스 2세는 교회의 권력을 동쪽으로 확장하고 기독교 유럽을 통제할 교황 군주제를 만들기 위해 모든 기독교 국가의 기사들을 이슬람 세계에 풀어놓았다. 종교재판은 분열적인 내전 뒤 에스파냐의 내부 질서를 확보하기 위한 시도로 결함이 매우 많았다. 종교전쟁과 30년전쟁은 물론 종교 개혁의 종파적 다툼 때문에 악화되었지만 근대 민족 국가의 산통(産痛)이기도 했다.

우리는 싸울 때 적과 거리를 둘 필요가 있다. 종교는 국가에서 가장 중심적인 자리에 있었기에 그 의식과 신화는 적을 우주와 정치적 질서를 위협하는 악한 괴물로 묘사했다. 중세에 기독교인은 유대인을 아동 살해자라고 비난했고, 무슬림을 '악하고 야비한 인종'이라고 비난했으며, 카타리파 신자를 기독교 국가라는 몸의 암이라고 비난했다. 이런 증오에는 물론 종교적인 동기가 있었지만, 동시에 그것은 근대화 초기에 나타나는 사회적 고통에 대한 반응이기도 했다. 기독교인은 화폐 경제에 대한 지나친 불안 때문에 유대인을 희생양으로 만들었고, 교황은 스스로 복음을 따라 살 수 없었기 때문에 카타리파를 비난했다. 그 과정에서 그들은 자신들을 비추는 왜곡된 거울상인 가상의 적을 만들었다. 하지만 종교라는 외피를 벗어던진다고 해서 편견이 사라지지는 않았다. 근대에는 '과학적 인종주의'가 발전하여 낡은 종교적인 증오 패턴에 의존하면서 아르메니아 학살과 히틀러가 만든 죽음의 수용소에 영감을 주었다. 식민주의자들이 그렇게도 경솔하게 강요했던 세속적 민족주의는 늘 현지의 종교 전통과 합쳐졌으며, 이곳에서 사람들은 아직 종교를 정치에서 제거하지 못했다. 그 결과 이런 종교 전통은 종종 왜곡되고 공격적인 변종으로 발전했다.

하나의 신앙 전통 내에서 발전하는 종파적 증오는 종종 종교가 고질적으로 관용적이지 않다는 사실을 증명하는 증거로 인용된다. 이런 내적 분쟁은 실제로 치열하고 적의가 가득하지만 여기에도 거의 언제나 정치적 차원이 존재해 왔다. 기독교 이단은 체제의 불의와 농경 국가의 폭력을 거부하는 데 복음을 이용한다는 이유로 박해받았다. 동방교회에서 벌어진 그리스도의 본성에 관한 난해한 논쟁마저 '폭군 주교'의 정치적 야망이 연료가 되었다. 나라가 외부의 공격을 두려워할 때면 이단자는 박해를 받곤 했다. 유다 왕국이 정치적 소멸에 직면했을 때 〈신명기〉 저자들의 외부자 혐오 신학이 발전했다. 근동의 무슬림이 서쪽으로부터 십자군에게, 동쪽으로부터 몽골에게 위협을 받자 이븐 타이미야는 '타크피르'라는 관행을 도입했다. 종교재판은 오스만의 위협과 종교전쟁을 배경으로 삼아 벌어졌으며, 이와 마찬가지로 혁명기 프랑스에서 9월학살과 공포 정치의 동기는 외국의 침략에 대한 공포였다.

액턴 경은 자유주의적 민족 국가가 인종적이고 문화적인 '소수 집단'을 박해할 것이라고 정확하게 예측했는데, 이 '소수 집단'은 사실상 이단의 대체물이었다. 이라크, 파키스탄, 레바논에서 전통적인 수니파와 시아파의 분열은 민족주의나 탈식민 국가가 겪는 문제들 때문에 악화되었다. 과거 수니파 무슬림은 같은 종교를 믿는 사람들을 '배교자'라고 부르는 것을 언제나 혐오했다. 사람 마음속은 신만 안다고 믿었기 때문이다. 하지만 무슬림이 다시 외적을 두려워하게 된 우리 시대에는 타크피르 관행이 일반화되었다. 오늘날 무슬림이 교회나 회당을 공격할 때 그 동기는 이슬람이 아니다. 쿠란은 무슬림에게 '책의 민족'의 신앙을 존중하라고 명령한다.[1] 그러나 가장 자주 인용되는 지하드 구절 가운데 하나는 이런 식으로 전쟁을 정당화한다. "신이 이 사람들로 저 사람들을 물리치지 않았다면 신의 이름을 자주 부르는 많은 수도원 교회 회당 모스크가 파괴되었을 것이다."[2] 민족 국가 내에서 종교적 소수자를 향한 이런 새로운 공격성은 대체로 (기독교와 관련된) 서양 제국주의와 팔레스타인 문제에서 발생한 정치적 긴장의 결과다.[3]

종교가 늘 공격적이라는 말은 결단코 사실이 아니다. 때로는 오히려 폭력에 제동을 걸기도 한다. 기원전 9세기 인도 의식주의자들은 전례에서 모든 폭력을 뽑아내 아힘사, 즉 '비폭력'이라는 이상을 창조했다. 중세 '하느님의 평화'와 '하느님의 휴전'은 기사들이 빈민을 위협하는 행위를 강제로 중단시키고 매주 수요일 저녁부터 월요일 아침까지 폭력을 불법화했다. 가장 극적인 것으로는 바르 코크바 전쟁 뒤 랍비들이 경전을 매우 효과적으로 재해석해서 유대인이 천 년 동안 정치적 공격을 삼간 일을 들 수 있다. 하지만 이런 성공은 드문 일이었다. 우리가 살고 있는 국가에 내재한 폭력 때문에 예언자나 현자가 할 수 있는 최선은 대안을 제공하는 것이었다. 불교의 상가는 정치적 권력은 없었지만, 고대 인도에서 활력이 넘치는 존재가 되었으며 황제에게도 영향력을 행사했다. 아소카는 제국 전역에 세운 특별한 비석에 아힘사 관용 친절 존중의 이상을 담은 비문을 새겼다. 유학자들 덕분에 인(仁)의 이상은 혁명 이전까지 제국 중국의 통치 속에 살아 있었다. 수백 년 동안 샤리아의 평등주의적 규약은 압바스 귀족 제도에 대한 반문화적 도전이었다. 칼리파는 그 규약으로 통치를 하지는 못해도 그것이 신의 법임은 인정했다.

다른 현자와 신비주의자들은 사람들이 공격성을 제어하고 모든 인간에 대한 존경심을 계발하는 것을 돕는 영적인 관행을 발전시켰다. 인도에서 출가자들은 자기 본위의 사내다움을 제거하기 위해 요가와 아힘사 규율을 실행에 옮겼다. 어떤 이들은 폭력을 낳는 일이 빈번한 '나 먼저' 충동을 제어하기 위해 아나타('무아')나 케노시스('자기 비우기')라는 이상을 계발했다. 그들은 자신이 다른 누구보다 낫다고 보는 것을 불가능하게 만드는 '평정'을 구했고, 한 사람 한 사람이 신성한 잠재력을 지녔으며 적도 사랑해야 한다고 가르쳤다. 선지자와 〈시편〉 저자는 지배 계급이 가난하고 쫓겨난 자들을 돌보지 않으면 도시가 '거룩할' 수 없다고 주장했다. 사제들은 동포에게 과거 수난의 기억을 이용하여 괴롭힘과 박해를 정당화하는 것이 아니라 그것에 의지하여 남들의 고통을 달래라고 촉구했다. 그들은 모두 이런저런 방식으로 자신이 대접받고 싶은 대로 다른 모든 사람을 대하면서 '모두에 대한 관심'을 키워 나가지 않으면 사회는 망할 수밖에 없다고 주장했다. 식민지 권력들이 식민지에서 황금률을 준수했다면 우리는 오늘날 그렇게 많은 정치적 문제를 겪고 있지는 않을 것이다.

어디에서나 찾아볼 수 있는 종교적 관행 가운데 하나는 공동체 숭배였다. 전근대 세계에서 종교는 공동체의 일이었다. 사람들은 조화롭게 함께 사는 것을 배움으로써 깨달음과 구원을 얻었다. 현자 선지자 신비주의자는 전사처럼 같은 인간에게 거리를 두는 대신, 사람들이 보통 마음이 맞는다고 생각하지 않는 사람들과 관계를 맺고 또 그들을 책임지는 것을 도왔다. 그들은 의식적으로 세상 끝까지 자비를 확대하는 명상을 고안하고, 모든 존재의 행복을 기원하고, 동포에게 한 사람 한 사람의 거룩함을 숭배하도록 가르치고, 세상의 고난을 완화할 현실적인 방법을 찾겠다고 결심했다. 신경과학자들은 이런 동정적인 명상을 열심히 수행하는 불교 수도자들이 우리 뇌의 감정 이입을 촉발하는 부분의 기능을 실제로 높였다는 것을 발견했다. 자이나교도는 모든 피조물의 공동체에 대한 탁월한 비전을 계발했다. 무슬림은 서로 책임을 지고 자신이 가진 것을 궁핍한 사람들과 나눔으로써 **이슬람**이 가르치는 내어줌을 성취했다. 바울의 교회에서 부자와 빈자는 같은 식탁에 앉아 같은 음식을 먹으라는 가르침을 받았다. 클뤼니파 수사들은 평신도가 순례 동안에 수사처럼 함께 살면서 부자도 빈자와 똑같은 고초를 겪게 했다. 성찬은 그리스도와 개인 둘만의 교제가 아니라 정치적 공동체를 묶는 의례였다.

아주 일찍부터 선지자와 시인은 사람들이 삶의 비극을 묵상하고 다른 사람들에게 끼치는 피해를 마주하는 것을 도왔다. 고대 수메르에서 《아트라하시스》는 자신의 문명이 의존하고 있는 사회적 불의에 대한 해법을 찾지는 못했지만 이 대중적인 이야기는 사람들이 그런 불의를 의식하도록 도왔다. 길가메시는 죽음의 공포와 마주해야 했으며, 이로 인해 전쟁이 주는 그럴듯한 매력과 고귀함은 다 빠져나갔다. 이스라엘의 선지자들은 통치자들에게 그들이 빈민에게 가하는 고난에 책임을 지도록 강요하고 전쟁 범죄를 이유로 그들을 몹시 꾸짖었다. 히브리 성경의 사제 저자들은 폭력적 사회에 살았고 전쟁을 포기할 수 없었지만 하느님이 전쟁을 승인한다 해도 전사들은 여전히 폭력에 오염된다고 믿었다. 이 때문에 다윗은 야훼의 성전을 짓는 것이 허락되지 않았다. 아리아인은 전쟁을 사랑하고 전사를 숭배했다. 전투와 약탈은 목축 경제에 필수적이었기 때문이다. 그러나 전사는 늘 더럽혀진 상태라고 보았다. 중국의 병법가는 군의 생활 방식이 '기만의 방식'이기에 민간 생활로부터 격리되어야 한다는 점을 인정했다. 그들은 아무리 이상주의적인 국가라 하더라도 그 핵심에는 살인 거짓 배반에 몰두하는 제도가 존재한다는 불편한 사실에 사람들이 주목하게 했다.

서양에서 세속주의는 이제 우리 정체성의 일부다. 이것은 그동안 유익했다. 특히 종교가 정부와 긴밀하게 결합하면 신앙 전통이 심하게 훼손될 수 있기 때문이다. 하지만 세속주의에도 그 나름의 폭력이 있었다. 혁명 프랑스는 강요 강압 유혈에 의해 세속화되었다. 이때 처음으로 전쟁에 사회 전체가 동원되었다. 또 이 세속주의는 지금도 많은 유럽인이 공유하는 종교에 대한 공격에서 추진력을 얻는 것 같았다. 미국은 그런 식으로 신앙에 낙인을 찍지 않았기 때문에 그곳에서 종교는 번창했다. 근대 초기 사상에는 공격성이 있었으며, 이 사상은 남북 아메리카 원주민이나 아프리카 노예에게는 인권 개념을 적용하지 않았다. 개발도상국에서 세속화는 치명적이고 적대적이고 침략적으로 경험되었다. 성지에서 학살이 벌어지고, 성직자들이 고문당하고 투옥되고 암살당했으며, 마드라사 학생들은 사살되거나 수모를 당하고, 성직자들의 기관은 체계적으로 자원과 위엄과 지위를 박탈당했다.

따라서 세속화는 때때로 종교에 피해를 끼쳤다. 상대적으로 자유로운 미국의 분위기에서도 프로테스탄트 근본주의자들은 외부자 혐오에 젖고 근대성을 두려워하게 되었다. 이집트 나세르 치하 감옥에서 겪은 공포는 사이이드 쿠트브의 비전을 극적으로 바꾸어놓았다. 원래 자유주의였던 그의 비전은 도처에서 적을 보는 편집증적 비전으로 바뀌었다. 이란의 호메이니 또한 유대인 기독교인 제국주의자 들의 음모에 관해 빈번하게 이야기했다. 영국의 무굴 제국 해체에 상처를 받은 데오반드파는 규칙에 얽매인 엄격한 형태의 이슬람을 창조했고, 우리에게 데오반드파의 엄격성, 부족적 쇼비니즘, 상처받은 전쟁고아의 공격성을 유독하게 결합한 탈레반이라는 모조품을 안겨주었다. 인도 아대륙과 중동에서 민족주의라는 이질적 이데올로기는 전통적인 종교적 상징과 신화를 바꾸어 거기에 폭력적 차원을 부여했다. 하지만 근대성과 종교 사이의 관계는 전적으로 적대적인 것은 아니었다. 두 번의 대각성운동이나 무슬림형제단 같은 몇 가지 운동은 실제로 사람들이 더 친숙한 용어로 근대의 이상을 받아들이는 데 도움을 주었다.

근대의 종교적 폭력은 이질적 종양이 아니다. 그것은 근대라는 현장의 한 부분이다. 우리는 서로 연결된 세계를 창조했다. 우리가 위험하게 양극화된 것은 사실이지만 우리는 또 이전 어느 때보다도 밀접하게 연결되어 있다. 한 지역에서 주가가 떨어지면 세계 시장이 충격을 받는다. 오늘날 팔레스타인이나 이라크에서 벌어지는 일은 내일 뉴욕, 런던, 마드리드에 영향을 줄 수 있다. 우리는 전자 기술을 통해 연결되어 있어 외딴 시리아 마을이나 이라크 감옥에서 겪는 고난과 유린의 이미지가 즉각 전 세계에 비추어질 수 있다. 우리 모두 환경 재해나 핵 재난의 가능성을 마주하고 있다. 하지만 우리의 인식은 우리가 처한 현실을 따라잡지 못해 제1세계에 사는 사람들은 여전히 자신을 특권적 범주에 넣는 경향이 있다. 그러나 제1세계의 정책은 광범한 격분과 좌절을 일으키는 데 기여했으며 서양인들은 이슬람 세계에서 빈 라덴이 정치적으로 이용할 수 있는 고난에 어느 정도 책임이 있다. "제가 아우를 지키는 사람입니까?" 그 대답은 물론 '그렇다'가 되어야 한다.

전쟁은 "관계를 보지 못하는 무능력"이 원인이라고 이야기되어 왔다. "경제적, 역사적 상황과 우리의 관계. 우리와 같은 인간들과 우리의 관계. 특히 무(無)와 우리의 관계. 죽음과 우리의 관계."[4] 우리는 오늘날 과거 예언자들이 그랬듯이 사람들이 현재의 '경제적, 역사적 상황'의 다루기 힘든 딜레마와 마주하도록 도와줄 이데올로기 ― 종교적이든 세속적이든 ― 가 필요하다. 이제는 농경 제국의 억압적 불의와 싸우지 않지만 여전히 큰 불평등과 권력의 불공정한 불균형이 있다. 그러나 이제 소외된 사람들은 무력한 농민이 아니다. 오늘날 소외된 사람들은 맞서 싸울 방법을 찾았다. 생명이 유지될 수 있는 세계를 원한다면 우리는 세계의 고통에 책임을 져야 하고 우리의 자기 인식에 문제를 제기하는 서사에 귀 기울이는 법을 배워야 한다. 이 모든 것이 종교의 역사에서 십자군과 지하드만큼이나 중요한 '내어줌', 이타심, 동정심을 요구한다.

우리는 모두 세속적인 방식이든 종교적인 방식이든 현대 문화의 핵심에 자리 잡은 '무', 공허와 씨름하고 있다. 조로아스터 이래 당대의 폭력을 다루려고 한 종교 운동은 그 공격성의 일부를 흡수해 왔다. 프로테스탄트 근본주의는 복음주의 기독교도가 제1차 세계대전의 전례 없는 학살을 곰곰이 생각하면서 등장했다. 그들의 묵시록적 비전은 그저 유럽에서 발전한 '미래 전쟁' 장르의 종교적 변형에 불과했다. 종교적 근본주의자들과 극단주의자들은 세속주의자들도 괴롭히는 공포를 표현하기 위해 신앙의 언어를 사용해 왔다. 우리는 이런 운동의 가장 잔인하고 가장 자멸적인 일부가 부분적으로는 홀로코스트나 핵 위협에 대한 대응임을 보았다. 사다트 치하 이집트에서 슈크리 무스타파가 세운 무슬림결사 같은 집단은 현대 문화의 구조적 폭력의 왜곡된 거울상이라고 할 수 있다. 종교적인 사람들만이 아니라 세속주의자들도 자살 공격에 의지했는데, 이것은 어떤 면에서는 현대 문화의 특징인 죽음의 욕망을 반영한다. 종교적인 사람들과 세속적인 사람들은 똑같은 열망을 공유해 왔다. 쿠크주의는 분명히 세속적 민족주의의 종교적 형태였으며, 그렇기에 이스라엘의 세속적 우익과 긴밀하게 협력할 수 있었다. 소련에 반대하는 성전에 가담하기 위해 모여든 무슬림은 물론 '자원'이라는 고전적 이슬람 관행을 소생시켰지만 동시에 수많은 유럽인이 안전한 집을 떠나 에스파냐내전(1936~1939년)에 참전했을 때나 유대인이 6일전쟁 전야에 살던 곳을 서둘러 떠나 이스라엘을 지원하러 갔을 때 느낀 것과 같은 충동을 경험하기도 했다.

우리 시대의 폭력과 직면할 때는 우리를 불편하고 우울하고 좌절하게 하는 세계적 고통과 박탈 때문에 마음이 무정하게 굳는 것이 당연하다. 하지만 우리는 현대적 삶의 이런 괴로운 사실을 묵상하는 방법을 찾아야만 한다. 그러지 않으면 우리 인간성의 가장 좋은 부분을 잃어버릴 것이다. 어찌 되었든 우리는 종교가 가장 훌륭했을 때 수백 년 동안 해 온 일을 할 방법을 찾아내야 한다. 우리는 세계 공동체에 대한 감각을 구축하고 모두에 대한 존중과 평정의 감각을 계발하고 우리가 세계에서 보는 고난에 책임을 져야 한다. 역사상 아무리 훌륭한 성취를 이루었다 해도 전사의 오점에 물들지 않은 나라는 없었다. 종교적인 사람이든 세속주의자든 우리 모두 현재 세계의 상태에 책임이 있다. 마마나 비비의 아들이 "아주 간단히 말해 아무도 관심이 없는 것 같다."고 말한 것은 국제 공동체의 오점이다. 희생양 의식은 공동체가 그 비행과 맺고 있는 관계를 끊으려는 시도였다. 그것이 오늘날 우리에게 해법이 될 수는 없다.

| 감사의 말 |

이 책을 20년 동안 크노프에서 내 책을 편집해준 친구 제인 개럿에게 바친다. 처음부터 그의 격려와 의욕이 내가 글쓰기라는 매일매일의 성전을 견디어낼 힘을 주었다. 그와 함께 일을 한 것은 특권이자 기쁨이었다.

조지 안드레루와 외르크 헨스겐이라는 두 편집자의 축복도 받았다. 이들이 엄격하고 꼼꼼하게 원고를 본 덕분에 내 책이 또 다른 영역으로 들어갈 수 있었고, 이 점에 나는 진심으로 감사한다. 또 놀라운 솜씨와 전문 지식으로 내 책을 만들어준 모든 사람에게 감사한다. 보들리헤드 출판사의 스튜어트 윌리엄스(편집), 조 피커링(홍보), 캐서린 에일스(편집), 제임스 존스(표지 디자인), 베스 험프리스(교열), 메리 체임벌린(교정), 크노프 출판사의 로미오 엔리크(제작), 엘런 펠드먼(제작), 킴 손턴(홍보), 올리버 먼데이(표지 디자인), 커샌드라 패퍼스(본문 디자인), 재닛 비얼(교열), 테레지아 시셀로바, 크노프 캐나다의 루이즈 데니스(편집), 실라 케이(홍보)가 그들이다. 이들 가운데 많은 분은 직접 만난 적이 없지만 그들이 내게 해준 모든 일에 깊이 감사하고 있다.

늘 그렇듯이 나의 에이전트 펄리시티 브라이언, 피터 긴스버그, 앤드루 누른베르크의 지칠 줄 모르는 지원, 의리, 특히 나에 대한 지속적 믿음에 감사한다. 그들이 아니었으면 정말이지 해낼 수 없었을 것이다. 또 펄리시티 브라이언 사무실의 미셸 톱햄, 재키 헤드, 캐럴 로빈슨에게 감사한다. 장부 정리에서부터 컴퓨터 사용에 이르기까지 글 쓰는 사람의 삶에서 매일매일 일어나는 위기를 헤쳐 나가도록 아주 명랑하게 도와주었다. 인내심 있게 나의 서신 교환을 처리해주고 내가 글을 쓸 시간과 공간을 확보하는 데 단호한 확고함을 보여준 나의 보조인 낸시 로버츠에게 진심으로 감사한다.

샐리 콕번에게 크게 감사하는데, 그의 그림들 덕분에 나는 내 책의 어떤 면을 이해할 수 있었다. 마지막으로 이브 게리, 스테이시와 에이미 모트에게 감사하고, 또 마지막 몇 해 동안 헌신적으로 포피를 돌보아주어 내가 내 일을 할 수 있게 해준 '마이 아이디얼 도그'의 미셸 스티븐슨에게 감사한다. 나는 또 사랑하는 마음으로 게리를 추모한다. 그는 늘 사물의 핵심을 보았고 아마 이 책을 기꺼이 지지했을 것이다.

머리말

1) Leviticus(《레위기》) 16:21-22. 달리 언급이 없으면 모든 성경 인용—히브리 성서와 신약 모두—의 출처는 *The Jerusalem Bible* (London, 1966)이다.

2) René Girard, *Violence and the Sacred*, Patrick Gregory 역 (Baltimore, 1977), p. 251.

3) Stanislav Andreski, *Military Organization in Society* (London, 1968); Robert L. O'Connell, *Ride of the Second Horseman: The Birth and Death of War* (New York and Oxford, 1995), pp. 6–13, 106–110, 128–129; O'Connell, *Of Arms and Men: A History of War, Weapons and Aggression* (New York and Oxford, 1989), pp. 22–25; John Keegan, *A History of Warfare* (London, 1993), pp. 223–229; Bruce Lincoln, 'War and Warriors: An Overview', in *Death, War and Sacrifice: Studies in Ideology and Practice* (Chicago and London, 1991), pp. 138–140; Johan Huizinga, *Homo Ludens: A Study of the Play Element in Culture* (Boston, 1955년판), pp. 89–104; Mark Juergensmeyer, *Terror in the Mind of God: The Global Rise of Religious Violence* (Berkeley, Los Angeles and London, 2001), p. 90; Malise Ruthven, *A Fury for God: The Islamist Attack on America* (London, 2002), p. 101; James A. Aho, *Religious Mythology and the Art of War: Comparative Religious Symbolisms of Military Violence* (Westport, Conn., 1981), pp. xi–xiii, 4–35; Richard English, *Terrorism: How to Respond* (Oxford and New York, 2009), pp. 27–55.

4) Thomas A. Idinopulos and Bryan C. Wilson 편, *What is Religion? Origins, Definitions and Explanations* (Leiden, 1998); Wilfred Cantwell Smith, *The Meaning and End of Religion: A New Approach to the Religious Traditions of Mankind* (New York, 1962); Talal Asad, 'The Construction of Religion as an Anthropological Category', in *Genealogies of Religion: Discipline and Reasons of Power in Christianity and Islam* (Baltimore, 1993); Derek Peterson and Darren Walhof 편, *The Invention of Religion: Rethinking Belief in Politics and History* (New Brunswick, NJ, and London, 2002); Timothy Fitzgerald 편, *Religion and the Secular: Historical and Colonial Formations* (London and Oakville, 2007); Arthur L. Greil and David G. Bromley 편, *Defining Religion: Investigating the Boundaries between the Sacred and Secular* (Oxford, 2003); Daniel Dubuisson, *The Western*

Construction of Religion: Myths, Knowledge and Ideology, William Sayers 역 (Baltimore, 1998); William T. Cavanaugh, *The Myth of Religious Violence* (Oxford, 2009).

5) Dubuisson, *Western Construction of Religion*, p. 168.

6) H. J. Rose, 'Religion, terms relating to', in M. Carey 편, *The Oxford Classical Dictionary* (Oxford, 1949).

7) Smith, *Meaning and End of Religion*, pp. 50–68.

8) Louis Jacobs 편, *The Jewish Religion: A Companion* (Oxford, 1995), p. 418.

9) Smith, *Meaning and End of Religion*, pp. 23–25.

10) 같은 책, pp. 29–31.

11) 같은 책, p. 33.

12) Cavanaugh, *Myth of Religious Violence*, pp. 72–85.

13) Mircea Eliade, *The Myth of Eternal Return, Or, Cosmos and History*, Willard R. Trask 역 (Princeton, NJ, 1991년판), pp. 1–34.

14) 같은 책, pp. 32–34; Karl Jaspers, *The Origin and Goal of History*, Michael Bullock 역 (London, 1953), p. 40.

15) Paul Gilbert, *The Compassionate Mind: A New Approach to Life's Challenges* (London, 2009).

16) P. Broca, 'Anatomie compare des circonvolutions cérébrales: le grand lobe limbique', in *Revue anthropologie*, 1, 1868.

17) Gilbert, *Compassionate Mind*, pp. 170–171.

18) Mencius, *The Book of Mencius*(《맹자》), 2.A.6.

19) Walter Burkert, *Homo Necans: The Anthropology of Greek Sacrificial Ritual*, Peter Bing 역 (Berkeley, Los Angeles and London, 1983), pp. 16–22.

20) Mircea Eliade, *A History of Religious Ideas*, 3 vols, R. Trask 역 (Chicago and London, 1978, 1982, 1985), 1, pp. 7–8, 24; Joseph Campbell, *Historical Atlas of World Mythologies*, 2 vols (New York, 1988), 1, pp. 48–49; Campbell, with Bill Moyers, *The Power of Myth* (New York, 1988), pp. 70–72, 85–87.

21) André Leroi-Gourhan, *Treasures of Prehistoric Art* (New York, 연도 불명), p. 112.

22) Jill Cook, *The Swimming Reindeer* (London, 2010).

23) Neil MacGregor, *A History of the World in 100 Objects* (London, 2001), p. 22.

24) 같은 책, p. 24.

25) J. Ortega y Gasset, *Meditations on Hunting* (New York, 1985), p. 3.

26) Walter Burkert, *Structure and History in Greek Mythology and Ritual* (Berkeley, Los Angeles and London, 1980), pp. 54–56; Burkert, *Homo Necans*, pp. 42–45.

27) O'Connell, *Ride of Second Horseman*, p. 33.

28) Chris Hedges, *War is a Force That Gives Us Meaning* (New York, 2003년판), p. 10.

29) Theodore Nadelson, *Trained to Kill: Soldiers at War* (Baltimore, 2005), p. 64.

30) 같은 책, pp. 68-69.

31) Hedges, *War is a Force*, p. 3.

32) I. Eibl-Eibesfeldt, *Human Ethology* (New York, 1989), p. 405.

33) Lt. Col. Dave Grossman, *On Killing: The Psychological Cost of Learning to Kill in War and Society*, 개정판 (New York, 2009), pp. 3-4.

34) Joanna Bourke, *An Intimate History of Killing: Face to Face Killing in Twentieth-Century Warfare* (New York, 1999), p. 67.

35) Peter Jay, *Road to Riches or The Wealth of Man* (London, 2000), pp. 35-36.

36) K. J. Wenke, *Patterns of Prehistory: Humankind's First Three Million Years* (New York, 1961), p. 130; John Keegan, *A History of Warfare* (London, 1993), pp. 120-121; O'Connell, *Ride of Second Horseman*, p. 35.

37) M. H. Fried, *The Evolution of Political Society: An Essay in Political Anthropology* (New York, 1967), pp. 101-102; C. McCalley, 'Conference Archives', in J. Harris 편, *The Anthropology of War* (Cambridge, UK, 1990), p. 11.

38) Lenski, *Power and Privilege: A Theory of Social Stratification* (Chapel Hill and London, 1966), pp. 189-190.

39) O'Connell, *Ride of Second Horseman*, pp. 57-58.

40) J. L. Angel, 'Paleoecology, Pleodeography and Health', in S. Polgar 편, *Population, Ecology and Social Evolution* (The Hague, 1975); David Rindos, *The Origins of Agriculture: An Evolutionary Perspective* (Orlando, Fla., 1984), pp. 186-187.

41) E. O. James, *The Ancient Gods: The History and Diffusion of Religion in the Ancient Near East and the Eastern Mediterranean* (London, 1960), p. 89; S. H. Hooke, *Middle Eastern Mythology: From the Assyrians to the Hebrews* (Harmondsworth, UK, 1963), p. 83.

42) K. W. Kenyon, *Digging up Jericho: The Results of the Jericho Excavations, 1953-1956* (New York, 1957).

43) Jacob Bronowski, *The Ascent of Man* (Boston, 1973), pp. 86-88; J. Mellaert, 'Early Urban Communities in the Near East, 9000 to 3400 BCE', in P. Mooney 편, *The Origins of Civilization* (Oxford, 1979), pp. 22-25; P. Dorell, 'The Uniqueness of Jericho', in R. Morrey and P. Parr 편, *Archaeology in the Levant: Essays for Kathleen Kenyon* (Warminster, UK, 1978).

44) Robert Eisen, *The Peace and Violence of Judaism: From the Bible to Modern Zionism* (Oxford, 2011), p. 12.

45) World Council of Churches, *Violence, Nonviolence, and the Struggle for Social*

Justice (Geneva, 1972), p. 6.

46) Gerhard E. Lenski, *Power and Privilege*, pp. 105-114; O'Connell, *Ride of Second Horseman*, p. 28; E. O. Wilson, *On Human Nature* (Cambridge, Mass., 1978), p. 140; M. Ehrenburg, *Women in Prehistory* (London, 1989), p. 38.

47) A. R. Radcliffe, *The Andaman Islanders* (New York, 1948), p. 43.

48) 같은 책, p. 177.

49) John H. Kautsky, *The Politics of the Aristocratic Empire*, 2판 (New Brunswick and London, 1997), p. 374.

50) 같은 책, p. 177.

51) Keegan, *History of Warfare*, pp. 384-386; John Haldon, *Warfare, State and Society in the Byzantine World* (London and New York, 2005), pp. 10-11.

52) Bruce Lincoln, 'The Role of Religion in Achmenean Imperialism', in Nicole Brisch 편, *Religion and Power: Divine Kingship in the Ancient World and Beyond* (Chicago, 2008).

53) Cavanaugh, *Myth of Religious Violence*.

1부 문명의 폭력과 종교의 딜레마

1장 수메르, 농경의 시작과 전쟁의 탄생

1) *The Epic of Gilgamesh*, Standard Version, Tablet I, 38. 달리 언급이 없으면 《길가메시 서사시》 모든 인용의 출처는 Stephen Mitchell, *The Epic of Gilgamesh: A New English Version* (New York, London, Toronto, Sydney, 2004)이다.

2) 같은 책, I, 18-20.

3) 같은 책, I, 29-34. Mitchell 강조.

4) 현존하는 가장 오래된 텍스트는 기원전 3000년대 말에 나온 것이다. Old Babylonian Epic 은 이것들을 하나의 작품으로 묶었다(기원전 1700년경). 신-레키-운닌니의 시(기원전 1200 년경)는 현대의 번역 대부분이 기초로 삼는 표준 판본이다.

5) *Gilgamesh*, Standard Version, I, 67-69; Mitchell의 번역에 다음 책을 참고해서 수정했다. Andrew George, *The Epic of Gilgamesh: The Babylonian Epic Poem in Akkadian and Sumerian* (London, 1999).

6) George, *Epic of Gilgamesh*, p. xlvi.

7) John Keegan, *A History of Warfare* (London, 1993), pp. 126-130; Robert L. O' Connell, *Ride of the Second Horseman: The Birth and Death of War* (New York and Oxford, 1995), pp. 88-89.

8) R. M. Adams, *Heartlands of Cities: Surveys of Ancient Settlements and Land Use on the Central Floodplains of the Euphrates* (Chicago, 1981), pp. 60, 244; William H.

McNeill, *Plagues and People* (London, 1994), p. 47.

9) McNeill, *Plagues and People*, pp. 54–55.

10) Gerhard E. Lenski, *Power and Privilege: A Theory of Social Stratification* (Chapel Hill and London, 1966), p. 228.

11) A. L. Oppenheim, *Ancient Mesopotamia: Portrait of a Dead Civilization* (Chicago, 1977), pp. 82–83; O'Connell, *Ride of Second Horseman*, pp. 93–95.

12) Samuel N. Kramer, *Sumerian Mythology: A Study of the Spiritual and Literary Achievement of the Third Millennium BC* (Philadelphia, 1944), p. 118.

13) 같은 책, p. 119.

14) Gottwald, *The Politics of Ancient Israel* (Louisville, 2001), pp. 118–119.

15) O'Connell, *Ride of Second Horseman*, pp. 91–92.

16) Georges Dumézil, *The Destiny of the Warrior*, Alf Hiltebeitel 역 (Chicago and London, 1969), p. 3.

17) Thorkild Jacobsen, 'The Cosmos as State', in H. and H. A. Frankfort 편, *The Intellectual Adventure of Ancient Man: An Essay on Speculative Thought in the Ancient Near East* (Chicago, 1946), pp. 148–151.

18) *Gilgamesh*, Standard Version, Tablet I, 48.

19) 이 점은 *A Short History of Myth* (London, 2005)에서 더 자세하게 이야기했다.

20) Jacobsen, 'Cosmos as State', pp. 145–148, 186–197; George, *Epic of Gilgamesh*, pp. xxxvii–xxxviii.

21) Jacobsen, 'Cosmos as State', pp. 186–191; Tammi J. Schneider, *An Introduction to Ancient Mesopotamian Religion* (Grand Rapids, Micha. and Cambridge, UK, 2011), pp. 66–79; George, *Epic of Gilgamesh*, pp. xxxviii–xxxix.

22) Schneider, *Introduction*, p. 5; Jacobsen, 'Cosmos as State', p. 203.

23) John Kautsky, *The Politics of Aristocratic Empire*, 2판, pp. 15–16; 107.

24) Thomas Merton, *Faith and Violence* (Notre Dame, Ind., 1968), pp. 7–8.

25) Walter Benjamin, 'Theses on the Philosophy of History', in *Illuminations* (London, 1999), p. 248.

26) Max Weber, *The Theory of Social and Economic Organization*, A. M. Henderson and Talcott Parsons 역 (New York, 1947), pp. 341–348.

27) *Gilgamesh*, Standard Version, Tablet I, 80, 82–90.

28) Atrahasis I.i. Stephanie Dalley, *Myths from Mesopotamia: Creation, the Flood, Gilgamesh, and Others* (Oxford and New York, 1989), p. 10에서 인용.

29) 같은 곳.

30) 같은 책, I.iii, p. 12.

31) 같은 책, p. 14.

32) 같은 곳.

33) 같은 책, II..iii, p. 23.

34) 같은 책, III.vii, p. 28.

35) W. G. Lambert and A. R. Millard, *Atra-Hasis: The Babylonian Story of the Flood* (Oxford, 1969), pp. 31 – 39.

36) Schneider, *Ancient Mesopotamian Religion*, p. 45.

37) Keegan, *History of Warfare*, p. 128.

38) *Gilgamesh*, Standard Version, Tablet II, 109 – 110. George 번역.

39) 같은 책, Tablet I, 220 – 223. George 번역.

40) 같은 책, Yale Tablet, 18. George 번역.

41) O'Connell, *Ride of Second Horseman*, pp. 96 – 97.

42) A. L. Oppenheimer, 'Trade in the Ancient Near East', in *International Congress of Economic History*, 5 (1976).

43) Kautsky, *Politics of Aristocratic Empires*, p. 178.

44) Thorstein Veblen, *The Theory of the Leisure Class: An Economic Study of Institutions* (Boston, 1973), pp. 41, 45. 저자 강조.

45) 같은 책, p. 30.

46) *Gilgamesh*, Yale Tablet, 97; Standard Version, Tablet III, 54.

47) Kautsky, *Politics of Aristocratic Empires*, pp. 170 – 172, 346.

48) *Gilgamesh*, Standard Version, Tablet II, 233; Yale Tablet, 149 – 150.

49) 같은 책, 185 – 187. Mitchell 강조.

50) *Gilgamesh*, Standard Version, Tablet III, 44.

51) Chris Hedges, *War is a Force That Gives Us Meaning* (New York, 2003), p. 21.

52) *Gilgamesh*, Yale Tablet, 269.

53) *Gilgamesh*, Standard Version XI, 322 – 326.

54) R. Cribb, *Nomads and Archaeology* (Cambridge, UK, 1999), pp. 18, 136, 215.

55) O'Connell, *Ride of Second Horseman*, pp. 67 – 68.

56) K. C. Chang, *The Archaeology of Ancient China* (New Haven, 1968), pp. 152 – 154.

57) O'Connell, *Ride of Second Horseman*, pp. 77 – 78.

58) 같은 곳.

59) Tacitus, *Germania*, 14 in Kautsky, *Politics of Aristocratic Empires*, p. 178.

60) Veblen, *Theory of the Leisure Class*, p. 45.

61) Bruce Lincoln, 'Indo-European Religions: An Introduction', in *Death, War and Sacrifice: Studies in Ideology and Practice* (Chicago and London, 1991), pp. 1 – 10.

62) Mary Boyce, 'Priests, Cattle and Men', *Bulletin of the School of Oriental and African Studies* (1988), pp. 508 – 526.

63) 예를 들어 조로아스터교의 전례 텍스트가 있다. Yasna 30:7c; 32; 49:4b; 50:7a; 30:106; 44:4d; 51:96; Bruce Lincoln, 'Warriors and Non-Herdsmen: A Response to Mary Boyce', in *Death, War and Sacrifice*, pp. 147–160.

64) Lincoln, 'Indo-European Religions', pp. 10–13.

65) 같은 책, p. 12.

66) Bruce Lincoln, 'War and Warriors: An Overview', in *Death, War and Sacrifice*, pp. 138–140.

67) Homer, *Iliad*, 12:310–315. 달리 언급이 없으면 《일리아스》 인용의 출처는 Richard Lattimore, *The Iliad of Homer* (Chicago and London, 1951)이다.

68) Lincoln, 'War and Warriors', p. 143.

69) Georges Dumézil, *The Destiny of the Warrior*, Alf Hiltebeitel 역 (Chicago and London, 1969), pp. 64–74.

70) *Iliad*, 20:490–494.

71) *Iliad*, 20:495–503; Seth L. Schein, *The Mortal Hero: An Introduction to Homer's Iliad* (Berkeley, Los Angeles and London), pp. 145–146.

72) Lincoln, 'Indo-European Religions', p. 4.

73) Dumézil, *Destiny of the Warrior*, pp. 106–107.

74) *Iliad*, 4:482–487.

75) Homer, *Odyssey*, 11:500. Walter Shewring, *Homer: The Odyssey* (Oxford and New York, 1980)에서 인용.

76) James Mellaart, *The Neolithic of the Near East* (London, 1975), pp. 119, 167, 206–207; O'Connell, *Ride of Second Horseman*, pp. 74–81.

77) J. N. Postgate, *Early Mesopotamia: Society and Economy at the Dawn of History* (London, 1992), p. 251.

78) O'Connell, *Ride of Second Horseman*, pp. 132–142.

79) Keegan, *History of Warfare*, pp. 130–131.

80) John Romer, *People of the Nile: Everyday Life in Ancient Egypt* (New York, 1982), p. 115.

81) Keegan, *History of Warfare*, pp. 133–135.

82) Yigal Yadin, *The Art of Warfare in Biblical Lands*, 2 vols (New York, 1963), 1, pp. 134–135; Robert Adams, *The Evolution of Urban Society: Early Mesopotamia and Prehispanic Mexico* (Chicago, 1966), p. 149.

83) Kramer, *Sumerian Mythology*, p. 123.

84) 같은 책, p. 120.

85) Kautsky, *Politics of Aristocratic Empires*, p. 108. Carlo M. Cipolla, *Before the Industrial Revolution: European Society and Economy, 1000–1700* (New York,

1976), pp. 129-130, 151도 참조하라.

86) Robert L. O'Connell, *Of Arms and Men: A History of War: Weapons and Aggression* (New York), p. 38; *Ride of Second Horseman*, pp. 100-101; William H. McNeill, *The Pursuit of Power: Technology, Armed Force and Society since A.D. 1000* (Chicago, 1982), pp. 2-3; Schneider, *Ancient Mesopotamian Religion*, pp. 22-23; A. L. Oppenheim, *Ancient Mesopotamia*, pp. 153-154; Gwendolyn Leick, *Mesopotamia: The Invention of the City* (London, 2001), pp. 85-108.

87) Joseph A. Schumpeter, *Imperialism and Social Classes: Two Essays* (New York, 1955), p. 25; Perry Anderson, *Lineages of the Absolutist State* (London, 1974), p. 32.

88) Anderson, *Lineages*, p. 31. Anderson 강조.

89) Kautsky, *Politics of Aristocratic Empires*, pp. 148-152.

90) Marc Bloch, *Feudal Society* (Chicago, 1961), p. 298.

91) Leick, *Mesopotamia*, p. 95. '아래의 바다'와 '위의 바다'는 각각 페르시아만과 지중해를 뜻한다.

92) 같은 책, p. 100.

93) J. B. Pritchard 편, *Ancient Near Eastern Texts Relating to the Old Testament* (Princeton, 1969), p. 164.

94) Code of Hammurabi, 24:1-8. F. C. Frensham, *Social Justice in Ancient Israel and in the Ancient Near East* (Minneapolis, 1995), p. 193에서 인용.

95) Pritchard, *Ancient Near Eastern Texts*, p. 178. 저자 강조.

96) Marshall G. S. Hodgson, *The Venture of Islam: Conscience and History in a World Civilization*, 3 vols (Chicago and London, 1974), 1, pp. 108-110.

97) Schneider, *Ancient Mesopotamian Religion*, pp. 105-106. '아키투(akitu)'라는 말이 무슨 뜻인지, 어디에서 파생했는지는 알려져 있지 않다. Jacobsen, 'Cosmos as State', p. 169.

98) N. K. Sanders 편역, 'The Babylonian Creation Hymn', in *Poems of Heaven and Hell from Ancient Mesopotamia* (London, 1971), pp. 44-60.

99) Jonathan Z. Smith, 'A Pearl of Great Price and a Cargo of Yams: A Study in Situational Incongruity', in Jonathan Z. Smith, *Imagining Religion: From Babylon to Jonestown* (Chicago and London, 1982), pp. 90-96; Mircea Eliade, *A History of Religious Ideas*, Willard R. Trask 역, 3 vols, (Chicago, 1978), 1, pp. 72-76; Sanders, 'Babylonian Creation Hymn', pp. 47-51.

100) Smith, 'Pearl of Great Price', p. 91.

101) Sanders, 'Babylonian Creation', p. 73.

102) 같은 곳.

103) 같은 책, p. 79.

104) O'Connell, *Ride of Second Horseman*, pp. 141-142.

105) Leick, *Mesopotamia*, pp. 198-216.

106) A. K. Grayson, *Assyrian Royal Inscriptions*, 2 vols (Wiesbaden, 1972, 1976), 1, pp. 80-81.

107) H. W. F. Saggs, *The Might That Was Assyria* (London, 1984), pp. 48-49; I. M. Diakonoff, *Ancient Mesopotamia: Socio-Economic History* (Moscow, 1969), pp. 221-222.

108) Grayson, *Assyrian Royal Inscriptions*, pp. 123-124.

109) Saggs, *Might That Was Assyria*, p. 62.

110) 같은 책, p. 61.

111) *Ludlul Bel Nemeqi*, in Jacobsen, 'Cosmos as State', pp. 212-214.

112) Yasna 46. Norman Cohn, *Cosmos, Chaos and the World to Come: The Ancient Roots of Apocalyptic Faith* (New Haven and London, 1993), p. 77; Mary Boyce, *Zoroastrians: Their Religious Beliefs and Practices*, 2판 (London and New York), p. xliii; Peter Clark, *Zoroastrians: An Introduction to an Ancient Faith* (Brighton and Portland, Oreg., 1998), p. 19.

113) Yasna 30.

114) Boyce, *Zoroastrians*, pp. 23-24.

115) Lincoln, 'Warriors and Non-Herdsmen', p. 153.

116) Yasna 44.

117) Lincoln, 'Warriors and Non-Herdsmen', p. 158.

2장 인도, 비폭력을 향한 험난한 길

1) Jarrod L. Whitaker, *Strong Arms and Drinking Strength: Masculinity, Violence and the Body in Ancient India* (Oxford, 2011), pp. 152-153.

2) Rig Veda(리그베다) 3.32:1-4, 9-11. Ralph T. Griffith, *The Rig Veda* (London, 1992)에서 인용.

3) Edwin Bryant, *The Quest for the Origins of Vedic Culture: The Indo-Aryan Debate* (Oxford and New York, 2001); Colin Renfrew, *The Puzzle of Indo-European Origins* (London, 1987); Romila Thapar, *Early India: From the Origins to AD 1300* (Berkeley and Los Angeles, 2002), pp. 105-107.

4) Whitaker, *Strong Arms*, pp. 3-5; Wendy Doniger, *The Hindus: An Alternative History* (Oxford, 2009), pp. 111-113.

5) Louis Renou, *Religions of Ancient India* (London, 1953), p. 20; Michael Witzel, 'Vedas and Upanishads', in Gavin Flood 편, *Blackwell Companion to Hinduism* (Oxford, 2003), pp. 70-71; J. C. Heesterman, 'Ritual, Revelation and the Axial Age', in S. N.

Eisenstadt 편, *The Origins and Diversity of Axial Age Civilizations* (Albany, NY, 1986), p. 398.

6) J. C. Heesterman, 'Ritual, Revelation and the Axial Age', pp. 396–398; Heesterman, *The Inner Conflict of Tradition: Essays on Indian Ritual, Kingship and Society* (Chicago and London, 1985), p. 206; John Keay, *India: A History* (London, 2000), pp. 31–33; Thapar, *Early India*, pp. 126–130.

7) Rig Veda 1.32.5.

8) Shatapatha Brahmana(SB) 6.8.1.1. J. C. Heesterman, *The Broken World of Sacrifice: An Essay in Ancient Indian Religion* (Chicago and London, 1993), p. 123에서 인용.

9) Rig Veda 8.16.1; 8.95.6; 10.38.4.

10) Whitaker, *Strong Arms*, pp. 3–5; 16–23; Catherine Bell, *Ritual Theory, Ritual Practice* (New York, 1992), pp. 180–181, 221.

11) Renou, *Religions of Ancient India*, p. 6; Witzel, 'Vedas and Upanishads', p. 73.

12) Whitaker, *Strong Arms*, pp. 115–117.

13) Rig Veda 2.22.4.

14) Rig Veda 3.31; 10.62.2.

15) Witzel, 'Vedas and Upanishads', p. 72.

16) Doniger, *Hindus*, p. 114.

17) Heesterman, 'Ritual and Revelation', p. 403.

18) SB 7.1.1.1–4, in Mircea Eliade, *The Myth of the Eternal Return or Cosmos and History*, Willard R. Trask 역 (Princeton, 1974), pp. 10–11.

19) Maitrayani Samhita 4.2.1.23.2, in Heesterman, *Broken World*, pp. 23–24; 134–137.

20) SB 2.2.2.8–10, in Heesterman, *Broken World*, p. 24.

21) Georges Dumézil, *The Destiny of the Warrior*, Alf Hiltebeitel 역 (Chicago and London, 1970), pp. 76–78.

22) John H. Kautsky, *The Political Consequences of Modernization* (New Brunswick and London, 1997), pp. 25–26.

23) Whitaker, *Strong Arms*, p. 158.

24) Louis Renou, 'Sur la Notion de "brahman"', *Journal Asiatique*, 237 (1949); Jan Gonda, *Change and Continuity in Indian Religion* (The Hague, 1965), p. 200.

25) Rig Veda 1.164.46. 가루트만은 태양이었다.

26) Rig Veda 10.129.6–7.

27) Jan Gonda, *The Vision of the Vedic Poets* (The Hague, 1963), p. 18.

28) Renou, *Religions of Ancient India*, pp. 220–225; R. C. Zaehner, *Hinduism* (London, New York and Toronto, 1962), pp. 219–225.

29) Rig Veda 10.90.

30) 같은 책, 10.90.11 – 14. Griffith의 번역을 수정했다.

31) Bruce Lincoln, 'Indo-European Religions: An Introduction', in *Death, War and Sacrifice: Studies in Ideology and Practice* (Chicago and London, 1991), p. 8.

32) Bruce Lincoln, 'Sacrificial Ideology and Indo-European Society', 같은 책, p. 173.

33) Thapar, *Early India*, p. 123.

34) Lincoln, 'Sacrificial Ideology', pp. 174 – 175.

35) 같은 책, pp. 143 – 147.

36) Reinhard Bendix, *Kings or People: Power and the Mandate to Rule* (Berkeley, 1977), p. 228.

37) Max Weber, *The Religion of India: The Sociology of Hinduism and Buddhism*, Hans H. Gerth and Don Martindale 편역 (Glencoe, Ill., 1951), p. 65.

38) Alfred Vogts, *A History of Militarism: Civilian and Military*, 개정판 (New York, 1959), p. 42.

39) Pancavimsha Brahmana(PB) 7.7:9 – 10, in Heesterman, *Broken World*, p. 62.

40) SB 6.8.14; Heesterman, 'Ritual, Revelation and the Axial Age', p. 402.

41) J. C. Heesterman, *The Inner Conflict of Tradition: Essays on Indian Ritual, Kingship and Society* (Chicago and London, 1993), pp. 68, 84 – 85.

42) Rig Veda 1.132:20 – 21.

43) Taittiriya Samhita(TS) 6.4.8.1, in Heesterman, *Inner Conflict*, p. 209.

44) Taittiriya Brahmana(TB) 3.7.7.14, 같은 책, p. 34.

45) Witzel, 'Vedas and Upanisads', p. 82.

46) SB 10.6.5.8, in Heesterman, *Broken World*, p. 57.

47) Zaehner, *Hinduism*, pp. 59 – 60; Renou, *Religions of Ancient India*, p. 18; Witzel, 'Vedas and Upanisads', p. 81; Brian K. Smith, *Reflections on Resemblance, Ritual and Religion* (Oxford and New York, 1989), pp. 30 – 34, 72 – 81.

48) Jonathan Z. Smith, 'The Bare Facts of Ritual', in *Imagining Religion: From Babylon to Jonestown* (Chicago and London, 1982), p. 63.

49) Doniger, *Hindus*, pp. 137 – 142; Gavin Flood, *An Introduction to Hinduism* (Oxford, 2003), pp. 80 – 81.

50) Thapar, *Early India*, pp. 150 – 152.

51) G. Buhler, *The Laws of Manu*, 7.16 – 22, (Delhi, 1962).

52) Thapar, *Early India*, pp. 147 – 149; Doniger, *Hindus*, pp. 165 – 166.

53) Thapar, *Early India*, p. 138.

54) Hermann Kulke, 'The Historical Background of India's Axial Age', in S. N. Eisenstadt 편, *The Origins and Diversity of Axial Age Civilizations* (Albany, NY, 1986), p. 385.

55) Thapar, *Early India*, p. 154.

56) Richard Gombrich, *Theravada Buddhism: A Social History from Ancient Benares to Modern Colombo* (London and New York, 1988), pp. 55-56.

57) 같은 책, pp. 58-59; William H. McNeill, *Plagues and Peoples* (Garden City, NY, 1976), p. 60; Patrick Olivelle 편역, *Samnayasa Upanisads: Hindu Scriptures on Asceticism and Renunciation* (New York and Oxford, 1992), p. 34; Doniger, *Hindus*, p. 171.

58) Thomas J. Hopkins, *The Hindu Religious Tradition* (Belmont, Calif.,1971), pp. 50-51; Doniger, *Hindus*, p. 165.

59) Chandogya Upanishad(CU) 5.10.7. 우파니샤드 인용은 Patrick Olivelle 편, *Upanisads*(우파니샤드) (Oxford and New York)에서 가져왔다. Brhadaranyaka Upanishad(BU) 4.4.23-35; Thapar, *Early India*, p. 130.

60) Olivelle, *Samnayasa Upanisads*, pp. 37-38.

61) Olivelle, *Upanisads*, p. xxix; Witzel, 'Vedas and Upanisads', pp. 85-86.

62) BU 1.4.6.

63) BU 1.4.10.

64) BU 4.4.5-7.

65) BU 4.4.23-35.

66) CU 8:7-12.

67) CU 6:11.

68) CU 6:12.

69) CU 6:13.

70) CU 6:10.

71) Thapar, *Early India*, p. 132.

72) Flood, *Introduction to Hinduism*, p. 91; Patrick Olivelle, 'The Renouncer Tradition', in Gavin Flood 편, *The Blackwell Companion to Hinduism* (Oxford, 2003), p. 271.

73) Steven Collins, *Selfless Persons: Imagery and Thought in Theravada Buddhism* (Cambridge, UK, 1982), p. 64; Paul Dundas, *The Jains*, 2판 (London and New York, 2002), p. 64.

74) Manara Gryha Sutra 1.1.6, in Heesterman, *Broken World*, pp. 164-174; Gonda, *Change and Continuity*, pp. 228-235; 285-294.

75) Gonda, *Change and Continuity*, pp. 380-384; Patrick Olivelle, 'The Renouncer Tradition', pp. 281-282.

76) Digha Nikaya(DN), in Olivelle, *Samnyasa Upanisads*, p. 43.

77) Naradaparivrajaka Upanisad(NpU) 143, in Olivelle, *Samnyasa Upanisads*, p. 108.

78) 같은 책, p. 185.

79) A. Ghosh, *The City in Early Historical India* (Simla, 1973), p. 55; Olivelle,

Samnyasa Upanisads, pp. 45-46.

80) Mircea Eliade, *Yoga, Immortality and Freedom*, Willard Trask 역 (London, 1958), pp. 59-62.

81) Patanjali, Yoga Sutras 2.42, in Eliade, *Yoga*, p. 52.

82) Dundas, *Jains*, pp. 28-30.

83) 같은 책, pp. 106-107.

84) Acaranga Sutra(AS) 1.4.1.1-2, in Dundas, *Jains*, pp. 41-42.

85) AS 1.2.3, 같은 곳.

86) Avashyaksutra 32, 같은 책, p. 171.

87) 서양 학자들은 붓다가 기원전 563년경에 태어났다고 생각한 적도 있지만 최근의 연구는 그가 그보다 백 년쯤 뒤에 살았음을 보여준다. Heinz Berchant, 'The Date of the Buddha Reconsidered', *Indologia Taurinensin*, 10 (연도 불명).

88) Majjhima Nikaya(MN) 38. 달리 언급이 없으면 불교 경전의 모든 인용은 저자가 해석한 것이다.

89) 붓다의 영적 방법에 관해서는 *Buddha: A Penguin Life* (New York, 2001)에서 더 자세히 이야기했다. 또한 다음을 보라. Richard F. Gombrich, *How Buddhism Began: The Conditioned Genesis of the Early Teachings* (London and Atlantic Highlands, NJ. 1966); Michael Carrithers, *The Buddha* (Oxford and New York, 1993); Karl Jaspers, *The Great Philosophers: The Foundations*, Hannah Arendt 편, Ralph Manheim 역 (London, 1962), pp. 99-105; Trevor Ling, *The Buddha: Buddhist Civilization in India and Ceylon* (London, 1973).

90) Edward Conze, *Buddhism: Its Essence and Development* (Oxford, 1951), p. 102; Hermann Oldenberg, *Buddha: His Life, His Doctrine, His Order*, William Hoeg 역 (London, 1882), pp. 299-302.

91) Sutta Nipata(SN) 118.

92) Vinaya, *Mahavagga* I:ii; Ling, *The Buddha*, p. 134.

93) Anguttara Nikaya(AN) 1.211.

94) 같은 책, 1.27; SN 700; Bikkhu Nanamoli 편, *The Life of the Buddha, according to the Pali Canon* (Kandy, Sri Lanka, 1992), p. 134.

95) MN 89.

96) Thapar, *Early India*, pp. 174-198.

97) Patrick Olivelle 편, *Asoka, in History and Historical Memory* (Delhi, 2009), p. 1.

98) Major Rock Edict XIII. Romila Thapar, *Asoka and the Decline of the Mauryas* (Oxford, 1961), pp. 255-256에서 인용.

99) 같은 곳.

100) Olivelle, *Asoka*, p. 1.

101) Pillar Edict VII, in Thapar, *Asoka*, p. 255.

102) Major Rock Edict XII, 같은 곳.

103) Major Rock Edict XI, 같은 책, p. 254.

104) Ananda K. Coomaraswamy and Sister Nivedita, *Myths of the Hindus and Buddhists* (New York, 1967), p. 118.

105) Shruti Kapila and Faisal Devji 편, *Political Thought in Action: The Bhagavad Gita and Modern India* (Cambridge, 2013).

106) Doniger, *Hindus*, pp. 262－264.

107) Thapar, *Early India*, p. 207.

108) Mahabharata(《마하바라타》) 7.70.44, in J. A. B. van Buitenen 편역, *The Mahabharata, vol. 3: Book 4: The Book of Virata; Book 5: The Book of the Effort* (Chicago and London, 1978).

109) Mahabharata 5.70.46－66. van Buitenen 번역.

110) 같은 책, 7.165.63.

111) 같은 책, 9.60.59－63, in John D. Smith 편역, *The Mahabharata: An Abridged Translation* (London, 2009).

112) 같은 책, 10.8.3.

113) 같은 책, 10.10.14.

114) Mahabharata 12.15. Doniger, *Hindus*, p. 270에서 인용.

115) 같은 책, 17.3.

116) Bhagavad Gita(《바가바드기타》) 1:33－34, 36－37. 모든 인용은 Barbara Stoler Miller, *The Bhagavad-Gita: Krishna's Cousel in Time of War* (New York, Toronto and London, 1986)에서 가져왔다.

117) 같은 책, 2.9.

118) 같은 책, 4.20.

119) 같은 책, 9.9.

120) 같은 책, 11.32－33.

121) 같은 책, 11.55.

3장 중국, 전쟁의 고통에서 등장한 군자

1) *Liezi jishi*(《열자집석》), 2, in Mark Edward Lewis, *Sanctioned Violence in Early China* (Albany, NY, 1990), p. 200.

2) 같은 책, pp. 167－172.

3) 같은 책, pp. 176－179.

4) Marcel Granet, *Chinese Civilization*, Kathleen Innes and Mabel Brailsford 역 (London and New York, 1951), pp. 11－12; Granet, *The Religion of the Chinese People*,

Maurice Freedman 편역 (Oxford, 1975), pp. 66-68.

5) *Taijong yulan*(《태평어람》), 79, in Lewis, *Sanctioned Violence*, p. 203.

6) 같은 곳.

7) 같은 책, p. 201.

8) Granet, *Chinese Civilization*, pp. 11-16; Henri Maspero, *China in Antiquity*, 2판, Frank A. Kiermannn, Jr. 역 (Folkestone, 1978), pp. 115-119.

9) John King Fairbank and Merle Goldman, *China: A New History*, 2판 (Cambridge, Mass., and London, 2006), p. 34.

10) Jacques Gernet, *A History of Chinese Civilization*, 2판, J. R. Foster and Charles Hartman 역 (Cambridge, UK and New York, 1996), pp. 39-40.

11) 같은 책, pp. 41-50; Jacques Gernet, *Ancient China: From the Beginnings to the Empire*, Raymond Rudorff 역 (London, 1968), pp. 37-65; Wm. Theodore De Bary and Irene Bloom 편, *Sources of Chinese Tradition: From Earliest Times to 1600*, 2판 (New York, 1999), pp. 3-25; D. Howard Smith, *Chinese Religions* (London, 1968), pp. 1-11.

12) Gernet, *History of Chinese Civilization*, pp. 45-46; Gernet, *Ancient China*, pp. 50-53; Granet, *Religion of the Chinese People*, pp. 37-54.

13) Arthur Waley 편역, *The Book of Songs*(《시경》), 35, 167, 185 (London, 1937).

14) Sima Qian, *Records of a Master Historian*(《사기》), 1.56, 79, in Granet, *Chinese Civilization*, p. 12.

15) Gernet, *Chinese Civilization*, p. 49.

16) Marshall G. S. Hodgson, *The Venture of Islam: Conscience and History in a World Civilization*, 3 vols (Chicago and London, 1974), 1, pp. 281-282.

17) Lewis, *Sanctioned Violence*, pp. 15-27; Fairbank and Goldman, *China*, pp. 49-50.

18) Fairbank and Goldman, *China*, p. 45.

19) K. C. Chang, *Art, Myth and Ritual: The Path to Political Authority in Ancient China* (Cambridge, Mass., 1985), pp. 95-100; Fairbank and Goldman, *China*, pp. 42-44.

20) Walter Burkert, *Homo Necans: The Anthropology of Ancient Greek Sacrificial Ritual and Myth*, Walter Bing 역 (Berkeley, 1983), p. 47.

21) David. N. Keightley, 'The Late Shang State: When, Where, What?', in Keightley 편, *The Origins of Chinese Civilization* (Berkeley, 1983), pp. 256-259.

22) Michael J. Puett, *To Become a God: Cosmology, Sacrifice and Self-Divinization in Early China* (Cambridge, Mass., and London, 2002), pp. 32-76.

23) Oracle 23, in De Bary and Bloom, *Sources*, p. 12.

24) Lewis, *Sanctioned Violence*, pp. 26-27.

25) *The Book of Mozi*(《묵자》), 3.25, in Gernet, *Ancient China*, p. 65.

26) *Shujing*(The Classic of Documents), The Shao Announcement(《서경》〈소고〉), in De Bary and Bloom, *Sources*, pp. 35–37.

27) H. G. Creel, *Confucius: The Man and the Myth* (London, 1951), pp. 19–25; Benjamin I. Schwarz, *The World of Thought in Ancient China* (Cambridge, Mass., and London, 1985), pp. 57–59; Jean-Pierre Vernant, *Myth and Society in Ancient Greece*, 3판, Janet Lloyd 역 (New York, 1996), pp. 80–90에 있는 Jacques Gernet 언급 참조.

28) Gernet, *Ancient China*, pp. 71–75.

29) Granet, *Chinese Civilization*, pp. 97–100.

30) Fung Yu-lan, *A Short History of Chinese Philosophy*, Derk Bodde 역 (New York, 1978), pp. 32–37.

31) *The Classic of Documents*, The Canon of Yao and the Canon of Shun(《서경》〈요전〉, 〈순전〉), in De Bary and Bloom, *Sources*, p. 29.

32) *Record of Rites*(《예기》), 2.263, in James Legge 역, *The Li Ki* (Oxford, 1885).

33) 같은 책, 2.359. Legge 번역.

34) Granet, *Chinese Civilization*, pp. 297–308.

35) *Record of Rites*, 1.215. Legge 번역.

36) Granet, *Chinese Civilization*, pp. 310–343.

37) Gernet, *Ancient China*, p. 75.

38) Granet, *Chinese Civilization*, pp. 261–284; Gernet, *History of Chinese Civilization*, pp. 261–279; Gernet, *Ancient China*, p. 75; Holmes Welch, *The Parting of the Way: Lao Tzu and the Taoist Movement* (London, 1958), p. 18.

39) *Zuozhuan*(《좌전》), 1.320, in James Legge 역, *The Ch'un Ts'ew and the Tso Chuen*, 2판 (Hong Kong, 1960).

40) 같은 책, 1.635. Legge 번역.

41) 같은 책, 2.234. Legge 번역.

42) 같은 책, 1.627. Legge 번역.

43) James A. Aho, *Religious Mythology and the Art of War: Comparative Religious Symbolism of Military Violence* (Westport, Conn., 1981), pp. 110–111.

44) 노나라(기원전 722–481년경) 역사서이자 오경에 포함되는 *Chunqin*(The Spring and Autumn Annals)(《춘추》) 10.17.4에 기록되어 있다. J. Legge, *The Ch'un Ts'ew and Tso Chuen*, 2판 (Hong Kong, 1960)에서 인용.

45) 같은 책, 1.9.6.

46) Herbert Fingarette, *Confucius: The Secular as Sacred* (New York, 1972).

47) Benjamin L. Schwartz, *The World of Thought in Ancient China* (Cambridge, Mass.,

1985), p. 62; Fung, *Short History*, p. 12.

48) Wm. Theodore De Bary, *The Trouble with Confucianism* (Cambridge, Mass., and London, 1996), pp. 24–33.

49) Analects(《논어》) 12.3, in Edward Slingerland 편역, *Confucius: Analects* (New York, 2003).

50) Analects 15.24. Slingerland 번역.

51) Analects 4.15; 15.23, in Arthur Waley 편역, *The Analects of Confucius* (New York, 1992).

52) Analects 6.30. Slingerland 번역.

53) 같은 곳. Waley 번역.

54) De Bary, *Trouble with Confucianism*, p. 30.

55) Schwartz, *World of Thought*, pp. 155, 157–158.

56) Analects 12.1. Slingerland 번역, p. 77.

57) 같은 곳. Slingerland 번역.

58) Fingarette, *Confucius*, pp. 1–17; 46–79.

59) Analects 7.30.

60) Analects 12.3.

61) Tu Wei-ming, *Confucian Thought: Selfhood as Creative Transformation* (Albany, NY, 1985), pp. 115–116.

62) 같은 책, pp. 57–58; Huston Smith, *The World's Religions: Our Great Wisdom Traditions* (San Francisco, 1991), pp. 180–181.

63) Analects 13.30.

64) Don J. Wyatt, 'Confucian Ethical Action and the Boundaries of Peace and War', in Andrew R. Murphy 편, *The Blackwell Companion to Religion and Violence* (Chichester, 2011).

65) Analects 12.7. Slingerland 번역.

66) 같은 곳.

67) Analects 16.2.

68) Analects 2.3.

69) *The Book of Mencius*, 3.A.4, in D. C. Lau 역, *Mencius* (London, 1975).

70) Xinzhong Yao, *An Introduction to Confucianism* (Cambridge, UK, 2000), p. 28.

71) Mencius 7.B.4. Lau 번역.

72) 같은 곳.

73) Mencius 7.B.2. Lau 번역; Wyatt, 'Confucian Ethical Action', pp. 240–244.

74) Mencius 2.A.1. Lau 번역.

75) A. C. Graham, *Later Mohist Logic, Ethics, and Science* (Hong Kong, 1978), p. 4;

Gernet, *Ancient China*, pp. 116-117.

76) Mozi 3.16. Fung Yu-lan, *Short History*, p. 55에서 인용.

77) Mozi 15:11-15, in B. Watson 편역, *Mo-Tzu: Basic Writings* (New York, 1963).

78) A. C. Graham, *Disputers of the Tao: Philosophical Argument in Ancient China* (La Salle, Ill., 1989), p. 41.

79) Mozi 15.

80) Graham, *Later Mobist Logic*, p. 250.

81) Lewis, *Sanctioned Violence*, pp. 56-61.

82) *Zuozhuan* 2.30. Legge 번역.

83) R. D. Sawyer, *The Seven Military Classics of Ancient China* (Boulder, Co., 1993), p. 254.

84) 같은 책, p. 243.

85) 같은 책, pp. 97-118; John Keegan, *A History of Warfare* (London, 1993), pp. 202-208; Robert L. O'Connell, *Ride of the Second Horseman: The Birth and Death of War* (New York and Oxford, 1989), pp. 171-173; R. D. Sawyer, *The Military Classics of Ancient China* (Boulder, Co., 1993).

86) The Book of Master Sun(Sunzi)(《손자병법》). Thomas Cleary, *Sun Tzu: The Art of War* (Boston and London, 1988), p. 56에서 인용.

87) 같은 책, Chapter 3.

88) 같은 곳.

89) *The Book of Master Sun*, Chapter 1. De Bary and Bloom, *Sources*, p. 217에서 인용.

90) 같은 책. Cleary 번역, pp. 81-83.

91) 같은 책, p, 86.

92) 같은 책, p. 5. Bary and Bloom 번역.

93) Fairbank and Goldman, *China*, pp. 53-54.

94) Graham, *Disputers of the Tao*, pp. 172; Schwartz, *World of Thought*, pp. 215-236; Fung Yu-lan, *Short History*, pp. 104-117.

95) Graham, *Disputers of the Tao*, pp. 170-213; Schwartz, *World of Thought*, pp. 186-215; Max Kaltenmark, *Lao Tzu and Taoism*, Roger Greaves 역 (Stanford, 1969), pp. 93-103.

96) Daodejing(《도덕경》) 37, in D. C. Lau 역, *Lao Tzu: Tao Te Ching* (London, 1963).

97) 같은 책, 16. Lau 번역.

98) 같은 책, 78. Lau 번역.

99) 같은 책, 6. Lau 번역.

100) 같은 책, 31. Kaltenmark 번역.

101) 같은 책, 68. Kaltenmark 번역.

102) 같은 책, 22. De Bary and Bloom 번역.

103) *Shang Jun Shu*(《상군서》). Lewis, *Sanctioned Violence*, p. 64에서 인용.

104) Schwartz, *World of Thought*, pp. 321-323.

105) Lewis, *Sanctioned Violence*, pp. 61-65.

106) Graham, *Disputers of the Tao*, pp. 207-276; Schwartz, *World of Thought*, pp. 321-343; Fung Yu-lan, *Short History*, pp. 155-165; Julia Ching, *Mysticism and Kingship in China: The Heart of Chinese Wisdom* (Cambridge, UK, 1997), pp. 236-241.

107) *Shang Jun Shu*. Mark Elvin, 'Was There a Transcendental Breakthrough in China?', in S. N. Eisenstadt 편, *The Origins and Diversity of the Axial Civilizations* (Albany, NY, 1980), p. 352에서 인용.

108) *Shang Jun Shu*. Graham, *Disputers of the Tao*, p. 290에서 인용.

109) *Shang Jun Shu*, 15.72, in B. Watson 편역, *Hsun-Tzu: Basic Writings* (New York, 1963).

110) 같은 곳.

111) *The Book of Xunzi*(《순자》), 10, in Graham, *Disputers of the Tao*, p. 238.

112) *Han Feizi*(《한비자》), 5. Watson 번역.

113) 같은 곳.

114) Ching, *Mysticism and Kingship*, p. 171.

115) Xunzi 21:34-38, in Barton Watson 역, *Basic Writings* (New York, 2003).

116) Fairbank and Goldman, *China*, p. 56; Derk Bodde, 'Feudalism in China', in Rushton Coulbourn 편, *Feudalism in History* (Hamden, Conn., 1965), p. 69.

117) *Records of a Master Historian*, 6.239.

118) 같은 책, 6.87.

119) Lewis, *Sanctioned Violence*, pp. 99-101.

120) Sima Qian, *Records of a Master Historian*, Introduction(《사기》〈서〉). Lewis, *Sanctioned Violence*, p. 141에서 인용.

121) Schwartz, *World of Thought*, pp. 237-253.

122) Lewis, *Sanctioned Violence*, pp. 145-157; Derk Bodde, *Festivals in Classical China: New Year and Other Annual Observances during the Han Dynasty, 206 BC TO AD 220* (Princeton, 1975).

123) Lewis, *Sanctioned Violence*, p. 147.

124) Sima Qian, *Records of a Master Historian*, 8.1, in Fung Yu-lan, *Short History*, p. 215.

125) Fung Yu-lan, *Short History*, pp. 205-216; Graham, *Disputers of the Tao*, pp. 313-377; Schwartz, *World of Thought*, pp. 383-406.

126) Fairbank and Goldman, *China*, pp. 67-71.

127) Joseph R. Levenson and Franz Schurman, *China: An Interpretive History — from the Beginnings to the Fall of Han* (Berkeley, Los Angeles and London, 1969), p. 94.

128) De Bary, *Trouble with Confucianism*, pp. 48−49.

129) *Yan tie Lun*(《염철론》), 19. De Bary and Bloom, *Sources*, p. 223에서 인용.

130) Hu Shih, 'Confucianism', in *Encyclopaedia of Social Science* (1930−1935), 4, pp. 198−201; Ching, *Mysticism and Kingship*, p. 85.

131) De Bary, *Trouble with Confucianism*, p. 49; Fairbank and Goldman, *China*, p. 63.

4장 폭력과 평화 사이, 히브리인의 딜레마

1) Genesis(《창세기》) 2:7−3:24. 다른 언급이 없으면 모든 성경 인용은 *The Jerusalem Bible* (London, 1996)에서 가져왔다.

2) Genesis 3:17−19.

3) Genesis 4:10−11, Everett Fox 역, *The Five Books of Moses* (New York, 1990).

4) Genesis 4:17−22.

5) Genesis 4:9.

6) Genesis 12:1−3.

7) Israel Finkelstein and Neil Asher, *The Bible Unearthed: Archaeology's New Vision of Ancient Israel and the Origins of its Sacred Texts* (New York and London, 2001), pp. 103−107; William G. Dever, *What Did the Biblical Writers Know and When Did They Know It? What Archaeology Can Tell Us About the Reality of Ancient Israel* (Grand Rapids, Mich., and Cambridge, UK, 2001), pp. 110−118.

8) George W. Mendenhall, *The Tenth Generation: The Origins of Biblical Tradition* (Baltimore and London, 1973); P. M. Lemche, *Early Israel: Anthropological and Historical Studies on the Israelite Society before the Monarchy* (Leiden, 1985); D. C. Hopkins, *The Highlands of Canaan* (Sheffield, 1985); James D. Martin, 'Israel as a Tribal Society', in R. E. Clements 편, *The World of Ancient Israel: Sociological, Anthropological and Political Perspectives* (Cambridge, UK, 1989); H. G. M. Williamson, 'The Concept of Israel in Transition', in Clements, *World of Ancient Israel*, pp. 94−114.

9) Finkelstein and Asher, *Bible Unearthed*, pp. 89−92.

10) John H. Kautsky, *The Politics of Aristocratic Empires*, 2판 (New Brunswick and London, 1997), p. 275; Karl A. Wittfogel, *Oriental Despotism: A Comparative Study of Total Power* (New Haven, Conn., 1957), pp. 331−332.

11) Joshua(《여호수아》) 9:15; Exdus(《출애굽기》) 6:15; Judges(《사사기》) 1:16; 4:11; 1 Samuel(《사무엘상》) 27:10; Frank Moore Cross, *Canaanite Myth and Hebrew Epic: Essays in the History of the Religion of Israel* (Cambridge, Mass., and London,

1973), pp. 49-50.

12) Cross, *Canaanite Myth*, p. 69; Peter Machinist, 'Distinctiveness in Ancient Israel', in Mordechai Cogan and Israel Ephal 편, *Studies in Assyrian History and Ancient Near Eastern Historiography* (Jerusalem, 1991).

13) 이 주제는 Yoram Hazony, *The Philosophy of Hebrew Scripture* (Cambridge, 2012), pp. 103-160에서 더 자세히 다루고 있다.

14) Norman Gottwald, *The Hebrew Bible in Its Social World and in Ours* (Atlanta, 1993), pp. 115, 163.

15) Leviticus 25:23-28, 35-55; Deuteronomy(⟨신명기⟩) 24:19-22; Gottwald, *Hebrew Bible*, p. 162.

16) 이 과정은 *A History of God: The 4,000-Year Quest of Judaism, Christianity and Islam* (London and New York, 1993)에서 기술했다.

17) Psalms(⟨시편⟩) 74:14; 104:26; Isaiah(⟨이사야⟩) 27:1; Job(⟨욥기⟩) 26:13; 40:25-31.

18) Genesis 11:1-9.

19) Genesis 11:9.

20) Genesis 12:1-3. 정확하게 말하자면 야훼는 현대 이라크의 하란에서 아브라함을 불렀다. 그의 아버지 데라는 우르를 떠났지만 하란까지밖에 이르지 못했다. 야훼는 아브라함을 우르에서 불러낸 것으로 간주하여 이주 전체에 대한 책임을 떠안으면서 이렇게 말한다. "나는 …… 너를 갈대아 우르에서 이끌어낸 야훼다."(Genesis 15:7)

21) Hazony, *Philosophy of Hebrew Scripture*, p. 121.

22) 같은 책, pp. 122-126.

23) Genesis 12:10.

24) Genesis 26:16-22. 36:6-8도 참조하라.

25) Genesis 41:57-42:3.

26) Genesis 37:5-7.

27) Genesis 37:8. Fox 번역.

28) Genesis 37:10. Fox 번역.

29) Genesis 41:51. Fox 번역.

30) Genesis 41:48-49.

31) Genesis 47:13-14, 20-21.

32) Genesis 50:4-9. 야곱이 죽은 뒤 요셉과 형제들은 아버지의 시신을 가나안 땅으로 다시 가져가도 좋다는 허락을 받고 병거와 기병까지 거느린 "굉장한 행렬"과 함께 떠나지만 그들의 자식과 소유는 볼모로 이집트에 남겨두어야 했다.

33) Genesis 12:15; 20:2; 26:17-18; 14:11-12; 34:1-2; Hazony, *Philosophy of Hebrew Scripture*, pp. 111-113, 143.

34) Genesis 14:21-25.

35) Genesis 18:1-8; 19:1-9.

36) Genesis 18:22-32.

37) Genesis 49:7.

38) Genesis 49:8-12; 44:18-34.

39) Exdus 1:11, 14.

40) Exdus 2:11.

41) Hazony, *Philosophy of Hebrew Scripture*, pp. 143-144.

42) Exdus 24:9-11.

43) Exdus 31:18.

44) 다음을 참조하라. Exdus 24:9-31:18; William M. Schniedewind, *How the Bible Became a Book: The Textualization of Ancient Israel* (Cambridge, UK, 2004), pp. 121-134.

45) 예를 들어 Judges 1; 3:1-6; Ezra(《에스라》) 9:1-2.

46) Regina Schwartz, *The Curse of Cain: The Violent Legacy of Monotheism* (Chicago, 1997); Hector Avalos, *Fighting Words: The Origins of Religious Violence* (Amherst, NY, 2005).

47) Mark S. Smith, *The Early History of God: Yahweh and the Other Deities in Ancient Israel* (New York and London, 1990); Smith, *The Origins of Biblical Monotheism: Israel's Polytheistic Background and the Ugaritic Texts* (New York and London, 2001).

48) Joshua 24; S. David Sperling, 'Joshua 24 Re-examined', *Hebrew Union College Annual*, 58 (1987); Sperling, *The Original Torah: The Political Intent of the Bible's Writers* (New York and London, 1998), pp. 68-72; John Bowker, *The Religious Imagination and the Sense of God* (Oxford, 1978), pp. 58-68.

49) Exdus 20:3. Fox 번역.

50) Susan Niditch, *War in the Hebrew Bible: A Study of the Ethics of Violence* (New York and Oxford, 1993), pp. 28-36; 41-62; 152.

51) Numbers(《민수기》) 21:2에 나오는 비슷한 거래와 비교해보라.

52) Joshua 6:21.

53) Joshua 8:25.

54) Joshua 8:28.

55) Lauren A. Monroe, *Josiah's Reform and the Dynamics of Defilement: Israelite Rites of Violence and the Making of a Biblical Text* (Oxford, 2011), pp. 45-76.

56) Mesha Stele 15-17, in Kent P. Jackson, 'The Language of the Mesha Inscription', in Andrew Dearman 편, *Studies in the Mesha Inscription and Moab* (Atlanta, 1989), p. 98; Norman K. Gottwald, *The Politics of Ancient Israel* (Louisville, 2001), p. 194. 2

Kings(〈열왕기하〉) 3:4 - 27도 참조하라.

57) Mesha Stele 17. Jackson 번역.

58) H. Hoffner, 'History and the Historians of the Ancient Near East: The Hittites', *Orientalia*, 49 (1980); Nidditch, *War in the Hebrew Bible*, p. 51.

59) Judges 21:25.

60) Judges 11:29 - 40.

61) Judges 18.

62) Judges 19.

63) Judges 20 - 21.

64) 1 Samuel 8:5.

65) 1 Samuel 8:11-18.

66) Gottwald, *Politics of Ancient Israel*, pp. 177 - 179.

67) Nidditch, *War in the Hebrew Bible*, pp. 90 - 105.

68) 1 Samuel 17:1 - 13; Quincy Wright, *A Study of Warfare*, 2 vols (Chicago, 1942), 1, pp. 401 - 415.

69) 2 Samuel(〈사무엘하〉) 2:23.

70) 2 Samuel 5:6.

71) 1 Chronicles(〈역대상〉) 22:8 - 9.

72) Gosta W. Ahlstrom, *The History of Ancient Palestine* (Minneapolis, 1993), pp. 504 - 505.

73) 1 Kings(〈열왕기상〉) 7:15 - 26.

74) Richard J. Clifford, *The Cosmic Mountain in Canaan and the Old Testament* (Cambridge, Mass., 1972), 여러 곳; Ben C. Ollenburger, *Zion, City of the Great King: A Theological Symbol of the Jerusalem Cult* (Sheffield, 1987), pp. 14 - 16; Margaret Barker, *The Gate of Heaven: The History and Symbolism of the Temple in Jerusalem* (London, 1991), p. 64; Hans-Joachim Kraus, *Worship in Israel: A Cultic History of the Old Testament* (Oxford, 1966), pp. 201 - 204.

75) 1 Kings 9:3; David Ussishkin, 'King Solomon's Palaces', *Biblical Archaeologist*, 36 (1973).

76) 1 Kings 10:26 - 29.

77) 1 Kings 9:3; 5:4 - 6.

78) 1 Kings 4:1 - 5:1.

79) 〈열왕기상〉 5:27 - 32와 9:20 - 21는 모순된다. 〈신명기〉 저자들은 자신들의 개혁적 태도 때문에 재앙을 솔로몬의 우상숭배 탓으로 돌리고 싶은 마음이 간절했다.

80) 1 Kings 11:1 - 13.

81) 1 Kings 12:4.

82) 1 Kings 12:17 - 19.

83) Psalms 2:7 - 8; 110:12 - 14.

84) Psalms 110:5 - 6.

85) Andrew Mein, *Ezekiel and the Ethics of Exile* (Oxford and New York, 2001), pp. 20 - 38.

86) Amos(《아모스》) 2:6.

87) Amos 3:10.

88) Amos 7:17; 9:7 - 8.

89) Amos 7:17; 9:7 - 8.

90) Amos 1:2 - 2:5.

91) Isaiah 1:16 - 18.

92) Gottwald, *Politics of Ancient Israel*, pp. 210 - 212.

93) Finkelstein and Asher, *Bible Unearthed*, pp. 263 - 264.

94) 같은 책, pp. 264 - 273.

95) 2 Kings 21:2 - 7; 23:10 - 11.

96) Psalms 68:17; Ahlstrom, *History of Ancient Palestine*, p. 734.

97) Schniedewind, *How the Bible Became a Book*, pp. 91 - 117; Calum M. Carmichael, *The Laws of Deuteronomy* (Eugene, Oreg., 1974); Bernard M. Levinson, *Deuteronomy and the Hermeneutics of Legal Innovation* (Oxford, 1998); Moshe Weinfeld, *Deuteronomy and the Deuteronomic School* (Oxford, 1972); Joshua Berman, *Biblical Revolutions: The Transformation of Social and Political Thought in the Ancient Near East* (New York and Oxford, 2008).

98) 2 Kings 22:8.

99) Exdus 24:3, 7; Schniedewind, *How the Bible Became a Book*, pp. 121 - 126.

100) Exdus 24:4 - 8. 이 구절은 개혁가들이 더 오래된 전승에 집어넣은 것이다. 성경에서 '세페르 토라'라는 말이 이곳에서 한 번 더 나온다.

101) Deuteronomy 6:4.

102) Deuteronomy 7:2 - 5.

103) Deuteronomy 28:64, 67.

104) 2 Kings 22:11 - 13.

105) 2 Kings 23:5.

106) Jeremiah(《예레미야》) 44:15 - 19; Ezekiel(《에스겔》) 8.

107) 2 Kings 23:4 - 20.

108) Levinson, *Deuteronomy and the Hermeneutics of Legal Innovation*, pp. 148 - 149.

109) Deuteronomy 7:22 - 26.

110) Deuteronomy 13:8 - 9, 12.

111) Niditch, *War in the Hebrew Bible*, pp. 65, 77.

112) 1 Kings 13:1−2; 2 Kings 23:15−18; 2 Kings 23:25.

113) 2 Kings 24:16. 이 수에 관해서는 논란이 있다.

114) Ezekiel 3:15; Schiedewind, *How the Bible Became a Book*, p. 152.

115) Mein, *Ezekiel*, pp. 66−74.

116) 안산은 히브리 자료에서 엘람이라고 부른다.

117) Garth Fowden, *Empire to Commonwealth: Consequences of Monotheism in Later Antiquity* (Princeton, 1993), p. 19.

118) The Cyrus Cylinder, 18. 키루스 실린더(Cyrus Cylinder) 인용은 John Curtis, *The Cyrus Cylinder and Ancient Persia: A New Beginning for the Middle East*, Irving L. Finkel 역, (London, 2013), p. 42에서 가져왔다.

119) Bruce Lincoln, *Religion, Empire and Torture: The Case of Achaemenian Persia, with a Postscript on Abu Ghraib* (Chicago and London, 2007), pp. 36−40.

120) Cyrus Cylinder, 12, 15, 17. Curtis, *Cyrus Cylinder*, p. 42에서 인용.

121) Isaiah 45:1.

122) Isaiah 45:1, 2, 4.

123) Isaiah 40:4−5.

124) Flavius Josephus, *The Antiquities of the Jews*, William Whiston 역 (Marston Gate, UK, 연도 불명), 11.8.

125) Cyrus Cylinder, 16. Curtis, *Cyrus Cylinder*, p. 42에서 인용.

126) Cyrus Cylinder, 28−30. Curtis, *Cyrus Cylinder*, p. 43에서 인용.

127) Lincoln, *Religion, Empire and Torture*, p. ix.

128) 같은 책, pp. 16, 95.

129) Bruce Lincoln, 'The Role of Religion in Achaemenian Imperialism', in Nicole Brisch 편, *Religion and Power: Divine Kingship in the Ancient World and Beyond* (Chicago, 2008), p. 223.

130) Clarisse Herrenschmidt, 'Désignations de l'empire et concepts politiques de Darius Ier d'après inscriptions en Vieux Perse', *Studia Iranica*, 5 (1976); Marijan Mole, *Culte, mythe, et cosmologie dans l'Iran ancien* (Paris, 1963).

131) Darius, First Inscription at Naqsh-I Rustum(DNa 1), in Lincoln, *Religion, Empire and Torture*, p. 52.

132) 같은 책, pp. 55−56.

133) DNa 4, 같은 책, p. 71.

134) Darius, Fourth Inscription at Persepolis, 같은 책, p. 10.

135) 같은 책, pp. 26−28.

136) 같은 책, pp. 73−81; Darius, Inscription 19 at Susa, 같은 책, p. 73.

137) Cross, *Canaanite Myth*, pp. 293-323; Mary Douglas, *Leviticus as Literature* (Oxford and New York, 1999); Douglas, *In the Wilderness: The Doctrine of Defilement in the Book of Numbers* (Oxford and New York, 2001), pp. 58-100; Niditch, *War in the Hebrew Bible*, pp. 78-89; 97-99; 132-153.

138) Leviticus 25.

139) Leviticus 19:34.

140) Douglas, *Leviticus as Literature*, pp. 42-44.

141) Genesis 33:10.

142) Numbers 20:14.

143) Genesis 1:31.

144) Nehemiah(《느헤미야》) 4:11-12.

145) Numbers 31.

146) Numbers 31:19-20.

147) 2 Chronicles(《역대하》) 28:10-11.

148) 2 Chronicles 28:15.

149) Isaiah 45:6.

150) Zechariah(《스가랴》) 14:12.

151) Zechariah 14:16. 다음을 보라. Micah(《마가복음》) 4:1-5, 5; Haggai(《학개》) 1:6-9.

152) Isaiah 60:1-10.

153) Isaiah 60:11-14.

2부 제국의 폭력과 종교의 응전

5장 로마 제국 팔레스티나의 예수

1) Luke(《누가복음》) 2:1.

2) Robert L. O'Connell, *Of Arms and Men: A History of War, Weapons and Aggression* (New York and Oxford, 1989), p. 81.

3) E. N. Luttwak, *The Grand Strategy of the Roman Empire* (Baltimore, 1976), pp. 25-26; 41-42; 46-47; Susan P. Mattern, *Rome and the Enemy: Imperial Strategy in the Principate* (Berkeley, 1999), pp. xii; 222.

4) O'Connell, *Of Arms and Men*, pp. 69-81; John Keegan, *A History of Warfare* (London, 1993), pp. 263-271.

5) W. Harris, *War and Imperialism in Republican Rome* (Oxford, 1979), p. 56.

6) 같은 책, p. 51.

7) Tacitus, *Agricola*, 30. Loeb Classical Library 번역.

8) Harris, *War and Imperialism*, p. 51.

9) Martin Hengel, *Judaism and Hellenism: Studies in their Encounter in Palestine during the Early Hellenistic Period*, 2 vols, John Bowden 역 (London, 1974), pp. 294-300; Elias J. Bickerman, *From Ezra to the Last of the Maccabees* (New York, 1962), pp. 286-289; *The Jews in the Greek Age* (Cambridge, Mass., and London, 1990), pp. 294-296; Reuven Firestone, *Holy War in Judaism: The Rise and Fall of a Controversial Idea* (Oxford and New York, 2012), pp. 26-40.

10) Daniel(《다니엘》) 10-12.

11) Daniel 7:13-14.

12) Richard A. Horsley, 'The Historical Context of Q', in Richard A. Horsley and Jonathan A. Draper 편, *Whoever Hears You Hears Me: Prophets, Performance and Tradition in Q* (Harrisburg, Penn., 1999), pp. 51-54.

13) Gerhard E. Lenski, *Power and Privilege: A Theory of Social Stratification* (Chapel Hill and London, 1966), pp. 243-248.

14) John H. Kautsky, *The Politics of Aristocratic Empires*, 2판 (New Brunswick and London, 1997), p. 81.

15) Horsley, 'Historical Context of Q', p. 154.

16) Flavius Josephus, *The Life*, H. St. J. Thackeray 역 (Cambridge, Mass., 1926), 10-12; Alan Mason, 'Was Josephus a Pharisee?: A Re-Examination of the Life, 10-12', *Journal of Jewish Studies*, 40 (1989); Alan F. Segal, *Paul the Convert: The Apostolate and Apostasy of Saul the Pharisee* (New Haven, Conn., and London, 1990), pp. 81-82.

17) Josephus, *The Jewish War*(JW), 6:51, G. A. Williamson 역, *Josephus: The Jewish War* (Harmondsworth, 1959).

18) Josephus, *The Antiquities of the Jews*(Ant.), 17:157, in Richard A. Horsley 역, *Jesus and the Spiral of Violence: Popular Jewish Resistance in Roman Palestine* (Minneapolis, 1993년판), p. 76.

19) JW 1:655.

20) JW 2:3.

21) JW 2:11-13.

22) JW 2:57.

23) JW 2:66-75

24) John Dominic Crossan, *God and Empire: Jesus against Rome, Then and Now* (San Francisco, 2007), pp. 91-94.

25) Ant. 18:4-9. Horsley, *Spiral of Violence*, p. 81에서 인용; JW 2:117.

26) JW 2:169-174.

27) Philo, *On the Embassy to Gaius*, F. H. Colson 역 (Cambridge, Mass., 1962), 223-224.

28) Ant. 18:292. Whiston 번역.

29) Ant. 18:284. Whiston 번역.

30) JW 2:260. Williamson 번역.

31) 같은 책, 2:261-262.

32) Ant. 18:36.8; Horsley, 'Historical Context of Q', p. 58.

33) John Dominic Crossan, *Jesus: A Revolutionary Biography* (New York, 1994), pp. 26-28.

34) A. N. Sherwin-White, *Roman Law and Roman Society in the New Testament* (Oxford, 1963), p. 139. Micah 18:22-33; 20:1-15; Luke 16:1-13; Micah 12:1-9.

35) Matthew(⟨마태복음⟩) 2:16.

36) Matthew 14:3-12.

37) Matthew 10:17-18.

38) Marcus Borg, *Jesus: Uncovering the Life, Teachings, and Relevance of a Religious Revolutionary* (San Francisco, 2006), pp. 67-68.

39) Matthew 4:1-11; Micah 12-13; Luke 4:1-13.

40) Luke 10:17-18.

41) M. Lewis, *Ecstatic Religion: An Anthropological Study of Spirit Possession and Shamanism* (Baltimore, 1971), pp. 31, 32, 35, 127.

42) Micah 5:1-17; Crossan, *Jesus*, pp. 99-106.

43) Luke 13:31-33.

44) Matthew 21:1-11; Micah 11:1-11; Luke 19:28-38.

45) Matthew 21:12-13.

46) Horsley, *Spiral of Violence*, pp. 286-289; Sean Frayne, *Galilee: From Alexander the Great to Hadrian, 323 BCE to 135 CE. A Study of Second Temple Judaism* (Notre Dame, Ind., 1980), pp. 283-286.

47) Matthew 5:39, 44.

48) Matthew 26:63.

49) Luke 6:20-24.

50) Matthew 12:1-12; 23.

51) Luke 13:13.

52) Luke 9:23-24.

53) Luke 1:51-54.

54) Micah 12:13-17; Horsley, *Spiral of Violence*, pp. 306-316.

55) F. F. Bruce, 'Render to Caesar', in F. Bammel and C. F. D. Moule 편, *Jesus and the Politics of His Day* (Cambridge, 1981), p. 258.

56) Micah 12:38-40.

57) Horsley, *Spiral of Violence*, pp. 167–168.

58) A. E. Harvey, *Strenuous Commands: The Ethic of Jesus* (London and Philadelphia, 1990), pp. 162, 209.

59) Luke 14:14, 23–24; Crossan, *Jesus*, pp. 74–82.

60) Luke 6:20–21; Crossan, *Jesus*, p. 68에는 번역이 수정되어 있다. 복음서에서는 간신히 먹고사는 사람들을 묘사할 때 그리스어 페네스(penes, '가난한 사람들')가 아니라 프토코스(ptochos, '곤궁한 사람들')를 사용한다.

61) Crossan, *Jesus*, pp. 68–70.

62) Luke 6:24–25.

63) Matthew 20:16.

64) Matthew 6:11–13.

65) Gerd Theissen, *The First Followers of Jesus: A Sociological Analysis of the Earliest Christians*, John Bowden 역 (London, 1978), pp. 8–14.

66) Micah 1:14–15. 저자 번역.

67) Matthew 9:36.

68) Warren Carter, 'Construction of Violence and Identities in Matthew's Gospel', in Shelly Matthews and E. Leigh Gibson 편, *Violence in the New Testament* (New York and London, 2005), pp. 93–94.

69) John Pairman Brown, 'Techniques of Imperial Control: The Background of the Gospel Event', in Norman Gottwald 편, *The Bible of Liberation: Political and Social Hermeneutics* (Maryknoll, NY, 1983), pp. 357–377; Gerd Theissen, *The Miracle Stories: Early Christian Tradition* (Philadelphia, 1982), pp. 231–244; Warren Carter, *Matthew and the Margins: A Socio-Political and Religious Reading* (Sheffield, 2000), pp. 17–29, 36–43, 123–127; 196–198.

70) Matthew 6:10.

71) Luke 6:29–31.

72) Luke 6:31–38.

73) Acts(《사도행전》) 2:23, 32–35; Philippians(《빌립보서》) 2:9.

74) Matthew 10:5–6.

75) James B. Rives, *Religion in the Roman Empire* (Oxford, 2007), pp. 13–20.

76) 같은 책, pp. 104–114.

77) Jonathan Z. Smith, 'Fences and Neighbours: Some Contours of Early Judaism', in *Imagining Religion: From Babylon to Jonestown* (Chicago and London, 1982), pp. 1–18; John W. Marshall, 'Collateral Damage: Jesus and Jezebel in the Jewish War', in Matthews and Gibson 편, *Violence in the New Testament*, pp. 38–39; Julia Galambush, *The Reluctant Parting: How the New Testament's Jewish Writers*

Created a Christian Book (San Francisco, 2005), pp. 291–292.

78) Acts 5:34–42.

79) Acts 13:44; 14:19; 17:10–15.

80) 1 Corinthians(〈고린도전서〉) 11:2–15.

81) 1 Corinthians 14:21–25.

82) Romans(〈로마서〉) 13:1–2, 4.

83) Romans 13:6.

84) 1 Corinthians 7:31.

85) Acts 4:32, 34.

86) 1 Corinthians 12:12–27.

87) Luke 24:13–32.

88) Philippians 2:3–5.

89) Philippians 2:6–11. *The English Revised Bible* (Oxford and Cambridge, UK, 1989)에
서 인용.

90) Philippians 2:2–4.

91) John(〈요한복음〉) 1.

92) 1 John(〈요한1서〉) 7:42–47.

93) 1 John 2:18–19.

94) Tacitus, *History*, 1.11; Marshall, 'Collateral Damage', pp. 37–38.

95) Firestone, *Holy War*, pp. 46–47.

96) Michael S. Berger, 'Taming the Beast: Rabbinic Pacification of Second-Century
Jewish Nationalism', in James K. Wellman, Jr. 편, *Belief and Bloodshed: Religion
and Violence across Time and Tradition* (Lanham, Md., 2007), pp. 54–55.

97) Jerusalem Talmud(J), Taanit 4.5; Lamentations Rabbah 2.4, in C. G. Montefiore and H.
Loewe 편, *A Rabbinic Anthology* (New York, 1974).

98) Dio Cassius, *History* 69.12; Mireille Hadas-Lebel, *Jerusalem against Rome*, Robyn
Freshat 역 (Leuven, 2006), pp. 398–409.

99) Berger, 'Taming the Beast', pp. 50–52.

100) B. Berakhot 58a; Shabbat 34a; Baba Batra 75a; Sanhedrin 100a, in Montefiore and
Loewe, *Rabbinic Anthology*; Firestone, *Holy War*, p. 73.

101) Firestone, *Holy War*, pp. 52–61.

102) Berger, 'Taming the Beast', p. 48.

103) Avot de Rabbi Nathan, B.31, in Robert Eisen, *The Peace and Violence of Judaism:
From the Bible to Modern Zionism* (Oxford, 2011), p. 86.

104) B. Pesahim 118a, 같은 책.

105) Eisen, *Peace and Violence*, p. 86; Hadas-Lebel, *Jerusalem against Rome*, pp. 265–

295.

106) Mekhilta de Rabbi Yishmael 13; B. Avodah Zarah 18a, in Montefiore and Loewe, *Rabbinic Anthology*.

107) B. Shabbat 336b; B. Berakhot 58a, in Montefiore and Loewe, *Rabbinic Anthology*.

108) Wilfred Cantwell Smith, *What is Scripture? A Comparative Approach* (London, 1993), p. 290; Gerald L. Bruns, 'Midrash and Allegory: The Beginnings of Scriptural Interpretation', in Robert Alter and Frank Kermode 편, *A Literary Guide to the Bible* (London, 1987), pp. 629–630; Nahum S. Glatzer, 'The Concept of Peace in Classical Judaism', *Essays on Jewish Thought* (University, Ala., 1978), pp. 37–38; Eisen, *Peace and Violence*, p. 90.

109) Michael Fishbane, *Garments of Torah: Essays in Biblical Hermeneutics* (Bloomington and Indianapolis, 1989), pp. 22–32.

110) B. Shabbat 63a; B. Sanhedrin 82a; B. Shabbat 133b; Tanhuman 10; Eisen, *Peace and Violence*, pp. 88–89; Reuven Kimelman, 'Non-violence in the Talmud', *Judaism*, 17 (1968).

111) Avot de Rabbi Nathan, A.23, in Eisen, *Peace and Violence*, p. 88.

112) Mishnah(M), Avot, 4:1, in Montefiore and Loewe, *Rabbinic Anthology*.

113) Eisen, *Peace and Violence*, p. 89.

114) B. Berakhot 4a; Megillah 3a; Tamua 16a, in Montefiore and Loewe, *Rabbinic Anthology*.

115) Exdus 14; B. Megillah 10b, in Montefiore and Loewe, *Rabbinic Anthology*.

116) M. Sotah 8:7; M. Yadayin 4:4; Tosefta Kiddushim 5:4; Firestone, *Holy War*, p. 74.

117) J. Sotah 8.1, in Montefiore and Loewe, *Rabbinic Anthology*.

118) Song of Songs(《아가》) 2:7; 3:5; 8:4; B. Ketubot 110b–111a; Song of Songs Rabbah 2:7.

119) Firestone, *Holy War*, pp. 74–75.

120) Aviezer Ravitsky, *Messianism, Zionism and Jewish Religious Radicalism*, Michael Swirsky and Jonathan Chapman 역 (Chicago, 1997), pp. 211–234.

121) Peter Brown, *The World of Late Antiquity, AD 150–750@* (London, 1989), pp. 20–24; Brown, *The Rise of Western Christendom: Triumph and Diversity, AD 200–1000* (Oxford and Malden, Mass., 1996), pp. 18–19.

122) Brown, *World of Late Antiquity*, pp. 24–27.

123) Peter Brown, *The Making of Late Antiquity* (Cambridge, Mass., and London, 1978), p. 48; *Rise of Western Christendom*, pp. 19–20.

124) Revelation(《요한계시록》) 3:21; Tacitus, *Annals*(《연대기》) 15:44; 그러나 타키투스는 사건이 일어나고 수십 년 뒤에 이 글을 썼으며, 이런 이른 시기에 기독교인이 별도의 집단으

로 인식되었을 가능성은 크지 않다. Candida R. Moss, *The Myth of Persecution: How Early Christians Invented a Story of Martyrdom* (New York, 2013), pp. 138-139.

125) Tertullian, Apology 20, in Moss, *Myth of Persecution*, p. 128.

126) W. H. C. Frend, *Martyrdom and Persecution in the Early Church: A Study of the Conflict from the Maccabees to Donatus* (Oxford, 1965), p. 331.

127) Jonathan Z. Smith, 'The Temple andt the Magician', in *Map is Not Territory: Studies in the History of Religions* (Chicago and London, 1978), p. 187; Peter Brown, 'The Rise of the Holy Man in Late Antiquity', *Journal of Roman Studies*, 61 (1971).

128) Rives, *Religion in the Roman Empire*, pp. 207-208.

129) 같은 책, pp. 68, 82.

130) Moss, *Myth of Persecution*, pp. 127-162; G. E. M. De Ste Croix, 'Why Were the Early Christians Persecuted?', in Michael Whitby and Joseph Street 편, *Martyrdom and Orthodoxy* (Oxford, 2006).

131) James B. Rives, 'The Decree of Decius and the Religion of Empire', *Journal of Roman Studies*, 89 (1999); Robin Lane Fox, *Pagans and Christians* (New York, 1987), pp. 455-456.

132) B. Baba Metziah 59b, in Montefiore and Loewe, *Rabbinic Anthology*.

133) *Collatio Legum Romanarum et Mosaicarum* 15.3, in Brown, *Rise of Western Christendom*, p. 22.

134) Ramsey MacMullen, *The Second Church: Popular Christianity AD 200-400*. 그 전까지 기독교인은 전통적으로 개인의 집에서 예배를 드렸다. 바실리카 같은 교회는 그 무렵에 이루어진 혁신이었다.

135) Moss, *Myth of Persecution*, pp. 154-158.

136) Candida R. Moss, *The Other Christs: Imitating Jesus in Ancient Christian Ideologies of Martyrdom* (Oxford, 2010).

137) Victricius, *De Laude Sanctorum* 10.452B, in Peter Brown, *The Cult of the Saints: Its Rise and Function in Latin Christianity* (Chicago, 1981), p. 79.

138) *Decretum Gelasianum*, 같은 책.

139) 'The Martyrs of Lyons' 1.4, in H. Musurillo 역, *The Acts of the Christian Martyrs* (Oxford, 1972).

140) 같은 책, 9, in Peter Dronke, *Women Writers of the Middle Ages: A Critical Study of Texts from Perpetua* (†203) *to Marguerite Poretz* (†1310) (Cambridge, UK, 1984), p. 4.

141) Perpetua, Passio, 10, in Dronke, *Women Writers*, p. 4.

142) Frend, *Martyrdom and Persecution in the Early Church*, p. 15.

143) Brown, *World of Late Antiquity*, pp. 82-84.

144) Origen, *Contra Celsum* 2:30. Henry Chadwick 번역 (Cambridge, 1980).

145) Cyprian, *Letters* 40:1; 48:4.

146) 같은 책, 30.2; Brown, *Making of Late Antiquity*, pp. 79-80.

147) Lactantius, *Divine Institutions*, in William Fletcher 역, *Lactantius: Works* (Edinburgh, 1971), p. 366.

148) 같은 책, p. 427.

149) 같은 책, p. 328.

6장 비잔티움, 제국의 무기가 된 신앙

1) Garth Fowden, *Empire to Commonwealth: Consequences of Monotheism in Late Antiquity* (Princeton, NJ, 1993), pp. 13-16, 34.

2) Eusebius. H. A. Drake, *In Praise of Constantine: A Historical Study and New Translation of Eusebius' Tricennial Orations* (Berkeley and Los Angeles, 1976), p. 89에서 인용.

3) Aziz Al-Azmeh, *Muslim Kingship: Power and the Sacred in Muslim, Christian and Pagan Polities* (London and New York, 1997), pp. 27-33.

4) Michael Gaddis, *There is No Crime for Those Who Have Christ: Religious Violence in the Christian Roman Empire* (Berkeley, Los Angeles and London, 2005), p. 88.

5) Eusebius, *Life of Constantine*(VC) 1.5, 24; 2:19, Averil and Stuart G. Hall 편역 (Oxford, 1999).

6) 같은 책, 4:8-13; Fowden, *Empire to Commonwealth*, pp. 93-94.

7) Al-Azmeh, *Muslim Kingship*, pp. 43-46.

8) Matthew 28:19.

9) John Haldon, *Warfare, State and Society in the Byzantine World, 565-1204* (London and New York, 2005), pp. 16-19.

10) Fowden, *Empire to Commonwealth*, pp. 93-94; Gaddis, *There is No Crime*, pp. 62-63.

11) Eusebius, VC 4.61.

12) 같은 책, 4.6.2; Gaddis, *There is No Crime*, pp. 63-64.

13) Gaddis, *There is No Crime*, pp. 51-59.

14) Eusebius, VC 4.24.

15) Constantine, *Letter to Aelafius, Vicor of Africa*. Mark Edwards 편역, *Optatus: Against the Donatists* (Liverpool, 1997), Appendix 3에서 인용.

16) 도나투스파는 카에킬리아누스가 아프퉁기의 펠릭스에게 서품을 받았는데, 펠릭스가 디오클레티아누스의 박해 기간에 변절을 했다고 주장했다. 그들의 항의는 순교자를 추모하는 신앙의 행동이었다.

17) Gaddis, *There is No Crime*, p. 51.

18) 같은 책, pp. 51-58.

19) Constantine. Edwards, *Optatus*, Appendix 9에서 인용; Gaddis, *There is No Crime*, p. 57.

20) Richard Lim, *Public Disputation, Power and Social Order in Late Antiquity* (Berkeley, 1995).

21) Peter Brown, *The World of Late Antiquity, AD 150-750* (London, 1989년판), pp. 86-87.

22) 같은 책, pp. 87-89.

23) James B. Rives, *Religion in the Roman Empire* (Oxford, 2007), pp. 13-20.

24) Genesis 18:1-17; Exdus 33:18-23, 34:6-9; Joshua 5:13-15.

25) Jaroslav Pelikan, *The Christian Tradition: A History of the Development of Doctrine. Vol. 1: The Emergence of the Catholic Tradition* (Chicago and London, 1971), p. 145.

26) Eusebius, *The Proof of the Gospel*, William John Ferrer 역 (Charlottesville, 1981), 5-6, Preface 1-2.

27) Peter Brown, *The Body and Society: Men, Women and Sexual Renunciation in Early Christianity* (London and Boston, 1988), p. 236.

28) Athanasius, *On the Incarnation*. Andrew Louth, *Origins of the Christian Mystical Traditions: From Plato to Denys* (Oxford, 1981), p. 78에서 인용.

29) John Meyndorff, *Byzantine Theology: Historical Trends and Doctrinal Themes* (New York and London, 1975), p. 78.

30) Brown, *World of Late Antiquity*, p. 90.

31) Evelyne Patlagean, *Pauvreté économique et pauvreté sociale à Byzance, 4e-7e Siècles* (Paris, 1977), pp. 78-84.

32) Matthew 6:25.

33) Matthew 4:20; Acts 4:35.

34) Matthew 19:21.

35) Athanasius, *Vita Antonii*, 3.2. 《안토니우스의 생애》의 모든 인용은 R. C. Gregg 역, *The Life of Antony and the Letter to Marcellinus* (New York, 1980)에서 가져왔다.

36) David Caner, *Wandering, Begging Monks, Spiritual Authority and the Promotion of Monasticism in Late Antiquity* (Berkeley, Los Angeles and London, 2002), p. 25.

37) 2 Thessalonians(《데살로니가후서》) 3:6-12.

38) Athanasius, *Vita*, 50:4-6.

39) H. I. Bell, V. Martin, E. G. Turner and D. van Berchem, *The Abinnaeus Archive* (Oxford, 1962), pp. 77, 108.

40) A. E. Boak and H. C. Harvey, *The Archive of Aurelius Isidore* (Ann Arbor, 1960), pp. 295-296.

41) Peter Brown, *The Making of Late Antiquity* (Cambridge, Mass., and London, 1978), pp. 82-86.

42) Matthew 6:34.

43) Brown, *Body and Society*, pp. 218-221.

44) Evagrius Ponticus, *Praktikos*, 9, in *Evagrius Ponticus: The Praktikos and Chapters on Prayer*, J. E. Bamberger 역 (Kalamazoo, Mich., 1978).

45) *Apophthegmata Patrum*(Sayings of the Desert Fathers), Olympius 2, in J. P. Migne 편, *Patrologia Graeca*(PG), 161 vols (Paris, 1857-1866), 65, 313d-316a.

46) Brown, *Making of Late Antiquity*, pp. 88-90.

47) *Apophthegmata Patrum*, Poemen 78, in PG 65.352cd.

48) 같은 책, 60, in PG 65:332a.

49) Douglas Burton-Christie, *The Word in the Desert: Scripture and the Quest for Holiness in Early Christian Monasticism* (New York and Oxford, 1993), pp. 261-283.

50) Brown, *Body and Society*, p. 215; Brown, *World of Late Antiquity*, p. 98.

51) Athanasius, *Vita*, pp. 92-93.

52) *Sayings of the Desert Fathers*, Macarius 32, in PG 65:273d.

53) Brown, *World of Late Antiquity*, pp. 93-94.

54) Gaddis, *There is No Crime*, p. 278.

55) Hilary of Poitiers, *Against Valerius and Ursacius*, 1.2.6. Lionel R. Wickham 역, *Hilary of Poitiers: Conflicts of Conscience and Law in the Fourth-Century Church* (Liverpool, 1997)에서 인용.

56) Athanasius, *History of the Arians*, 81, in Alexander Roberts and James Donaldson 편역, *Nicene and Post Nicene Fathers*(NPNF), 14 vols (Edinburgh, 1885).

57) Athanasius, *Apology Before Constantius* B3, in NPNF.

58) Genesis 14:18-20.

59) Gaddis, *There is No Crime*, pp. 89-97.

60) 같은 책, p. 93.

61) Socrates, *History of the Church*, 3.15. NPNF 번역.

62) Gaddis, *There is No Crime*, pp. 93-94. Mark Juergensmeyer, *Terror in the Mind of God: The Global Rise of Religious Violence* (Berkeley, 2000), pp. 190-218도 참조하라.

63) Harold A. Drake, *Constantine and the Bishops: The Politics of Intolerance* (Baltimore, 2000), pp. 431-436.

64) Peter Brown, *Power and Persuasion in Late Antiquity: Towards a Christian Empire*

(Madison, Wis., and London, 1992), pp. 34-70.

65) G. W. Bowerstock, *Hellenism in Late Antiquity* (Ann Arbor, Mich., 1990), pp. 2-5; 35-40; 72-81; Brown, *Power and Persuasion*, pp. 134-145.

66) Gregory of Nazianzus, Oration, 6.6, in PG 35.728. Brown, *Power and Persuasion*, p. 50에서 인용.

67) Brown, *Power and Persuasion*, pp. 123-126.

68) Raimundo Panikkar, *The Trinity and the Religious Experience of Man* (Mary Knoll, NY, 1973), pp. 46-67.

69) Gaddis, *There is No Crime*, pp. 251-282.

70) Eusebius, *The History of the Church*, G. A. Williamson 역 (London, 1965), 6.43, 5-10.

71) Palladius, *Dialogue on the Life of John Chrysostom*, Robert T. Meyer 역 (New York, 1985), 20.561-571.

72) Gaddis, *There is No Crime*, p. 16.

73) Hilary of Poitiers, *Against Valerius and Ursacius*, 1.2.6.

74) Patlagean, *Pauvreté économique*, pp. 178-181; 301-340.

75) Peter Garnsey, *Famine and Food Shortage in the Graeco-Roman World* (Cambridge, UK, 1988), pp. 257-268.

76) E. W. Brooks, *The Sixth Book of the Select Letter of Severus, Patriarch of Antioch* (London, 1903), 1.9; Brown, *Power and Persuasion*, p. 148; Brown, *World of Late Antiquity*, p. 110.

77) Sozomen, *History of the Church*, 6.33.2, in NPNF, 2nd series, vol. 2.

78) Gaddis, *There is No Crime*, pp. 242-250.

79) Caner, *Wandering, Begging Monks*, pp. 125-149. *1 Thessalonians*(《데살로니가전서》) 5:17도 참조하라.

80) Gaddis, *There is No Crime*, pp. 94-97.

81) Libanius, Oration 30:8-9, in A. F. Norman 편역, *Libanius: Select Orations*, 2 vols (Cambridge, Mass., 1969, 1977).

82) Gaddis, *There is No Crime*, p. 249.

83) Ambrose, Epistle 41; Goddis, *There is No Crime*, pp. 191-196.

84) Ramsey MacMullen, *Christianising the Roman Empire, AD 100-400* (New Haven and London, 1984), p. 99.

85) Rufinus, *History of the Church*, 11.22, in Philip R. Amidon 역, *The Church History of Rufinus of Aquileia* (Oxford, 1997).

86) Gaddis, *There is No Crime*, p. 250.

87) 같은 책, pp. 99-100.

88) MacMullen, *Christianising the Roman Empire*, p. 119.

89) Augustine, Letters, 93.5.17. NPNF 번역.

90) Augustine, *The City of God*, 18.54, MacMullen, *Christianising the Roman Empire*, p. 100.

91) Peter Brown, 'Religious Dissent in the Later Roman Empire: The Case of North Africa', *History*, 46 (1961); Brown, 'Religious Coercion in the Later Roman Empire: The Case of North Africa', *History*, 48 (1963); Gaddis, *There is No Crime*, p. 133.

92) Augustine, Letter 47:5. NPNF 번역.

93) Augustine, *Against Festus*, 22.74. NPNF 번역.

94) Augustine, Letter 93.6.

95) Augustine, *On the Free Choice of the Will*, 9.1.5, Thomas Williams 역 (Indianapolis, 1993).

96) Brown, *Rise of Western Christendom*, pp. 7-8.

97) Gaddis, *There is No Crime*, pp. 283-289.

98) Nestorius, *Bazaar of Heracleides*, G. R. Driver and Leonard Hodgson 역 (Oxford, 1925), pp. 199-200.

99) Socrates, *Historia Ecclesiastica* 7.32. NPNF 번역.

100) Palladius, *Dialogue on the Life of John Chrysostom*, 20.579.

101) Gaddis, *There is No Crime*, pp. 292-310.

102) *Letter of Theodosius to Barsauma*, 449년 5월 14일, 같은 책, p. 298.

103) Acts of the Council of Chalcedon, 같은 책, p. 156, n.

104) Nestorius, *Bazaar of Heracleides*, pp. 482-483.

105) Gaddis, *There is No Crime*, pp. 310-327.

106) John Meyendorff, 'The Role of Christ I: Christ as Saviour in the East', in Bernard McGinn, Jill Raitt and John Meyendorff 편, *Christian Spirituality: High Middle Ages to Reformation* (London, 1987), pp. 236-237.

107) Meyndorff, *Byzantine Theology*, pp. 213-215.

108) Brown, *World of Late Antiquity*, pp. 166-168.

109) 같은 책, p. 166.

110) Khusrow I, 같은 곳.

111) Brown, *World of Late Antiquity*, pp. 160-165; Brown, *The Rise of Western Christendom: Triumph and Diversity, AD 200-1000* (Oxford and Malden, Mass., 1996), pp. 173-174.

112) Maximus, *Ambigua* 42. Andrew Louth, *Maximus the Confessor* (London and New York, 1996)에서 인용.

113) Maximus, *Letter 2: On Love, 401D*, 같은 책.

114) Matthew 5:44; 1 Timothy(《디모데전서》) 2:4; Maximus, *Centuries on Love*, 1, 61.

Louth 번역.

115) Meyendorff, *Byzantine Theology*, pp. 212-222.

7장 이슬람의 딜레마, 정복과 공동체의 꿈

1) 무함마드와 아라비아의 역사에 관해서는 *Muhammad: A Prophet for Our Time* (London and New York, 2006)에서 더 자세하게 논의했다.

2) Muhammad A. Bamyeh, *The Social Origins of Islam: Mind, Economy, Discourse* (Minneapolis, 1999), pp. 11-12.

3) Toshihiko Izutsu, *Ethico-Religious Concepts in the Qur'an* (Montreal and Kingston, Ont., 2002), pp. 29, 46.

4) R. A. Nicholson, *A Literary History of the Arabs* (Cambridge, 1953), p. 83.

5) 같은 책, pp. 28-45.

6) Bamyeh, *Social Origins of Islam*, p. 38.

7) Genesis 16; 17:25; 21:8-21.

8) Quran(쿠란) 5:69; 88:17-20.

9) Quran 3:84-85.

10) W. Montgomery Watt, *Muhammad at Mecca* (Oxford, 1953), p. 68.

11) Quran 90:13-17.

12) Izutsu, *Ethico-Religious Concepts*, p. 28.

13) 같은 책, pp. 68-69; Quran 14:47; 39:37; 15:79; 30:47; 44:16.

14) Quran 25:63. Muhammad Asad, *The Message of the Quran* (Gibraltar, 1980)에서 인용.

15) W. Montgomery Watt, *Muhammad's Mecca: History of the Quran* (Edinburgh, 1988), p. 25.

16) W. Montgomery Watt, *Muhammad at Medina* (Oxford, 1956), pp. 173-231.

17) Ibn Ishaq, *Sirat Rasul Allah*, in A. Guillaume 편역, *The Life of Muhammad* (London, 1955), p. 232.

18) Watt, *Muhammad at Medina*, pp. 6-8; Bamyeh, *Social Origins of Islam*, pp. 198-199; Marshall G. S. Hodgson, *The Venture of Islam: Conscience and History in a World Civilization*, 3 vols (Chicago and London, 1974), 1, pp. 75-76.

19) Quran 29:46.

20) Michael Bonner, *Jihad in Islamic History* (Princeton and Oxford, 2006), p. 193.

21) Martin Lings, *Muhammad: His Life Based on the Earliest Sources* (London, 1983), pp. 247-255; Tor Andrae, *Muhammad: The Man and His Faith*, Theophil Menzil 역 (London, 1936), pp. 213-215; Watt, *Muhammad at Medina*, pp. 46-59; Bamyeh, *Social Origins of Islam*, pp. 222-227.

22) Quran 48:26. Izutsu, *Ethico-Religious Concepts*, p. 31에서 인용.

23) Ibn Ishaq, *Sirat Rasul Allah* 751, in Guillaume, *Life of Muhammad*. Quran 110도 참
조하라.

24) Paul L. Heck, 'Jihad Revisited', *Journal of Religious Ethics*, 32, 1 (2004); Bonner,
Jihad in Islamic History, pp. 21-22.

25) Bonner, *Jihad in Islamic History*, p. 25; Reuven Firestone, *Jihad: The Origin of
Holy War in Islam* (Oxford and New York, 1999), pp. 42-45.

26) Quran 16:125-128.

27) Quran 22:39-41; 2:194; 2:197.

28) Quran 9:5.

29) Quran 8:61.

30) Quran 9:29.

31) Firestone, *Jihad*, pp. 49-50.

32) Quran 15:94-95; 16:135.

33) Quran 2:190; 22:39-45.

34) Quran 2:191, 217.

35) Quran 2:191; 9.5, 29.

36) Firestone, *Jihad*, pp. 50-65.

37) Quran 2:216. Asad 번역.

38) Quran 9:38-39, in M. A. S. Abdel Haleem 역, *The Qur'an: A New Translation*
(Oxford, 2004).

39) Quran 9:43. Abdel Haleem 번역.

40) Quran 9:73-74; 63:1-3.

41) Quran 2:109. 50:59도 참조하라. Abdel Haleem 번역.

42) Quran 5:16. Abdel Haleem 번역.

43) Firestone, *Jihad*, pp. 73, 157.

44) Quran 9:5. Abdel Haleem 번역.

45) Quran 2:193. Firestone, *Jihad*, p. 85에서 인용.

46) 같은 곳.

47) Garth Fowden, *Empire to Commonwealth: Consequences of Monotheism in Late
Antiquity* (Princeton, 1993), pp. 140-142.

48) John Keegan, *The History of Warfare* (London, 1993), pp. 195-196.

49) Peter Brown, *The World of Late Antiquity, AD 150-750* (London, 1989), p. 193.

50) Muthir al Ghiram, Shams ad-Din Suyuti, al Walid ibn Muslim이 전하는 하디스. Guy
Le Strange, *Palestine under the Moslems: A Description of Syria and the Holy Land
from AD 650 to 1500* (London, 1890), pp. 139-143에서 인용; Tabari, *Tarikh ar-
Rasul wa'l Muluk*, 1:2405, in Moshe Gil, *A History of Palestine, 634-1099*, Ethel

Broido 역 (Cambridge, 1992), pp. 70-72, 143-148, 636-638.

51) 'Book of Commandments'. Gil, *History*, p. 1에서 인용.

52) Michael the Syrian, *History* 3.226. Joshua Prawer, *The Latin Kingdom in Jerusalem: European Colonialism in the Middle Ages* (London, 1972), p. 216에서 인용.

53) Peter Brown, *The Rise of Western Christendom: Triumph and Diversity, AD 200-1000* (Oxford and Malden, Mass., 1996), p. 185; Bonner, *Jihad in Islamic History*, p. 56.

54) Bonner, *Jihad in Islamic History*, pp. 64-89; 168-169.

55) David Cook, *Understanding Jihad* (Berkeley, Los Angeles and London, 2005), pp. 22-24.

56) 같은 책, pp. 13-19; Bonner, *Jihad in Islamic History*, pp. 46-54; Firestone, *Jihad*, pp. 93-99.

57) Jan Wensinck, *Concordance et indices de la tradition musulmane*, 5 vols (Leiden, 1992), 1, 994.

58) 같은 책, 5, 298.

59) Al-Hindi, *Kanz* (Beirut, 1989), 4, p. 282, no. 10,500; Cook, *Understanding Jihad*, p. 18.

60) Ibn Abi Asim, *Jihad* (Medina, 1986), 1, pp. 140-141, no. 11.

61) Wensinck, *Concordance*, 2.212; S. Bashear, 'Apocalyptic and Other Materials on Early Muslim-Byzantine Wars', *Journal of the Royal Asiatic Society*, Series 3, 1 (1991).

62) Wensinck, *Concordance*, 4.344; Bonner, *Jihad in Islamic History*, p. 51.

63) Wensinck, *Concordance*, 2.312.

64) Cook, *Understanding Jihad*, pp. 23-25.

65) Ibn al-Mubarak, *Kitab al-Jihad* (Beirut, 1971), pp. 89-90; no. 105; Cook, *Understanding Jihad*, p. 23.

66) Abu Daud, *Sunan III*, p. 4; no. 2484.

67) Quran 3:157, 167.

68) Abd al-Wahhab Abd al-Latif 편, *Al-jami al-sahih*, 5 vols (Beirut, 연도불명), 106, no. 1712, in David Cook, 'Jihad and Martyrdom in Islamic History', in Andrew R. Murphy 편, *The Blackwell Companion to Religion and Violence* (Chichester, 2011), pp. 283-284.

69) Ibn al-Mubarak, *Kitab al-Jihad*, pp. 63-64, no. 64, in Cook, *Understanding Jihad*, p. 26.

70) Bonner, *Jihad in Islamic History*, pp. 119-120.

71) 같은 책, pp. 125-126; Marshall G. S. Hodgson, *The Venture of Islam: Conscience*

and History in a World Civilisation, 3 vols (Chicago and London, 1974), 1, p. 216; John L. Esposito, *Unholy War: Terror in the Name of Islam* (Oxford, 2002), pp. 41-42.

72) Al-Azmeh, *Muslim Kingship*, pp. 68-69; 우마이야 왕조는 아랍의 라흠 왕조로부터 이런 전승적 지식을 배웠는데, 라흠 왕조는 페르시아의 고객이었다. Timothy H. Parsons, *The Rule of Empires: Those Who Built Them, Those Who Endured Them, and Why They Always Fail* (Oxford, 2010), pp. 79-80.

73) Peter Brown, *The World of Late Antiquity, AD 150-750* (London, 1971, 1989), pp. 201-202.

74) Michael Bonner, *Aristocratic Violence and Holy War: Studies in the Jihad and the Arab-Byzantine Frontier* (New Haven, 1996), pp. 99-106.

75) Abu Nuwas, *Diwan*, 452, 641, in Bonner, *Jihad in Islamic History*, p. 129.

76) Bonner, *Jihad in Islamic History*, pp. 127-131.

77) 같은 책, pp. 99-110.

78) Peter Partner, *God of Battles: Holy Wars of Christianity and Islam* (London, 1997), p. 51.

79) 또한 다음을 참조하라. Ibn al-Mubarak, *Kitab al-Jihad*, p. 143, no. 141; Al Bayhagi, *Zuhd* (Beirut, 연도 불명), p. 165, no. 273, in Cook, *Understanding Jihad*, p. 35.

80) Parsons, *Rule of Empires*, p. 77; Bonner, *Jihad in Islamic History*, p. 89; Hodgson, *Venture of Islam*, 1. p. 305.

81) Aziz Al-Azmeh, *Muslim Kingship: Power and the Sacred in Muslim Christian and Pagan Politics* (London and New York, 1997), p. 239; Hodgson, *Venture of Islam*, 1, pp. 444-445.

82) Hodgson, *Venture of Islam*, 1, pp. 315-354.

83) 같은 책, p. 317; Bonner, *Jihad in Islamic History*, pp. 92-93; Cook, *Understanding Jihad*, p. 21.

84) Hodgson, *Venture of Islam*, 1, p. 323.

85) 다수를 이루는 수니파는 순나, 즉 '예언자'의 '관행'을 바탕으로 삼아 살아간다.

86) 이 국가를 파티마 제국이라고 부른 것은 다른 모든 시아파와 마찬가지로 이스마일파도 예언자의 딸이자, 알리의 부인이자, 후사인의 어머니인 파티마를 숭배했기 때문이다.

87) Bernard Lewis, *The Assassins* (London, 1967); Edwin Burman, *The Assassins: Holy Killers of Islam* (London, 1987).

8장 십자군과 지하드, 성스러운 폭력의 충돌

1) H. E. J. Cowdrey, 'Pope Gregory VII's "Crusading" Plans of 1074', in B. Z. Kedar, H. E. Mayer and R. C. Smail 편, *Outremer* (Jerusalem, 1982).

2) Jonathan Riley-Smith, *The First Crusade and the Idea of Crusading* (London, 1986), pp. 17-22.

3) Joseph R. Strager, 'Feudalism in Western Europe', in Rushton Coulborn 편, *Feudalism in History* (Hamden, Conn., 1965), p. 21; Michael Gaddis, *There is No Crime for Those Who Have Christ: Religious Violence in the Christian Roman Empire* (Berkeley, Los Angeles and London, 2005), pp. 334-335; John Keegan, *A History of Warfare* (London, 1993), pp. 283, 289.

4) Peter Brown, *The World of Late Antiquity, AD 150-750* (London, 1989), p. 134.

5) J. M. Wallace-Hadrill, *The Frankish Church* (Oxford, 1983), pp. 187, 245.

6) Peter Brown, *The Rise of Western Christendom: Triumph and Diversity, AD 200-1000* (Oxford and Malden, Mass., 1996), pp. 254-257.

7) 같은 책, pp. 276-302.

8) Einard, 'Life of Charlemagne', in Lewis Thorpe 역, *Two Lives of Charlemagne* (Harmondsworth, UK, 1969), p. 67.

9) Karl F. Morrison, *Tradition and Authority in the Western Church, 300-1140* (Princeton, 1969), p. 378.

10) Rosamund McKitterick, *The Frankish Kingdoms under the Carolingians, 751-987* (London and New York, 1983), p. 62.

11) Brown, *World of Late Antiquity*, pp. 134-135.

12) Alcuin, Letter 174, in R. W. Southern, *Western Society and the Church in the Middle Ages* (Harmondsworth, UK, 1970), p. 32.

13) 이 편지는 사실 앨퀸이 대신 쓴 것이다. Epistle 93, in Wallace-Hadrill, *Frankish Church*, p. 186.

14) Brown, *Rise of Western Christendom*, p. 281.

15) Talal Asad, 'On Discipline and Humility in Medieval Christian Monasticism', in *Genealogies of Religion: Discipline and Reasons of Power in Christianity and Islam* (Baltimore and London, 1993), p. 148.

16) 같은 책, pp. 130-134.

17) Southern, *Western Society and the Church*, pp. 217-224.

18) Georges Duby, 'The Origins of a System of Social Classification', in *The Chivalrous Society*, Cynthia Postan 역 (London, 1977), p. 91.

19) Georges Duby, 'The Origins of Knighthood', 같은 책, p. 165.

20) Foundation Charter of King Edgar for New Minster, Winchester, in Southern, *Western Society and the Church*, pp. 224-225.

21) Ordericus Vitalis, *Historia Ecclesiastica*, 같은 책, p. 225.

22) Brown, *Rise of Western Christendom*, p. 301.

23) Georges Duby, *The Three Orders: Feudal Society Imagined*, Arthur Goldhammer 역 (London, 1980), p. 151; Riley-Smith, *First Crusade*, p. 3.

24) Marc Bloch, *Feudal Society*, L. A. Manyon 역 (London, 1961), pp. 296, 298.

25) Georges Duby, *The Early Growth of the European Economy: Warriors and Peasants from the Seventh to the Twelfth Century*, Howard B. Clarke 역 (Ithaca, NY, 1974), p. 49.

26) Duby, 'Origins of a System of Social Classification', pp. 91−92.

27) 이런 체계를 정리해놓은 현존하는 최초의 자료는 라옹의 아달베롱(1028−1030년경)의 시와 캉브레의 주교 제랄드(1025년 경)의 *Gesta epeiscoporum camera-censiam*이지만 그 이전에 나온 것들이 있을 수도 있다. Duby, 'Origins of Knighthood', p. 165.

28) Bishop Merbad of Rennes, in J. P. Migne 편, *Patrologia Latina*(PL) (Paris 1844−1864), 1971, 1483−1484; Baldric of Bol, in PL, 162, 1058−1059; R. I. Moore, *The Formation of a Persecuting Society: Power and Deviance in Western Europe, 950−1250* (Oxford, 1987), p. 102.

29) Maurice Keen, *Chivalry* (New Haven and London, 1984), pp. 46−47.

30) Thomas Head and Richard Landes 편, *The Peace of God: Social Justice and Religious Response in France around the Year 1000* (Ithaca, NY, 1992); Tomaz Mastnak, *Crusading Peace: Christendom, the Muslim World and Western Political Order* (Berkeley, Los Angeles and London, 2002), pp. 1−18; Duby, *Chivalrous Society*, pp. 126−131; H. E. J. Cowdrey, 'The Peace and the Truce of God in the Eleventh Century', *Past and Present*, 46 (1970).

31) James Westfall Thompson, *Economic and Social History of the Middle Ages* (New York, 1928), p. 668.

32) The Council of Narbonne (1054), in Duby, *Chivalrous Society*, p. 132.

33) Glaber, *Historiarum* 5.1.25, in Mastnak, *Crusading Peace*, p. 11.

34) Duby, 'Origins of Knighthood', p. 169.

35) P. A. Sigal, 'Et les marcheurs de Dieu prirent leurs armes', *L'Histoire*, 47 (1982); Riley-Smith, *First Crusade* (London, 1986), p. 10.

36) Riley Smith, *First Crusade*, pp. 7−8.

37) 같은 책, pp. 17−27.

38) Urban, Letter to the counts of Catalonia, 같은 책, p. 20.

39) Matthew 19:29.

40) Mastnak, *Crusading Peace*, pp. 130−136.

41) Sigal, 'Et les marcheurs de Dieu', p. 23; Riley-Smith, *First Crusade*, p. 23.

42) Riley-Smith, *First Crusade*, pp. 48−49.

43) 'Chronicle of Rabbi Eliezer bar Nathan', in Schlomo Eidelberg 편역, *The Jews and*

the Crusaders: The Hebrew Chronicles of the First and Second Crusades (London, 1977), p. 80.

44) Guibert of Nogent, *De Vita Sua*, 2.1, in Joseph McAlhany and Jay Rubinstein 편역, *Monodies and On the Relics of the Saints: The Autobiography and a Manifesto of a French Monk from the Time of the Crusades* (London, 2011), p. 97.

45) Henri Pirenne, *Economic and Social History of Europe* (New York, 1956), pp. 7, 10‒12.

46) John H. Kautsky, *The Political Consequences of Modernization* (New York, London, Sydney, Toronto, 1972), p. 48.

47) Georges Duby, 'The Transformation of the Aristocracy', in *Chivalrous Society*, p. 82.

48) Norman Cohn, *Pursuit of the Millennium: Revolutionary Millenarians and Mystical Anarchists of the Middle Ages* (London, 1984), pp. 68‒70.

49) Duby, 'The Juventus', in *Chivalrous Society*, pp. 112‒121.

50) 같은 책, p. 120.

51) Cohn, *Pursuit of the Millennium*, p. 63.

52) Riley-Smith, *First Crusade*, p. 46.

53) Ralph of Caen, *Gesta Tancredi*, *Recueil des Historiens des Croisade*(RHC), Académie des Inscriptions et Belles-Lettres 편 (1841‒1906), 3. Riley-Smith, *First Crusade*, p. 36에서 인용.

54) E. O. Blake, 'The Formation of the "Crusade Idea"', *Journal of Ecclesiastical History*, 21, 1 (1970); Mastnak, *Crusading Peace*, pp. 56‒57.

55) *The Deeds of the Franks and the Other Pilgrims to Jerusalem*, Rosalind Hill 역 (London, 1962), p. 27.

56) Fulcher of Chartres, *A History of the Expedition to Jerusalem, 1098‒1127*, Frances Rita Ryan 편역 (Knoxville, 1969), p. 96.

57) Riley-Smith, *First Crusade*, p. 91.

58) 같은 책, pp. 84‒85.

59) 같은 책, p. 117.

60) John Fowles, *The Magus*, 개정판 (London, 1997), p. 413.

61) Mastnak, *Crusading Peace*, p. 66.

62) *Deeds of the Franks*, p. 91.

63) Raymond, in August C. Krey 편역, *The First Crusade: The Accounts of Eyewitnesses and Participants* (Princeton, NJ, and London, 1921), p. 266.

64) Fulcher, *History of the Expedition*, p. 102.

65) Raymond, in Krey, *First Crusade*, p. 266.

66) Robert the Monk, *Historia Iherosolimitana* (Paris, 1846), in RHC, 3, p. 741.

67) Fulcher, *History of the Expedition*, pp. 66–67; Robert the Monk, *Historia*, p. 725; Riley-Smith, *First Crusade*, p. 143.

68) Keegan, *History of Warfare*, p. 295.

69) Bernard, *In Praise of the New Knighthood*, 2.3; 2, 1. M. Conrad Greenia 역, *In Praise of the New Knighthood: A Treatise on the Knights Templar and the Holy Places of Jerusalem* (Collegeville, Minn., 2008)에서 인용.

70) 같은 책, 3, 5.

71) Amin Maalouf, *The Crusades through Arab Eyes*, Jon Rothschild 역 (London, 1984), pp. 38–39. Ibn al-Athir가 인용한 수는 분명히 과장되어 있다. 이 시기 도시민은 만 명을 넘지 않았기 때문이다.

72) Michael Bonner, *Jihad in Islamic History* (Princeton and Oxford, 2006), pp. 137–138.

73) Izz ad-Din ibn al-Athir, *The Perfect History*, 10.92, in Francesco Gabrieli 편, *Arab Historians of the Crusades*, E. J. Costello 역 (London, Melbourne and Henley, 1978).

74) Carole Hillenbrand, *The Crusades: Islamic Perspectives* (Edinburgh, 1999), pp. 75–81.

75) Maalouf, *Crusades through Arab Eyes*, pp. 2–3.

76) Bonner, *Jihad in Islamic History*, pp. 139–140; Emanuel Sivan, 'Genèse de contre-croisade: une traité damasquine de début du XIIe siècle', *Journal Asiatique*, 254 (1966).

77) R. A. Nicholson, *The Mystics of Islam* (London, 1963판), p. 105.

78) Ibn al-Qalanisi, *History of Damascus*, 173, in Gabrieli 편, *Arab Historians of the Crusades*.

79) Kamal ad-Din, *The Cream of the Milk in the History of Aleppo*, 2, 187–190, in Gabrieli 편, Arab Historians of the Crusades.

80) Maalouf, *Crusades through Arab Eyes*, p. 147.

81) Imad ad-Din al-Isfahani, *Zubat al-nuores*, in Hillenbrand, *Crusades*, p. 113.

82) 모든 인용의 출처는 Ibn al-Athir, *Perfect History*, 11, 264–267, in Gabrieli, *Arab Historians of the Crusades*이다.

83) Baha ad-Din, *Sultanly Anecdotes*, 같은 책, p. 100.

84) Ibn al-Athir, *Perfect History*, 같은 책, pp. 141–142.

85) Ibn al-Athir, *Perfect History*, in Maalouf, *Crusades through Arab Eyes*, pp. 205–206.

86) Christopher J. Tyerman, 'Sed nihil fecit? The Last Capetians and the Recovery of the Holy Land', in J. Gillingham and J. C. Holt 편, *War and Government in the Middle Ages: Essays in Honour of J. O. Prestwich* (Totowa, NJ, 1984); Norman Housley,

The Later Crusades, 1274–1580: From Lyons to Alcazar (Oxford, 1992), pp. 12 – 30; Mastnak, *Crusading Peace*, pp. 139 – 140.

87) R.W. Southern, *The Making of the Middle Ages* (London, Melbourne, Sydney, Aukland, Johannesburg, 1967), pp. 56 – 62와 Steven Runciman, *A History of the Crusades*, 3 vols (Cambridge, 1954), pp. 474 – 477에 두 대조적 입장이 나와 있다.

88) Hillenbrand, *Crusades*, pp. 249 – 250.

89) David Abulafia, *Frederick II: A Medieval Emperor* (New York and Oxford, 1992), pp. 197 – 198.

90) John Esposito, *Unholy War: Terror in the Name of Islam* (Oxford, 2002), pp. 43 – 46; David Cook, *Understanding Jihad* (Berkeley, Los Angeles and London, 2005), pp. 63 – 66; Bonner, *Jihad in Islamic History*, pp. 143 – 144; Marshall G. S. Hodgson, *The Venture of Islam: Conscience and History in a World Civilisation* (Chicago and London, 1974), pp. 468 – 471; Natana J. Delong-Bas, *Wahhabi Islam: From Revival and Reform to Global Jihad* (Cairo, 2005), pp. 247 – 255; Hillenbrand, *Crusades*, pp. 241 – 243.

91) R. I. Moore, *The Formation of a Persecuting Society: Power and Deviance in Western Europe 950 – 1250* (Oxford, 1987).

92) 같은 책, pp. 26 – 43.

93) H. G. Richardson, *The English Jewry under the Angevin Kings* (London, 1960), p. 8; John H. Mundy, *Liberty and Political Power in Toulouse* (New York, 1954), p. 325.

94) Moshe Gil, *A History of Palestine, 634 – 1099*, Ethel Broido 역 (Cambridge, UK, 1992), pp. 370 – 380; F. E. Peters, *The Distant Shrine: The Islamic Centuries in Jerusalem* (New York, 1993), pp. 73 – 74; 92 – 96. 그리스인은 그리스도의 무덤이 있는 아나스타시스를 '부활 교회(the Church of the Resurrection)'라고 불렀다. 십자군이 이것을 '거룩한 무덤 교회(the Church of the Holy Sepulchre)'로 개명하게 된다.

95) Cohn, *Pursuit of the Millennium*, pp. 76 – 78, 80, 86 – 87.

96) 같은 책, pp. 87 – 88.

97) Moore, *Formation of Persecuting Society*, pp. 105 – 106.

98) 같은 책, pp. 84 – 85; Richardson, *English Jewry*, pp. 50 – 63.

99) Peter Abelard, *Dialogus*, 51, in P. J. Payer 역, *A Dialogue of a Philosopher with a Jew and a Christian* (Toronto, 1979), p. 33.

100) M. Montgomery Watt, *The Influence of Islam on Medieval Europe* (Edinburgh, 1972), pp. 74 – 86.

101) Duby, 'Introduction', in *Chivalrous Society*, pp. 9 – 11.

102) Jonathan and Louise Riley-Smith, *The Crusades: Idea and Reality, 1095 – 1274* (London, 1981), pp. 78 – 79.

103) 같은 책, pp. 83, 85.

104) Zoe Oldenbourg, *Le Bucher de Montségur* (Paris, 1959), pp. 115-116.

105) 같은 책, p. 89.

106) J. D. Mansi, *Sacrorum Consiliorum nova et amplissima collectio* (Paris and Leipzig, 1903), Vol. 21, 843, in Moore, *Formation of Persecuting Society*, p. 111.

107) Norman Cohn, *Warrant for Genocide* (London, 1967), p. 12.

108) Peter the Venerable, *Summary of the Whole Heresy of the Diabolic Sect of the Saracens*, in Norman Daniel, *Islam and the West: The Making of an Image* (Edinburgh, 1960), p. 124.

109) Benjamin Kedar, *Crusade and Mission: European Approaches to the Muslims* (Princeton, NJ, 1984), p. 101.

110) Moore, *Formation of Persecuting Society*, pp. 60-67.

111) 같은 책, pp. 102, 110-111.

112) Larry Benson 편역, *King Arthur's Death: The Middle English Stanzaic Morte d' Arthur and the Alliterative Morte d'Arthur* (Kalamazoo, Mich., 1994), 247행.

113) *The Song of Roland*, 2196행. 모든 인용은 Dorothy L. Sayers (Harmondsworth, 1957)의 번역에서 가져왔다.

114) 같은 책, 2240, 2361행.

115) 같은 책, 1881-1882행.

116) Keen, *Chivalry*, pp. 60-63.

117) P. M. Matarasso 편역, *The Quest of the Holy Grail* (Harmondsworth, 1969), pp. 119-120.

118) Franco Cardini, 'The Warrior and the Knight', in James Le Goff 편, *The Medieval World*, Lydia C. Cochrane 역 (London, 1990), p. 95.

119) Keith Busby 역, *Raoul de Hodence, Le roman des eles: The Anonymous Ordene de Cevalerie* (Philadelphia, 1983), p. 175.

120) Richard W. Kaeuper, *Holy Warrior: The Religious Ideology of Chivalry* (Philadelphia, 2009), pp. 53-57.

121) A. T. Holden, S. Gregory and David Crouch 편역, *History of William Marshal*, 2 vols (London, 2002-06), 16,853-16,863행.

122) Kaeuper, *Holy Warrior*, pp. 38-49.

123) Henry of Lancaster, 'Book of Holy Remedies', in A. J. Arnold 편, *Le Livre de Seyntz Medicines: The Unpublished Devotional Treatises of Henry of Lancaster* (Oxford, 1940), p. 4.

124) Geoffroi de Charny, *The Book of Chivalry of Geoffroi de Charny: Text, Context and Translation*, Richard W. Kaeuper and Elspeth Huxley 역 (Philadelphia, 1996), p.

194.

125) 같은 책, pp. 174, 176-177.

126) 같은 곳.

127) Mastnak, *Crusading Peace*, pp. 233-239.

128) Malcolm Barber, *The New Knighthood: A History of the Order of the Templars* (Cambridge, 1995), pp. 280-313; Norman Cohn, *Europe's Inner Demons: The Demonization of Christians in Medieval Christendom* (London, 1975), pp. 79-101.

129) Brian Tierney, *The Crisis of Church and State, 1050-1300* (Toronto, 1988), p. 172; J. H. Shennon, *The Origins of the Modern European State 1450-1725* (London, 1974); Quentin Skinner, *The Foundations of Modern Political Thought*, 2 vols (Cambridge, UK, 1978), 1, p. xxiii; A. Fall, *Medieval and Renaissance Origins: Historiographical Debates and Demonstrations* (London, 1991), p. 120.

130) Mastnak, *Crusading Peace*, pp. 244-246.

131) J. N. Hillgarth, *Ramon Lull and Lullism in Fourteenth-Century France* (Oxford, 1971), pp. 107-111, 120.

132) Christopher J. Tyerman, *England and the Crusades, 1095-1588* (Chicago, 1988), pp. 324-343; William T. Cavanaugh, *Migrations of te Holy: God, State and the Political Meanings of the Church* (Grand Rapids, Mich., 2011).

133) John Barnie, *War in Medieval English Society: Social Values in the Hundred Years War* (Ithaca, NY, 1974), pp. 102-103.

134) Mastnak, *Crusading Peace*, pp. 248-251; Thomas J. Renna, 'Kingship in the Disputatio inter clericum et militem', *Speculum*, 48 (1973).

135) Ernst K. Kantorowicz 'Pro Patria Mori in Medieval Political Thought', *American Historical Review*, 56, 3 (1951), pp. 244, 256.

3부 세속주의 시대의 종교 근본주의

9장 근대의 개막과 종교의 도래

1) Felipe Fernández-Armesto, *1492: The Year Our World Began* (New York, 2009), pp. 9-11, 52.

2) Marshall G. S. Hodgson, *The Venture of Islam: Conscience and History in a World Civilization*, 3 vols (Chicago and London, 1974), 3, pp. 14-15.

3) 같은 책 2, pp. 334-360.

4) John H. Kautsky, *The Politics of the Aristocratic Empire*, 2판 (New Brunswick and London, 1997), p. 146.

5) Perry Anderson, *Lineages of the Absolutist State* (London, 1974), p. 505.

6) Fernandez-Armesto, 1492, pp. 2-4.

7) Timothy H. Parsons, *The Rule of Empires: Those Who Built Them, Those Who Endured Them, and Why They Always Fail* (Oxford, 2010), p. 117; Peter Jay, *Road to Riches or The Wealth of Man* (London, 2000), p. 147.

8) Jay, *Road to Riches*, p. 151.

9) 같은 책, pp. 152-153.

10) Henry Kamen, *Empire: How Spain Became a World Power, 1492-1763* (New York, 2003), p. 83.

11) Howard Zinn, *A People's History of the United States: From 1492 to the Present*, 2판 (New York, 1996), p. 11.

12) Massimo Livi-Bacci, *A Concise History of World Population* (Oxford, 1997), pp. 56-59.

13) Parsons, *Rule of Empires*, p. 121.

14) 같은 책, p. 117.

15) Jay, *Road to Riches*, p. 150.

16) Mark Levene, *Genocide in the Age of the Nation-State: The Rise of the West and the Coming of Genocide* (London and New York, 2005), pp. 15-29.

17) Cajetín, *On Aquinas' Secunda Secundae*, q. 66; art. 8, in Richard Tuck, *The Rights of War and Peace: Political Thought and the International Order from Grotius to Kant* (Oxford, 1999), p. 70.

18) Francisco de Vitoria, *Political Writings*, Anthony Pagden and Jeremy Lawrence 편 (Cambridge, 1991), pp. 225-226.

19) Thomas More, *Utopia*, George M. Logan and Robert M. Adams 편(Cambridge, 1989), pp. 89-90.

20) 같은 책, p. 58.

21) 같은 곳.

22) Tuck, *Rights of War and Peace*, p. 15. 1906년에 막스 베버도 같은 이야기를 했다. H. H. Gerth and C. Wright Mills 편역, *From Max Weber* (London, 1948), pp. 71-72도 참조하라.

23) 타키투스의 말은 Gentili, *The Rights of War and Peace, in Three Books* (London, 1738), 2.2.17; Tuck, *Rights of War and Peace*, pp. 47-48에서 인용했다.

24) Aristotle, *Politics*, 1256.b.22, in Richard McKeon 편, *The Basic Works of Aristotle* (New York, 1941).

25) Henry Kamen, *The Spanish Inquisition: An Historical Revision* (London, 1997), pp. 45, 68, 137.

26) Paul Johnson, *A History of the Jews* (London, 1987), pp. 225-229.

27) Haim Beinart, *Conversos on Trial: The Inquisition in Ciudad Real* (Jerusalem, 1981), pp. 3–6.

28) Norman Roth, *Conversos, Inquisition and the Expulsion of Jews from Spain* (Madison, 1995), pp. 283–284.

29) 같은 책, p. 19.

30) Fernández-Armesto, *1492*, pp. 94–96.

31) Johnson, *History of the Jews*, p. 229; Yirmiyahu Yovel, *Spinoza and Other Heretics: I. The Marrano of Reason* (Princeton, NJ, 1989), pp. 17–18.

32) Johnson, *History of the Jews*, pp. 225–229.

33) Kamen, *Spanish Inquisition*, pp. 57–59; William Monter, *Frontiers of Heresy: The Spanish Inquisition from the Basque Lands to Sicily* (Cambridge, UK, 1990), p. 53.

34) Kamen, *Spanish Inquisition*, p. 69.

35) Robin Briggs, 'Embattled Faiths: Religion and Natural Philosophy', in Euan Cameron 편, *Early Modern Europe: An Oxford History* (Oxford, 1999), pp. 197–205.

36) Jay, *Road to Riches*, pp. 160–163.

37) Henri Pirenne, *Medieval Cities: Their Origins and the Revival of Trade* (Princeton, 1946), pp. 168–212; Bert F. Hoselitz, *Sociological Aspects of Economic Growth* (New York, 1960), pp. 163–172.

38) Norman Cohn, *Pursuit of the Millennium: Revolutionary Millenarians and Mystical Anarchists of the Middle Ages* (London, 1984판), pp. 107–116.

39) Euan Cameron, 'The Power of the Word: Renaissance and Reformation', in Cameron, *Early Modern Europe*, pp. 87–90.

40) Richard Marius, *Martin Luther: The Christian between God and Death* (Cambridge, Mass., and London, 1999), pp. 73–74, 214–215, 486–487.

41) Joshua Mitchell, *Not By Reason Alone: History and Identity in Early Modern Political Thought* (Chicago, 1993), pp. 23–30.

42) Martin Luther, 'Temporal Authority: To What Extent It Should Be Obeyed', J. J. Schindel 역, Walther I. Brandt 수정, in J. M. Porter 편, *Luther: Selected Political Writings*(SPW) (Eugene, Oreg., 2003), p. 54.

43) 같은 책, p. 55.

44) 같은 곳.

45) 같은 책, p. 56.

46) Martin Luther, 'Whether Soldiers, Too, Can Be Saved', Charles M. Jacobs 역, Robert C. Schultz 수정, in SPW, p. 108.

47) J. W. Allen, *A History of Political Thought in the Sixteenth Century* (London, 1928), p. 16; Sheldon S. Wolin, *Politics and Vision: Continuity and Innovation in Western*

Political Thought (Boston, 1960), p. 164.

48) Cohn, *Pursuit of the Millennium*, pp. 245-250.

49) Martin Luther, 'Admonition to Peace: A Reply to the Twelve Articles of the Peasants in Swabia' (1525), J. J. Schindel 역, Walther I. Brandt 수정, in SPW, p. 72.

50) 같은 책, p. 78.

51) 같은 책, p. 82.

52) Martin Luther, 'Against the Robbing and Murdering Hordes of Peasants' (1525), Charles M. Jacobs 역, Robert C. Schultz 수정, in SPW, p. 86.

53) Steven Ozment, *The Reformation of the Cities: The Appeal of Protestantism to Sixteenth Century Germany and Switzerland* (New Haven, 1975), pp. 10-11, 123-125, 148-150.

54) Charles A. McDaniel, Jr., 'Violent Yearnings for the Kingdom of God: Munster's Militant Anabaptism', in James K. Wellman 편, *Belief and Bloodshed: Religion and Violence across Time and Tradition* (Lanham, Md., 2007), p. 74. 재세례파가 뮌스터를 장악한 마지막 시기에 지도자 레이던의 얀이 스스로 왕위에 올라 유사 제국주의적인 궁정과 공포 통치를 도입했지만 사회적 위험은 지속되었다.

55) Cohn, *Pursuit of the Millennium*, pp. 255-279.

56) 나는 이 점을 *The Case for God* (London and New York, 2009)에서 길게 논의했다. 또한 다음 책을 보라. Wilfred Cantwell Smith, *The Meaning and End of Religion: A New Approach to the Religious Traditions of Mankind* (New York, 1962); *Belief in History* (Charlottesville, Va., 1985); *Faith and Belief* (Princeton, NJ, 1987).

57) William T. Cavanaugh, *The Myth of Religious Violence* (Oxford, 2009), pp. 72-74.

58) Thomas More, *A Dialogue Concerning Heresies*, Thomas M. C. Lawlor 편 (New Haven, 1981), p. 416.

59) François-André Isambert 편, *Recueil général des anciennes lois françaises depuis l'an 420 jusqu'à la Révolution de 1789* (Paris, 1821-1833), 12, p. 819.

60) Brad S. Gregory, *Salvation at Stake: Christian Martyrdom in Early Modern Europe* (Cambridge, Mass., and London, 1999), p. 201.

61) Raymund F. Mentzer, *Heresy Proceedings in Languedoc, 1500-1560* (Philadelphia, 1984), p. 172.

62) Philip Spierenberg, *The Spectacle of Suffering: Executions and the Evolution of Repression: From a Pre-Industrial Metropolis to the European Experience* (Cambridge, UK, 1984); Lionello Puppi, *Torment in Art: Pain, Violence and Martyrdom* (New York, 1991), pp. 11-69.

63) Gregory, *Salvation at Stake*, pp. 77-79.

64) David Nicholls, 'The Theatre of Martyrdom in the French Reformation', *Past and*

Present, 121 (1998); Susan Brigdon, *London and the Reformation* (Oxford, 1989), p. 607; Mentzer, *Heresy Proceedings*, p. 71.

65) Gregory, *Salvation at Stake*, pp. 80–81.

66) Deuteronomy 13:1–3, 5, 6–11. Johannes Eck의 *Handbook of Commonplaces* (1525) 에서 인용했고, 삼위일체 교리를 부정한 미카엘 세르베투스의 처형을 정당화하기 위해서 칼뱅이 인용했다.

67) Gregory, *Salvation at Stake*, pp. 84–87.

68) 같은 책, pp. 111, 154.

69) 같은 책, pp. 261–269.

70) Allen, *Apologie of the English College* (Douai, 1581); Gregory, *Salvation at Stake*, p. 283.

71) Gregory, *Salvation at Stake*, pp. 285–286.

72) Kamen, *Spanish Inquisition*, pp. 204–213.

73) 같은 책, p. 203.

74) 같은 책, p. 98.

75) 같은 책, pp. 223–245.

76) 같은 곳.

77) Cavanaugh, *Myth of Religious Violence*, p. 122.

78) J. V. Poliskensky, *War and Society in Europe, 1618–1848* (Cambridge, 1978), pp. 77, 154, 217.

79) Cavanaugh, *Myth of Religious Violence*, pp. 142–155.

80) Richard S. Dunn, *The Age of Religious Wars, 1559–1689* (New York, 1970), p. 6; James D. Tracy, *Charles V, Impresario of War: Campaign Strategy, International Finance, and Domestic Politics* (Cambridge, 2002), pp. 45–47, 306.

81) William Blockmans, *Emperor Charles V, 1500–1558* (London and New York, 2002), pp. 95, 110; William Maltby, *The Reign of Charles V* (New York, 2002), pp. 112–113.

82) Tracy, *Charles V*, p. 307; Blockmans, *Emperor Charles V*, p. 47.

83) Klaus Jaitner, 'The Pope and the Struggle for Power during the Sixteenth and Seventeenth Centuries', in Klaus Bussman and Heinz Schilling 편, *War and Peace in Europe*, 3 vols (Münster, 1998), 1, p. 62.

84) Maltby, *Reign of Charles V*, p. 62; Tracy, *Charles V*, pp. 209–215.

85) Tracy, *Charles V*, pp. 32–34; 46.

86) Maltby, *Reign of Charles V*, pp. 60–62.

87) Cavanaugh, *Myth of Religious Violence*, p. 164.

88) Dunn, *Age of Religious Wars*, p. 49.

89) 같은 책, pp. 50-51.

90) Steven Gunn, 'War, Religion and the State', in Cameron, *Early Modern Europe*, p. 244.

91) Cavanaugh, *Myth of Religious Violence*, pp. 145-147, 153-158.

92) James Westfall Thompson, *The Wars of Religion in France, 1559-1576: The Huguenots, Catherine de Medici, Philip II*, 2판 (New York, 1957); Lucien Romier, 'A Dissident Nobility under the Cloak of Religion', in J. H. M. Salmon 편, *The French Wars of Religion: How Important Were Religious Factors?* (Lexington, Mass., 1967); Henri Hauser, 'Political Anarchy and Social Discontent', 같은 책.

93) Natalie Zemon Davis, 'The Rites of Violence: Religious Riot in Sixteenth-Century France', *Past and Present*, 59 (1973).

94) Mack P. Holt, 'Putting Religion Back into the Wars of Religion', *French Historical Studies*, 18, 2 (Autumn 1993); John Bossy, 'Unrethinking the Sixteenth-Century Wars of Religion', in Thomas Kselman 편, *Belief in History: Innovative Approaches in European and American Religion* (Notre Dame, Ind., 1991); Denis Crouzet, *Les guerriers de Dieu: La violence en temps des trou-bles de religion* (Seyssel, 1990); Barbara Diefendorf, *Beneath the Cross: Catholics and Huguenots in Sixteenth-Century Paris* (New York, 1991). 일부 학자들은 종교가 여전히 모든 인간 활동에 스며 있었기 때문에 이 전쟁이 "본질적으로 종교적"이라고 서술한 데이비스가 틀렸다고 주장한 다. Cavanaugh, *Myth of Religious Violence*, pp. 159-160을 보라.

95) M. P. Holt, *The French Wars of Religion, 1562-1629* (Cambridge, UK, 1995), pp. 17-18.

96) Bossy, 'Unrethinking the Sixteenth-Century Wars of Religion', pp. 278-280.

97) Virginia Reinberg, 'Liturgy and Laity in Late Medieval and Reformation France', *Sixteenth-Century Journal*, 23 (Autumn 1992).

98) Holt, *French Wars of Religion*, pp. 18-21.

99) 같은 책, pp. 50-51.

100) J. H. M. Salmon, *Society in Crisis: France in the Sixteenth Century* (New York, 1975), p. 198; Henry Heller, *Iron and Blood: Civil Wars in Sixteenth-Century France* (Montreal, 1991), p. 63.

101) Holt, *French Wars of Religion*, p. 99; Salmon, *Society in Crisis*, pp. 176, 197.

102) Salmon, *Society in Crisis*, pp. 204-205.

103) Holt, *French Wars of Religion*, pp. 50-51.

104) Heller, *Iron and Blood*, pp. 209-211.

105) 같은 책, p. 126.

106) Holt, *French Wars of Religion*, pp. 156-157; Salmon, *Society in Crisis*, pp. 282-

291.

107) Salmon, *Society in Crisis*, pp. 3–4, 126, 168–169; Cavanaugh, *Myth of Religious Violence*, pp. 173–174.

108) Cavanaugh, *Myth of Religious Violence*, pp. 147–150.

109) Geoffrey Parker, *The Thirty Years War* (London, 1984), pp. 29–33, 59–64.

110) 같은 책, p. 195.

111) Dunn, *Age of Religious Wars*, pp. 71–72.

112) William H. McNeill, *Pursuit of Power: Technology, Armed Force and Society since AD 1000* (Chicago, 1982), pp. 120–123; Robert L. O'Connell, *Of Arms and Men: A History of War, Weapons and Aggression* (New York and Oxford, 1999), pp. 143–144.

113) McNeill, *Pursuit of Power*, pp. 121–123.

114) Parker, *Thirty Years War*, pp. 127–128.

115) Jeremy Black, 'Warfare, Crisis and Absolutism', in Cameron, *Early Modern Europe*, p. 211.

116) Parker, *Thirty Years War*, p. 142.

117) 같은 책, pp. 216–217.

118) Cavanaugh, *Myth of Religious Violence*, p. 159; John Bossy, *Christianity in the West, 1400–1700* (Oxford, 1985), pp. 170–171.

119) Andrew R. Murphy, 'Cromwell, Mather and the Rhetoric of Puritan Violence', in Andrew R. Murphy 편, *The Blackwell Companion to Religion and Violence* (Chichester, 2011), pp. 528–534.

120) Thomas Carlyle 편, *Oliver Cromwell's Letters and Speeches*, 3 vols (New York, 1871), 1, p. 154.

121) 같은 책, 2, pp. 153–154.

122) Cavanaugh, *Myth of Religious Violence*, p. 172.

123) Ann Hughes, *The Causes of the English Civil War* (London, 1998), p. 25.

124) 같은 책, pp. 10–25, 58–59, 90–97.

125) 같은 책, p. 89.

126) 같은 책, p. 85.

127) Cavanaugh, *Myth of Religious Violence*, pp. 160–172.

128) Parker, *Thirty Years War*, p. 172.

129) Jan N. Brenner, 'Secularization: Notes toward the Genealogy', in Henk de Vries 편, *Religion: Beyond a Concept* (New York, 2008), p. 433.

130) Heinz Schilling, 'War and Peace at the Emergence of Modernity: Europe between State Belligerence, Religious Wars and the Desire for Peace in 1648', in Bussman and

Schilling, *War and Peace in Europe*, p. 14.

131) Thomas Ertman, *Birth of the Leviathan: Building States and Regimes in Early Modern Europe* (Cambridge, 1997), p. 4.

132) Salmon, *Society in Crisis*, p. 13.

133) Cavanaugh, *Myth of Religious Violence*, pp. 72-85; Russell T. McCutcheon, 'The Category "Religion" and the Politics of Tolerance', in Arthur L. Greil and David G. Bromley 편, *Defining Religion: Investigating the Boundaries between the Sacred and the Secular* (Oxford, 2003), pp. 146-152; Derek Peterson and Darren Walhof, 'Rethinking Religion', in Peterson and Walhof 편, *The Invention of Religion*, pp. 3-9; David E. Gunn, 'Religion, Law and Violence', in Murphy, *Blackwell Companion*, pp. 105-107.

134) Edward, Lord Herbert, *De Veritate*, Meyrick H. Carre 역 (Bristol, UK, 1937), p. 303.

135) 같은 책, p. 298.

136) Edward, Lord Herbert, *De Religio Laici*, Harold L. Hutcheson 편역 (New Haven, Conn., 1944), p. 127.

137) Thomas Hobbes, *Behemoth; or, The Long Parliament*, Frederick Tönnies 편 (Chicago, 1990), p. 55.

138) 같은 책, p. 95.

139) Thomas Hobbes, *On the Citizen*, Richard Tuck and Michael Silverthorne 편 (Cambridge, 1998), 3.26; Thomas Hobbes, *Leviathan*, Richard Tuck 편 (Cambridge, 1991), p. 223.

140) Hobbes, *Leviathan*, pp. 315, 431-434.

141) 같은 책, p. 31.

142) 같은 책, p. 27.

143) 같은 책, p. 17.

144) John Locke, *A Letter Concerning Toleration* (Indianapolis, 1955), p. 15.

145) John Locke, *Two Treatises of Government*, Peter Laslett 편 (Cambridge, 1988), 'Second Treatise', 5. 24.

146) 같은 책, 5.120-121.

147) 같은 책, 5.3.

148) Hugo Grotius, *Rights of War and Peace, in Three Books* (London, 1738), 2.2.17, 2.20.40; Tuck, *Rights of War and Peace*, pp. 103-104.

149) Hobbes, *On the Citizen*, Tuck 편, 30.

150) Donne, *Sermons of John Donne*, George R. Potter and Evelyn M. Simpson 편 (Berkeley, 1959), 4, p. 274.

10장 세속주의의 승리, 혁명과 민족

1) John Cotton and Thomas Morton, 'New English Canaan' (1634-1635) and John Cotton, 'God's Promise to His Plantations' (1630), in Alan Heimart and Andrew Delbanco 편, *The Puritans in America: A Narrative Anthology* (Cambridge, Mass., 1985), pp. 49-50.

2) Kevin Phillips, *The Cousins' Wars: Religious Politics and the Triumph of Anglo-America* (New York, 1999), pp. 3-32; Carla Garden Pesteria, *Protestant Empire: Religion and the Making of the British Atlantic World* (Philadelphia, 2004), pp. 503-515; Clement Fatoric, 'The Anti-Catholic Roots of Liberal and Republican Conception of Freedom in English Political Thought', *Journal of the History of Ideas*, 66 (January 2005).

3) John Winthrop, 'A Model of Christian Charity', in Heimart and Delbanco, *Puritans in America*, p. 91.

4) John Winthrop, 'Reasons to Be Considered for ⋯ the Intended Plantation in New England' (1629), 같은 책, p. 71.

5) Winthrop, 'Model of Christian Charity', 같은 책, p. 82.

6) John Cotton, 'God's Promise', 같은 책, p. 77.

7) Cushman, 'Reasons and Considerations Touching the Lawfulness of Removing out of England into the Parts of America', 같은 책, pp. 43-44.

8) Perry Miller, 'The Puritan State and Puritan Society', in *Errand into the Wilderness* (Cambridge, Mass., and London, 1956), pp. 148-149.

9) John Smith, 'A True Relation', in Edwin Arber and A. C. Bradley 편, *John Smith: Works* (Edinburgh, 1910), p. 957.

10) Perry Miller, 'Religion and Society in the Early Literature of Virginia', in *Errand*, pp. 104-105.

11) William Crashaw, *A Sermon Preached in London before the right honourable Lord werre, Lord Gouernour and Captaine Generall of Virginea* (London, 1610), 같은 책, pp. 111, 138.

12) 같은 책, p. 101.

13) David S. Lovejoy, *Religious Enthusiasm in the New World: Heresy to Revolution* (Cambridge, Mass., and London, 1985), pp. 11-13; Louis B. Wright, *Religion and Empire: The Alliance between Piety and Commerce in English Expansion, 1558-1625* (Chapel Hill, 1943); Miller, 'Religion and Society', pp. 105-108.

14) Samuel Purchas, *Hakluytus Posthumous, or Purchas His Pilgrim*, 3 vols (Glasgow, 1905-1906), 1, pp. 1-45.

15) 'A True Declaration of the Estate of the Colonie in Virginia' (1610), in Peter Force 편,

Tracts (New York, 1844), 3, pp. 5-6.

16) Miller, 'Religion and Society', pp. 116-117.

17) Howard Zinn, *A People's History of the United States: From 1492 to the Present*, 2 판 (London and New York, 1996), p. 12.

18) 같은 책, p. 13.

19) Andrew Preston, *Sword of the Spirit, Shield of Faith: Religion in American War and Diplomacy* (New York and Toronto, 2012), pp. 15-17.

20) Purchas, *Hakluytus Posthumous*, 1, pp. xix, 41-45, 220-222, 224, 229.

21) 같은 책, pp. 138-139.

22) Preston, *Sword of the Spirit*, pp. 31-38.

23) 같은 책, p. 33.

24) 같은 책, p. 35.

25) Bradford, *History of the Plymouth Plantation*, in Zinn, *People's History*, p. 15.

26) Ronald Dale Kerr, 'Why Should You Be So Furious? The Violence of the Pequot War', *Journal of American History*, 85 (December 1998).

27) Preston, *Sword of the Spirit*, pp. 41-45; Andrew R. Murphy, 'Cromwell, Mather and the Rhetoric of Puritan Violence', in Murphy 편, *The Blackwell Companion to Religion and Violence* (Chichester, 2011), pp. 525-535.

28) Miller, 'Puritan State', pp. 150-151.

29) Sherwood Eliot Wirt 편, *Spiritual Awakening: Classic Writings of the Eighteenth-Century Devotios to Inspire and Help the Twentieth-Century Reader* (Tring, 1988), p. 110.

30) Alan Heimert, *Religion and the American Mind: From the Great Awakening to Revolution* (Cambridge, Mass., 1968), p. 43.

31) Miller, 'Puritan State', p. 150.

32) Stoddard, 'An Examination of the Power of the Fraternity' (1715), in Heimart and Delbanco, *Puritans in America*, p. 388.

33) Perry Miller, 'Jonathan Edwards and the Great Awakening', in Errand, pp. 162-166.

34) 같은 책, p. 165.

35) Ruth H. Bloch, *Visionary Republic: Millennial Themes in American Thought, 1756-1800* (Cambridge, UK, 1985), pp. 14-15.

36) 선언문의 초안은 자명한 권리를 "자유, 생명, 소유"로 나열했으며 나중에 가서야 "행복의 추구"로 수정되었다.

37) Jon Butler, *Awash in a Sea of Faith: Christianizing the American People* (Cambridge, Mass., and London, 1990), p. 198.

38) Bloch, *Visionary Republic*, pp. 81-88.

39) Timothy Dwight, *A Valedictory Address to the Young Gentlemen Who Commenced Bachelors of Arts, July 27 1776* (New Haven, Conn., 1776), p. 14.

40) Lovejoy, *Religious Enthusiasm in the New World*, p. 226.

41) 같은 곳.

42) Thomas Paine, *Common Sense and the Crisis* (New York, 1975), p. 59.

43) Bloch, *Visionary Republic*, p. 55.

44) 같은 책, pp. 60-63.

45) 같은 책, pp. 29, 31.

46) Edwin S. Gaustad, *Faith of Our Fathers: Religion and the New Nation* (San Francisco, 1987), p. 38.

47) Madison to William Bradford, 1774년 4월 1일, in William T. Hutchinson and William M. E. Rachal 편, *The Papers of James Madison* (Chicago, 1962), 1, pp. 212-213.

48) Madison, 'Memorial and Remonstrance' (1785), 7, in Gaustad, *Faith of Our Fathers*, p. 145.

49) Jefferson, *Statute for Establishing Religious Freedom* (1786), 같은 책, p. 150.

50) Henry S. Stout, 'Rhetoric and Reality in the Early Republic: The Case of the Federalist Clergy', in Mark A. Noll 편, *Religion and American Politics: From the Colonial Period to the 1980s* (Oxford and New York, 1990), pp. 65-66, 75.

51) Nathan O. Hatch, *The Democratization of American Christianity* (New Haven, Conn., and London, 1989), p. 22.

52) 같은 책, pp. 25-29.

53) John F. Wilson, 'Religion, Government and Power in the New American Nation', in Noll, *Religion and American Politics*.

54) Gaustad, *Faith of Our Fathers*, p. 44.

55) Perry Miller, *Roger Williams: His Contribution to the American Tradition*, 2판 (New York, 1962), p. 192.

56) Miller, 'Puritan State', p. 146.

57) Jefferson to William Baldwin, 1810년 1월 19일, in Dickenson W. Adams 편, *Jefferson's Extracts from the Gospels* (Princeton, 1983), p. 345; Jefferson to Charles Clay, 1816년 1월 29일, 같은 책, p. 364.

58) Hatch, *Democratization of American Christianity*, pp. 68-157.

59) Daniel Walker Howe, 'Religion and Politics in the Antebellum North', in Noll, *Religion and American Politics*, pp. 132-133; George Marsden, 'Afterword', 같은 책, pp. 382-383.

60) Mark A. Noll, 'The Rise and Long Life of the Protestant Enlightenment in America', in William M. Shea and Peter A. Huff 편, *Knowledge and Belief in America:*

Enlightenment Traditions and Modern Religious Thought (New York, 1995). 또한 다음을 참조하라. D. W. Bebbington, *Evangelicalism in Modern Britain: A History from the 1730s to the 1980s* (London, 1989), p. 74; Michael Gauvreau, 'Between Awakening and Enlightenment', in *The Evangelical Century: College and Creed in English Canada from the Great Revival to the Great Depression* (Kingston and Montreal, 1991), pp. 13-56.

61) Alexis de Tocqueville, *Democracy in America*, Harvey Claflin Mansfield and Delba Winthrop 편역 (Chicago, 2000), p. 43. De Tocqueville 강조.

62) Henry F. May, *The Enlightenment in America* (New York, 1976); Mark A. Noll, *America's God: From Jonathan Edwards to Abraham Lincoln* (Oxford and New York, 2002), pp. 93-95.

63) Mark A. Noll, *The Civil War as a Theological Crisis* (Chapel Hill, 2006), pp. 24-25.

64) John M. Murrin, 'A Roof without Walls: The Dilemma of American National Identity', in Richard Beeman, Stephen Botein, Edward E. Carter II 편, *Beyond Confederation: Origins of the Constitution and American Identity* (Chapel Hill, 1987), pp. 344-347.

65) Noll, *Civil War*, pp. 25-28.

66) Claude E. Welch, Jr., *Political Modernization* (Belmont, Calif. 1967), pp. 2-6.

67) John H. Kautsky, *The Political Consequences of Modernization* (New York, London, Sydney, Toronto, 1972), pp. 45-47.

68) T. C. W. Blanning, 'Epilogue: The Old Order Transformed', in Euan Cameron 편, *Early Modern Europe: An Oxford History* (Oxford, 1999), pp. 345-360; Michael Burleigh, *Earthly Powers: The Clash of Religion and Politics from the French Revolution to the Great War* (New York, 1995), pp. 48-66.

69) M. G. Hutt, 'The Role of the Curés in the Estates General of 1789', *Journal of Ecclesiastical History*, 6 (1955).

70) George Lefebvre, *The Great Fear of 1789*, R. R. Farmer and Joan White 역 (Princeton, NJ, 1973).

71) Philip G. Dwyer, *Talleyrand* (London, 2002), p. 24.

72) 같은 책, pp. 61-62.

73) Mark Noll, *The Old Religion in a New World: The History of North American Christianity* (Grand Rapids, Mich., 2002), pp. 82-83; Gertrude Himmelfarb, *The Roads to Modernity* (New York, 2004), pp. 18-19.

74) Burleigh, *Earthly Powers*, pp. 96-101; Claude Petitfrere, 'The Origins of the Civil War in the Vendée', *French History*, 2 (1998), pp. 99-100.

75) Instructions from the Committee of Public Safety (1794). Burleigh, *Earthly Powers*, p.

100에서 인용.

76) Reynald Secher, *Le Génocide franco-français: La Vendée-vengé* (Paris, 1986), pp. 158-159.

77) Jonathan North, 'General Hocte and Counterinsurgency', *Journal of Military History*, 67 (2003).

78) Mircea Eliade, *Patterns in Comparative Religion*, Rosemary Sheed 역 (London, 1958), p. 11.

79) Burleigh, *Earthly Powers*, pp. 79-80.

80) 같은 책, p. 76.

81) Jules Michelet, *Historical View of the French Revolution from its Earliest Indications to the Flight of the King in 1791*, C. Cooks (London, 1888), p. 393에서 인용.

82) Burleigh, *Earthly Powers*, p. 81.

83) Boyd C. Schafer, *Nationalism: Myth and Reality* (New York, 1952), p. 142.

84) 같은 곳.

85) Alexis de Tocqueville, *The Old Regime and the French Revolution*, François Furet and Françoise Melonio 편 (Chicago, 1998), 1, p. 101.

86) Jean-Jacques Rousseau, *Politics and the Arts, Letter to M. D'Alembert on the Theatre*, Alan Bloom 역 (Ithaca, NY, 1960), p. 126.

87) Jean-Jacques Rousseau, *The Social Contract and Other Later Political Writings*, Victor Gourevitch 편 (Cambridge, 1997), pp. 150-151.

88) Donald Greer, *The Incidence of Terror in the French Revolution* (Gloucester, Mass., 1935).

89) John Keegan, *A History of Warfare* (London and New York, 1993), pp. 348-359; Robert L. O'Connell, *Of Arms and Men: A History of Weapons and Aggression* (New York and Oxford, 1989), pp. 174-188; William H. McNeill, *The Pursuit of Power: Technology, Armed Force and Society Since AD 1000* (Chicago, 1982), pp. 185-215.

90) Russell Weighley, *The Age of Battles* (Bloomington, Ind., 1991); O'Connell, *Arms and Men*, pp. 148-150.

91) John U. Neff, *War and Human Progress: An Essay in the Rise of Industrial Civilisation* (New York, 1950), pp. 204-205; Theodore Ropp, *War in the Modern World* (Durham, NC, 1959), pp. 25-26.

92) Keegan, *History of Warfare*, p. 344; O'Connell, *Arms and Men*, pp. 157-166; McNeill, *Pursuit of Power*, p. 172.

93) Crane Brinton 번역. McNeill, *Pursuit of Power*, p. 192에서 인용.

94) Keegan, *History of Warfare*, p. 350.

95) 같은 책, pp. 351–352.

96) O'Connell, *Arms and Men*, p. 185.

97) George Annesley, *The Rise of Modern Egypt: A Century and a Half of Egyptian History* (Durham, UK, 1997), p. 7.

98) Gaston Wait 편역, *Nicholas Turc, Chronique D'Egypte: 1798–1804* (Cairo, 1950), p. 78.

99) Peter Jay, *Road to Riches or The Wealth of Man* (London, 2000), pp. 205–236; Gerhard E. Lenski, *Power and Privilege: A Theory of Social Stratification* (Chapel Hill and London, 1966), pp. 297–392; Marshall G. S. Hodgson, *The Venture of Islam: Conscience and History in a World Civilization*, 3 vols (Chicago and London, 1974), 3, pp. 195–201.

100) Hodgson, *Venture of Islam*, 3, p. 194.

101) John H. Kautsky, *The Politics of Aristocratic Empires*, 2판 (New Brunswick and London, 1997), p. 349. 심지어 파시스트 정부도 연립체였다.

102) Hodgson, *Venture of Islam*, 3, pp. 199–201; G. W. F. Hegel, *The Philosophy of Right*, para. 246, 248.

103) Kautsky, *Political Consequences of Modernization*, pp. 60–61.

104) Hodgson, *Venture of Islam*, 3, p. 208; Bassam Tibi, *The Crisis of Political Islam: A Pre-Industrial Culture in the Scientific-Technological Age* (Salt Lake City, Utah, 1988), pp. 1–25.

105) Hodgson, *Venture of Islam*, 33, pp. 210–212.

106) O'Connell, *Arms and Men*, p. 235; Percival Spear, *India* (Ann Arbour, Mich., 1961), p. 270.

107) Daniel Gold, 'Organized Hinduisms: From Vedic Truth to Hindu Nation', in Martin E. Marty and R. Scott Appleby 편, *Fundamentalisms Observed* (Chicago and London, 1991), pp. 534–537.

108) Wilfred Cantwell Smith, *The Meaning and End of Religion: A New Approach to the Religious Traditions of Mankind* (New York, 1964), pp. 61–62.

109) Patwant Singh, *The Sikhs* (New York, 1999), p. 28.

110) Guru Garth Sahib, 1136, 같은 책, p. 18.

111) John Clark Archer, *The Sikhs in Relation to Hindus, Christians and Ahmadiyas* (Princeton, NJ, 1946), p. 170.

112) T. N. Madan, 'Fundamentalism and the Sikh Religious Tradition', in Marty and Appleby, *Fundamentalisms Observed*, 602.

113) Kenneth W. Jones, 'The Arya Samaj in British India, 1875–1947', in Robert D. Baird

편, *Religion in Modern India* (Delhi, 1981), pp. 50 – 52.

114) Madan, 'Fundamentalism', p. 605.

115) 같은 책, pp. 603 – 606.

116) Harjot S. Oberoi, 'From Ritual to Counter Ritual: Rethinking the Hindu – Sikh Question, 1884 – 1915', in Joseph T. O'Connell 편, *Sikh History and Religion in the Twentieth Century* (Toronto, 1988), pp. 136 – 140.

117) N. Gould Barrier, 'Sikhs and Punjab Politics', in O'Connell, *Sikh History*.

118) Madan, 'Fundamentalism', p. 617.

119) Mumtaz Ahmad, 'Islamic Fundamentalism in South Asia: The Jama'at-i-Islami and the Tablighi Jamaat', in Marty and Appleby, *Fundamentalisms Observed*, p. 460.

120) O'Connell, *Arms and Men*, pp. 231 – 235.

121) 같은 책, p. 191.

122) 같은 책, p. 233.

123) G. W. Steevans, *With Kitchener to Khartoum* (London, 1898), p. 300.

124) Speech of Sir John Ardagh, 1899년 6월 22일, in *The Proceedings of the Hague Peace Conference* (London, 1920), pp. 286 – 287.

125) Elbridge Colby, 'How to Fight Savage Tribes', *American Journal of International Law*, 21, 2 (1927). 저자 강조.

126) Ernest Gellner, *Nations and Nationalism* (New Perspectives on the Past) (Oxford, 1983).

127) Anthony Giddens, *The Nation-State and Violence* (Berkeley, 1987), p. 89.

128) 같은 책, pp. 85 – 89; William T. Cavanaugh, *Migrations of the Holy: God, State, and the Political Meaning of the Church* (Grand Rapids, Mich., 2011), pp. 18 – 19.

129) Benedict Anderson, *Imagined Communities: Reflections on the Origin and Spread of Nationalism* (London and New York, 2003).

130) Mark Levene, *Genocide in the Age of the Nation-State. Vol. III: The Rise of the West and the Coming of Genocide* (London and New York, 2005), pp. 26 – 27, 112 – 120; David Stannard, *American Holocaust: The Conquest of the New World* (New York and Oxford, 1992), p. 120; Ward Churchill, *A Little Matter of Genocide: Holocaust and Denial in the Americas, 1492 to the Present* (San Francisco, 1997), p. 150; Anthony F. C. Wallace, *Jefferson and the Indians: The Tragic Fate of the First Americans* (Cambridge, Mass., 1999).

131) Norman Cantor, *The Sacred Chain: A History of the Jews* (London, 1995), pp. 236 – 237.

132) John Stuart Mill, *Utilitarianism, Liberty, and Representational Government* (London, 1910), pp. 363 – 364.

133) Antony Smith, *Myths and Memories of the Nation* (Oxford, 1999), p. 33에서 인용.

134) Levene, *Genocide*, pp. 150-151에서 인용. C. A. Macartney, *National States and National Minorities* (London, 1934), p. 17도 참조하라.

135) Bruce Lincoln, *Holy Terrors: Thinking about Religion after September 11*, 2판 (Chicago and London, 2006), pp. 62-63.

136) Johann Gottlieb Fichte, 'What a People Is, and What Is Love of Fatherland', in Fichte, *Addresses to the German Nation*, Gregory Moore 편역 (Cambridge, 2008), p. 105.

137) Zinn, *People's History*, pp. 23-58; Basil Davidson, *The African Slave Trade* (Boston, 1961); Stanley Elkins, *Slavery: A Problem of American Institutional and Intellectual Life* (Chicago, 1959); Edmund S. Morgan, *American Slavery, American Freedom: The Ordeal of Colonial Virginia* (New York, 1975).

138) Leviticus 25:45-46; Genesis 9:25-27, 17:12; Deuteronomy 20:10-11; 1 Corinthians 7:21; Romans 13:1, 7; Colossians(〈골로새서〉) 3:22, 4:1; 1 Timothy 6:1-2; Philemon(〈빌레몬서〉) 여러 곳.

139) Thornhill, 'Our National Sins', in *Fast Day Sermons or The Pulpit on the State of the Country*, 익명의 편집자(Charleston, SC, 2009판), p. 48.

140) Beecher, 'Peace Be Still', 같은 책, p. 276.

141) Van Dyke, 'The Character and Influence of Abolitionism', 같은 책, p. 137.

142) Lewis, 'Patriarchal and Jewish Servitude: No Argument for American Slavery', 같은 책, p. 180.

143) Noll, *Civil War*, pp. 1-8.

144) 같은 책, pp. 19-22; 'The Rise and Long Life of the Protestant Enlightenment in America', in William M. Shea and Peter A. Huff, *Knowledge and Belief in America: Enlightenment Trends and Modern Thought* (New York, 1995), pp. 84-124; May, *Enlightenment in America*, 여러 곳.

145) James M. McPherson, *For Cause and Comrades: Why Men Fought in the Civil War* (New York, 1997), p. 63; 'Afterword', in Randall M. Miller, Harry S. Stout and Charles Reagan Wilson 편, *Religion and the American Civil War* (New York, 1998), p. 412.

146) Noll, *Civil War*, pp. 52-79.

147) Beecher, 'Abraham Lincoln', in *Patriotic Addresses* (New York, 1887), p. 711.

148) Bushnell, 'Our Obligations to the Dead', in *Building Eras in Religion* (New York, 1881), pp. 328-329.

149) O'Connell, *Arms and Men*, pp. 189-196.

150) Grady McWhiney and Perry D. Jamieson, *Attack and Die: The Civil War, Military*

Tactics, and Southern Heritage (Montgomery, Ala., 1982), pp. 4–7.

151) Bruce Cotton, *Grant Takes Command* (Boston, 1968), p. 262.

152) O'Connell, *Arms and Men*, pp. 198–199.

153) Noll, *Civil War*, pp. 90–92.

154) Alastair McGrath, *The Twilight of Atheism: The Rise and Fall of Disbelief in the Modern World* (London and New York), pp. 52–55, 60–66.

155) James R. Moore, 'Geologists and Interpreters of Genesis in the Nineteenth Century', in David C. Lindberg and Ronald L. Numbers 편, *God and Nature: Historical Essays on the Encounter between Christianity and Science* (New York, 1986), pp. 341–343.

156) Noll, *Civil War*, pp. 159–162.

157) Richard Maxwell Brown, *Strain of Violence: Historical Studies of American Violence and Vigilantism* (New York, 1975), pp. 217–218.

158) O'Connell, *Arms and Men*, 202–210; McNeill, *Pursuit of Power*, pp. 242–255.

159) I. F. Clarke, *Voices Prophesying War: Future Wars 1763–3749*, 개정판 (Oxford and New York, 1992), pp. 37–88.

160) Paul Johnson, *A History of the Jews* (London, 1987), p. 365.

161) Zygmunt Bauman, *Modernity and the Holocaust* (Ithaca, NY, 1989), pp. 40–77.

162) Amos Elon, *The Israelis: Founders and Sons*, 2판 (London, 1981), p. 112.

163) 같은 책, p. 338.

164) Eric J. Leed, *No Man's Land: Combat and Identity in World War I* (Cambridge, UK, 1979), pp. 39–72.

165) Stefan Zweig, *The World of Yesterday: An Autobiography* (New York, 1945), p. 224.

166) Leed, *No Man's Land*, p. 55.

167) Zweig, *World of Yesterday*, p. 24; Leed, *No Man's Land*, p. 47.

168) H. Hafkesbrink, *Unknown Germany: An Inner Chronicle of the First World War Based on Letters and Diaries* (New Haven, Conn., 1948), p. 37에서 인용.

169) Rudolf Binding, *Erlebtes Leben* (Frankfurt, 1928), p. 237. Leed 번역.

170) Carl Zuckmayer, *Pro Domo* (Stockholm, 1938), pp. 34–35.

171) Franz Schauwecker, *The Fiery Way* (London and Toronto, 1921), p. 29.

172) Carl Schorske, *German Social Democracy, 1905–1917* (Cambridge, Mass., 1955), p. 390에서 인용.

173) Leed, *No Man's Land*, p. 29.

174) P. Witkop 편, *Kriegsbriefe gefallener Studenten* (Munich, 1936), p. 100. Leed 번역.

175) Lawrence, *The Mint* (New York, 1963), p. 32.

176) De Beauvoir, *Memoirs of a Dutiful Daughter* (New York, 1974), p. 180.

177) Emilio Lussu, *Sardinian Brigade* (New York, 1939), p. 167.

11장 근대의 폭주와 근본주의의 반격

1) *The Battle for God: A History of Fundamentalism* (London and New York, 2000)에 서 이 점을 길게 설명했다.

2) Calvin, Commentary on Genesis 1:6, in *The Commentaries of John Calvin on the Old Testament*, 30 vols, Calvin Translation Society, 1643-1648, 1, p. 86; 유대교와 기독교에서 성경의 전통적인 비직해적 해석에 대한 더 자세한 이야기는 *The Bible: The Biography* (London and New York, 2007)를 보라.

3) Hodge, *What Is Darwinism?* (Princeton, NJ, 1874), p. 142.

4) 2 Thessalonians 2:3-12; Revelation 16:15; Paul Boyer, *When Time Shall Be No More: Prophecy Belief in Modern American Culture* (Cambridge, Mass., 1992), p. 192; George Marsden, *Fundamentalism and American Culture: The Shaping of Twentieth-Century Evangelicalism, 1870-1925* (New York and Oxford, 1980), pp. 154-155.

5) Marsden, *Fundamentalism and American Culture*, pp. 90-92; Robert C. Fuller, *Naming the Antichrist: The History of an American Obsession* (Oxford and New York, 1995), p. 119.

6) Marsden, *Fundamentalism*, pp. 184-189; R. Lawrence Moore, *Religious Outsiders and the Making of Americans* (Oxford and New York, 1986), pp. 160-163; Ronald L. Numbers, *The Creationists: The Evolution of Scientific Creationism* (Berkeley, Los Angeles and London, 1992), pp. 41-44, 48-50; Ferenc Morton Szasz, *The Divided Mind of Protestant America, 1880-1930* (University, Ala., 1982), pp. 117-135.

7) Marsden, *Fundamentalism in America*, pp. 187-188.

8) Aurobindo Ghose, *Essays on the Gita* (Pondicherry, 1972), p. 39.

9) Louis Fischer 편, *The Essential Gandhi* (New York, 1962), p. 193.

10) Mahatma Gandhi, 'My Mission', *Young India*, 3 April 1924, in Judith M. Brown 편, *Mahatma Gandhi: Essential Writings* (Oxford and New York, 2008), p. 5.

11) Mahatma Gandhi, 'Farewell', *An Autobiography*, 같은 책, p. 65.

12) Kenneth W. Jones, 'The Arya Samaj in British India, 1875-1947', in Robert D. Baird 편, *Religion in Modern India* (Delhi, 1981), pp. 44-45.

13) Radhey Shyam Pareek, *Contribution of Arya Samaj in the Making of Modern India, 1875-1947* (New Delhi, 1973), pp. 325-326.

14) Daniel Gold, 'Organized Hinduisms: From Vedic Truth to Hindu Nation', in Martin E. Marty and R. Scott Appleby 편, *Fundamentalisms Observed* (Chicago and London, 1991), pp. 533-542.

15) Vinayak Damdar Savakar, *Hindutva* (Bombay, 1969), p. 1.

16) Gold, 'Organized Hinduisms', pp. 575–580.

17) M. S. Golwalkar, *We or Our Nationhood Defined* (Nagpur, 1939), pp. 47–48.

18) 같은 책, p. 35.

19) Sudhir Kakar, *The Colours of Violence: Cultural Identities, Religion, and Conflict* (Chicago and London, 1996), p. 31.

20) 같은 책, p. 38.

21) Gold, 'Organized Hinduisms', pp. 531–532; Sushil Srivastava, 'The Ayodhya Controversy: A Third Dimension', *Probe India* (January 1988).

22) Abul Ala Mawdudi, *The Islamic Way of Life* (Lahore, 1979), p. 37.

23) Charles T. Adams, 'Mawdudi and the Islamic State', in John Esposito, *Voices of Resurgent Islam* (New York and Oxford, 1983); Youssef M. Choueiri, *Islamic Fundamentalism* (London, 1970), pp. 94–139.

24) Mumtaz Ahmad, 'Islamic Fundamentalisms in South Asia', in Marty and Appleby, *Fundamentalisms Observed*, pp. 487–500.

25) Abul Ala Mawdudi, *Tafhim-al-Qur'an*, in Mustansire Mir, 'Some Features of Mawdudi's Tafhim al-Quran', *American Journal of Islamic Social Sciences*, 2, 2 (1985), p. 242.

26) *Introducing the Jamaat-e Islami Hind*, in Ahmad, 'Islamic Fundamentalism in South Asia', pp. 505–506.

27) 같은 책, pp. 500–501.

28) Khurshid Ahmad and Zafar Ushaq Ansari, *Islamic Perspectives* (Leicester, 1979), pp. 378–381.

29) Abul Ala Maududi, 'Islamic Government', reprinted in *Asia* 20 (September 1981), p. 9.

30) Rafiuddin Ahmed, 'Redefining Muslim Identity in South Asia: The Transformation of the Jama'at-i-Islami', in Martin E. Marty and R. Scott Appleby 편, *Accounting for Fundamentalisms: The Dynamic Character of Movements* (Chicago and London, 1994), p. 683.

31) 아흐마디야는 그들의 건립자인 미르자 굴람 아흐마드가 예언자를 자칭했기 때문에 이단으로 일컬어졌다.

32) Ahmad, 'Islamic Fundamentalism in South Asia', pp. 587–589.

33) Abul Ala Maududi, 'How to Establish Islamic Order in the Country?', *The Universal Message*, May 1983, pp. 9–10.

34) Marshall G. S. Hodgson, *The Venture of Islam: Conscience and History in a World Civilization*, 3 vols (Chicago and London, 1974), 3, 218–219.

35) George Annesley, *The Rise of Modern Egypt: A Century and a Half of Egyptian*

History, p. 62.

36) 같은 책, pp. 51-56.

37) Hodgson, *Venture of Islam*, 3, p. 71.

38) Nikkie R. Keddie, *Roots of Revolution: An Interpretive History of Modern Iran* (New Haven, Conn., and London, 1981), pp. 72-73, 82.

39) John Kautsky, *The Political Consequences of Modernisation* (New York, London, Sydney and Toronto, 1972), pp. 146-147.

40) Bruce Lincoln, *Holy Terrors: Thinking about Religion after September 11*, 2판 (Chicago and London, 2006), pp. 63-65.

41) Daniel Crecelius, 'Non-Ideological Responses of the Ulema to Modernization', in Nikki R. Keddie 편, *Scholars, Saints and Sufis: Muslim Religious Institutions in the Middle East since 1500* (Berkeley, Los Angeles and London, 1972), pp. 181-182.

42) Gilles Kepel, *Jibad: The Trail of Political Islam*, Anthony F. Roberts 역, 4판 (London, 2009), p. 53.

43) Alastair Crooke, *Resistance: The Essence of the Islamist Revolution* (London, 2009), pp. 54-58.

44) Bobby Sayyid, *A Fundamental Fear: Eurocentrism and the Emergence of Islamism* (London, 1997), p. 57.

45) Hodgson, *Venture of Islam*, 3, p. 262.

46) Donald Bloxham, *The Great Game of Genocide: Imperialism, Nationalism and the Destruction of the Ottoman Armenians* (Oxford, 2007), p. 59.

47) Joanna Bourke, 'Barbarisation vs. Civilisation in Time of War', in George Kassimeris 편, *The Barbarisation of Warfare* (London, 2006), p. 29에서 인용.

48) Moojan Momen, *An Introduction to Shii Islam: The History and Doctrines of Twelver Shiism* (New Haven, Conn., and London, 1985), p. 251; Keddie, *Roots of Revolution*, pp. 93-94.

49) Azar Tabari, 'The Role of Shii Clergy in Modern Iranian Politics', in Nikki R. Keddie 편, *Religion and Politics in Iran: Shiism from Quietism to Revolution* (New Haven, Conn., and London, 1983), p. 63.

50) Shahrough Akhavi, *Religion and Politics in Contemporary Islam: Clergy-State Relations in the Pahlavi Period* (Albany, NY, 1980), pp. 58-59.

51) Majid Fakhry, *A History of Islamic Philosophy* (New York and London, 1970), pp. 376-381; Bassam Tibi, *Arab Nationalism: A Critical Inquiry*, Marion Farouk Slugett and Peter Slugett 역, 2판 (London, 1990), pp. 90-93; Hourani, *Arabic Thought in the Liberal Age*, pp. 130-161; Hodgson, *Venture of Islam*, 3, pp. 274-276.

52) Evelyn Baring, Lord Cromer, *Modern Egypt*, 2 vols (New York, 1908), 2, p. 184.

53) Hourani, *Arabic Thought in the Liberal Age*, pp. 224, 230, 240–243.

54) John Esposito, 'Islam and Muslim Politics', in Esposito 편, *Voices of Resurgent Islam*, p. 10; Richard P. Mitchell, *The Society of Muslim Brothers* (New York and Oxford, 1969), 여러 곳.

55) Mitchell, *Society of Muslim Brothers*, p. 8. 이 이야기와 발언은 출처가 불분명하지만 무슬림형제단의 초기 분위기를 표현하고 있다.

56) 같은 책, 9–13, 328.

57) Anwar Sadat, *Revolt on the Nile* (New York, 1957), pp. 142–143.

58) Mitchell, *Society of Muslim Brothers*, pp. 205–206.

59) 같은 책, p. 302.

60) John O. Voll, 'Fundamentalisms in the Sunni Arab World: Egypt and the Sudan', in Marty and Appleby, *Fundamentalisms Observed* (Chicago and London, 1991), pp. 369–374; Yvonne Haddad, 'Sayyid Qutb', in Esposito 편, *Voices of Resurgent Islam*; Choueiri, *Islamic Fundamentalism*, pp. 96–151

61) Qutb, *Fi Zilal al-Quran*, 2, 924–925.

62) Harold Fisch, *The Zionist Revolution: A New Perspective* (Tel Aviv and London, 1968), pp. 77, 87.

63) Theodor Herzl, *The Complete Diaries of Theodor Herzl*, R. Patai 편, 2 vols (London and New York, 1960), 2, pp. 793–794.

64) Mircea Eliade, *The Sacred and the Profane*, Willard J. Trask 역 (New York, 1959), p. 21.

65) Meir Ben Dov, *The Western Wall* (Jerusalem, 1983), p. 146.

66) 같은 책, p. 148.

67) 같은 책, p. 146.

68) Meron Benvenisti, *Jerusalem: The Torn City* (Jerusalem, 1975), p. 84.

69) 같은 책, p. 119.

70) Psalms 72:4.

71) Michael Rosenak, 'Jewish Fundamentalism in Israeli Education', in Martin E. Marty and R. Scott Appleby 편, *Fundamentalisms and Society: Reclaiming the Sciences, the Family, and Education* (Chicago and London, 1993), p. 392.

72) Gideon Aran, 'The Father, the Son and the Holy Land', in R. Scott Appleby 편, *Spokesmen for the Despised: Fundamentalist Leaders in the Middle East* (Chicago, 1997), p. 310.

73) 같은 곳.

74) 같은 책, p. 311.

75) 같은 책, p. 310.

76) Maariv 인터뷰 (14 Nisan 5723, 1963), in Aviezer Ravitsky, *Messianism, Zionism, and Jewish Religious Radicalism*, Michael Swirsky and Jonathan Chipman 역 (Chicago and London, 1993), p. 85.

77) Ian S. Lustick, *For the Land and the Lord: Jewish Fundamentalism in Israel* (New York, 1988), p. 85; Aran, 'Father, Son and the Holy Land', p. 310.

78) Samuel C. Heilman, 'Guides of the Faithful: Contemporary Religious Zionist Rabbis', in Appleby 편, *Spokesmen for the Despised*, p. 357.

79) Ehud Sprinzak, 'Three Models of Religious Violence: The Case of Jewish Fundamentalism in Israel', in Martin and Appleby 편, *Fundamentalism and the State: Remaking Politics, Economics and Militance* (Chicago and London, 1993), p. 472.

80) Gideon Aran, 'Jewish Zionist Fundamentalism', in Marty and Appleby 편, *Fundamentalisms Observed*, p. 290.

81) Gideon Aran, 'Jewish Religious Zionist Fundamentalism', 같은 책, p. 280.

82) 같은 책, p. 308.

83) Keddie, *Roots of Revolution*, pp. 160-180.

84) Mehrzad Borujerdi, *Iranian Intellectuals and the West: The Tormented Triumph of Nativism* (Syracuse, NY, 1996), p. 26; Choueiri, *Islamic Fundamentalism*, p. 156.

85) Michael J. Fischer, 'Imam Khomeini: Four Levels of Understanding', in Esposito, *Voices of Resurgent Islam*, p. 157.

86) Keddie, *Roots of Revolution*, pp. 154-156.

87) 같은 책, pp. 158-159; Momen, *Introduction to Shii Islam*, p. 254; Hamid Algar, 'The Oppositional Role of the Ulema in Twentieth-Century Iran', in Nikki R. Keddie 편, *Scholars, Saints and Sufis: Muslim Religious Institutions in the Middle East since 1500* (Berkeley, Los Angeles and London, 1972), p. 248.

88) Willem M. Floor, 'The Revolutionary Character of the Ulama: Wishful Thinking or Reality', in Keddie 편, *Religion and Politics in Iran*, Appendix, p. 97.

89) Hamid Algar, 'The Fusion of the Mystical and the Political in the Personality and Life of Imam Khomeini', School of Oriental and African Studies에서 한 강연, 런던, 1998년 6월 9일.

90) John XXIII, *Mater et Magistra*, 'Christianity and Social Progress', in Claudia Carlen 편, *The Papal Encyclicals*, 1740-1981, 5 vols (Falls Church, Va., 1981), 5, pp. 63-64.

91) Camilo Torres, 'Latin America: Lands of Violence', in J. Gerassi 편, *Revolutionary Priest: The Complete Writings and Messages of Camilo Torres* (New York, 1971), pp. 422-423.

92) Thia Cooper, 'Liberation Theology and the Spiral of Violence', in Andrew R. Murphy

편, *The Blackwell Companion to Religion and Violence* (Chichester, UK, 2011), pp. 543–555.

93) Andrew Preston, *Sword of the Spirit, Shield of Faith: Religion in American War and Diplomacy* (New York, 2012), pp. 502–525.

94) 같은 책, p. 510.

95) Martin Luther King, Jr., *Strength to Love* (Philadelphia, 1963), p. 50.

96) Keddie, *Roots of Revolution*, pp. 282–283; Borujerdi, *Iranian Intellectuals*, pp. 29–42.

97) Akhavi, *Religion and Politics in Contemporary Iran*, pp. 129–131.

98) Algar, 'Oppositional Role of the Ulema', p. 251.

99) Keddie, *Roots of Revolution*, pp. 215–259; Sharough Akhavi, 'Shariati's Social Thought', in Keddie, *Religion and Politics in Iran*; Abdulaziz Sachedina, 'Ali Shariati: Ideologue of the Islamic Revolution', in Esposito, *Voices of Resurgent Islam*; Michael J. Fischer, *Iran: From Religious Dispute to Revolution* (Cambridge, Mass., and London, 1980), pp. 154–167; Borujerdi, *Iranian Intellectuals*, pp. 106–115.

100) Sayeed Ruhollah Khomeini, *Islam and Revolution*. Hamid Algar 편역 (Berkeley, 1981), p. 28.

101) Keddie, *Roots of Revolution*, p. 242; Fischer, *Iran*, p. 193.

102) Gary Sick, *All Fall Down: America's Fateful Encounter with Iran* (London, 1985), p. 30.

103) Keddie, *Roots of Revolution*, p. 243.

104) Fischer, *Iran*, p. 195.

105) Momen, *Introduction to Shii Islam*, p. 288.

106) Fischer, *Iran*, p. 184.

107) Momen, *Introduction to Shii Islam*, p. 288.

108) Fischer, *Iran*, pp. 198–199.

109) 같은 책, p. 199; Sick, *All Fall Down*, p. 51; Keddie, *Roots of Revolution*, p. 250. 정부는 시위대 가운데 사망자는 120명뿐이고 2천 명이 부상당했다고 주장했지만 다른 자료들은 5백 명에서 천 명이 죽었다고 주장했다.

110) Fischer, *Iran*, p. 204.

111) 같은 책, p. 205; Keddie는 백만 명만 참여했다고 믿는다(*Roots of Revolution*, pp. 252–253).

112) Amir Taheri, *The Spirit of Allah: Khomeini and the Islamic Revolution* (London, 1985), p. 227.

113) Baqir Moin, *Khomeini: Life of the Ayatollah* (London, 1999), pp. 227–228.

114) Daniel Brumberg, 'Khomeini's Legacy: Islamic Rule and Islamic Social Justice', in R. Scott Appleby 편, *Spokesmen for the Despised: Fundamentalist Leaders of the Middle East* (Chicago, 1997).

115) Joos R. Hiltermann, *A Poisonous Affair: America, Iraq and the Gassing of Halabja* (Cambridge, 2007), pp. 22–36.

116) Homa Katouzian, 'Shiism and Islamic Economics: Sadr and Bani Sadr', in Keddie 편, *Religion and Politics in Iran*, pp. 161–162.

117) Michael J. Fischer, 'Imam Khomeini: Four Levels of Understanding', in Esposito, *Voices of Resurgent Islam*, p. 171.

118) Sick, *All Fall Down*, p. 165.

119) Hannah Arendt, *On Revolution* (New York, 1963), p. 18.

120) Kautsky, *Political Consequences of Modernisation*, pp. 60–127.

121) William Beeman, 'Images of the Great Satan: Representations of the United States in the Iranian Revolution', in Keddie 편, *Religion and Politics in Iran*, p. 215.

12장 민족주의와 만난 종교적 열정

1) Rebecca Moore, 'Narratives of Persecution, Suffering and Martyrdom: Violence in the People's Temple and Jonestown', in James R. Lewis 편, *Violence and New Religious Movements* (Oxford, 2011); Moore, 'America as Cherry-Pie: The People's Temple and Violence', in Catherine Wessinger 편, *Millennialism, Persecution and Violence: Historical Circumstances* (Syracuse, NY, 1986); Wessinger, *How the Millennium Comes Violently: Jonestown to Heaven's Gate* (New York, 2000); Mary Maaga, *Hearing the Voices of Jonestown* (Syracuse, NY, 1998).

2) Moore, 'Narratives of Persecution', p. 102.

3) 같은 책, p. 103.

4) Huey Newton, *Revolutionary Suicide* (New York, 1973).

5) Moore, 'Narratives of Persecution', p. 106.

6) 같은 책, p. 108.

7) 같은 책, p. 110.

8) George Steiner, *In Bluebeard's Castle: Some Notes toward the Re-definition of Culture* (New Haven, Conn., 1971), p. 32.

9) Zygmunt Bauman, *Modernity and the Holocaust* (Ithaca, NY, 1989), pp. 77–92.

10) Joanna Bourke, 'Barbarisation vs. Civilisation in Time of War', in George Kassimeris 편, *The Barbarisation of Warfare* (London, 2006), p. 26.

11) Amir Taheri, *The Spirit of Allah: Khomeini and the Islamic Revolution* (London, 1985), p. 85.

12) Michael Barkun, *Religion and the Racist Right: The Origins of the Christian Identity Movement* (Chapel Hill, 1994).

13) 같은 책, pp. 107, 109. 5만 명에 불과했을지도 모른다.

14) 같은 책, p. 213.

15) William T. Cavanaugh, *The Myth of Religious Violence* (Oxford, 2009), pp. 34–35.

16) C. Gearty, 'Introduction', in Gearty 편, *Terrorism* (Aldershot, 1996), p. xi.

17) C. Gearty, 'What is Terror?', in Gearty, *Terrorism*, p. 495; A. Guelke, *The Age of Terrorism and the International Political System* (London, 2008), p. 7.

18) Richard English, *Terrorism: How to Respond* (Oxford, 2009), pp. 19–20.

19) A. H. Kydd and B. F. Walter, 'The Stratagems of Terrorism', *International Security*, 31, 1 (Summer, 2006).

20) P. Wilkinson, *Terrorism versus Democracy: The Liberal State Response* (London, 2001), pp. 19, 41; Mark Juergensmeyer, *Terror in the Mind of God: The Global Rise of Religious Violence* (Berkeley, 2001), p. 5; J. Horgan, *The Psychology of Terrorism* (London, 2005), p. 12; English, *Terrorism*, p. 6.

21) Hugo Slim, 'Why Protect Civilians? Innocence, Immunity and Enmity in War', *International Affairs*, 79, 3 (2003).

22) Bruce Hoffman, *Inside Terrorism* (London, 1998), p. 14; C. C. Harmon, *Terrorism Today* (London, 2008), p. 7; D. J. Whittaker 편, *The Terrorist Reader* (London, 2001), p. 9.

23) Harmon, *Terrorism Today*, p. 160.

24) Martha Crenshaw, 'Reflections on the Effects of Terrorism', in M. Crenshaw 편, *Terrorism, Legitimacy, and Power: The Consequences of Political Violence* (Middletown, Conn., 1983), p. 25.

25) Richard Dawkins, *The God Delusion* (London, 2007), p. 132.

26) Cavanaugh, *Myth of Religious Violence*, pp. 24–54.

27) Muhammad Heikal, *Autumn of Fury: The Assassination of Sadat* (London, 1984), pp. 94–96.

28) Gilles Kepel, *The Prophet and Pharaoh: Muslim Extremism in Egypt*, Jon Rothschild 역 (London, 1985), p. 85.

29) Fedwa El Guindy, 'The Killing of Sadat and After: A Current Assessment of Egypt's Islamic Movement', *Middle East Insight* 2 (January–February 1982).

30) Kepel, *Prophet and Pharaoh*, pp. 70–102.

31) 같은 책, pp. 152–159.

32) 같은 책, pp. 158–159.

33) Heikal, *Autumn of Fury*, pp. 118–119.

34) Patrick D. Gaffney, *The Prophet's Pulpit: Islamic Preaching in Contemporary Egypt* (Berkeley, Los Angeles and London, 1994), pp. 97−101.

35) 같은 책, pp. 141−142.

36) Johannes J. G. Jansen, *The Neglected Duty: The Creed of Sadat's Assassins and Islamic Resurgence in the Middle East* (New York and London, 1988), pp. 49−88.

37) 같은 책, p. 169.

38) 같은 책, p. 166.

39) Wilfred Cantwell Smith, *Islam in Modern History* (Princeton and London, 1957), p. 241.

40) 같은 책, pp. 90, 198.

41) 같은 책, pp. 90, 198, 201−202.

42) English, *Terrorism*, p. 51.

43) Abdulaziz A. Sachedina, 'Activist Shi'ism in Iran, Iraq and Lebanon', in Martin E. Marty and R. Scott Appleby 편, *Fundamentalisms Observed* (Chicago and London, 1991), p. 456.

44) Alastair Crooke, *Resistance: The Essence of the Islamist Revolution* (London, 2009), p. 173.

45) Martin Kramer, 'Hizbollah: The Calculus of Jihad', in Martin E. Marty and R. Scott Appleby 편, *Fundamentalisms and the State* (Chicago and London, 1993), pp. 540−541.

46) Sheikh Muhammad Fadl Allah, *Al-Islam wa Muntiq al Quwwa* (Beirut, 1976). Crooke, *Resistance*, p. 173에서 인용.

47) Kramer, 'Hizbollah', p. 542.

48) Sachedina, 'Activist Shi'ism', p. 448.

49) Fadl Allah 인터뷰, *Kayhan*, 1985년 11월 14일; Kramer, 'Hizbollah', p. 551.

50) Fadl Allah의 연설, *Al-Nahar*, 1985년 5월 14일; Kramer, 'Hizbollah', p. 550.

51) Kramer, 'Hizbollah', pp. 548−549; Ariel Meroni, 'The Readiness to Kill or Die: Suicide Terrorism in the Middle East', in Walter Reich 편, *The Origins of Terrorism* (Cambridge, UK, 1990), pp. 204−205.

52) Crooke, *Resistance*, pp. 175−176.

53) Fadl Allah 인터뷰, *Al-Shira*, 1985년 3월 18일; Kramer, 'Hizbollah', pp. 552−553.

54) Fadl Allah 인터뷰, *La Repubblica*, 로마, 1989년 8월 28일; Kramer, 'Hizbollah', p. 552.

55) Crooke, *Resistance*, pp. 175−182.

56) 같은 책, p. 182.

57) 같은 책, pp. 183−187.

58) Robert Pape, *Dying to Win: The Strategic Logic of Suicide Terrorism* (New York,

2005), pp. xiii, 22.

59) Ehud Sprinzak, *The Ascendance of Israel's Far Right* (Oxford and New York, 1991), p. 97. 실제로는 목표로 삼은 시장 가운데 두 명만 부상을 당했다.

60) 같은 책, pp. 94-95.

61) 같은 책, p. 96; Aviezar Ravitsky, *Messianism, Zionism and Jewish Religious Radicalism*, Michael Swirsky and Jonathan Chipman 역 (Chicago and London, 1993), pp. 133-134.

62) 같은 책, pp. 97-98.

63) Gideon Aran, 'Jewish Zionist Fundamentalism', in Marty and Appleby, *Fundamentalisms Observed*, pp. 267-268.

64) Mekhilta on Exodus 20:13; M. Pirke Aboth 6:6; B. Horayot 13a; B. Sanhedrin 4:5, in C. G. Montefiore and H. Loewe 편, *A Rabbinic Anthology* (New York, 1974).

65) Sprinzak, *Ascendance of Israel's Far Right*, p. 121.

66) 같은 책, p. 220.

67) Amartya Sen, *Identity and Violence: The Illusion of Destiny* (London and New York, 2006).

68) Raphael Mergui and Philippe Simonnot, *Israel's Ayatollahs: Meir Kahane and the Far Right in Israel* (London, 1987), p. 45.

69) 같은 곳.

70) Tom Segev, *The Seventh Million: The Israelis and the Holocaust*, Haim Watzman 역 (New York, 1991), pp. 515-517.

71) Sprinzak, *Ascendance of Israel's Far Right*, p. 221.

72) Ehud Sprinzak, 'Three Models of Religious Violence: The Case of Jewish Fundamentalism in Israel', in Marty and Appleby, *Fundamentalisms and the State*, p. 479.

73) 같은 책, p. 480.

74) Ellen Posman, 'History, Humiliation, and Religious Violence', in Andrew R. Murphy 편, *The Blackwell Companion to Religion and Violence* (Chichester, UK, 2011), pp. 336-337, 339.

75) Sudhir Kakar, *The Colours of Violence: Cultural Identities, Religion and Conflict* (Chicago and London, 1996), p. 15.

76) Daniel Gold, 'Organized Hinduisms: From Vedic Truth to Hindu Nation', in Marty and Appleby 편, *Fundamentalisms Observed*, pp. 532, 572-573.

77) Kakar, *Colours of Violence*, pp. 48-51.

78) Paul R. Brass, *Communal Riots in Post-Independence India* (Seattle, 2003), pp. 66-67.

79) Kakar, *Colours of Violence*, pp. 154-157.

80) 같은 책, p. 157.

81) 같은 책, p. 158.

82) David Cook, *Understanding Jihad* (Berkeley, Los Angeles and London, 2005), p. 114.

83) Beverley Milton-Edwards, *Islamic Politics in Palestine* (London and New York, 1996), pp. 73-116.

84) 같은 책, p. 118.

85) Cook, *Understanding Jihad*, p. 114.

86) Heilman, 'Guides of the Faithful: Contemporary Religious Zionist Rabbis', in R. Scott Appleby 편, *Spokesmen for the Despised: Fundamentalist Leaders in the Middle East* (Chicago, 1997), pp. 352-353.

87) 같은 책, p. 354.

88) G. Robinson, *Building a Palestinian State: The Incomplete Revolution* (Bloomington, Ind., 1997); Jeroen Gunning, 'Rethinking Religion and Violence in the Middle East', in Murphy 편, *Blackwell Companion to Religion and Violence*, p. 519

89) Gunning, 'Rethinking Religion and Violence', pp. 518-519.

90) Milton-Edwards, *Islamic Politics*, p. 148.

91) Anne Marie Oliver and Paul F. Steinberg, *The Road to Martyrs' Square: A Journey to the World of the Suicide Bomber* (Oxford, 2005), p. 71.

92) Cook, *Understanding Jihad*, p. 116.

93) *The Covenant of the Islamic Resistance Movement*, Article 1 (Jerusalem, 1988); John L. Esposito, *Unholy War: Terror in the Name of Islam* (Oxford, 2002), p. 96.

94) Cook, *Understanding Jihad*, p. 116.

95) Covenant, Article 1, in Esposito, *Unholy War*, p. 96.

96) Talal Asad, *On Suicide Bombing: The Wellek Lectures* (New York, 2007), pp. 46-47.

97) Dr Abdul Aziz Reutizi, in Anthony Shehad, *Legacy of the Prophet: Despots, Democrats and the New Politics of Islam* (Boulder, Colo., 2001), p. 124.

98) Esposito, *Unholy War*, pp. 97-98.

99) Bernard Lewis, *The Crisis of Islam: Holy War and Unholy Terror* (New York, 2003); Bruce Hoffman, *Inside Terrorism* (New York, 2006).

100) Gunning, 'Rethinking Religion and Violence', p. 516.

101) Asad, *Suicide Bombing*, p. 50.

102) Pape, *Dying to Win*, p. 130. 이 수치는 다른 조사를 근거로 한 이전 인용과 약간 다르지만 둘 다 같은 일반적 결론에 이르고 있다.

103) Robert Pape, 'Dying to Kill Us', *New York Times*, 2003년 9월 22일.

104) May Jayyusi, 'Subjectivity and Public Witness: An Analysis of Islamic Militance in Palestine', 미발표 논문 (2004). Asad, *Suicide Bombing*에서 인용.

105) Gunning, 'Rethinking Religion and Violence', pp. 518–519.

106) Oliver and Steinberg, *Road to Martyrs' Square*, p. 120.

107) 같은 책, pp. 101–102; Gunning, 'Rethinking Religion and Violence', pp. 518–519.

108) Oliver and Steinberg, *Road to Martyrs' Square*, p. 31.

109) Roxanne Euben, 'Killing (for) Politics: Jihad, Martyrdom, Political Action', *Political Theory*, 30, 1 (2002).

110) 같은 책, p. 49.

111) Judges 16:23–31.

112) John Milton, *Samson Agonistes* (1671), 1710–1711행.

113) 같은 책, 1721–1724행.

114) 같은 책, 1721–1755행.

115) Asad, *Suicide Bombing*, pp. 74–75.

116) 같은 책, p. 63.

117) Bourke, 'Barbarisation vs. Civilisation', p. 21.

118) Jacqueline Rose, 'Deadly Embrace', *London Review of Books*, 26, 21 (2004년 11월 4일).

13장 '테러와의 전쟁'과 지하드의 물결

1) Jason Burke, *Al-Qaeda* (London, 2003), pp. 72–75; Thomas Hegghammer, *Jihad in Saudi Arabia: Violence and Pan-Islamism since 1979* (Cambridge, UK, 2010), pp. 7–8, 40–42; Gilles Kepel, *Jihad: The Trail of Political Islam*, Anthony F. Roberts 역, 4판 (London, 2009), pp. 144–147; Lawrence Wright, *The Looming Tower: Al-Qaeda's Road to 9/11* (New York, 2006), pp. 95–101; David Cook, *Understanding Jihad* (Berkeley, Los Angeles and London, 2005), pp. 128–131.

2) Abdullah Azzam, 'The Last Will of Abdullah Yusuf Azzam, Who Is Poor unto His Lord', 1986년 4월 20일 구술. Cook, *Understanding Jihad*, p. 130에서 인용.

3) Burke, *Al-Qaeda*, p. 75.

4) Andrew Preston, *Sword of the Spirit, Shield of Faith: Religion in American War and Diplomacy* (New York and Toronto, 2012), p. 585.

5) Kepel, *Jihad*, pp. 137-140, 147-149; Burke, *Al-Qaeda*, pp. 58-62; Hegghammer, *Jihad in Saudi Arabia*, pp. 58-60.

6) Abdullah Azzam, 'Martyrs: The Building Blocks of Nations'. Cook, *Understanding Jihad*, p. 129에서 인용.

7) 같은 곳.

8) 같은 곳.

9) Azzam, 'The Last Will of Abdullah Yusuf Azzam'. Cook, *Understanding Jihad*, p. 130에서 인용.

10) Abdullah Yusuf Azzam, *Join the Caravan* (Birmingham, UK, 연도 불명).

11) Wright, *Looming Tower*, p. 96.

12) 같은 책, p. 130.

13) Hegghammer, *Jihad in Saudi Arabia*, pp. 8–37, 229–233.

14) Natana J. DeLong-Bas, *Wahhabi Islam: From Revival and Reform to Global Jihad* (Cairo, 2005), pp. 35, 194–196, 203–211, 221–224.

15) Hamid Algar, *Wahhabism: A Critical Essay* (Oneonta, NY, 2002).

16) DeLong-Bas, *Wahhabi Islam*, pp. 247–256; Cook, *Understanding Jihad*, p. 74.

17) Kepel, *Jihad*, pp. 57–59, 69–86; Burke, *Al-Qaeda*, pp. 56–60; John Esposito, *Unholy War: Terror in the Name of Islam* (Oxford, 2002), pp. 106–110.

18) Kepel, *Jihad* p. 71.

19) 같은 책, p. 70.

20) Hegghammer, *Jihad in Saudi Arabia*, pp. 19–24.

21) 같은 책, pp. 60-64.

22) *Al-Quds al-Arabi*, 202 (March 2005); Hegghammer, *Jihad in Saudi Arabia*, p. 61.

23) *Al-Quds al-Arabi*.

24) Hegghammer, *Jihad in Saudi Arabia*, p. 61.

25) 같은 책, pp. 61–62.

26) 같은 책, p. 64.

27) Nasir al-Basri, *Al-Quds al-Arabi*, 같은 책.

28) Michael A. Sells, *The Bridge Betrayed: Religion and Genocide in Bosnia* (Berkeley, Los Angeles and London, 1996), p. 154.

29) 같은 책, p. 9.

30) 같은 책, pp. 29–52.

31) 같은 책, pp. 1–3.

32) 같은 책, p. 72–79, 117.

33) Chris Hedges, *War is a Force That Gives Us Meaning* (New York, 2003), p. 9.

34) *New York Times*, 1995년 10월 18일; Sells, *Bridge Betrayed*, p. 10.

35) S. Burg, 'The International Community and the Yugoslav Crisis', in Milton Eshman and Shibley Telham 편, *International Organizations and Ethnic Conflict* (Ithaca, NY, 1994); David Rieff, *Slaughterhouse: Bosnia and the Failure of the West* (New York, 1993).

36) Thomas L. Friedman, 'Allies', *New York Times*, 1995년 6월 7일.

37) Cook, *Understanding Jihad*, pp. 119-121.

38) Mahmoun Fandy, *Saudi Arabia and the Politics of Dissent* (New York, 1999), p. 183.

39) Kepel, *Jihad*, pp. 223-226.

40) Cook, *Understanding Jihad*, pp. 135-136; Marc Sageman, *Leaderless Jihad: Terror Networks in the Twenty-First Century* (Philadelphia, 2008), pp. 44-46; Burke, *Al-Qaeda*, pp. 118-135.

41) Hegghammer, *Jihad in Saudi Arabia*, pp. 229-230.

42) Burke, *Al-Qaeda*, pp. 7-8.

43) Esposito, *Unholy War*, p. 14.

44) 같은 책, pp. 6, 8.

45) Kepel, *Jihad*, pp. 13-14.

46) Burke, *Al-Qaeda*, pp. 161-164; DeLong-Bas, *Wahhabi Islam*, pp. 276-277.

47) Esposito, *Unholy War*, pp. 21-22; Burke, *Al-Qaeda*, pp. 175-176.

48) Hegghammer, *Jihad in Saudi Arabia*, pp. 102-103.

49) Osama bin Laden, 'Hunting the Enemy', in Esposito, *Unholy War*, p. 24.

50) Burke, *Al-Qaeda*, p. 163.

51) Hegghammer, *Jihad in Saudi Arabia*, pp. 133-141.

52) 같은 책, p. 133.

53) 같은 책, p. 134.

54) Matthew Purdy and Lowell Bergman, 'Where the Trail Led: Between Evidence and Suspicion; Unclear Danger: Inside the Lackawanna Terror Case', *New York Times*, 2003년 10월 12일.

55) Cook, *Understanding Jihad*, p. 150; Sageman, *Leaderless Jihad*, p. 81.

56) Cook, *Understanding Jihad*, pp. 136-141.

57) Abu Daud, *Sunan* (Beirut, 1988), 3, p. 108, no. 4297. Cook, *Understanding Jihad*, p. 137에서 인용.

58) Quran 2:249; Burke, *Al-Qaeda*, pp. 24-25.

59) Quran 2:194; Communiqué from Qaidat al-Jihad, 2002년 4월 24일; Cook, *Understanding Jihad*, p. 178.

60) Sageman, *Leaderless Jihad*, pp. 81-82.

61) Marc Sageman, *Understanding Terror Networks* (Philadelphia, 2004), pp. 103-108.

62) Sageman, *Leaderless Jihad*, pp. 59-60.

63) 같은 책, p. 28.

64) 같은 책, p. 57.

65) Timothy McDermott, *Perfect Soldiers. The 9/11 Hijackers: Who They Were, Why*

They Did It (New York, 2005), p. 65.

66) Fraser Egerton, *Jihad in the West: The Rise of Militant Salafism* (Cambridge, UK, 2011), pp. 155-156.

67) Sageman, *Understanding Terror Networks*, p. 105.

68) Antony Giddens, *The Consequences of Modernity* (Cambridge, UK, 1991), p. 53.

69) Osama bin Laden, 'Hunting the Enemy', in Esposito, *Unholy War*, p. 23.

70) Andrew Sullivan, 'This Is a Religious War', *New York Times Magazine*, 2001년 10월 7일.

71) William T. Cavanaugh, *The Myth of Religious Violence* (Oxford, 2009), p. 204.

72) Emanuel Sivan, *Arab Historiography of the Crusades* (Tel Aviv, 1973).

73) Hegghammer, *Jihad in Saudi Arabia*, pp. 104-105.

74) 번역된 텍스트는 Bruce Lincoln, *Holy Terrors: Thinking about Religion after September 11*, 2판 (Chicago, 2006), Appendix A, 'Final Instructions to the Hijackers of September, 11, Found in the Luggage of Muhammad Atta and Two Other Copies' 에서 볼 수 있다. 한 사본은 워싱턴에서 아메리칸 에어라인 항공기 77편에 탑승하기 전 비행기 납치범들 가운데 한 명이 이용한 차에서 발견되었고, 다른 사본은 펜실베이니아에서 유나이티드 에어라인 항공기 93편의 사고 현장에서 발견되었다.

75) 예를 들면 다음과 같다. 'Final Instructions', para. 10, in Lincoln, *Holy Terrors*, p. 98; para. 24, p. 100; para. 30, p. 101.

76) 같은 책, para 1, in Lincoln, *Holy Terrors*, p. 97.

77) Cook, *Understanding Jihad*, Appendix 6, p. 196; Lincoln, p. 97.

78) Cook, *Understanding Jihad*, para. 14; Lincoln, *Holy Terrors*, p. 98.

79) Cook, *Understanding Jihad*, para. 16.

80) 같은 책, Lincoln, *Holy Terrors*, p. 200.

81) 같은 곳.

82) 같은 책, p. 201.

83) Cook, *Understanding Jihad*, p. 234, note 37.

84) Quran 3:173-74. M. A. S. Abdel Haleem (Oxford, 2004)에서 인용.

85) Cook, *Understanding Jihad*, Appendix 6, p. 198.

86) 같은 책, p. 201.

87) Louis Atiyat Allah, 'Moments Before the Crash, By the Lord of the 19' (2003년 1월 22일), 같은 책, Appendix 7, p. 203.

88) 같은 책, p. 207.

89) 같은 곳.

90) 같은 곳.

91) Osama bin Laden, 비디오테이프 연설, 2001년 10월 7일, in Lincoln, *Holy Terrors*,

Appendix C, p. 106, para. 1.

92) Hamid Mir, 'Osama claims he has nukes. If US uses N. Arms it will get the same response', *Dawn: The Internet Edition*, 2001년 11월 10일.

93) 같은 글, paras 3, 6, 8, 9, 11, in Lincoln, Holy Terrors, pp. 106-107.

94) 'George W. Bush, Address to the Nation, 2001년 10월 7일', 같은 책, Appendix B.

95) Remarks by the President at the Islamic Centre of Washington DC, 2001년 9월 17일, http://usinfo.state.gov/islam/50917016.htm.

96) 'George W. Bush, Address to the Nation', p. 104.

97) Paul Rogers, 'The Global War on Terror and its Impact on the Conduct of War', in George Kassimeris, *The Barbarisation of Warfare* (London, 2006), p. 188.

98) Cook, *Understanding Jihad*, p. 157; Cook은 말한다. "2004년 봄 아부그라이브 감옥에서 드러난 일에 비추어볼 때 안타깝게도, 이 진술이 묘사하는 상황이 있을 법하지 않다고 말할 수가 없다."

99) Anthony Dworkin, 'The Laws of War in the Age of Asymmetric Conflict', in Kassimeris, *Barbarisation of Warfare*, pp. 220, 233.

100) Joanna Bourke, 'Barbarisation vs. Civilisation in Time of War', 같은 책, p. 37.

101) Dworkin, 'Laws of War', p. 220.

102) Rogers, 'Global War on Terror', p. 192.

103) *Guardian*, Datablog, 2013년 4월 12일. 유엔은 2007년에 민간인 사망자 통계를 보고하기 시작했다.

104) Sageman, *Leaderless Jihad*, pp. 136-137.

105) 백악관 보도 자료, 'President Discusses the Future of Iraq', 2003년 2월 26일.

106) 백악관 보도 자료, 'President Bush Saluting Veterans at White House Ceremony', 2002년 11월 11일.

107) Timothy H. Parsons, *The Rule of Empires: Those Who Built Them, Those Who Endured Them, and Why They Always Fail* (Oxford, 2010), pp. 423-450.

108) Bruce Lincoln, *Religion, Empire, and Torture: The Case of Achaemenian Persia, with a Postscript on Abu Ghraib* (Chicago and London, 2007), pp. 97-99.

109) 같은 책, pp. 97-98.

110) Luke 4:18-19.

111) Lincoln, *Religion, Empire and Torture*, pp. 101-107.

112) 같은 책, pp. 102-103.

113) Susan Sontag, 'What Have We Done?', *Guardian*, 2005년 5월 24일.

114) Lincoln, *Religion, Empire and Torture*, pp. 101-102.

115) Parsons, *The Rule of Empires*, pp. 423-434.

116) Bashir, Friday Prayers, Umm al-Oura, Baghdad, 2004년 6월 11일, in Edward Coy,

'Iraqis Put Contempt for Troops on Display', *Washington Post*, 2004년 6월 12일; Kassimeris, 'Barbarisation of Warfare', p. 16.

117) Rogers, 'Global War on Terror', pp. 193-194.

118) Dworkin, 'Laws of War', p. 253.

119) Sageman, *Leaderless Jihad*, pp. 139-142.

120) 같은 책, pp. 31-32.

121) Michael Bonner, *Jihad in Islamic History* (Princeton and Oxford, 2006), p. 164.

122) Sageman, *Leaderless Jihad*, pp. 156-157.

123) 같은 책, p. 159.

124) John L. Esposito and Dahlia Mogahed, *Who Speaks for Islam? What a Billion Muslims Really Think: Based on Gallup's World Poll — the largest study of its kind* (New York, 2007), pp. 69-70.

125) Joos R. Hiltermann, *A Poisonous Affair: America, Iraq and the Gassing of Halabja* (Cambridge, UK, 2007), p. 243에서 인용.

126) Naureen Shah, 'Time for the Truth about "targeted killings"', *Guardian*, 2013년 10월 22일.

127) Rafiq ur Rehman, 'Please tell me, Mr President, why a US drone assassinated my mother', theguardian.com, 2013년 10월 25일.

후기

1) Quran 29:46. 한 가지 예만 인용한 것이다.

2) Quran 22:40. M. A. S. Abdel Haleem 번역 (Oxford, 2004).

3) 미국의 암묵적 동의에 의해 무슬림 세계 전역에서 장려되어 온 와하비 사상의 보급 때문이기도 하다.

4) John Fowles, *The Magus*, 개정판 (London, 1987), p. 413.

Abdel Haleem, M. A. S. trans. *The Qur'an: A New Translation*. Oxford and New York, 2004.

Abelard, Peter. *A Dialogue of a Philosopher with a Jew and a Christian*. Trans. P. J. Payer. Toronto, 1979.

Abulafia, David. *Frederick II: A Medieval Emperor*. New York and Oxford, 1992.

Adams, Charles. "Mawdudi and the Islamic State." In John L. Esposito, ed., *Voices of Resurgent Islam*. New York and Oxford, 1983.

Adams, Dickenson W., ed. *Jefferson's Extracts from the Gospels*. Princeton, NJ, 1983.

Adams, R. M. *Heartlands of Cities: Surveys on Ancient Settlements and Land Use on the Central Floodplains of the Euphrates*. Chicago, 1981.

Agamben, Giorgio. *The Kingdom and the Glory: For a Theological Genealogy of Economy and Government*. Trans. Lorenzo Chiesa with Matteo Mandarini. Stanford, CA, 2011.

_____. *State of Exception*. Trans. Kevin Attell. Chicago and London, 2005.

Ahlstrom, Gosta W. *The History of Ancient Palestine*. Minneapolis, 1993.

Ahmad, Kharshid, and Zafar Ushaq. *Islamic Perspectives*. Leicester, UK, 1979.

Ahmad, Mumtaz. "Islamic Fundamentalism in South Asia: The Jamaat-i-Islami and the Tablighi Jamaat." In Martin E. Marty and R. Scott Appleby, eds., *Fundamentalisms Observed*. Chicago and London, 1991.

Ahmed, Rafiuddin. "Redefining Muslim Identity in South Asia: The Transformation of the Jamaat-i-Islami." In Martin E. Marty and R. Scott Appleby, eds., *Accounting for Fundamentalisms: The Dynamic Character of Movements*. Chicago and London, 1994.

Aho, James A. *Religious Mythology and the Art of War: Comparative Religious Symbolisms of Military Violence*. Westport, CT, 1981.

Akhavi, Shahrough. *Religion and Politics in Contemporary Iran: Clergy-State Relations in the Pahlavi Period*. Albany, NY, 1980.

_____. "Shariati's Social Thought." In Nikki R. Keddie, ed. *Religion and Politics in Iran: Shiism from Quietism to Revolution*. New Haven, CT, and London, 1983.

Al-Azmeh, Aziz. *Islams and Modernities*. 3rd ed. London and New York, 2009.

_____. *Muslim Kingship: Power and the Sacred in Muslim Christian and Pagan Politics*. London and New York, 1997.

Algar, Hamid. "The Oppositional Role of the Ulema in Twentieth-Century Iran." In Nikki R. Keddie, ed., *Scholars, Saints and Sufis: Muslim Religious Institutions in the Middle East Since 1500*. Berkeley, Los Angeles, and London, 1972.

_____. *Religion and State in Iran, 1785–1906*. Berkeley, CA,1984.

_____. *Wahhabism: A Critical Essay*. Oneonta, NY, 2002.

Allah, Louis Atiyat. "Moments Before the Crash, By the Lord of the 19." In David Cook, *Understanding Jihad*. Berkeley, Los Angeles, and London, 2005.

Allen, J. W. *A History of Political Thought in the Sixteenth Century*. London, 1928.

Allen, William. *Apologie of the English College*. Douai, 1581.

Alter, Robert, and Frank Kermode, eds. *A Literary Guide to the Bible*. London, 1987.

Anderson, Benedict. *Imagined Communities: Reflections on the Origin and Spread of Nationalism*. London and New York, 2003.

Anderson, Perry. *Lineages of the Absolutist State*. London, 1974.

_____. *Passages from Antiquity to Feudalism*. London, 1974.

Andrae, Tor. *Muhammad: The Man and His Faith*. Trans. Theophil Menzel. London, 1936.

Andreski, Stanislav. *Military Organization and Society*. Berkeley, Los Angeles, and London, 1968.

Angel, J. L. "Paleoecology, Paleogeography and Health." In S. Polgar, ed., *Population, Ecology, and Social Evolution*. The Hague, 1975.

Annesley, George. *The Rise of Modern Egypt: A Century and a Half of Egyptian History*. Durham, UK, 1997.

Anonymous. "Final Instructions to the Hijackers of September 11." In Bruce Lincoln, *Holy Terrors: Thinking About Religion After September 11*. 2nd ed. Chicago and London, 2006.

Anonymous, ed. *Fast Day Sermons, or The Pulpit on the State of the Country*. Charleston, SC, 2009ed.

Appleby, R. Scott. *The Ambivalence of the Sacred: Religion, Violence and Reconciliation*. Lanham, MD, 2000.

_____. ed. *Spokesmen of the Despised: Fundamentalist Leaders of the Middle East*. Chicago, 1997.

Aran, Gideon. "The Father, the Son and the Holy Land: The Spiritual Authorities of Jewish-Zionist Fundamentalism in Israel." In R. Scott Appleby, ed., *Spokesmen of the Despised: Fundamentalist Leaders of the Middle East*. Chicago, 1997.

_____. "Jewish Zionist Fundamentalism." In Marty E. Marty and R. Scott Appleby, eds., *Fundamentalisms Observed*. Chicago and London, 1991.

_____. "The Roots of Gush Emunim." *Studies in Contemporary Jewry* 2 (1986).

Ardagh, Sir John. Speech in *The Proceedings of the Hague Peace Conference*. London, 1920.

Arendt, Hannah. *On Revolution*. London, 1963.

_____. *On Violence*. San Diego, 1970.

_____. *The Origins of Totalitarianism*. San Diego, 1979.

Aristotle. *The Basic Works of Aristotle*. Ed. Richard McKeon. New York, 1941.

Asad, Muhammad, trans. *The Message of the Qur'an*. Gibraltar, 1980.

Asad, Talal. *Formations of the Secular: Christianity, Islam, Modernity*. Stanford, CA, 2003.

_____. *Genealogies of Religion: Discipline and Reasons of Power in Christianity and Islam*. Baltimore and London, 1993.

_____. *On Suicide Bombing: The Wellek Lectures*. New York, 2007.

Athanasius. "Life of Antony." In R. C. Gregg, trans., *The Life of Anthony and the Letter to Marcellinus*. New York, 1980.

Augustine, Aurelius. *n the Free Choice of the Will*. Trans. Thomas Williams. Indianapolis, 1993.

Avalos, Hector. *Fighting Words: The Origins of Religious Violence*. Amherst, NY, 2005.

Azzam, Abdullah Yusuf. *The Defence of Muslim Lands*. Birmingham, UK, n.d.

_____. *Join the Caravan*. Birmingham, UK, n.d.

_____. "The Last Will of Abdullah Yusuf Azzam, Who Is Poor Unto His Lord." Birmingham, UK, n.d.

Bachrach, David S. *Religion and the Conduct of War, c. 300–1215*. Woodbridge, UK, 2003.

Baer, Yitzhak. *A History of the Jews in Christian Spain*. 2 vols. Philadelphia, 1966.

Bainton, Ronald H. *Christian Attitudes Toward War and Peace*. Nashville and New York, 1960.

Baird, Robert D., ed. *Religion in Modern India*. Delhi, 1981.

Bammel, F., and C. F. D. Moule, eds. *Jesus and the Politics of His Day*. Cambridge, UK, 1981.

Bamyeh, Mohammed A. *The Social Origins of Islam: Mind, Economy, Discourse*. Minneapolis, 1999.

Barber, Malcolm. *The New Knighthood: A History of the Order of the Templars*.

Cambridge, UK, 1995.

Barber, Richard. *The Knight and Chivalry*. New York, 1970.

Baring, Evelyn, Lord Cromer. *Modern Egypt*. 2 vols. New York, 1908.

Barker, Margaret. *The Gate of Heaven: The History and Symbolism of the Temple in Jerusalem*. London, 1991.

Barkun, Michael. *Religion and the Racist Right: The Origins of the Christian Identity Movement*. Chapel Hill, NC, 1996.

Barnie, John. *War in Medieval English Society: Social Values and the Hundred Years War, 1337–1399*. Ithaca, NY, 1974.

Bary, Wm. Theodore de. *The Trouble with Confucianism*. Cambridge, MA, and London, 1996.

_____, and Irene Bloom, eds. *Sources of Chinese Tradition, from Earliest Times to 1600*. 2nd ed. New York, 1999.

Bashear, Suliman. "Apocalyptic and Other Materials on Early Muslim–Byzantine Wars." *Journal of the Royal Asiatic Society*. 3rd ser., vol. 1, no. 2 (1991).

Bauman, Zygmunt. *Modernity and the Holocaust*. Cambridge, UK, 1992.

Beauvoir, Simone de. *Memoirs of a Dutiful Daughter*. New York, 1974.

Bebbington, D. W. *Evangelicalism in Modern Britain: A History from the 1730s to the 1980s*. London, 1989.

Beecher, Henry W. *Patriotic Addresses*. New York, 1887.

Beeman, Richard, Stephen Botein, and Edward E. Carter III, eds. *Beyond Confederation: Origins of the Constitution in American Identity*. Chapel Hill, NC, 1987.

Beeman, William. "Images of the Great Satan: Representations of the United States in the Iranian Revolution." In Nikki R. Keddie, ed., *Religion and Politics in Iran: Shiism from Quietism to Revolution*. New Haven, CT, and London, 1983.

Behr, John. *Irenaeus of Lyons: Identifying Christianity*. Oxford, 2013.

Beinart, Haim. *Conversos on Trial: The Inquisition in Ciudad Real*. Jerusalem, 1981.

Bell, Catherine. *Ritual Theory, Ritual Practice*. New York, 1992.

Bell, H. I., V. Martin, E. G. Turner, and D. Van Burchem. *The Abinnaeus Archive*. Oxford, 1962.

Bendix, Reinard. *Kings or People: Power and the Mandate to Rule*. Berkeley, CA, 1977.

Ben Dov, Meir. *The Western Wall*. Jerusalem, 1983.

Benson, Larry, ed. and trans. *King Arthur's Death: The Middle English Stanzaic Morte d' Arthur and the Alliterative Morte d'Arthur*. Kalamazoo, MI, 1994.

Benvenisti, Meron. *Jerusalem: The Torn City*. Jerusalem, 1975.

Berchant, Heinz. "The Date of the Buddha Reconsidered." *Indologia Taurinensen* 10 (n.d.).

Berger, Michael S. "Taming the Beast: Rabbinic Pacification of Second-Century Jewish Nationalism." In James K. Wellman Jr., ed., *Belief and Bloodshed: Religion and Violence Across Time and Tradition*. Lanham, MD, 2007.

Berger, Peter. *The Sacred Canopy: Elements of Sociological Theory*. New York, 1967.

Berman, Joshua. *Biblical Revolutions: The Transformation of Social and Political Thought in the Ancient Near East*. New York and Oxford, 2008.

Berman, Paul. *Terror and Liberalism*. New York, 2003.

Bernard of Clairvaux. *In Praise of the New Knighthood: A Treatise on the Knights Templar and the Holy Places of Jerusalem*. Trans. M. Conrad Greenia OCSO. Introduction by Malcolm Barber. Collegeville, MN, 2008.

Black, Jeremy. "Warfare, Crisis and Absolutism." In Euan Cameron, ed., *Early Modern Europe: An Oxford History*. Oxford, 1999.

Blake, E. O. "The Formation of the Crusade Idea." *Journal of Ecclesiastical History* 21, no. 1 (1970).

Blanning, T. C. "Epilogue: The Old Order Transformed." In Euan Cameron, ed., *Early Modern Europe: An Oxford History*. Oxford, 1999.

Bloch, Marc. *Feudal Society*. Trans. L. A. Manyon. London, 1961.

Bloch, Ruth H. *Visionary Republic: Millennial Themes in American Thought, 1756–1800*. Cambridge, UK, 1985.

Bloxham, David. *The Great Game of Genocide: Imperialism, Nationalism and the Destruction of the Ottoman Armenians*. Oxford, 2007.

Bickerman, Elias J. *From Ezra to the Last of the Maccabees*. New York, 1962.

Blockmans, Wim. *Emperor Charles V, 1500–1558*. London and New York, 2002.

Boak, A. E., and H. C. Harvey. *The Archive of Aurelius Isidore*. Ann Arbor, MI, 1960.

Bodde, Derk. *Festivals in Classical China and Other Annual Observances During the Han Dynasty, 206 B.C.–A.D. 220*. Princeton, NJ, 1975.

———. "Feudalism in China." In Rushton Coulborn, ed., *Feudalism in History*. Hamden, CT, 1965.

Bonner, Michael. *Aristocratic Violence and the Holy War: Studies in Jihad and the Arab-Byzantine Frontier*. New Haven, CT, 1996.

———. *Jihad in Islamic History*. Princeton, NJ, and Oxford, 2006.

Bonney, Richard. *Jihad: From Qur'an to Bin Laden*. New York, 2004.

Borg, Marcus. *Jesus: Uncovering the Life, Teachings, and Relevance of a Religious Revolutionary*. New York, 2006.

Borowitz, Albert. *Terrorism for Self-Glorification: The Herostratos Syndrome*. Kent, OH,

2005.

Borujerdi, Mehrzad. *Iranian Intellectuals and the West: The Tormented Triumph of Nativism*. Syracuse, NY, 1996.

Bossy, John. *Christianity in the West, 1400–1700*. Oxford, 1985.

_____. "Unrethinking the Wars of Religion." In Thomas Kselman, ed., *Belief in History: Innovative Approaches to European and American Religion*. Notre Dame, IN, 1991.

Bourke, Joanna. "Barbarisation vs. Civilisation in Time of War." In George Kassimeris, ed., *The Barbarisation of Warfare*. London, 2006.

_____. *An Intimate History of Killing: Face to Face Killing in Twentieth-Century Warfare*. New York, 1999.

Boustan, Ra'anau S., Alex P. Jassen, and Calvin J. Roetzal, eds. *Violence, Scripture and Textual Practice in Early Judaism and Christianity*. Leiden, 2010.

Bowerstock, G. W. *Hellenism in Late Antiquity*. Ann Arbor, MI, 1990.

Bowker, John. *The Religious Imagination and the Sense of God*. Oxford, 1978.

Boyce, Mary. "Priests, Cattle and Men." *Bulletin of the School of Oriental and African Studies* 50, no. 3 (1998).

_____. *Zoroastrians: Their Religious Beliefs and Practices*. 2nd ed. London and New York, 2001.

Boyer, Paul. *When Time Shall Be No More: Prophecy Belief in Modern American Culture*. Cambridge, MA, 1992.

Brace, F. F. "Render to Caesar." In F. Bammel and C. F. D. Moule, eds., *Jesus and the Politics of His Day*. Cambridge, UK, 1981.

Brass, Paul R. *Communal Riots in Post-Independence India*. Seattle, 2003.

Brenner, Jan N. "Secularization: Notes Toward the Genealogy." In Henk De Vries, ed., *Religion Beyond a Concept*. New York, 2008.

Brigdon, Susan. *London and the Reformation*. Oxford, 1989.

Briggs, Robin. "Embattled Faiths: Religion and Natural Philosophy." In Euan Cameron ed., *Early Modern Europe: An Oxford History*. Oxford, 1999.

Brisch, Nicole, ed. *Religion and Power: Divine Kingship in the Ancient World and Beyond*. Chicago, 2008.

Brodie, Bernard, and Fawn Brodie. *From Crossbow to H-Bomb*. Bloomington, IN, 1972.

Bronowski, Jacob. *The Ascent of Man*. Boston, 1973.

Brooks, E. W., trans. *The Sixth Book of the Select Letter of Severus, Patriarch of Antioch*. London, 1903.

Brown, John Pairman. "Techniques of Imperial Control: Background of the Gospel

Event." In Normal Gottwald, ed., *The Bible of Liberation: Political and Social Hermeneutics*. Maryknoll, NY, 1985.

Brown, Judith M., ed. *Mahatma Gandhi: Essential Writings*. London and New York, 2008.

Brown, Peter. *Authority and the Sacred: Aspects of the Christianization of the Roman World*. Cambridge, UK, 1995.

_____. *The Body and Society: Men, Women and Sexual Renunciation in Early Christianity*. London and Boston, 1988.

_____. *The Cult of the Saints: Its Rise and Function in Latin Christianity*. Chicago and London, 1981.

_____. *The Making of Late Antiquity*. Cambridge, MA, and London, 1973.

_____. *Poverty and Leadership in the Later Roman Empire*. Hanover, NH, and London, 2002.

_____. *Power and Persuasion in Late Antiquity: Towards a Christian Empire*. Madison, WI, and London, 1992.

_____. "Religious Coercion in the Later Roman Empire: The Case of North Africa." *History* 48 (1961).

_____. "Religious Dissent in the Later Roman Empire: The Case of North Africa." *History* 46 (1961).

_____. "The Rise of the Holy Man in Late Antiquity." *Journal of Roman Studies* 61 (1971).

_____. *The Rise of Western Christendom: Triumph and Diversity, AD 200–1000*. Oxford and Malden, MA, 1996.

_____. *Society and the Holy in Late Antiquity*. Berkeley, Los Angeles, and London, 1982.

_____. *The World of Late Antiquity, AD 150–750*. London, 1971, 1989.

Brown, Richard Maxwell. *Strains of Violence: Historical Studies of American Violence and Vigilantism*. New York, 1975.

Brumberg, Daniel. "Khomeini's Legacy: Islamic Rule and Islamic Social Justice." In R. Scott Appleby, ed., *Spokesmen for the Despised: Fundamentalist Leaders of the Middle East*. Chicago, 1997.

Bruns, Gerald L. "Midrash and Allegory: The Beginnings of Scriptural Interpretation." In Robert Alter and Frank Kermode, eds., *A Literary Guide to the Bible*. London, 1987.

Bryant, Edwin. *The Quest for the Origins of Vedic Culture: The Indo-Aryan Debate*. Oxford and New York, 2001.

Bryce, T. *The Kingdom of the Hittites*. Oxford, 1998.

Burg, S. "The International Community and the Yugoslav Crisis," in Milton Eshman and Shibley Telhami, eds., *International Organization of Ethnic Conflict*. Ithaca, NY, 1994.

Burke, Jason. *Al-Qaeda*. London, 2003.

Burke, Victor Lee. *The Clash of Civilizations: War-Making & State Formation in Europe*. Cambridge, UK, 1997.

Burkert, Walter. *Homo Necans: The Anthropology of Ancient Greek Sacrificial Ritual and Myth*. Trans. Walter Bing. Berkeley, Los Angeles, and London, 1983.

_____. *Structure and History in Greek Mythology and Ritual*. Berkeley, Los Angeles, and London, 1980.

Burleigh, Michael. *Earthly Powers: Religion and Politics in Europe from the Enlightenment to the Great War*. London, New York, Toronto, and Sydney, 2005.

Burman, Edward. *The Assassins: Holy Killers of Islam*. London, 1987.

Burton-Christie, Douglas. *The Word in the Desert: Scripture and the Quest for Holiness in Early Christian Monasticism*. New York and Oxford, 1993.

Busby, Keith, trans. *Raoul de Hodence: Le Roman des eles: The Anonymous Ordere de Cevalerie*. Philadelphia, 1983.

Bushnell, Howard. *Building Eras in Religion*. New York, 1981.

Bussmann, Klaus, and Heinz Schilling, eds. *War and Peace in Europe*. 3 vols. Münster, 1998.

Butler, Jon. *Awash in a Sea of Faith: Christianizing the American People*. Cambridge, MA, and London, 1990.

Butzer, Karl W. *Early Hydraulic Civilization in Egypt: A Study in Cultural Ecology*. Chicago, 1976.

_____. *Environment and Archaeology: An Ecological Approach to Prehistory*. Chicago, 1971.

Calvin, John. *The Commentaries of John Calvin on the Old Testament*. 30 vols. Westminster, UK, 1643–1648.

Cameron, Euan, ed. *Early Modern Europe: An Oxford History*. Oxford, 1999.

_____. "The Power of the Word: Renaissance and Reformation." In Cameron, *Early Modern Europe*.

Campbell, Joseph. *Historical Atlas of World Mythologies*. 2 vols. New York, 1988.

_____. with Bill Moyers. *The Power of Myth*. New York, 1988.

Caner, Daniel. *Wandering, Begging Monks: Spiritual Authority and the Promotion of Monasticism in Late Antiquity*. Berkeley, Los Angeles, and London, 2002.

Cantor, Norman. *The Sacred Chain: A History of the Jews*. New York, 1994; London,

1995.

Cardini, Franco. "The Warrior and the Knight." In James Le Goff, ed., *The Medieval World*, trans. Lydia C. Cochrane. London, 1990.

Carlen, Claudia, ed. *The Papal Encyclicals, 1740–1981*. 5 vols. Falls Church, VA, 1981.

Carlyle, Thomas, ed. *Oliver Cromwell's Letters and Speeches*. 3 vols. New York, 1871.

Carmichael, Calum M. *The Laws of Deuteronomy*. Eugene, OR, 1974.

_____. *The Spirit of Biblical Law*. Athens, GA, 1996.

Carrasco, David. *City of Sacrifice: The Aztec Empire and the Role of Violence in Civilization*. Boston, 1999.

Carrithers, Michael. *The Buddha*. Oxford and New York, 1983.

Carter, Warren. "Construction of Violence and Identities in Matthew's Gospel." In Shelly Matthews and E. Leigh Gibson, eds., *Violence in the New Testament*. New York and London, 2005.

_____. *Matthew and the Margins: A Socio-Political and Religious Reading*. Sheffield, UK, 2000.

Cavanaugh, William T. *Migrations of the Holy: God, State and the Political Meaning of the Church*. Grand Rapids, MI, 2011.

_____. *The Myth of Religious Violence*. Oxford, 2009.

Chang, Kwang-chih. *Archaeology of Ancient China*. New Haven, CT, 1968.

_____. *Art, Myth and Ritual: The Path to Political Authority in Ancient China*. Cambridge, MA, 1985.

_____. *Shang Civilization*. New Haven, CT, 1980.

Childs, John. *Armies and Warfare in Europe, 1648–1789*. Manchester, UK, 1985.

Ching, Julia. *Mysticism and Kingship in China: The Heart of Chinese Wisdom*. Cambridge, UK, 1997.

Choueiri, Youssef M. *Islamic Fundamentalism*. London, 1970.

Churchill, Ward. *A Little Matter of Genocide: Holocaust and Denial in the Americas, 1492 to the Present*. San Francisco, 1997.

Cipolla, Carlo M. *Before the Industrial Revolution: European Society and Economy, 1000–1700*. New York, 1976.

Clark, Peter. *Zoroastrianism: An Introduction to an Ancient Faith*. Brighton, UK, and Portland, OR, 1998.

Clarke, I. F. *Voices Prophesying War: Future Wars, 1763–3749*. 2nd ed. Oxford and New York, 1992.

Clements, R. E., ed. *The World of Ancient Israel: Sociological, Anthropological and Political Perspectives*. Cambridge, UK, 1989.

Clifford, Richard J. *The Cosmic Mountain in Canaan and the Old Testament*. Cambridge, MA, 1972.

Cogan, Mordechai, and Israel Ephal, eds. *Studies in Assyrian History and Ancient Near Eastern Historiography*. Jerusalem, 1991.

Cohen, Mark Nathan. *The Food Crisis in Prehistory*. New Haven, CT, 1978.

Cohn, Norman. *Cosmos, Chaos and the World to Come: The Ancient Roots of Apocalyptic Faith*. New Haven, CT, and London, 1993.

_____. *Europe's Inner Demons: The Demonization of Christians in the Middle Ages*. London, 1975.

_____. *The Pursuit of the Millennium: Revolutionary Millenarians and Mystical Anarchists in the Middle Ages*. London, 1984ed.

_____. *Warrant for Genocide*. London, 1967.

Colby, Elbridge. "How to Fight Savage Tribes." *American Journal of International Law* 21, no. 2 (1927).

Collins, Steven. *Selfless Persons: Imagery and Thought in Theravada Buddhism*. Cambridge, UK, 1982.

Contamine, Philippe. *War in the Middle Ages*. Trans. Michael Jones. Oxford, 1984.

Conze, Edward. *Buddhism: Its Essence and Development*. Oxford, 1981.

_____. *Buddhist Meditation*. London, 1956.

Cook, David. "Jihad and Martyrdom in Islamic History." In Andrew R. Murphy, ed., *The Blackwell Companion to Religion and Violence*. Chichester, UK, 2011.

_____. *Understanding Jihad*. Berkeley, Los Angeles, and London, 2005.

Cook, Jill. *The Swimming Reindeer*. London, 2010.

Coomaraswamy, Ananda, and Sister Nivedita. *Myths of the Hindus and Buddhists*. London, 1967.

Cooper, Thia. "Liberation Theology and the Spiral of Violence." In Andrew R. Murphy, ed., *The Blackwell Companion to Religion and Violence*. Chichester, UK, 2011.

Coote, Robert, and Keith E. Whitelam. *The Emergence of Early Israel in Historical Perspective*. Sheffield, 1987.

Cotton, Bruce. *Grant Takes Command*. Boston, 1968.

Coulborn, Rushton, ed. *Feudalism in History*. Hamden, CT, 1965.

Cowdrey. H. E. J. "The Peace and Truce of God in the Eleventh Century." *Past and Present* 46 (1970).

_____. "Pope Gregory VII's 'Crusading' Plans of 1074." In B. Z. Kedar, H. E. Mayer, and R. C. Smail, eds., *Outremer*. Jerusalem, 1982.

Crecelius, Daniel, "Nonideological Responses of the Egyptian Ulema to Modernization."

In Nikki R. Keddie, ed., *Scholars, Saints and Sufis: Muslim Religious Institutions in the Middle East Since 1500*. Berkeley, Los Angeles, and London, 1972.

Creel, H. G. *Confucius: The Man and the Myth*. London, 1951.

Crenshaw, Martha, ed. "Reflections on the Effects of Terrorism." In Crenshaw, *Terrorism, Legitimacy, and Power*.

_____. *Terrorism, Legitimacy, and Power: The Consequences of Political Violence*. Middletown, CT, 1983.

Cribb, Roger. *Nomads and Archaeology*. Cambridge, UK, 1999.

Crooke, Alastair. *Resistance: The Essence of the Islamist Revolution*. London, 2009.

Cross, Frank Moore. *Canaanite Myth and Hebrew Epic: Essays in the History of the Religion of Israel*. Cambridge, MA, and London, 1973.

Crossan, John Dominic. *God and Empire: Jesus Against Rome, Then and Now*. New York, 2007.

_____. *Jesus: A Revolutionary Biography*. New York, 1994.

Crouzet, Denis. *Les guerriers de Dieu: La violence au temps des troubles de religion*. Seyssel, 1990.

Crusemann, Frank. *The Torah: Theology and Social History of Old Testament Law*. Trans. Allen W. Mahnke. Minneapolis, 1996.

Curtis, John. *The Cyrus Cylinder and Ancient Persia: A New Beginning for the Middle East*. London, 2013.

Dalley, Stephanie, trans. and ed. *Myths from Mesopotamia: Creation, The Flood, Gilgamesh, and Others*. Oxford and New York, 1989.

Daniel, Norman. *The Arabs and Medieval Europe*. London and Beirut, 1975.

_____. *Islam and the West: The Making of an Image*. 2nd ed. Oxford, 1993.

Davidson, Basil. *The African Slave Trade*. Boston, 1961.

Davis, Natalie Zemon. "The Rites of Violence: Religious Riot in Sixteenth-Century France." *Past and Present* 59 (1973).

Dawkins, Richard. *The God Delusion*. London, 2007.

Dearman, Andrew, ed. *Studies in the Mesha Inscription and Moab*. Atlanta, 1989.

DeLong-Bas, Natana J. *Wahhabi Islam: From Revival and Reform to Global Jihad*. Cairo, 2005.

Dever, William G. *What Did the Biblical Writers Know and When Did They Know It? What Archaeology Can Tell Us About the Reality of Ancient Israel*. Grand Rapids, MI, and Cambridge, UK, 2001.

Diakonoff, I. M. *Ancient Mesopotamia: Socio-Economic History*. Moscow, 1969.

Diefendort, Barbara. *Beneath the Cross: Catholics and Huguenots in Sixteenth-Century*

Paris. New York, 1991.

Doniger, Wendy. *The Hindus: An Alternative History*. Oxford, 2009.

Donne, John. *Sermons of John Donne*. Ed. George R. Potter and Evelyn M. Simpson. Berkeley, CA, 1959.

Donner, F. *The Early Islamic Conquests*. Princeton, NJ, 1980.

_____. "The Origins of the Islamic State." *Journal of the American Oriental Society* 106 (1986).

Dorrell, P. "The Uniqueness of Jericho." In P. R. S. Moorey and P. J. Parr, eds., *Archaeology in the Levant: Essays for Kathleen Kenyon*. Warminster, UK, 1978.

Douglas, Mary. *In the Wilderness: The Doctrine of Defilement in the Book of Numbers*. Oxford and New York, 2001.

_____. *Leviticus as Literature*. Oxford and New York, 1999.

Drake, Harold A. *Constantine and the Bishops: The Politics of Intolerance*. Baltimore, 2000.

_____. *In Praise of Constantine: A Historical Study and New Translation of Eusebius' Tricennial Orations*. London and New York, 1997.

Dronke, Peter, ed. and trans. *Women Writers of the Middle Ages: A Critical Study of Texts from Perpetua (✝203) to Marguerite Porete (✝1310)*. Cambridge, MA, 1984.

Dubuisson, Daniel. *The Western Construction of Religion: Myths, Knowledge, and Ideology*. Trans. William Sayers. Baltimore, 2003.

Duby, Georges. The Chivalrous Society. London, 1977.

_____. *The Early Growth of the European Economy: Warriors and Peasants from the Seventh to the Twelfth Century*. Trans. H. B. Clarke. Ithaca, NY, 1974.

_____. *The Knight, the Lady and the Priest*. Harmondsworth, UK, 1983.

_____. *The Three Orders: Feudal Society Imagined*. London, 1980.

Dumezil, Georges. *The Destiny of the Warrior*. Trans. Alf Hiltebeitel. Chicago and London, 1969.

Dumont, Louis. "World Renunciation in Indian Religions." *Contributions to Indian Sociology* 4 (1960).

Dundas, Paul. *The Jains*. London and New York, 2002.

Dunn, Richard. *The Age of Religious Wars, 1559–1689*. New York, 1970.

Durkheim, Émile. *The Elementary Forms of the Religious Life*. Trans. Joseph Swain. Glencoe, IL, 1915.

Dutton, P. E. *Carolingian Civilization*. Peterborough, ON, 1993.

Dwight, Timothy. *A Valedictory Address to the Young Gentlemen Who Commenced Bachelor of Arts, July 27, 1776*. New Haven, CT, 1776.

Dworkin, Anthony. "The Laws of War in the Age of Asymmetric Conflict." In George Kassimeris, ed., *The Barbarization of Warfare*. London, 2006.

Dwyer, Philip G. *Talleyrand*. London, 2002.

Eberhard, W. *A History of China*. London, 1977.

Edbury, Peter W., ed. *Crusade and Settlement*. Cardiff, 1985.

Edwards, Mark, trans. *Optatus: Against the Donatists*. Liverpool, UK, 1997.

Egerton, Frazer. *Jihad in the West: The Rise of Militant Salafism*. Cambridge, UK, 2011.

Ehrenberg, Margaret. *Women in Prehistory*. London, 1989.

Ehrenreich, Barbara. *Blood Rites: Origins and History of the Passions of War*. New York, 1997.

Eibl-Eibesfeldt, Irenöus. *The Biology of Peace and War: Man, Animals and Aggression*. New York, 1979.

———. *Human Ethology*. New York, 1989.

Eidelberg, Shlomo, trans. and ed. *The Jews and the Crusaders: The Hebrew Chronicles of the First and Second Crusades*. London, 1977.

Eisen, Robert. *The Peace and Violence of Judaism: From the Bible to Modern Zionism*. Oxford, 2011.

Eisenstadt, S. N., ed. *The Origins and Diversity of Axial Age Civilizations*. Albany, NY, 1986.

El-Guindy, Fedwa. "The Killing of Sadat and After: A Current Assessment of Egypt's Islamist Movement." *Middle East Insight* 2 (January/February 1982).

Eliade, Mircea. *A History of Religious Ideas*. 3 vols. Trans. Willard R. Trask. Chicago and London, 1978, 1982, 1985.

———. *The Myth of the Eternal Return, or, Cosmos and History*. Trans. Willard R. Trask. Princeton, NJ, 1991.

———. *Patterns in Comparative Religion*. Trans. Rosemary Sheed. London, 1958.

———. *The Sacred and the Profane: The Nature of Religion*. Trans. Willard R. Trask. San Diego, New York, and London, 1957.

———. *Yoga: Immortality and Freedom*. Trans. Willard R. Trask. London, 1958.

Elisseeff, N. *Nur al-Din: Un grand prince musulman de Syrie au temps des Croisades*. 3 vols. Damascus, 1967.

Elkins, Stanley. *Slavery: A Problem of American Institutional and Intellectual Life*. Chicago, 1976.

Elon, Amos. *The Israelis: Founders and Sons*. 2nd ed. London, 1981.

Elvin, Mark. "Was There a Transcendental Breakthrough in China?" In S. N. Eisenstadt, ed., *The Origins and Diversity of Axial Age Civilizations*. Albany, NY, 1986.

English, Richard. *Terrorism: How to Respond.* Oxford and New York, 2009.

Epsztein, Léon. *Social Justice in the Ancient Near East and the People of the Bible.* Trans. John Bowden. London, 1986.

Erdmann, Carl. *The Origin of the Idea of Crusade.* Trans. Marshall W. Baldwin and Walter Goffart. Princeton, NJ, 1977.

Ertman, Thomas. *Birth of the Leviathan: Building States and Regimes in Early Modern Europe.* Cambridge, UK, 1997.

Eshman, Milton, and Shibley Telhami, eds. *International Organization of Ethnic Conflict.* Ithaca, NY, 1994.

Esposito, John L. "Islam and Muslim Politics." In Esposito, *Voices of Resurgent Islam.*

_____. *Unholy War: Terror in the Name of Islam.* New York and Oxford, 2002.

_____, ed. *Voices of Resurgent Islam.* New York and Oxford, 1983.

_____, and John J. Donohue, eds. *Islam in Transition: Muslim Perspectives.* New York, 1982.

_____, and Dahlia Mogahed. *Who Speaks for Islam? What a Billion Muslims Really Think.* New York, 2007.

Euben, Roxanne. "Killing (for) Politics: Jihad, Martyrdom, Political Action." *Political Theory* 30 (2002).

Eusebius. *Life of Constantine.* Trans. Averil Cameron and Stuart G. Hall. Oxford, 1999.

Fakhry, Majid. *A History of Islamic Philosophy.* New York and London, 1970.

Fairbank, John King, and Merle Goldman. *China: A New History.* 2nd ed. Cambridge, MA, and London, 2006.

Fall, A. *Medieval and Renaissance Origins: Historiographical Debates and Demonstrations.* London, 1991.

Fandy, Mahmoun. *Saudi Arabia and the Politics of Dissent.* New York, 1999.

Fatoric, Clement. "The Anti-Catholic Roots of Liberal and Republican Conception of Freedom in English Political Thought." *Journal of the History of Ideas* 66 (January 2005).

Fensham, F. C. "Widows, Orphans and the Poor in Ancient Eastern Legal and Wisdom Literature." *Journal of Near Eastern Studies* 21 (1962).

Ferguson, Niall. *Colossus: The Price of America's Empire.* New York, 2004.

_____. *Empire: How Britain Made the Modern World.* London, 2003.

_____. "An Empire in Denial: The Limits of U.S. Imperialism." *Harvard International Review* 25 (Fall 2003).

Fernández-Armesto, Felipe. *1492: The Year the Four Corners of the Earth Collided.* New York, 2009.

Fichte, Johann Gottlieb. *Addresses to the German Nation*. Trans. and ed. Gregory Moore. Cambridge, UK, 2008.

Fingarette, Herbert. *Confucius: The Secular as Sacred*. New York, 1972.

Finkelstein, Israel, and Neil Asher Silberman. *The Bible Unearthed: Archaeology's New Vision of Ancient Israel and the Origin of Its Sacred Texts*. New York, 2001.

Finley, M. I., ed. *Studies in Ancient Society*. London and Boston, 1974.

Finn, Melissa. *Al-Qaeda and Sacrifice: Martyrdom, War and Politics*. London, 2012.

Firestone, Reuven. *Holy War in Judaism: The Fall and Rise of a Controversial Idea*. Oxford and New York, 2012.

_____. *Jihad: The Origin of the Holy War in Islam*. Oxford and New York, 1999.

Fisch, Harold. *The Zionist Revolution: A New Perspective*. Tel Aviv and London, 1978.

Fischer, Louis, ed. *The Essential Gandhi*. New York, 1962.

Fischer, Michael J. "Imam Khomeini: Four Levels of Understanding." In John L. Esposito, ed., *Voices of Resurgent Islam*. New York and Oxford, 1980.

_____. *Iran: From Religious Dispute to Revolution*. Cambridge, MA, and London, 1980.

Fishbane, Michael. *The Garments of Torah: Essays in Biblical Hermeneutics*. Bloomington and Indianapolis, 1989.

Fitzgerald, Timothy. *The Ideology of Religious Studies*. Oxford, 2000.

_____, ed. *Religion and the Secular: Historical and Colonial Formations*. London and Oakville, CT, 2007.

Flood, Gavin. *An Introduction to Hinduism*. Cambridge, UK, and New York, 1996.

_____, ed. *The Blackwell Companion to Hinduism*. Oxford, 2003.

Floor, Willem M. "The Revolutionary Character of the Ulema: Wishful Thinking or Reality?" In Nikki R. Keddie, ed., *Religion and Politics in Islam: Shiism from Quietism to Revolution*. New Haven, CT, and London, 1983.

Force, Peter. *Tracts*. New York, 1844.

Fossier, Robert, ed. *The Middle Ages*. 2 vols. Trans. Janet Sondheimer. Cambridge, UK, 1989.

Fowden, Garth. *Empire to Commonwealth: Consequences of Monotheism in Late Antiquity*. Princeton, NJ, 1993.

Fowles, John. *The Magus, Revised Edition*. London, 1997.

Fox, Everett, trans. *The Five Books of Moses*. New York, 1990.

Francisco de Vitoria. *Political Writings*. Ed. Anthony Pagden and Jeremy Lawrence. Cambridge, UK, 1991.

Frankfort, H., and H. A. Frankfort, eds. *The Intellectual Adventure of Ancient Man: An Essay on Speculative Thought in the Ancient Near East*. Chicago, 1946.

Frayne, Sean. *Galilee: From Alexander the Great to Hadrian, 323 BCE-135 CE: A Study of Second Temple Judaism*. Notre Dame, IN, 1980.

Frend, W. H. C. *Martyrdom and Persecution in the Early Church: A Study of a Conflict from the Maccabees to Donatus*. Oxford, 1965.

Fried, M. H. *The Evolution of Political Society: An Essay in Political Anthropology*. New York, 1967.

Fulcher of Chartres. *A History of the Expedition to Jerusalem, 1098–1127*. Trans. and ed. Frances Rita Ryan. Knoxville, TN, 1969.

Fuller, Robert C. *Naming the Antichrist: The History of an American Obsession*. Oxford and New York, 1995.

Fung, Yu Lan. *A Short History of Chinese Philosophy*. Ed. and trans. Derk Bodde. New York, 1976.

Gabrieli, Francesco, ed. and trans. *Arab Historians of the Crusades*. Trans. from the Italian by E. J. Costello. London, 1969.

Gaddis, Michael. *There Is No Crime for Those Who Have Christ: Religious Violence in the Christian Roman Empire*. Berkeley, Los Angeles, and London, 2005.

Gaffney, Patrick D. *The Prophet's Pulpit: Islamic Preaching in Contemporary Egypt*. Berkeley, Los Angeles, and London, 1994.

Galambush, Julia. *The Reluctant Parting: How the New Testament Jewish Writers Created a Christian Book*. San Francisco, 2005.

Garlan, Yvon. *War in the Ancient World: A Social History*. London, 1975.

Garnsey, Peter. *Famine and Food Shortage in the Greco-Roman World*. Cambridge, UK, 1988.

Gaustad, Edwin S. *Faith of Our Fathers: Religion and the New Nation*. San Francisco, 1987.

Gauvreau, Michael. "Between Awakening and Enlightenment." In *The Evangelical Century: College and Creed in English Canada from the Great Revival to the Great Depression*. Kingston, ON, and Montreal, 1991.

Gearty, C. *Terrorism*. Aldershot, UK, 1996.

Gellner, Ernst. *Nations and Nationalism (New Perspectives on the Past)*. 2nd ed., with an introduction by John Breuilly. Oxford, 2006.

Gentili, Alberico. *The Rights of War and Peace, in Three Books*. London, 1738.

Geoffroi de Charny. *The Book of Chivalry of Geoffroi de Charny: Text, Context and Translation*. Trans. Richard W. Kaeuper and Elspeth Huxley. Philadelphia, 1996.

George, Andrew. *The Epic of Gilgamesh: The Babylonian Epic Poem and Other Texts in Akkadian and Sumerian*. London and New York, 1999.

Gerassi, J., ed. *Revolutionary Priest: The Complete Writings and Messages of Camilo Torres*. New York, 1971.

Gernet, Jacques. *Ancient China: From the Beginnings to the Empire*. Trans. Raymond Rudorff. London, 1968.

_____. *A History of Chinese Civilization*. 2nd ed. Ed. and trans. J. R. Foster and Charles Hartman. Cambridge, UK, and New York, 1996.

Gerth, H. H., and C. Wright Mills, eds. *From Max Weber*. London, 1948.

Ghose, Aurobindo. *Essays on the Gita*. Pondichery, 1972.

Ghosh, A. *The City in Early Historical India*. Simla, 1973.

Giddens, Anthony. *The Consequences of Modernity*. Cambridge, UK, 1991.

_____. *The Nation-State and Violence*. Berkeley, CA, 1987.

Gil, Moshe. *A History of Palestine, 634–1099*. Trans. Ethel Broido. Cambridge, UK, 1992.

Gilbert, Paul. *The Compassionate Mind: A New Approach to Life's Challenges*. London, 2009.

Gillingham, J., and J. C. Holt, eds. *War and Government in the Middle Ages: Essays in Honour of J. O. Prestwich*. Woodbridge, UK, and Totowa, NJ, 1984.

Girard, Rene. *Violence and the Sacred*. Trans. Patrick Gregory. Baltimore, 1977.

Glatzer, Nahum. "The Concept of Peace in Classical Judaism." In *Essays on Jewish Thought*. University, AL, 1978.

Gold, Daniel. "Organized Hinduisms: From Vedic Truth to Hindu Nation." In Martin E. Marty and R. Scott Appleby, eds. *Fundamentalisms Observed*. Chicago and London, 1991.

Golwalkar, M. S. *We or Our Nationhood Defined*. Nagpur, 1939.

Gombrich, Richard F. *How Buddhism Began: The Conditioned Genesis of the Early Teachings*. London and Atlantic Highlands, NJ, 1996.

_____. *Theravada Buddhism: A Social History from Ancient Benares to Modern Colombo*. London and New York, 1988.

Gonda, Jan. *Change and Continuity in Indian Tradition*. The Hague, 1965.

_____. *The Vision of the Vedic Poets*. The Hague, 1963.

Gottwald, Norman K. *The Hebrew Bible: A Brief Socio-Literary Introduction*. Minneapolis, 2009.

_____. *The Hebrew Bible in Its Social World and in Ours*. Atlanta, 1993.

_____. *The Politics of Ancient Israel*. Louisville, KY, 2001.

_____. *The Tribes of Yahweh*. Maryknoll, NY, 1979.

_____, ed. The Bible of Liberation: Political and Social Hermeneutics. Maryknoll, NY,

1983.

Graham, A. C. *Disputers of the Tao: Philosophical Argument in Ancient China*. La Salle, IL, 1989.

_____. *Early Mohist Logic, Ethics and Science*. Hong Kong, 1978.

Granet, Marcel. *Chinese Civilization*. Trans. Kathleen Innes and Mabel Brailsford. London and New York, 1951.

_____. *Festivals and Songs of Ancient China*. Trans. E. D. Edwards. London, 1932.

_____. *The Religion of the Chinese People*. Trans. and ed. Maurice Freedman. Oxford, 1975.

Grayson, A. K. *Assyrian Royal Inscriptions*. 2 vols. Wiesbaden, 1972.

Gregory, Brad S. *Salvation at Stake: Christian Martyrdom in Early Modern Europe*. Cambridge, MA, and London, 1999.

Greer, Donald. *The Incidence of Terror in the French Revolution*. Gloucester, MA, 1935.

Greil, Arthur L., and David G. Bromley, eds. *Defining Religion: Investigating the Boundaries Between the Sacred and the Secular*. Oxford, 2003.

Griffith, Ralph T. H., trans. *The Rig Veda*. Rpt. New York, 1992.

Grossman, Lt. Col. David. *On Killing: The Psychological Cost of Learning to Kill in War and Society*. Rev. ed. New York, 2009.

Grotius, Hugo. *Rights of War and Peace: In Ten Books*. London, 1738.

Guelke, A. *The Age of Terrorism and the International Political System*. London, 2008.

Guibert of Nogent. *Monodies and On the Relics of Saints: The Autobiography and a Manifesto of a French Monk from the Time of the Crusades*. Ed. and trans. Joseph McAlhany and Jay Rubenstein. London and New York, 2011.

Guillaume, A., trans. and ed. *The Life of Muhammad: A Translation of Ishaq's Sirat Rasul Allah*. London, 1955.

Gunn, David E. "Religion, Law and Violence." In Andrew R. Murphy, ed., *The Blackwell Companion to Religion and Violence*. Chichester, UK, 2011.

Gunn, Steven. "War, Religion and the State." In Euan Cameron, ed., *Early Modern Europe: An Oxford History*. Oxford, 1999.

Gunning, Jeroen. "Rethinking Religion and Violence in the Middle East." In Andrew R. Murphy, ed., *The Blackwell Companion to Religion and Violence*. Chichester, UK, 2011.

Hadas-Lebel, Mireille. *Jerusalem Against Rome*. Trans. Robyn Freshunt. Leuven, 2006.

Haddad, Yvonne K. "Sayyid Qutb: Ideologue of Islamic Revival." In John L. Esposito, ed., *Voices of Resurgent Islam*. New York and Oxford, 1980.

Hafkesbrink, Hanna. *Unknown Germany: An Inner Chronicle of the First World War*

Based on Letters and Diaries. New Haven, CT, 1948.

Haldon, John. *Warfare, State and Society in the Byzantine World, 565–1204*. London and New York, 2005.

Harmon, C. C. *Terrorism Today*. London, 2008.

Harris, J., ed. *The Anthropology of War*. Cambridge, UK, 1990.

Harris, Marvin. *Cannibals and Kings: The Origins of Cultures*. New York, 1977.

———. *Our Kind: Who We Are, Where We Come From, and Where We Are Going*. New York, 1989.

Harris, William. *War and Imperialism in Republican Rome*. Oxford, 1979.

Harvey, A. E. *Strenuous Commands: The Ethic of Jesus*. London and Philadelphia, 1990.

Hassig, Ross. *War and Society in Ancient Mesopotamia*. Berkeley, CA, 1992.

Hatch, Nathan O. *The Democratization of American Christianity*. New Haven, CT, 1989.

———. *The Sacred Cause of Liberty: Republican Thought and the Millennium in Revolutionary New England*. New Haven, CT, 1977.

Hauser, Henri. "Political Anarchy and Social Discontent." In J. H. M. Salmon, ed., *The French Wars of Religion: How Important Were Religious Factors?* Lexington, MA, 1967.

Hayes, Carlton J. H. *Essays on Nationalism*. New York, 1926.

———. *Nationalism: A Religion*. New York, 1960.

Hazony, Yoram. *The Philosophy of Hebrew Scripture*. Cambridge, UK, 2012.

Head, Thomas, and Richard Landes, eds. *The Peace of God: Social Violence and Religious Response in France Around the Year 1000*. Ithaca, NY, 1992.

Heck, Paul, L. "Jihad Revisited." *Journal of Religious Ethics* 32, no. 1 (2004).

Hedges, Chris. *War Is a Force That Gives Us Meaning*. New York, 2003.

Heesterman, J. C. *The Broken World of Sacrifice: An Essay in Ancient Indian Religion*. Chicago and London, 1993.

———. *The Inner Conflict of Tradition: Essays on Indian Ritual, Kingship and Society*. Chicago and London, 1985.

———. "Ritual, Revelation and the Axial Age." In S. N. Eisenstadt, ed., *The Origins and Diversity of Axial Age Civilizations*. Albany, NY, 1986.

Hegel, G. W. F. *Elements of the Philosophy of Right*. Ed. Allen W. Wood. Trans. H. B. Nisbet. Cambridge, UK, 1991.

Hegghammer, Thomas. *Jihad in Saudi Arabia: Violence and Pan-Islamism Since 1979*. Cambridge, UK, 2010.

Heikal, Mohamed. *Autumn of Fury: The Assassination of Sadat*. London, 1984.

Heilman, Samuel. "Guides of the Faithful: Contemporary Religious Zionist Rabbis." In R.

Scott Appleby, ed., *Spokesmen for the Despised: Fundamentalist Leaders of the Middle East*. Chicago, 1997.

Heimart, Alan. *Religion and the American Mind: From the Great Awakening to the Revolution*. Cambridge, MA, 1968.

_____, and Andrew Delbanco, eds. *The Puritans in America: A Narrative Anthology*. Cambridge, MA, and London, 1985.

Heller, Henry. *Iron and Blood: Civil Wars in Sixteenth-Century France*. Montreal, 1991.

Hengel, Martin. *Judaism and Hellenism: Studies in Their Encounter in Palestine During the Early Hellenistic Period*. 2 vols. Trans. John Bowden. London, 1974.

Henry of Lancaster. *Le Livre de Seyntz Medicines: The Unpublished Treatises of Henry of Lancaster*. Trans. A. J. Arnold. Oxford, 1940.

Herbert, Edward, Lord. *De Religio Laici*. Trans. and ed. Harold L. Hutcheson. New Haven, CT, 1944.

_____. *De Veritate*. Trans. Mayrick H. Carre. Bristol, UK, 1937.

Herrenschmidt, Clarisse. "Designations de l'empire et concepts politiques de Darius Ier d' après inscriptions en vieux perse." *Studia Iranica* 5 (1976).

Herzl, Theodor. *The Complete Diaries of Theodor Herzl*. 2 vols. Ed. R. Patai. London and New York, 1960.

Hill, Rosalind, trans. *The Deeds of the Franks and Other Pilgrims to Jerusalem*. London, 1962.

Hillenbrand, Carole. *The Crusades: Islamic Perspectives*. Edinburgh, 1999.

Hillgarth, J. N. *Ramon Lull and Lullism in Fourteenth-Century France*. Oxford, 1971.

Hiltebeitel, Alf. *The Ritual of Battle: Krishna in the Mahabharata*. Ithaca and London, 1976.

Hiltermann, Joos R. *A Poisonous Affair: America, Iraq and the Gassing of Halabja*. Cambridge, UK, 2007.

Himmelfarb, Gertrude. *The Roads to Modernity*. New York, 2001.

Hobbes, Thomas. *Behemoth; or, The Long Parliament*. Ed. Frederick Tönnies. Chicago, 1990.

_____. *Leviathan*. Ed. Richard Tuck. Cambridge, UK, 1991.

_____. *On the Citizen*. Ed. Richard Tuck and Michael Silverthorne. Cambridge, UK, 1998.

Hobsbaum, E. J. *Bandits*. Rev. ed. New York, 1985.

_____. *Primitive Rebels*. New York, 1965.

Hodge, Charles. *What Is Darwinism?* Princeton, NJ, 1874.

Hodgson, Marshall G. S. *The Venture of Islam: Conscience and History in a World*

Civilization. 3 vols. Chicago and London, 1974.

Hoffman, Bruce. *Inside Terrorism*. London, 1998.

Hoffner, H. "History and the Historians of the Ancient Near East: The Hittites," *Orientalia* 49 (1980).

Holt, Mack P. *The French Wars of Religion, 1562–1629*. Cambridge, UK, 1995.

_____. "Putting Religion Back into the Wars of Religion." *French Historical Studies* 18, no. 2 (Autumn 1973).

Holt, P. M. *The Age of the Crusades*. London, 1986.

Homer. *The Iliad of Homer*. Trans. Richard Lattimore. Chicago and London, 1951.

_____. *The Odyssey*. Trans. Walter Shewring with an introduction by G. S. Kirk. Oxford, 1980.

Hooke, S. H. *Middle Eastern Mythology: From the Assyrians to the Hebrews*. Harmondsworth, UK, 1963.

Hopkins, D. C. *The Highlands of Canaan*. Sheffield, UK, 1985.

Hopkins, Thomas J. *The Hindu Religious Traditions*. Belmont, CA, 1971.

Horgan, J. *The Psychology of Terrorism*. London, 2005.

Horsley, Richard A. "The Historical Context of Q." In Horsley and Draper, *Whoever Hears You Hears Me*.

_____. *Jesus and the Spiral of Violence: Popular Jewish Resistance in Roman Palestine*. Minneapolis, 1993ed.

_____, with Jonathan A. Draper. *Whoever Hears You Hears Me: Prophets, Performance, and Tradition in Q*. Harrisburg, PA, 1999.

Hoselitz, Bert F. *Sociological Aspects of Economic Growth*. New York, 1960.

Hourani, Albert. *Arabic Thought in the Liberal Age, 1798–1939*. Oxford, 1962.

Housely, Norman. "Crusades Against Christians: Their Origin and Early Development." In Peter W. Edbury, ed. *Crusade and Settlement*. Cardiff, 1985.

_____. *The Later Crusades, 1274–1558: From Lyons to Alcazar*. Oxford, 1992.

Howard, Michael. *The Invention of Peace: Reflections on War and International Order*. New Haven, CT, 2000.

Howe, Daniel Walker. "Religion and Politics in the Antebellum North." In Mark A. Noll, ed., *Religion and American Politics: From the Colonial Period to the 1980s*. Oxford and New York, 1990.

Hsu, C. Y., and K. M. Lindoff. *Western Chou Civilization*. New Haven, CT, 1988.

Hubert, Henry, and Marcel Mauss. *Sacrifice: Its Nature and Functions*. Trans. D. Halls. Chicago, 1964.

Hughes, Anne. *The Causes of the English Civil War*. London, 1998.

Huizinga, Johan. *Homo Ludens: A Study of the Play Element in Culture.* Boston, 1955ed.

Humble, Richard. *Warfare in the Ancient World.* London, 1980.

Hutchinson, William T., and William M. E. Raphael, eds. *The Papers of James Madison.* 17 vols. Chicago, 1962–1991.

Hutt, M. G. "The Role of the Cures in the Estates General of 1789." *Journal of Ecclesiastical History* 6 (1955).

Ibrahim, Raymond, ed. and trans. *The Al-Qaeda Reader.* New York, 2007.

Idinopulos, Thomas A., and Brian C. Wilson, eds. *What Is Religion? Origins, Definitions, and Explanations.* Leiden, 1998.

Isambert, François André, ed. *Recueil général des anciennes lois françaises depuis l'an 420 jusqu'à la Révolution de 1789,* vol. 12. Paris, n.d.

Izutsu, Toshihiko. *Ethico-Religious Concepts in the Qur'an.* Montreal and Kingston, ON, 2002.

Jackson, Kent P. "The Language of the Mesha Inscription." In Andrew Dearman ed., *Studies in the Mesha Inscription and Moab.* Atlanta, NY, 1989.

Jacobi, Hermann, trans. *Jaina Sutras.* New York, 1968.

Jacobs, Louis, ed. *The Jewish Religion: A Companion.* Oxford, 1995.

Jacobsen, Thorkold. "The Cosmic State." In H. and H. A. Frankfort, eds., *The Intellectual Adventure of Ancient Man: An Essay on Speculative Thought in the Near East.* Chicago, 1946.

Jaitner, J. "The Pope and the Struggle for Power During the Sixteenth and Seventeenth Centuries." In Klaus Bussman and Heinz Schilling, eds., *War and Peace in Europe.* 3 vols. Münster, 1998.

James, E. O. *The Ancient Gods: The History and Diffusion of Religion in the Ancient Near East and the Eastern Mediterranean.* London, 1960.

Jansen, Johannes J. G., trans. and ed. *The Neglected Duty.* New York, 1986.

Jaspers, Karl. *The Great Philosophers: The Foundations.* Ed. Hannah Arendt. Trans. Ralph Manheim. London, 1962.

_____. *The Origin and Goal of History.* Trans. Michael Bullock. London, 1953.

Jay, Peter. *Road to Riches, or The Wealth of Man.* London, 2000.

Jayussi, May. "Subjectivity and Public Witness: An Analysis of Islamic Militance in Palestine." Unpublished paper, 2004.

Jeremias, J. *Jerusalem in the Time of Jesus.* London and Philadelphia, 1969.

_____. *The Lord's Prayer.* Philadelphia, 1973.

John XXIII, Pope (Angelo Giuseppe Roncalli). *Mater et Magistra* and *Pacem in Terris.* In Claudia Carlen, ed., *The Papal Encyclicals, 1740–1981.* 5 vols. Falls Church, VA,

1981.

Johnson, Paul. *A History of the Jews*. London, 1987.

Jones, A. H. M. *The Later Roman Empire*. 2 vols. Oxford, 1964.

Jones, Kenneth W. "The Arya Samaj in British India." In Robert D. Baird, ed., *Religion in Modern India*. Delhi, 1981.

Josephus, Flavius. *The Antiquities of the Jews*. Trans. William Whiston. Marston Gale, UK, n.d.

_____. *The Jewish War*. Trans. G. A. Williamson. Harmondsworth, UK, 1967.

Juergensmeyer, Mark. *Global Rebellion: Religious Challenges to the Secular State from Christian Militias to Al-Qaeda*. Berkeley, CA, 2008.

_____. *The New Cold War? Religious Nationalism Confronts the Secular State*. Berkeley, CA, 1993.

_____. *Terror in the Mind of God: The Global Rise of Religious Violence*. Berkeley, Los Angeles, and London, 2001.

_____, ed. *Violence and the Sacred in the Modern World*. London, 1992.

Kaeuper, Richard W. *Holy Warrior: The Religious Ideology of Chivalry*. Philadelphia, 2009.

Kahane, Meir. *Listen World, Listen Jew*. Tucson, 1978.

Kakar, Sudhir. *The Colors of Violence: Cultural Identities, Religion, and Conflict*. Chicago and London, 1996.

Kaltenmark, Max. *Lao-Tzu and Taoism*. Trans. Roger Greaves. Stanford, CA, 1969.

Kamen, Henry. *Empire: How Spain Became a World Power, 1492–1763*. New York, 2003.

_____. *The Spanish Inquisition: An Historical Revision*. London, 1997.

Kant, Immanuel. *Critique of Pure Reason*. Trans. Norman Kemp Smith. London, 1993.

_____. *Lectures on Ethics*. Trans. Lewis Infield. Ed. Lewis White Beck. New York, 1963.

Kantorowicz, K. "Pro Patria Mori in Medieval Political Thought." *American Historical Review* 56, no. 3 (1951).

Kapila, Shruti, and Faisal Devji, eds. *Political Thought in Action: The Bhagavad Gita and Modern India*. Cambridge, UK, 2013.

Kassimeris, George, ed. *The Barbarisation of Warfare*. London, 2006.

Kautsky, John H. *The Political Consequences of Modernization*. New York, London, Sydney, and Toronto, 1972.

_____. *The Politics of Aristocratic Empires*. 2nd ed. New Brunswick, NJ, and London, 1997.

Keay, John. *India: A History*. London, 2000.

Kedar, Benjamin Z. *Crusade and Mission: European Approaches Toward Muslims*. Princeton, NJ, 1984.

_____, H. E. Mayer, and R. C. Smail, eds. *Outremer: Studies in the History of the Crusading Kingdom of Jerusalem*. Jerusalem, 1982.

Keddie, Nikki R. *Roots of Revolution: An Interpretive History of Modern Iran*. New Haven, CT, and London, 1981.

_____, ed. *Religion and Politics in Iran: Shiism from Quietism to Revolution*. New Haven, CT, and London, 1983.

_____. *Scholars, Saints and Sufis: Muslim Religious Institutions in the Middle East Since 1500*. Berkeley, Los Angeles, and London, 1972.

Keegan, John. *The Face of Battle*. London, 1976.

_____. *A History of Warfare*. London and New York, 1993.

Keen, Maurice. *Chivalry*. New Haven, CT, and London, 1984.

Keightley, David N., ed. *The Origins of Chinese Civilization*. Berkeley, CA, 1983.

Kenyon, Kathleen. *Digging Up Jericho: The Results of the Jericho Excavations, 1953–1956*. New York, 1957.

Kepel, Gilles. *Beyond Terror and Martyrdom: The Future of the Middle East*. Trans. Pascale Ghazaleh. Cambridge, MA, and London, 2008.

_____. *Jihad: The Trail of Political Islam*. Trans. Anthony F. Roberts. 4th ed. London, 2009.

_____. *The Prophet and Pharaoh: Muslim Extremism in Egypt*. Trans. Jon Rothschild. London, 1985.

_____, and Jean-Pierre Milleli, eds. *Al-Qaeda in Its Own Words*. Trans. Pascale Ghazaleh. Cambridge, MA, 2008.

Kerr, Ronald Dale. "'Why Should You Be So Furious?': The Violence of the Pequot War." *Journal of American History* 85, no. 3 (December 1998).

Kertzer, David I. *Ritual, Politics and Power*. New Haven, CT, and London, 1988.

Khomeini, Sayeed Ruhollah. *Islam and Revolution*. Trans. and ed. Hamid Algar. Berkeley, CA, 1981.

Khrosrokhavar, Farhad. *Suicide Bombers: Allah's New Martyrs*. Trans. David Macey. London, 2005.

Kierman, Frank A., Jr., and John K. Fairbank, eds. *Chinese Ways in Warfare*. Cambridge, MA, 1974.

Kimball, Charles. *When Religion Becomes Evil*. San Francisco, 2002.

Kimelman, K. "Non-violence in the Talmud." *Judaism* 17 (1968).

King, Martin Luther, Jr. *Strength to Love*. Philadelphia, 1963.

Kramer, Martin. "Hizbullah: The Calculus of Jihad." In Martin E. Marty and R. Scott Appleby, eds., *Fundamentalisms and the State: Rethinking Polities, Economies and Militance*. Chicago and London, 1993.

Kramer, Samuel N. *History Begins at Sumer*. Philadelphia, 1981.

――――. *Sumerian Mythology: A Study of the Spiritual and Literary Achievement of the Third Millennium BC*. Philadelphia, 1944.

Krauss, Hans-Joachim. *Worship in Israel: A Cultic History of the Old Testament*. Oxford, 1966.

Kreister, Fritz. *Four Weeks in the Trenches: The War Story of a Violinist*. Boston and New York, 1915.

Krey, August C., ed. and trans. *The First Crusade: The Accounts of Eye-Witnesses and Participants*. Princeton, NJ, and London, 1921.

Kritzeck, James. *Peter the Venerable and Islam*. Princeton, NJ, 1964.

Kselman, Thomas, ed. *Belief in History: Innovative Approaches to European and American Religion*. Notre Dame, IN, 1991.

Kulke, Hermann. "The Historical Background of India's Axial Age." In S. N. Eisenstadt, ed., *The Origins and Diversity of Axial Age Civilizations*. Albany, NY, 1986.

Kydd, A. H., and B. F. Walter. "The Stratagems of Terrorism." *International Security* 31, no. 1 (Summer 2006).

Lactantius. *Lactantius: Works*. Trans. William Fletcher. Edinburgh, 1971.

Lal, Deepak. *In Praise of Empires: Globalization and Order*. New York, 2004.

Lambert, W. G., and A. R. Millard, trans. and eds. *The Atra-Hasis: The Babylonian Story of the Flood*. Oxford, 1969.

Lane Fox, Robin. *Pagans and Christians*. London, 1986.

Lau, D. C., trans. and ed. *Mencius*. London, 1970.

――――. *Tao Te Ching*. London, 1963.

Lawrence, T. E. *The Mint*. New York, 1963.

Lea, H. C. A *History of the Inquisition of the Middle Ages*. Philadelphia, 1866.

Leed, Eric J. *No Man's Land: Combat and Identity in World War I*. Cambridge, UK, 1979.

Lefeburem, Leo D. *Revelation, the Religions and Violence*. Maryknoll, NY, 2000.

Lefebvre, Genge. *The Great Fear of 1789*. Trans. R. R. Farmer and Joan White. Princeton, NJ, 1973.

Legge, J., trans. *The Ch'un Ts'ew and the Tso Chuen*. 2nd ed. Hong Kong, 1960.

――――. *The Li Ki*. Oxford, 1885.

Le Goff, Jacques, ed. *The Medieval World*. Trans. Lydia C. Cochrane. London, 1990.

Leick, Gwendolyn. *Mesopotamia: The Invention of the City*. London, 2001.

Lemche, Niels P. *Early Israel: Anthropological and Historical Studies on the Israelite Society Before the Monarchy*. Leiden, 1985.

Lenski, Gerhard E. *Power and Privilege: A Theory of Social Stratification*. Chapel Hill, NC, and London, 1966.

LeRoi-Gourhan, Andre. *Treasures of Prehistoric Art*. Trans. Norbert Guterman. New York, 1967.

Le Strange, Guy. *Palestine Under the Moslems: A Description of Syria and the Holy Land from AD 650 to 1500*. London, 1890.

Levine, Lee I., ed. *The Galilee in Late Antiquity*. New York and Jerusalem, 1992.

Levene, Mark. *Genocide in the Age of the Nation-State: The Rise of the West and the Coming of Genocide*. London and New York, 2005.

Levenson, Joseph R., and Franz Schurmann. *China: An Interpretive History: From the Beginnings to the Fall of Han*. Berkeley, Los Angeles, and London, 1969.

Levinson, Bernard M. *Deuteronomy and the Hermeneutics of Legal Innovation*. Oxford and New York, 1998.

Lewis, Bernard. *The Assassins*. London, 1967.

_____. "The Roots of Muslim Rage." *Atlantic Monthly*, September 1, 1990.

Lewis, James R., ed. *Violence and New Religious Movements*. Oxford, 2011.

Lewis, M. *Ecstatic Religion: An Anthropological Study of Spirit Possession and Shamanism*. Baltimore, 1971.

Lewis, Mark Edward. *Sanctioned Violence in Early China*. Albany, NY, 1990.

Libanius. *Select Orations*. Trans. A. F. Norman. 2 vols. Cambridge, MA, 1969, 1970.

Lim, Richard. *Public Disputation, Power, and Social Order in Late Antiquity*. Berkeley, CA, 1995.

Lincoln, Bruce. *Death, War, and Sacrifice: Studies in Ideology and Practice*. Chicago and London, 1991.

_____. *Holy Terrors: Thinking About Religion After September 11*. 2nd ed. Chicago and London, 2006.

_____. *Religion, Empire, and Torture: The Case of Achaemenian Persia, with a Postscript on Abu Graib*. Chicago and London, 2007.

_____. "The Role of Religion in Achmenean Inscriptions." In Nicole Brisch, ed., *Religion and Power: Divine Kingship in the Ancient World and Beyond*. Chicago, 2008.

Lindberg, David, and Ronald L. Numbers, eds. *God and Nature: Historical Essays on the Encounter Between Christianity and Science*. Berkeley, Los Angeles, and London, 1986.

Ling, Trevor. *The Buddha: Buddhist Civilization in India and Ceylon*. London, 1973.

Lings, Martin. *Muhammad: His Life Based on the Earliest Sources*. London, 1983.

Livvi-Bacci, Massimo. *A Concise History of World Population*. Oxford, 1997.

Locke, John. *Essays on the Law of Nature*. Ed. W. van Leyden. Oxford, 1970.

_____. *A Letter Concerning Toleration*. Indianapolis, 1955.

_____. *Political Writings*. Ed. David Wootton. London, 1993.

_____. *Two Treatises of Government*. Ed. Peter Laslett. Cambridge, UK, 1988.

Lovejoy, David S. *Religious Enthusiasm in the New World: Heresy to Revolution*. Cambridge, MA, and London, 1985.

Lowth, Andrew. *Maximus the Confessor*. London, 1996.

_____. *The Origins of Christian Mysticism: From Plato to Denys*. London, 1975.

Lussu, Emilio. *Sardinian Brigade*. New York, 1939.

Luther, Martin. *Luther: Selected Political Writings*. Ed. J. M. Porter. Philadelphia, 1974.

Luttwak, Edward N. *The Grand Strategy of the Roman Empire*. Baltimore, 1976.

Lyons, M. C., and D. E. P. Jackson. *Saladin: The Politics of the Holy War*. Cambridge, UK, 1982.

Maaga, Mary. *Hearing the Voices of Jonestown*. Syracuse, NY, 1958.

Maalouf, Amin. *The Crusades Through Arab Eyes*. Trans. Jon Rothschild. London, 1984.

Macartney, C. A. *National States and National Minorities*. London, 1934.

MacGregor, Neil. *A History of the World in 100 Objects*. London and New York, 2010.

Machinist, Peter. "Distinctiveness in Ancient Israel." In Mordechai Cogan and Israel Ephal eds., *Studies in Assyrian History and Ancient Near Eastern Historiography*. Jerusalem, 1991.

MacMullen, Ramsey. *Christianity and Paganism in the Fourth to Eighth Centuries*. New Haven, CT, 1997.

_____. *Christianizing the Roman Empire, AD 100–400*. New Haven, CT, 1984.

_____. *The Second Church: Popular Christianity AD 200–400*. Atlanta, 2009.

Maltby, William. *The Reign of Charles V*. New York, 2002.

Marius, Richard. *Martin Luther: The Christian Between God and Death*. Cambridge, MA, and London, 1999.

Marsden, George. "Afterword." In Mark A. Noll, ed., *Religion and American Politics: From the Colonial Period to the 1980s*. Oxford and New York, 1990.

_____. *Fundamentalism and American Culture: The Shaping of Twentieth-Century Evangelicalism, 1870–1925*. New York and Oxford, 1980.

Marshall, John W. "Collateral Damage: Jesus and Jezebel in the Jewish War." In Shelly Matthews and E. Leigh Gibson, eds., *Violence in the New Testament*. New York and London, 2005.

Martin, James D. "Israel as a Tribal Society." In R. E. Clements, ed., *The World of Ancient Israel: Sociological, Anthropological and Political Perspectives*. Cambridge, UK, 1989.

Marty, Martin E., and R. Scott Appleby, eds. *Accounting for Fundamentalisms: The Dynamic Character of Movements*. Chicago and London, 1994.

_____. *Fundamentalisms and Society: Reclaiming the Sciences, the Family, and Education*. Chicago and London, 1993.

_____. *Fundamentalisms and the State: Remaking Politics, Economies, and Militance*. Chicago and London, 1993.

_____. *Fundamentalisms Comprehended*. Chicago and London, 1995.

_____. *Fundamentalisms Observed*. Chicago and London, 1991.

Mason, S. N. "Was Josephus a Pharisee? A Re-Examination of Life 10-12." *Journal of Jewish Studies* 40 (1989).

Masparo, Henri. *China in Antiquity*. 2nd. ed. Trans. Frank A. Kiermann Jr. Folkestone, UK, 1978.

Masselman, George. *The Cradle of Colonialism*. New Haven, CT, 1963.

Mastnak, Tomaz. *Crusading Peace: Christendom, the Muslim World, and Western Political Order*. Berkeley, Los Angeles, and London, 2002.

Matarasso, P. M., trans. *The Quest of the Holy Grail*. Harmondsworth, UK, 1969.

Mattern, Susan. *Rome and the Enemy: Imperial Strategy in the Principate*. Berkeley, CA, 1999.

Matthews, Shelly, and E. Leigh Gibson, eds. *Violence in the New Testament*. New York and London, 2005.

Mawdudi, Abul Ala. "How to Establish Islamic Order in the Country." *Universal Message*, May 1983.

_____. "Islamic Government." *Asia* 20 (September 1981).

_____. *The Islamic Way of Life*. Lahore, 1979.

May, Henry F. *The Enlightenment in America*. New York, 1976.

Mayer, Hans Eberhard. *The Crusades*. Trans. J. Gillingham. 2nd ed. Oxford, 1993.

McCauley, Clark. "Conference Overview." In Jonathan Haas, ed., *The Anthropology of War*. Cambridge, UK, 1990.

McCutcheon, Russell. "The Category 'Religion' and the Politics of Tolerance." In Arthur L. Greil and David G. Bromley, eds., *Defining Religion: Investigating the Boundaries Between the Sacred and the Secular*. Oxford, 2003.

_____. *Manufacturing Religion: The Discourse on Sui Generis Religion and the Politics of Nostalgia*. New York, 1997.

McDaniel, Charles A. "Violent Yearnings for the Kingdom of God: Munster's Militant Anabaptism." In James K. Wellman Jr., ed., *Belief and Bloodshed: Religion and Violence Across Time and Tradition*. Lanham, MD, 2007.

McDermott, Timothy. *Perfect Soldiers: The 9/11 Hijackers: Who They Were, Why They Did It*. New York, 2005.

McGinn, Bernard, and John Meyendorff, eds. *Christian Spirituality I: Origins to the Twelfth Century*. London, 1985.

McGrath, Alister. *The Twilight of Atheism: The Rise and Fall of Disbelief in the Modern World*. London and New York, 2006.

McKitterick, Rosamund. *The Frankish Kingdoms Under the Carolingians, 751-987*. London and New York, 1983.

McNeill, William H. *Plagues and People*. London, 1994.

_____. *The Pursuit of Power: Technology, Armed Force and Society Since A.D. 1000*. Chicago, 1982.

McPherson, James M. *For Cause and Comrades: Why Men Fought in the Civil War*. New York, 1997.

McWhiney, Grady, and Perry D. Jamieson. *Attack or Die: The Civil War, Military Tactics and Southern Heritage*. Montgomery, AL, 1982.

Mein, Andrew. *Ezekiel and the Ethics of Exile*. Oxford and New York, 2001.

Mellaart, James. *Catal Huyuk: A Neolithic Town in Anatolia*. New York, 1967.

_____. "Early Urban Communities in the Near East, 9000–3400 BCE." In P. R. S. Moorey, ed., *The Origins of Civilisation*. Oxford, 1979.

_____. *The Neolithic of the Near East*. London, 1975.

Mendenhall, George W. *The Tenth Generation: The Origins of Biblical Tradition*. Baltimore, 1973.

Mentzer, Raymond A. *Heresy Proceedings in Languedoc, 1500–1560*. Philadelphia, 1984.

Mergui, Raphael, and Philippe Simonnot. *Israel's Ayatollahs: Meir Kahane and the Far Right in Israel*. London, 1987.

Meroni, Ariel. "The Readiness to Kill or Die: Suicide Terrorism in the Middle East." In Walter Reich, ed., *The Origins of Terrorism*. Cambridge, UK, 1990.

Michelet, Jules. *Historical View of the French Revolution from Its Earliest Indications to the Flight of the King in 1791*. Trans. C. Cooks. London, 1888.

Migne, J. P., ed. *Patrologia Latina*. Paris, 1844–1867.

Mill, John Stuart. *Utilitarianism, Liberty, Representational Government*. London, 1990.

Miller, Perry. *Errand into the Wilderness*. Cambridge, MA, and London, 1956.

_____. *Roger Williams: His Contribution to the American Tradition*. 2nd ed. New York, 1962.

Milton, John. *Major Works*. Ed. Stephen Orgel and Jonathan Goldberg. Oxford, 2008.

Milton-Edwards, Beverley. *Islamic Politics in Palestine*. London and New York, 1996.

Mir, Mustansire. "Some Features of Mawdudi's Tafhim al-Quran." *American Journal of Islamic Social Sciences* 2, no. 2 (1985).

Mitchell, Joshua. *Not by Reason Alone: Religion, History, and Identity in Early Modern Political Thought*. Chicago, 1993.

Mitchell, Richard P. *The Society of Muslim Brothers*. London, 1969.

Mitchell, Stephen. *Gilgamesh: A New English Version*. New York, London, Toronto, and Sydney, 2004.

Mohamedou, M. M. Ould. *Understanding al-Qaeda: The Transformation of War*. London, 2007.

Moin, Baqer. *Khomeini: Life of the Ayatollah*. London, 1999.

Molé, Marijan. *Culte, mythe, et cosmologie dans l'Iran ancien*. Paris, 1963.

Momen, Moojan. *An Introduction to Shii Islam: The History and Doctrines of Twelver Shiism*. New Haven, CT, and London, 1985.

Monroe, Lauren A. *Josiah's Reform and the Dynamics of Defilement: Israelite Rites of Violence and the Making of the Biblical Text*. Oxford, 2011.

Montagu, Ashley, ed. *Man and Aggression*. New York, 1973.

Montefiore, C. G., and H. Loewe, eds. *A Rabbinic Anthology*. New York, 1974.

Monter, William. *Frontiers of Heresy: The Spanish Inquisition from the Basque Lands to Sicily*. Cambridge, UK, 1990.

Moore, James R. "Geologists and the Interpreters of Genesis in the Nineteenth Century." In David Lindberg and Ronald L. Numbers, eds., *God and Nature: Historical Essays on the Encounter Between Christianity and Science*. Berkeley, Los Angeles, and London, 1986.

Moore, R. I. *The Formation of a Persecuting Society: Power and Deviance in Western Europe, 950–1250*. Oxford, 1987.

Moore, R. Laurence. *Religious Outsiders and the Making of Americans*. Oxford and New York, 1986.

Moore, Rebecca. "American as Cherry Pie: The People's Temple and Violence." In Catherine Wessinger, ed., *Millennialism, Persecution, and Violence: Historical Circumstances*. Syracuse, NY, 1986.

_____. "Narratives of Persecution, Suffering, and Martyrdom in the People's Temple and

Jonestown." In James R. Lewis, ed., *Violence and the New Religious Movements*. Oxford, 2011.

Moorey, P. R. S. *The Origins of Civilisation*. Oxford, 1979.

_____, and P. J. Parr, eds. *Archaeology in the Levant: Essays for Kathleen Kenyon*. Warminster, UK, 1978.

More, Thomas. *A Dialogue Concerning Heresies*. Ed. Thomas M. C. Lawlor. New Haven, CT, 1981.

_____. *Utopia*. Ed. George M. Logan and Robert M. Adams. Cambridge, UK, 1989.

Morgan, Edmund S. *American Slavery, American Freedom: The Ordeal of Colonial Virginia*. New York, 1975.

Morris, Christopher. *The Papal Monarchy: The Western Church from 1050 to 1250*. Oxford, 1991.

Morrison, Karl F. *Tradition and Authority in the Western Church, 300 –1140*. Princeton, NJ, 1969.

Moss, Candida R. *The Myth of Persecution: How Early Christians Invented a Story of Martyrdom*. New York, 2013.

_____. *The Other Christs: Imitating Jesus in Ancient Christian Ideologies of Martyrdom*. Oxford, 2010.

Murphy, Andrew R., ed. *The Blackwell Companion to Religion and Violence*. Chichester, UK, 2011.

_____. "Cromwell, Mather and the Rhetoric of Puritan Violence." In Murphy, *The Blackwell Companion to Religion and Violence*.

Murrin, John M. "A Roof Without Walls: The Dilemma of National Identity." In Richard Beeman, Stephen Botein, and Edward E. Carter III, eds., *Beyond Confederation: Origins of the Constitution in American Identity*. Chapel Hill, NC, 1987.

Musurillo, H., trans. *The Acts of the Christian Martyrs*. Oxford, 1972.

Nadelson, Theodore. *Trained to Kill: Soldiers at War*. Baltimore, 2005.

Nānamoli, Bhikku, ed. *The Life of the Buddha, According to the Pali Canon*. Kandy, Sri Lanka, 1992.

Neff, John U. *War and Human Progress: An Essay on the Rise of Industrial Civilization*. New York, 1950.

Nestorius. *Bazaar of Heracleides*. Trans. G. R. Driver and Leonard Hodgson. Oxford, 1925.

Netanyahu, Benzion. *The Origins of the Inquisition in Fifteenth-Century Spain*. New York, 1995.

Neusner, Jacob. *From Politics to Piety*. Englewood Cliffs, NJ, 1973.

Newton, Huey. *Revolutionary Suicide*. New York, 1973.

Nicholls, David. "The Theatre of Martyrdom in the French Reformation." *Past and Present* 121 (1998).

Nicholson, R. A. *A Literary History of the Arabs*. Cambridge, UK, 1953.

_____. *The Mystics of Islam*. London, 1963.

Niditch, Susan. *War in the Hebrew Bible: A Study in the Ethics of Violence*. New York and Oxford, 1993.

Noll, Mark A., *America's God: From Jonathan Edwards to Abraham Lincoln*. Oxford and New York, 2002.

_____. *The Civil War as a Theological Crisis*. Chapel Hill, NC, 2006.

_____. *The Old Religion in a New World: The History of American Christianity*. Grand Rapids, MI, 2002.

_____. *Religion and American Politics: From the Colonial Period to the 1980s*. Oxford and New York, 1990.

_____. "The Rise and Long Life of the Protestant Enlightenment in America." In William M. Shea and Peter A. Huff, eds., *Knowledge and Belief in America: Enlightenment Traditions and Modern Religious Thought*. New York, 1995.

North, Jonathan. "General Hochte and Counterinsurgency." *Journal of Military History* 62 (2003).

Numbers, Ronald L. *The Creationists: The Evolution of Scientific Creationism*. Berkeley, Los Angeles, and London, 1992.

O'Connell, Robert L. *Of Arms and Men: A History of War, Weapons and Aggression*. New York and Oxford, 1989.

_____. *Ride of the Second Horseman: The Birth and Death of War*. New York and Oxford, 1995.

Oldenbourg, Zoé. *Le Bûcher de Montségur*. Paris, 1959.

Oldenburg, Hermann. *Buddha: His Life, His Doctrine, His Order*. Trans. William Hoey. London, 1982.

Olivelle, Patrick. "The Renouncer Tradition." In Gavin Flood, ed., *The Blackwell Companion to Hinduism*. Oxford, 2003.

_____, ed. and trans. *Samnyasa Upanisads: Hindu Scriptures on Asceticism and Renunciation*. New York and Oxford, 1992.

_____. *Upanisads*. New York and Oxford, 1996.

Oliver, Anne Marie, and Paul F. Steinberg. *The Road to Martyrs' Square: A Journey to the World of the Suicide Bomber*. Oxford, 2005.

Ollenburger, Ben C. *Zion, the City of the Great King: A Theological Symbol of the*

Jerusalem Cult. Sheffield, UK, 1987.

Olmstead, A. T. *History of Assyria*. New York, 1923.

Oppenheim, A. L. *Ancient Mesopotamia: Portrait of a Dead Civilization*. Chicago, 1977.

_____. "Trade in the Ancient Near East." *International Congress of Economic History* 5 (1976).

Origen. Against *Celsus*. Trans. Henry Chadwick. Cambridge, UK, 1980.

Ortega y Gasset, J. *Meditations on Hunting*. New York, 1985.

Ozment, Steven. *The Reformation of the Cities: The Appeal of Protestantism to Sixteenth-Century Germany and Switzerland*. New Haven, CT, 1975.

Paine, Thomas. *Common Sense and the Crisis*. New York, 1975.

Palladius, *Dialogue on the Life of John Chrysostom*. Trans. Robert T. Meyer. New York, 1985.

Pannikkar, Raimundo. *The Trinity and the Religious Experience of Man*. London and New York, 1973.

Pape, Robert. "Dying to Kill Us." *New York Times*, September 22, 2003.

_____. *Dying to Win: The Strategic Logic of Suicide Terrorism*. New York, 2005.

_____. "The Logic of Suicide Terrorism." Interview by Scott McConnell. *The American Conservative*, July 18, 2007.

Pareek, Radhey Shyam. *Contribution of Arya Samaj in the Making of Modern India, 1975-1947*. New Delhi, 1973.

Parker, Geoffrey, ed. *The Thirty Years' War*. London, 1984.

Parsons, Timothy H. *The Rule of Empires: Those Who Built Them, Those Who Endured Them, and Why They Always Fail*. Oxford, 2010.

Partner, Peter. *God of Battles: Holy Wars of Christianity and Islam*. London, 1997.

Patlagean, Evelyne. *Pauvreté économique et pauvreté sociale à Byzance, 4e-7e*. Paris, 1977.

Pelikan, Jaroslav. *The Christian Tradition: A History of the Development of Doctrine*. Vol. 1: *The Emergence of the Catholic Tradition*. Chicago and London, 1971.

Perrin, Norman. *Jesus and the Language of the Kingdom*. Philadelphia, 1976.

_____. *Rediscovering the Teachings of Jesus*. New York, 1967.

Pesteria, Carla Garden. *Protestant Empire: Religion and the Making of the British Atlantic World*. Philadelphia, 2004.

Peters, F. E. *The Distant Shore: The Islamic Centuries in Jerusalem*. New York, 1993.

Peterson, Derek, and Darren Walhof, eds. *The Invention of Religion: Rethinking Belief in Politics and History*. New Brunswick, NJ, and London, 2002.

Petitfrère, Claude. "The Origins of the Civil War in the Vendée." *French History* 2 (1998).

Phillips, Keith. *The Cousins' Wars: Religious Politics and the Triumph of Anglo-America*. New York, 1999.

Pirenne, Henri. *Ecclesiastical and Social History of Europe*. New York, 1956.

_____. *Medieval Cities: Their Origins and the Revival of Trade*. rinceton, NJ, 1946.

Polgar, S., ed. *Population, Ecology and Social Evolution*. The Hague, 1975.

Poliskensky, J. V. *War and Society in Europe, 1618-1848*. Cambridge, UK, 1978.

Posman, Ellen. "History, Humiliation and Religious Violence." In Andrew R. Murphy, ed., *The Blackwell Companion to Religion and Violence*. Chichester, UK, 2011.

Postgate, J. N. *Mesopotamian Society and Economics at the Dawn of History*. London, 1992.

Potter, David. *A History of France, 1460-1560: The Emergence of a Nation State*. London, 1995.

Prawer, Joshua. *The Latin Kingdom of Jerusalem: European Colonialism in the Middle Ages*. London, 1972.

Prescott, William H. *History of the Conquest of Mexico and Peru*. New York, 1936.

Preston, Andrew. *Sword of the Spirit, Shield of Faith: Religion in American War and Diplomacy*. New York and Toronto, 2012.

Pritchard, J. B., ed. *Ancient Near Eastern Texts Relating to the Old Testament*. Princeton, NJ, 1950.

Puett, Michael J. *To Become a God: Cosmology, Sacrifice and Self-Divination in Early China*. Cambridge, MA, and London, 2002.

Purchas, Samuel. *Hakluytus Posthumous or Purchas His Pilgrimes*. Glasgow, 1905 –1906.

Puppi, Lionello. *Torment in Art: Pain, Violence and Martyrdom*. New York, 1991.

Qutb, Sayed. *Milestones* (Ma'alim fi'l-tareeq). Ed. and trans. A. B. al-Mehri. Birmingham, UK, 2006.

Radcliffe, A. R. *The Andaman Islanders*. New York, 1948.

Ravitsky, Aviezer. *Messianism, Zionism and Jewish Religious Radicalism*. Trans. Michael Swirsky and Jonathan Chapman. Chicago, 1996.

_____. *The Roots of Kahanism: Consciousness and Political Reality*. Trans. Moshe Auman. Jerusalem, 1986.

Redfield, Robert. *Peasant Society and Culture: An Anthropological Approach to Civilization*. Chicago, 1956.

Reich, Walter, ed. *The Origins of Terrorism*. Cambridge, UK, 1990.

Reinberg, Virginia, "Liturgy and Laity in Late Medieval and Reformation France." *Sixteenth Century Journal* 23 (Autumn 1992).

Renfrew, Colin. *The Puzzle of Indo-European Origins*. London, 1987.

Renna, Thomas J. "Kingship in the Disputatio inter clericum et militem." *Speculum* 48 (1973).

Renou, Louis. *Religions of Ancient India*. London, 1953.

_____. "Sur la notion de brahman." *Journal Asiatique* 23 (1949).

Richardson, H. G. *The English Jewry Under the Angevin Kings*. London, 1960.

Richardson, Louise. *What Terrorists Want: Understanding the Terrorist Threat*. London, 2006.

Rieff, David. *Slaughterhouse: Bosnia and the Failure of the West*. New York, 1995.

Riley-Smith, Jonathan. "Crusading as an Act of Love." *History* 65 (1980).

_____. *The First Crusade and the Idea of Crusading*. London, 1986.

_____. *The First Crusaders, 1095-1131*. Cambridge, UK, 1997.

_____, and Louise Riley-Smith. *The Crusades: Idea and Reality, 1095 - 1274*. London, 1981.

Rindos, David. *The Origins of Agriculture: An Evolutionary Perspective*. Orlando, FL, 1984.

Rives, James B. "The Decree of Decius and the Religion of Empire." *Journal of Roman Studies* 89 (1999).

_____. *Religion in the Roman Empire*. Oxford, 2007.

Roberts, Alexander, and James Donaldson, trans. *The Nicene and Post-Nicene Fathers*. 14 vols. Edinburgh, 1885.

Robert the Monk. *Historia Iherosolimitana*. Paris, 1846.

Robinson, Glenn E. *Building a Palestinian State: The Incomplete Revolution*. Bloomington, IN, 1997.

Robinson, I. S. "Gregory VII and the Soldiers of Christ." *Historia* 58 (1978).

Rogers, Paul. "The Global War on Terror and Its Impact on the Conduct of War." In George Kassimeris, ed., *The Barbarisation of Warfare*. London, 2006.

Romier, Lucien. "A Dissident Nobility Under the Cloak of Religion." In J. H. H. Salmon, ed., *The French Wars of Religion: How Important Were Religious Factors?* Lexington, MA, 1967.

Ropp, Theodore. *War in the Modern World*. Durham, NC, 1959.

Rose, Jacqueline. "Deadly Embrace." *London Review of Books* 26, no. 21 (November 4, 2004).

Rosenak, Michael. "Jewish Fundamentalism in Israeli Education." In Martin E. Marty and R. Scott Appleby, eds., *Fundamentalisms and Society: Reclaiming the Sciences, the Family and Education*. Chicago and London, 1993.

Roth, Norman. *Conversos, Inquisition and the Expulsion of Jews from Spain*. Madison,

WI, 1995.

Rousseau, Jean-Jacques. *Political Writings*. Ed. C. E. Vaughan. Cambridge, UK, 1915.

_____. *Politics and the Arts: Letter to M. D'Alembert on the Theatre*. Trans. Alan Bloom. Ithaca, NY, 1960.

_____. *The Social Contract*. Trans. Willmoore Kendall. South Bend, IN, 1954.

_____. *The Social Contract and Discourses*. Trans. and ed. G. D. H. Cole. Rev. J. H. Brumfitt and John C. Hall. London, 1973.

_____. *The Social Contract and Other Later Political Writings*. Ed. Victor Gourevitch. Cambridge, UK, 1997.

Routledge, Bruce. *Moab in the Iron Age: Hegemony, Polity, Archaeology*. Philadelphia, 2004.

_____. "The Politics of Mesha: Segmented Identities and State Formation in Iron Age Moab." *Journal of the Economic and Social History of the Orient* 43 (2000).

Rufinus. *The Church History of Rufinus of Aquileia*. Trans. Philip R. Amidon. Oxford, 1997.

Runciman, Steven. *A History of the Crusades*. 3 vols. London, 1965.

Ruthven, Malise. *A Fury for God: The Islamist Attack on America*. London, 2003.

Sachedina, Abdulaziz Abdulhussein. "Activist Shi'ism in Iran, Iraq and Lebanon." In Martin E. Marty and R. Scott Appleby, eds., *Fundamentalisms Observed*. Chicago and London, 1991.

_____. "Ali Shariati: Ideologue of the Iranian Revolution." In John L. Esposito, ed., *Voices of Resurgent Islam*. New York and Oxford, 1980.

Sadat, Anwar. *Revolt on the Nile*. New York, 1957.

Sageman, Marc. *Leaderless Jihad: Terror Networks in the Twenty-First Century*. Philadelphia, 2008.

_____. *Understanding Terror Networks*. Philadelphia, 2004.

Saggs, H. W. F. "Assyrian Warfare in the Sargonid Period." *Iraq* 25 (1963).

_____. *The Might That Was Assyria*. London, 1984.

Sagi, Avi. "The Punishment of Amalek in Jewish Tradition: Coping with the Moral Problem." *Harvard Theological Review* 87, no. 3 (1994).

Salmon, J. H. M. *Society in Crisis: France in the Sixteenth Century*. New York, 1975.

_____, ed. *The French Wars of Religion: How Important Were Religious Factors?* Lexington, MA, 1967.

Sanders, N. K., trans. and ed. *Poems of Heaven and Hell from Ancient Mesopotamia*. London, 1971.

Savarkar, Vinayak Damdas. *Hindutva*. Bombay, 1969.

Sawyer, R. D., ed. *The Seven Military Classics of Ancient China*. Boulder, CO, 1993.

Sayers, Dorothy L., trans. *The Song of Roland*. Harmondsworth, UK, 1957.

Sayyid, Bobby. *A Fundamental Fear: Eurocentrism and the Emergence of Islamism*. London, 1997.

Schafer, Boyd C. *Nationalism: Myth and Reality*. New York, 1952.

Schauwecker, Franz. *The Fiery Way*. London and Toronto, 1921.

Schein, Seth, L. *The Mortal Hero: An Introduction to Homer's Iliad*. Berkeley, Los Angeles, and London, 1984.

Schilling, Heinz. "War and Peace at the Emergence of Modernity: Europe Between State Belligerence, Religious Wars and the Desire for Peace in 1648." In Klaus Bussman and Heinz Schilling, eds., *War and Peace in Europe*. 3 vols. Münster, 1998.

Schneider, Tammi J. *An Introduction to Ancient Mesopotamian Religion*. Grand Rapids, MI, and Cambridge UK, 2011.

Schniedewind, William M. *How the Bible Became a Book: The Textualization of Ancient Israel*. Cambridge, UK, 2004.

Schorske, Carl E. *German Social Democracy, 1905–1917 : The Development of the Great Schism*. Cambridge, MA, 1955.

Schumpeter, Joseph A. *Imperialism and Social Classes: Two Essays*. New York, 1955.

Schwartz, Benjamin I. *The World of Thought in Ancient China*. Cambridge, MA, 1985.

Schwartz, Regina. *The Curse of Cain: The Violent Legacy of Monotheism*. Chicago, 1997.

Secher, Reynauld. *La Génocide franco-français: La Vendée-vengee*. Paris, 1986.

Segev, Tom. *The Seventh Million: The Israelis and the Holocaust*. Trans. Haim Watzman. New York, 1991.

Segal, Alan F. *Paul the Convert: The Apostolate and Apostasy of Saul the Pharisee*. New Haven, CT, and London, 1990.

Selengut, Charles. *Sacred Fury: Understanding Religious Violence*. Walnut Creek, CA, 2003.

Sells, Michael A. *The Bridge Betrayed: Religion and Genocide in Bosnia*. Berkeley, Los Angeles, and London, 1996.

Sen, Amartya. *Identity and Violence: The Illusion of Destiny*. London, 2007.

Shea, William M., and Peter A. Huff, eds. *Knowledge and Belief in America: Enlightenment Traditions and Modern Religious Thought*. New York, 1995.

Shehad, Anthony. *Legacy of the Prophet: Despots, Democrats and the New Politics of Islam*. Boulder, CO, 2011.

Shennon, J. H. *The Origins of the Modern European State*. London, 1974.

Sherwin-White, A. N. *Roman Law and Roman Society in the New Testament*. Oxford,

1963.

Sick, Gary. *All Fall Down: America's Fateful Encounter with Iran*. London, 1985.

Sigal, P. A. "Et les marcheurs de Dieu prierent leurs armes." *L'Histoire* 47 (1982).

Sivan, Emmanuel. "The Crusades Described by Modern Arab Historiography." *Asian and African Studies* 8 (1972).

———. "Genèse de contre-croisade: Un traité damasquin de début du XIIe siècle." *Journal Asiatique* 254 (1966).

———. *L'Islam et la Croisade*. Paris, 1968.

Skinner, Quentin. *The Foundations of Modern Political Thought*. 2 vols. Cambridge, UK, 1978.

Slim, Hugo. "Why Protect Civilians? Innocence, Immunity and Enmity in War." *International Affairs* 79, no. 3 (2003).

Slingerland, Edward, trans. *Confucius: Analects, with Selections from Traditional Commentaries*. Indianapolis and Cambridge, UK, 2003.

Smith, Brian K. *Reflections on Resemblance, Ritual, and Religion*. Oxford and New York, 1989.

Smith, Howard D. *Chinese Religions*. London, 1968.

Smith, Huston. *The World's Religions: Our Great Wisdom Traditions*. San Francisco, 1991.

Smith, John. *John Smith: Works*. Ed. Edwin Arber and A. C. Bradley. Edinburgh, 1910.

Smith, John D., ed. and trans. *The Mahabharata: An Abridged Translation*. London, 2009.

Smith, Jonathan Z. *Imagining Religion: From Babylon to Jonestown*. Chicago and London, 1982.

———. *Map Is Not Territory: Studies in the History of Religions*. Chicago and London, 1978.

Smith, Mark S. *The Early History of God: Yahweh and the Other Deities in Ancient Israel*. New York and London, 1990.

———. *The Origins of Biblical Monotheism: Israel's Polytheistic Background and the Ugaritic Texts*. New York and London, 2001.

Smith, William Cantwell. *Belief in History*. Charlottesville, VA, 1985.

———. *Faith and Belief*. Princeton, NJ, 1987.

———. *Islam in Modern History*. Princeton, NJ, and London, 1957.

———. *The Meaning and End of Religion: A New Approach to the Religious Traditions of Mankind*. New York, 1962.

———. *What Is Scripture?: A Comparative Approach*. London, 1993.

Sontag, Susan. "What Have We Done?" *Guardian*, May 24, 2005.

Southern, R. W. *The Making of the Middle Ages*. London, 1967.

_____. *Western Society and the Church in the Middle Ages*. Harmondsworth, UK, 1970.

_____. *Western Views of Islam in the Middle Ages*. Cambridge, MA, 1962.

Sozomen. *The Ecclesiastical History of Sozomen*. Trans. Chester D. Harnaft. Grand Rapids, MI, 1989.

Spear, Percival. *India*. Ann Arbor, MI, 1961.

Sperling, S. David. "Joshua 24 Re-examined." *Hebrew Union College Annual* 58 (1987).

_____. *The Original Torah: The Political Intent of the Bible's Writers*. New York and London, 1998.

Spierenberg, Peter. *The Spectacle of Suffering: Executions and the Evolution of Repression: From a Pre-Industrial Metropolis to the European Experience*. Cambridge, UK, 1984.

Sprinzak, Ehud. *The Ascendance of Israel's Radical Right*. New York, 1991.

_____. "Three Models of Religious Violence: The Case of Jewish Fundamentalism in Israel." In Martin E. Marty and R. Scott Appleby, eds., *Fundamentalisms and the State: Remaking Polities, Economies and Militance*. Chicago and London, 1993.

Srivasta, Sushil. "The Ayodhya Controversy: A Third Dimension." *Probe India*, January 1998.

Stannard, David. *American Holocaust: The Conquest of the New World*. New York and Oxford, 1992.

Ste. Croix, G. E. M. de. "Why Were the Early Christians Persecuted?" In Michael Whitby and Joseph Street, eds., *Martyrdom and Orthodoxy*. New York, 1987.

Steiner, George. *In Bluebeard's Castle: Some Notes Towards the Redefinition of Culture*. New Haven, CT, 1971.

Stevans, G. W. *With Kitchener to Khartoum*. London, 1898.

Stout, Henry S. "Rhetoric and Reality in the Early Republic; the Case of the Federalist Clergy." In Mark A. Noll, ed., *Religion and American Politics: From the Colonial Period to the 1980s*. Oxford and New York, 1980.

Strayer, Joseph R. "Feudalism in Western Europe." In Rushton Coulborn ed., *Feudalism in History*. Hamden, CT, 1965.

_____. *Medieval Statecraft and the Perspectives of History*. Princeton, NJ, 1971.

_____. *On the Medieval Origin of the Modern State*. Princeton, NJ, 1970.

Strozier, Charles B., David M. Terman, and James W. Jones, eds. *The Fundamentalist Mindset*. Oxford, 2010.

Stuart, Henry S., and Charles Reagan Wolfson, eds. *Religion and the American Civil War*.

New York, 1998.

Sullivan, Andrew. "This Is a Religious War." *New York Times Magazine*, October 7, 2001.

Sun Tzu. *The Art of War: Complete Texts and Commentaries*. Trans. Thomas Cleary. Boston and London, 1988.

Szasz, Ferenc. *The Divided Mind of Protestant America, 1880–1930*. University, AL, 1982.

Tabari, Azar. "The Role of the Shii Clergy in Modern Iranian Politics." In Nikki R. Keddie, ed., *Religion and Politics in Iran: Shiism from Quietism to Revolution*. New Haven, CT, and London, 1983.

Tacitus, Cornelius. *Agricola, Gemania, Dialogus*. Trans. M. Hutton and W. Peterson. Cambridge, MA, 1989.

Taheri, Amir. *The Spirit of Allah: Khomeini and the Islamic Revolution*. London, 1985.

Thapar, Romila. *Asoka and the Decline of the Mauryas*. Oxford, 1961.

_____. *Early India: From the Origins to AD 1300*. Berkeley and Los Angeles, 2002.

Theissen, Gerd. *The First Followers of Jesus: A Sociological Analysis of the Earliest Christianity*. Trans. John Bowden. London, 1978.

_____. *The Miracle Stories: Early Christian Tradition*. Philadelphia, 1982.

_____. *The Social Setting of Pauline Christianity: Essays on Corinth*. Ed. and trans. John H. Schutz. Eugene, OR, 2004.

Thompson, James Westfall. *Economic and Social History of the Middle Ages*. New York, 1928.

_____. *The Wars of Religion in France, 1559–1576: Huguenots, Catherine de Medici, Philip II*. 2nd ed. New York, 1957.

Tibi, Bassam. *The Crisis of Political Islam: A Pre-Industrial Culture in the Scientific-Technological Age*. Salt Lake City, 1988.

Tierny, Brian. *The Crisis of Church and State, 1050–1300*. Toronto, 1988.

Tilly, Charles, ed. *The Formation of National States in Western Europe*. Princeton, NJ, 1975.

Tocqueville, Alexis de. *Democracy in America*. Ed. and trans. Harvey Claflin Mansfield and Delba Winthrop. Chicago, 2000.

_____. *The Old Regime and the French Revolution*. 2 vols. Ed. and trans. François Furet and Françoise Melonio. Chicago, 1988.

Tracy, James D. *Emperor Charles V, Impresario of War: Campaign Strategy, International Finance and Domestic Politics*. Cambridge, UK, 2002.

_____, ed. *Luther and the Modern State in Germany*. Kirbville, MO, 1986.

Tu Wei-ming. *Confucian Thought: Selfhood as Creative Transformation*. Albany, NY,

1985.

Tuck, Richard. *The Rights of War and Peace: Political Thought and the International Order from Grotius to Kant*. Oxford, 1999.

Tyerman, Christopher J. *England and the Crusades, 1095–1588*. Chicago, 1988.

———. "Sed nihil fecit? The Last Captians and the Recovery of the Holy Land." In J. Gillingham and J. C. Holt, eds., *War and Government in the Middle Ages: Essays in Honour of J. D. Prestwich*. Woodbridge, UK, and Totowa, NJ, 1980.

Ur Rehman, Rafiq. "Please Tell Me, Mr President, Why a US Drone Assassinated My Mother." *Guardian*, October 25, 2013.

Ussishkin, David. "King Solomon's Palaces." *Biblical Archaeologist* 36 (1973).

Van Buitenen, J. A. B, ed. and trans. *The Mahabharata*. 3 vols. Chicago and London, 1973, 1975, 1978.

Veblen, Thorstein. *The Theory of the Leisure Class: An Economic Study of Institutions*. Boston, 1973.

Vernant, Jean-Pierre. *Myth and Society in Ancient Greece*. Trans. Janet Lloyd. 3rd ed. New York, 1996.

Vogts, Alfred. *A History of Militarism, Civilian and Military*. Rev. ed. New York, 1959.

Voll, John O. "Fundamentalism in the Sunni Arab World: Egypt and the Sudan." In Martin E. Marty and R. Scott Appleby, eds. *Fundamentalisms Observed*. Chicago and London, 1991.

Vries, Hent de, ed. *Religion Beyond a Concept*. New York, 2008.

Wait, Gaston, ed. and trans. *Nicholas Turc: Chronique d'Egypte, 1798–1804*. Cairo, 1950.

Waley, Arthur, trans. and ed. *The Analects of Confucius*. New York, 1992.

Wallace, Anthony F. C. *Jefferson and the Indians: The Tragic Fate of the First Americans*. Cambridge, MA, 1999.

Wallace-Hadrill, J. M. *The Barbarian West: The Early Middle Ages, AD 400–1000*. New York, 1962.

———. *Early Medieval History*. Oxford, 1975.

———. *The Frankish Church*. Oxford, 1983.

Watson, B., ed. and trans. *Han Fei Tzu: Basic Writings*. New York, 1964.

———. *Mo-Tzu: Basic Writings*. New York, 1963.

———. *Records of the Grand Historian of China*. New York, 1961

———. *Xunzi: Basic Writings*. New York, 2003.

Watt, W. Montgomery. *The Influence of Islam in Medieval Europe*. Edinburgh, 1972.

———. *Muhammad at Mecca*. Oxford, 1953.

———. *Muhammad at Medina*. Oxford, 1956.

_____. *Muhammad's Mecca: History in the Qur'an*. Edinburgh, 1988.

Weber, Max. *The Protestant Ethic and the Spirit of Capitalism*. Trans. Talcott Parsons. New York, 1958.

_____. *The Religion of China: Confucianism and Taoism*. Trans. Hans H. Gerth. Glencoe, IL, 1949.

_____. *The Religion of India: The Sociology of Hinduism and Buddhism*. Trans. Hans H. Gerth and Don Martindale. Glencoe, IL, 1958.

_____. *The Theory of Social and Economic Organization*. Trans. A. M. Henderson and Talcott Parsons. New York, 1947.

Wedgwood, C. W. *The Thirty Years War*. New Haven, CT, 1939.

Weigley, Russell F. *The Age of Battles: The Quest for Decisive Warfare from Breitenfeld to Waterloo*. Bloomington, IN, 1991.

Weinfeld, Moshe. *Deuteronomy and the Deuteronomic School*. Oxford, 1972.

Welch, Claude E., Jr. *Political Modernization*. Belmont, CA, 1967.

Welch, Holmes. *The Parting of the Way: Lao Tzu and the Taoist Movement*. London, 1958.

Wellman, James K., Jr., ed. *Belief and Bloodshed: Religion and Violence Across Time and Tradition*. Lanham, MD, 2007.

Wenke, K. J. *The Origins of Civilizations*. Oxford, 1979.

_____. *Patterns of Prehistory: Humankind's First Three Million Years*. New York, 1961.

Wensinck, Jan. *Concordance et indices de la tradition musulmane*. 5 vols. Leiden, 1992.

Wessinger, Catherine. *How the Millennium Comes Violently: Jonestown to Heaven's Gate*. New York, 2000.

_____, ed. *Millennialism, Persecution and Violence: Historical Circumstances*. Syracuse, NY, 1986.

Whitaker, Jarrod L. *Strong Arms and Drinking Strength: Masculinity, Violence and the Body in Ancient India*. Oxford, 2011.

Whittaker, D. H., ed. *The Terrorist Reader*. London, 2001.

Whitby, Michael, and Joseph Street, eds. *Martyrdom and Orthodoxy*. New York, 1987.

Wickham, Lionel R. *Hilary of Poitiers: Conflicts of Conscience and Law in the Fourth Century*. Liverpool, 1997.

Wilkinson, P. *Terrorism Versus Democracy: The Liberal State Response*. London, 2001.

Williamson, H. G. M. "The Concept of Israel in Transition." In E. E. Clements, ed., *The World of Ancient Israel: Sociological, Anthropological and Political Perspectives*. Cambridge, UK, 1989.

Wilson, E. O. *On Human Nature*. Cambridge, MA, 1978.

Wilson, John F. "Religion, Government and Power in the New American Nation." In Mark A. Noll, ed., *Religion and American Politics, from the Colonial Period to the 1980s*. Oxford and New York, 1990.

Wirt, Sherwood Eliot, ed. *Spiritual Awakening: Classic Writings of the Eighteenth-Century Devotions to Inspire and Help the Twentieth-Century Reader*. Tring, UK, 1988.

Wittfogel, Karl A. *Oriental Despotism: A Comparative Study of Total Power*. New Haven, CT, 1957.

Witzel, Michael. "Vedas and Upanisads." In Gavin Flood, ed., *The Blackwell Companion to Hinduism*. Oxford, 2003.

World Council of Churches. *Violence, Nonviolence and the Struggle for Social Justice*. Geneva, 1972.

Wright, Lawrence. *The Looming Tower: Al-Qaeda's Road to 9/11*. New York, 2006.

Wright, Louis B. *Religion and Empire: The Alliance Between Piety and Commerce in the English Expansion, 1558-1625*. Chapel Hill, NC, 1943.

Wright, Quincy. *A Study of War*. 2nd ed. Chicago, 1965.

Wyatt, Don J. "Confucian Ethical Action and the Boundaries of Peace and War." In Andre R. Murphy, ed., *The Blackwell Companion to Religion and Violence*. Chichester, UK, 2011.

Yadin, Yigal. *The Art of Warfare in Biblical Lands: In Light of Archaeological Study*. 2 vols. New York, 1963.

Yao, Xinzhong. *An Introduction to Confucianism*. Cambridge, UK, 2000.

Yovel, Yirmanyahu. *Spinoza and Other Heretics*. 2 vols.: I. *The Marrano of Reason*; II. *Adventures of Immanence*. Princeton, NJ, 1989.

Zaehner, R. C. *Hinduism*. London, New York, and Toronto, 1962.

Zinn, Howard. *A People's History of the United States, from 1492 to the Present*. 2nd ed. London and New York, 1996.

Zuckmayer, Carl. *Pro Domo*. Stockholm, 1938.

Zweig, Stefan. *The World of Yesterday: An Autobiography*. Trans. Anthea Bell. New York, 1945.

인명

ㄱ, ㄴ, ㄷ

ㄹ

정영목

번역가로 일하며 이화여대 통역번역대학원 교수로 재직 중이다. 옮긴 책으로 《축의 시대》
《프로이트》《미국의 목가》《제5도살장》《문학이론》《눈먼 자들의 도시》《불안》《마르크스
평전》 등이 있다. 지은 책으로는 《소설이 국경을 건너는 방법》《완전한 번역에서 완전한 언
어로》 등이 있다. 《로드》로 제3회 유영번역상을, 《유럽 문화사》(공역)로 제53회 한국출판
문화상(번역 부분)을 수상했다.

신의 전쟁 — 성스러운 폭력의 역사

2021년 7월 12일 초판 1쇄 발행
2023년 6월 2일 초판 4쇄 발행

- ■ 지은이 ──────── 카렌 암스트롱
- ■ 옮긴이 ──────── 정영목
- ■ 펴낸이 ──────── 한예원
- ■ 편집 ──────── 이승희, 윤슬기, 양경아, 김지희, 유가람
- ■ 펴낸곳   **교양인**
      우 04015 서울 마포구 망원로6길 57 3층
      전화 : 02)2266-2776 팩스 : 02)2266-2771
      e-mail : gyoyangin@naver.com
      출판등록 : 2003년 10월 13일 제2003-0060

ⓒ 교양인, 2021
ISBN 979-11-87064-67-1 03900

* 잘못 만들어진 책은 바꾸어드립니다.
* 값은 뒤표지에 있습니다.